W0056035

NOMOSLEHRBUCH

Prof. Dr. Frank Weiler,
Universität Bielefeld

Schuldrecht
Allgemeiner Teil

5. Auflage

Die Deutsche Nationalbibliothek verzeichnet diese Publikation in
der Deutschen Nationalbibliografie; detaillierte bibliografische
Daten sind im Internet über http://dnb.d-nb.de abrufbar.

ISBN 978-3-8487-6098-5 (Print)
ISBN 978-3-7489-0122-8 (ePDF)

5. Auflage 2020

Vorwort

Der Allgemeine Teil des Schuldrechts ist von großer Stofffülle und teils erheblicher Komplexität (insbesondere im Leistungsstörungsrecht) geprägt. Dieses Lehrbuch will vor allem die grundlegenden Strukturen vermitteln, die für die Anwendung der schuldrechtlichen Regelungen auf den Normalfall erforderlich sind. Es richtet sich daher vornehmlich an Studienanfänger. Sie sollen sich mit seiner Hilfe das „Handwerkszeug" verschaffen, das sie im weiteren Verlauf des Studiums und dann vor allem im Examen brauchen werden, um auch komplizierte und problematische schuldrechtliche Fallgestaltungen erfolgreich lösen zu können. Das kann freilich nur gelingen, wenn dieses Buch nicht nur gelesen, sondern durchgearbeitet und sein Inhalt kritisch reflektiert wird – allein oder besser noch in Lerngemeinschaften. Das gilt auch für die zahlreichen Fallbeispiele, die nicht einfach konsumiert, sondern möglichst selbstständig gelöst werden sollten. Damit wird zugleich trainiert, was für den Erfolg des Studiums von entscheidender Bedeutung ist – nämlich die Umsetzung des abstrakt Gelernten in die Lösung eines konkreten Falles. Hierzu mögen auch die immer wieder eingestreuten Hinweise zur Fallbearbeitung Hilfe leisten. Im weiteren Verlauf des Studiums und für die Examensvorbereitung kann das Lehrbuch vor allem der Wiederholung jenes Stoffs dienen, auf den die examensrelevanten Probleme aufbauen, die hier nur teilweise und überwiegend kurz angesprochen sind. Weiterführende Hinweise auf Rechtsprechung und Literatur finden sich in den Fußnoten.

Die fünfte Auflage berücksichtigt Gesetzesänderungen, Rechtsprechung und Literatur bis Juli 2019. Wie immer sind die Anregungen, Fragen und Antworten der Studierenden meiner Schuldrechtsvorlesungen und der aufmerksamen Leserinnen und Leser eingeflossen; ihnen allen gilt mein Dank. Zu danken habe ich außerdem meinen wissenschaftlichen Mitarbeiterinnen und Mitarbeitern Vincent Bölting, Franziska Busse, Lena Daams und Daniel Schmitt-Egner sowie den studentischen Mitarbeiterinnen und Mitarbeitern Leo Boerner, Christina Oster-Daum, Philipp Schröder, Friederike Sperling und Dominik Soppe, die bei der Vorbereitung dieser Auflage in vielfältiger Weise wertvolle Hilfe geleistet haben.

Kritik, Hinweise und Verbesserungsvorschläge (an: frank.weiler@uni-bielefeld.de) sind mir nach wie vor sehr willkommen.

Bielefeld, im Juli 2019

Inhalt

C. Inhalt von Schuldverhältnissen

D. ERLÖSCHEN VON SCHULDVERHÄLTNISSEN

E. Störung von Schuldverhältnissen

G. Einbeziehung Dritter in das Schuldverhältnis

H. Veränderung der Beteiligten des Schuldverhältnisses

J. SCHADENSRECHT

Abkürzungsverzeichnis

a.A.	anderer Ansicht
a.F.	alte Fassung
ABGB	Allgemeines Bürgerliches Gesetzbuch
ABl.	Amtsblatt
Abs.	Absatz
AcP	Archiv für die civilistische Praxis
AEG	Allgemeines Eisenbahngesetz
AEUV	Vertrag über die Arbeitsweise der Europäischen Union
AG	Amtsgericht, Aktiengesellschaft
AGB	Allgemeine Geschäftsbedingung
AGBG	Gesetz zur Regelung des Rechts der Allgemeinen Geschäftsbedingungen
AGG	Allgemeines Gleichbehandlungsgesetz
Alt.	Alternative
AT	Allgemeiner Teil
BAG	Bundesarbeitsgericht
BayObLG	Bayerisches Oberstes Landesgericht
BB	Betriebs-Berater
BBG	Bundesbeamtengesetz
BDSG	Bundesdatenschutzgesetz
BeckOGK	Beck-online.Großkommentar
BeckOK-BGB	Beck'scher Online-Kommentar BGB
BeurkG	Beurkundungsgesetz
BGB	Bürgerliches Gesetzbuch
BGBl.	Bundesgesetzblatt
BGH	Bundesgerichtshof
BGHZ	Entscheidungen des Bundesgerichtshofs in Zivilsachen
BT	Besonderer Teil
BT-Drucks.	Bundestagsdrucksache
CR	Computer und Recht
d.h.	das heißt
DB	Der Betrieb
DNotZ	Deutsche Notar-Zeitschrift
EFZG	Gesetz über die Zahlung des Arbeitsentgelts an Feiertagen und im Krankheitsfall (Entgeltfortzahlungsgesetz)
EGBGB	Einführungsgesetz zum Bürgerlichen Gesetzbuche
Einl.	Einleitung
EnWG	Gesetz über die Elektrizitäts- und Gasversorgung (Energiewirtschaftsgesetz)
ErbbauRG	Gesetz über das Erbbaurecht (Erbbaurechtsgesetz)
EU	Europäische Union
EuGH	Gerichtshof der Europäischen Union
EuZW	Europäische Zeitschrift für Wirtschaftsrecht
FernAbsRL	Richtlinie 97/7/EG über den Verbraucherschutz bei Vertragsabschlüssen im Fernabsatz
FernUSG	Gesetz zum Schutz der Teilnehmer am Fernunterricht (Fernunterrichtsschutzgesetz)
FG	Festgabe
FS	Festschrift
GG	Grundgesetz

ggf.	gegebenenfalls
GmbH	Gesellschaft mit beschränkter Haftung
GmbHG	Gesetz betreffend die Gesellschaften mit beschränkter Haftung
GS	Gedächtnisschrift
GWB	Gesetz gegen Wettbewerbsbeschränkungen
h.M.	herrschende Meinung
HaftpflG	Haftpflichtgesetz
HausTWRL	Richtlinie 85/577/EWG betreffend den Verbraucherschutz im Falle von außerhalb von Geschäftsräumen geschlossenen Verträgen
HGB	Handelsgesetzbuch
Hk-BGB	Bürgerliches Gesetzbuch: Handkommentar
Hrsg.	Herausgeber
HintG NW	Hinterlegungsgesetz Nordrhein-Westfalen
HS	Halbsatz
i.e.S.	im engeren Sinne
i.H.v.	in Höhe von
i.w.S.	im weiteren Sinne
IHK	Industrie- und Handelskammer
insb.	insbesondere
InsO	Insolvenzordnung
JA	Juristische Ausbildung
JArbSchG	Gesetz zum Schutz der arbeitenden Jugend (Jugendarbeitsschutzgesetz)
JherJB	Jherings Jahrbücher für die Dogmatik des bürgerlichen Rechts
jM	Juris - Die Monatszeitschrift
JR	Juristische Rundschau
jurisPK-BGB	Juris Praxiskommentar BGB
JuS	Juristische Schulung
JW	Juristische Wochenschrift
JZ	JuristenZeitung
KG	Kammergericht
K&R	Kommunikation und Recht
LG	Landgericht
LM	Lindenmaier-Möhring, Nachschlagewerk des Bundesgerichtshofes
m.w.N.	mit weiteren Nachweisen
MarkenG	Gesetz über den Schutz von Marken und sonstigen Kennzeichen (Markengesetz)
MDR	Monatsschrift für Deutsches Recht
MMR	MultiMedia und Recht
Mot.	Motive zum Entwurf eines Bürgerlichen Gesetzbuches
MünchKomm	Münchener Kommentar zum Bürgerlichen Gesetzbuch
NachwG	Gesetz über den Nachweis der für ein Arbeitsverhältnis geltenden wesentlichen Bedingungen
NJW	Neue Juristische Wochenschrift
NJW-RR	Neue Juristische Wochenschrift – Rechtsprechungs-Report
NK-BGB	NomosKommentar BGB
NZA	Neue Zeitschrift für Arbeitsrecht
OHG	Offene Handelsgesellschaft
OLG	Oberlandesgericht
ÖPNV	Öffentlicher Personennahverkehr

PatG	Patentgesetz
PBefG	Personenbeförderungsgesetz
PflVG	Gesetz über die Pflichtversicherung für Kraftfahrzeughalter (Pflichtversicherungsgesetz)
PreisklauselG	Gesetz über das Verbot der Verwendung von Preisklauseln bei der Bestimmung von Geldschulden
ProdHG	Gesetz über die Haftung für fehlerhafte Produkte (Produkthaftungsgesetz)
Prot.	Protokolle der II. Kommission zur Beratung des Entwurfes eines bürgerlichen Gesetzbuches
PWW	Prütting/Wegen/Weinreich, BGB – Kommentar
r+s	Recht und Schaden
RG	Reichsgericht
RGZ	Entscheidungen des Reichsgerichts in Zivilsachen
Rn.	Randnummer
S.	Satz, Seite
ScheckG	Scheckgesetz
SGB X	Zehntes Buch Sozialgesetzbuch – Sozialverwaltungsverfahren und Sozialdatenschutz
Slg.	Sammlung der Rechtsprechung des Gerichtshofes und des Gerichts Erster Instanz
SpKG NW	Sparkassengesetz Nordrhein-Westfalen
StrEG	Gesetz über die Entschädigung für Strafverfolgungsmaßnahmen
StudZR	Studentische Zeitschrift für Rechtswissenschaft Heidelberg
StVG	Straßenverkehrsgesetz
TKG	Telekommunikationsgesetz
TMG	Telemediengesetz
TzBfG	Gesetz über Teilzeitarbeit und befristete Arbeitsverträge (Teilzeit- und Befristungsgesetz)
UKlaG	Gesetz über Unterlassungsklagen bei Verbraucherrechts- und anderen Verstößen (Unterlassungsklagengesetz)
UrhG	Gesetz über Urheberrecht und verwandte Schutzrechte (Urheberrechtsgesetz)
Urt.	Urteil
VerbrRL	Richtlinie 2011/83/EU über die Rechte der Verbraucher
VerbrRL-UG	Gesetz zur Umsetzung der Verbraucherrechterichtlinie
VersR	Versicherungsrecht – Zeitschrift für Versicherungsrecht, Haftungs- und Schadensrecht
vgl.	vergleiche
VuR	Verbraucher und Recht
VVG	Gesetz über den Versicherungsvertrag (Versicherungsvertragsgesetz)
WEG	Gesetz über das Wohnungseigentum und das Dauerwohnrecht (Wohnungseigentumsgesetz)
WG	Wechselgesetz
WM	Wertpapier-Mitteilungen
z.B.	zum Beispiel
ZEuP	Zeitschrift für Europäisches Privatrecht
ZGS	Zeitschrift für das gesamte Schuldrecht
ZIP	Zeitschrift für Wirtschaftsrecht
ZJS	Zeitschrift für das juristische Studium
ZPO	Zivilprozessordnung

Literaturverzeichnis

I. Lehrbücher

Beurskens, Michael: Schuldrecht Allgemeiner Teil, Stuttgart 2018

Brömmelmeyer, Christoph: Schuldrecht Allgemeiner Teil, München 2014

Brox, Hans/Walker, Wolf-Dietrich: Allgemeines Schuldrecht, 44. Aufl. München 2019

Eckert, Jörn: Schuldrecht Allgemeiner Teil, 4. Aufl. Baden-Baden 2005

Emmerich, Volker: Das Recht der Leistungsstörungen, 6. Aufl. München 2005

Esser, Josef/Schmidt, Eike: Schuldrecht Band I Allgemeiner Teil, Teilband 1 8. Aufl. Heidelberg 1995; Teilband 2 8. Aufl. Heidelberg 2000

Fikentscher, Wolfgang/Heinemann, Andreas: Schuldrecht, 11. Aufl. Berlin 2017

Förster, Christian: Schuldrecht Allgemeiner Teil, 3. Aufl. Heidelberg 2015

Harke, Jan Dirk: Allgemeines Schuldrecht, Berlin 2009

Hirsch, Christoph: Schuldrecht Allgemeiner Teil, 11. Aufl. Baden-Baden 2018

Huber, Peter/Faust, Florian: Schuldrechtsmodernisierung, München 2002

Joussen, Jacob: Schuldrecht I Allgemeiner Teil, 5. Aufl. Stuttgart 2018

Kittner, Michael: Schuldrecht, 3. Aufl. München 2003

Lange, Knut Werner: Schuldrecht AT, 5. Aufl. München 2018

Larenz, Karl: Lehrbuch des Schuldrechts, Erster Band, Allgemeiner Teil, 14. Aufl. München 1987

Looschelders, Dirk: Schuldrecht Allgemeiner Teil, 16. Aufl. Köln 2018

Lorenz, Stephan/Riehm, Thomas: Lehrbuch zum neuen Schuldrecht, München 2002

Medicus, Dieter/Lorenz, Stephan: Schuldrecht I Allgemeiner Teil, 21. Aufl. München 2015

Schellhammer, Kurt: Schuldrecht nach Anspruchsgrundlagen, 10. Aufl. Heidelberg 2018

Schlechtriem, Peter/Schmidt-Kessel, Martin: Schuldrecht Allgemeiner Teil, 6. Aufl. Tübingen 2005

Schwarze, Roland: Das Recht der Leistungsstörungen, 2. Aufl. Berlin 2017

Westermann , Harm Peter/Bydlinski, Peter/Weber, Ralph: BGB-Schuldrecht Allgemeiner Teil, 8. Aufl. Heidelberg 2014

Wörlen, Rainer/Metzler-Müller, Karin: Schuldrecht AT, 13. Aufl. München 2018

II. Kommentare

Alternativkommentar zum bürgerlichen Gesetzbuch, Allgemeines Schuldrecht, Neuwied 1980

Bamberger, Heinz Georg/Roth, Herbert/Hau, Wolfgang/Poseck, Roman: Kommentar zum Bürgerlichen Gesetzbuch, Band 1, 4. Aufl. München 2019

Beck'scher Online-Kommentar zum BGB, 50. Edition Stand 1.5.2019, München

Dauner-Lieb, Barbara/Langen, Werner: NomosKommentar BGB, Band 2/1 Schuldrecht, 3. Aufl. Baden-Baden 2016

Erman, Walter: BGB, Band 1, 15. Aufl. Köln 2017

Gsell, Beate/Krüger, Wolfgang/Lorenz, Stephan/Reymann, Christoph: beck-online.GROSSKOMMENTAR, München

Herberger, Maximilian/Martinek, Michael/Rüßmann, Helmut/Weth, Stephan/Würdinger, Markus: juris Praxiskommentar BGB, Band 2, 8. Aufl. Saarbrücken 2017

Jacoby, Florian/Hinden, Michael von: Studienkommentar BGB, 16. Aufl. München 2018

Jauernig, Othmar: Bürgerliches Gesetzbuch, 17. Aufl. München 2018

Münchener Kommentar zum Bürgerlichen Gesetzbuch, Bände 2 und 3, 8. Aufl. München 2019

Palandt, Otto: Bürgerliches Gesetzbuch, 78. Aufl. München 2019

Prütting, Hanns/Wegen, Gerhard/Weinreich, Gerd: BGB – Kommentar, 14. Aufl. Neuwied 2019

Schulze, Reiner: Bürgerliches Gesetzbuch: Handkommentar, 10. Aufl. Baden-Baden 2019

Soergel, Hans-Theodor: Bürgerliches Gesetzbuch, 13. Aufl. Stuttgart, Bd. 3/2 (§§ 243–304), 2014, Bd. 4 (§§ 305–310) 2019, Bd. 5/1 a (§§ 311, 311a-c, 313, 314), 2014, Bd. 5/2 (§§ 320–327) 2005, Bd. 5/3 (§§ 328–432) 2010

Staudinger, Julius von: Kommentar zum Bürgerlichen Gesetzbuch, Berlin, §§ 241–243 (2015); §§ 244–248 (2016); §§ 249–254 (2017); §§ 255–304 (2014); §§ 305–310 (2013); §§ 311, 311 a, 312, 312a-i (2012); §§ 311, 311a-c (2018); §§ 315–326 (2015); §§ 328–345 (2015); §§ 346–361 (2012); §§ 358–360 (2016); §§ 362–396 (2016); §§ 397–432 (2017)

III. Fallsammlungen und Repetitorien

Balzer, Peter/Kröll, Stefan/Scholl, Bernd: Die Schuldrechtsklausur, 4. Aufl. Berlin 2015
Bönninghaus, Achim: Schuldrecht Allgemeiner Teil I und II, 3. Aufl. Heidelberg 2015
Falk, Ulrich/Schneider, Birgit: Klausurenkurs im Bürgerlichen Recht II, 2. Aufl. Heidelberg 2016
Fezer, Karl-Heinz/Obergfell, Eva Inés: Klausurenkurs zum Schuldrecht Allgemeiner Teil, 9. Aufl. München 2019
Fritzsche, Jörg: Fälle zum Schuldrecht I, 8. Aufl. München 2019
Köhler, Helmut/Lorenz, Stephan: Prüfe dein Wissen, Schuldrecht I, 22. Aufl. München 2014
Kornblum, Udo/Stürner, Michael: Fälle zum Allgemeinen Schuldrecht, 8. Aufl. München 2017
Marburger, Peter/Sutschet, Holger: 20 Probleme aus dem Schuldrecht AT, 6. Aufl. Neuwied 2006
Petersen, Jens: Examens-Repetitorium Allgemeines Schuldrecht, 8. Aufl. Heidelberg 2017

A. Einführung und Grundlagen

§ 1 Schuldverhältnisse

I. Der Begriff Schuldverhältnis

Schuldrecht ist das Recht der Schuldverhältnisse. Es ist hauptsächlich, aber nicht ausschließlich im Zweiten Buch des BGB (§§ 241–853) geregelt. Zwar verzichtet das BGB auf eine Definition des Regelungsobjekts „Schuldverhältnis", aber es beschreibt gleich in der ersten Norm seine Wirkungen: „Kraft des Schuldverhältnisses ist der Gläubiger berechtigt, von dem Schuldner eine Leistung zu fordern" (§ 241 Abs. 1 S. 1). Das Schuldverhältnis gibt folglich einer Person, dem Gläubiger, ein Recht, von einer anderen Person, dem Schuldner, etwas zu verlangen. Aus der Perspektive des Schuldners entspricht dies einer Verbindlichkeit oder Pflicht, etwas zu tun oder zu unterlassen. Dieses Rechtsverhältnis ist relativ: Nicht jeder, sondern nur der Gläubiger kann vom Schuldner etwas verlangen; nicht jeder, sondern nur der Schuldner ist dem Gläubiger gegenüber verpflichtet, etwas zu tun oder zu unterlassen. Es handelt sich um eine **rechtliche Sonderverbindung** zwischen mindestens zwei Personen, kraft derer wenigstens eine Person von einer anderen Person etwas verlangen kann. Diese Sonderverbindung heißt Schuldverhältnis, weil eine beteiligte Person einer anderen beteiligten Person etwas schuldet (Schuld im Sinne von Verbindlichkeit, nicht von Verschulden). 1

Beispiel: Käufer K hat mit Verkäufer V einen Kaufvertrag über eine Kaffeemaschine geschlossen. Der Kaufvertrag ist ein Schuldverhältnis zwischen K und V. Denn K kann nun kraft des Kaufvertrages von V Übergabe und Übereignung der gekauften Kaffeemaschine verlangen (§ 433 Abs. 1 S. 1). Dieses Recht steht aber nur K zu und es richtet sich auch nur gegen V.

§ 241 Abs. 1 S. 1 spricht von einer Leistung, die der Gläubiger vom Schuldner fordern kann. Inhalt dieser Leistung kann ein Tun oder, wie § 241 Abs. 1 S. 2 klarstellt, ein Unterlassen sein. Diesem Recht des Gläubigers auf die Leistung entspricht eine **Leistungspflicht** des Schuldners. Das Schuldverhältnis beschränkt sich aber nicht notwendigerweise auf eine oder mehrere Leistungspflichten. Nach § 241 Abs. 2 kann es nach seinem Inhalt auch jeden Teil zur Rücksicht auf die Rechte, Rechtsgüter und Interessen des anderen Teils verpflichten. Diese Pflicht zu Rücksichtnahme wird zumeist als **Schutzpflicht** bezeichnet. Inhaltlich geht es auch bei ihr um ein Tun oder Unterlassen. 2

Beispiel: Hat K bei V eine Kaffeemaschine gekauft und soll V diese liefern, dann schuldet V dem K nicht nur Übergabe und Übereignung, sondern im Zusammenhang mit der Leistungserbringung auch Rücksicht auf dessen Rechte, Rechtsgüter und Interessen. K kann also z.B. verlangen, dass V bei der Anlieferung nicht durch Blumenbeete des K fährt oder beim Hereintragen der Maschine den Rahmen der Küchentür nicht zerkratzt.

Das bislang beschriebene Schuldverhältnis schafft für mindestens einen Beteiligten ein Recht gegen einen anderen Beteiligten. Es kann aber mehrere Rechte und Pflichten zwischen den Parteien herbeiführen und tut dies regelmäßig auch. Das folgt schon daraus, dass in einem Schuldverhältnis regelmäßig neben mindestens einer Leistungspflicht auch Schutzpflichten bestehen. Zudem ist es oft so, dass sich alle am Schuldverhältnis beteiligten Personen gegenseitig etwas schulden. Schuldverhältnis ist deshalb ein Begriff für eine komplexe Einheit, die aus einer Vielzahl unterschiedlicher Elemen- 3 te, insbesondere aber Rechten und Pflichten, besteht.[1] Dieses schuldrechtliche Rechtsverhältnis bezeichnen wir als **Schuldverhältnis im weiteren Sinne**. Der Zusatz ist nötig, weil das BGB den Begriff Schuldverhältnis noch in einem anderen Sinne, nämlich als Bezeichnung für die einzelne Rechtsbeziehung, d.h. das einzelne Recht des Gläubigers, vom Schuldner eine Leistung verlangen zu können, verwendet. Dieses **Schuldverhältnis im engeren Sinne** ist ein Anspruch, denn nach der Legaldefinition des § 194 Abs. 1 ist dieser das Recht, von einem anderen ein Tun oder Unterlassen zu verlangen. Der Begriff Anspruch geht aber noch weiter: Er ist schon im Allgemeinen Teil des BGB definiert und erfasst daher auch Rechte auf ein Tun oder Unterlassen, die nicht aus einem Schuldverhältnis stammen. Das aus einem Schuldverhältnis folgende Recht des Gläubigers kann konkreter als **schuldrechtlicher Anspruch**, Forderungsrecht oder kurz **Forderung** (z.B. §§ 387, 398 S. 1) bezeichnet werden. Die Begriffe „Gläubiger" und „Schuldner" beziehen sich nur auf das Schuldverhältnis i.e.S.; sie sind also relativ. In einem Schuldverhältnis i.w.S. kann eine Person deshalb zugleich Gläubiger und Schuldner sein.

Beispiel: Kauft K bei Verkäufer V eine Kaffeemaschine, so ist der Kaufvertrag ein Schuldverhältnis i.w.S., das Rechte und Pflichten für K und V statuiert. K kann von V Übergabe und Übereignung der Kaufsache verlangen (§ 433 Abs. 1 S. 1). Dieser Anspruch ist ein Schuldverhältnis i.e.S., insoweit ist K Gläubiger und V Schuldner. V kann verlangen, dass K den vereinbarten Kaufpreis zahlt und die Kaffeemaschine abnimmt (§ 433 Abs. 2). Auch dieser Anspruch ist ein Schuldverhältnis i.e.S., bei dem K Schuldner und V Gläubiger ist.

4   Welche Begriffsbedeutung das BGB jeweils meint, muss durch **Auslegung** ermittelt werden. So bestimmt z.B. § 362 Abs. 1, dass das Schuldverhältnis erlischt, wenn die geschuldete Leistung bewirkt wird. Damit kann nur das Schuldverhältnis i.e.S. gemeint sein, denn mit der Erbringung der Leistung soll nur die konkrete Leistungspflicht des Schuldners erlöschen.[2] Zahlt z.B. der Käufer den Kaufpreis, so erlischt nur seine Pflicht aus § 433 Abs. 2, nicht jedoch die Pflicht des Verkäufers zur Übergabe und Übereignung aus § 433 Abs. 1 S. 1. Vom Schuldverhältnis i.e.S. ist ferner z.B. in §§ 364, 397, 405, 781 die Rede, während etwa §§ 273 Abs. 1, 280 Abs. 1, 311 Abs. 1, 425 Abs. 1 das Schuldverhältnis i.w.S. meinen. Im Folgenden ist stets das Schuldverhältnis i.w.S. gemeint, soweit nicht anders angegeben.

II. Arten von Schuldverhältnissen

5   Schuldverhältnisse können mit oder ohne Willen der beteiligten Personen entstehen. Daraus ergibt sich die Unterscheidung zwischen rechtsgeschäftlichen und gesetzlichen Schuldverhältnissen.

1. Rechtsgeschäftliche Schuldverhältnisse

6   Schuldverhältnisse führen zu Rechten und Verbindlichkeiten für die Beteiligten. Ausgehend vom Prinzip der Privatautonomie bedarf es zur Herbeiführung eines solchen rechtlichen Erfolges eines darauf gerichteten Akts der Beteiligten. Dieser Akt, das Rechtsgeschäft, lässt die Rechtsfolgen eintreten, weil sie gewollt sind und dies von der Rechtsordnung anerkannt wird. Da ein Schuldverhältnis mindestens zwei Personen voraussetzt und für diese Personen Rechte und Verbindlichkeiten entstehen, ist ihre Be-

---

1 Näher zur Charakterisierung Larenz, Schuldrecht I, § 2 V; Gernhuber, Das Schuldverhältnis, § 2; MünchKomm/ Ernst, Einl. SchuldR, Rn. 9 f.
2 BGH NJW 1986, 1677 (1678).

teiligung am Rechtsgeschäft erforderlich. Zur Begründung eines rechtsgeschäftlichen Schuldverhältnisses ist deshalb nach § 311 Abs. 1 grundsätzlich ein **Vertrag** zwischen den Beteiligten notwendig.

Beispiel: M möchte eine Wohnung von V mieten und unterbreitet V deshalb ein Angebot auf Abschluss eines Mietvertrages. Solange V diesen Antrag nicht angenommen hat, besteht zwischen V und M kein rechtsgeschäftliches Schuldverhältnis in Form eines Mietvertrages. M kann daher z.B. von V nicht verlangen, ihm den Gebrauch der Mietsache zu gewähren (§ 535 Abs. 1 S. 1).

Ein **einseitiges Rechtsgeschäft**, also die Willenserklärung nur einer Person, kann ein Schuldverhältnis zu einer anderen Person nur in Ausnahmefällen zustande bringen. Wegen der Privatautonomie, die den Einzelnen davor schützt, ohne seinen Willen Partei eines Schuldverhältnisses zu werden, lässt das Gesetz nur in ganz seltenen Fällen die Begründung eines rechtsgeschäftlichen Schuldverhältnisses durch einseitiges Rechtsgeschäft zu. So verhält es sich insbesondere bei der Auslobung (§ 657), durch die der Auslobende verpflichtet wird, die Belohnung an denjenigen zu entrichten, der die verlangte Handlung vorgenommen hat.

7

Beispiel: S verspricht per Aushang in der Uni demjenigen, der ihm sein gestohlenes Fahrrad zurückbringt, eine Kinokarte. F findet das Fahrrad auf einem Feldweg und entdeckt in der Satteltasche die Adresse des S. Bringt er das Fahrrad zu S, kann er von ihm die Kinokarte auch dann verlangen, wenn er von dem Aushang gar nichts wusste.

2. Gesetzliche Schuldverhältnisse

Die Rechtsordnung hat die Aufgabe, das Zusammenleben zu ordnen und in friedlichen Bahnen zu halten. Hierbei kann sie sich jedoch nicht auf die freiwillige Organisation im Rahmen der Privatautonomie verlassen. Leistungs- und Schutzpflichten sind aber ein gut geeignetes Instrument zum Ausgleich von Störungen zwischen Personen. Deshalb ordnet das Gesetz an, dass bei Vorliegen bestimmter Voraussetzungen ein Schuldverhältnis unabhängig vom Willen der Beteiligten, also **kraft Gesetzes** entsteht.

8

Beispiel: A hat durch Unachtsamkeit das Auto der B beschädigt, weigert sich aber, mit B eine rechtsgeschäftliche Vereinbarung zu treffen, derzufolge er die Reparaturkosten trägt. Gäbe es nur rechtsgeschäftliche Schuldverhältnisse, so hätte die geschädigte B keine Möglichkeit, durch eine Leistungspflicht des A einen Ausgleich für ihre Vermögenseinbuße zu erhalten. Durch die Handlung des A ist jedoch nach § 823 Abs. 1 ein gesetzliches Schuldverhältnis zustande gekommen, kraft dessen A verpflichtet ist, an B Schadensersatz zu leisten.

Gesetzliche Schuldverhältnisse sind über das gesamte BGB verteilt und auch in anderen Gesetzen geregelt. Aus dem Schuldrecht sind die vier nachfolgenden gesetzlichen Schuldverhältnisse besonders wichtig. Weitere Beispiele sind das Eigentümer-Finder-Verhältnis (§§ 965 ff.), das Eigentümer-Besitzer-Verhältnis (§§ 987 ff.) oder das Verhältnis zwischen Erben und Erbschaftsbesitzern (§§ 2018 ff.).

9

a) Geschäftsführung ohne Auftrag (§§ 677–687)

Besorgt jemand ein Geschäft eines anderen, ohne von diesem durch Rechtsgeschäft beauftragt oder sonst wie (z.B. aus Gesetz) berechtigt zu sein, so entsteht ein gesetzliches Schuldverhältnis, aus dem Rechte und Pflichten des Geschäftsführers und des Geschäftsherrn folgen.

10

Beispiel: A bemerkt, dass der Hund des für zwei Tage ortsabwesenden Nachbarn N ernsthaft erkrankt ist und fährt ihn zu einem Tierarzt. A kann von N nach §§ 683 S. 1, 670 Ersatz der Fahrtkosten verlangen, da es dem Interesse und mutmaßlichen Willen des N entsprach, den Hund zum Tierarzt zu bringen. Hätten N und A hingegen einen Vertrag über die Beaufsichtigung des Tieres geschlossen, läge ein rechtsgeschäftliches Schuldverhältnis in Form des Auftrags vor (§ 662), aus dem A nach § 670 Ersatz seiner Aufwendungen verlangen könnte.

b) Ungerechtfertigte Bereicherung (§§ 812–822)

11   Ist es durch Leistung oder auf andere Weise zu einer Vermögensverschiebung gekommen, für die kein Rechtsgrund besteht, entsteht ein gesetzliches Schuldverhältnis, das den Bereicherten zur Herausgabe verpflichtet.

Beispiel: K hat einen Kaufvertrag mit V wegen eines Erklärungsirrtums (§ 119 Abs. 1 2. Alt.) wirksam angefochten. Dies führt nach § 142 Abs. 1 zur Nichtigkeit des Kaufvertrages von Anfang an. Hat jedoch K den Kaufpreis bereits gezahlt, ist dieses Verfügungsgeschäft (Übereignung des Geldes nach § 929 S. 1) wegen des Abstraktionsprinzips (siehe Rn. 23) wirksam, d.h., V ist Eigentümer des Geldes. K hat jedoch nach § 812 Abs. 1 S. 1 1. Alt. einen Anspruch auf Herausgabe, weil für ihre Leistung infolge der Nichtigkeit des Kaufvertrages kein Rechtsgrund besteht.

c) Unerlaubte Handlung (§§ 823–852)

12   Fügt jemand einem anderen einen Schaden zu, so kann dadurch ein gesetzliches Schuldverhältnis entstehen, das den Schädiger zum Ersatz des Schadens verpflichtet. Allerdings kennt das BGB keine Norm, derzufolge jemand generell für einen Schaden, den er einem anderen widerrechtlich zufügt, haftet. Schadensersatz wird nur geschuldet, wenn einer der im Deliktsrecht geregelten Haftungstatbestände vorliegt.

Beispiel: Aus Unachtsamkeit schüttet S einen Becher Kaffee über den Kaschmir-Pullover der G. Diese kann nach § 823 Abs. 1 Schadensersatz in Höhe der Reinigungskosten verlangen, weil S fahrlässig und widerrechtlich ihr Eigentum verletzt hat.

13   Für das Verständnis des Schuldrechts ist es wichtig, die **Grenzen der deliktischen Haftung** zu erkennen, da die Anwendung schuldrechtlicher Normen immer wieder von dem Bestreben geleitet wird, durch diese Grenzen verursachte Ergebnisse zu korrigieren:

- Es gibt **keine allgemeine Haftungsnorm**, sondern nur einzelne Haftungstatbestände.
- Es gibt **keinen allgemeinen Vermögensschutz**; insbesondere schützt § 823 Abs. 1 nicht das Vermögen als solches; bloße Vermögensschäden ohne Verletzung eines der dort genannten Rechte und Rechtsgüter sind nur nach § 823 Abs. 2 (Verletzung eines Schutzgesetzes) oder § 826 (vorsätzliche sittenwidrige Schädigung) ersatzfähig.
- Es gibt **keine Zurechnung des Verhaltens von Hilfspersonen**, sondern nur eine eigene Haftung für Auswahl und Überwachung sog. Verrichtungsgehilfen, § 831 Abs. 1 S. 1. Diese Haftung ist wegen der in § 831 Abs. 1 S. 2 geregelten Exkulpationsmöglichkeit praktisch häufig bedeutungslos.

d) Geschäftlicher Kontakt (§ 311 Abs. 2, 3)

14   Werden Vertragsverhandlungen aufgenommen, kommt es zur Anbahnung des Vertrages oder zu einem ähnlichen geschäftlichen Kontakt, dann entsteht nach § 311 Abs. 2 ein Schuldverhältnis mit Pflichten nach § 241 Abs. 2, also mit Schutzpflichten. Ein solches Schuldverhältnis kann auch zu einer Person entstehen, die nicht selbst Vertrags-

partei werden soll (§ 311 Abs. 3 S. 1). Dieses sog. **vorvertragliche Schuldverhältnis** entsteht unabhängig vom Willen der Vertragsparteien im Vorfeld des potenziellen Vertragsabschlusses (ausf. § 4 Rn. 1 ff.). Aus ihm folgt eine Haftung für den Fall der schuldhaften Verletzung von Schutzpflichten nach § 280 Abs. 1.

Beispiel: Ladeninhaber H hat in seinem Geschäft Weinkartons so hoch übereinander gestapelt, dass der Kunde K beim Herausnehmen einer Flasche den ganzen Stapel zum Einsturz bringt, wodurch er verletzt wird. K kann von H nach § 280 Abs. 1 Schadensersatz verlangen, weil eine Vertragsanbahnungssituation i.S.d. § 311 Abs. 2 Nr. 2 bestand und H durch das Stapeln der Kartons in einer Weise, dass diese umkippen und jemanden verletzen können, schuldhaft eine Schutzpflicht aus § 241 Abs. 2 verletzt hat.

III. Verbindlichkeit und Recht

1. Pflicht und Forderung

Kennzeichnend für das Schuldverhältnis ist, dass wenigstens einer der Beteiligten von einem anderen Beteiligten etwas verlangen kann. Mit diesem **Recht des Gläubigers** korrespondiert eine **Pflicht des Schuldners** zu einem bestimmten Tun oder Unterlassen. Es handelt sich also um zwei Seiten derselben Medaille oder um die Beschreibung einer Rechtsbeziehung aus unterschiedlichen Perspektiven. Deshalb kann von einer Pflicht im schuldrechtlichen Sinne noch nicht gesprochen werden, wenn jemand verpflichtet ist, etwas zu tun oder zu unterlassen. Zur schuldrechtlichen Pflicht wird dies erst dann, wenn ein anderer, der Gläubiger, dies verlangen kann. Beziehen sich Recht und Pflicht auf eine Leistung (§ 241 Abs. 1), so ist das Recht des Gläubigers ein **Forderungsrecht**. Dies ist ein relatives Recht, denn der Gläubiger kann die Leistung nur vom Schuldner verlangen. Bei Schutzpflichten (§ 241 Abs. 2) passt dieser Begriff aus historischen Gründen nicht, da § 241 a.F. bis zur Schuldrechtsreform nur Leistungspflichten nannte. Gleichwohl besteht auch hier ein Recht des Gläubigers auf Schutz seiner Rechte, Rechtsgüter und Interessen.[3]

15

2. Durchsetzbarkeit der Verbindlichkeit

Der Gläubiger kann vom Schuldner verlangen, dass er seiner Verbindlichkeit nachkommt. Geschieht dies nicht, kann er seinen Anspruch im Wege der Klage und anschließender Zwangsvollstreckung mit staatlicher Hilfe durchsetzen.[4] Diese **Klagbarkeit** ist bei Leistungspflichten stets gegeben. Aber auch bei Schutzpflichten ist die Klagbarkeit im Grundsatz zu bejahen, weil der Gläubiger ein Recht hat, vom Schuldner ein Tun oder Unterlassen zu verlangen, sodass der Ausschluss der Klagbarkeit zur Verweigerung des Rechtsschutzes führen würde.[5] Allerdings werden praktische Gründe einer klageweisen Durchsetzung oftmals entgegenstehen, denn dazu müsste der Gläubiger vom Schuldner eine konkret bestimmte Handlung verlangen. Das ist aber bei einer allgemeinen Pflicht zur Rücksichtnahme oftmals nicht möglich. Hat bereits eine Verletzung der Schutzpflicht stattgefunden und droht ihre Wiederholung oder ist eine kon-

16

---

3 Vgl. Gernhuber, Das Schuldverhältnis, § 2 IV 3.
4 Eine eigenmächtige Durchsetzung in Form der Selbsthilfe kommt nur ausnahmsweise in Betracht, vgl. § 229 BGB. Aufrechnung (siehe § 14 Rn. 1 ff.) ist allerdings auch ein Weg der eigenmächtigen Forderungsdurchsetzung.
5 Gernhuber, Das Schuldverhältnis, § 2 IV 3; Erman/Westermann, § 241 Rn. 13; aA NK-BGB/Krebs, § 241 Rn. 68.

krete Verletzung absehbar, so ist eine klageweise Geltendmachung ihrer Einhaltung durchaus möglich.[6]

3. Unvollkommene Verbindlichkeiten

17   Pflichten können als vollkommene Verbindlichkeiten bezeichnet werden, weil nicht nur der Schuldner etwas tun oder unterlassen muss, sondern der Gläubiger dies verlangen und seinen Anspruch im Wege der Klage durchsetzen kann. Fehlt eines dieser Elemente, ist die Verbindlichkeit unvollkommen.[7] Hier lassen sich zwei Formen unterscheiden. Am weitesten geht die Unvollkommenheit, wenn der Schuldner trotz seines Versprechens, eine Leistung zu erbringen, keine Pflicht hierzu hat. Solche Verbindlichkeiten können auch als **Naturalobligationen** bezeichnet werden, weil es keine rechtliche, sondern nur eine „natürliche" Pflicht (Obligation) zur Leistung gibt. Beispiele finden sich in § 762 Abs. 1 S. 1 für Spiel und Wette sowie § 656 Abs. 1 S. 1 für die Heiratsvermittlung. Auch wenn der Schuldner hier keine Leistungspflicht hat, ist seine Verbindlichkeit nicht bedeutungslos: Sie stellt den Rechtsgrund für eine erbrachte Leistung dar, sodass sie vom Schuldner trotz des Umstands, dass sie nicht geschuldet war, nicht nach § 812 Abs. 1 S. 1 1. Alt. zurückverlangt werden kann. Weniger stark ausgeprägt ist die Unvollkommenheit, wenn der Schuldner zwar eine Leistungspflicht und der Gläubiger deswegen ein Forderungsrecht hat, er dieses aber **nicht durchsetzen** kann. So verhält es sich bei der praktisch besonders wichtigen Verjährung, sofern der Schuldner die Einrede erhebt (§ 214 Abs. 1). Auch hier ist die nicht (mehr) durchsetzbare Forderung aber der Rechtsgrund für eine dennoch vom Schuldner erbrachte Leistung (§ 214 Abs. 2 S. 1).

4. Obliegenheiten

18   Eine Obliegenheit liegt vor, wenn die Rechtsordnung (z.B. § 254 Abs. 2 BGB, § 377 HGB) oder eine vertragliche Vereinbarung von einer Partei des Schuldverhältnisses ein bestimmtes Tun oder Unterlassen verlangt, ohne dass die andere Partei die Vornahme der Handlung verlangen könnte. Da es an einem Anspruch auf Vornahme fehlt, handelt es sich nicht um eine Pflicht. Es kann aber zum **Eintritt von Rechtsnachteilen** beim Adressaten der Obliegenheit kommen, wenn er dieser nicht nachkommt (z.B. Verlust eines Anspruchs). Die Einhaltung der Obliegenheit liegt somit im eigenen Interesse des Adressaten, weshalb auch von „Pflichten gegen sich selbst" die Rede ist.[8] Diese Terminologie ändert aber nichts daran, dass Obliegenheiten keine Pflichten sind.

Beispiel: S hat G mit einem Messer eine Stichverletzung zugefügt. Obwohl die Wunde recht tief ist, sucht G zunächst keinen Arzt auf. Dadurch entzündet sich die Wunde, was wiederum zur Folge hat, dass die Heilbehandlung länger dauert und mehr kostet. G verlangt Ersatz der Behandlungskosten von S. – G hat gegen S aus § 823 Abs. 1 einen Anspruch auf Schadensersatz. Deshalb kann G nach § 249 Abs. 2 S. 1 von S Ersatz der Kosten für die Wiederherstellung seiner Gesundheit verlangen. Hierzu gehören auch die entstandenen Behandlungskosten. Nach § 254 Abs. 2 S. 1 2. Alt. hat G aber die Obliegenheit, den Schaden zu mindern (siehe § 47 Rn. 6). S kann von G mangels Vorliegens einer entsprechenden Pflicht zwar nicht verlangen, dass dieser rechtzeitig einen Arzt aufsucht und dadurch ver-

---

6 Medicus/Petersen, Bürgerliches Recht, Rn. 207; Schlechtriem/Schmidt-Kessel, Schuldrecht AT, Rn. 165.

7 Zur Vertiefung: Fuchs, Naturalobligationen und unvollkommene Verbindlichkeiten im BGB, FS Medicus (1999), 123; Schreiber, Unvollkommene Verbindlichkeiten, Jura 1998, 270.

8 Zur Vertiefung: Wieling, Venire contra factum proprium und Verschulden gegen sich selbst, AcP 176 (1976), 334.

hindert, dass höhere Behandlungskosten entstehen. Da G jedoch nicht sogleich zum Arzt gegangen ist, hat er seine Obliegenheit zur Schadensminderung verletzt. Das hat zur Folge, dass er nur Ersatz für einen Teil der Kosten verlangen kann.

IV. Relativität des Schuldverhältnisses

1. Relatives Rechtsverhältnis

Schuldverhältnisse sind relative Rechtsverhältnisse, d.h., sie bestehen und wirken nur zwischen den beteiligten Personen.[9] Deshalb treffen schuldrechtliche Pflichten nur den Schuldner und keine dritten Personen und die korrespondierenden Rechte stehen nur dem Gläubiger zu. Das Forderungsrecht des Gläubigers ist daher ein **relatives Recht**. Es wird nur zwischen den Beteiligten des Schuldverhältnisses (inter partes) geschützt, nicht aber gegenüber unbeteiligten Dritten. Dadurch unterscheidet es sich von **absoluten Rechten** wie dem Eigentum, das gegenüber jedermann (inter omnes) Schutz genießt. Die Verletzung eines absoluten Rechts kann aber zur Entstehung eines Schuldverhältnisses und damit zu einem relativen Recht führen. So entsteht z.B. durch die widerrechtliche und schuldhafte Verletzung des Eigentums zwischen Eigentümer und Schädiger nach § 823 Abs. 1 ein gesetzliches Schuldverhältnis, aus dem der Eigentümer einen Anspruch auf Schadensersatz hat, der sich nur gegen den Schädiger richtet. Rechte aus einem Schuldverhältnis können hingegen wegen der Relativität nicht ohne Weiteres von einem Dritten verletzt werden. Insbesondere ist das Forderungsrecht nach ganz h.M. kein sonstiges Recht i.S.d. § 823 Abs. 1, da davon nur absolut wirkende Rechte erfasst werden.[10] In Betracht kommt daher nur ein Schutz über § 826, der aber nur vorsätzliche sittenwidrige Schädigungen erfasst.

19

Beispiel: V verkauft eine Uhr für 500 € an K. Es wird vereinbart, dass K den Kaufpreis am nächsten Tag zahlt und die Uhr dann mitnimmt. Bevor K dies tun kann, stiehlt X die Uhr. – K kann von X nicht Übergabe verlangen, weil der entsprechende Anspruch aus § 433 Abs. 1 S. 1 sich nur gegen V richtet. Er kann auch nicht nach § 985 Herausgabe verlangen, weil die Übereignung an ihn noch nicht stattgefunden hat, sodass V weiterhin Eigentümerin ist. Aus dem gleichen Grund scheidet ein Schadensersatzanspruch des K gegen X aus § 823 Abs. 1 aus. V hingegen kann von X Herausgabe (§ 985) und Schadensersatz (§ 823 Abs. 1) verlangen.

Die Relativität des Rechtsverhältnisses kann von den Parteien im Rahmen ihrer Privatautonomie in begrenztem Rahmen überschritten werden. Möglich ist ein **Vertrag zugunsten Dritter** (§§ 328 ff., siehe § 36). Anerkannt ist ferner eine Ausdehnung nur der Schutzpflichten eines Schuldverhältnisses auf Dritte durch das **Schuldverhältnis mit Schutzwirkung zugunsten Dritter** (siehe § 37).

20

2. Schuldverhältnisse und Sachenrecht

Die Relativität des Schuldverhältnisses ist ein wesentliches Merkmal, durch das sich das Schuldrecht vom Sachenrecht unterscheidet, denn die dort geregelten Rechte sind dingliche Rechte, die gegenüber jedermann wirken. Ein weiterer Unterschied ist das Prinzip der **Gestaltungsfreiheit**. Über den Inhalt des rechtsgeschäftlichen Schuldverhältnisses können die Parteien in weitem Umfang selbst bestimmen (in den Grenzen

21

---

9   Zur Vertiefung: Looschelders/Makowsky, Relativität des Schuldverhältnisses und Rechtsstellung Dritter, JA 2012, 721.
10 Zur Vertiefung: Decker, Schutz von Forderungen durch das Deliktsrecht, AcP 196 (1996), 439; Medicus/Petersen, Bürgerliches Recht, Rn. 610; Peifer, Gesetzliche Schuldverhältnisse, § 3 Rn. 40.

aus §§ 134, 138, 305 ff.); den Inhalt bereits entstandener gesetzlicher Schuldverhältnisse können sie durch Vertrag ändern (§ 311 Abs. 1 2. Alt.). Im Sachenrecht gilt hingegen ein Typenzwang, d.h., die Parteien können keine neuen dinglichen Rechte schaffen.

22   Schuldverhältnisse schaffen Pflichten des Schuldners und sind deshalb **Verpflichtungsgeschäfte**. Durch sie wird nur ein relatives Forderungsrecht des Gläubigers auf ein Tun oder Unterlassen begründet. Die dingliche Rechtslage, d.h. die Zuordnung eines Objekts zu einer Person, wird durch den Abschluss des Verpflichtungsgeschäfts nicht berührt. Hierzu bedarf es eines **Verfügungsgeschäfts**. Diese sind überwiegend im Sachenrecht geregelt (z.B. Übereignung beweglicher Sachen in § 929 S. 1), aber auch im Schuldrecht zu finden (insb. Forderungsabtretung, §§ 398 ff., siehe § 39).

Beispiel: K kauft beim Bäcker V drei Brötchen, die er sofort bezahlt und mitnimmt. Das sind drei Rechtsgeschäfte: 1. Kaufvertrag zwischen K und V (§ 433); 2. Übereignung des Geldes von K an V (§ 929 S. 1); 3. Übereignung der Brötchen von V an K (§ 929 S. 1). Allein durch den Abschluss des Kaufvertrages hat sich nichts an der Eigentümerstellung bzgl. Geld und Brötchen verändert. Hierzu kam es erst durch die beiden Verfügungsgeschäfte.

23   Die grundlegende Unterscheidung zwischen Verpflichtungs- und Verfügungsgeschäft beruht auf dem **Trennungsprinzip**. Es verlangt auch bei Handlungen, die nach außen als Einheit erscheinen, eine rechtliche Differenzierung zwischen der Verpflichtung als solcher und ihrer Erfüllung durch Verfügungsgeschäft. Diese beiden Geschäfte sind in ihrer Wirksamkeit und ihrem Bestand zudem kraft des **Abstraktionsprinzips** voneinander unabhängig.[11] Dies bedeutet, dass die Unwirksamkeit eines Geschäfts nicht zur Unwirksamkeit des anderen Geschäfts führt. Ein Verfügungsgeschäft ist daher auch dann wirksam, wenn das zugrunde liegende Verpflichtungsgeschäft unwirksam ist – es sei denn, der gleiche Unwirksamkeitsgrund liegt auch beim Verfügungsgeschäft vor (Fehleridentität).

Beispiel: V hat K ein Angebot auf Abschluss eines Kaufvertrages über ein Buch zum Preis von 20 € unterbreitet. Hierbei hat V sich verschrieben, eigentlich wollte er 200 € haben. Nachdem K das Angebot angenommen hat, übereignet V ihr das Buch. Erst als K wie vereinbart einige Tage später den Kaufpreis zahlen will, fällt V sein Fehler auf. Sofort erklärt er die Anfechtung. – Durch die Anfechtung wegen eines Erklärungsirrtums (§ 119 Abs. 1 2. Alt.) ist der Kaufvertrag von Anfang an nichtig (§ 142 Abs. 1). Das lässt aber die Wirksamkeit der Übereignung des Buches unberührt. V kann daher nicht nach § 985 Herausgabe verlangen; richtige Anspruchsgrundlage ist vielmehr § 812 Abs. 1 S. 1 1. Alt.

Hinweis zur Fallbearbeitung: Die Beachtung des Trennungs- und Abstraktionsprinzips ist für den Prüfungserfolg von essenzieller Bedeutung. Verstöße werden sehr streng geahndet und sind daher unter allen Umständen zu vermeiden. Es darf nicht einmal der leiseste Zweifel daran geweckt werden, dass dieses Prinzip verstanden und verinnerlicht wurde. Angesichts der Fundamentalität des Trennungs- und Abstraktionsprinzips erscheint dieser Rat überflüssig; die Korrektur von Klausuren und Hausarbeiten beweist jedoch das Gegenteil.

---

11   Zur Wiederholung: Bayerle, Trennungs- und Abstraktionsprinzip in der Fallbearbeitung, JuS 2009, 1079; Jauernig, Trennungs- und Abstraktionsprinzip, JuS 1994, 721; Lorenz, Grundwissen Zivilrecht: Abstrakte und kausale Rechtsgeschäfte, JuS 2009, 489; Petersen, Das Abstraktionsprinzip, Jura 2004, 617.

WIEDERHOLUNGS- UND VERTIEFUNGSFRAGEN

1. Was bezeichnen die Begriffe Schuldverhältnis im weiteren Sinne und Schuldverhältnis im engeren Sinne? (Rn. 3, 4)   24

2. In welchem Verhältnis stehen Pflicht des Schuldners und Forderungsrecht des Gläubigers zueinander? (Rn. 15)

3. V verkauft dem K sein Lehrbuch zum BGB AT für 10 €. Da V das Buch nicht dabei hat, sollen Übergabe und Kaufpreiszahlung an nächsten Tag stattfinden. Zuvor jedoch übereignet V das Buch wirksam an Z. Stehen K Ansprüche aus §§ 433 Abs. 1 oder 823 Abs. 1 oder 985 gegen Z zu? (Rn. 19)

4. F hat sein Fahrrad bei der Versicherung V gegen Diebstahl versichert. Im Vertrag heißt es: „Der Versicherungsnehmer muss das Fahrrad zwischen 22 und 6 Uhr in einem verschlossenen Raum abstellen." Hat V gegen F einen entsprechenden Anspruch? (Rn. 18)

§ 2 Regelung des Schuldrechts

I. Regelungsort und -sytematik

1 Das Recht der Schuldverhältnisse ist hauptsächlich, aber nicht ausschließlich im Zweiten Buch des BGB (§§ 241–853) geregelt. Diese Regelung ist zweigeteilt: Die Abschnitte 1 bis 7 (§§ 241–432) enthalten Vorschriften, die für alle Schuldverhältnisse gelten; sie stellen den **Allgemeinen Teil des Schuldrechts** dar. Diese Idee des „Vor-die-Klammer-Ziehens" ist aus dem BGB AT bekannt, wurde aber im Bereich des Schuldrechts nicht ganz durchgehalten: Abschnitt 3 (§§ 311–360) enthält Regelungen, die nur für vertragliche Schuldverhältnisse gelten und die in Abschnitt 2 (§§ 305–310) geregelten Allgemeinen Geschäftsbedingungen spielen gleichfalls nur bei Verträgen eine Rolle. Hierbei handelt es sich also gleichsam um ein besonderes Schuldrecht AT, während die übrigen Abschnitte das allgemeine Schuldrecht AT darstellen.

2 Der achte und letzte Abschnitt (§§ 433–853) befasst sich mit einzelnen Schuldverhältnissen. Hier sind in insgesamt 27 Titeln Vorschriften zusammengestellt, die nur für den jeweils geregelten Typ eines vertraglichen oder gesetzlichen Schuldverhältnisses gelten. Dieser **Besondere Teil des Schuldrechts** regelt diejenigen Schuldverhältnisse, die dem Gesetzgeber am wichtigsten erschienen. Dies sind überwiegend vertragliche, aber auch einige sehr wichtige gesetzliche Schuldverhältnisse. Die Regelung der vertraglichen Schuldverhältnisse ist nicht abschließend, d.h., die Parteien können den Inhalt des Schuldverhältnisses frei bestimmen (vgl. § 311 Abs. 1) und damit auch neue vertragliche Schuldverhältnisse kreieren und geregelte Schuldverhältnisse inhaltlich ändern oder kombinieren.

3 Für die Rechtsanwendung ergibt sich aus der **Regelungssystematik**, dass zunächst danach zu fragen ist, ob es für das fragliche Schuldverhältnis und das zu bearbeitende Problem eine Regelung im Besonderen Teil des Schuldrechts gibt, da diese Regelungen den allgemeinen Regelungen im Schuldrecht AT und im BGB AT vorgehen und diese verdrängen. Nur wenn dies nicht der Fall ist, kommen die Vorschriften des Allgemeinen Teils des Schuldrechts zur Anwendung. Man muss also von „hinten nach vorne" gehen.[1]

Beispiel: Nach § 433 Abs. 1 S. 1 ist der Verkäufer zur Übergabe und Übereignung der gekauften Sache verpflichtet. Aber zu welchem Zeitpunkt muss er diese Pflicht erfüllen? Im allgemeinen Teil des Schuldrechts findet sich hierzu eine Regelung in § 271 Abs. 1. Danach kann der Gläubiger, wenn eine Zeit für die Leistung weder bestimmt noch aus den Umständen zu entnehmen ist, die Leistung sofort verlangen, d.h. der Schuldner muss sofort mit Entstehung seiner Leistungspflicht leisten. Diese Regelung gilt auch für den Kaufvertrag. Ist dieser aber ein Verbrauchsgüterkaufvertrag (§ 474 Abs. 1), gilt mit § 475 Abs. 1 S. 1 eine Sonderregelung, die § 271 Abs. 1 verdrängt: Danach kann der Gläubiger die Leistung, soweit kein Leistungszeitpunkt bestimmt ist oder sich aus den Umständen ergibt, nur unverzüglich verlangen.

4 Regelungen für Schuldverhältnisse finden sich auch **außerhalb des Zweiten Buchs** an anderen Stellen im BGB (z.B. § 179, §§ 987 ff.), aber auch in **anderen Gesetzen**. Zu nennen ist insbesondere das **Handelsrecht**, das u.a. Regelungen für Rechtsgeschäfte bereithält, die ein Kaufmann im Rahmen seines Handelsgewerbes abschließt (§§ 343–475 h HGB). Hinzuweisen ist ferner auf das VVG, das den Versicherungsvertrag regelt,

---

1 Medicus, BGB AT, Rn. 37. Zur Wiederholung: Schapp, Einführung in das Bürgerliche Recht: Das System des Bürgerlichen Rechts, JA 2003, 125.

sowie auf zahlreiche Haftungsvorschriften, die das Recht der unerlaubten Handlungen des BGB ergänzen (z.B. Produkthaftung aufgrund des ProdHG; Haftung im Straßenverkehr nach StVG). Für Kaufverträge über Waren, die nicht für den persönlichen Gebrauch bestimmt sind, gilt, sofern die Parteien ihre Niederlassung in verschiedenen Staaten haben, das Übereinkommen der Vereinten Nationen über Verträge über den internationalen Warenkauf (CISG, **UN-Kaufrecht**), bei dem es sich um nationales deutsches Recht handelt.

II. Geschichte und Zukunft des Schuldrechts

Die Geschichte des Schuldrechts ist mit Blick auf die jüngere Zeit vor allem durch die **Schuldrechtsreform** geprägt, die durch das am 1.1.2002 in Kraft getretene Schuldrechtsmodernisierungsgesetz verwirklicht wurde.[2] Es hat eine vollständige Neuregelung des Leistungsstörungsrechts gebracht; außerdem wurden einige wichtige, von der Rechtsprechung entwickelte Rechtsinstitute kodifiziert (vorvertragliche Schuldverhältnisse in § 311 Abs. 2, 3; Wegfall der Geschäftsgrundlage in § 313; Kündigung von Dauerschuldverhältnissen in § 314) und bislang außerhalb des BGB angesiedelte Vorschriften zum Verbraucherschutz inkorporiert. Das Kauf- und Werkvertragsrecht wurde ebenfalls grundlegend reformiert.

5

Die jüngste Geschichte des Schuldrechts steht ebenso wie seine Zukunft in steigendem Maße unter dem **Einfluss des Rechts der Europäischen Union**.[3] Diese hat vor allem für eine Reihe einzelner Rechtsgeschäfte, an denen Verbraucher beteiligt sind, Richtlinien geschaffen, die vom nationalen Gesetzgeber umzusetzen sind (Art. 288 Abs. 3 AEUV). So war etwa die Richtlinie über den Verbrauchsgüterkauf,[4] die vom deutschen Gesetzgeber umgesetzt werden musste, einer der wesentlichen Motoren der Schuldrechtsreform. In keinem anderen Bereich des Bürgerlichen Rechts wirkt sich die Europäisierung so stark aus wie im Schuldrecht. Wichtige Änderungen sind in den letzten Jahren veranlasst worden durch die Richtlinie über die Rechte der Verbraucher (VerbrRL)[5] (umgesetzt durch das VerbrRL-UG[6]), die Richtlinie zur Bekämpfung des Zahlungsverzugs im Geschäftsverkehr[7] und die Richtlinie über Wohnimmobilienkreditverträge für Verbraucher[8] (umgesetzt durch das WohnImmoKredRLUG[9]). Konsequenz dieser Entwicklung ist es, dass bei einer ständig steigenden Zahl von Normen eine **richtlinienkonforme Auslegung** notwendig ist.[10]

6

---

2 Gesetz zur Modernisierung des Schuldrechts vom 26. November 2001, BGBl. I, 3188. Zur Vertiefung: Canaris, Schuldrechtsreform (2002); Schulze/Schulte-Nölke (Hrsg.), Die Schuldrechtsreform vor dem Hintergrund des Gemeinschaftsrechts (2001); Staudenmeyer, Zehn Jahre Schuldrechtsreform, ZJS 2012, 301.

3 Zur Vertiefung: Basedow, Grundlagen des europäischen Privatrechts, JuS 2004, 89; Taupitz/Wille, Die Entwicklung des BGB unter europäischem Einfluss, JA 2005, 385.

4 Richtlinie 1999/44/EG des Europäischen Parlaments und des Rates vom 25. Mai 1999 zu bestimmten Aspekten des Verbrauchsgüterkaufs und der Garantien für Verbrauchsgüter, ABl. Nr. L 171 v. 7.7.1999, 12 ff.

5 Richtlinie 2011/83/EU des Europäischen Parlaments und des Rates vom 25. Oktober 2011 über die Rechte der Verbraucher, ABl. Nr. L 304 v. 22.11.2011.

6 Gesetz zur Umsetzung der Verbraucherrechterichtlinie und zur Änderung des Gesetzes zur Regelung der Wohnungsvermittlung vom 20. September 2013, BGBl. I, 3642.

7 Richtlinie 2011/7/EU des Europäischen Parlaments und des Rates vom 16. Februar 2011 zur Bekämpfung von Zahlungsverzug im Geschäftsverkehr, ABl. Nr. L 48 v. 23.2.2011

8 Richtlinie 2014/17/EU des Europäischen Parlaments und des Rates vom 4. Februar 2014 über Wohnimmobilienkreditverträge für Verbraucher, ABl. Nr. L 60 v. 28.2.2014.

9 Gesetz zur Umsetzung der Wohnimmobilienkreditrichtlinie und zur Änderung handelsrechtlicher Vorschriften vom 11. März 2016, BGBl. I, 396.

10 Zur Vertiefung: Herrmann/Michl, Wirkungen von EU-Richtlinien, JuS 2009, 1065; Grundmann, Einwirkung von EG-Richtlinien des Privat- und Wirtschaftsrechts auf nationales Recht – Deckungsgleichheit zumindest

7   Die das Schuldrecht betreffenden EU-Richtlinien stellen keinen geschlossenen und in sich stimmigen Regelungskomplex dar, sondern sind eher eine punktuelle Regelung unter dem Blickwinkel des Verbraucherschutzes. Die Schaffung eines kohärenten europäischen Vertragsrechts gehört aber zu den erklärten Absichten der EU. Ein erster Schritt war der im Auftrag der EU geschaffene Entwurf eines **gemeinsamen Referenzrahmens** (Draft Common Frame of Reference). Er bildete die Grundlage für das 2010 von der EU-Kommission veröffentlichte Grünbuch „Optionen für die Einführung eines Europäischen Vertragsrechts für Verbraucher und Unternehmen", in dem mehrere Vorschläge für die kohärente Gestaltung des Vertragsrechts gemacht wurden. Diese reichten von der Veröffentlichung nicht verbindlicher Mustervertragsklauseln über ein optionales europäisches Vertragsrecht (sog. „28. Rechtsordnung" wegen der bestehen bleibenden Rechtsordnungen der damals 27 Mitgliedstaaten) bis zur Einführung eines kompletten **Europäischen Zivilgesetzbuchs,** das an die Stelle des vertraglichen Schuldrechts der Mitgliedstaaten treten würde.[11] Dieses ambitionierte Projekt ist aber zunächst nicht weiter verfolgt worden. Stattdessen hat die Europäische Kommission 2011 einen Vorschlag für eine Verordnung über ein **Gemeinsames Europäisches Kaufrecht** vorgelegt,[12] mit dem eine optionale (d. h. von den Vertragsparteien zu wählende) Rechtsordnung für grenzüberschreitende Kaufverträge bereitgestellt werden sollte. Der Vorschlag wurde aber aufgrund des Widerstands einiger Mitgliedstaaten zurückgezogen. Jüngst hat die EU zwei neue Richtlinien verabschiedet, die zu einer weiteren Harmonisierung des Schuldrechts führen werden. Die Richtlinie über bestimmte vertragsrechtliche Aspekte des **Warenkaufs**[13] ersetzt die Verbrauchsgüterkauf-Richtlinie. Mit der Richtlinie über bestimmte vertragsrechtliche Aspekte der **Bereitstellung digitaler Inhalte und digitaler Dienstleistungen**[14] reagiert die EU auf die zunehmende Digitalisierung. Beide Richtlinien müssen bis zum 1. Juli 2021 in deutsches Recht umgesetzt werden.

---

im Mindestniveau, JuS 2002, 768; Stürner, Richtlinienkonforme Rechtsanwendung im Privatrecht, Jura 2017, 777.

11   Zur Vertiefung: Mittwoch, Die Vereinheitlichung des Privatrechts in Europa – auf dem Weg zu einem Europäischen Zivilgesetzbuch?, JuS 2010, 767; Schulte-Nölke, Arbeiten an einem europäischen Vertragsrecht – Fakten und populäre Irrtümer, NJW 2009, 2161.

12   Vorschlag für eine Verordnung des Europäischen Parlaments und des Rates über ein Gemeinsames Europäisches Kaufrecht vom 11. Oktober 2011, KOM(2011) 635 endg.

13   Richtlinie (EU) 2019/771 des Europäischen Parlaments und des Rates vom 20.5.2019 über bestimmte vertragsrechtliche Aspekte des Warenkaufs, zur Änderung der Verordnung (EU) 2017/2394 und der Richtlinie 2009/22/EG sowie zur Aufhebung der Richtlinie 1999/44/EG, ABl. Nr. L 136 v. 22.5.2019, 28 ff.

14   Richtlinie (EU) 2019/770 des Europäischen Parlaments und des Rates vom 20.5.2019 über bestimmte vertragsrechtliche Aspekte der Bereitstellung digitaler Inhalte und digitaler Dienstleistungen, ABl. Nr. L 136 v. 22.5.2019, 1 ff.

B. Entstehung von Schuldverhältnissen

§ 3 Entstehung rechtsgeschäftlicher Schuldverhältnisse

I. Begründung durch Rechtsgeschäft

1. Entstehung durch Vertrag

Rechtsgeschäftliche Schuldverhältnisse erfordern nach § 311 Abs. 1 einen Vertrag zwischen den Beteiligten. Dies entspricht dem **Prinzip der Privatautonomie**, demzufolge jeder selbst über seine privaten Rechtsverhältnisse entscheiden soll. Deshalb ist ein Vertrag, durch den ein Schuldverhältnis zu einem Dritten begründet werden soll, im Grundsatz nicht möglich. Das gilt uneingeschränkt für den Vertrag zulasten Dritter, mit dem eine Verbindlichkeit eines Dritten begründet werden soll. Demgegenüber kennt das BGB den Vertrag zugunsten Dritter, aufgrund dessen der Dritte unmittelbar das Recht erwirbt, die Leistung vom Schuldner zu fordern (§ 328 Abs. 1, siehe § 36 Rn. 2). Doch auch hier gilt: Jeder kann selbst bestimmen, ob und mit wem er eine private Rechtsbeziehung eingeht. Deshalb kann der Dritte das aus dem Vertrag zugunsten Dritter erworbene Recht zurückweisen; nach § 333 gilt es dann als nicht erworben.

Der **Abschluss eines Vertrages** setzt bekanntlich zwei übereinstimmende und mit Bezug aufeinander abgegebene Willenserklärungen voraus.[1] Die Entstehungsvoraussetzungen für vertragliche Schuldverhältnisse ergeben sich deshalb aus dem Allgemeinen Teil des BGB. Das Schuldrecht ergänzt diese Regelungen nur punktuell, z.B. durch Formerfordernisse für bestimmte Schuldverhältnisse (z.B. § 311 b Abs. 1, siehe Rn. 38) oder eine Bestimmung, wonach durch die unverlangte Warenzusendung an einen Verbraucher kein Vertrag zustande kommt (§ 241 a, siehe Rn. 6 ff.).

2. Entstehung durch einseitiges Rechtsgeschäft

Die Grundregel des § 311 Abs. 1 gilt nicht, soweit das Gesetz etwas anderes bestimmt. Durch einseitiges Rechtsgeschäft kommt insbesondere das Schuldverhältnis der Auslobung zustande (§ 657, siehe § 1 Rn. 7).

3. Entstehung durch sozialtypisches Verhalten?

Da Verträge durch Willenserklärungen zustande kommen, setzt die Entstehung rechtsgeschäftlicher Schuldverhältnisse einen auf die Begründung von Rechten und Pflichten gerichteten Willen voraus. An diesem **Rechtsbindungswillen** scheint es zu fehlen, wenn jemand eine erkennbar entgeltlich angebotene Leistung in Anspruch nimmt und dabei zugleich erklärt, keinen Vertrag abschließen zu wollen.

Beispiel (BGHZ 21, 319 – Hamburger Parkplatzfall): Autofahrer F fährt auf einen erkennbar gebührenpflichtigen Parkplatz und erklärt schon bei der Einfahrt gegenüber dem Parkwächter, er wolle keine Bewachung seines Fahrzeugs und werde daher auch kein Entgelt zahlen. Der Parkplatzbetreiber verlangt dennoch das in der aushängenden Gebührenordnung ausgewiesene Entgelt.

---

1 Zur Wiederholung: Faust, BGB AT, § 3 Rn. 1.

5   Nimmt man an, in solchen Fällen fehle es mangels Rechtsbindungswillens an einer Willenserklärung, so scheidet ein vertragliches Schuldverhältnis aus und der Leistungserbringer ist auf Ansprüche aus gesetzlichen Schuldverhältnissen (z.B. § 812 Abs. 1 S. 1 1. Alt.) beschränkt. Der BGH und Teile der Lehre haben jedoch früher angenommen, im Massenverkehr komme es zumindest bei der Inanspruchnahme von Leistungen der Daseinsfürsorge (öffentlicher Nahverkehr, Wasser- und Energieversorgung) durch **sozialtypisches Verhalten** zu einem **faktischen Vertragsverhältnis**, das einem durch Willenserklärung begründeten Vertragsverhältnis gleichstehe.[2] Diese Idee eines nicht durch Willenserklärung begründeten Vertrages, für die es im BGB keine Stütze gibt, gilt heute mit Recht als **Irrweg**. Bei einer Auslegung vom objektiven Empfängerhorizont erklärt derjenige, der eine erkennbar entgeltlich angebotene Leistung in Anspruch nimmt, konkludent die Annahme des Angebots. Es liegt eine Willenserklärung vor, sodass es eines Rückgriffs auf ein sozialtypisches Verhalten nicht bedarf. Für den Zugang dieser Willenserklärung kann ggf. auf § 151 S. 1 zurückgegriffen werden. Das Problem des ausdrücklich erklärten gegenteiligen Willens, der auch bei einer Auslegung vom objektiven Empfängerhorizont erkennbar ist, kann mit der h.M. durch Anwendung des § 242 gelöst werden. Die ablehnende ausdrückliche Erklärung steht im Widerspruch zum tatsächlichen Verhalten (*protestatio facto contraria*) und ist wegen eines Verstoßes gegen Treu und Glauben unbeachtlich.[3]

4. Entstehung durch Lieferung unbestellter Waren?

6   Versendet jemand eine Ware, die vom Empfänger nicht bestellt wurde und wird aus der Zusendung deutlich, dass der Versender sie verkaufen will, dann liegt in diesem Verhalten ein Angebot auf Abschluss eines Kaufvertrages. Allein durch die Warenzusendung kann ein Schuldverhältnis noch nicht zustande kommen; erforderlich ist nach § 311 Abs. 1 ein Vertrag. Dieser setzt eine zweite Willenserklärung, die Annahme des Angebots voraus. Diese kann allerdings konkludent erfolgen, etwa durch **Ingebrauchnahme oder Verbrauch der Sache**; für den Zugang der Annahmeerklärung kommt § 151 S. 1 zur Anwendung. Die bloße Entgegennahme der Ware mit anschließender Aufbewahrung genügt jedoch nicht, weil dieses Verhalten nicht mit hinreichender Deutlichkeit zeigt, dass der Empfänger einen Kaufvertrag schließen, d.h. einen Anspruch auf Übereignung der Ware gegen Zahlung des Kaufpreises begründen will.

7   Der Grundsatz, dass allein durch unbestellte Warenlieferung **kein vertragliches Schuldverhältnis** zustande kommt, gilt selbstverständlich auch dann, wenn der Versender **Unternehmer** (§ 14 Abs. 1) und der Empfänger **Verbraucher** (§ 13) ist. Jedoch darf in diesem Fall auch ein Vertragsschluss durch konkludentes Verhalten des Verbrauchers (Ingebrauchnahme oder Verbrauch der Sache) nicht angenommen werden. Denn nach § 241a Abs. 1 wird durch die Lieferung unbestellter beweglicher Sachen oder die Erbringung unbestellter sonstiger Leistungen durch einen Unternehmer an einen Verbraucher kein Anspruch gegen den Verbraucher begründet. Soweit es um Ansprüche aus einem vertraglichen Schuldverhältnis geht, stellt § 241a Abs. 1 eine **zwingende Auslegungsregel** dar. Erforderlich ist daher eine ausdrückliche Annahmeerklärung (z.B. Kaufpreiszahlung). Abweichende vertragliche Vereinbarungen zum Nachteil des Ver-

---

2   BGHZ 21, 319 (333); BGHZ 23, 175 (177) ff.; LG Bremen, NJW 1966, 1360; Haupt, Über faktische Vertragsverhältnisse (1941); Larenz, Die Begründung von Schuldverhältnissen durch sozialtypisches Verhalten, NJW 1956, 1897 ff.
3   Faust, BGB AT, § 3 Rn. 2; Joussen, Schuldrecht AT, Rn. 84; krit. Medicus/Petersen, Bürgerliches Recht, Rn. 189 ff.

brauchers sind nach § 241a Abs. 3 S. 1 nicht möglich. § 241a dient der Umsetzung von Art. 27 VerbrRL und ist richtlinienkonform auszulegen.

Beispiel: Verbraucher A erhält von Versandhändler G eine Flasche Kräuterlikör, obwohl er nichts bestellt hat. A ignoriert die Bitte um Zahlung von 10 € und legt die Flasche zu seinem Alkoholvorrat. Diese Handlung wäre vom objektiven Empfängerhorizont her als Annahmeerklärung zu verstehen, weil A mit ihr seine Absicht zu erkennen gibt, den Likör behalten und trinken zu wollen. Ist G jedoch Unternehmer, dann steht § 241a Abs. 1 dieser Auslegung entgegen. Ein Kaufvertrag ist nicht zustande gekommen, weshalb G von A auch nicht Zahlung von 10 € aus einem Kaufvertrag gem. § 433 Abs. 2 verlangen kann.[4]

5. Entstehung durch Übernahme einer Gefälligkeit?

Treffen Personen eine Abrede, aufgrund derer eine Person ein Tun oder Unterlassen zusagt, führt dies nicht zwingend zur Entstehung eines rechtsgeschäftlichen Schuldverhältnisses. Im täglichen Miteinander werden vielfach Vereinbarungen getroffen, die nicht rechtlich, sondern allenfalls gesellschaftlich bindend sein sollen (z.B. Vereinbarung, gemeinschaftlich ins Kino zu gehen; Versprechen, die Post des Nachbarn am kommenden Tag aus dem Briefkasten zu holen). Ein rechtsgeschäftliches Schuldverhältnis erfordert hingegen zwei mit **Rechtsbindungswillen** abgegebene Willenserklärungen. Deshalb ist der Rechtsbindungswille das entscheidende Abgrenzungsmerkmal zwischen dem rechtsgeschäftlichen Schuldverhältnis und der nicht rechtsgeschäftlichen **Gefälligkeit**.[5]

8

Bei der **Abgrenzung** ist zu beachten, dass der Rechtsbindungswille zwei unterschiedliche Bezugspunkte haben kann. Vordringlich geht es um die Frage, ob die Parteien eine rechtlich bindende Pflicht zur Vornahme der Handlung begründen wollten. Bezugspunkt ist hier die Begründung einer **Leistungspflicht i.S.d. § 241 Abs. 1**. Fehlt ein solcher Rechtsbindungswille, kann gleichwohl ein rechtsgeschäftliches Schuldverhältnis bestehen, denn es gibt, wie § 311 Abs. 2, 3 belegt, auch Schuldverhältnisse, in denen nur **Schutzpflichten i.S.d. § 241 Abs. 2** bestehen. Ein rechtsgeschäftliches Schuldverhältnis liegt daher auch dann vor, wenn der Gefällige zwar nicht zur Leistung verpflichtet, aber nach dem Willen der Parteien bei der Vornahme der Gefälligkeit auf Rechte, Rechtsgüter oder Interessen des anderen Teils Rücksicht nehmen soll.[6] Nach a.A. schließt das Fehlen eines auf eine Leistungspflicht gerichteten Rechtsbindungswillens ein rechtsgeschäftliches Schuldverhältnis aus; stattdessen sollen sich Schutzpflichten aus einem nach § 311 Abs. 2 Nr. 3 entstandenen gesetzlichen Schuldverhältnis ergeben.[7] Dagegen spricht, dass die Vertragsfreiheit die Schaffung vertraglicher Schuldverhältnisse, die nur Schutzpflichten hervorbringen, erlaubt. Das Problem besteht allerdings darin, im Wege der Auslegung einen entsprechenden, nur auf die Hervorbrin-

9

---

4   Zur umstrittenen Frage, inwieweit § 241a Abs. 2 auch Herausgabeansprüche des Versenders aus § 812 Abs. 1 S. 1 1. Alt. und § 985 ausschließt, siehe Berger, Der Ausschluss gesetzlicher Rückgewähransprüche bei der Erbringung unbestellter Leistungen nach § 241a BGB, JuS 2001, 649; Casper, Die Zusendung unbestellter Waren nach § 241a BGB, ZIP 2000, 1602; Schwarz, § 241a BGB als Störfall für die Zivilrechtsdogmatik, NJW 2001, 1449.

5   Wichtige Rspr.: BGHZ 21, 102 (Gefälligkeitsfahrt); BGH NJW 1974, 1705 (Lottospielgemeinschaft); BGH NJW 1992, 498 (Nachhausebringen eines Arbeitskollegen); zur Vertiefung: Dassbach, Gefälligkeitsverhältnisse in der Fallbearbeitung, JA 2018, 575; Paulus, Die Abgrenzung zwischen Rechtsgeschäft und Gefälligkeit am Beispiel der Tischreservierung, JuS 2015, 496; Schreiber, Haftung für Gefälligkeiten, Jura 2001, 810; Willoweit, Schuldverhältnis und Gefälligkeit, JuS 1984, 909.

6   Faust, BGB AT, § 2 Rn. 2; Fikentscher/Heinemann, Schuldrecht, Rn. 29; Larenz/Wolf, BGB AT (9. Aufl.), § 22 Rn. 33.

7   Westermann/Bydlinski/Weber, Schuldrecht AT, Rn. 2/31.

gung von Schutzpflichten gerichteten Rechtsbindungswillen zu ermitteln. Mit einem Rückgriff auf § 311 Abs. 2 Nr. 3 handelt man sich indessen ein ganz ähnliches Problem ein. Denn dann ist bei der Übernahme einer Gefälligkeit zu ermitteln, ob zwischen den Parteien ein geschäftlicher Kontakt bestand, der jenem ähnlich ist, wie er bei Vertragsverhandlungen oder einer Vertragsanbahnung (§ 311 Abs. 2 Nr. 1, 2) besteht (ausführlich § 4 Rn. 11). Hierfür genügt ein sozialer Kontakt gerade nicht; wie die Normüberschrift des § 311 zeigt, geht es vielmehr um **rechtsgeschäftsähnliche Kontakte**.[8] Da es in diesen Fällen an einem auf eine Leistungspflicht gerichteten Rechtsbindungswillen fehlt, müssen zur Beantwortung der Frage, ob der Kontakt rechtsgeschäftsähnlich ist, die gleichen Kriterien herangezogen werden wie bei der Feststellung eines auf die Schaffung von Schutzpflichten gerichteten Rechtsbindungswillens.

10   Abhängig vom Rechtsbindungswillen ergeben sich drei **Abstufungen**:

11   ■ **Bloße Gefälligkeiten**: Die Parteien haben weder in Bezug auf Leistungs- noch auf Schutzpflichten einen Rechtsbindungswillen. Der Gefällige haftet für Schäden nur nach Deliktsrecht.

12   ■ **Gefälligkeitsverhältnis**: Der Rechtsbindungswille der Parteien beschränkt sich auf die Schaffung von Schutzpflichten; hierauf ist das so entstandene rechtsgeschäftliche Schuldverhältnis beschränkt (a.A. gesetzliches Schuldverhältnis nach § 311 Abs. 2 Nr. 3). Der Gefällige haftet bei Schutzpflichtverletzung nach § 280 Abs. 1 sowie nach Deliktsrecht. Hier zeigt sich deutlich die Funktion dieser Kategorie: Mit ihr können die Grenzen der deliktischen Haftung (siehe § 1 Rn. 13) überwunden werden, weil der Anspruch aus § 280 Abs. 1 auch bloße Vermögensschäden erfasst und das Verhalten von Gehilfen zurechenbar ist (§ 278).

13   ■ **Gefälligkeitsvertrag**: Der Rechtsbindungswille der Parteien bezieht sich auf die Begründung einer einseitigen Leistungspflicht des Gefälligen, während der Begünstigte kein Entgelt zahlen soll. Es entsteht ein unentgeltliches rechtsgeschäftliches Schuldverhältnis (Bsp.: Schenkung, § 516; Leihe, § 598; Auftrag, § 662). Der Verpflichtete haftet für Verletzungen der Leistungspflicht wie für Schutzpflichtverletzungen nach §§ 280 ff. sowie nach Deliktsrecht.

14   Ob der Rechtsbindungswille vorliegt, muss durch **Auslegung** ermittelt werden. Maßgeblich ist der objektive Empfängerhorizont. Zu fragen ist, ob die andere Partei unter den gegebenen Umständen nach Treu und Glauben mit Rücksicht auf die Verkehrssitte auf einen Rechtsbindungswillen schließen musste. Wichtige Kriterien sind die Art des Geschäfts, die wirtschaftliche und rechtliche Bedeutung der Angelegenheit, die Interessenlage des Begünstigten und die Risiken für den Gefälligen (insb. Pflicht zu Schadensersatz bei Nicht- oder Schlechterfüllung, §§ 280 Abs. 1, 3, 281, 283).[9] Unentgeltlichkeit schließt wegen der Möglichkeit von Gefälligkeitsverträgen die Annahme des Rechtsbindungswillens nicht aus. Ist ein Entgelt vereinbart worden, scheidet die Annahme einer bloßen Gefälligkeit oder eines Gefälligkeitsverhältnisses aus.

Beispiel: A bittet ihren Arbeitskollegen B, sie am nächsten Morgen mit zur Arbeit zu nehmen. B sagt zu, vergisst A aber dann. Die kommt mit Bus und Bahn eine Stunde zu spät zur Arbeit und muss deshalb eine Lohnkürzung von 20 € hinnehmen. A verlangt von B Ersatz. – Für einen Anspruch aus § 280 Abs. 1 muss ein Schuldverhältnis bestanden haben. Ein

---

8 BeckOK-BGB/Sutschet, § 241 Rn. 23; Palandt/Grüneberg, Einf. v. § 241 Rn. 7; Looschelders, Schuldrecht AT, § 5 Rn. 9.
9 BGHZ 21, 102 (106); BGHZ 92, 164 (168); BGH NJW-RR 2006, 117 Rn. 37; BGH NJW 2009, 1141 Rn. 7; BGH NJW-RR 2017, 1479 Rn. 24.

rechtsgeschäftliches Schuldverhältnis mit Leistungspflichten ist mangels Rechtsbindungswillens nicht zustande gekommen: Es handelt sich um eine einmalige Tätigkeit ohne besondere wirtschaftliche Bedeutung und damit um eine bloße Gefälligkeit. Aus den gleichen Gründen fehlt es an einem auf Schutzpflichten beschränkten vertraglichen Schuldverhältnis bzw. (folgt man der h.M.) an einem für die Entstehung eines vorvertraglichen Schuldverhältnisses nach § 311 Abs. 2 Nr. 3 erforderlichen rechtsgeschäftsähnlichen Kontakt. Ein deliktischer Anspruch aus § 823 Abs. 1 besteht nicht, weil keines der dort genannten Rechte oder Rechtsgüter verletzt ist; A hat lediglich einen Vermögensschaden erlitten. Die Voraussetzungen von § 823 Abs. 2 und § 826 liegen auch nicht vor. A kann von B nichts verlangen.

II. Der Grundsatz der Vertragsfreiheit

1. Funktion und Inhalt der Vertragsfreiheit

Schuldverhältnisse sind rechtliche Sonderverbindungen, die von den Beteiligten auch selbst geschaffen werden können – und zwar, wie § 311 Abs. 1 bestimmt – im Allgemeinen durch einen Vertrag. Der Vertrag ist deshalb ein Mittel, rechtliche Beziehungen zu anderen Personen zu schaffen. Diese nicht selbstverständliche **Möglichkeit zur Gestaltung von Rechtsbeziehungen zu anderen mittels Vertrags** bezeichnen wir als Vertragsfreiheit. Sie ist eine Freiheit vom Staat: Der Einzelne regelt seine privaten Rechtsbeziehungen selbst. Vertragsfreiheit ist damit ein **Element der Privatautonomie**; der Vertrag ist ein Mittel zu ihrer Verwirklichung. Es handelt sich um einen ganz wesentlichen Grundsatz des Bürgerlichen Rechts, der auch verfassungsrechtlich als Teil des Rechts auf freie Selbstbestimmung (Art. 2 Abs. 1 GG) vor Eingriffen durch den Staat geschützt ist.

15

Inhaltlich kann differenziert werden. Freiheiten eröffnen Möglichkeiten; der Verzicht auf deren Nutzung ist der Freiheit immanent. Deshalb gehört zur Vertragsfreiheit die **Abschlussfreiheit**: Jeder entscheidet selbst, ob und mit wem er einen Vertrag abschließt (näher Rn. 20 ff.). Wesentlich für die Vertragsfreiheit ist ferner, dass die Vertragsparteien selbst bestimmen können, welche Regelungen zwischen ihnen gelten. Dies ist die **Inhaltsfreiheit** (näher Rn. 29 ff.). Vertragsfreiheit bedeutet schließlich auch noch, dass die Parteien selbst entscheiden können, wie sie den Vertrag abschließen. Daraus folgt der Grundsatz der **Formfreiheit** (Rn. 36 ff.).

16

Der Vertrag erfordert das Zusammenwirken aller Vertragsparteien. Sie müssen darüber einig sein, dass ein Vertrag zustande kommen und welchen Inhalt er haben soll. Damit bewirkt er einen **Ausgleich der gegenläufigen Interessen**.

17

Beispiel: V möchte sein Auto verkaufen und einen möglichst hohen Kaufpreis erzielen. K ist auf der Suche nach einem Auto, wie es von V angeboten wird, aber sie will möglichst wenig dafür bezahlen. Macht V ein Angebot auf Abschluss des Vertrages zum Preis von 10.000 €, will K aber nur 6.000 € zahlen, so wird sie das Angebot nicht annehmen. Da sie hierzu wegen der Abschlussfreiheit auch nicht gezwungen ist, dient die Vertragsfreiheit der Wahrung ihrer Interessen. Das Gleiche gilt, wenn K ein Angebot mit einem Kaufpreis macht, der dem V zu niedrig erscheint. Gelingt es aber K und V, sich zu einigen, d.h., nimmt der eine das Angebot des anderen an, dann tun sie dies, weil sie mit der getroffenen Regelung einverstanden sind. Dies bedeutet zugleich, dass jede Vertragspartei ihre Interessen durch den Vertrag noch gewahrt sieht – sonst hätte sie den Vertrag nicht geschlossen.

Weil die Parteien selbst darüber bestimmen, welche Gegenleistung für eine Leistung geschuldet ist, sichert die Vertragsfreiheit nicht nur die Handlungsfreiheit gegenüber dem Staat, sondern hat auch eine **Gerechtigkeitsfunktion**: Die Parteien können selbst bestimmen, welches Verhältnis von Leistung und Gegenleistung sie für angemessen hal-

18

ten. Diese Verwirklichung subjektiver Gerechtigkeit ist im Ausgangspunkt allemal besser als eine durch staatliche Anordnungen oder gerichtliche Vertragskontrollen realisierte objektive Gerechtigkeit, schon weil es an einem nachvollziehbaren Maßstab für die Angemessenheit von Leistung und Gegenleistung fehlt.[10]

19   In den letzten Jahrzehnten hat die Kritik am Gerechtigkeitswert des Vertrages dennoch zugenommen. Sie beruht auf der Erkenntnis, dass sich im realen Wirtschaftsleben durchaus nicht immer gleich starke Vertragspartner gegenüberstehen und deshalb der Einfluss einer Partei auf den Inhalt des Vertrages deutlich schwächer sein oder auch ganz fehlen kann. Daraus ist vielfach gefolgert worden, dass der Vertrag nur dann als Institution gerechtfertigt sei, wenn eine wirtschaftliche, soziale oder intellektuelle **Parität der Vertragspartner** bestehe.[11] Diese Paritätsidee spiegelt sich in verschiedenen **Einschränkungen der Vertragsfreiheit** durch Gesetzgebung oder Rechtsprechung wider. Hierzu gehören neben zwingenden Regelungen für Miet- und Arbeitsverträge in jüngerer Zeit vor allem Sondervorschriften für bestimmte Verträge zwischen einem Unternehmer und einem Verbraucher (siehe §§ 33-35). Die inhaltliche Gestaltung des Vertrages durch Verwendung einseitig vorformulierter Vertragsbedingungen (Allgemeine Geschäftsbedingungen) unterliegt gleichfalls ausdrücklich formulierten Grenzen (siehe § 11). Diese Entwicklung, die oftmals als „Materialisierung des Vertragsrechts" bezeichnet wird, darf – vor allem im Bereich des Verbraucherschutzes – durchaus kritisch betrachtet werden. Jeder Eingriff in die Vertragsfreiheit nimmt auch der vermeintlich schwächeren Vertragspartei ein Stück Gestaltungsfreiheit. Soweit es nicht um Güter geht, auf die der Verbraucher existenziell angewiesen ist, kommt auch bei fehlendem Einfluss auf die Vertragsgestaltung immer noch ein Absehen vom Vertragsschluss zur Wahrung der eigenen Interessen in Betracht. Das ist ein Verhalten, das wir alle kennen und schon vielfach geübt haben – nämlich immer dann, wenn wir auf einen Kauf verzichtet haben, weil uns die angebotene Ware zu teuer war und Verhandlungen über den Kaufpreis sinnlos erschienen (z.B. im Supermarkt, Warenhaus oder beim Internet-Versandhändler). Schließlich kann man auch zweifeln, ob die Behandlung als besonders schutzbedürftig geeignet ist, private Teilnehmer am Wirtschaftsverkehr auf dessen immer größer werdende Komplexität vorzubereiten. Hierbei geht es freilich überwiegend um Rechtspolitik und nicht um Rechtsanwendung. Eine Reaktion des Rechtsanwenders auf fehlende Vertragsparität durch nachträgliche Kontrolle des Vertrages kommt nur in Ausnahmefällen im Rahmen der Anwendung der §§ 138 Abs. 1, 242 in Betracht.

2. Abschlussfreiheit

a) Bedeutung und Einschränkungsmöglichkeiten

20   Abschlussfreiheit bedeutet, dass jedem die Entscheidung darüber frei steht, **ob und mit wem** er einen Vertrag abschließen will. Diese Freiheit kann in zwei Richtungen eingeschränkt werden. Ein Verbot, einen bestimmten Vertrag abzuschließen, nimmt dem Normadressaten die positive Abschlussfreiheit (Freiheit, Vertrag zu schließen). Solche **Abschlussverbote** sind vergleichsweise selten und dienen meist dem Schutz bestimmter Personen. So verbietet § 5 Abs. 1 JArbSchG die Beschäftigung eines Kindes und damit

---

10   Zur Vertiefung: Canaris, Wandlungen des Schuldvertragsrechts – Tendenzen zu seiner „Materialisierung", AcP 200 (2000), 273; Rittner, Über das Verhältnis von Vertrag und Wettbewerb, AcP 188 (1988), 101; Zöllner, Regelungsspielräume im Schuldvertragsrecht, AcP 196 (1996), 1.

11   Grundlegend Schmidt-Rimpler, AcP 147 (1941), 130; Raiser, JZ 1958, 1.

den Abschluss eines Arbeitsvertrages mit einem Kind. In die umgekehrte Richtung gehen Gebote, einen bestimmten Vertrag abzuschließen. Solche **Abschlussgebote** nehmen dem Adressaten die negative Abschlussfreiheit (Freiheit, keinen Vertrag abzuschließen), weil sie ihn zum Abschluss eines Vertrages zwingen (**Kontrahierungszwang**).

b) Kontrahierungszwang

aa) Wirkung und Reichweite des Kontrahierungszwangs

Kontrahierungszwang ist der stärkste denkbare Eingriff in die Vertragsfreiheit.[12] Er zwingt dem Betroffenen den Abschluss eines Vertrages und damit die Eingehung schuldrechtlicher Pflichten und Rechte unabhängig von seinem Willen auf. Das ist bei genauer Betrachtung ein **Zwang zur Abgabe einer Willenserklärung** – sei dies nun das Vertragsangebot oder die Annahmeerklärung. Dadurch unterscheidet sich der Kontrahierungszwang vom heute sehr seltenen **diktierten Vertrag** – dieser kommt ganz ohne Mitwirkung der Vertragsparteien kraft gesetzlicher oder richterlicher Anordnung zustande.

21

Soweit Kontrahierungszwang besteht, wird nicht nur die Abschluss-, sondern auch die **Inhaltsfreiheit** beseitigt. Denn ein Zwang zum Vertragsabschluss kann nur dann das erwünschte Ziel erreichen, wenn der Gezwungene daran gehindert wird, den Begünstigten vom Vertragsschluss abzuhalten, indem er unannehmbare Bedingungen an den Vertragsinhalt stellt. Umgekehrt muss verhindert werden, dass der Begünstigte den Kontrahierungszwang zum Abschluss eines Vertrages mit für den Gezwungenen ganz unannehmbaren Bedingungen nutzt. Deshalb gehört zum Kontrahierungszwang, dass der Vertragsinhalt vom Gesetz oder einem unparteiischen Dritten vorgegeben wird.

22

Beispiel: Nach §§ 22, 47 PBefG unterliegt ein Taxiunternehmer einer Beförderungspflicht, d.h. einem Zwang zum Abschluss des Beförderungsvertrages. Steigt ein Kunde in das Taxi und verlangt eine Fahrt zu einem bestimmten Ziel, muss der Taxiunternehmer den Beförderungsvertrag abschließen. Macht nun der Kunde das Vertragsangebot und könnte er in diese Willenserklärung auch die Höhe des Fahrpreises aufnehmen, so könnte er eine Taxifahrt zu einem unangemessen niedrigen Preis erzwingen, weil der Unternehmer sein Angebot annehmen muss. Umgekehrt könnte dieser, macht er das Vertragsangebot, durch Verlangen eines besonders hohen Fahrpreises den Kunden davon abhalten, sein Angebot anzunehmen, sodass der Kontrahierungszwang im Ergebnis leer liefe. Deshalb gibt § 51 Abs. 1 PBefG der Landesregierung die Ermächtigung, durch Rechtsverordnung Beförderungsentgelte festzusetzen.

bb) Gesetzlicher Kontrahierungszwang

Ein vom Gesetz angeordneter Kontrahierungszwang findet sich in verschiedenen Gesetzen außerhalb des BGB. Er ist häufig anzutreffen bei Leistungen der **Daseinsfürsorge** (z.B. § 17 Abs. 1 EnWG für Energieversorger, § 10 AEG für Eisenbahnunternehmen, § 22 PBefG für ÖPNV und Taxen), weil diese für den nachfragenden Kunden von besonders hoher Bedeutung sind und vielfach von Monopolunternehmen erbracht werden, sodass der Kunde bei Verweigerung des Vertragsabschlusses keine Möglichkeit hätte, die Leistung bei einem anderen Anbieter zu erhalten. Der Nichtabschluss ei-

23

---

12 Zur Vertiefung: Bydlinski, Zu den dogmatischen Grundfragen des Kontrahierungszwanges, AcP 180 (1980), 1; Kilian, Kontrahierungszwang und Zivilrechtssystem, AcP 180 (1980), 47; Looschelders, Diskriminierung und Schutz vor Diskriminierung im Privatrecht, JZ 2012, 105; Majer, Das Ende der Privatautonomie? Zum Kontrahierungszwang bei allgemein dem Publikum zugänglichen Leistungen, JR 2015, 107.

nes Vertrages durch ein **marktbeherrschendes Unternehmen** mit einem anderen Unternehmen kann einen Verstoß gegen das Verbot der unbilligen Behinderung oder Diskriminierung darstellen (§ 19 Abs. 1, Abs. 2 Nr. 1 GWB); aus dem damit ausgelösten Unterlassungs- und Beseitigungsanspruch (§ 33 Abs. 1 GWB) bzw. Schadensersatzanspruch (§ 33 a GWB) folgt dann ein Kontrahierungszwang gegenüber dem benachteiligten Unternehmen. Unter strengeren Voraussetzungen gilt das auch für nur relativ **marktmächtige Unternehmen** (§ 20 Abs. 1 GWB).

24   Das **Allgemeine Gleichbehandlungsgesetz (AGG)** will Benachteiligungen aus Gründen der Rasse oder wegen der ethnischen Herkunft, des Geschlechts, der Religion oder Weltanschauung, einer Behinderung, des Alters oder der sexuellen Identität verhindern (§ 1 AGG). Die meisten Vorschriften betreffen das Arbeitsrecht, aber § 19 Abs. 1 AGG enthält ein **zivilrechtliches Benachteiligungsverbot.** Danach ist eine Benachteiligung aus den dort genannten Gründen bei Begründung, Durchführung und Beendigung zivilrechtlicher Schuldverhältnisse unzulässig, sofern es sich um ein näher definiertes Massengeschäft oder eine privatrechtliche Versicherung handelt. § 19 Abs. 2 AGG verbietet darüber hinaus eine Benachteiligung aus Gründen der Rasse oder wegen der ethnischen Herkunft bei Verträgen aus den Bereichen Sozialschutz, soziale Vergünstigungen, Bildung sowie Zugang und Versorgung mit Gütern und Dienstleistungen, die der Öffentlichkeit zur Verfügung stehen. Aus der bei einem Verstoß eintretenden Rechtsfolge, einem Unterlassungs- und Beseitigungsanspruch (§ 21 Abs. 1 AGG) sowie einem Schadensersatzanspruch (§ 21 Abs. 2 AGG, Vertragsabschluss als Naturalrestitution) folgt nach h.M. ein mittelbarer Kontrahierungszwang.[13]

cc) Allgemeiner Kontrahierungszwang

25   Das geschriebene Recht ordnet einen Kontrahierungszwang nur in genau bestimmten Fällen an. Ob darüber hinaus ein allgemeiner Kontrahierungszwang angenommen werden kann, ist fraglich. Konstruktiv ließe sich ein solcher über § 826 erreichen – entweder über den Anspruch auf Schadensersatz (Vertragsabschluss als Naturalrestitution i.S.d. § 249 Abs. 1) oder über einen verschuldensunabhängigen Unterlassungs- und Beseitigungsanspruch analog § 1004. Voraussetzung ist aber stets, dass die Verweigerung des Vertragsabschlusses als vorsätzliche sittenwidrige Schädigung i.S.d. § 826 verstanden werden kann. Das ist eine Wertungsfrage, die nur einzelfallorientiert beantwortet werden kann. Eine Orientierungshilfe geben die Fälle gesetzlichen Kontrahierungszwangs. Ein allgemeiner Kontrahierungszwang kommt daher am ehesten in Betracht bei Gütern, die für die **Lebensführung absolut unabdingbar** sind (Gedanke der Daseinsfürsorge) oder bei einer **Monopolstellung** des Anbieters (Gedanke der §§ 19 Abs. 1, Abs. 2 Nr. 1, 20 Abs. 1 GWB – die Norm erfasst nur Verhalten gegenüber Unternehmen). Über diese beiden Fallgruppen hinaus wird Kontrahierungszwang noch denkbar sein, wenn die Verweigerung auf einer **besonders verwerflichen Motivation** beruht (Gedanke des AGG). Dabei können auch grundrechtliche Wertungen, insbesondere aus Art. 3 Abs. 3 GG, einfließen. Hier ist freilich Vorsicht geboten, weil für die freie Verweigerung aus beliebigen Gründen gleichfalls Grundrechte wie Meinungs-

---

13   BeckOGK/Groß, Stand 1.6.2019, § 21 AGG Rn. 31; MünchKomm/Thüsing, § 21 AGG Rn. 17; BeckOK-BGB/Wendtland, § 21 AGG Rn. 13; Thüsing/v. Hoff, Vertragsschluss als Folgenbeseitigung: Kontrahierungszwang im zivilrechtlichen Teil des Allgemeinen Gleichbehandlungsgesetzes, NJW 2007, 21 ff.; Wendt/Schäfer, Kontrahierungszwang nach § 21 Abs. 1 S. 1 AGG?, JuS 2009, 206 ff.; ablehnend Jauernig/Mansel, § 21 AGG Rn. 3; Armbrüster, Kontrahierungszwang im Allgemeinen Gleichbehandlungsgesetz?, NJW 2007, 1494 ff.; zum AGG siehe auch Schreier, Das AGG in der zivilrechtlichen Fallbearbeitung, JuS 2007, 308 ff.

und Handlungsfreiheit streiten. Insgesamt kommt ein allgemeiner, auf § 826 gestützter Kontrahierungszwang nur in seltenen Ausnahmefällen in Betracht. Vorrang genießt die Vertragsfreiheit; Einschränkungen bedürfen der Rechtfertigung. Deshalb ist ein von den strengen Voraussetzungen des § 826 gelöster allgemeiner Kontrahierungszwang, der zum Schutz der Verbraucher gelegentlich auf das Sozialstaatsprinzip und eine Gesamtanalogie zu den Vorschriften des gesetzlichen Kontrahierungszwangs gestützt wird, abzulehnen.[14] Hinzu kommt, dass sich aus dem Sozialstaatsprinzip keine konkreten Kriterien dafür ableiten lassen, wann bei einem verweigerten Vertragsabschluss ein Verstoß gegen dieses Prinzip vorliegt.

Beispiele: Einem Theaterkritiker wird wegen früherer Kritiken der Zugang zum städtischen Theater versagt. Wegen des damit verbundenen Eingriffs in die Meinungs- und Berufsfreiheit (Art. 5 Abs. 1, 12 GG) spricht viel für einen Kontrahierungszwang (anders noch RGZ 133, 388). Zweifelhaft ist dagegen, ob einem normalen Zuschauer der Zugang gewährt werden muss, da es sich nicht um eine lebenswichtige Leistung handelt und der Anbieter auch nicht Monopolist ist. – Ein Krankenhaus ist zur Aufnahme eines dringend behandlungsbedürftigen Patienten verpflichtet, weil die ärztliche Behandlung ein für die weitere Lebensführung unabdingbares Gut ist. – Private Banken sind nicht verpflichtet, mit jedermann einen Girokontenvertrag zu schließen; für die öffentlich-rechtlichen Sparkassen besteht teilweise gesetzlicher Kontrahierungszwang (z.B. § 5 Abs. 2 SpKG NW).

dd) Rechtsgeschäftlicher Kontrahierungszwang

Die Inhaltsfreiheit erlaubt es auch, durch Abschluss eines rechtsgeschäftlichen Schuldverhältnisses für dessen Parteien einen Kontrahierungszwang zu schaffen. Hierbei handelt es sich um einen **Vorvertrag**, der eine schuldrechtliche Pflicht einer oder aller Vertragsparteien zum Abschluss eines Hauptvertrages schafft. Durch diesen privatautonomen Akt nehmen die Parteien sich selbst die Abschlussfreiheit im Hinblick auf den Hauptvertrag.

26

Da eine Pflicht geschaffen werden soll, muss der Vorvertrag im Hinblick auf den abzuschließenden Hauptvertrag **hinreichend bestimmt** sein. Hierzu reicht es aber aus, wenn der Inhalt des Hauptvertrages bereits bestimmbar ist. Ist für den Hauptvertrag eine bestimmte **Form** einzuhalten, so muss diese jedenfalls schon beim Vorvertrag gewahrt werden, wenn die Formvorschrift die Aufgabe hat, die Vertragsparteien vor Übereilung zu schützen (z.B. bei § 311 b Abs. 1, siehe Rn. 42). Könnte der Vorvertrag hier formlos abgeschlossen werden, liefe die Formbedürftigkeit des Hauptvertrages ins Leere, weil ja ohnehin eine Pflicht zum Vertragsabschluss besteht.

27

ee) Hinweis zur Fallbearbeitung

Ein bestehender Kontrahierungszwang ersetzt nicht die für den Vertragsschluss notwendige Willenserklärung des Gezwungenen. Ist nach Ansprüchen aus einem Vertrag gefragt, müssen diese mangels Vertragsschluss verneint werden, wenn das Vertragsangebot trotz bestehenden Kontrahierungszwangs nicht angenommen wurde.[15] Soweit danach gefragt ist, ist dann zu prüfen, ob ein Anspruch auf Abschluss des Vertrages besteht. Anspruchsgrundlage ist entweder die gesetzliche Norm, die den Vertragsab-

28

---

14 Vgl. Palandt/Ellenberger, Einf. v. § 145 Rn. 10; Bydlinski, AcP 180 (1980), 41 ff.; wie hier z.B. Looschelders, Schuldrecht AT, § 6 Rn. 8; Jauernig/Mansel, vor § 145 Rn. 10.

15 Vgl. Gernhuber, Das Schuldverhältnis, § 7 II 7 b); Medicus/Lorenz, Schuldrecht I, Rn. 80; Larenz, Schuldrecht I, § 4 I a); a.A. (bei Kontrahierungszwang Anspruch auf die Leistung) Kilian, AcP 180 (1980), 47 (82).

schluss verlangt (z.B. § 5 Abs. 2 PflVG), ein spezialgesetzlicher Beseitigungs- oder Schadensersatzanspruch (z.B. § 21 Abs. 1, 2 AGG) oder (bei allgemeinem Kontrahierungszwang) § 826; bei rechtsgeschäftlichem Kontrahierungszwang ergibt sich der Anspruch aus dem Vorvertrag. Problematisch sind nur jene Fälle, in denen das Gesetz nicht den Vertragsabschluss, sondern die Erbringung der Leistung anordnet (z.B. § 22 PBefG). Hier ergibt sich der Anspruch auf Vertragsabschluss aus einem durch diese Anordnung begründeten gesetzlichen Schuldverhältnis.[16]

3. Inhaltsfreiheit

a) Bedeutung

29 Inhaltsfreiheit ist die Freiheit der Vertragsparteien, selbst über den Inhalt des Vertrages zu entscheiden. Das betrifft zunächst die **Art des Vertrages**. §§ 433 ff. regeln zwar eine ganze Reihe schuldrechtlicher Vertragstypen, aber die Parteien sind nicht gehalten, aus den dort geregelten Verträgen einen zu wählen. Sie können vielmehr **neue Vertragstypen** kreieren (atypische Verträge, z.B. Sponsoringvertrag) oder die vorhandenen **Vertragstypen miteinander kombinieren** (gemischte Verträge, z.B. Eigenheimerwerbsvertrag: Kauf des Grundstücks verbunden mit Werkvertrag über Errichtung des Eigenheims durch Verkäufer/Werkunternehmer). Daraus folgt für das Schuldrecht Typenfreiheit.

30 Zur Vertragsfreiheit gehört ferner, dass die Parteien den **konkreten Inhalt des Vertrages** im Einzelnen, d.h., die Rechte und Pflichten selbst bestimmen können. Das gilt nicht nur für Vertragstypen, die im BGB nicht geregelt sind, sondern auch für die in §§ 433 ff. geregelten Verträge. Zwar finden sich dort eine ganze Reihe von Regelungen zu Rechten und Pflichten der Vertragsparteien. Diese Regelungen sind jedoch überwiegend **dispositiv**, d.h., sie gelten nur dann, wenn die Parteien selbst überhaupt keine oder keine abweichende Regelung getroffen haben.

31 Die Inhaltsfreiheit endet nicht mit dem Vertragsabschluss. Zu ihr gehört vielmehr auch die Freiheit der Parteien, den **Inhalt des Vertrages nachträglich zu ändern** (Änderungsfreiheit). Hierzu bedarf es nach § 311 Abs. 1 eines Änderungsvertrages. Zwischen Inhalts- und Abschlussfreiheit steht schließlich die Möglichkeit, den **Vertrag aufzuheben**, also das Schuldverhältnis zu beenden (Aufhebungsfreiheit). Das ist im BGB zwar nirgendwo ausdrücklich geregelt, ergibt sich aber zwingend aus der Vertragsfreiheit: Wenn die Parteien frei darin sind, ihre Rechtsbeziehungen zu regeln, so müssen sie auch frei sein, getroffene Regelungen gemeinsam wieder zu beseitigen. Da für Begründung und Änderung ein Vertrag erforderlich ist (§ 311 Abs. 1), gilt dies auch für die Beendigung. Davon zu unterscheiden sind jedoch einseitige Beendigungsmöglichkeiten wie Verbraucherwiderruf (siehe § 35), Kündigung (siehe § 16) oder Rücktritt (siehe § 17). Sie folgen nicht aus der Vertragsfreiheit, sondern beruhen entweder auf vertraglicher Vereinbarung oder einer gesetzlicher Anordnung.

---

16 Vgl. BGH NJW 1974, 1903 (1904); Erman/Armbrüster, vor § 145 Rn. 31; Gernhuber, Das Schuldverhältnis, § 7 II 7 a); MünchKomm/Busche, Vorbem. § 145 Rn. 12.

b) Grenzen der Inhaltsfreiheit

aa) Zwingendes Recht

Die meisten Vorschriften des Schuldrechts sind dispositiv. Sie kommen nur zur Anwendung, wenn die Vertragsparteien keine oder keine abweichende Vereinbarung getroffen haben. Diese „Zurückhaltung" des Gesetzes entspricht dem Prinzip der Vertragsfreiheit. Das Recht hat aber auch eine Ordnungs- und Steuerungsfunktion. Insbesondere soll es in bestimmten Situationen für bestimmte, vom Gesetzgeber gewollte Ergebnisse sorgen (z.B. Schutz von Minderjährigen, Verbrauchern oder Mietern). Das kann nicht gelingen, wenn entsprechende Normen zur Disposition der Parteien stehen. Deshalb kennt das BGB auch Normen, die **zwingend** sind. Von ihnen können die Parteien nicht durch Vereinbarung abweichen oder ihre Nichtgeltung anordnen. Dies ist manchmal ausdrücklich angeordnet (z.B. § 276 Abs. 3); ansonsten muss unter Rückgriff auf den Normzweck ermittelt werden, ob eine Norm zwingend oder dispositiv ist. Immer öfter finden sich **halbzwingende** Normen, d.h. Vorschriften, von denen nur dann nicht abgewichen werden kann, wenn die Abweichung zum Nachteil einer bestimmten Partei erfolgt.

32

Beispiel: Die Rechtsfolgen eines Sach- oder Rechtsmangels der Kaufsache regelt § 437. Diese Vorschrift ist dispositiv, d.h., die Parteien können auch vereinbaren, dass dem Käufer bei einem Sachmangel keine Rechte zustehen. Ist der Verkäufer aber Unternehmer und der Käufer Verbraucher (sog. Verbrauchsgüterkauf, § 474 Abs. 1 S. 1), gelten zusätzlich die §§ 474 ff. Nach § 476 Abs. 1 S. 1 kann der Unternehmer sich auf eine von § 437 zum Nachteil des Käufers abweichende Vereinbarung nicht berufen. Dadurch wird § 437 beim Verbrauchsgüterkauf halbzwingend: Eine Verkürzung der Rechte des Käufers durch vertragliche Vereinbarung ist nicht möglich, wohl aber eine Verbesserung.

bb) Gesetzliche Verbote und Verstoß gegen die guten Sitten

Grundsätzlich können die Parteien Rechte und Pflichten beliebigen Inhalts schaffen. Sie dürfen mit ihrem Rechtsgeschäft jedoch nicht gegen ein gesetzliches Verbot (§ 134) oder die guten Sitten (§ 138 Abs. 1) verstoßen.

33

cc) Inhaltskontrolle Allgemeiner Geschäftsbedingungen

Die Gestaltung des Vertrages durch Allgemeine Geschäftsbedingungen (AGB) unterliegt einer in §§ 307 ff. geregelten Inhaltskontrolle (siehe § 11 Rn. 24 ff.). Das bedeutet, dass der inhaltliche Gestaltungsspielraum bei Verwendung von AGB eingeschränkt ist; eine Regelung, die durch Individualvereinbarung zulässig ist, kann unwirksam sein, wenn sie durch AGB erfolgt.

34

dd) Besondere schuldrechtliche Grenzen

Im Schuldrecht AT finden sich einige weitere schuldrechtliche Grenzen, die in ganz genau bestimmten Fällen die Inhaltsfreiheit beseitigen. Nach § 311 b Abs. 2 ist ein Vertrag, durch den sich ein Teil verpflichtet, sein **künftiges Vermögen** oder einen Bruchteil davon zu übertragen oder mit einem Nießbrauch (vgl. §§ 1030, 1094 ff.) zu belasten, nichtig. Damit soll vor allem verhindert werden, dass der Verpflichtete sich jegliche Motivation nimmt, in Zukunft erwerbstätig zu sein.[17] Verträge über gegenwärtiges

35

---

17 Mot. II, 186.

Vermögen sind zulässig, aber formbedürftig (§ 311 b Abs. 3, siehe Rn. 52). Nach § 311 b Abs. 4 S. 1 ist ein Vertrag über den **Nachlass eines noch lebenden Dritten** nichtig; S. 2 erstreckt diese Einschränkung der Inhaltsfreiheit auf einen Vertrag über den Pflichtteil oder ein Vermächtnis aus dem Nachlass eines noch lebenden Dritten. Das Verbot beruht vor allem auf der Erwägung, dass es sittlich verwerflich ist, solch einen Vertrag zu schließen, weil die Vertragspartner damit auf das Ableben des Erblassers spekulieren.[18] Beschränkungen der Inhaltsfreiheit ergeben sich zudem aus Regelungen, nach denen **bestimmte Vereinbarungen**, die im Rahmen eines Schuldverhältnisses getroffen wurden, unwirksam sind. Beispiele sind § 270 a S. 1 (Entgelte für die Nutzung bargeldloser Zahlungsmittel), § 271 a Abs. 2 S. 1 Nr. 2 (Zahlungsfrist von mehr als 60 Tagen, siehe § 10 Rn. 27) und § 288 Abs. 6 S. 1, 2 (Ausschluss oder Beschränkung von Verzugszinsen, siehe § 24 Rn. 31). Weitere Beschränkungen gelten bei Verbraucherverträgen (siehe § 33 Rn. 9).

4. Formfreiheit

a) Bedeutung

36   Formfreiheit ist die Freiheit der Parteien, einen Vertrag in **jeder beliebigen Form** zu schließen.[19] Dadurch wird die Verwirklichung der Privatautonomie erheblich erleichtert, denn Verträge können jederzeit ohne großen Aufwand geschlossen werden. Die dazu notwendigen Willenserklärungen unterliegen keinen Formerfordernissen, weshalb nicht einmal ausdrückliche Erklärungen nötig sind, sondern konkludentes Handeln ausreicht. Ausdrücklich angeordnet ist die Formfreiheit übrigens, wie so viele elementare Grundsätze, nirgendwo im BGB (anders z.B. § 883 österr. ABGB). Sie ergibt sich aber im Umkehrschluss aus dem Umstand, dass das BGB die Einhaltung einer bestimmten Form nur in einzelnen Fällen vorschreibt.

b) Formzwang

37   Der Formfreiheit ist es immanent, dass die Parteien nicht von ihr Gebrauch machen müssen. Sie können daher vereinbaren, dass Willenserklärungen im Rahmen eines vertraglichen Schuldverhältnisses einer bestimmten Form unterliegen (**rechtsgeschäftlicher Formzwang**). Außerdem wird die Formfreiheit durch Normen eingeschränkt, die Verträge eines bestimmten Typs oder Inhalts einem Formerfordernis unterwerfen (**gesetzlicher Formzwang**). Dies tut das Gesetz nur ausnahmsweise (z.B. § 311 b Abs. 1, 3, 5 [siehe Rn. 38 ff.]; § 492 Abs. 1 für den Verbraucherdarlehensvertrag; § 518 Abs. 1 für das Schenkungsversprechen; § 766 S. 1 für die Bürgschaftserklärung). Die **Nichteinhaltung der gesetzlichen Form** führt nach § 125 S. 1 zur Nichtigkeit des Rechtsgeschäfts, sofern nicht eine Heilung des Formmangels eingetreten ist. Das aber setzt voraus, dass überhaupt eine Heilungsmöglichkeit bestand, was durchaus nicht bei jeder Formvorschrift der Fall ist (z.B. Heilungsmöglichkeit nach §§ 518 Abs. 2, 766 S. 3; keine Heilungsmöglichkeit bei §§ 780, 781). Die Nichtbeachtung einer rechtsgeschäftlich vereinbarten Form führt nach § 125 S. 2 im Zweifel ebenfalls zur Nichtigkeit.

---

18   Mot. II, 185.
19   Zur Vertiefung: Hagen, Die Form als „Schwester der Freiheit", DNotZ 2010, 644; Mankowski, Formzwecke, JZ 2010, 662; Petersen, Die Form des Rechtsgeschäfts, Jura 2005, 168.

c) Verpflichtung zur Übertragung oder zum Erwerb eines Grundstücks, § 311 b Abs. 1

aa) Funktion

Ein Vertrag, durch den sich ein Vertragspartner verpflichtet, das Eigentum an einem Grundstück zu übertragen oder zu erwerben, bedarf nach § 311 b Abs. 1 S. 1 der notariellen Beurkundung. Damit reagiert das Gesetz auf den Umstand, dass Grundstücke ein nur begrenzt verfügbares und typischerweise sehr werthaltiges Gut (dadurch auch hohe Gegenleistung) sind. Sowohl Veräußerer als auch Erwerber sollen daher vor unüberlegtem Handeln und der Vereinbarung unangemessener Bedingungen geschützt werden. Die verlangte notarielle Beurkundung (§ 128) schützt vor einer **Übereilung** und verschafft den Vertragsparteien eine **Belehrung** durch den beurkundenden Notar (§ 17 Abs. 1 BeurkG). Bei Streitigkeiten dient die notarielle Beurkundung dem **Beweis** der vertraglichen Vereinbarungen. 38

bb) Voraussetzungen der Formbedürftigkeit

(1) Verpflichtungsgeschäft

§ 311 b Abs. 1 S. 1 erfasst **nur Verpflichtungsgeschäfte**, nicht Verfügungsgeschäfte. Das erklärt sich daraus, dass das eigentlich Gefährliche für die Parteien schon die Eingehung der mit staatlichem Zwang durchsetzbaren Übertragungs- oder Erwerbsverpflichtung ist. Sind sie aber hierbei durch Einhaltung der Form hinreichend geschützt worden, besteht keine Notwendigkeit, diesen Schutz noch einmal beim Verfügungsgeschäft zu wiederholen. Darüber hinaus unterliegen Verfügungsgeschäfte eigenen sachenrechtlichen Anforderungen (Übereignung von Grundstücken durch Einigung [= Auflassung, § 925] und Eintragung in das Grundbuch, § 873 Abs. 1). Wohl aber unterfallen der Norm **alle schuldrechtlichen Verpflichtungen** zur Übertragung oder zum Erwerb von Grundstücken, egal in welchem Vertrag sie enthalten sind. Deshalb ist es falsch und gefährlich, § 311 b Abs. 1 nur mit Kaufverträgen über Grundstücke zu assoziieren. 39

Beispiel: A verpflichtet sich in einem mit B und C abgeschlossenen Gesellschaftsvertrag zur Übertragung eines ihm gehörigen Grundstücks an die Gesellschaft. Diese Verpflichtung bedarf nach § 311 b Abs. 1 S. 1 der notariellen Beurkundung, selbst wenn der Gesellschaftsvertrag als solcher formfrei geschlossen werden kann. Es kommt auch nicht darauf an, dass A sich zwar gegenüber B und C verpflichtet hat, die Übertragung aber an die Gesellschaft erfolgen soll. Die Formbedürftigkeit wird schon durch die Übernahme der Verpflichtung ausgelöst; ob deren Gläubiger Vertragspartner ist oder nicht, spielt keine Rolle.

(2) Verpflichtung

Dem Schutzzweck des § 311 b Abs. 1 S. 1 entsprechend ist der Begriff der Verpflichtung weit auszulegen. Er erfasst daher verschiedene Formen: 40

- **Unmittelbare Verpflichtungen** zur Übertragung oder zum Erwerb von Grundstückseigentum. 41

  Beispiele: Grundstückskaufvertrag, Schenkung eines Grundstücks, Gesellschaftsvertrag mit Pflicht zur Übereignung eines Grundstücks.

- **Mittelbare Verpflichtungen,** d.h. im Vorfeld getroffene schuldrechtliche Vereinbarungen, aufgrund derer eine Partei verpflichtet ist, eine Verpflichtung zur Übertragung oder zum Erwerb einzugehen. Wären solche Vereinbarungen formlos möglich, liefe die bloße Einhaltung der Form beim nachfolgenden eigentlichen Verpflich- 42 tungsgeschäft ins Leere: Hier gibt es für den Veräußerer oder Erwerber nichts mehr zu überlegen, weil er rechtlich bereits verpflichtet ist, sich zur Übertragung bzw. zum Erwerb zu verpflichten und hierzu auch gezwungen werden kann.

Beispiele: Vorvertrag, gerichtet auf Abschluss eines Grundstückskaufvertrages;[20] Maklervertrag, durch den sich der Auftraggeber des Maklers zum Verkauf oder Kauf des Grundstücks verpflichtet;[21] vertraglich übernommene Verpflichtung, dem Vertragspartner Vollmacht zum Kauf eines Grundstücks zu erteilen – hier ist für den zur Vollmachterteilung verpflichteten Erwerber die bindende Entscheidung für den Erwerb des Grundstücks schon gefallen und der Vertragspartner kann den Erwerber zur Vollmachterteilung und damit letztlich zum Grundstückserwerb zwingen.[22]

43 ■ **Faktische Verpflichtungen,** d.h. rechtsgeschäftliche Vereinbarungen, durch die ein wirtschaftlicher Zwang zur Eingehung einer von § 311 b Abs. 1 erfassten Verpflichtung begründet wird.[23] Das setzt allerdings voraus, dass die wirtschaftlichen Nachteile, die eintreten, wenn die Verpflichtung nicht eingegangen wird, von einigem Gewicht sind.

Beispiele: Vereinbarung, wonach jemand eine Vertragsstrafe für den Fall schuldet, dass er ein Grundstück nicht überträgt oder erwirbt;[24] Maklervertrag, demzufolge der Makler auch dann ein seine Aufwendungen übersteigendes Entgelt erhält, wenn es nicht zum Abschluss des Grundstücksvertrages kommt – hier liegt ein wirtschaftlicher Zwang vor, wenn die Maklervergütung mehr als 10–15 % der Provision ausmacht, die bei erfolgreicher Vermittlung angefallen wäre.[25]

44 ■ **Erteilung einer Vollmacht** zur Eingehung einer Verpflichtung auf Übertragung oder Erwerb: Grundsätzlich gilt, dass eine Vollmacht auch dann nicht formbedürftig ist, wenn sie dazu dient, ein formbedürftiges Geschäft abzuschließen, § 167 Abs. 2. Diese Norm ist jedoch teleologisch zu reduzieren auf Fälle einer widerruflich erteilten Vollmacht. Ist die **Erteilung unwiderruflich,** führt die Vollmacht unweigerlich zur Eingehung einer für den Vertretenen wirksamen Verpflichtung zur Übertragung oder zum Erwerb; auch hier ist also mit Vollmachterteilung bereits die endgültige Entscheidung gefallen.[26] Selbst eine widerrufliche Vollmacht kann nach § 311 b Abs. 1 S. 1 formbedürftig sein, wenn aufgrund der Umstände des Einzelfalls eine rechtliche oder tatsächliche Bindung des Vertretenen besteht.[27]

45 ■ **Aufhebung eines auf Übertragung oder Erwerb gerichteten Vertrages:** Formbedürftigkeit besteht nur, wenn der aufzuhebende Vertrag schon vollzogen oder zumindest ein Anwartschaftsrecht begründet wurde – in diesem Fall wollen die Parteien nämlich auch ohne ausdrückliche Vereinbarung eine Rückübertragungspflicht.[28] Die Aufhebung des noch nicht vollzogenen Vertrages macht hingegen keine Rückübertragung erforderlich und ist daher formfrei möglich.

---

20 RGZ 169, 185 (189); BGH NJW 2006, 2843 Rn. 15; BGH NJW-RR 2008, 824 Rn. 7.
21 BGH NJW 1970, 1915 (1916); BGH NJW-RR 1990, 57.
22 BGH NJW 1985, 730.
23 BGHZ 160, 368 Rn. 8.
24 BGH NJW 1987, 1628.
25 BGH NJW 1987, 54 f.; BGH NJW-RR 1998, 1270 (1271).
26 BGH NJW 1952, 1210 (1211); BGH NJW 1979, 2306.
27 BGHZ 132, 119 (124); BGH NJW 1979, 2306.
28 BGHZ 127, 168 (173 f.); BGH NJW-RR 2005, 241 (242).

(3) Übertragung oder Erwerb des Eigentums an einem Grundstück

Die Schutzbedürftigkeit besteht nur dann, wenn die neue rechtliche Zuordnung des Grundstücks **endgültig** sein soll. Erfasst sind daher nur Verpflichtungen zur Übertragung oder zum Erwerb des Eigentums an einem Grundstück, nicht aber eine nur zeitweilige Überlassung, etwa durch Miet- oder Pachtverträge. Ebenfalls nicht erfasst sind Verpflichtungen, die eine Belastung des Eigentums durch ein beschränkt dingliches Recht (z.B. Hypothek, Grundschuld) betreffen. Demgegenüber gilt die Norm auch für Wohnungseigentum (§ 4 Abs. 3 WEG) und Erbbaurechte (§ 11 Abs. 2 ErbbauRG).   46

cc) Reichweite des Formerfordernisses

§ 311 b Abs. 1 S. 1 erfasst ausdrücklich den Vertrag und nicht nur die Verpflichtung zur Übertragung oder zum Erwerb. Formbedürftig ist daher der **gesamte Vertrag** mit allen Vereinbarungen und Nebenabreden, die nach dem Willen der Parteien zusammen mit der das Grundstück betreffenden Verpflichtung gelten sollen.[29] Es kommt also nicht darauf an, ob die anderen Vertragsvereinbarungen für sich genommen formbedürftig sind oder einen sachlichen Bezug zur das Grundstück betreffenden Verpflichtung aufweisen. Ist nur ein Teil der Vereinbarungen notariell beurkundet worden, so sind die anderen Vereinbarungen nach § 125 S. 1 nichtig. Das führt nach § 139 im Zweifel zur Gesamtnichtigkeit. Bei einer Änderung des formgerecht geschlossenen Vertrages muss der Änderungsvertrag jedenfalls dann notariell beurkundet werden, wenn eine Verpflichtung der Parteien geändert wird.[30]   47

Formbedürftig ist das von den Parteien **tatsächlich Vereinbarte**. Unterläuft den Parteien im notariell beurkundeten Vertrag eine **versehentliche Falschbezeichnung** (z.B. falsche Bezeichnung des verkauften Flurstücks), ist dies unschädlich (*falsa demonstratio non nocet*), d.h., der Vertrag ist formwirksam, und zwar mit dem wirklich gewollten Inhalt. Zwar wird dadurch die Beweisfunktion verfehlt (im notariell beurkundeten Vertrag steht ja etwas anderes als das, was die Parteien übereinstimmend wollten), aber maßgeblich für § 311 b Abs. 1 ist die Schutzfunktion, die gewahrt wurde. Mit der versehentlichen Falschbezeichnung nicht zu verwechseln sind Fälle der **absichtlichen Falschbezeichnung**. Hierher gehört vor allem die absichtlich falsche Angabe eines niedrigeren Kaufpreises, um Notargebühren und Steuern zu sparen. Bei einem solchen **Schwarzkauf** ist der beurkundete Vertrag nach § 117 Abs. 1 als Scheingeschäft nichtig. Die Nichtigkeit des Scheingeschäfts lässt zwar das tatsächlich gewollte Geschäft unberührt (§ 117 Abs. 2), doch ist diese Vereinbarung nach § 125 S. 1 nichtig, weil sie nach § 311 b Abs. 1 S. 1 formbedürftig war und die Form nicht eingehalten wurde.   48

Beispiel: V und K sind sich einig, dass K das dem V gehörige Grundstück für 200.000 € bekommen soll. Um Gebühren und Steuern zu sparen, geben sie bei der Beurkundung vor dem Notar als vereinbarten Kaufpreis 150.000 € an. Anschließend verlangt V von K Zahlung von 200.000 €. – Der Anspruch aus § 433 Abs. 2 scheitert am fehlenden wirksamen Kaufvertrag über diese Summe, weil die mündlich getroffene Vereinbarung nach §§ 125 S. 1, 311 b Abs. 1 S. 1 formunwirksam ist. V kann auch nicht 150.000 € verlangen, weil der beurkundete Vertrag nach § 117 Abs. 1 nichtig ist.

---

29 BGH NJW 1982, 434.
30 BGH NJW 2018, 3523 Rn. 5 m.w.N.

dd) Heilung eines Formmangels

49   § 311 b Abs. 1 ist eine jener Formvorschriften, die eine Heilungsmöglichkeit kennen. § 311 b Abs. 1 S. 2 bestimmt, dass ein ohne Beachtung der Form geschlossener Vertrag gültig wird, wenn die **Auflassung und die Eintragung in das Grundbuch** erfolgen. Auflassung ist die nach § 873 Abs. 1 erforderliche Einigung über den Übergang des Eigentums, § 925. Sie muss bei gleichzeitiger (aber nicht höchstpersönlicher) Anwesenheit beider Teile vor dem Notar erklärt werden (§ 925 Abs. 1 S. 1). Dadurch wird die Schutzfunktion des § 311 b Abs. 1 S. 1 nachträglich erfüllt. Heilung tritt aber erst ein, wenn auch die Eintragung in das Grundbuch erfolgt ist. Erst damit wird der Übergang des Eigentums vollendet und die Heilung des Verpflichtungsgeschäfts verhindert dann, dass wegen eines fehlenden Rechtsgrundes das Eigentum rückübertragen werden muss (Anspruch aus § 812 Abs. 1 S. 1 1. Alt.).

50   Mit der Heilung kann **nur der Formmangel**, nicht aber ein anderer Mangel des Geschäfts überwunden werden. Liegen die Heilungsvoraussetzungen vor, tritt die Wirksamkeit des gesamten Vertrages, wie der Wortlaut andeutet („wird ... gültig"), **ex nunc** ein, d.h. zu dem Zeitpunkt, in dem der Heilungstatbestand verwirklicht wurde.[31] Praktisch kommt die Heilung aber nur in Betracht, wenn es einen notariell beurkundeten Vertrag gibt, dieser aber wegen Unvollständigkeit oder bewusster Abweichung vom wirklich Gewollten (insb. Schwarzkauf) formunwirksam ist. Fehlt es schon an einer notariellen Beurkundung, wird es nicht zur Auflassung kommen, da diese nach § 925 a nur entgegengenommen werden soll, wenn eine nach § 311 b Abs. 1 formgerechte notarielle Urkunde vorgelegt wird.

ee) Hinweis zur Fallbearbeitung

51   Nach der Formbedürftigkeit eines Vertrages darf in der Fallprüfung nicht abstrakt gefragt werden. Auszugehen ist gedanklich von der Rechtsfolge der Nichteinhaltung der Form, d.h. von der Nichtigkeit des Rechtsgeschäfts, die bei gesetzlichem Formzwang stets, bei rechtsgeschäftlichem im Zweifel eintritt, § 125. Deshalb gehört die Prüfung, ob Formzwang bestand und ob die Form eingehalten wurde, zur Frage, ob der Anspruch aus dem Vertrag überhaupt entstanden ist. Ist der gesamte Vertrag formbedürftig (wie bei § 311 b Abs. 1), dann ist die Frage nach der Form erst aufzuwerfen, nachdem ein Vertragsschluss durch zwei übereinstimmende Willenserklärungen festgestellt wurde. Ist nur eine der Willenserklärungen formbedürftig (z.B. die Erklärung des Bürgen, § 766 S. 1), kann nach der Form schon bei der Prüfung der Wirksamkeit dieser Willenserklärung gefragt werden. Im Allgemeinen empfiehlt es sich jedoch aus Gründen der Übersichtlichkeit, auch hier zunächst zu prüfen, ob es durch zwei übereinstimmende Willenserklärungen zum Vertragsschluss gekommen ist und erst dann die Frage nach der Wirksamkeit des Vertrages aufzuwerfen. An dieser fehlt es nämlich auch dann, wenn eine der beiden Willenserklärungen wegen eines Formverstoßes nichtig ist.

d) Verpflichtung zur Übertragung des gegenwärtigen Vermögens, § 311 b Abs. 3

52   Ein Vertrag, durch den sich ein Teil verpflichtet, sein künftiges Vermögen oder einen Bruchteil davon zu übertragen oder mit einem Nießbrauch zu belasten, ist nichtig,

---

31   BGHZ 54, 56 (63); BGH NJW 1983, 1543 (1545); BGH NJW 2011, 2953 Rn. 6; BeckOGK/Schreindorfer, Stand 1.6.2019, § 311 b Rn. 343; MünchKomm/Ruhwinkel, § 311 b Rn. 99; Palandt/Grüneberg, § 311 b Rn. 56; Looschelders, Schuldrecht AT, § 7 Rn. 16; a.A. Larenz, Schuldrecht I, § 5; Joussen, Schuldrecht AT, Rn. 70.

§ 311 b Abs. 2. Betrifft die Verpflichtung hingegen das **gegenwärtige Vermögen**, so ist der Vertrag wirksam, bedarf aber nach § 311 b Abs. 3 der notariellen Beurkundung. Die unterschiedliche Behandlung erklärt sich daraus, dass bei der Übertragung des gegenwärtigen Vermögens nicht die Gefahr besteht, dass der Verpflichtete sich die Motivation für einen zukünftigen Erwerb nimmt. Aufgrund der Unsicherheit über den Umfang der Verpflichtung – wer weiß schon genau, was alles zu seinem gegenwärtigen Vermögen gehört – ist aber ein Schutz vor Übereilung und eine Belehrung notwendig; außerdem besteht die Gefahr der Umgehung der erbrechtlichen Formvorschriften, weil solche Verträge häufig der vorweggenommenen Erbfolge dienen.[32] Wegen dieser Normzwecke gilt § 311 b Abs. 3 nur, wenn die Verpflichtung sich auf das **Vermögen als solches** bezieht. Geht es hingegen um einen oder mehrere Vermögensgegenstände, die das gesamte Vermögen ausmachen, besteht kein Formzwang – hier kann keine Unsicherheit über den Umfang der Verpflichtung entstehen.[33] Wenn Formzwang besteht und dieser nicht eingehalten wurde, kommt es durch die Erfüllung der Verpflichtung nicht zu einer Heilung des Formmangels, weil eine solche nicht vorgesehen ist.[34]

Beispiel: Der pflegebedürftige P schließt mit seiner Enkelin E einen Vertrag, in dem er sich verpflichtet, „alles, was ich habe", auf sie zu übertragen; E verspricht dafür, den P bis zu seinem Tode zu pflegen. Gewollt ist eine das gesamte Vermögen des P betreffende Verpflichtung. Diese ist nach § 311 b Abs. 3 formbedürftig und mangels notarieller Beurkundung nichtig (§ 125 S. 1). Eine Heilungsmöglichkeit besteht nicht. – Hätten P und E hingegen vereinbart, dass P sich zur Übertragung aller in einer beigefügten Liste aufgeführten Sachen und Rechte verpflichtet, wäre der Vertrag auch dann nicht formbedürftig, wenn die aufgelisteten Gegenstände in ihrer Gesamtheit das Vermögen des P bilden. Gehört zu den aufgelisteten Sachen ein Grundstück, ist der gesamte Vertrag aber nach § 311 b Abs. 1 formbedürftig.

e) Vertrag unter künftigen gesetzlichen Erben, § 311 b Abs. 5

Ein Vertrag über den Nachlass eines noch lebenden Dritten oder über den Pflichtteil aus einem solchen Nachlass ist nach § 311 b Abs. 4 nichtig. Das gilt jedoch nicht, wenn die Vertragsparteien **künftige gesetzliche Erben** sind und Vertragsgegenstand der **gesetzliche Erbteil oder der Pflichtteil** ist. Ein solcher Vertrag bedarf nach § 311 b Abs. 5 S. 2 aber der notariellen Beurkundung. Die Zulässigkeit solcher Verträge erklärt sich aus dem praktischen Bedürfnis, Erbauseinandersetzungen vorwegzunehmen. Wegen der wirtschaftlichen Bedeutung und der Nähe zu formbedürftigen erbrechtlichen Geschäften wird aber eine notarielle Beurkundung verlangt.

53

WIEDERHOLUNGS- UND VERTIEFUNGSFRAGEN

1. Was ist ein Vertrag zulasten Dritter? Ist ein solcher Vertrag möglich? (Rn. 1)

54

2. Was spricht gegen eine Begründung rechtsgeschäftlicher Schuldverhältnisse durch sozialtypisches Verhalten? (Rn. 4)

3. Büchersammler A entdeckt auf dem Flohmarkt ein Buch, das sein Bekannter B schon lange sucht. A kauft das Buch für 100 € und schickt es dem B zusammen mit einem Brief, in dem er ihm um Überweisung von 150 € für das Buch bittet. B stellt das Buch in

---

32 Mot. II, 188.
33 BGHZ 25, 1 (5); Brox/Walker, Schuldrecht AT, § 4 Rn. 25; Looschelders, Schuldrecht AT, § 7 Rn. 17.
34 BGH NJW 2017, 885 Rn. 10 ff.

ein Regal seiner Bibliothek. Kann A von B Zahlung von 150 € verlangen? Macht es einen Unterschied, ob A privater Büchersammler oder gewerblicher Buchhändler ist? (Rn. 6 f.)

4. Was ist das entscheidende Merkmal zur Abgrenzung von bloßen Gefälligkeiten und Rechtsgeschäften? (Rn. 8-14)

5. V will seinen Motorroller verkaufen. Kaufinteressent K bittet um eine Probefahrt, die ihm von V erlaubt wird. K fährt zu seinem in der Nähe wohnenden Freund F, der sich mit Rollern auskennt und bittet ihn, durch eine Probefahrt zu ermitteln, ob sich der Kauf lohnt. F verursacht bei dieser Probefahrt einen Unfall, durch den der Roller beschädigt wird. Da F mittellos ist, verlangt V von K Ersatz der Reparaturkosten. Zu Recht? (vgl. BGH NJW 2010, 3087).

6. Welche Bedeutung hat die Vertragsfreiheit? (Rn. 15 f.)

7. Was bedeutet Kontrahierungszwang? (Rn. 21)

8. Der vor Kurzem erstmals glücklich gewordene Vater V möchte die Geburt seiner Tochter in der Tageszeitung T – eine von zwei vor Ort erscheinenden Tageszeitungen – durch eine in Reimform abgefasste Geburtsanzeige kundtun. Die Anzeigenabteilung der T lehnt die Annahme des Anzeigenauftrags ab, weil sie Familienanzeigen in Reimform grundsätzlich nicht abdrucke. Kann V von T Annahme des Auftrags verlangen? (vgl. OLG Karlsruhe NJW 1988, 341). Ändert es etwas an der Beurteilung, wenn T die einzige örtliche Tageszeitung ist?

9. Wodurch können sich die Parteien selbst die Abschlussfreiheit nehmen? (Rn. 20 f.)

10. Ist ein Pachtvertrag über ein Grundstück formbedürftig? (Rn. 46)

11. K sucht nach einem neuen Familienheim. Makler M bietet ihm ein passendes Einfamilienhaus an, das zum Verkauf steht. K ist sehr interessiert, muss aber wegen einer plötzlich notwendig gewordenen Geschäftsreise die Entscheidung aufschieben. Er bittet M daher um Reservierung des Grundstücks. M ist hiermit einverstanden, wenn K eine Reservierungsgebühr von 1.200 € zahlt. Diese Summe soll auf die beim Kauf anfallende Maklerprovision angerechnet werden. K ist hiermit einverstanden. Kann M von K Zahlung von 1.200 € verlangen, wenn die Maklerprovision 10.000 € betragen würde? (vgl. BGHZ 103, 235).

§ 4 Entstehung des gesetzlichen vorvertraglichen Schuldverhältnisses

Die Entstehung gesetzlicher Schuldverhältnisse richtet sich nach den jeweiligen gesetz- 1
lichen Vorschriften. Die meisten gesetzlichen Schuldverhältnisse sind außerhalb des
Schuldrecht AT geregelt. Einzugehen ist nur auf das vorvertragliche Schuldverhältnis,
dessen Entstehung in § 311 Abs. 2, 3 geregelt ist.

I. Bedeutung des vorvertraglichen Schuldverhältnisses

Rechtsgeschäftliche Schuldverhältnisse entstehen mit dem Abschluss des Vertrages 2
(§ 311 Abs. 1). Erst mit diesem Zeitpunkt kommt es zu vertraglichen Leistungs- und
Schutzpflichten. Im systematischen Zusammenhang mit § 311 Abs. 1 bestimmt
§ 311 Abs. 2 jedoch, dass zwischen den potenziellen späteren Vertragspartnern schon
vor Vertragsabschluss ein **Schuldverhältnis mit Pflichten nach § 241 Abs. 2** (Schutzpflichten) entsteht, sofern die dort genannten Entstehungsvoraussetzungen gegeben
sind. Nach § 311 Abs. 3 S. 1 kann ein solches gesetzliches Schuldverhältnis auch zu
einer Person entstehen, die selbst nicht Vertragspartner werden soll.

§ 311 Abs. 2, 3 wurde erst mit der Schuldrechtsreform 2002 in das BGB eingeführt. 3
Bereits zuvor war jedoch gewohnheitsrechtlich anerkannt, dass schon vor Vertragsabschluss Schutzpflichten bestehen können und dass bei einer Verletzung Schadensersatz
geschuldet wird. Dieses Rechtsinstitut des **Verschuldens bei Vertragsverhandlungen**
(*culpa in contrahendo*)[1] geht im Kern sogar auf die Zeit vor Entstehung des BGB zurück (nämlich auf *Rudolph von Jhering*).[2] Das BGB hat dieses Rechtsinstitut zunächst
nur punktuell anerkannt (insb. §§ 122, 179, 307 a.F.). Es wurde aber schon bald von
der Rechtsprechung zu einem allgemeinen Haftungsinstitut fortgebildet. *Leading case*
ist der **Linoleumrollen-Fall**, den das Reichsgericht 1911 zu entscheiden hatte.[3] Eine
Kundin war in einem Geschäft bei der Besichtigung von Bodenbelägen von einer um-
kippenden Linoleumrolle verletzt worden, weil ein Angestellter die Rolle nicht ordnungsgemäß abgestellt hatte. Sie verlangte vom Geschäftsinhaber Schadensersatz. Vertragliche Ansprüche schieden mangels Vertragsschluss aus, sodass eigentlich nur deliktische Ansprüche blieben. Solche bestanden jedoch auch nicht: Für einen Anspruch aus
§ 823 Abs. 1 fehlte es nach dem damaligen Stand der deliktsrechtlichen Dogmatik an
einer Verletzungshandlung des Geschäftsinhabers (heute würde hier auf ein Organisa-
tionsverschulden[4] abgestellt werden können); die Voraussetzungen von §§ 823 Abs. 2,
826 lagen schon gar nicht vor. Die Haftung für den Verrichtungsgehilfen aus
§ 831 Abs. 1 S. 1 scheiterte ebenfalls, weil der Geschäftsinhaber den Angestellten sorgfältig ausgesucht und überwacht hatte, sich also nach § 831 Abs. 1 S. 2 exkulpieren
konnte. Das ist ein für die Kundin sehr unbefriedigendes Ergebnis – besonders dann,
wenn beim Angestellten, der nach § 823 Abs. 1 haftet, nichts zu holen ist. Diese missli-
che Situation beruht wesentlich auf den Grenzen der deliktischen Haftung (siehe § 1
Rn. 13). Das RG hat indessen angenommen, es habe ein den Kauf vorbereitendes

---

1 Zur Vertiefung: Ballerstedt, Zur Haftung für culpa in contrahendo bei Geschäftsabschluss durch Stellvertreter, AcP 151 (1951), 501 ff.; Horn, Culpa in Contrahendo, JuS 1995, 377; Michalski, Das Rechtsinstitut der „culpa
  in contrahendo" (c.i.c.), Jura 1993, 22; Schwab, Grundfälle zu culpa in contrahendo, Sachwalterhaftung und
  Vertrag mit Schutzwirkung für Dritte nach neuem Schuldrecht, JuS 2002, 773, 872.
2 v. Jhering, Culpa in contrahendo, JherJb 4 (1861), 1 ff. Zur Geschichte siehe Bauwens, Woher kommt eigentlich? ... Die culpa in contrahendo, AdLegendum 2013, 289.
3 RGZ 79, 239.
4 Siehe Peifer, Gesetzliche Schuldverhältnisse, § 4 Rn. 13.

Rechtsverhältnis zwischen Kundin und Geschäftsinhaber bestanden, das vertragsähnlichen Charakter trage und rechtsgeschäftliche Verbindlichkeiten erzeuge. Hierzu gehöre auch die Pflicht, bei der Präsentation der Ware auf die Gesundheit und das Eigentum der Kundin Rücksicht zu nehmen. Diese Schutzpflicht war verletzt, weil der Angestellte die Rolle nicht ordnungsgemäß abgestellt hatte und der Geschäftsinhaber nach § 278 für das Verhalten seines Erfüllungsgehilfen einstehen musste.

4   Der Linoleumrollen-Fall verdeutlicht die **Bedeutung der Haftung** für vorvertragliches Verschulden: Es kommt zu einer Vorverlagerung derjenigen Haftung, wie sie bei der Verletzung vertraglich begründeter Schutzpflichten bestehen würde – nur dass es eben dazu keines Vertrages bedarf. Das hat erhebliche Vorteile im Vergleich zur sonst nur bestehenden deliktischen Haftung. Im Fall der schuldhaften Verletzung einer vorvertraglichen Schutzpflicht erfasst der Anspruch aus § 280 Abs. 1 auch bloße Vermögensschäden; außerdem ist – besonders wichtig in der arbeitsteiligen Welt – eine Zurechnung des Verschuldens von Hilfspersonen nach § 278 möglich.

5   Die Kodifikation der vorvertraglichen Haftung in § 311 Abs. 2, 3 hat dieser eine positiv-rechtliche Grundlage gegeben. Deshalb handelt es sich nunmehr trotz der Nähe zum Rechtsgeschäft um ein **gesetzliches Schuldverhältnis**.[5] Der innere Grund der Regelung entspricht aber der früheren Begründung der Haftung: Es geht um den **Schutz des Vertrauens**, das Personen sich entgegenbringen, wenn sie in die Phase der Vertragsanbahnung eintreten. Dieses Vertrauen ist im Vergleich zu dem bei bloßen sozialen Kontakten erhöht, weil die Verhandlungspartner grundsätzlich bereit sind, zwischen sich eine rechtsgeschäftliche Regelung zu treffen; das wiederum führt dazu, dass sie dem jeweils anderen die gesteigerte Möglichkeit zur Einwirkung auf ihre Rechte, Rechtsgüter und Interessen offenbaren. Deshalb spielt es für die Entstehung des vorvertraglichen Schuldverhältnisses auch keine Rolle, ob es später tatsächlich zum Vertragsabschluss kommt oder nicht. Die Haftung für vorvertragliches Verschulden ist unabhängig von einer eventuellen Haftung für die Verletzung vertraglicher Pflichten.

II. Entstehungsvoraussetzungen

6   Bei der Entstehung dieses Schuldverhältnisses ist nach den Beteiligten zu differenzieren. § 311 Abs. 2 regelt die Entstehung zwischen den potenziellen Vertragspartnern – kommt es zum Vertragsabschluss, so wird das nach § 311 Abs. 2 entstandene gesetzliche Schuldverhältnis durch das vertragliche Schuldverhältnis abgelöst; bereits entstandene Ansprüche aus der Verletzung vorvertraglicher Schutzpflichten bleiben aber bestehen. § 311 Abs. 3 befasst sich mit der Entstehung zu einer Person, die nicht selbst Vertragspartei werden soll. Hier geht es um das Verhältnis zwischen einem potenziellen Vertragspartner und einem Dritten.

1. Entstehung zwischen potenziellen Vertragspartnern, § 311 Abs. 2

7   § 311 Abs. 2 nennt drei voneinander unabhängige Entstehungstatbestände: Vertragsverhandlungen (Nr. 1), Vertragsanbahnung (Nr. 2) und ähnliche geschäftliche Kontakte (Nr. 3). Die drei Situationen lassen sich, wie die Überschrift des § 311 bestätigt, als **rechtsgeschäftsähnliche Kontakte** bezeichnen. Nicht ausreichend ist ein bloßer sozialer

---

5   Schlechtriem/Schmidt-Kessel, Schuldrecht AT, Rn. 7; a.A. Tonner, Schuldrecht Vertragliche Schuldverhältnisse, § 1 Rn. 3: vertragsähnliches Schuldverhältnis.

Kontakt, wie er typischerweise bei der Übernahme einer Gefälligkeit besteht (siehe § 3 Rn. 9).

a) Vertragsverhandlungen, § 311 Abs. 2 Nr. 1

Von Vertragsverhandlungen kann nur gesprochen werden, wenn ein **kommunikativer Austausch** der Beteiligten begonnen hat und Gegenstand dieses Austauschs der Abschluss eines Vertrages ist (z.B. mündliche Verhandlungen, Schriftwechsel). Nicht genügend sind einseitige Handlungen wie etwa Werbung. Solche Maßnahmen können zwar Vertragsverhandlungen einleiten; solange aber keine kommunikative Reaktion des Adressaten erfolgt ist, kann von Verhandlungen noch nicht die Rede sein. Das Schuldverhältnis entsteht in dem Zeitpunkt, in dem die Verhandlungen **aufgenommen** werden. Es besteht während der gesamten Verhandlungsdauer und endet entweder durch den Vertragsabschluss oder die endgültige Beendigung der Vertragsverhandlungen. Handlungen, die zum Abbruch der Vertragsverhandlungen führen, können daher durchaus noch eine Verletzung von vorvertraglichen Schutzpflichten darstellen (siehe § 5 Rn. 17).

8

b) Vertragsanbahnung, § 311 Abs. 2 Nr. 2

Im Vergleich zu Vertragsverhandlungen ist der Kontakt bei der in § 311 Abs. 2 Nr. 2 genannten Anbahnung des Vertrages schwächer ausgeprägt. Es geht aber immer noch um einen rechtsgeschäftsähnlichen Kontakt, denn erfasst sind nur Situationen, bei denen der eine Teil im Hinblick auf eine etwaige rechtsgeschäftliche Beziehung dem anderen Teil die Möglichkeit zur Einwirkung auf seine Rechte, Rechtsgüter und Interessen gewährt oder sie ihm anvertraut. Dazu ist ein kommunikativer Austausch über einen abzuschließenden Vertrag nicht notwendig. Es genügt vielmehr eine Situation, in der ein Vertragsabschluss von einem Teil als zumindest möglich erachtet wird – dann geht es um eine etwaige rechtsgeschäftliche Beziehung. Hinzukommen muss die Einwirkungsmöglichkeit für den anderen Teil. Diese besteht insbesondere, wenn dessen **Geschäftslokal aufgesucht** wird. Entscheidend für die Entstehung des vorvertraglichen Schuldverhältnisses ist aber die Verklammerung beider Merkmale, die durch die Formulierung „im Hinblick auf" verlangt wird: Der Aufenthalt im Geschäftslokal muss in Zusammenhang stehen mit einem **etwaigen Vertragsabschluss**. Hierzu genügt es, dass der Kunde sich über die angebotenen Leistungen informieren will. Solange aber andere Zwecke den Aufenthalt motivieren, entsteht kein vorvertragliches Schuldverhältnis.

9

Beispiel: Von einem dringenden Bedürfnis angetrieben, sucht A die frei zugänglichen Toiletten im Kaufhaus des V auf. Auf dem anschließenden Weg zum Ausgang rutscht er auf dem soeben gewischten Fußboden im Eingangsbereich aus. Für die dadurch entstandene Verletzung verlangt er von V Schadensersatz, weil dieser nicht durch ein Warnschild auf die Rutschgefahr hingewiesen hatte. – Für einen Anspruch aus § 280 Abs. 1 fehlt es an einem Schuldverhältnis. Ein Vertragsschluss liegt nicht vor; aber auch die Voraussetzungen des § 311 Abs. 2 sind nicht gegeben. Vertragsverhandlungen haben nicht stattgefunden, aber auch keine Vertragsanbahnung i.S.d. § 311 Abs. 2 Nr. 2. Zwar hat A durch das Betreten des Kaufhauses dem V die Möglichkeit eröffnet, auf seine Rechte, Rechtsgüter und Interessen einzuwirken – wäre er nicht in das Kaufhaus gegangen, hätte er dort nicht verletzt werden können. Jedoch tat er dies nicht im Hinblick auf eine etwaige rechtsgeschäftliche Beziehung: A wollte lediglich die Toilette aufsuchen.

Das Schuldverhältnis entsteht mit dem **Beginn der Vertragsanbahnung**. Wurden die Geschäftsräume erst zu einem nicht rechtsgeschäftlichen Zweck aufgesucht, kann

10

gleichwohl noch ein vorvertragliches Schuldverhältnis entstehen, wenn der Kunde nunmehr einen Vertragsschluss zumindest für möglich hält (weil er z.B. anfängt, sich über die Waren im Kaufhaus zu informieren). Das Schuldverhältnis endet, wenn es zum Vertragsschluss kommt oder die Vertragsanbahnungssituation beendet wurde (insb. durch Verlassen des Geschäfts).

c) Ähnlicher geschäftlicher Kontakt, § 311 Abs. 2 Nr. 3

11   Der dritte Entstehungstatbestand, § 311 Abs. 2 Nr. 3, ist nicht leicht mit Leben zu füllen. Er hat eine **Auffangfunktion** und soll Situationen erfassen, die sich nicht als Vertragsverhandlungen oder Vertragsanbahnung einordnen lassen, diesen aber doch ähnlich sind. Der Gesetzgeber dachte vor allem an Kontakte, bei denen noch kein Vertrag angebahnt, ein solcher aber vorbereitet werden soll.[6] Ist es aber noch nicht einmal zur Vertragsanbahnung gekommen, so ist fraglich, ob man schon von einer Situation sprechen kann, in der gesteigertes Vertrauen und erhöhte Einwirkungsmöglichkeiten bestehen. Außerdem verlangt der Wortlaut lediglich einen geschäftlichen Kontakt. Das schließt zwar bloß soziale Kontakte aus; erfasst sind aber noch **geschäftliche Kontaktsituationen**, selbst wenn es bei dem Kontakt nicht um einen Vertragsschluss geht. Entscheidend für die Einordnung ist in diesen Fällen die gesteigerte Einwirkungsmöglichkeit; dies und nicht die zeitliche Einordnung im Vorfeld des Vertragsschlusses ist es, was den geschäftlichen Kontakt zu einem ähnlichen Kontakt, wie er bei Vertragsverhandlungen oder Vertragsanbahnung besteht, macht. So verstanden lassen sich unter § 311 Abs. 2 Nr. 3 vor allem Fälle subsumieren, in denen ein abgeschlossener **Vertrag nichtig** ist.[7]

Beispiel (LG Krefeld Urt. v. 20.4.2010 – 1 S 140/09): Ehefrau E hat gegenüber der Bank B für einen Kredit ihres Ehemanns M eine Bürgschaft übernommen. Weil M den Kredit nicht tilgen kann, nimmt B die E in Anspruch. Zur Abwehr dieses Anspruchs beauftragt E einen Rechtsanwalt. Diesem gelingt es, B davon zu überzeugen, dass die Bürgschaft wegen eines Verstoßes gegen die guten Sitten nach § 138 Abs. 1 nichtig ist. Nunmehr verlangt E von B Ersatz der durch die Beauftragung des Rechtsanwalts entstandenen Kosten. – Ist der Bürgschaftsvertrag tatsächlich nichtig, bestehen keine vertraglichen Ansprüche. Deliktische Ansprüche scheiden ebenfalls aus, da nur ein Vermögensschaden gegeben ist. Aber zwischen E und B bestand ein gesetzliches Schuldverhältnis nach § 311 Abs. 2 Nr. 3. Denn durch den Abschluss des nichtigen Vertrages ist es zu einem geschäftlichen Kontakt gekommen, der solange anhielt, wie B von E aus dem Vertrag eine Leistung verlangte. Folglich trafen B Schutzpflichten nach § 241 Abs. 2, die sie durch die Geltendmachung eines unberechtigten Anspruchs verletzt haben kann.

2. Entstehung zu Dritten, § 311 Abs. 3

a) Anwendungsbereich des § 311 Abs. 3

12   § 311 Abs. 3 S. 1 stellt klar, dass ein Schuldverhältnis mit Pflichten nach § 241 Abs. 2 auch zu Personen entstehen kann, die nicht Vertragspartei werden sollen.[8] Unter diese

---

6   BT-Drucks. 14/6040, S. 163.
7   BGH NJW 2005, 3208 (3209); vgl. auch BGH NJW 2016, 2562 Rn. 13 (wo der BGH aber unverständlicherweise von § 311 Abs. 2 Nr. 1 spricht).
8   Zur Vertiefung: Iden, Einbeziehung Dritter in Schuldverhältnisse und Drittschadensliquidation, ZJS 2012, 766; Leyens, Expertenhaftung: Ersatz von Vermögensschäden im Dreipersonenverhältnis nach Bürgerlichem Recht, JuS 2018, 217; Schwab, Grundfälle zu culpa in contrahendo, Sachwalterhaftung und Vertrag mit Schutzwirkung für Dritte nach neuem Schuldrecht, JuS 2002, 773 (872).

Norm lassen sich zwei Situationen subsumieren. Da ist zunächst die **Haftung eines Dritten** gegenüber einem der potenziellen Vertragspartner. Hier kann über § 311 Abs. 3 der Dritte als Schuldner von Schutzpflichten erfasst werden. Unter den Wortlaut des § 311 Abs. 3 S. 1 lassen sich aber auch Situationen subsumieren, in denen es um den **Schutz eines Dritten** gegenüber einem potenziellen Vertragspartner geht und der Dritte deswegen Gläubiger von Schutzpflichten ist.

aa) Vorvertragliche Haftung eines Dritten

Mit § 311 Abs. 3 sollte die bis dahin aufgrund der Rechtsprechung geltende Rechtslage kodifiziert werden. Es war schon lange anerkannt, dass ein vorvertragliches Schuldverhältnis auch zu einem Dritten entstehen kann. Dabei ging es in der Rechtsprechung darum, eine vertragsähnliche **Haftung eines Dritten**, der zwar nicht Vertragspartner werden soll, aber an den Vertragsverhandlungen maßgeblich beteiligt war, zu begründen (sog. **Eigenhaftung Dritter**; Dritter als Anspruchsgegner und Schuldner einer Schutzpflicht). Zwar kommen gegen den Dritten auch deliktische Ansprüche in Betracht, aber diese unterliegen den bekannten Grenzen (siehe § 1 Rn. 13). Diese können einmal mehr durch Annahme eines eigenen vorvertraglichen Schuldverhältnisses zwischen einem der zukünftigen Vertragspartner und dem Dritten umgangen werden. Dadurch entstehen Schutzpflichten zwischen beiden Beteiligten, sodass der Dritte bei einer Verletzung der Schutzpflicht dem potenziellen Vertragspartner nach § 280 Abs. 1 auf Schadensersatz auch bei bloßen Vermögensschäden haftet und § 278 Anwendung finden kann.

Beispiel (BGHZ 79, 281): K lässt sich vom Angestellten A des Gebrauchtwagenhändlers G ein Auto zeigen, das dieser im Auftrag der Z verkaufen soll. A behauptet, der Motor sei generalüberholt und laufe einwandfrei. Daraufhin schließt G im Namen der Z mit K den Kaufvertrag unter Ausschluss jeglicher Gewährleistung. Ein paar Tage später bleibt der Wagen mit einem Motorschaden liegen. – Von seiner Vertragspartnerin Z kann K wegen des Gewährleistungsausschlusses nichts verlangen. Gegen G besteht kein Anspruch aus § 823 Abs. 1 (von Anfang an mit Mangel behaftetes Eigentum des K, keine Verletzungshandlung des G, nur Vermögensschaden) und der Anspruch aus § 831 Abs. 1 kann an der Exkulpation des G scheitern. Besteht aber zwischen K und G ein vorvertragliches Schuldverhältnis nach § 311 Abs. 3, so bestünde die Möglichkeit eines Schadensersatzanspruchs aus § 280 Abs. 1, da G für schuldhafte Schutzpflichtverletzungen seines Erfüllungsgehilfen A nach § 278 haften würde.

bb) Vorvertraglicher Schutz eines Dritten

Über das Institut des vorvertraglichen Schuldverhältnisses lässt sich auch der **Schutz eines Dritten** realisieren: Die potenzielle Vertragspartei muss ja nicht zwingend Gläubiger von Schutzpflichten sein, sondern kann auch die Schuldnerposition einnehmen. Dann kann der Dritte von ihr Rücksicht auf Rechte, Rechtsgüter und Interessen verlangen (Dritter als Anspruchsteller und Gläubiger einer Schutzpflicht).

Beispiel (BGHZ 66, 51 – Gemüseblatt-Fall): Mutter M sucht zusammen mit ihrer minderjährigen Tochter T das Lebensmittelgeschäft des V auf. Dort rutscht T, als sie an der Kasse vorbeigehen will, auf einem Gemüseblatt aus und zieht sich eine Verletzung zu. T verlangt von V Ersatz der Behandlungskosten. – Anspruchsgrundlage könnte § 280 Abs. 1 sein. Ein vertragliches Schuldverhältnis zwischen T und V besteht nicht. Ein vorvertragliches Schuldverhältnis nach § 311 Abs. 2 Nr. 2 muss ebenfalls ausscheiden: Zwar hat T sich in die Geschäftsräume des V begeben, dies geschah aber nicht zum Zweck der Vertragsanbahnung,

13

14

sondern lediglich als Begleitung der M. In Betracht kommt aber ein vorvertragliches Schuldverhältnis nach § 311 Abs. 3. Das hätte zur Folge, dass T Gläubigerin und V Schuldner einer Schutzpflicht war. Diese könnte dadurch verletzt sein, dass V nicht dafür gesorgt hat, dass herabgefallene Gemüseblätter im Kassenbereich entfernt werden.

15   Die Rechtsprechung hat den vorvertraglichen Schutz Dritter bis zur Schuldrechtsreform durch die Konstruktion eines zwischen den potenziellen Vertragsparteien bestehenden **vorvertraglichen Schuldverhältnisses mit Schutzwirkung zugunsten Dritter** realisiert. Vorbild hierfür war der im BGB nicht geregelte, aber allgemein anerkannte Vertrag mit Schutzwirkung zugunsten Dritter (siehe § 37), dessen Entstehungsvoraussetzungen entsprechend angewandt wurden. Ob es mit Blick auf den Wortlaut des § 311 Abs. 3 S. 1, der ohne Weiteres auch den Schutz Dritter erfasst, dieses dogmatischen Ansatzpunktes noch bedarf, ist zweifelhaft.[9] Ein **eigenes vorvertragliches Schuldverhältnis** zwischen einem potenziellen Vertragspartner und dem geschützten Dritten ist durchaus vertretbar, wenngleich der Gesetzgeber eher davon ausging, dass die bisherige Dogmatik fortgeführt werden sollte.[10] Letztlich spielt diese Streitfrage jedoch keine Rolle, denn § 311 Abs. 3 benennt ohnehin nicht die Voraussetzungen für die Entstehung des vorvertraglichen Schuldverhältnisses. Auch bei einer Verortung in § 311 Abs. 3 S. 1 muss daher auf die Kriterien zurückgegriffen werden, wie sie allgemein für die Einbeziehung Dritter in den Schutzbereich eines Schuldverhältnisses gelten (siehe § 37 Rn. 8 ff.).

b) Voraussetzungen der Entstehung zum haftenden Dritten

aa) Inanspruchnahme besonderen Vertrauens, § 311 Abs. 3 S. 2

16   Zu einem Dritten entsteht nach § 311 Abs. 3 S. 2 ein Schuldverhältnis, wenn dieser in besonderem Maße Vertrauen für sich in Anspruch nimmt und dadurch die Vertragsverhandlungen oder den Vertragsschluss erheblich beeinflusst. Erforderlich ist ein über die normale Verhandlungsloyalität hinausgehendes Vertrauen, das zudem vom Dritten in Anspruch genommen werden muss. Eine Inanspruchnahme setzt ein vertrauensbegründendes Verhalten des Dritten voraus; er muss eine zusätzliche, von ihm persönlich ausgehende Gewähr für die Seriosität und die Erfüllung des Geschäfts bieten.[11] Es handelt sich erkennbar um recht strenge Voraussetzungen; die Eigenhaftung Dritter ist ein Ausnahmefall. Sie kommt vor allem bei **Vertretern** oder **Verhandlungsgehilfen** der anderen potenziellen Vertragspartei in Betracht.

Beispiele: Gebrauchtwagenhändler, der in fremdem Namen ein Fahrzeug verkauft, ohne dass der Käufer mit dem Verkäufer in Kontakt tritt (vgl. Bsp. Rn. 13); Leitender Angestellter eines Franchisegebers, der bei Verhandlungen mit einem Interessenten über den Abschluss eines Franchisevertrages behauptet, der Franchisegeber werde im Fall des Scheiterns das Restaurant übernehmen und weiterführen, „wie sich das für eine große Franchisefamilie gehört".[12]

17   Erfasst sind ferner sog. **Sachwalter.** Dies sind letztlich alle Personen, die – ohne Stellvertreter oder Verhandlungsgehilfe zu sein – an den Vertragsverhandlungen teilgenom-

---

9 Bejahend BeckOGK/Herresthal, Stand 1.7.2019, § 328 Rn. 160; Staudinger/Feldmann (2018), § 328 Rn. 222; verneinend Erman/Kindl, § 311 Rn. 16; NK-BGB/Krebs, § 311 Rn. 109; Soergel/Harke, § 311 Rn. 118; Looschelders, Schuldrecht AT, § 9 Rn. 4 f.; Schlechtriem/Schmidt-Kessel, Schuldrecht AT, Rn. 44.
10 BT-Drucks. 16/4060, S. 163.
11 BGH NJW 1983, 2696 f.; BGH NJW-RR 2006, 993.
12 BGH NJW-RR 2006, 993.

men und dabei besonderes Vertrauen für sich in Anspruch genommen haben.[13] Die Inanspruchnahme beruht hier auf der besonderen Sachkunde oder der persönlichen Zuverlässigkeit. Dies kann vor allem bei Sachverständigen, aber auch Rechtsanwälten
oder Steuerberatern der Fall sein.

Beispiel (BGHZ 127, 378): Hauseigentümerin V lässt bei Gutachter G ein Wertgutachten
über ihr Haus anfertigen, das sie – wie G weiß – Kaufinteressenten vorlegen will. G übersieht bei der Anfertigung des Gutachtens einen schwerwiegenden Feuchtigkeitsschaden. V
verkauft das Grundstück unter Vorlage des Gutachtens an K; die Gewährleistung ist ausgeschlossen. K verlangt von G Ersatz der Kosten für die notwendige Sanierung. – Hier kommt
die Annahme einer Sachwalterstellung und damit ein Schadensersatzanspruch aus §§ 280
Abs. 1, 311 Abs. 3 S. 2 in Betracht. Zwar war G nicht an den Vertragsverhandlungen beteiligt, aber durch die Erstellung des Gutachtens, dessen Zweck er kannte, hat er gegenüber
Kaufinteressenten besonderes Vertrauen in Anspruch genommen. Der BGH hat demgegenüber den Vertrag zwischen V und G als Vertrag mit Schutzwirkung zugunsten Dritter qualifiziert, was ebenfalls zu einem Schadensersatzanspruch des K aus § 280 Abs. 1 führt (siehe
§ 37 Rn. 12).

bb) Unmittelbares wirtschaftliches Eigeninteresse des Dritten

§ 311 Abs. 3 S. 2 regelt die Entstehung zu Dritten nicht abschließend („insbesondere"). 18
Deshalb gilt die zweite Entstehungssituation, die in der Rechtsprechung entwickelt
worden ist, weiter fort. Dies ist das Vorliegen eines **unmittelbaren wirtschaftlichen Eigeninteresses des Dritten**, der im Vorfeld des Vertragsschlusses an Vertragsverhandlungen oder der Vertragsanbahnung beteiligt war. Hier fehlt es zwar am für die vorvertragliche Haftung entscheidenden Aspekt des Vertrauensschutzes. Eine Haftung ist
aber gerechtfertigt, wenn der Dritte bei den Vertragsverhandlungen wirtschaftlich
gleichsam in eigener Sache und damit wie ein potenzieller Vertragspartner handelt.[14]
Das setzt eine enge Beziehung zum Vertragsgegenstand voraus; letztlich geht es um
Fälle, in denen der Dritte ebenso gut hätte Vertragspartei sein können.[15] Weil es sich
hierbei wie beim geregelten Fall der Inanspruchnahme besonderen Vertrauens um
einen Ausnahmetatbestand handelt, reicht ein bloß mittelbares wirtschaftliches Interesse (z.B. wegen einer Abschlussprovision oder aufgrund der Stellung als Gesellschafter
oder Geschäftsführer der vertragsschließenden Gesellschaft) nicht aus.[16]

Beispiel (BGH NJW-RR 2006, 1309): A ist Geschäftsführer des in Ungarn ansässigen Un-
ternehmens U. Er schließt im Namen der U mit Bauunternehmer B einen Vertrag über die
Errichtung eines Supermarkts auf einem ihm gehörenden Grundstück. Bei den Verhandlungen unterlässt A es, B darauf hinzuweisen, dass U in Ungarn ansässig ist und eine Gesellschaft ungarischen Rechts ist. Nach Ausführung der Bauarbeiten zahlt U den Werklohn
nicht. B verlangt von A Schadensersatz. – Zur Entstehung eines vorvertraglichen Schuldverhältnisses als Voraussetzung eines Anspruchs aus § 280 Abs. 1 genügt es noch nicht, dass A
als Geschäftsführer der U an deren Erfolg ein wirtschaftliches Interesse hat. War es jedoch
so, dass A die U nur vorgeschoben hat, während der gesamte wirtschaftliche Nutzen des abgeschlossenen Vertrages ihm zukommen sollte (z.B. selbstständiger Betrieb des Supermarkts
durch A, fehlende Beauftragung durch U), läge ein unmittelbares wirtschaftliches Eigenin-
teresse vor.

---

13 BGH NJW 1989, 293 (294); BGH NJW 1997, 1233.
14 BGH NJW-RR 2002, 1309 (1310).
15 Looschelders, Schuldrecht AT, § 9 Rn. 21.
16 BGH NJW 1990, 506; BGHZ 126, 181 (186).

c) Voraussetzungen der Entstehung zum geschützten Dritten

19   Die Entstehung des Schuldverhältnisses zum geschützten Dritten richtet sich auch dann, wenn man ein solches Schuldverhältnis dogmatisch in § 311 Abs. 3 S. 1 verortet, nach den **Voraussetzungen des Vertrages mit Schutzwirkung zugunsten Dritter**, die entsprechend anzuwenden sind (siehe § 37 Rn. 8).

3. Pflichten aus dem vorvertraglichen Schuldverhältnis

20   Das nach § 311 Abs. 2, 3 entstandene Schuldverhältnis bringt Pflichten nach § 241 Abs. 2 hervor. Jede Partei des Schuldverhältnisses ist der anderen zur Rücksichtnahme auf Rechte, Rechtsgüter und Interessen verpflichtet. Leistungspflichten i.S.d. § 241 Abs. 1 werden nicht begründet.[17] Es handelt sich um ein **Schuldverhältnis mit primären Schutzpflichten, aber ohne primäre Leistungspflichten**. Allerdings können Leistungspflichten als Sekundärpflichten entstehen, wenn der Schuldner die Schutzpflicht verletzt. Das führt, sofern er die Verletzung zu vertreten hat, zu einem Anspruch auf Schadensersatz, § 280 Abs. 1.

21   Der **Inhalt der entstandenen Schutzpflichten** kann weder § 311 Abs. 2 noch § 241 Abs. 2 entnommen werden. Die Konkretisierung von Schutzpflichten ist ein Problem, das sich nicht nur bei vorvertraglichen, sondern auch bei vertraglichen Schuldverhältnissen stellt. Sie soll daher im Gesamtzusammenhang der Schutzpflichten besprochen werden (siehe § 5 Rn. 10 ff.).

4. Hinweis zur Fallbearbeitung

22   Da vorvertragliche Schuldverhältnisse keine Leistungspflichten hervorbringen und Ansprüche auf Erfüllung von Schutzpflichten nur selten zu prüfen sind, kommt es auf ihre Entstehung regelmäßig nur im Rahmen der Prüfung von Sekundäransprüchen auf Schadensersatz aus § 280 Abs. 1 an. Dabei sind Ansprüche aus der Verletzung vertraglicher Leistungspflichten vorrangig und zuerst zu prüfen.

WIEDERHOLUNGS- UND VERTIEFUNGSFRAGEN

23   1. Welche Vorteile hat eine Haftung aus einem vorvertraglichen Schuldverhältnis im Vergleich zur deliktischen Haftung für den Geschädigten? (Rn. 3)

2. Was ist der innere Grund für die Haftung aus vorvertraglichem Verschulden? (Rn. 3)

3. K fährt mit ihrem Auto auf den Kundenparkplatz des Möbelhauses M, um sich dort nach einem neuen Schreibtisch umzusehen. Während sie im Möbelhaus ist, wird ihr Fahrzeug durch den vom Angestellten A gefahrenen Gabelstapler beschädigt. A, der sonst sehr zuverlässig ist, musste beim Transport eines Teppichs vom Lager zum Fahrzeug eines Käufers auf dem Parkplatz rangieren und ist dabei aus Unachtsamkeit mit dem Fahrzeug der K zusammen gestoßen. K verlangt von M Schadensersatz in Höhe der Reparaturkosten. Zu Recht? (vgl. LG München II, Urt. v 27.5.2008 – 8 S 538/08).

4. Unter welchen Voraussetzungen besteht die sog. Eigenhaftung Dritter? (Rn. 13)

5. Was ist ein Sachwalter? (Rn. 17)

---

17   Zu einem Ausnahmefall (Nominierung für Sportwettkampf durch Monopolverband) s. BGHZ 207, 144 Rn. 22.

6. G ist alleiniger Gesellschafter und Geschäftsführer der A-GmbH. Er bestellt im Namen der A-GmbH bei Lieferant L Waren für 100.000 €, obwohl er weiß, dass die GmbH überschuldet und zahlungsunfähig ist. Kurz nachdem L die Waren geliefert hat, muss die A-GmbH Insolvenz anmelden. L erhält aus der Insolvenz lediglich 10.000 € und verlangt nun von G Zahlung von 90.000 €, weil dieser ihn nicht über die bestehende Zahlungsunfähigkeit aufgeklärt habe. Zu Recht? (vgl. BGHZ 87, 27 einerseits und BGHZ 126, 181 andererseits).

C. Inhalt von Schuldverhältnissen

§ 5 Pflichten aus dem Schuldverhältnis

I. Funktion und Abgrenzung schuldrechtlicher Pflichten

1   Das Schuldverhältnis kann zwei verschiedene Arten von Pflichten hervorbringen: **Leistungspflichten** nach § 241 Abs. 1 und **Schutzpflichten** nach § 241 Abs. 2. Bei der **Unterscheidung** beider Pflichten ist das Gesetz wenig hilfreich. Insbesondere bestimmt § 241 Abs. 1 nicht, was eine Leistung ist. Der Norm können wir nur entnehmen, dass die Leistung in einem Tun oder Unterlassen bestehen kann. Das aber hilft zur Unterscheidung von den Schutzpflichten nicht weiter, denn die in § 241 Abs. 2 verlangte Rücksicht wird ebenfalls durch ein positives Tun (z.B. Aufklärung über einen vertragswesentlichen Umstand) oder Unterlassen (z.B. keine Beschmutzung des Teppichs beim vertraglich geschuldeten Streichen der Decke) geübt. Der Unterschied ergibt sich vielmehr aus der Funktion der geschuldeten Handlung. Leistungspflichten zielen auf eine **Veränderung der bestehenden Güterzuordnung** (z.B. Pflicht zur Übereignung einer Sache, Pflicht zur Erbringung von Diensten), wobei die tatsächliche Änderung erst mit der Erfüllung der Leistungspflicht eintritt. Da sie einen Anspruch des Gläubigers auf die Leistung hervorrufen, begründen sie ein rechtlich geschütztes **Leistungsinteresse** des Gläubigers (Interesse am Erhalt der Leistung; Erfüllungsinteresse). Schutzpflichten zielen hingegen auf die **Bewahrung der Güterwelt**: Rechte, Rechtsgüter und Interessen, die bereits der Güterwelt des Gläubigers zugeordnet sind, dürfen vom Schuldner nicht beeinträchtigt werden. Schutzpflichten wahren das **Integritätsinteresse** des Gläubigers, d.h. sein Interesse am Fortbestand des Zustands seiner Güter.[1]

II. Leistungspflichten

1. Arten der Leistungspflicht

a) Hauptleistungspflichten

2   Hauptleistungspflichten sind diejenigen Leistungspflichten, die für das Schuldverhältnis typisch sind, d.h., die den Typ des Schuldverhältnisses prägen. An diesen **vertragstypischen Pflichten** erkennen wir gleichsam, um welchen Typ von Schuldverhältnis es sich handelt.

Beispiel: Charakteristisch für einen Kaufvertrag ist, dass der Verkäufer zur Übereignung der Sache verpflichtet ist und der Käufer zur Zahlung des Kaufpreises (vgl. § 433). Am Vorliegen dieser beiden Pflichten erkennen wir, dass ein Schuldverhältnis Kaufvertrag und nicht z.B. Schenkungsvertrag ist. Bei diesem besteht zwar auch eine Pflicht zur Übereignung einer Sache (wenn sich die Schenkung auf eine Sache bezieht), aber der Beschenkte hat keine Gegenleistungspflicht (vgl. § 516 Abs. 1). Demgegenüber ist für den Mietvertrag prägend, dass der Vermieter eine Sache dem Mieter zum Gebrauch überlassen muss (aber eben nicht übereignen) und der Mieter dafür eine Miete zu zahlen hat (vgl. § 535). Fehlt hier die Gegenleistungspflicht, handelt es sich um ein Schuldverhältnis vom Typ Leihvertrag (vgl. § 598).

---

1 Zur Vertiefung: Grigoleit, Leistungspflichten und Schutzpflichten, FS Canaris I (2007), 275; Madaus, Die Abgrenzung der leistungsbezogenen von den nicht leistungsbezogenen Pflichten im neuen Schuldrecht, Jura 2004, 289.

Der **Inhalt der Hauptleistungspflichten** ergibt sich bei den vertraglichen Schuldverhält 3
nissen aus den übereinstimmenden Willenserklärungen der Parteien. Mehr noch – die
Parteien müssen sich über die Hauptleistungspflichten einigen; sie gehören daher zu
den *essentialia negotii* der Willenserklärung. Bei den gesetzlichen Schuldverhältnissen
bestimmt das Gesetz hingegen den Inhalt der Hauptleistungspflichten.

Bestehen für beide Parteien eines vertraglichen Schuldverhältnisses Hauptleistungs 4
pflichten, so besteht zwischen diesen Pflichten ein **Gegenseitigkeitsverhältnis** (auch
Synallagma oder Austauschverhältnis genannt). Dies beruht darauf, dass eine Partei
ihre Leistungspflicht nur deshalb übernommen hat, weil die andere Partei ihrerseits
eine (Gegen-)Leistungspflicht eingegangen ist – und umgekehrt (lat.: *do ut des* – Ich gebe, damit du gibst). Es handelt sich dann um einen **gegenseitigen Vertrag**, für den einige in §§ 320 ff. zu findende Sonderregelungen gelten, die auf das Gegenseitigkeitsverhältnis der Hauptleistungspflichten Rücksicht nehmen.

Beispiele: Beim Kaufvertrag verpflichtet sich der Verkäufer zur Übereignung der Sache, weil
der Käufer sich zur Zahlung des Kaufpreises verpflichtet – und umgekehrt. Der Kaufvertrag
ist daher gegenseitiger Vertrag. Anders der Schenkungsvertrag, der nur einseitig verpflichtend ist: Zwar ist die Pflicht des Schenkers zur Übereignung einer Sache Hauptleistungspflicht, aber es gibt keine Leistungspflichten des Beschenkten. Beim Leihvertrag bestehen
für beide Parteien Pflichten, doch ist nur die Pflicht des Verleihers zur Überlassung des Gebrauchs (§ 598) Hauptleistungspflicht, nicht aber die Pflicht des Entleihers zur Rückgabe
der Sache (§ 604), denn der Verleiher verpflichtet sich nicht zur Überlassung, weil der Entleiher sich zur Rückgabe verpflichtet. Der Leihvertrag ist deshalb nur ein **unvollkommen
zweiseitiger Vertrag**, während gegenseitige Verträge vollkommen mehrseitig verpflichtend
sind.

Bei den im Schuldrecht BT geregelten vertraglichen Schuldverhältnissen stehen die 5
Hauptleistungspflichten regelmäßig am Anfang der Regelung eines Vertragstyps (z.B.
§§ 433, 535, 611, 631, 662, 688). Tatsächlich jedoch beruhen diese Pflichten auf der
vertraglichen Vereinbarung der Parteien und nicht auf dem Gesetz. Es handelt sich um
Normen, die einerseits den Anwendungsbereich des nachfolgenden Regelungskomplexes bestimmen und andererseits eine Hilfe für die Auslegung der auf den Vertragsschluss gerichteten Willenserklärungen der Parteien darstellen.

b) Nebenleistungspflichten

Nebenleistungspflichten dienen dazu, die **Durchführung der Hauptleistungspflichten** 6
abzusichern und zu fördern; sie unterstützen die mit den Hauptleistungspflichten angestrebte Veränderung der Güterwelt. Ihr Inhalt ergibt sich bei gesetzlichen Schuldverhältnissen aus dem Gesetz, bei vertraglichen vorrangig aus der Vereinbarung der Parteien, wobei gerade Nebenleistungspflichten häufig erst im Wege der Auslegung ermittelt werden können. Gelegentlich ordnet auch das Gesetz bei vertraglichen Schuldverhältnissen Nebenleistungspflichten an (z.B. § 666). Eine besonders wichtige Quelle ist
der in § 242 niedergelegte Grundsatz von Treu und Glauben (siehe § 6 Rn. 9).

Beispiele: Die Abnahmepflicht des Käufers aus § 433 Abs. 2 ist – soweit von den Parteien
nicht anders vereinbart – nur gesetzliche Nebenleistungspflicht; sie dient dazu, dem Verkäufer die Erfüllung seiner Hauptleistungspflicht (Übergabe und Übereignung der Sache,
§ 433 Abs. 1 S. 1) zu ermöglichen. Die Pflicht zum Versand der verkauften Sache bedarf
hingegen der Vereinbarung und ist dann vertragliche Nebenleistungspflicht. Die Verpackung der Kaufsache oder die Einweisung in deren Benutzung sind aus § 242 folgende Nebenleistungspflichten.

2. Der Begriff „Leistung"

7 Leistungspflichten dienen der Veränderung der Güterwelt; die Erbringung der geschuldeten Leistung führt die Veränderung herbei. Dazu muss der Schuldner eine **Leistungshandlung** vornehmen. Zur geschuldeten Leistung gehört daher stets eine Handlung (Tun oder Unterlassen). Hierin erschöpfen sich Leistungspflichten jedoch nicht notwendigerweise. Je nach Art der gewollten Veränderung der Güterwelt bedarf es vielmehr des Eintritts eines **Leistungserfolgs** durch die Leistungshandlung. Daraus ergeben sich zwei unterschiedliche Leistungsbegriffe: Vornahme der Leistungshandlung einerseits, Herbeiführung eines Leistungserfolgs andererseits. Ist nur eine Handlung geschuldet, so liegt mit deren Vornahme gleichsam auch schon der Leistungserfolg vor. Ist hingegen ein Erfolg geschuldet, so genügt die bloße Vornahme der Leistungshandlung noch nicht. Was geschuldet ist, hängt von der vertraglichen Vereinbarung bzw. der gesetzlichen Bestimmung ab.

Beispiele: Beim Kaufvertrag schuldet der Verkäufer Übergabe und Übereignung der Kaufsache (§ 433 Abs. 1 S. 1). Geschuldet sind damit nicht nur Handlungen (übergeben und übereignen), sondern zwei Erfolge: Der Käufer muss den unmittelbaren Besitz erhalten (durch Übergabe) und Eigentümer werden (durch Übereignung). Erfolgsbezogen ist auch die Pflicht des Werkunternehmers zur Herstellung des Werks (§ 631 Abs. 1). Geschuldet ist das Werk als Erfolg, nicht nur die Handlungen zu seiner Herstellung. Beim Dienstvertrag hingegen schuldet der Dienstverpflichtete lediglich die versprochenen Dienste (§ 611), d.h., er schuldet lediglich Handlungen ohne Erfolgsbezug.

8 Die Normen des Schuldrechts verwenden **keinen einheitlichen Leistungsbegriff**. Deshalb muss durch Auslegung ermittelt werden, ob von der Herbeiführung des Leistungserfolgs oder der Vornahme der Leistungshandlung die Rede ist. So ist die nach § 362 Abs. 1 zur Erfüllung erforderliche „geschuldete Leistung" die Herbeiführung des Leistungserfolgs (siehe § 13 Rn. 4 f.), während der in § 269 Abs. 1 genannte „Ort der Leistung" sich auf den Ort der Leistungshandlung bezieht (siehe § 10 Rn. 15).

3. Primäre und sekundäre Leistungspflichten

9 Die unmittelbar aus dem Schuldverhältnis kraft Gesetzes oder Vertrages folgenden Leistungspflichten sind **Primärpflichten**. Auf sie beschränkt sich das Schuldverhältnis zunächst. Wird jedoch eine Primärpflicht vom Schuldner verletzt (z.B. durch zu späte Erbringung der Leistung), können weitere Pflichten, sog. **Sekundärpflichten** entstehen. Diese sind ihrer Natur nach Leistungspflichten. Hierzu gehören vor allem die Pflicht zur Leistung von Schadensersatz neben der Leistung (§ 280 Abs. 1, 2, d.h. bei Fortbestand der Primärpflicht) und statt der Leistung (§§ 280 Abs. 1, 3, 281–283, 311 a Abs. 2, d.h. anstelle der Primärpflicht).

Beispiel: Käuferin K hat mit Verkäufer V vereinbart, dass dieser eine gekaufte Brunnenfigur am kommenden Samstag anliefert. Mit Abschluss dieses Vertrages entsteht die Primärleistungspflicht des V zur Übergabe und Übereignung (vgl. § 433 Abs. 1 S. 1). Kommt er dieser Pflicht nicht wie vereinbart am Samstag nach, so kann nach §§ 280 Abs. 1, 2, 286 eine Sekundärpflicht zum Ersatz des Verzögerungsschadens (z.B. Kosten eines zur Aufstellung bestellten Handwerkers) entstehen. Die Primärpflicht bleibt hiervon unberührt. Setzt K dem V nach ausgebliebener Lieferung erfolglos eine Frist zur Erbringung der Leistung, so kann nach §§ 280 Abs. 1, 3, 281 Abs. 1 S. 1 eine weitere Sekundärpflicht des V, nämlich zur Leistung von Schadensersatz statt der Leistung entstehen (z.B. Ersatz des Werts der Brunnenfigur). Diese Sekundärpflicht tritt an die Stelle der Leistungspflicht, d.h., K kann nach Geltendmachung dieses Schadensersatzanspruchs von V nicht mehr Übergabe und Übereignung der Figur verlangen (§ 281 Abs. 4).

III. Schutzpflichten

1. Inhalt von Schutzpflichten

Nach § 241 Abs. 2 kann das Schuldverhältnis nach seinem Inhalt jeden Teil zur Rücksicht auf die Rechte, Rechtsgüter und Interessen des anderen Teils verpflichten. Diese Pflichtenkategorie ist erst mit der Schuldrechtsreform 2002 kodifiziert worden, doch war schon zuvor allgemein anerkannt, dass das Schuldverhältnis auch andere Pflichten als Leistungspflichten hervorbringen kann. Diese Pflichten werden überwiegend als **Schutzpflichten** bezeichnet; andere Begriffe sind **Verhaltens-, Rücksichtnahme-, Obhuts- oder nicht leistungsbezogene Nebenpflichten.** 10

Wie jede Pflicht verlangen auch Schutzpflichten vom Schuldner ein Tun oder Unterlassen. Welches konkrete Verhalten geschuldet ist, kann § 241 Abs. 2 hingegen nicht entnommen werden. Mit der Formulierung „kann nach seinem Inhalt" kommt aber immerhin zum Ausdruck, dass der Inhalt der Schutzpflichten nur im Einzelfall und nur anhand des konkreten Schuldverhältnisses bestimmt werden kann. Vorrangig ist daher bei vertraglichen Schuldverhältnissen zunächst im Wege der **Auslegung** zu ermitteln, ob neben den Leistungspflichten ein weiteres, dem Schutz der anderen Partei dienendes Verhalten geschuldet sein soll. Soweit dies – wie häufig – nicht gelingt, ist auf den in § 242 verankerten Grundsatz von **Treu und Glauben** zurückzugreifen, auch wenn diese Norm nicht mehr, wie vor der Schuldrechtsreform, die Quelle von Schutzpflichten ist – dies ist, wie § 241 Abs. 2 zeigt, das Schuldverhältnis als solches. 11

Für die Konkretisierung von Schutzpflichten spielt es ferner eine Rolle, ob sie neben Leistungspflichten bestehen. Ist dies der Fall, ergeben sich vor allem Schutzpflichten in Bezug auf die **Durchführung des Schuldverhältnisses.** Hierzu gehört etwa die näher zu konkretisierende Pflicht, die Leistung so zu erbringen, dass von der Leistungserbringung nicht unmittelbar betroffene Güter des Gläubigers nicht beeinträchtigt werden. Aber auch den Gläubiger der Leistung können Schutzpflichten bei der Einforderung der Leistung treffen. 12

Beispiele: Wenn Installateur E vertraglich zur Anbringung neuer Heizkörper im Haus der B verpflichtet ist, so muss er dafür sorgen, dass durch das Schweißen der Rohre der Parkettboden der B nicht beschädigt wird. – Der Verkäufer darf vom Käufer nicht Zahlung des Kaufpreises verlangen, wenn dieser noch nicht fällig ist.[2]

Bezugsobjekt der Schutzpflichten sind die **Rechte, Rechtsgüter und Interessen** des anderen Teils. Erfasst sind daher nicht nur die über § 823 Abs. 1 auch deliktisch (d.h. ohne zuvor bestehendes Schuldverhältnis) geschützten Rechte und Rechtsgüter wie Leben, Gesundheit oder Eigentum, sondern auch deliktisch nicht geschützte Interessen wie insbesondere das Vermögen und die rechtsgeschäftliche Entscheidungsfreiheit. Dieser im Vergleich zu deliktischen Verkehrspflichten größere Umfang der Schutzpflichten trägt dem Umstand Rechnung, dass die Parteien sich durch das jeweilige Schuldverhältnis in einer Sonderverbindung befinden, aufgrund derer von ihnen wegen des gegenseitigen Vertrauens mehr verlangt werden kann als von anderen Personen, zwischen denen es an einer Sonderverbindung fehlt. 13

---

2 BGH NJW 2009, 1262.

2. Vorvertragliche Schutzpflichten

14   Bei den nach § 311 Abs. 2, 3 entstandenen Schutzpflichten konkretisiert sich deren Inhalt vor allem anhand der Umstände der Vertragsanbahnungssituation bzw. des geschäftlichen Kontakts sowie durch den in Aussicht genommenen Vertrag. Trotz der notwendigen Berücksichtigung des Einzelfalls haben sich einige **Fallgruppen** herausgebildet.

a) Rechtsgüterschutz

15   Im Rahmen von Vertragsverhandlungen und vor allem bei der Vertragsanbahnung in Geschäftsräumen muss auf Rechte und Rechtsgüter wie insbesondere **Leben, Gesundheit und Eigentum** Rücksicht genommen werden. Das bedeutet vor allem, dass Geschäftsinhaber ihr Ladenlokal so gestalten müssen, dass potenzielle Kunden keinen Schaden erleiden.

Beispiele: Linoleumrollen-Fall (RGZ 79, 239, siehe § 4 Rn. 3) – Gemüseblatt-Fall (BGHZ 66, 51, siehe § 4 Rn. 14) – V bietet in seinem Selbstbedienungsgeschäft auch Weinflaschen in vorne aufgeschnittenen und übereinander auf Regalböden gestapelten Kartons zum Kauf an. Er verletzt eine dem Schutz der Gesundheit dienende Pflicht, wenn er die Kartons so hoch aufstapelt, dass die Gefahr besteht, dass Kunden, die in den obersten Karton greifen, den ganzen Stapel umstoßen und durch die zerbrechenden Flaschen Verletzungen erleiden können.[3]

b) Vermögensschutz

16   Das in § 241 Abs. 2 genannte **Interesse** bezieht sich vor allem auf das Vermögen. Dieses kann im vorvertraglichen Stadium auf zweifache Weise beeinträchtigt werden: Einerseits dadurch, dass der Vertrag nicht oder nicht wirksam zustande kommt; andererseits durch ein Verhalten, das die andere Partei zum Abschluss eines für sie ungünstigen Vertrages veranlasst.

aa) Abbruch der Vertragsverhandlungen

17   Eine Pflicht, begonnene Vertragsverhandlungen nicht abzubrechen, würde der Sache nach einen Kontrahierungszwang darstellen und muss wegen der Abschlussfreiheit grundsätzlich ausscheiden. Das gilt auch dann, wenn die andere Partei durch den Abbruch in ihrem Vermögen beeinträchtigt wird (z.B. weil für die Vertragsverhandlungen gemachte Aufwendungen nutzlos werden oder sie in der Hoffnung auf einen Vertragsabschluss vom Abschluss eines anderen, für sie günstigen Vertrages abgesehen hat). Vertragsverhandlungen werden deshalb auf eigenes Risiko geführt. Wer dieses Risiko nicht eingehen will, muss sich entweder durch einen Vorvertrag absichern oder von Vertragsverhandlungen absehen. Die Risikozuweisung wird jedoch fraglich, wenn eine Verhandlungspartei sich so verhalten hat, dass aus Sicht der anderen Partei überhaupt kein Risiko mit der Führung der Vertragsverhandlungen verbunden ist. Das ist der Fall, wenn das **berechtigte Vertrauen** erweckt wurde, der Vertrag werde mit Sicherheit zustande kommen. Weil aber auch dann immer noch ein sachlicher Grund für den Abbruch entstehen kann, führt ein solches vertrauensbegründendes Verhalten nicht zu einer allgemeinen Nichtabbruchpflicht, sondern nur zu der Pflicht, die Verhandlungen

---

3   LG Trier, NJW-RR 2005, 525. Ähnliche Fälle: OLG Hamm, NJW-RR 2013, 973 (feuchter Fußboden im Kassenbereich eines Baumarkts); LG Konstanz, NJW-RR 2013, 339 (umfallende Bilder in einem Möbelhaus).

nicht **ohne triftigen Grund** abzubrechen.[4] Bei Grundstückskaufverträgen reicht sogar das Fehlen eines triftigen Grundes noch nicht für eine Schutzpflichtverletzung, weil sonst die Gefahr bestünde, dass wegen der drohenden Schadensersatzpflicht auf einen Abbruch verzichtet wird, wodurch indirekt ein Zwang zum Vertragsabschluss entstehen würde – was jedoch dem Zweck der Formvorschrift des § 311 b Abs. 1 S. 1 (siehe § 3 Rn. 38) zuwider laufen würde.[5]

Beispiel: Vermieterin V verhandelt mit Interessent M über einen Mietvertrag für ein Ladenlokal. Als M mitteilt, er müsse bis Monatsende seinen bisherigen Mietvertrag kündigen, um ohne Doppelbelastung einziehen zu können, erklärt V, er könne beruhigt kündigen, da dem Abschluss des Mietvertrages in ihren Augen nichts mehr im Wege stehe. – Durch dieses Verhalten hat V bei M berechtigtes Vertrauen auf den Vertragsabschluss geweckt. Da zwischen den Parteien ein vorvertragliches Schuldverhältnis nach § 311 Abs. 2 Nr. 1 besteht, ist nunmehr für V die Pflicht entstanden, die Vertragsverhandlungen nicht grundlos abzubrechen. Ein grundloser Abbruch läge aber z.B. nicht vor, wenn V später erfährt, dass M bei seinem bisherigen Vermieter mit den Mietzahlungen in Rückstand ist. Ebenso läge bei einem Abbruch durch M keine Schutzpflichtverletzung vor, wenn er erst nach seiner mündlichen Zusage, den Mietvertrag zu schließen, davon erfährt, dass er die Wohnung renovieren muss.[6]

bb) Abschluss eines unwirksamen Vertrages

Eine allgemeine Pflicht, den Abschluss eines unwirksamen Vertrages zu verhindern (insb. durch einen vorherigen Hinweis auf den Unwirksamkeitsgrund) besteht nicht. Es obliegt vielmehr jeder Partei, sich selbst zu vergewissern, dass keine Unwirksamkeitsgründe gegeben sind. Diese Risikoverteilung ist in einigen Fällen allerdings nicht gerechtfertigt. Das gilt insbesondere, wenn das **Wirksamkeitshindernis** aus der Sphäre einer Partei stammt oder gar von ihr herbeigeführt wurde. Eine Schutzpflichtverletzung kann ferner vorliegen, wenn eine Partei im Vergleich zur anderen über besondere Sachkunde verfügt, aufgrund derer sie das Wirksamkeitshindernis kennt oder kennen musste.

18

Beispiele: Eine Gemeinde bedarf zum Abschluss eines Vertrages einer kommunalrechtlichen Genehmigung durch eine andere Behörde; dieses Wirksamkeitshindernis stammt aus der Sphäre der Gemeinde.[7] Ebenso verhält es sich, wenn ein Ausländer zum Abschluss eines Devisengeschäfts eine behördliche Genehmigung braucht.[8]

Kennt ein Immobilienmakler Umstände, wegen der die Erteilung einer für die Wirksamkeit eines Grundstückskaufvertrages notwendigen Grundstücksverkehrsgenehmigung unsicher ist, muss er diese wegen seiner besonderen Sachkunde offenbaren.

Erweckt ein Grundstücksverkäufer gegenüber den unerfahrenen Käufern den Eindruck, mit dem Abschluss einer schriftlichen Vereinbarung sei alles Erforderliche getan und verhindert er so, dass es zu einer für die Wirksamkeit des Vertrages nach § 311 b Abs. 1 S. 1 notwendigen notariellen Beurkundung kommt, liegt eine Schutzpflichtverletzung vor.

---

4 BGH WM 1962, 936 (937); BGH WM 1977, 618 (620); BGH NJW-RR 1989, 627; BGH NJW 1996, 1884 (1885); BGH NJW-RR 2001, 381 (382); BGH NJW 2013, 928 Rn. 7.
5 BGH NJW 2013, 928 Rn. 8.
6 LG Konstanz, WuM 2013, 300.
7 BGHZ 142, 51.
8 BGHZ 18, 248.

c) Schutz der Entscheidungsfreiheit

19 Zum in § 241 Abs. 2 genannten Interesse gehört nach dem Willen des Gesetzgebers auch die **rechtsgeschäftliche Entscheidungsfreiheit**. Sie schützen zu müssen, bedeutet für den Schuldner, dass er sich gegenüber dem Gläubiger so verhalten muss, dass es nicht zum **Abschluss eines eigentlich nicht gewollten Vertrages** kommt. Hierbei geht es vor allem um Fälle, in denen ein Vertrag abgeschlossen ist, der für eine Partei ungünstig ist. Allerdings trägt jede Partei selbst die Verantwortung, zu ermitteln, ob die Leistung, zu der sie sich verpflichtet, in einem angemessenen Verhältnis zur Leistung der anderen Partei steht. Die für die Beurteilung der Äquivalenz von Leistung und Gegenleistung notwendigen Informationen muss sich jede Partei selbst beschaffen. Diese Verteilung der Informationsbeschaffungslast wird aber fraglich, wenn eine Partei über eine Information bereits verfügt, während die andere sie sich erst beschaffen muss. Ein solches faktisches Informationsgefälle kann nach Treu und Glauben eine Pflicht zur Information (**Aufklärungspflicht**) oder gar Beratung auslösen. Insbesondere muss eine Partei die andere Partei über einen ihr bekannten Umstand aufklären, wenn dieser für die andere Partei erkennbar von wesentlicher Bedeutung für die Entscheidung ist und die Mitteilung nach Treu und Glauben und nach der Verkehrsanschauung redlicherweise erwartet werden kann.[9] Aus Treu und Glauben folgt ferner, dass Informationen, die erteilt werden (auch wenn hierzu keine Pflicht besteht), zutreffend sein müssen.

Beispiel (BGHZ 180, 205 – Asbestverkleidung): Das von V der K zum Kauf angebotene Haus ist, wie V weiß, mit asbesthaltigen Platten verkleidet. Hierüber muss V die K aufklären, wenn deshalb keine Löcher in die Fassade gebohrt werden können, da dadurch die Nutzung des Hauses (z.B. Anbringung einer Außenleuchte) eingeschränkt wird.

3. Verhältnis zu Leistungspflichten

20 Bei der Einordnung einer Pflicht als Schutzpflicht ist zu bedenken, dass die Parteien den Schutz von Rechten, Rechtsgütern und Interessen auch zum **Gegenstand einer Leistungspflicht** machen können (z.B. Bewachungsvertrag, Beratungsvertrag). Ist dies geschehen, kommen im Verletzungsfall die für Leistungspflichten geltenden Vorschriften zur Anwendung.

21 Ein bestimmtes Verhalten kann ferner zugleich Gegenstand einer Leistungs- und einer Schutzpflicht sein. In einem solchen Fall bestehen zwei inhaltlich gleiche Pflichten, mit denen sowohl Leistungs- als auch Integritätsinteresse geschützt werden sollen. Auf der Rechtsfolgenseite sollten solche **Pflichten mit Doppelcharakter** im Verletzungsfall als Leistungspflichten qualifiziert werden, weil sonst das Erfordernis der Fristsetzung (§§ 281 Abs. 1, 323 Abs. 1) nicht gelten würde, wodurch dem Schuldner die Möglichkeit zur Nachholung der Leistung genommen würde. Eine solche ist aber bei derartigen Pflichten – anders als bei reinen Schutzpflichten – regelmäßig möglich und für den Gläubiger auch sinnvoll.[10]

Beispiel (BT-Drucks. 14/6040, S. 125): V verkauft K eine Motorsäge. Zur damit eingegangenen Leistungspflicht gehört nicht nur die Übergabe und Übereignung der Motorsäge, sondern auch die Aushändigung einer vorhandenen Bedienungsanleitung, da erst diese Anleitung K in die Lage versetzt, die Säge ordnungsgemäß zu nutzen. Es handelt sich um eine das Leistungsinteresse des K schützende Leistungspflicht. Zugleich dient die Anleitung aber auch dazu, zu verhindern, dass durch unsachgemäßen Gebrauch Verletzungen entstehen. In-

---

9 BGHZ 47, 207 (211); BGHZ 168, 168 (172); BGH NJW 2010, 3362 Rn. 22; BGH NJW-RR 2016, 859 Rn. 12.
10 Looschelders, Schuldrecht AT, § 27 Rn. 9.

soweit geht es um den Schutz des Integritätsinteresses des K; die Pflicht ist also auch Schutzpflicht. Verletzt V diese Pflicht schuldhaft, weil er die Anleitung nicht aushändigt, kann K von ihm nur nach erfolgloser Fristsetzung Schadensersatz statt der Leistung verlangen (§§ 280 Abs. 1, 3, 281 Abs. 1).

WIEDERHOLUNGS- UND VERTIEFUNGSFRAGEN

1. Welche Funktion haben Leistungspflichten; welche haben Schutzpflichten? (Rn. 1)

2. Was sind Hauptleistungspflichten? (Rn. 2)

3. Was sind Primär- und Sekundärpflichten? (Rn. 9)

4. K bestellt bei Versandhändler V ein 18-teiliges Weinglasset. Welche Haupt- und Nebenleistungspflichten hat V? (Rn. 2-6)

5. Wann tritt bei einer Leistungspflicht, die sich auf die Vornahme einer Leistungshandlung beschränkt, der Leistungserfolg ein? (Rn. 7)

6. Ist die aus § 823 Abs. 1 folgende Pflicht zum Schadensersatz Primär- oder Sekundärpflicht des Schuldners? (Rn. 9)

7. Gibt es Schuldverhältnisse ohne Leistungspflichten? (Rn. 10 f.)

8. V verhandelt mit K über den Verkauf eines ihm gehörigen Grundstücks. Als Kaufpreis nennt V 350.000 €. K kümmert sich daraufhin um eine mögliche Finanzierung des Kaufpreises. Zu diesem Zweck lässt er ein Wertgutachten anfertigen, für das er 5.000 € zahlt. Als die Finanzierung steht, trifft K sich mit V beim Notar, wo ein Vertrag entworfen und ein endgültiger Beurkundungstermin festgesetzt wird. Kurz vor diesem Termin teilt V dem K mit, er werde den Notartermin nur wahrnehmen, wenn K bereit sei, 430.000 € zu bezahlen. Da K so viel nicht zahlen will, findet der Notartermin nicht statt. K verlangt von V Ersatz der 5.000 €, die er für das nutzlos gewordene Wertgutachten zahlen musste. Zu Recht? (vgl. OLG Koblenz NJW-RR 1997, 974).

22

§ 6 Treu und Glauben im Schuldverhältnis

I. Bedeutung des § 242

1 Nach § 242 ist der Schuldner verpflichtet, die Leistung so zu bewirken, wie Treu und Glauben mit Rücksicht auf die Verkehrssitte dies erfordern. Dem Wortlaut nach handelt es sich lediglich um eine Norm, die vertragliche Vereinbarungen über die Art und Weise, wie der Schuldner die Leistung zu erbringen hat, ergänzt. Tatsächlich jedoch ist § 242 heute ein **fundamentaler Grundsatz** nicht nur des Schuldrechts, sondern des Bürgerlichen Rechts und der Rechtsordnung überhaupt: In Schuldverhältnissen und anderen rechtlichen Sonderverbindungen müssen die Beteiligten die Gebote von Treu und Glauben beachten.[1] § 242 gilt deshalb nicht nur für den Schuldner, sondern auch für den Gläubiger und die Norm gilt nicht nur für die Leistungserbringung, sondern allgemein für die Entstehung und Erfüllung von Pflichten und die Geltendmachung von Rechten.

II. Anwendung des § 242

1. Anwendungsmöglichkeiten

2 Die unvergleichliche Aufwertung und Ausdehnung des § 242 ist das Ergebnis eines Entwicklungsprozesses, der von Rechtsprechung und Wissenschaft vorangetrieben wurde. An der besonderen Bedeutung des § 242 ist heute daher nicht mehr zu zweifeln. Problematisch ist aber nach wie vor, dass es sich um eine Generalklausel handelt – was nämlich die Gebote von Treu und Glauben verlangen, kann der Norm selbst nicht entnommen werden. Hier muss eine Konkretisierung durch den Rechtsanwender stattfinden. Diesem, also vor allem dem Richter, ist dadurch eine ganz erhebliche Rechtsmacht zugewiesen. Über § 242 kann der Richter Pflichten und Rechte begründen, ihren Inhalt konkretisieren und ergänzen und die Rechtsstellung der Beteiligten des Schuldverhältnisses gestalten. § 242 ist aber nicht nur Grundlage für **richterliche Eingriffe in das Schuldverhältnis**, sondern bietet auch die Möglichkeit der **Rechtsfortbildung**, d.h. der richterlichen Schließung von Lücken im Gesetz durch Schaffung neuer, aus Treu und Glauben abgeleiteter abstrakter Rechtsregeln. Auf § 242 hat die Rechtsprechung etwa die früher gesetzlich nicht geregelte Inhaltskontrolle von Allgemeinen Geschäftsbedingungen (jetzt §§ 307 ff.) oder die Umgestaltung oder Befreiung von Pflichten aufgrund einer Störung der Geschäftsgrundlage (jetzt § 313) gestützt.

2. Konkretisierung von Treu und Glauben

3 Die Formel „Treu und Glauben" verweist auf einen **außerrechtlichen, ethischen Beurteilungsmaßstab**. Treue steht für wahrhaftes Verhalten, Rücksichtnahme und Zuverlässigkeit; Glauben für das Vertrauen auf eine solche Haltung.[2] Diese Anforderungen der Ethik werden durch § 242 in das Recht transferiert. Das bedeutet aber nicht, dass das Schuldverhältnis einem ethischen Kontrollmaßstab unterworfen wäre. Der Richter ist nicht an ethische oder moralische Regeln der Gesellschaft, sondern an Gesetz und Recht gebunden (Art. 20 Abs. 3 GG). Erst recht erlaubt § 242 dem Richter nicht, seine eigenen Vorstellungen von Ethik, Moral oder Gerechtigkeit zum Maßstab der Ent-

---

1 Zur Vertiefung: Gernhuber, § 242 BGB – Funktionen und Tatbestände, JuS 1984, 764; Weber, Entwicklung und Ausdehnung des § 242 BGB zum „königlichen Paragraphen", JuS 1992, 631.
2 Palandt/Grüneberg, § 242 Rn. 6.

scheidung zu machen. Die von § 242 verlangte Berücksichtigung der Verkehrssitte zeigt vielmehr, dass nur allgemein anerkannte Wertvorstellungen Berücksichtigung finden dürfen. Diese müssen sich zudem auf das Verhältnis der Beteiligten beziehen, denn es geht ja gerade um die Geltung von Treu und Glauben in Schuldverhältnissen. Als Quintessenz lässt sich deshalb festhalten, dass § 242 einen gerechten **Interessenausgleich** zwischen den Beteiligten sicherstellen will.

Das Ziel eines gerechten Interessenausgleichs führt zu der schwierigen Frage, was gerecht ist. Auch hier kann es nicht auf die Gerechtigkeitsvorstellungen des Rechtsanwenders ankommen. Vielmehr bedarf es allgemein anerkannter Wertungskriterien. Zu diesen gehört auch und in erster Linie die Rechtsordnung selbst, denn sie dient gerade auch der Schaffung gerechter Zustände. Daraus ergeben sich für die Konkretisierung zwei Konsequenzen. Erstens ist § 242 eine **subsidiäre Norm**. Ihre Aktivierung setzt voraus, dass sich das Ziel eines gerechten Interessenausgleichs nicht schon durch Anwendung anderer Normen der Rechtsordnung erreichen lässt. Zweitens **prägt die Rechtsordnung den Gerechtigkeitsmaßstab**, weil ihre Normen ebenfalls dem Ziel eines gerechten Interessenausgleichs dienen. Daraus lassen sich wiederum zwei Schlussfolgerungen ziehen: Erstens darf die Anwendung des § 242 nicht zu einem Widerspruch zu den Wertentscheidungen der Rechtsordnung führen. Zweitens aber ist § 242 so anzuwenden, dass die Wertentscheidungen der Rechtsordnung auch im konkreten Schuldverhältnis verwirklicht werden. Hier sind insbesondere die normativ höherrangigen Wertentscheidungen des Grundgesetzes zu beachten.

4

Ein weiteres Konkretisierungselement sind die in § 242 genannten **Verkehrssitten**. Sitte ist hier kein normatives (z.B. im Sinne von Sittlichkeit), sondern ein tatsächliches Element. Gemeint ist die tatsächliche Übung in den beteiligten Verkehrskreisen. Hierzu gehören insbesondere die Handelsbräuche, auf die Kaufleute im Handelsverkehr Rücksicht zu nehmen haben (§ 346 HGB). Die von § 242 verlangte Rücksichtnahme auf die Verkehrssitten bedeutet zwar, dass zur Ermittlung der Gebote von Treu und Glauben auch die tatsächliche Übung zu berücksichtigten ist. Letztlich genießt der ethisch-normative Maßstab von Treu und Glauben aber Vorrang; dagegen verstoßende Verkehrssitten sind Unsitten und nicht zu beachten.

5

Diese Konkretisierungselemente lassen dem Rechtsanwender immer noch sehr viel Spielraum. Praktisch ist § 242 deshalb nur handhabbar, weil die von der Rechtsprechung nach § 242 beurteilten Situationen zu abstrakten **Fallgruppen** zusammengefasst worden sind. Das führt im Ergebnis dazu, dass nicht mehr unter den wenig hilfreichen Wortlaut der Norm, sondern unter die anerkannten Voraussetzungen einer Fallgruppe subsumiert werden muss. Diese für Generalklauseln typische Methodik darf aber nicht zu einer schematischen Anwendung führen. Ziel des § 242 ist es, im einzelnen konkreten Schuldverhältnis für einen Interessenausgleich zu sorgen. Das setzt stets eine Berücksichtigung der Umstände des Einzelfalls voraus.

6

3. Hinweis zur Fallbearbeitung

§ 242 gehört bei der Fallbearbeitung gleichsam in den „Giftschrank". Die Norm ist kein Instrument, um ein als ungerecht empfundenes Ergebnis zu korrigieren. Wenn sich das (durch die rechtswissenschaftliche Beschäftigung mehr und mehr verfeinerte) Rechtsgefühl gegen ein gefundenes Ergebnis sträubt, ist dies zwar ein wichtiges Alarmzeichen. Es deutet aber in fast allen Fällen auf einen Fehler in der Fallbearbeitung hin. Vor einer Anwendung des § 242 ist daher unter allen Umständen zu prüfen, ob die

7

Falllösung auch wirklich richtig bzw. vertretbar ist. In Klausuren sollte § 242 darüber hinaus nur im Rahmen einer allgemein anerkannten Fallgruppe angewandt werden. Das gilt in Hausarbeiten zwar nicht gleichermaßen. Aber auch hier ist einer Lösung, die § 242 bemüht, mit größter Skepsis zu begegnen. Ohne irgendeinen Anhaltspunkt in Rechtsprechung oder Literatur sollte auf die Norm verzichtet werden.

III. Fallgruppen

1. Konkretisierung und Ergänzung von Pflichten

a) Art und Weise der Leistung

8   Die Konkretisierung der Art und Weise der Leistung ist die ursprünglich einzige Aufgabe des § 242 gewesen und besteht auch heute noch als Fallgruppe fort. Durch Anwendung des § 242 werden die Parteivereinbarungen oder bei deren Fehlen auch die dispositiven Vorschriften zu den Modalitäten der Leistung näher bestimmt und ergänzt (z.B. im Hinblick auf die Uhrzeit, zu der die Leistung am vereinbarten Tag erbracht werden kann).

b) Nebenleistungs- und Schutzpflichten

9   Nebenleistungs- und Schutzpflichten entstehen durch das Schuldverhältnis (siehe § 5 Rn. 6, 10). Ihr Inhalt, also das vom Schuldner verlangte Tun oder Unterlassen, wird jedoch von den Parteien eines vertraglichen Schuldverhältnisses oft nicht geregelt. Hier ist zur Konkretisierung ein Rückgriff auf § 242 geboten, gerade weil Treu und Glauben verlangen, dass die Parteien die Erfüllung der Leistungspflichten fördern und gegenseitig auf Rechte, Rechtsgüter und Interessen Rücksicht nehmen.[3]

2. Beschränkung der Rechtsausübung

10   Ein Recht zu haben heißt auch, das Recht geltend machen zu können – ohne diese Befugnis zur Rechtsausübung ist das Recht als solches sinnlos. Das BGB begrenzt die Rechtsausübung daher nur in besonderen Ausnahmefällen (§§ 226, 826). Auf den ersten Blick ergibt sich auch aus § 242 nichts anderes, weil die Norm ihrem Wortlaut nach nur an den Schuldner und nicht an den Gläubiger adressiert ist. Indessen ist längst anerkannt, dass auch der Gläubiger den Geboten von Treu und Glauben unterliegt.[4] Dafür spricht schon, dass es zu einer ungerechtfertigten Ungleichbehandlung führen würde, wenn nur der Schuldner Treu und Glauben zu beachten hätte. Auch hier bedarf es der weiteren Konkretisierung, die durch Unterfallgruppen zur **unzulässigen Rechtsausübung** geleistet wird.

a) Unredlicher Erwerb einer Rechtsstellung

11   Der Erwerb eines Rechts oder die Erlangung einer Rechtsstellung (z.B. Fortbestand der Gläubigerstellung infolge einer von der Gegenseite nicht fristgerecht erklärten Kündigung) kann bereits rechts- oder pflichtwidrig gewesen sein. Je nach Art des Verstoßes kann dies dazu führen, dass überhaupt kein Erwerb eingetreten ist (z.B. Verstoß gegen gesetzliches Verbot oder die guten Sitten, §§ 134, 138). Liegt kein Unwirksamkeitsgrund vor, ist aber der **Erwerb unter Verstoß gegen Treu und Glauben** erfolgt, so führt

---

3   Zur Vertiefung: Teichmann, Nebenpflichten aus Treu und Glauben, JA 1984, 497.
4   Zur Vertiefung: Petersen, Die Grenzen zulässiger Rechtsausübung, Jura 2008, 759.

dies zwar nicht zur Unwirksamkeit des Rechtserwerbs. Die Ausübung eines solcherma-ßen erworbenen Rechts stellt aber ihrerseits einen Verstoß gegen Treu und Glauben dar und hat daher zu unterbleiben.

Beispiel (BGHZ 139, 177): Tischler T unterbreitet Bauherrn B schriftlich ein Angebot über Arbeiten zum Gesamtpreis von 35.000 €. Nach Zugang des Angebots bemerkt T, dass er bei der Kalkulation Transport- und Montagekosten i.H.v. 8.000 € vergessen hat. Hierüber klärt er B umgehend per Fax auf. Dennoch nimmt B das Angebot über 35.000 € an. Kann B die Durchführung der Arbeiten verlangen? – Anspruchsgrundlage ist der wirksame Werk-vertrag gem. § 631 Abs. 1. Das Fax erreichte B erst nach Zugang der Angebotserklärung, ein Widerruf nach § 130 Abs. 1 S. 2 liegt daher nicht vor. Eine Anfechtung wegen Erklä-rungs- und Inhaltsirrtums scheidet nach h.M. bei einem einseitigen Kalkulationsirrtum aus, weil er dem T bereits bei der Willensbildung unterlaufen ist. Die Geltendmachung des An-spruchs verstößt jedoch gegen Treu und Glauben, weil B das Recht treuwidrig erlangt hat: Er hat das Angebot angenommen, obwohl er wusste, dass T ein schwerwiegender Kalkulati-onsirrtum unterlaufen ist, der die Durchführung des Vertrages für T unzumutbar macht.

Ein wichtiger Anwendungsfall ist der **Missbrauch der Vertretungsmacht**, bei dem der Vertreter zwar im Rahmen der Vertretungsmacht handelt, aber eine ihm im Innenver-hältnis auferlegte Beschränkung überschreitet und der Vertragspartner dies wusste oder hätte erkennen müssen. Nach h.M. liegt wirksames Vertreterhandeln vor, aber der Vertragspartner darf aus einem so zustande gekommenen Vertrag nicht gegen den Vertretenen vorgehen.[5] Dieser Fallgruppe unterfällt ferner die **Vereitelung des Zugangs einer Willenserklärung**. 12

b) Fehlendes Interesse des Gläubigers

Es widerspricht Treu und Glauben, eine formal bestehende Rechtsstellung geltend zu machen, wenn hierfür **kein schutzwürdiges Interesse des Gläubigers** besteht. Wichtigs-ter Fall ist die Geltendmachung einer Leistung, die der Gläubiger dem Schuldner aus einem anderen Rechtsgrund alsbald wieder zurück gewähren muss (lat.: *dolo agit, qui petit, quod statim redditurus est*).[6] 13

Beispiele: Geltendmachung von Rechten aus einer Grundschuld, wenn der Schuldner und Grundstückseigentümer einen Anspruch auf Rückgewähr hat; Kündigung eines Wohnraum-mietvertrages durch den Vermieter wegen einer durch den Mietvertrag verbotenen Unter-mietung, wenn der Mieter nach § 553 Abs. 1 einen Anspruch gegen den Vermieter auf Ge-stattung der Untervermietung hat.

c) Widersprüchliches Verhalten

Der Gläubiger handelt treuwidrig, wenn er sich mit der Geltendmachung eines Rechts in Widerspruch zu seinem eigenen früheren Verhalten setzt (lat.: *venire contra factum proprium*). Der Verstoß gegen Treu und Glauben liegt darin, dass der Gläubiger zu-nächst beim Schuldner ein **berechtigtes Vertrauen auf eine bestimmte Sach- oder Rechtslage erweckt** hat und der Schuldner hierauf auch tatsächlich vertraut, dieses Vertrauen dann aber durch die Geltendmachung des Rechts enttäuscht.[7] 14

Beispiel (BGH NJW 2005, 1045): Gebrauchtwagenhändler V verkauft, wie K bekannt ist, ausschließlich an Gewerbetreibende. Weil K aber einen von V angebotenen Sportwagen un-

---

5 BGH NJW 2002, 1497; Köhler, AT § 11 Rn. 63; a.A. (fehlende Vertretungsmacht) Bork, BGB AT, Rn. 1578.

6 Zur Vertiefung: Wacke, Dolo facit, qui petit quod (statim) redditurus est, JA 1982, 477.

7 Zur Vertiefung: Teichmann, Venire contra factum proprium – Ein Teilaspekt widersprüchlichen Verhaltens, JA 1985, 497 ff.; Wieling, Venire contra factum proprium und Verschulden gegen sich selbst, AcP 176 (1976), 334.

bedingt haben will, gibt er sich als Händler aus, obwohl er den Wagen ausschließlich für private Zwecke nutzen will. Im Kaufvertrag wird die Gewährleistung ausgeschlossen. Nach Übergabe des Fahrzeugs verlangt K von V wegen eines Sachmangels Nachbesserung. – Die Voraussetzungen des Anspruchs aus §§ 437 Nr. 1, 439 Abs. 1, 434 liegen an sich vor. Da es sich um einen Verbrauchsgüterkauf handelt (V ist Unternehmer, K Verbraucher), kann V sich nach § 476 Abs. 1 S. 1 nicht auf den vertraglichen Ausschluss der Gewährleistung berufen. Jedoch verhält K sich widersprüchlich, wenn er nun unter Berufung auf seine tatsächliche Verbrauchereigenschaft und den dadurch anwendbaren § 476 Nachbesserung verlangt, obwohl er sich beim Abschluss des Vertrages bewusst als Unternehmer ausgegeben und V dadurch erst zum Abschluss des Vertrages veranlasst hat.

15   Ein Unterfall ist die **Verwirkung eines Rechts**. Sie kann nur eintreten, wenn der Schuldner berechtigterweise darauf vertrauen durfte und vertraut hat, dass der Gläubiger das Recht nicht mehr geltend machen werde. Dazu müssen zwei Voraussetzungen gegeben sein. Erforderlich ist zunächst ein **Zeitmoment**, d.h. eine Nichtgeltendmachung des Rechts über einen längeren Zeitraum. Ferner bedarf es eines **Umstandsmoments**, d.h. eines zusätzlichen, neben das Zeitmoment tretenden Umstands, der die Geltendmachung des Rechts als treuwidrig erscheinen lässt, weil der Schuldner sich darauf einrichten durfte und auch eingerichtet hat, dass der Gläubiger das Recht nicht mehr geltend machen wird. Dazu bedarf es im Regelfall eines besonderen, auf dem Verhalten des Gläubigers beruhenden Umstands.[8] An dieses Merkmal sind hohe Anforderungen zu stellen; bei Ansprüchen ist zudem zu bedenken, dass diese der Verjährung unterliegen und an sich bis zum letzten Tag der Verjährungsfrist geltend gemacht werden können.

WIEDERHOLUNGS- UND VERTIEFUNGSFRAGEN

16   1. Welche Normadressaten hat § 242? (Rn. 1)

2. Was ist mit dem Rechtssatz „dolo agit, qui petit, quod statim redditurus est" gemeint? (Rn. 13)

3. Was ist mit dem Rechtssatz „venire contra factum proprium" gemeint? (Rn. 14)

4. G hat sich vertraglich verpflichtet, dem S bei der Flucht aus einem Unrechtsstaat zu helfen. Hierfür soll er 25.000 € erhalten. Nachdem die Flucht mithilfe des G gelungen ist, verlangt dieser Zahlung der vereinbarten Summe. S meint, G müsse auch ohne vertragliche Vereinbarung damit einverstanden sein, dass er diese Summe nur in Raten bezahlt, weil er sich erst eine neue Existenz aufbauen müsse. Kann G bei unterstellter Wirksamkeit des Vertrages sofortige Zahlung von 25.000 € verlangen? (vgl. BGH NJW 1977, 2358).

5. Im zwischen M und V bestehenden Mietvertrag ist vereinbart, dass sich die Miete automatisch alle drei Jahre nach einem bestimmten Berechnungsmodus erhöht. Bei der ersten Erhöhung im Jahr 2001 erhält M von V alsbald eine Aufforderung, die höhere Miete zu zahlen. Ebenso verhält es sich bei der nächsten Erhöhung 2004. Nach der Erhöhung 2007 erhält M jedoch keine Aufforderung und zahlt weiter die zuvor geschuldete Miete. Erst 2012 verlangt V die höhere Miete und Nachzahlung des ausstehenden Differenzbetrages. Zu Recht? (vgl. OLG Düsseldorf NJW-RR 2001, 1666; KG MDR 2005, 28).

---

8 BGH NJW 2009, 847 Rn. 39; BGH NJW 2010, 1074 Rn. 19.

§ 7 Bestimmung des Pflichteninhalts

Pflichten verlangen vom Schuldner ein Tun oder Unterlassen. Welche konkrete Handlung oder welcher konkrete Erfolg geschuldet ist, muss sich aus dem Inhalt der Pflicht ergeben. Dieser Pflichteninhalt muss bestimmt oder doch zumindest bestimmbar sein, da sonst eine zwangsweise Durchsetzung nicht möglich ist und auch nicht ermittelt werden könnte, ob der Schuldner seine Pflicht verletzt hat.   1

I. Gesetzliche Schuldverhältnisse

Bei den gesetzlichen Schuldverhältnissen bestimmt das **Gesetz** nicht nur die Entstehungsvoraussetzungen, sondern auch den Inhalt der Leistungspflichten. Ist die Leistungspflicht entstanden, spricht jedoch nichts dagegen, den Parteien die Befugnis zuzugestehen, über diese zu disponieren. Sie können deshalb den Inhalt des gesetzlichen Schuldverhältnisses nach § 311 Abs. 1 durch Vertrag ändern.   2

Beispiel: S hat durch Unachtsamkeit das Smartphone der G vollständig zerstört. Dadurch ist nach § 823 Abs. 1 ein gesetzliches Schuldverhältnis entstanden, das den S zum Ersatz des Schadens verpflichtet. Welche Handlung hierzu vorzunehmen ist, d.h., welchen Inhalt die Pflicht hat, ergibt sich aus § 249 Abs. 1 (siehe § 46 Rn. 1): S hat den Zustand herzustellen, der bestehen würde, wenn der zum Ersatz verpflichtende Umstand nicht eingetreten wäre. Er muss also ein gleichartiges und -wertiges Smartphone beschaffen und der G übereignen. G kann sich mit S jedoch auch dahingehend einigen, dass S ihr statt des Smartphones ein Tablet verschafft.

II. Rechtsgeschäftliche Schuldverhältnisse

1. Bestimmung durch die Parteien

Die Bestimmung des Inhalts von Leistungspflichten obliegt bei rechtsgeschäftlichen Schuldverhältnissen grundsätzlich den Parteien. Diese können den Inhalt der Haupt- und Nebenleistungspflichten im Rahmen der Vertragsfreiheit selbst bestimmen, wobei die allgemeinen Grenzen der Inhaltsfreiheit gelten (siehe § 3 Rn. 32 ff.). Der **vereinbarte Inhalt** muss ggf. im Wege der Auslegung (§§ 133, 157) ermittelt werden. Für die Höhe der Gegenleistung enthält das Gesetz bei einigen Vertragstypen nicht verallgemeinerungsfähige Auslegungsregeln (z.B. §§ 612 Abs. 2, 632 Abs. 2, 653 Abs. 2). Außerdem können die Parteien vereinbaren, dass eine Partei oder ein Dritter nach Vertragsabschluss den Leistungsinhalt bestimmen soll (§§ 315 ff., siehe Rn. 5). Sie haben schließlich auch die Möglichkeit, auf eine konkrete Bestimmung zu verzichten, sofern sie die Schuld so ausgestalten, dass sie zumindest bestimmbar ist.   3

Fehlt es an einer vertraglichen Vereinbarung und haben die Parteien die Bestimmung auch nicht einer Partei oder einem Dritten überlassen, ist zwischen Haupt- und Nebenleistungspflichten zu differenzieren. Der **wesentliche Inhalt der Hauptleistungspflichten** gehört zu den *essentialia negotii* der Willenserklärung; fehlt es hieran, kommt kein Vertrag zustande. Nicht zwingend notwendig ist hingegen eine vertragliche Bestimmung der **Art und Weise der Leistungserbringung**. Haben die Parteien keine Regelung z.B. zu Ort oder Zeit der Leistung getroffen, ist auf dispositives Gesetzesrecht zurückzugreifen (z.B. §§ 269, 271). Das gilt freilich nicht, wenn mindestens eine Partei zu dem fraglichen Punkt erklärtermaßen eine vertragliche Regelung treffen wollte, dies aber nicht geschehen ist. In einem solchen Fall liegt ein offener Dissens vor und der Vertrag ist, sofern sich nicht ein anderer gemeinsamer Wille der Parteien ergibt, nicht   4 wirksam geschlossen (§ 154 Abs. 1 S. 1). Der **Inhalt von Nebenleistungspflichten** ergibt sich in Einzelfällen unmittelbar aus dem Gesetz (z.b. § 666); ansonsten ist mangels vertraglicher Vereinbarung vor allem auf den Grundsatz von Treu und Glauben (§ 242) zurückzugreifen. Das Gleiche gilt für die Bestimmung des **Inhalts von Schutzpflichten** (siehe § 6 Rn. 9).

Beispiel: V und K unterschreiben einen schriftlichen Kaufvertrag über einen Oldtimer. Haben sie dabei keinen Kaufpreis eingetragen und lässt sich ein solcher auch nicht durch Auslegung ermitteln, fehlt es schon an wirksamen Willenserklärungen und folglich an einem Vertrag. Haben sie hingegen einen Kaufpreis eingetragen, aber keine Regelung dazu getroffen, wo V die Pflicht zur Übergabe und Übereignung des Oldtimers erfüllen soll, so kann und muss auf § 269 Abs. 1 zurückgegriffen werden. Danach liegt der Leistungsort bei V.

2. Nachträgliche Bestimmung durch eine Partei

5   Im Rahmen der Vertragsfreiheit steht es den Parteien frei, die Bestimmung des Leistungsinhalts (*essentialia negotii*, Art und Weise der Leistung, Inhalt von Nebenleistungspflichten) einer Partei zu überlassen. Das gilt nicht nur für die Entstehung der Leistungspflicht, sondern auch und gerade für die Änderung des Inhalts einer Pflicht (z.B. einseitige Erhöhung der Gegenleistung bei Dauerschuldverhältnissen). Das BGB setzt die Möglichkeit, einem Dritten ein solches **Gestaltungsrecht** einzuräumen, voraus. Es regelt nur die Ausübung des einseitigen Leistungsbestimmungsrechts (§ 315) und gibt eine Auslegungsregel (§ 316).[1]

a) Entstehungsvoraussetzungen des Leistungsbestimmungsrechts

6   Das Recht zur einseitigen Leistungsbestimmung setzt eine **Vereinbarung im Vertrag** voraus. Diese kann sich auch erst im Wege der Auslegung ergeben. Haben die Parteien den Inhalt der Leistung nicht bestimmt und die Bestimmung auch nicht ausdrücklich einer Partei oder einem Dritten überlassen, so ist aber vorrangig zu prüfen, ob sich der Leistungsinhalt im Wege der Auslegung (unter Berücksichtigung eventueller Auslegungsnormen wie §§ 612 Abs. 2, 632 Abs. 2, 652 Abs. 2) ermitteln lässt (z.B. Verkäufer soll ortsüblichen Preis verlangen dürfen). Gelingt dies, dann wollten die Parteien gerade keine einseitige Leistungsbestimmung. Die Parteien müssen ferner festlegen, **welche Partei** das Recht zur Leistungsbestimmung hat. Fehlt es insoweit an einer ausdrücklichen Vereinbarung, ist wiederum der Weg der Auslegung zu beschreiten. Eine Auslegungsregel enthält § 316: Im Zweifel steht die Bestimmung der Gegenleistung dem Gläubiger dieses Anspruchs zu.

Beispiel: K beauftragt Wirtschaftsprüfer W, ein Wertgutachten über ein Unternehmen zu erstellen. Kann W nach Ablieferung des Gutachtens ein Honorar verlangen? – Anspruchsgrundlage ist § 631 Abs. 1. Zwar haben die Parteien keine ausdrückliche Vereinbarung getroffen, dass W ein Honorar verlangen kann; da die Erstellung eines solchen Gutachtens aber den Umständen nach nur gegen eine Vergütung zu erwarten war, gilt eine solche nach § 632 Abs. 1 als stillschweigend vereinbart. Es fehlt aber an einer Vereinbarung zur Höhe der Vergütung. § 632 Abs. 2 greift nicht, weil es für Wirtschaftsprüfer keine Gebührenordnung gibt und eine übliche Vergütung sich nicht ermitteln lässt. Da die Parteien sich aber einig waren, dass eine Vergütung zu leisten ist, haben sie die Bestimmung der Höhe der Vergütung einer Partei überlassen. Dieses Recht steht nach § 316 dem W als Gläubiger zu.

---

1   Zur Vertiefung: Kornblum, Die Rechtsnatur der Bestimmung der Leistung in den §§ 315–319 BGB, AcP 168 (1968), 450 ff.; Kronke, Zur Funktion und Dogmatik der Leistungsbestimmung nach § 315 BGB, AcP 183 (1983), 113 ff.

b) Ausübung des Leistungsbestimmungsrechts

Die berechtigte Partei übt ihr Leistungsbestimmungsrecht durch **einseitige, empfangsbedürftige Willenserklärung** gegenüber dem anderen Teil aus (§ 315 Abs. 2). Da es sich um eine Gestaltungserklärung handelt, ist eine nachträgliche Änderung nicht möglich; ein Widerruf scheidet nach Zugang ohnehin aus (§ 130 Abs. 1 S. 2). Die Erklärung ist auch bei formbedürftigen Verträgen formfrei.

7

c) Maßstab der Leistungsbestimmung

Das Recht zur einseitigen Leistungsbestimmung gibt der berechtigten Partei eine erhebliche Regelungsmacht. Je nach Gestaltung ist sie nicht nur befugt, die eigene Leistung zu bestimmen, sondern auch die der anderen Partei. Deshalb ist ein Maßstab, anhand dessen die Leistungsbestimmung zu erfolgen hat, notwendig. Welcher dies ist, ergibt sich vorrangig aus den **Vereinbarungen der Parteien**. Sie können einerseits feste Regeln und Maßstäbe vorgeben (z.B. Berechnungsmethoden), andererseits aber auch der berechtigten Partei einen weitgehenden Spielraum einräumen und die Entscheidung in das billige oder freie Ermessen oder gar das freie Belieben einer Partei stellen. Steht in letzterem Fall dem Gläubiger das Recht zu, wird die Vereinbarung allerdings wegen eines Verstoßes gegen die guten Sitten (§ 138 Abs. 1) nichtig sein, da sie ihm eine unbegrenzte Rechtsmacht einräumt.[2] Steht dem Schuldner das Recht zur Bestimmung seiner Leistung nach freiem Belieben zu, dürfte es an einer bindenden Verpflichtung fehlen.

8

Beispiel: Die Vereinbarung „Preis freibleibend" weist dem Verkäufer das Recht zu, den Preis zu bestimmen. Hierbei ist er aber nicht etwa frei. Eine Auslegung unter Berücksichtigung der Verkehrssitte ergibt vielmehr, dass die Bestimmung nicht nach freiem, sondern nach billigem Ermessen erfolgen soll.[3]

Bleiben nach der Auslegung Zweifel, welchen Maßstab die Parteien wollten, muss die Bestimmung nach der Auslegungsregel des § 315 Abs. 1 nach **billigem Ermessen** ausgeübt werden. Der Berechtigte hat dann einen Entscheidungsspielraum, der durch die Billigkeit begrenzt wird. Innerhalb dieses Spielraums ist der Berechtigte frei in seiner Entscheidung. Die durch die Billigkeit gezogene Grenze ergibt sich aus den Interessen beider Parteien.[4]

9

Beispiel: Steht dem Gutachter die Bestimmung seines Honorars zu, muss er den wirtschaftlichen Wert seiner Arbeit berücksichtigen. Dieser wiederum wird z.B. durch Schwierigkeit, Ungewöhnlichkeit, Umfang oder Dauer der Tätigkeit oder Renommee des Gutachters geprägt, aber auch durch den wirtschaftlichen Nutzen, den der Auftraggeber aus dem Gutachten zieht.

d) Rechtsfolgen der Verletzung des Bestimmungsmaßstabs

Wenn das billige Ermessen den Maßstab darstellt, ist eine **unbillige Bestimmung** nach § 315 Abs. 3 S. 1 für den anderen Teil **nicht verbindlich**. Da diese Rechtsfolge nicht davon abhängig gemacht ist, ob der Schuldner sich darauf beruft oder gar Klage gegen die getroffene Bestimmung erhebt, ist die unbillige Bestimmung entgegen h.M. nicht zumindest vorläufig verbindlich (bis zur Entscheidung des Gerichts), sondern unwirksam. Die entstandene Lücke wird vom Gericht geschlossen, das durch Urteil eine billi-

10

---

2 Palandt/Grüneberg, § 315 Rn. 5.
3 RGZ 103, 414 (415).
4 BGHZ 41, 271 (279); BGH WM 2009, 1180 Rn. 34.

ge Bestimmung trifft (§ 315 Abs. 3 S. 2 1. HS).[5] Steht die Bestimmung hingegen im **freien Ermessen**, so ist § 315 Abs. 3 S. 2 nicht analog anwendbar, weil die Parteien die Entscheidung gerade nicht an die Billigkeit binden wollten. Dem gewollten weiten Entscheidungsspielraum widerspricht die Möglichkeit einer gerichtlichen Überprüfung, für die es außerdem an einem Kontrollmaßstab fehlt.[6] Für die Bestimmung nach freiem Ermessen gelten aber die Grenzen der Inhaltsfreiheit. Eine erfolgte Bestimmung kann insbesondere wegen eines Verstoßes gegen §§ 134, 138 nichtig sein.

e) Rechtsfolgen der Nichtvornahme der Bestimmung

11   Macht die berechtigte Partei von ihrem Bestimmungsrecht keinen Gebrauch, bleibt der Inhalt der Leistungspflicht unbestimmt. Das kann den Interessen der anderen Partei widersprechen; deshalb erfolgt auch bei einer **Verzögerung** die Bestimmung durch das Gericht, § 315 Abs. 3 S. 2 2. HS, sofern das billige Ermessen den Maßstab darstellt. Für Entscheidungen nach freiem Ermessen gilt § 315 Abs. 3 S. 2 2. HS nach Wortlaut und systematischem Zusammenhang nicht. Eine analoge Anwendung scheidet ebenso wie beim ersten Halbsatz der Vorschrift aus (str., siehe Rn. 10).

12   Ob die berechtigte Partei eine **Pflicht zur Vornahme der Bestimmung** hat (mit der Folge möglicher Sekundärpflichten bei nicht rechtzeitiger Bestimmung), hängt vom durch Auslegung zu ermittelnden Willen der Parteien ab. Sie wird jedenfalls anzunehmen sein, wenn die andere Vertragspartei ein Interesse an der Vertragsabwicklung hat.[7] Bei einem **Spezieskauf i.S.d.** § 375 HGB (Handelskauf, bei dem es dem Käufer vorbehalten ist, Form, Maß oder ähnliche Verhältnisse näher zu bestimmen) besteht ausdrücklich eine Pflicht des Käufers zur Bestimmung (§ 375 Abs. 1 HGB).

3. Nachträgliche Bestimmung durch einen Dritten

13   Die Vertragsfreiheit gibt den Parteien die Möglichkeit, die Bestimmung des Leistungsinhalts einem oder mehreren Dritten zu überlassen und sich auf diese Weise die Sachkunde oder Neutralität einer am Vertrag nicht beteiligten Person zunutze zu machen.[8]

Beispiele: Sachverständiger soll nach fünfjähriger Laufzeit des Mietvertrages entscheiden, um wie viel die Miete für die folgenden fünf Jahre steigt; Kunstsachverständiger soll den Kaufpreis eines neu entdeckten Gemäldes eines bekannten Malers bestimmen.

a) Entstehungsvoraussetzungen des Leistungsbestimmungsrechts

14   Die Entstehungsvoraussetzungen entsprechen denen des Leistungsbestimmungsrechts einer Partei (siehe Rn. 6). Erforderlich ist eine **vertragliche Vereinbarung**, die auch den oder die Dritten benennt oder doch zumindest so konkretisiert, dass dieser objektiv bestimmbar ist (z.B. Vereinbarung, dass ein von der örtlichen Industrie- und Handelskammer zu benennender Gutachter die Leistung bestimmen soll). Diese Vereinbarung, die auch stillschweigend getroffen werden kann, darf nicht verwechselt werden mit derjenigen, kraft derer ein Schiedsrichter bestellt wird (Schiedsvertrag). Dieser soll anstelle des staatlichen Gerichts einen Rechtsstreit zwischen den Parteien entscheiden (al-

---

5   MünchKomm/Würdinger, § 315 Rn. 45; a.A. OLG Frankfurt NJW-RR 1999, 379; Hk-BGB/Schulze, § 315 Rn. 10; Palandt/Grüneberg, § 315 Rn. 16.

6   PWW/Stürner, § 315 Rn. 12 s; Staudinger/Rieble (2015), § 315 Rn. 20; Brox/Walker, Allg. Schuldrecht, § 6 Rn. 9; a.A. Jauernig/Stadler, § 315 Rn. 12; MünchKomm/Würdinger, § 315 Rn. 33; Palandt/Grüneberg, § 315 Rn. 15.

7   Joussen, Schuldrecht AT, Rn. 159; MünchKomm/Würdinger, § 315 Rn. 40, 42.

8   Zur Vertiefung: Joussen, Das Gestaltungsrecht des Dritten nach § 317 BGB, AcP 203 (2003), 429.

so die Rechtslage feststellen und nicht etwa gestalten); die Zulässigkeitsvoraussetzungen dafür sind in §§ 1025 ff. ZPO geregelt. Von der Leistungsbestimmung durch einen Dritten ist ferner die Bestellung eines Schiedsgutachters zu unterscheiden. Dieser soll eine zwischen den Parteien streitige Tatsache verbindlich feststellen (z.B. Größe eines Grundstücks), aber nicht den Inhalt der Leistung bestimmen. Wegen der vergleichbaren Interessenlage gelten die §§ 317 ff. aber analog. Die Vereinbarung, dass ein Dritter die Leistung bestimmen soll, wird allerdings oft als Schiedsgutachtervereinbarung (i.w.S.) bezeichnet.

b) Ausübung und Anfechtung der Leistungsbestimmung

Die Ausübung des Bestimmungsrechts erfolgt durch **einseitige, empfangsbedürftige Willenserklärung** gegenüber einer der Vertragsparteien, § 318 Abs. 1. Soll die Bestimmung durch mehrere Dritte erfolgen, ist nach § 317 Abs. 2 Einstimmigkeit erforderlich. Hiervon können die Parteien durch Vereinbarung abweichen; üblich ist das Mehrheitsprinzip.   15

Die Willenserklärung des Dritten ist als Gestaltungserklärung nicht abänderbar oder widerruflich. Selbst eine **Anfechtung** wegen Irrtums, Drohung oder arglistiger Täuschung ist durch den Dritten nicht möglich; § 318 Abs. 2 S. 1 weist das Anfechtungsrecht den Vertragsparteien zu. Diese können folglich eine fremde Willenserklärung wegen eines Anfechtungsgrunds, der nicht in ihrer Person, sondern in der des Dritten begründet ist, anfechten. Für ein eigenes Anfechtungsrecht des Dritten besteht kein Anlass, da er durch die vorgenommene Bestimmung nicht verpflichtet wird. § 318 Abs. 2 S. 2 enthält eine Sonderregelung für die **Anfechtungsfrist**, die insbesondere von der wesentlich längeren Frist des § 124 abweicht und diese verdrängt: Die Anfechtung muss stets unverzüglich erfolgen, nachdem der Anfechtungsberechtigte (also eine Vertragspartei) von dem Anfechtungsgrund Kenntnis erlangt hat.   16

c) Maßstab der Leistungsbestimmung

Der Maßstab, anhand dessen die Bestimmung vorzunehmen ist, kann von den Parteien **vertraglich festgelegt** werden. Im Zweifel ist anzunehmen, dass die Bestimmung nach **billigem Ermessen** zu erfolgen hat (§ 317 Abs. 1).   17

d) Rechtsfolgen der Verletzung des Bestimmungsmaßstabs

Soll der Dritte die Leistung nach billigem Ermessen bestimmen, so ist die erfolgte Bestimmung nicht schon bei bloßer Unbilligkeit unverbindlich. Diese Rechtsfolge tritt erst bei **offenbarer Unbilligkeit** ein, § 319 Abs. 1 S. 1. Eine solche ist gegeben, wenn die Bestimmung in grober Weise gegen Treu und Glauben verstößt und sich dies bei unbefangener sachkundiger Prüfung sofort aufdrängt.[9] Hinter dieser Einschränkung der gerichtlichen Kontrolle steht die Erwägung, dass bei einer Bestimmung durch einen Dritten die Gefahr einer einseitigen Bevorzugung nicht so groß ist wie bei einer Bestimmung durch eine Vertragspartei. Die Schließung der Lücke, die bei offenbarer Unbilligkeit im Vertrag (wieder) entsteht, erfolgt wie bei der Leistungsbestimmung durch eine Partei durch Urteil des Gerichts (§ 319 Abs. 1 S. 2). Sollte die Bestimmung hingegen nach freiem Ermessen oder Belieben erfolgen, gilt § 319 Abs. 1 nicht; Grenzen ergeben sich nur aus den §§ 134, 138.   18

---

9 BGH WM 1982, 767 (768); BGH NJW 1991, 2761; BAG NZA 2009, 1275 (1277).

Beispiel: V und K haben im Kaufvertrag über ein altes Motorrad, dessen Wert sie nicht kennen, vereinbart, dass der Kaufpreis vom Sachverständigen S bestimmt werden soll. S teilt nach Prüfung des Motorrads und der Marktlage mit, der Preis betrage 20.000 €. K hält das für zu viel und zahlt nicht. – Wird K von V gerichtlich auf Zahlung der 20.000 € in Anspruch genommen, so prüft das Gericht, ob die von S getroffene Bestimmung offensichtlich unbillig ist, sofern die Bestimmung nach billigem Ermessen getroffen werden sollte. Letzteres ist nach § 317 Abs. 1 der Fall, weil K und V keine Vereinbarung zum Maßstab getroffen haben. Ob offenbare Unbilligkeit vorliegt, hängt davon ab, wie hoch der Marktwert des Motorrads ist. Beträgt dieser nur 10.000 €, wäre eine Festsetzung des Kaufpreises auf das Doppelte eklatant treuwidrig und daher unverbindlich.

e) Rechtsfolgen der Nichtvornahme der Bestimmung

19   Soll die Bestimmung nach billigem Ermessen erfolgen, so kann sie durch Urteil ersetzt werden, wenn der Dritte die Bestimmung **nicht treffen kann oder will** oder wenn er sie objektiv **verzögert**, § 319 Abs. 1 S. 2 2. HS. Ist die Bestimmung hingegen in das freie Belieben des Dritten gestellt, ist nach § 319 Abs. 2 der **Vertrag unwirksam**, wenn der Dritte die Bestimmung nicht trifft oder sie verzögert. Das ist die notwendige Konsequenz aus dem Umstand, dass die Parteien die Leistungsbestimmung voll und ganz einem bestimmten Dritten überlassen haben; eine Ersetzung durch das Gericht ist mangels Entscheidungsmaßstabs nicht möglich. Eine **Pflicht des Dritten** zur Vornahme der Bestimmung wird durch die Vereinbarung der Parteien nicht begründet (unzulässiger Vertrag zulasten Dritter). Sie kann sich nur aus einer gesonderten Vereinbarung der Parteien mit dem Dritten ergeben.

Wiederholungs- und Vertiefungsfragen

20   1. Warum müssen Leistungspflichten ihrem Inhalt nach zumindest bestimmbar sein? (Rn. 1)

2. Kann das Gesetz den Inhalt von Hauptleistungspflichten bei vertraglichen Schuldverhältnissen bestimmen? (Rn. 2)

3. B und U verhandeln lange über die Errichtung eines Einfamilienhauses auf dem Grundstück des B. U möchte mit den Bauarbeiten erst im kommenden Jahr beginnen, während B auf einen baldigen Baubeginn drängt. Im weiteren Verlauf der Verhandlungen gerät diese Frage jedoch in Vergessenheit. Schließlich unterschreiben beide einen schriftlichen Vertrag, der nicht festlegt, ab wann U mit den Bauarbeiten anfangen muss. B verlangt nun alsbaldiges Tätigwerden. Zu Recht? (Rn. 4)

4. Nach welchem Maßstab muss ein Vertragspartner oder ein Dritter, dem die Bestimmung der Leistung vertraglich überlassen ist, diese Bestimmung treffen, wenn die Parteien hierzu keine Regelung getroffen haben? (Rn. 8, 9, 17)

5. Wessen Spielraum bei der Bestimmung der Leistung ist größer, wenn die Parteien keinen Maßstab vorgegeben haben – der einer Vertragspartei oder der eines Dritten? (Rn. 9, 17)

6. V und M haben im Mietvertrag über eine Gewerbehalle vereinbart, dass sich die von M zu zahlende Miete nach einem Jahr auf ¾ der ortsüblichen Miete erhöht. Die Feststellung der ortsüblichen Miete soll durch einen von der örtlichen IHK zu benennenden Sachverständigen erfolgen. Diesem unterläuft bei der Berechnung der ortsüblichen Miete ein schwerwiegender Rechenfehler, aufgrund dessen er gegenüber V und M eine Quadratmetermiete von 10 € angibt. Tatsächlich beträgt die ortsübliche Miete nur 6 €. Was kann M tun, wenn er den Rechenfehler des Sachverständigen entdeckt? (Rn. 16)

§ 8 Leistungspflichten mit bestimmbarem Inhalt

Der Inhalt einer Leistungspflicht muss zumindest bestimmbar sein. Soweit es an einer Vereinbarung der Parteien fehlt, kann hinsichtlich der Art und Weise der Leistung sowie des Inhalts der Nebenleistungspflichten auf dispositive Vorschriften und § 242 zurückgegriffen werden. Das ist beim Inhalt der Hauptleistungspflichten nicht möglich. Doch auch hier können die Parteien auf eine konkrete Bestimmung des Pflichtinhalts verzichten, wenn sie die Pflicht zumindest so ausgestalten, dass ihr konkreter Inhalt bestimmbar ist. Dabei sind verschiedene Formen zu unterscheiden: Gattungsschuld, Wahlschuld und Ersetzungsbefugnis.

I. Gattungsschuld

1. Abgrenzung von Stück- und Gattungsschuld

Das geschuldete Tun oder Unterlassen kann sich auf einen Gegenstand beziehen (z.B. Übereignung einer Sache, Überlassung eines Hotelzimmers). Dieser Gegenstand kann von den Parteien so individuell bezeichnet werden, dass sich die Pflicht des Schuldners auf einen konkreten, individuellen Gegenstand bezieht und er sie folglich nur durch Vornahme der geschuldeten Handlung an diesem Gegenstand erfüllen kann (**Stückschuld** oder Speziesschuld). Häufig kommt es den Parteien aber nicht darauf an, dass der Schuldner die Leistung mit einem ganz bestimmten Gegenstand erbringt. Genügend ist für sie oft, dass der Gegenstand bestimmten Merkmalen entspricht, d.h., dass er zu einer von den Parteien näher bestimmten Gruppe von Gegenständen (Gattung) gehört. Eine solche Bestimmung des Gegenstands nach Gattungsmerkmalen ist, wie § 243 Abs. 1 zeigt, möglich und ausreichend; sie führt zu einer **Gattungsschuld**.[1]

Beispiele: K will bei V einen Fernseher kaufen. Entscheidet K sich für das von V zum Sonderpreis angebotene Ausstellungsstück, liegt eine Stückschuld vor: Die Übereignungspflicht des V bezieht sich nur auf dieses individuelle Gerät. Kommen V und K hingegen überein, dass K nicht das Ausstellungsstück selbst, sondern einen Fernseher vom gleichen Hersteller und Modell erhalten soll, liegt eine Gattungsschuld vor. – Weitere Beispiele für Gattungsschulden: 100 Eier der Handelsklasse A, einen zwei Jahre alten Apfelbaum, Doppelzimmer mit Bad.

Die Rechtsstellung des Schuldners einer Gattungsschuld unterscheidet sich von der bei einer Stückschuld darin, dass er aus der nur allgemein beschriebenen Gruppe von Gegenständen einen auswählen muss. Nach welchen Kriterien der Schuldner dieses **Auswahlrecht** auszuüben hat, ergibt sich vorrangig aus den (evtl. durch Auslegung zu ermittelnden) Parteivereinbarungen. Fehlen solche, hat der Schuldner nach § 243 Abs. 1 eine Sache mittlerer Art und Güte zu leisten (bei Handelsgeschäften: Handelsgut mittlerer Art und Güte, § 360 HGB). Diese Regelung gilt analog für Gegenstände, die keine Sachen i.S.d. § 90 sind (z.B. Rechte, Dienste, Werkleistungen).

Beispiel: V schuldet 100 kg Kartoffeln der Sorte „Bamberger Hörnchen". Ist nichts zur Qualität vereinbart, muss V nicht die besten Kartoffeln aus seinem Vorrat heraussuchen, aber er darf auch nicht die schlechtesten nehmen.

---

1 Zur Vertiefung: Ernst, Konkretisierung in der Lehre vom Gattungskauf, GS Knobbe-Keuk (1997), S. 49; Huber, Zur Konzentration beim Gattungskauf, FS Ballerstedt (1975), S. 327; Leßmann, Grundprobleme der Gattungsschuld, JA 1982, 280; Medicus, Die konkretisierte Gattungsschuld, JuS 1966, 297; Samhat, Die Gefahrtragung nach erfolgter Konkretisierung im modernisierten Schuldrecht, Jura 2013, 1003.

2. Formen der Gattungsschuld

4   Die Wirksamkeit einer Leistungspflicht hängt nicht davon ab, ob der Schuldner über den Leistungsgegenstand bereits verfügt oder ihn sich erst beschaffen muss. Ob eine Beschaffungspflicht besteht, hängt von der Parteivereinbarung ab. Haben die Parteien jedoch eine Gattungsschuld vereinbart, so wollen sie in der Regel auch, dass den Schuldner eine **Beschaffungspflicht** trifft. Eine solche unbeschränkte oder **marktbezogene Gattungsschuld** ist der Regelfall. Die Parteien können aber auch vereinbaren, dass sich die Schuld auf einen beim Schuldner vorhandenen Vorrat beschränken soll. Bei einer solchen **Vorratsschuld** trifft den Schuldner keine Beschaffungspflicht. Insbesondere bei vom Schuldner selbst hergestellten oder angebauten Gegenständen wollen die Parteien in der Regel nur eine Vorratsschuld.

5   Die Unterscheidung zwischen der marktbezogenen (unbeschränkten) Gattungsschuld und der auf den Vorrat beschränkten Gattungsschuld ist bedeutsam für die Frage, wann der Schuldner infolge **Unmöglichkeit** nach § 275 Abs. 1 von der Leistungspflicht frei wird (siehe § 19). Bei einer marktbezogenen Gattungsschuld kann Unmöglichkeit erst eintreten, wenn der Schuldner seiner Beschaffungspflicht nicht mehr nachkommen kann, weil alle zur Gattung gehörigen Gegenstände untergegangen sind. Bei der Vorratsschuld hingegen besteht keine Beschaffungspflicht, sodass Unmöglichkeit schon mit dem Untergang des gesamten vorhandenen Vorrats eintritt.

Beispiel: K kauft auf der Webseite des V 20 Liegestühle, wie sie auch von anderen Händlern im Internet angeboten werden. Nach Abschluss des Kaufvertrages brennt das Warenlager des V ab; die dort gelagerten Liegestühle werden zerstört. K verlangt Übergabe und Übereignung. – Der Anspruch aus dem Kaufvertrag gem. § 433 Abs. 1 S. 1 ist nach § 275 Abs. 1 untergegangen, wenn die Leistung des V unmöglich geworden ist. Das wäre zu bejahen, wenn es sich bei der vereinbarten Gattungsschuld um eine Vorratsschuld handelt, da der gesamte Vorrat des V zerstört wurde. War hingegen eine marktbezogene Gattungsschuld gewollt, so ist keine Unmöglichkeit eingetreten, weil Liegestühle dieser Gattung noch auf dem Markt verfügbar sind. Beim Angebot von Waren durch einen Händler, der nicht zugleich Hersteller ist, wollen die Parteien, soweit nichts anderes ersichtlich ist, in der Regel eine marktbezogene Gattungsschuld. Ist V mithin nur Händler, so ist keine Unmöglichkeit eingetreten und K kann von ihm Übergabe und Übereignung von 20 Liegestühlen verlangen.

3. Konkretisierung der Gattungsschuld

a) Funktion der Konkretisierung

6   Geht der vom Schuldner für die Leistung vorgesehene Gegenstand unter, bevor er seine Leistungspflicht erfüllen konnte, liegt Unmöglichkeit nach § 275 Abs. 1 nur vor, wenn entweder die gesamte Gattung (marktbezogene Gattungsschuld) oder der gesamte Vorrat (Vorratsschuld) untergegangen ist. Soweit dies nicht der Fall ist, bleibt der Schuldner zur Leistung verpflichtet, d.h., er muss sich ggf. einen weiteren Gegenstand beschaffen. Damit trägt der Schuldner die Gefahr, trotz eines Untergangs der bereits ausgewählten Sache zur Leistung verpflichtet zu bleiben (**Leistungsgefahr**). Bei einer Stückschuld hingegen wird der Schuldner bei Untergang der Sache nach § 275 Abs. 1 von der Pflicht zur Leistung frei, da sich seine Schuld auf einen individuellen Gegenstand beschränkt. Hier trägt also der Gläubiger die Gefahr, seinen Anspruch auf die Leistung durch Untergang der Sache zu verlieren. Bei der Gattungsschuld ist der Schuldner daran interessiert, seine Schuld ebenfalls auf den von ihm ausgewählten Gegenstand zu beschränken und damit die Leistungsgefahr auf den Gläubiger übergehen

zu lassen. Eine solche **Konkretisierung** der Schuld tritt nach § 243 Abs. 2 ein, wenn der Schuldner das zur Leistung seinerseits Erforderliche getan hat.

b) Konkretisierungsvoraussetzungen

Voraussetzung für die Konkretisierung ist zunächst, dass der Schuldner seinem Auswahlrecht nachgekommen ist. Die ausgewählte Sache muss, soweit nicht anders vereinbart, mittlerer Art und Güte sein (§ 243 Abs. 1) und die **Auswahl** muss durch eine **Aussonderung** der Sache nach außen erkennbar geworden sein. Was sonst noch „das zur Leistung seinerseits Erforderliche" ist, hängt davon ab, an welchem Ort der Schuldner seine Leistungspflicht zu erfüllen hat (Leistungsort, siehe § 10 Rn. 16 ff.): 7

- Bei der **Holschuld** liegt der Leistungsort beim Schuldner; er muss daher nicht mehr tun, als den Gläubiger von der Aussonderung zu benachrichtigen. Mit dem Zugang der Benachrichtigung tritt bereits Konkretisierung ein. Das ist nur dann anders, wenn die Parteien eine Abholfrist vereinbart haben, weil den Schuldner dann die Pflicht trifft, den ausgesonderten Gegenstand bis zum vereinbarten Abholtermin zu verwahren. Ist jedoch keine Frist vereinbart, dann hat der Schuldner mit der Benachrichtigung das seinerseits Erforderliche getan. Deshalb tritt die Konkretisierung sofort und nicht erst nach Ablauf einer angemessenen Frist ein.[2] Das ist für den Gläubiger belastend, weil er das Risiko des Untergangs zu einem Zeitpunkt trägt, wo er selbst die Sache noch gar nicht schützen kann, da er ja erst noch zwecks Abholung zum Schuldner muss. § 295 S. 1 2. HS bestätigt jedoch die Richtigkeit dieser Risikoverteilung, denn bei einer Holschuld kommt der Gläubiger schon durch den Zugang des wörtlichen Angebots in Annahmeverzug. 8

- Bei der **Schickschuld** liegt der Leistungsort ebenfalls beim Schuldner, aber dieser hat zusätzlich die Pflicht, der Transportperson die Sache zu übergeben. Ist dies geschehen, tritt bereits Konkretisierung ein. 9

- Bei der **Bringschuld** liegt der Leistungsort beim Gläubiger. Der Schuldner muss die Leistung zum Gläubiger bringen und sie ihm in annahmeverzugsbegründender Weise so anbieten, dass er nur noch zugreifen muss. Erforderlich ist dafür ein tatsächliches Angebot i.S.d. § 294. Nimmt der Gläubiger die Leistung an, tritt Erfüllung ein (§ 362 Abs. 1). Tut er dies nicht, kommt es zur Konkretisierung. Ein nur wörtliches Angebot der Leistung (z.B. Erklärung der Lieferbereitschaft) genügt hingegen selbst dann nicht, wenn es nach § 295 für den Annahmeverzug ausreichend ist (siehe § 32 Rn. 7 ff.), weil der Schuldner dann die Leistung nicht zum Gläubiger gebracht hat und folglich nicht das seinerseits Erforderliche getan hat. Es kann dann aber nach § 300 Abs. 2 zur Konkretisierung kommen (siehe § 31 Rn. 19). 10

c) Wirkungen der Konkretisierung

Ist Konkretisierung eingetreten, beschränkt sich das Schuldverhältnis auf die vom Schuldner ausgewählte und ausgesonderte Sache. Dadurch wird die **Gattungsschuld zur Stückschuld**. Eine weitere Beschaffungspflicht besteht nicht mehr; geht die Sache nun unter, wird der Schuldner nach § 275 Abs. 1 von seiner Leistungspflicht frei. Da- 11

---

2 Vgl. Erman/Westermann, § 243 Rn. 15; Staudinger/Schiemann (2015), § 243 Rn. 37; Looschelders, Schuldrecht AT, § 13 Rn. 13; Medicus/Lorenz, Schuldrecht I, Rn. 197; a.A. MünchKomm/Emmerich, § 243 Rn. 29; Palandt/Grüneberg, § 243 Rn. 5; differenzierend BeckOGK/Beurskens, Stand 1.6.2019, § 243 Rn. 80 f.

mit kommt es durch die Konkretisierung zum **Übergang der Leistungsgefahr** auf den Gläubiger.

Beispiel: K kauft bei Händler V einen Kleiderschrank Modell „System Z-1122". Da V dieses Schrankmodell nicht mehr vorrätig hat, soll K ihn abholen, sobald er vom Hersteller an V geliefert wurde. Nach Erhalt des Schranks benachrichtigt er K und fordert sie zur Abholung auf. Einen Tag später fährt der im Lager des V angestellte X mit einem Gabelstapler so unglücklich gegen den Schrank, dass dieser vollständig zerstört wird. K verlangt weiterhin Lieferung. – Der Anspruch aus dem Kaufvertrag gem. § 433 Abs. 1 S. 1 wäre nach § 275 Abs. 1 untergegangen, wenn Unmöglichkeit vorläge. Vereinbart war eine marktbezogene Gattungsschuld. Unmöglichkeit läge daher nur bei Untergang der gesamten Gattung oder im Fall der Konkretisierung vor. Ersteres ist nicht eingetreten, wohl aber letzteres: V hat den Schrank ausgewählt und ausgesondert und K zur Abholung aufgefordert. Da es sich um eine Holschuld handelt, ist dies das „seinerseits Erforderliche" i.S.d. § 243 Abs. 2. Nunmehr lag eine Stückschuld vor, deren Erfüllung durch die Zerstörung des Schranks unmöglich wurde. Dass die Unmöglichkeit von einem Angestellten des V herbeigeführt wurde, spielt keine Rolle.

12   Ob der Schuldner die **Konkretisierung rückgängig** machen kann, indem er eine Ersatzsache beschafft und sie dem Gläubiger anbietet, ist sehr umstritten. Für den Schuldner ist das interessant, weil er nach § 326 Abs. 1 S. 1 den Anspruch auf die Gegenleistung verliert, wenn es zur Unmöglichkeit der Leistungspflicht gekommen ist. Das würde er verhindern können, wenn er die Konkretisierung rückgängig machen könnte, da dann wieder eine Gattungsschuld vorläge und der Untergang des ursprünglich ausgewählten und ausgesonderten Gegenstands nicht zur Unmöglichkeit nach § 275 Abs. 1 geführt hätte. Die h.M. hält die Konkretisierung jedoch für bindend,[3] was dem Willen des historischen Gesetzgebers entspricht.[4] Nur im Einzelfall soll der Gläubiger nach § 242 gehalten sein, die nach Konkretisierung angebotene Ersatzsache anzunehmen (z.B. wenn er die ursprünglich angebotene Leistung zurückgewiesen hat). Die Gegenauffassung sieht in § 243 Abs. 2 eine Norm zum Schutz des Schuldners und wertet die Rückgängigmachung der Konkretisierung als zulässigen Verzicht auf diesen Schutz.[5] Für diese Lösung, die mit dem Wortlaut durchaus zu vereinbaren ist, spricht, dass es § 243 Abs. 2 vorrangig darum geht, den Schuldner zu entlasten. Den Interessen des Gläubigers kann im Einzelfall dadurch entsprochen werden, dass dem Schuldner nach Treu und Glauben eine Rückgängigmachung der Konkretisierung versagt ist.

Beispiel: Im Kleiderschrank-Beispiel (Rn. 11) kann V den Schrank nochmals beim Hersteller beschaffen. Infolge der zuvor eingetretenen Konkretisierung ist er jedoch bereits von seiner Leistungspflicht frei geworden (§ 275 Abs. 1), sodass K den Schrank nicht mehr abzunehmen braucht und V nach § 326 Abs. 1 S. 1 den Kaufpreis nicht mehr verlangen kann. Nach h.M. bleibt es bei diesem Ergebnis, weil V die Konkretisierung nicht rückgängig machen kann. Allenfalls ist daran zu denken, dass K treuwidrig handelt, wenn V die Ersatzleistung unverzüglich anbietet. Nach der Gegenauffassung kann V durch das erneute Angebot die bereits eingetretene Konkretisierung und mit ihr den Wegfall der Leistungspflicht rückgängig machen, indem er einen Ersatzschrank anbietet.

3   BGH NJW 1982, 873; OLG Köln NJW 1995, 3128 (3129); MünchKomm/Emmerich, § 243 Rn. 32; Brox/Walker, Allg. Schuldrecht, § 8 Rn. 7; Looschelders, Schuldrecht AT, § 13 Rn. 18 f.; zur Vertiefung: Canaris, Die Bedeutung des Übergangs der Gegenleistungsgefahr im Rahmen von § 243 II BGB und § 275 II BGB, JuS 2007, 793.
4   Mot II, 12, 74; Prot. I, 287.
5   Medicus/Petersen, Bürgerliches Recht, Rn. 262; Soergel/Teichmann, § 243 Rn. 12; Staudinger/Schiemann (2015), § 243 Rn. 43.

d) Hinweis zur Fallbearbeitung

Die Frage der Konkretisierung stellt sich nur, wenn es darum geht, ob die Leistungsgefahr auf den Gläubiger übergangen ist. Das ist vor allem der Fall, wenn geprüft wird, ob der Anspruch auf die geschuldete Leistung nach § 275 Abs. 1 untergegangen ist. Ist nach der Gegenleistungspflicht gefragt, kommt es auf die Konkretisierung an, wenn im Rahmen des § 326 Abs. 1 S. 1 geprüft wird, ob der Schuldner von seiner Leistungspflicht nach § 275 frei geworden ist.

13

II. Wahlschuld

1. Begriff und Abgrenzung zur Gattungsschuld

Bei der in §§ 262–265 geregelten Wahlschuld schuldet der Schuldner mehrere verschiedene Leistungen dergestalt, dass nur die eine oder die andere Leistung zu bewirken ist, § 262. Der Leistungsinhalt ist insoweit unbestimmt, als bei Entstehung des Schuldverhältnisses noch nicht feststeht, welche der Leistungen vom Schuldner zu erbringen ist. Erst durch die Ausübung des Wahlrechts wird die gewählte Leistung zur allein geschuldeten, § 263 Abs. 2. Demgegenüber beschränkt sich die Gattungsschuld von Anfang an auf eine Leistung; lediglich die Auswahl des Leistungsgegenstands ist dem Schuldner im Rahmen der vereinbarten Gattungsmerkmale überlassen.[6]

14

Beispiel: K will unbedingt eine Plastik des derzeit „angesagten" Künstlers Z kaufen. Bei Galerist V findet sie zwei Plastiken von Z, die jeweils 10.000 € kosten sollen. K kann sich nicht sogleich entscheiden, will sich aber auf jeden Fall eine der beiden Plastiken sichern. Sie vereinbart mit V, dass dieser verpflichtet sein soll, eine der beiden Plastiken zu übereignen; welche das ist, soll K innerhalb von 14 Tagen entscheiden. – Es liegt eine Wahlschuld vor; entscheidet K sich für eine der beiden Plastiken, so gilt diese als von Anfang an geschuldet. Eine Gattungsschuld läge vor, wenn V verpflichtet wäre, „eine Plastik des Künstlers Z aus seiner letzten Schaffensperiode" zu übereignen.

2. Ausübung des Wahlrechts

Die Ausübung des Wahlrechts erfolgt durch **einseitige, empfangsbedürftige Erklärung** der **wahlberechtigten Partei**, § 263 Abs. 1. Welche das ist, bestimmt sich vorrangig nach den vertraglichen Vereinbarungen. Nur in Zweifelsfällen steht das Wahlrecht dem Schuldner zu (§ 262). In der Ausübung des Wahlrechts ist die berechtigte Partei frei – sie muss weder Sachen mittlerer Art und Güte auswählen noch die Bestimmung nach billigem Ermessen treffen. Mit dem Zugang der Wahlerklärung gilt die gewählte Leistung als die von Anfang an geschuldete, § 263 Abs. 2. Da zuvor mehrere Leistungen geschuldet waren, ist das Wahlrecht ein **einseitiges Gestaltungsrecht** mit Rückwirkung.

15

3. Rechtsfolgen der Nichtausübung des Wahlrechts

Es besteht keine Pflicht zur Ausübung der Wahl. Wie die andere Partei bei ausbleibender Wahl vorgehen muss, hängt davon ab, wer wahlberechtigt ist.

16

■ Ist der **Schuldner** wahlberechtigt, muss der Gläubiger erst auf Erbringung der Leistungen nach Wahl des Schuldners klagen. Nimmt der Schuldner nach erfolgreicher

17

---

6 Zur Vertiefung: Coester-Waltjen, Die Wahlschuld und ihre Abgrenzung, Jura 2011, 100; Ziegler, Die Wertlosigkeit der allgemeinen Regeln des BGB über die sog. Wahlschuld (§§ 262–265 BGB), AcP 171 (1971), 193.

Klage die Wahl immer noch nicht vor, kann der Gläubiger die Zwangsvollstreckung nach seiner Wahl auf eine der geschuldeten Leistungen richten, § 264 Abs. 1 1. HS. Das ist aber kein Übergang des Wahlrechts, denn solange der Gläubiger die Leistung nicht erhalten hat, kann der Schuldner sich immer noch durch Erbringung einer der geschuldeten Leistungen von seiner Leistungspflicht befreien, § 264 Abs. 1 2. HS.

18 ■ Ist der wahlberechtigte **Gläubiger** in Verzug mit der Wahl, kann der Schuldner ihm eine Frist zur Vornahme der Wahl setzen, § 264 Abs. 2 S. 1. Hat der Gläubiger bis Fristablauf immer noch nicht gewählt, geht das Wahlrecht auf den Schuldner über, § 264 Abs. 2 S. 2.

4. Rechtsfolgen bei Unmöglichkeit

19 Tritt nach Ausübung des Wahlrechts Unmöglichkeit der gewählten Leistung ein, stellen sich keine Probleme: Geschuldet war mit Wirkung von Anfang an nur noch die gewählte Leistung (§ 263 Abs. 2); ist diese unmöglich, wird der Schuldner von der Leistungspflicht frei (§ 275 Abs. 1). **Vor Ausübung des Wahlrechts** ist zu unterscheiden:

20 ■ Sind oder werden **alle geschuldeten Leistungen** unmöglich, wird der Schuldner insgesamt von seiner Leistungspflicht frei, § 275 Abs. 1.

21 ■ Ist oder wird **eine der geschuldeten Leistungen** unmöglich, beschränkt sich die Leistungspflicht des Schuldners auf die andere, noch mögliche Leistung, § 265 S. 1. Das gilt nicht, wenn die Leistung infolge eines von der nicht wahlberechtigten Partei zu vertretenden Umstands unmöglich wird, § 265 S. 2. Dann entsteht für die wahlberechtigte Partei eine Wahlsituation: Sie kann entweder eine der noch möglichen Leistungen verlangen oder sich für die unmögliche Leistung entscheiden. Von dieser wird der Schuldner dann zwar nach § 275 Abs. 1 frei, doch kann die wahlberechtigte Partei Sekundäransprüche aus §§ 280 Abs. 1, 3, 283, 284, 285 geltend machen, da die verpflichtete Partei die Unmöglichkeit zu vertreten hat.

Beispiel: Geschuldet ist infolge eines Preisausschreibens nach Wahl des Gewinners G Übereignung eines bestimmten, vom Künstler Z geschaffenen Bildes (Wert: 11.000 €) oder Zahlung von 10.000 €. Bevor G sich entscheidet, wird das Bild bei einem Feuer zerstört. Da es sich insoweit um eine Stückschuld handelt, ist die Übereignung des Bildes unmöglich geworden. Nach § 265 S. 1 beschränkt sich der Anspruch nunmehr auf Zahlung von 10.000 €. Kam es jedoch zu dem Feuer, weil der Schuldner unvorsichtig mit offenem Feuer umgegangen ist, so hat er den zur Unmöglichkeit führenden Umstand zu vertreten (Fahrlässigkeit, § 276 Abs. 1 S. 1, Abs. 2). Das Schuldverhältnis beschränkt sich nicht auf die noch mögliche Leistung, § 265 S. 2. G kann Übereignung des Bildes wählen. Die Erfüllung dieser Pflicht ist zwar unmöglich; G kann jedoch Schadensersatz statt der Leistung i.H.v. 11.000 € nach §§ 280 Abs. 1, 3, 283 verlangen.

III. Ersetzungsbefugnis

1. Begriff und Abgrenzung zur Wahlschuld

22 Bei der nicht geregelten Ersetzungsbefugnis ist von Anfang an **nur eine Leistung** geschuldet. Kraft Gesetzes oder vertraglicher Vereinbarung ist aber eine der Vertragsparteien berechtigt, eine andere Leistung zu erbringen bzw. zu verlangen. Demgegenüber werden bei der Wahlschuld mehrere Leistungen geschuldet, unter denen die berechtigte Partei eine auswählen kann. Wegen dieses Unterschieds gelten für die Ersetzungsbefugnis die Regelungen zur Wahlschuld nicht.

Beispiel: Wer zum Schadensersatz verpflichtet ist, muss nach § 249 Abs. 1 den Zustand herstellen, der ohne das schädigende Ereignis eingetreten wäre (Naturalrestitution, siehe § 46 Rn. 1). Beruht die Schadensersatzpflicht auf der Verletzung einer Person oder Beschädigung einer Sache, darf der Gläubiger aber nach § 249 Abs. 2 S. 1 statt der Herstellung den dazu erforderlichen Geldbetrag verlangen (Ersetzungsbefugnis des Gläubigers). – Ist hingegen die Herstellung für den Schuldner nur mit unverhältnismäßigem Aufwand möglich, kann er den Gläubiger nach § 251 Abs. 2 S. 1 in Geld entschädigen (Ersetzungsbefugnis des Schuldners).

2. Ersetzungsbefugnis des Schuldners

Wenn der Schuldner das Recht hat, statt der geschuldeten Leistung eine andere Leistung (Ersatzleistung) zu erbringen, tritt Erfüllung nach § 362 Abs. 1 nur ein, wenn er die geschuldete Leistung erbringt. Erbringt er hingegen die zugelassene Ersatzleistung, erfolgt dies **an Erfüllungs statt** (§ 364 Abs. 1). Wird die geschuldete Leistung **unmöglich**, wird der Schuldner von der Leistungspflicht frei (§ 275 Abs. 1) und muss auch die Ersatzleistung nicht mehr erbringen, da diese nicht geschuldet ist (anders bei der Wahlschuld, § 265).[7] Geht die Ersatzleistung unter, bleibt der Schuldner zur Erbringung der Leistung verpflichtet, weil die unmöglich gewordene Ersatzleistung nicht die geschuldete Leistung ist.[8]

23

Beispiel: Autohändler V verkauft K einen Neuwagen für 15.000 €. Die Parteien kommen überein, dass K ihren alten Pkw in Zahlung geben kann. Dieser soll mit 2.000 € auf den Kaufpreis angerechnet werden. – Wird das mit der h.M. als einheitlicher Kaufvertrag mit Ersetzungsbefugnis der K verstanden,[9] so schuldet K Zahlung von 15.000 €. Sie hat jedoch die einseitige Befugnis, einen Teil dieser geschuldeten Leistung durch eine andere Leistung, nämlich die Übereignung des alten Pkws zu ersetzen. Entscheidet sie sich hierfür, erlischt nach § 364 Abs. 1 ihre Zahlungspflicht in Höhe von 2.000 €. Findet K einen Käufer, der bereit ist, 2.500 € für das alte Auto zu zahlen, so kann sie auf die Ausübung der Ersetzungsbefugnis verzichten und stattdessen wie geschuldet 15.000 € an V zahlen, wodurch nach § 362 Abs. 1 Erfüllung eintritt. Wird das Altfahrzeug durch einen Brand zerstört, bevor K es dem V übereignen kann, wird sie nicht nach § 275 Abs. 1 von ihrer Kaufpreiszahlungspflicht frei, da diese nach wie vor erfüllt werden kann. K muss den gesamten geschuldeten Kaufpreis zahlen.

3. Ersetzungsbefugnis des Gläubigers

Steht dem Gläubiger die Ersetzungsbefugnis zu, so kann er vom Schuldner eine andere als die geschuldete Leistung verlangen. Solange der Gläubiger von dieser Befugnis keinen Gebrauch gemacht hat, kann ihm der Schuldner die geschuldete Leistung anbieten und den Gläubiger so in Annahmeverzug setzen (anders bei der Wahlschuld, § 264 Abs. 2). Wird die geschuldete Leistung **unmöglich**, wird der Schuldner insoweit frei (§ 275 Abs. 1). Ob der Gläubiger dann noch seine Ersetzungsbefugnis ausüben kann, hängt davon ab, ob der Schuldner die Unmöglichkeit zu vertreten hat oder nicht. Ist dies nicht der Fall, erlischt die Ersetzungsbefugnis und der Gläubiger kann auch die Ersatzleistung nicht mehr verlangen. Liegt hingegen eine vom Schuldner zu vertretende Unmöglichkeit vor, kann der Gläubiger analog § 265 S. 2 entweder von seiner Ersetzungsbefugnis Gebrauch machen und die Ersatzleistung verlangen oder stattdessen Se-

24

---

7 Hk-BGB/Schulze, § 262 Rn. 5.
8 Hk-BGB/Schulze, § 262 Rn. 5; MünchKomm/Krüger, § 265 Rn. 15.
9 BGHZ 46, 338 (340); BGHZ 89, 126 (128); BGH NJW 2008, 2028 (2029); zur Vertiefung und Gegenauffassung Faust, Rückabwicklung eines Neuwagenkaufs unter Inzahlungnahme eines Gebrauchtwagens, NJW 2009, 3696.

kundäransprüche wegen der Unmöglichkeit (§§ 280 Abs. 1, 3, 283, 284, 285) geltend machen.[10]

Wiederholungs- und Vertiefungsfragen

25   1. V bietet bei einer Internetversteigerung einen Briefmarkensatz Michel-Nr. DR 909, 910, „originalgestempelt", an. Seinem Angebot beigefügt ist ein Bild, das zwei gestempelte Briefmarken mit dieser Nummer zeigt. Auf den Bildern sind die Stempel, deren Zustand ebenfalls wertbestimmend ist, gut zu erkennen. K kauft den angebotenen Satz, muss aber nach Lieferung feststellen, dass die Stempel gefälscht sind. Er verlangt von V Übergabe und Übereignung eines Briefmarkensatzes Michel-Nr. DR 909, 910 mit echtem Stempel. Zu Recht? (vgl. OLG Stuttgart NJW-RR 2007, 1210).

2. Wodurch unterscheiden sich die marktbezogene Gattungsschuld und die Vorratsschuld? (Rn. 4)

3. Welche Rechtsfolge hat die Konkretisierung der Gattungsschuld? (Rn. 11)

4. Was ist mit dem Begriff „Leistungsgefahr" gemeint? (Rn. 11)

5. G, der Zuckerrübensamen züchtet, hat jeweils 100 Zentner der Ernte des nächsten Jahres an X und Z verkauft. Aufgrund Schädlingsbefalls fällt die Ernte jedoch schlecht aus, sodass G zum vereinbarten Zeitpunkt nur 100 Zentner zur Verfügung hat. G informiert X und Z und teilt mit, er werde jedem nur 50 Zentner liefern, mehr sei nicht möglich. X meint, er habe einen Anspruch auf Lieferung von 100 Zentner. Zu Recht? (vgl. RGZ 84, 125; Stürner, Jura 2018, 789).

6. Wodurch unterscheidet sich die Wahlschuld von der Gattungsschuld und der Ersetzungsbefugnis? (Rn. 14, 22)

7. V hat eine Maschine an K für 10.000 € verkauft. Im Kaufvertrag ist vereinbart, dass V statt der Zahlung Lieferung von 10 Tonnen einer genau bestimmten Chemikalie verlangen kann. Nach Lieferung der Maschine überweist K den Kaufpreis. V meint, er habe erst entscheiden müssen, welche Leistung K zu erbringen habe. Deshalb teilt er K mit, er verlange jetzt Lieferung der Chemikalien. K meint, hierzu sei er nicht verpflichtet. Zu Recht? (vgl. BGH NJW 1962, 1568).

---

10   RGZ 94, 58 (60); MünchKomm/Krüger, § 265 Rn. 15; Hk-BGB/Schulze, § 262 Rn. 6.

§ 9 Besondere Pflichtinhalte

Für einige vertragliche und gesetzliche Pflichten hat das BGB in §§ 244–261 Bestimmungen zum Inhalt dieser Pflichten getroffen. Zu diesen gesetzlichen Inhaltsbestimmungen können ferner die Regelungen zur Vertragsstrafe (§§ 339–345) gerechnet werden.   1

I. Geldschuld

1. Begriff der Geldschuld

Die Geldschuld ist eine Pflicht zur Leistung von Geld.[1] Geschuldet ist ein bestimmter **Geldbetrag**. Ist dessen Höhe in Form von Währungseinheiten ausgedrückt (z.B. Kaufpreis i.H.v. 100 €), so liegt eine **Geldsummenschuld** vor. Hier gilt das Nominalwertprinzip, d.h., der Schuldner muss die festgelegte Menge an Währungseinheiten leisten. Zwischen Entstehung und Erfüllung der Schuld eingetretene Veränderungen des Geldwerts spielen keine Rolle, sofern nicht ausnahmsweise eine Störung der Geschäftsgrundlage eingetreten ist (§ 313, siehe § 32 Rn. 14). Bei **Geldwertschulden** wird der geschuldete Betrag nicht in Währungseinheiten festgelegt, sondern ergibt sich aus dem Inhalt der Schuld (z.B. Pflicht zur Leistung von Wertersatz: Geschuldet ist Geld in Höhe des Verkehrswerts eines bestimmten Gegenstands).   2

2. Rechtliche Einordnung

Die Geldschuld ist **keine Gattungsschuld**. Zwar kann man die Währung, in der die Geldschuld zu begleichen ist, durchaus als Gattung verstehen. Der Schuldner muss aber nicht Scheine und Münzen mittlerer Art und Güte auswählen (§ 243 Abs. 1), sondern er hat eine **Geldsumme** zu leisten. Ferner findet keine Konkretisierung nach § 243 Abs. 2 statt; der Übergang der Leistungsgefahr ist für Geldschulden in § 270 besonders geregelt (siehe § 10 Rn. 22). Die Geldschuld ist deshalb eine eigenständige Form der Schuld. Sie ähnelt der marktbezogenen Gattungsschuld aber, soweit es um die Frage der **Unmöglichkeit** geht. Den Schuldner trifft eine Beschaffungspflicht; seine persönliche Zahlungsunfähigkeit befreit ihn nicht. Es gilt: „Geld hat man zu haben". Belegt wird dies durch die Existenz der Insolvenzordnung: Das darin angeordnete Insolvenzverfahren wäre nicht nötig, wenn der Schuldner, der über kein Geld verfügt, nach § 275 Abs. 1 von seinen Leistungspflichten frei würde. Ist allerdings die Leistungsgefahr auf den Gläubiger übergangen, weil der Gläubiger die ordnungsgemäß angebotene Geldleistung des Schuldners nicht angenommen hat (§ 300 Abs. 2, siehe § 31 Rn. 19 f.), dann liegt bei einem Untergang der angebotenen Scheine und Münzen durchaus Unmöglichkeit vor.   3

3. Formen der Geldschuld

a) Eigentliche Geldschuld

Eine Geldschuld im eigentlichen Sinne liegt vor, wenn der Schuldner zur Zahlung von Geld in der gesetzlichen Währung, also in Euro verpflichtet ist. Eine Erfüllung dieser   4

---

1 Zur Vertiefung: Freitag, Die Geldschuld im europäischen Privatrecht, AcP 213 (2013), 128; Kähler, Zur Entmythisierung der Geldschuld, AcP 206 (2006), S. 805; Martens, Grundfälle zu Geld und Geldschulden, JuS 2014, 105 (200); Medicus, Ansprüche auf Geld, JuS 1983, 897; K. Schmidt, Geld und Geldrecht im Privatrecht, JuS 1984, 737.

Pflicht kann grundsätzlich auf zwei Wegen erfolgen: Durch Übereignung von Münzen und Scheinen in Höhe der geschuldeten Summe (Leistung von **Bargeld**) oder durch Verschaffung eines Anspruchs auf Zahlung der geschuldeten Summe durch ein Kreditinstitut (Leistung von **Buchgeld**, z.B. durch Überweisung, EC- oder Kreditkarte, Scheck). Buchgeld ist nach h.M. nur zur Erfüllung geeignet, wenn die Parteien dies mindestens konkludent (z.B. durch Angabe der Kontoverbindung) vereinbart haben.[2] Angesichts der heutigen Zahlungsgewohnheiten wird man indessen weiter gehen müssen und eine Leistung von Buchgeld nur für ausgeschlossen halten, wenn der Gläubiger erkennbar hiermit nicht einverstanden ist (z.B. durch Aushang an der Kasse).[3]

b) Fremdwährungsschuld

5   Eine Geldschuld ist Fremdwährungsschuld, wenn der Schuldner die geschuldete Summe in einer anderen Währung als dem gesetzlichen Zahlungsmittel in Deutschland, also Euro, zu begleichen hat. Soweit die Parteien nicht ausdrücklich vereinbart haben, dass in der Fremdwährung zu zahlen ist, kann der Schuldner bei einer im Inland zu erfüllenden Geldschuld auch in Euro leisten, § 244 Abs. 1 1. HS (**unechte Fremdwährungsschuld**); die Umrechnung erfolgt nach dem Kurswert, der bei Zahlung für den Zahlungsort gilt, § 244 Abs. 2. Liegt eine ausdrückliche Vereinbarung vor (**echte Fremdwährungsschuld**), muss die Leistung in der vereinbarten Fremdwährung erfolgen (§ 244 Abs. 1 2. HS).

c) Geldsortenschuld

6   Eine Geldschuld ist Geldsortenschuld, wenn die Leistung mit einer **bestimmten Münzsorte** zu erbringen ist. Gemeint ist damit eine bestimmte in- oder ausländische Münzsorte des gesetzlichen Zahlungsmittels (z.B. Zwei-Euro-Münzen), nicht hingegen Sammlermünzen (dann liegt keine Geldschuld, sondern eine Gattungsschuld vor). Befindet sich die geschuldete Sorte zur Zeit der Zahlung nicht mehr in Umlauf, tritt nicht Unmöglichkeit nach § 275 Abs. 1 ein, sondern die Zahlung ist so zu leisten, als ob keine besondere Münzsorte bestimmt worden wäre, § 245.

II. Zinsschuld

1. Begriff der Zinsschuld

7   Die Zinsschuld ist eine Pflicht zur Leistung von Zinsen, d.h. zur Entrichtung einer **laufzeitabhängigen Vergütung für die Überlassung von Kapital**.[4] Typischerweise wird ihre Höhe durch einen Bruchteil des überlassenen Kapitals ausgedrückt (Zinssatz, z.B. 4 %); dann richtet sich der Anspruch auf Zahlung einer Geldsumme.

2. Entstehungsvoraussetzungen einer Zinsschuld

8   Die Verpflichtung zur Leistung von Zinsen beruht auf einer **rechtsgeschäftlichen Vereinbarung** (z.B. Zinsvereinbarung in einem Darlehensvertrag) oder auf dem **Gesetz**. Besonders wichtige gesetzliche Anspruchsgrundlagen sind § 288 (**Verzugszinsen**, An-

---

2   BGHZ 98, 24 (30); BGH NJW-RR 2004, 1281; Palandt/Grüneberg, § 362 Rn. 9.
3   MünchKomm/Grundmann, § 245 Rn. 111; Staudinger/Omlor (2016), Vorbem. zu §§ 244-248 Rn. B85; Brox/Walker, Allg. Schuldrecht, § 9 Rn. 8; Freitag, AcP 213 (2013), 128 (133 ff.).
4   Zur Vertiefung: Canaris, Der Zinsbegriff und seine rechtliche Bedeutung, NJW 1978, 1891.

spruch entsteht erst, wenn Schuldner mit Zahlung einer Geldschuld in Schuldnerverzug gerät, siehe § 24 Rn. 29) und § 291 (**Prozesszinsen**, Anspruch entsteht erst mit Rechtshängigkeit der Klage [§ 261 ZPO], mit der eine Geldschuld geltend gemacht wird). Die bloße Fälligkeit einer Geldschuld genügt nach dem BGB noch nicht für die Entstehung einer gesetzlichen Zinsschuld (rechtsgeschäftliche Vereinbarungen sind natürlich möglich), wohl aber bei beiderseitigen Handelsgeschäften (§ 353 HGB).

Die Zinsschuld ist in ihrer Entstehung vom Bestand der Kapitalschuld **abhängig**. Ist 9
diese nicht wirksam entstanden oder vor Entstehung des Zinsanspruchs erloschen, werden auch keine Zinsen geschuldet. Eine einmal entstandene Zinsschuld ist jedoch vom Fortbestand der Kapitalschuld unabhängig.

Beispiel: K schuldet aus einem Kaufvertrag mit V Zahlung von 1.000 €. Da die Zahlung ausbleibt, verklagt V den K auf Zahlung dieser Summe nebst Zinsen in Höhe von fünf Prozentpunkten über dem Basiszinssatz. – Der geltend gemachte Zinsanspruch besteht nach §§ 291 S. 1, 288 Abs. 1 S. 2 ab dem Zeitpunkt der Rechtshängigkeit der Klage. Hat K vor Klageerhebung gezahlt, ist die Kaufpreisforderung erloschen (§ 362 Abs. 1), sodass trotz Rechtshängigkeit der Klage mangels Kapitalschuld kein Zinsanspruch entsteht. Zahlt K hingegen erst nach Klageerhebung, entsteht der Zinsanspruch mit Rechtshängigkeit und bleibt trotz Erlöschens der Kapitalschuld bestehen. Er ist allerdings beschränkt auf den Zeitraum zwischen Rechtshängigkeit und Zahlung.

3. Höhe des Zinssatzes

Bei einer **Zinsschuld, die auf rechtsgeschäftlicher Vereinbarung beruht,** ergibt sich die 10
Höhe des Zinssatzes aus der Vereinbarung. Haben die Parteien lediglich vereinbart, dass Zinsen zu zahlen sind, die Höhe aber offengelassen, gilt der gesetzliche Zinssatz von 4 % (§ 246; bei Handelsgeschäften 5 %, § 352 HGB).

Bei einer auf **Gesetz beruhenden Zinsschuld** ist zwischen dem gesetzlichen Zinssatz 11
und besonderen Zinssätzen zu unterscheiden. Der **gesetzliche Zinssatz** (§ 246) von 4 % (bzw. 5 % nach § 352 HGB) wird geschuldet, sofern die gesetzliche Anordnung, dass Zinsen zu zahlen sind, hinsichtlich des Zinssatzes keine abweichende Regelung trifft. Das ist aber bei den beiden wichtigsten Formen gesetzlicher Zinsschulden geschehen: Der **Verzugszinssatz** beträgt fünf Prozentpunkte über dem Basiszinssatz, § 288 Abs. 1 S. 2; sind keine Verbraucher beteiligt, sind sogar neun Prozentpunkte über dem Basiszinssatz geschuldet, § 288 Abs. 2. Diese beiden besonderen Zinssätze gelten auch für **Prozesszinsen**, § 291 S. 2. Der Basiszinssatz ist in § 247 geregelt. Der in § 247 Abs. 1 S. 1 genannte Zinssatz gilt allerdings nicht mehr, weil es sich um einen variablen Zinsfuß handelt, der halbjährlich angepasst wird, § 247 Abs. 1 S. 2. Seit dem 1.7.2019 beträgt er (wie in den sechs Halbjahren davor) -0,88 %, ist also negativ. Ob daraus tatsächlich auch ein Verzugszinssatz von effektiv unter 5 % (derzeit: -0,88 % + 5 Prozentpunkte = 4,12 %) folgt, kann durchaus bezweifelt werden.[5] Wegen der Regelungen zu besonderen Zinssätzen spielt der gesetzliche Zinssatz kaum eine Rolle (z.B. bei der Verzinsung von Aufwendungen nach § 256 oder Verzinsung des Werklohns nach § 641 Abs. 4).

---

5 Dazu Coen, Der negative Basiszinssatz nach § 247 BGB, NJW 2012, 3329.

4. Zinseszinsen

12   Zinsen sind in der Regel Geldschulden. Deshalb sind Zinsen auf Zinsschulden grundsätzlich möglich, für den Schuldner allerdings nur schwer zu kalkulieren. Als Anspruchsgrundlage kommt nur eine **rechtsgeschäftliche Vereinbarung** in Betracht, weil bei den gesetzlichen Zinsansprüchen Zinseszinsen ausgeschlossen sind, §§ 289 S. 1, 291 S. 2. Auch die rechtsgeschäftliche Vereinbarung von Zinseszinsen unterliegt Beschränkungen. Eine im **Voraus getroffene Zinseszinsvereinbarung** ist nichtig, § 248 Abs. 1. Eine nachträgliche Vereinbarung, dass auf rückständige Zinsen weitere Zinsen zu leisten sind, ist hingegen möglich. Bestimmte Kreditinstitute können unter den Voraussetzungen des § 248 Abs. 2 auch Vereinbarungen im Voraus treffen; gleiches gilt im handelsrechtlichen Kontokorrent, § 355 HGB.

5. Hinweis zur Fallbearbeitung

13   Zinsansprüche sind zu prüfen, wenn allgemein nach den Ansprüchen des Gläubigers gegen den Schuldner gefragt ist oder wenn der Gläubiger Zahlung von Zinsen verlangt. Der Zinsanspruch ist vom Anspruch auf die Geldleistung (Hauptforderung) zu unterscheiden und nach diesem zu prüfen.

III. Schadensersatzpflicht

14   Wenn Schadensersatz geschuldet ist, ergibt sich der Inhalt der Pflicht aus dem in §§ 249–255 geregelten Schadensrecht. Hierauf ist gesondert einzugehen (siehe §§ 43–47).

IV. Aufwendungsersatzpflicht

15   Sowohl aus Vertrag als auch aus Gesetz kann sich die Pflicht ergeben, Aufwendungen zu ersetzen (z.B. Aufwendungsersatzanspruch des Mieters aus § 536 a Abs. 2, des Beauftragen nach § 670, des Verwahrers nach § 693). Für den Inhalt dieses Anspruchs enthalten die §§ 256, 257 ergänzende Regeln.[6]

16   Wenn das BGB von Aufwendungen spricht, meint es im Allgemeinen **freiwillige Vermögensopfer**, die im Interesse eines anderen getätigt worden sind (zum abweichenden Aufwendungsbegriff im Leistungsstörungsrecht siehe § 26 Rn. 9). Dienen sie zur Erhaltung, Verbesserung oder Wiederherstellung einer Sache, werden sie auch Verwendungen genannt (z.B. §§ 347 Abs. 2, 994 ff.). Der Schuldner des Aufwendungsersatzanspruchs hat die getätigten Aufwendungen zu **verzinsen**, § 256 S. 1. Die Zinspflicht beginnt unabhängig von Verzug oder Rechtshängigkeit mit der Aufwendung; für die Höhe gilt der gesetzliche Zinssatz (§ 246 BGB, § 352 HGB).

17   Eine Aufwendung kann auch darin bestehen, dass eine Verbindlichkeit gegenüber einem Dritten eingegangen wird. § 257 S. 1 bestimmt für diesen Fall, dass der aufwendungsersatzberechtigte Gläubiger (nur) **Befreiung von der Verbindlichkeit** verlangen kann. Der Anspruch richtet sich seinem Inhalt nach also nicht auf Zahlung dessen, was der Gläubiger zur Erfüllung der Verbindlichkeit aufwenden muss. Verlangt werden kann nur, dass der Schuldner dafür sorgt, dass der Gläubiger die Verbindlichkeit

---

6   Zur Vertiefung: Meyer, Aufwendungsersatz im Privatrecht, AcP 216 (2016), 952; Müller, Der Anspruch auf Aufwendungsersatz im Rahmen von Schuldverhältnissen, JZ 1968, 769; Schreiber, Aufwendungsersatzansprüche, Jura 1997, 442.

nicht mehr erfüllen muss.[7] Dies kann z.B. durch Leistung an den Dritten erreicht werden. Hat der Gläubiger eine eingegangene Verbindlichkeit aber selbst erfüllt, so handelt es sich hierbei um Aufwendungen, deren Ersatz nicht der Beschränkung des § 257 S. 1 unterliegt. Ist die Verbindlichkeit zwar entstanden, aber noch nicht fällig, steht dem Schuldner das Recht zu, statt der Befreiung nur Sicherheit zu leisten, § 257 S. 2.

Beispiel: F hat den entlaufenen Hund der E gefunden. Da er nicht weiß, wem das Tier gehört und er den Hund nicht in seiner Wohnung halten darf, bringt er ihn für 10 € pro Tag in einer Tierpension unter. Nach sieben Tagen findet F heraus, dass der Hund E gehört. Er verlangt von E Zahlung von 70 € für die Unterbringung. – Anspruchsgrundlage ist § 970. Es handelt sich um Aufwendungen für die Verwahrung des gefundenen Tieres, die F für erforderlich halten durfte. Der Anspruchsinhalt hängt davon ab, ob F die 70 € schon an die Tierpension gezahlt hat. Soweit dies nicht der Fall ist, handelt es sich um eine Verbindlichkeit des F und er kann nach § 257 S. 1 nur Befreiung von der Verbindlichkeit verlangen. Hat er bereits gezahlt, handelt es sich um normale Aufwendungen und er kann Zahlung von 70 € verlangen. Außerdem hat er dann einen Anspruch auf Zinsen i.H.v. 4 % seit Zahlung aus § 256 S. 1.

V. Wegnahmerecht

Der Schuldner eines Anspruchs auf Herausgabe einer Sache kann aufgrund Vertrages oder Gesetzes das Recht haben, vor der Herausgabe eine **Einrichtung wegzunehmen.** So ist z.B. der Mieter nach § 539 Abs. 2 berechtigt, eine Einrichtung wegzunehmen, mit der er die Mietsache versehen hat (ebenso der Pächter nach § 581 Abs. 2, der Entleiher nach § 601 Abs. 2 S. 2 oder allgemein der Besitzer nach § 997). Einrichtungen sind Sachen, die dem wirtschaftlichen Zweck der herauszugebenden Sache dienen und mit ihr körperlich verbunden sind (z.B. vom Mieter eingebaute Klimaanlage).   18

§ 258 regelt zwei Aspekte eines solchen Wegnahmerechts. Einerseits begründet § 258 S. 1 die Pflicht des zur Wegnahme Berechtigten, im Fall der Wegnahme die Sache wieder in den **vorigen Stand zu setzen.** Andererseits verpflichtet § 258 S. 2 den anderen Teil, der den Besitz an der Sache erlangt hat, die **Wegnahme zu gestatten.** Das bedeutet für den Berechtigten, dass er die Sache nicht gegen den Willen des anderen Teils, der sie im Besitz hat, selbst wegnehmen darf, sondern ihn ggf. auf Duldung der Wegnahme verklagen muss. Der andere Teil darf die Gestattung verweigern, bis ihm für den mit der Wegnahme verbundenen Schaden Sicherheit geleistet wird, § 258 S. 2 2. HS.   19

Beispiel: Mieter M hat die Rollläden seiner Wohnung mit elektrischen Motoren versehen. Hierdurch wurden die Motoren Eigentum des Vermieters V (§ 946). M steht aber nach § 539 Abs. 2 ein Wegnahmerecht zu. Baut er in Wahrnehmung dieses Rechts die Motoren vor seinem Auszug wieder aus, kann V verlangen, dass er an den Rollläden den Zustand wieder herstellt, der vor Einbau der Motoren bestand (§ 258 S. 1). K muss also etwa eine durch den Ausbau beschädigte Tapete ersetzen. Hat er die Wohnung bereits an V übergeben, kann K aufgrund seines Wegnahmerechts von V Duldung der Wegnahme verlangen (§ 258 S. 2).

VI. Auskunfts- und Rechenschaftspflicht

Die Erteilung einer Information kann Gegenstand einer vertraglichen oder gesetzlichen Auskunftspflicht (z.B. §§ 666, 691 S. 1, 713, 1605) sein. Im Einzelfall kann sich eine   20

---

7 Zur Vertiefung: Görmer, Der Befreiungsanspruch, JuS 2009, 7; Rimmelspacher, Die Durchsetzung von Befreiungsansprüchen, JR 1976, 89 ff., 183.

solche Pflicht auch aus § 242 ergeben; eine **allgemeine Auskunftspflicht besteht hingegen nicht.**[8] §§ 259–261 treffen für zwei spezielle Formen der Auskunftspflicht besondere Regelungen zu deren Inhalt.

21   Auskunft meint allgemein die Erteilung einer Information. Eine Sonderform ist die **Rechenschaftspflicht** bezüglich einer mit Einnahmen oder Ausgaben verbundenen Verwaltung (z.B. Rechenschaftspflicht des Beauftragen, § 666 oder des Testamentsvollstreckers, § 2218 Abs. 1). Über gesetzlich ausdrücklich angeordnete oder vertraglich vereinbarte Rechenschaftspflichten hinaus besteht eine solche stets, wenn fremde Angelegenheiten wahrgenommen werden. In allen Fällen muss der Schuldner nach § 259 Abs. 1 eine die geordnete Zusammenstellung der Einnahmen oder Ausgaben enthaltende Rechnung mitteilen und Belege vorlegen, soweit dies üblich ist. Ergänzend kann nach § 259 Abs. 2, 3 die Pflicht bestehen, an Eides statt zu versichern, dass nach bestem Wissen Rechenschaft abgelegt wurde.

22   Wer über den Bestand eines **Inbegriffs von Gegenständen** aufgrund Vertrages, Gesetzes oder Treu und Glaubens Auskunft zu erteilen hat (z.B. der Erbschaftsbesitzer über den Bestand der Erbschaft, § 2027 Abs. 1), ist nach § 260 Abs. 1 2. Alt. zur **Vorlage eines Bestandsverzeichnisses** verpflichtet. Die gleiche Pflicht trifft nach § 260 Abs. 1 1. Alt. aber auch denjenigen, der einen Inbegriff von Gegenständen herauszugeben hat. Hier folgt aus dem Bestehen der Herausgabepflicht eine Auskunftspflicht in Form der Vorlage eines Bestandsverzeichnisses; § 260 Abs. 1 1. Alt. ist mithin eine Anspruchsgrundlage. In beiden Fällen des § 260 Abs. 1 besteht unter den Voraussetzungen des § 260 Abs. 2, 3 zudem die Pflicht zur Versicherung an Eides statt.

VII. Vertragsstrafe

1. Begriff und Funktion

23   Die Vertragsstrafe (auch: Konventionalstrafe) ist eine Leistung, die der Schuldner nach den vertraglichen Vereinbarungen (sog. Vertragsstrafeversprechen) an den Gläubiger zu erbringen hat, wenn er seine **Verbindlichkeit nicht oder nicht in gehöriger Weise erfüllt**, § 339 S. 1.[9] Inhaltlich kann die Vertragsstrafe auf Zahlung einer Geldsumme (§ 339 S. 1), aber auch auf jedes andere Tun oder Unterlassen gerichtet sein (§ 342). Dogmatisch handelt es sich um eine **bedingte Verbindlichkeit:** Die Nicht- oder nicht ordnungsgemäße Erfüllung der Hauptverbindlichkeit ist Bedingung (§ 158 Abs. 1) für die Entstehung der Vertragsstrafe. Das hat einerseits zur Folge, dass die Pflicht zur Leistung einer Vertragsstrafe nur entstehen kann, wenn eine wirksame Hauptverbindlichkeit besteht; die Vertragsstrafe ist also akzessorisch. Andererseits zeigt sich deutlich die praktische Funktion der Vertragsstrafe: Weil der Schuldner es in der Hand hat, durch ordnungsgemäße Erfüllung seiner Hauptpflicht die Entstehung der Vertragsstrafe zu verhindern, ist sie für den Gläubiger ein probates **Druckmittel**, den Schuldner zu vertragsgemäßem Verhalten anzuhalten. Hinzu kommt ein zweiter Vorteil für den Gläubiger: Steht ihm aufgrund der Nicht- oder nicht ordnungsgemäßen Erfüllung ein

---

8   Zur Vertiefung: Lorenz, Auskunftsansprüche im Bürgerlichen Recht, JuS 1995, 569; Lüke, Der Informationsanspruch im Zivilrecht, JuS 1986, 2; Schilken, Ansprüche auf Auskunft und Vorlegung von Sachen im materiellen Recht und im Verfahrensrecht, Jura 1988, 525.

9   Zur Vertiefung: Köhler, Vereinbarung und Verwirkung der Vertragsstrafe, FS Gernhuber (1993), 207; Ostendorf, Vertragsstrafe und pauschalierter Schadensersatz als Instrumente der Vertragsgestaltung, JuS 2015, 977; K. Schmidt, Unselbständige und selbständige Vertragsstrafeversprechen, FS Heinrichs (1998), 529; Tilp, Das Recht der Vertragsstrafe, Jura 2001, 441.

Anspruch auf Schadensersatz zu (z.B. aus §§ 280 Abs. 1, 3, 281, 283), so kann er die vereinbarte Vertragsstrafe als **Mindestschaden** verlangen (§§ 340 Abs. 2 S. 1, 341 Abs. 2). Dadurch muss er den konkret entstandenen Schaden nur nachweisen, wenn er Schadensersatz verlangt, der seiner Höhe nach über die Vertragsstrafe hinausgeht.

Die Vertragsstrafe setzt aufgrund ihrer Akzessorietät eine Hauptverbindlichkeit vor- 24 aus. Eine vertraglich vereinbarte Vertragsstrafe wird deshalb auch als **unselbstständiges Strafversprechen** bezeichnet. Davon zu unterscheiden ist das **selbstständige Strafversprechen**, bei dem der Schuldner sich zur Leistung einer Strafe für den Fall verpflichtet, dass er eine nicht rechtlich bindend versprochene Handlung nicht vornimmt. Das BGB spricht das selbstständige Strafversprechen in § 343 Abs. 2 an (Herabsetzung einer unverhältnismäßig hohen Strafe).

2. Voraussetzungen der Vertragsstrafe

Die Voraussetzungen, unter denen die Vertragsstrafe entsteht (sog. **Verwirkung der** 25 **Vertragsstrafe**), können von den Vertragsparteien selbst geregelt werden; sonst ergeben sie sich aus der dispositiven Vorschrift des § 339.

a) Vertragsstrafeversprechen und wirksame Hauptverbindlichkeit

Grundlage einer Pflicht zur Leistung einer Vertragsstrafe kann nur eine **vertragliche** 26 **Vereinbarung** sein und nicht etwa, wie der Wortlaut des § 339 S. 1 anzudeuten scheint, ein einseitiges Versprechen. Durch AGB kann nach § 309 Nr. 6 eine Vertragsstrafe für den Fall der Nichtabnahme oder verspäteten Abnahme der Leistung, des Zahlungsverzugs oder für den Fall, dass der andere Vertragsteil sich vom Vertrag löst, gegenüber Verbrauchern nicht wirksam vereinbart werden.

Wegen der Akzessorietät der Vertragsstrafe muss die **Hauptverbindlichkeit**, deren Ver- 27 letzung Bedingung für die Entstehung der Vertragsstrafe ist, wirksam entstanden sein; sie muss ferner zum Zeitpunkt der Verletzung noch bestehen. Die Unwirksamkeit der Hauptverbindlichkeit (gleich aus welchem Grund) führt stets zur Unwirksamkeit des Vertragsstrafeversprechens, selbst wenn die Parteien die Unwirksamkeit der Hauptverbindlichkeit bei Vereinbarung der Vertragsstrafe kannten, § 344.

b) Verletzung der Hauptverbindlichkeit

Bei der Verletzung der Hauptleistungspflicht ist zwischen einer Handlungs- und einer 28 Unterlassungspflicht zu unterscheiden. Bei einer **Handlungspflicht** genügt es nicht, dass der Schuldner diese nicht oder nicht ordnungsgemäß erfüllt hat; hinzu kommen muss nach § 339 S. 1, dass er sich in Schuldnerverzug (§ 286) befindet. Das bedeutet nicht nur, dass im Regelfall eine Mahnung seitens des Gläubigers erfolgt sein muss (§ 286 Abs. 1), sondern auch, dass die Vertragsstrafe nicht verwirkt ist, wenn der Schuldner seine Pflichtverletzung nicht **zu vertreten** hat (§ 286 Abs. 4). Liegt Unmöglichkeit vor, kann kein Verzug eintreten (siehe § 24 Rn. 6); dem Zweck der Vorschrift nach genügt es dann, dass der Schuldner den Umstand, der zur Unmöglichkeit geführt hat, zu vertreten hat.[10]

Bei einer **Unterlassungspflicht** lässt § 339 S. 2 die Zuwiderhandlung genügen. Da es je- 29 doch keinen Grund dafür gibt, den Schuldner einer Unterlassungspflicht strenger haf-

---

10 BGH LM Nr. 2 zu § 339 BGB; Hk-BGB/Schulze, § 339 Rn. 11; Palandt/Grüneberg, § 339 Rn. 14.

ten zu lassen als den einer Handlungspflicht, ist auch hier als ungeschriebenes Tatbestandsmerkmal ein Vertretenmüssen des Schuldners erforderlich.[11]

3. Auswirkungen auf Erfüllungs- und Schadensersatzansprüche

a) Erfüllungsanspruch

30   Bei den Auswirkungen auf den Anspruch des Gläubigers auf Erfüllung der Hauptverbindlichkeit unterscheidet das Gesetz nach der Art der Pflichtverletzung. Besteht diese in der **Nichterfüllung**, lässt die Entstehung des Anspruchs auf Vertragsstrafe zwar den Erfüllungsanspruch zunächst unberührt und der Gläubiger kann zwischen beiden Ansprüchen wählen, § 340 Abs. 1 S. 1. Entscheidet er sich aber für die Vertragsstrafe, erlischt der Erfüllungsanspruch, § 340 Abs. 1 S. 2. Das ist folgerichtig, weil in diesem Fall die Vertragsstrafe die Funktion hat, dem Gläubiger auf einem leichteren Weg Schadensersatz wegen Nichterfüllung zu gewähren; dieser und der Anspruch auf Erfüllung schließen sich jedoch stets aus. Anders hingegen, wenn der Schuldner seine Hauptverbindlichkeit nur **verspätet** oder **nicht ordnungsgemäß** erfüllt hat: Hier ordnet das Gesetz eine Kumulation von Vertragsstrafe und Erfüllungsanspruch an (§ 341 Abs. 1), weil die Vertragsstrafe in diesem Fall nur die Aufgabe hat, dem Gläubiger einen leichteren Weg zum Ersatz für die mit der nicht ordnungsgemäßen Leistung verursachten Begleitschäden (insb. Verzögerungsschaden, Mangelfolgeschaden) zu verschaffen; ein Anspruch auf Schadensersatz neben der Leistung lässt den Erfüllungsanspruch aber unberührt. Nimmt der Gläubiger die Leistung als Erfüllung an, muss er sich allerdings hierbei die Geltendmachung der Vertragsstrafe vorbehalten, § 341 Abs. 3.

b) Schadensersatzanspruch

31   Schadensersatzansprüche, die aus der Verletzung der Hauptverbindlichkeit entstanden sind, bestehen unabhängig von der Art der Pflichtverletzung grundsätzlich neben dem Anspruch auf die Vertragsstrafe. Macht der Gläubiger Schadensersatz geltend, so kann er, soweit die übrigen Entstehungsvoraussetzungen (z.B. nach §§ 280 Abs. 1, 3, 281) vorliegen, die vereinbarte Vertragsstrafe als **Mindestbetrag des Schadens** ohne weiteren Nachweis geltend machen, §§ 340 Abs. 2 S. 1, 341 Abs. 1. Verlangt er die Vertragsstrafe, kann er gleichwohl einen darüber hinausgehenden Schaden im Rahmen eines Schadensersatzanspruchs geltend machen, sofern er ihn konkret nachweist, §§ 340 Abs. 2 S. 2, 341 Abs. 2.

4. Höhe der Vertragsstrafe

32   Die Höhe der geschuldeten Vertragsstrafe ergibt sich aus den vertraglichen Vereinbarungen. Obwohl der Schuldner bei der Vertragsstrafevereinbarung sein Einverständnis erklärt hat, gesteht ihm § 343 Abs. 1 S. 1 das Recht zu, einen Antrag auf **Herabsetzung einer unverhältnismäßig hohen Strafe** bei Gericht zu stellen. Das wird mit der besonderen Schutzbedürftigkeit des Schuldners erklärt, weshalb die Norm sogar unabdingbar ist.[12] Dieser Regelungsgrund wird bestätigt durch § 348 HGB: Eine Vertragsstrafe, die ein Kaufmann im Betrieb seines Handelsgewerbes versprochen hat, kann nämlich nicht herabgesetzt werden – hier fehlt es an der Schutzwürdigkeit. Diese spricht das BGB

---

11   BGH NJW 1972, 1893 (1894 f.); Erman/Schaub, § 339 Rn. 7; Palandt/Grüneberg, § 339 Rn. 15.
12   BGHZ 5, 133 (136); BGH NJW 1968, 1625; MünchKomm/Gottwald, § 343 Rn. 2.

dem nichtkaufmännischen Schuldner im Übrigen auch dann ab, wenn er die Strafe bereits entrichtet hat; dann nämlich ist eine Herabsetzung ebenfalls ausgeschlossen, § 343 Abs. 1 S. 3.

WIEDERHOLUNGS- UND VERTIEFUNGSFRAGEN

1. Kann bei einer Geldschuld Unmöglichkeit eintreten? (Rn. 3)   33
2. Was ist Buchgeld? (Rn. 4)
3. G hat gegen S einen Anspruch auf Zahlung von 100 €. Sie beauftragt den X mit dem Einzug dieser Forderung. X geht zu S und bekommt dort einen 100-Euro-Schein ausgehändigt. Auf dem Nachhauseweg wird X jedoch überfallen und der Schein wird ihm gestohlen. G verlangt von X Zahlung von 100 €. X jedoch meint, er sei von seiner aus § 667 folgenden Leistungspflicht wegen des Überfalls frei geworden und schulde auch keinen Schadensersatz, da er den Verlust des Geldes nicht zu vertreten habe. Stimmt das? (vgl. BGH NJW 2006, 986).
4. Schuldet ein Schuldner nach dem BGB ab Fälligkeit der Geldschuld Zinsen? (Rn. 8)
5. Was ist der Basiszinssatz? (Rn. 11)
6. Was ist ein unselbstständiges Strafversprechen? (Rn. 24)
7. U hat sich verpflichtet, bis zum 31.3. bei B einen Carport zu errichten. Im Vertrag heißt es: „Für jeden Verzögerungstag ist eine Konventionalstrafe von 100 € fällig." U beginnt rechtzeitig mit den Arbeiten. Zwei Tage vor dem vereinbarten Fertigstellungstermin ereilt ihn jedoch eine schwere Grippe und er muss das Bett für vier Tage hüten. Der Carport wird drei Tage zu spät fertig. B verlangt von ihm deshalb 300 €. Zu Recht? (Rn. 28)
8. S hat gegenüber Vertragspartner G eine Vertragsstrafe i.H.v. 50.000 € verwirkt. Als er auf diese Summe von G in Anspruch genommen wird, wendet er ein, dem G sei nur ein Schaden von 10.000 € entstanden. Muss S 50.000 € zahlen? (Rn. 32)

§ 10 Art und Weise der Leistung

1   Die Art und Weise, in der eine geschuldete Leistung zu erbringen ist, kann von den Parteien eines vertraglichen Schuldverhältnisses selbst geregelt werden. Fehlt eine entsprechende Vereinbarung oder handelt es sich um eine Leistungspflicht aus einem gesetzlichen Schuldverhältnis, so greifen die dispositiven Regelungen des BGB zu den **Leistungsmodalitäten** (§§ 266–271) ein.

I. Umfang der Leistung

2   Der Schuldner hat die geschuldete Leistung in ihrer Gesamtheit auf einmal zu erbringen. Eine Leistung in Teilen belästigt den Gläubiger und ist nach § 266 nicht zulässig. Eine unzulässige Teilleistung liegt stets vor, wenn die Leistung objektiv nicht vollständig erbracht wurde. Das **Verbot von Teilleistungen** gilt nicht, wenn die Parteien etwas Abweichendes vereinbart haben (z.B. Ratenzahlung, Sukzessivlieferung, monatliche Mietzahlung). Außerdem lässt das Gesetz in einigen Fällen Teilleistungen ausdrücklich zu (z.B. § 497 Abs. 3 S. 2 BGB, § 757 Abs. 1 ZPO, Art. 39 Abs. 2 WG, Art. 34 Abs. 2 ScheckG).

3   Eine **unzulässige Teilleistung** darf der Gläubiger zurückweisen. Er gerät hierdurch nicht in Annahmeverzug (§ 293), weil es sich bei der Teilleistung nicht um die geschuldete Leistung handelt. Allerdings kann die Zurückweisung mit den Geboten von Treu und Glauben (§ 242) in Widerspruch stehen (z.B. weil bei einer Geldzahlung nur ein an der Gesamtsumme gemessen sehr geringfügiger Betrag fehlt). Der Schuldner verletzt mit dem Angebot einer unzulässigen Teilleistung seine Leistungspflicht und kann deshalb unter den Voraussetzungen des § 286 mit der gesamten Leistung in Schuldnerverzug geraten.

4   Weist der Gläubiger eine **zulässige Teilleistung** zurück, gerät er in Annahmeverzug, wenn die Leistung teilbar ist. Dies ist der Fall, wenn sie ohne Beeinträchtigung des Leistungszwecks oder Wertminderung aufgespalten werden kann. Bei Unteilbarkeit ist eine Teilleistung hingegen der Natur der Sache nach stets unzulässig; entsprechende Leistungsangebote darf der Gläubiger ablehnen, ohne in Annahmeverzug zu geraten.

Beispiel: V schuldet K aus einem Kaufvertrag Übergabe und Übereignung von 100 Stahlträgern eines bestimmten Typs. Weil es V bislang nur gelungen ist, sich 60 Stahlträger zu einem für ihn akzeptablen Preis zu verschaffen, entschließt er sich, diese schon einmal an K zu liefern. K lehnt die Annahme jedoch ab. V muss für die Aufbewahrung der Stahlträger einen Lagerplatz anmieten und verlangt von K Ersatz. – Ein Anspruch aus § 304 scheitert mangels Annahmeverzug des K: V hat nicht die geschuldete Leistung (100 Stahlträger), sondern nur einen Teil angeboten; hierzu war er jedoch nicht berechtigt (§ 266). Da es sich nicht um die geschuldete Leistung handelt, scheidet auch ein Anspruch auf Schadensersatz aus § 280 Abs. 1 wegen Verletzung der Abnahmepflicht (§ 433 Abs. 2) aus.

II. Person des Leistenden

5   Das Schuldverhältnis ist ein relatives Rechtsverhältnis; deshalb ist nur der Schuldner und nicht etwa ein Dritter zur Erbringung der Leistung verpflichtet. Das heißt aber nicht, dass der Schuldner die Leistung selbst zu erbringen hat. Soweit er nicht zur persönlichen Leistung verpflichtet ist, kann auch ein **Dritter** die Leistung bewirken, § 267 S. 1.

1. Pflicht zur persönlichen Leistungserbringung

§ 267 S. 1 gilt nicht, wenn der Schuldner „**in Person zu leisten**" hat. Eine Pflicht zur persönlichen Leistungserbringung kann sich vor allem aus einer vertraglichen Vereinbarung ergeben. Bei der Vertragsauslegung ist danach zu fragen, ob es den Parteien darauf ankam, dass die Leistung vom Schuldner höchstpersönlich erbracht wird. Das ist naheliegend, wenn hierzu individuelle Fähigkeiten oder Eigenschaften erforderlich sind. Darüber hinaus hält das Gesetz für einige Schuldverhältnisse Auslegungsregeln bereit, denen zufolge im Zweifel die Leistung vom Schuldner selbst zu erbringen ist (z.B. Dienstverpflichteter, § 613 S. 1; Beauftragter, § 664 Abs. 1 S. 1; Verwahrer, § 691 S. 1; geschäftsführender Gesellschafter, § 713). **6**

Soweit eine höchstpersönliche Leistungspflicht besteht, darf der Gläubiger die Leistung durch einen Dritten **zurückweisen**, ohne in Annahmeverzug zu geraten. Die persönliche Leistungspflicht ist aber kein Recht des Schuldners, d.h., der Gläubiger kann dennoch die Leistung eines Dritten annehmen. **7**

2. Leistung durch Erfüllungsgehilfen

Wenn den Schuldner keine persönliche Leistungspflicht trifft, kann er zur Erfüllung der Pflicht Hilfspersonen einschalten. Diese Erfüllungsgehilfen (§ 278) erbringen jedoch keine eigene Leistung und sind deshalb auch nicht Dritte i.S.d. § 267. Ein Schuldner, der Erfüllungshilfen einschaltet, hat die Leistung vielmehr selbst erbracht. **8**

3. Leistung durch Dritte

a) Voraussetzungen

Besteht keine höchstpersönliche Leistungspflicht und ist der Leistende auch nicht vom Schuldner zur Erfüllung eingeschaltet worden, so wirkt die Leistung eines Dritten nach § 267 Abs. 1 nur dann wie die Leistung durch den Schuldner selbst, wenn sie wie geschuldet erbracht wird. Hierzu ist die **effektive Bewirkung der Leistung** erforderlich. Nicht ausreichend sind Erfüllungssurrogate wie die Leistung an Erfüllungs statt (§ 364), Hinterlegung (§§ 372 ff.) oder Aufrechnung (§§ 389 ff.). Das wird durch § 268 Abs. 2 bestätigt, der eine Befriedigung durch Hinterlegung oder Aufrechnung nur im Zusammenhang mit dem Ablösungsrecht eines Dritten zulässt (siehe Rn. 13). Da die Leistung des Dritten für den Schuldner wirkt, ist zusätzlich erforderlich, dass der Dritte die Leistung nicht für sich selbst, sondern mit dem Willen, damit eine Pflicht des Schuldners zu erfüllen, erbringt (**Fremdtilgungswille**). Glaubt der Dritte, zur Leistung verpflichtet zu sein, leistet er nicht als Dritter, sondern als (vermeintlicher) Schuldner. **9**

Beispiel: B schuldet U aus einem Werkvertrag über die Renovierung seiner Wohnung 5.000 €, ist aber aufgrund Finanznot nicht in der Lage, die Schuld zu begleichen. M, die Mutter des B und Eigentümerin der Wohnung, glaubt, aufgrund ihrer Eigentümerstellung sei sie zur Zahlung verpflichtet; sie überweist daher 5.000 € an U. Dennoch verlangt U von B Zahlung von 5.000 €. – Anspruchsgrundlage ist der Werkvertrag gem. § 631 Abs. 1. Der durch Abschluss des Werkvertrages entstandene und mit der Abnahme fällig gewordene Anspruch (§ 641 Abs. 1 S. 1) auf Werklohnzahlung könnte durch Erfüllung nach § 362 Abs. 1 untergegangen sein. Das wäre zu bejahen, wenn durch die Zahlung der M die von B geschuldete Leistung bewirkt worden wäre. Das ist nach § 267 Abs. 1 S. 1 der Fall, wenn es sich um die Leistung eines Dritten handelt. M ist zwar nicht Schuldnerin, meinte aber (zu Unrecht), zur Leistung verpflichtet zu sein. Sie hat nicht als Dritte, sondern als vermeintliche Schuldnerin gezahlt. Die von B geschuldete Leistung wurde nicht bewirkt; der Anspruch ist nicht durch Erfüllung untergegangen.

b) Rechtsstellung des Schuldners

10   Die **Einwilligung** des Schuldners ist nicht erforderlich, § 267 Abs. 1 S. 2. Dass der Dritte damit auch gegen den Willen des Schuldners die Leistung erbringen kann, erklärt sich weniger daraus, dass dies dem Schuldner regelmäßig recht sein wird, denn immerhin handelt es sich um einen Eingriff des Dritten in eine relative Rechtsbeziehung, die im Hinblick auf das Verhältnis von Schuldner und Dritten nicht notwendigerweise folgenlos bleibt. So kann der Dritte vom Schuldner möglicherweise Ausgleich wegen einer berechtigten Geschäftsführung ohne Auftrag (Aufwendungsersatzanspruch nach §§ 683 S. 1, 670) oder aus Bereicherungsrecht (§ 812 Abs. 1 S. 1 2. Alt.) verlangen. Die Bedeutungslosigkeit der Einwilligung des Schuldners ergibt sich vielmehr aus dem Umstand, dass er eben kein Recht zur persönlichen Leistungserbringung hat.

c) Rechtsstellung des Gläubigers

11   Der Gläubiger darf die Leistung des Dritten **nicht zurückweisen**, da er keine höchstpersönliche Leistung verlangen kann. Tut er dies dennoch, gerät er in Annahmeverzug (§ 293). Anders ist dies nur, wenn der Schuldner der Leistung durch den Dritten widersprochen hat. Dann darf der Gläubiger die Leistung zurückweisen (§ 267 Abs. 2); er muss dies jedoch nicht tun.

d) Wirkung der Leistung durch einen Dritten

12   Wenn die Voraussetzungen des § 267 Abs. 1 S. 1 vorliegen, bedeutet die Erbringung der Leistung durch den Dritten zugleich, dass die geschuldete Leistung bewirkt wurde. Diese Erfüllung hat das Erlöschen der Leistungspflicht zur Folge, § 362 Abs. 1.

4. Ablösungsrecht des Dritten

13   § 267 erfasst die Leistung durch den Dritten vor allem aus der Gläubigerperspektive: Diesem ist es, da keine höchstpersönliche Leistungspflicht besteht, regelmäßig gleichgültig, von wem er die Leistung erhält. Ob der Dritte eigen- oder rein fremdnützig handelt (z.B. aus Altruismus oder Mitleid), spielt keine Rolle. § 267 gibt dem Dritten zwar die rechtliche Fähigkeit zur Tilgung einer fremden Schuld, aber kein Recht dazu: Widerspricht der Schuldner, darf der Gläubiger die Leistung ablehnen, § 267 Abs. 2. Es gibt aber Situationen, in denen der Dritte ein **besonderes eigenes Interesse** daran hat, eine fremde Schuld wirksam tilgen zu können. Eine solche Situation sieht § 268 Abs. 1 dann als gegeben an, wenn der Gläubiger die **Zwangsvollstreckung** in einen dem Schuldner gehörenden Gegenstand betreibt, sofern dadurch für einen Dritten die Gefahr entsteht, durch die Zwangsvollstreckung ein Recht (z.B. Pfandrecht, Hypothek, Grundschuld) an dem Gegenstand oder den Besitz daran zu verlieren.[1] In einer solchen Situation ist der Dritte daran interessiert, durch Erfüllung der Schuld, wegen der vom Gläubiger die Zwangsvollstreckung betrieben wird, den weiteren Fortgang der Zwangsvollstreckung zu verhindern. § 268 Abs. 1 gewährt ihm daher ein eigenes Recht, den Gläubiger durch Erbringung der geschuldeten Leistung zu befriedigen. Die-

---

[1] Zur Vertiefung: Petersen, Ablösungsrechte Dritter, Jura 2013, 1026.

ses **Ablösungsrecht** stellt den Dritten im Vergleich zu § 267 mehrfach besser: Auch bei einem Widerspruch des Schuldners darf der Gläubiger die Leistung nicht ablehnen; der Dritte kann auch durch Hinterlegung oder Aufrechnung leisten (§ 268 Abs. 2) und seine Leistung führt nicht zum Untergang der Forderung, sondern zu deren Übergang auf ihn (§ 268 Abs. 3 S. 1).

5. Person des Leistenden in der Fallbearbeitung

Nach der Person desjenigen, der die Leistung zu erbringen hat, ist vor allem bei der Prüfung des Erlöschens der Forderung durch Erfüllung (§ 362 Abs. 1) zu fragen. Soweit keine höchstpersönliche Leistungspflicht besteht, liegt Erfüllung auch dann vor, wenn der Leistungserfolg von einem Dritten i.S.d. § 267 Abs. 1 S. 1 herbeigeführt wurde.   14

III. Leistungsort

1. Leistungsort und Erfolgsort

Leistungsort ist jener Ort, an dem der Schuldner die **Leistungshandlung** vornehmen muss. Er ist in § 269 dispositiv geregelt und wird im Gesetz gelegentlich auch als Erfüllungsort bezeichnet (z.B. §§ 447, 644 Abs. 2). Demgegenüber ist der Erfolgsort jener Ort, an dem ein geschuldeter Leistungserfolg einzutreten hat. Er spielt nur bei erfolgsbezogenen Leistungspflichten (siehe § 5 Rn. 7) eine Rolle. Da auch die Herbeiführung eines Leistungserfolgs eine Leistungshandlung voraussetzt, können sich Leistungs- und Erfolgsort unterscheiden.   15

2. Arten der Schuld

Grundsätzlich kann Leistungsort jeder beliebige Ort sein. Zwei Orte kommen aber für die Erbringung der Leistung ganz vorrangig in Betracht: der **Wohnsitz des Schuldners** und der **Wohnsitz des Gläubigers**. Vor diesem Hintergrund lassen sich drei Arten der Schuld unterscheiden (siehe auch § 8 Rn. 7 ff.):[2]   16

- **Holschuld**: Der Gläubiger muss die Leistung beim Schuldner abholen. Dies bedeutet, dass der Schuldner die geschuldete Leistungshandlung bei sich, an seinem Wohnsitz, vornehmen muss (z.B. Schneiden der Haare im Friseursalon des Schuldners). Ist ein Leistungserfolg geschuldet, so tritt dieser typischerweise ein, wenn der Schuldner bei sich die Leistungshandlung vornimmt und der Gläubiger beim Schuldner die Leistung in Empfang nimmt. Leistungs- und Erfolgsort sind bei der Holschuld daher identisch und liegen beim Schuldner.   17

  Beispiel: V schuldet K Übereignung von 1 cbm Brennholz. Vereinbart ist eine Holschuld. Die für den geschuldeten Erfolg nach § 929 S. 1 notwendigen Leistungshandlungen (Abgabe eines Einigungsangebots, Besitzübergabe) muss V an seinem Wohnort vornehmen. Kommt K sodann das Brennholz abholen, treten die weiteren Voraussetzungen des § 929 S. 1 ein (Annahme des Einigungsangebots, Erlangung des Besitzes). Leistungs- und Erfolgsort liegen bei V.

- **Bringschuld**: Der Schuldner muss die Leistung zum Gläubiger bringen. Ort zur Vornahme der geschuldeten Leistungen ist deshalb der Wohnort des Gläubigers (z.B.   18

---

2 Zur Vertiefung: Bernhard, Holschuld, Schickschuld, Bringschuld – Auswirkungen auf den Gerichtsstand, Konkretisierung und Gefahrübergang, JuS 2011, 9; Böffel, Die Kohärenz von Schickschulden und Versendungskäufen gem. § 447 BGB, JA 2017, 818; Coester-Waltjen, Der Erfüllungsort, Jura 2011, 821.

Haareschneiden beim Gläubiger zuhause). Ist ein Leistungserfolg geschuldet, tritt dieser ebenfalls am Ort des Gläubigers ein; Leistungs- und Erfolgsort fallen wiederum zusammen.

Beispiel: Ist im vorherigen Bsp. eine Bringschuld vereinbart, muss V das Einigungsangebot und die Besitzübergabe bei K vornehmen. Dazu muss er das Holz zu K transportieren. Sobald K das Angebot annimmt und den Besitz am Holz erlangt, tritt der geschuldete Leistungserfolg an seinem Wohnort ein.

19   ■ **Schickschuld:** Der Schuldner muss dem Gläubiger die Leistung nicht bringen, sondern nur schicken. Im Unterschied zur Bringschuld gehört der Transport zum Gläubiger nicht mehr zur geschuldeten Leistung; der Schuldner ist lediglich verpflichtet, die Leistung auf den Weg zum Gläubiger zu bringen, indem er sie einer Transportperson übergibt. Deshalb erfolgen die Leistungshandlungen an seinem Wohnsitz. Der Leistungserfolg tritt jedoch erst ein, wenn der Gegenstand der Leistung beim Gläubiger ankommt. Deshalb ist dort der Erfolgsort.

Beispiel: Ist im Brennholz-Beispiel (Rn. 17) vereinbart, dass V das Holz nur durch eine Spedition an K versenden muss, dann hat er mit der Übergabe des Holzes an den Transporteur seine Leistungshandlungen erbracht. Das von der Transportperson als Bote überbrachte Einigungsangebot wird von K aber erst angenommen, wenn ihn das Holz erreicht; dann erst kommt es auch zur Besitzerlangung. Deshalb liegt der Erfolgsort bei K.

3. Bestimmung des Leistungsorts

20   Auf die gesetzliche Regelung des Leistungsorts ist nach § 269 Abs. 1 nur zurückzugreifen, wenn sich dieser nicht bereits aus den **vertraglichen Vereinbarungen** oder aus den Umständen, insbesondere aus der **Natur des Schuldverhältnisses** ergibt. So kann sich etwa aus der Art der Leistung ergeben, wo diese zu erbringen ist (z.B. Malerarbeiten an einem dem Gläubiger gehörenden Haus können nur dort vorgenommen werden, wo das Haus steht; ein vom Verkäufer geschuldeter Aufbau der online gekauften Möbel muss beim Käufer erfolgen[3]). Nach § 269 Abs. 3 darf aber aus dem Umstand allein, dass der Schuldner die Kosten der Versendung übernommen hat, nicht gefolgert werden, dass der Ort, an den die Versendung zu erfolgen hat, der Leistungsort sein soll. Nach dieser Regelung ergibt sich aus der Kostenübernahme allein also nicht, dass es sich um eine Bringschuld handelt. Da aber Versendung geschuldet ist, muss in solchen Fällen eine Schickschuld angenommen werden; der Leistungsort ist dann indessen beim Schuldner.

21   Ist keine vertragliche Vereinbarung getroffen und ergibt sich der Leistungsort auch nicht aus den Umständen, so muss der Schuldner die Leistungshandlungen an seinem Wohnsitz vornehmen, § 269 Abs. 1. Die **Holschuld** ist folglich der **gesetzliche Regelfall**, wobei auf den Wohnsitz bei Entstehung des Schuldverhältnisses abzustellen ist. Bei Verbindlichkeiten aus einem Gewerbetrieb kommt es auf die Niederlassung des Schuldners an, § 269 Abs. 2.

4. Leistungsort bei Geldschulden

22   Für Geldschulden ist in § 270 eine Sonderregelung getroffen, die sich nicht auf den ersten Blick erschließt. Nach § 270 Abs. 1 hat der Schuldner Geld im Zweifel auf seine Gefahr und seine Kosten dem Gläubiger an dessen Wohnsitz zu übermitteln. Da der

---

3   BGH NJW 2014, 454 Rn. 14.

Schuldner die Leistungsgefahr trägt, d.h., ggf. nochmals leisten muss, wenn das Geld den Gläubiger nicht erreicht, scheint es sich um eine Bringschuld zu handeln, sodass der Leistungsort beim Gläubiger liegen würde. Indessen bestimmt § 270 Abs. 4, dass die Vorschriften über den Leistungsort unberührt bleiben. Daraus ergibt sich, dass der Leistungsort bei Geldschulden grundsätzlich nach § 269 Abs. 1 zu bestimmen ist und folglich, soweit nicht anders vereinbart, beim Schuldner liegt. § 270 Abs. 1 regelt lediglich, dass der Schuldner das Geld zu übermitteln, d.h. zu versenden hat. Die Norm ändert also nicht den Leistungsort, sondern lediglich den Erfolgsort. Da dieser beim Gläubiger liegt, handelt es sich bei Geldschulden um Schickschulden. Bei solchen geht an sich die Leistungsgefahr auf den Gläubiger über, wenn der Schuldner die Sache der Transportperson übergibt. § 270 Abs. 1 ordnet jedoch an, dass der Schuldner die Leistungsgefahr bis zum Wohnsitz des Gläubigers trägt. Wegen dieser abweichenden Gefahrtragung werden Geldschulden als **qualifizierte Schickschuld** bezeichnet.

Diese Einordnung ist allerdings fraglich geworden. Der Grund dafür liegt im europäischen Recht. Art. 3 Abs. 1 lit. b) **Zahlungsverzugsrichtlinie**[4] bestimmt, dass der Gläubiger bei Zahlungsverzug Zinsen geltend machen kann, wenn er den Betrag nicht rechtzeitig erhalten hat. Deshalb kommt es bei einer Zahlung durch Überweisung darauf an, ob der Betrag dem Konto des Gläubigers bis zum Leistungszeitpunkt gutgeschrieben wurde.[5] Der Sache nach weist die Regelung, deren Anwendungsbereich auf Entgeltzahlungen im Geschäftsverkehr beschränkt ist (Art. 1 Abs. 2), dem Schuldner das Verzögerungsrisiko zu. Das aber steht in Widerspruch zur Einordnung der Geldschuld als qualifizierte Schickschuld. Zwar hat der Schuldner Geld auf seine Gefahr an den Gläubiger zu übermitteln, doch regelt § 270 Abs. 1 nur die Leistungsgefahr, d.h. das Risiko, bei Untergang des Geldes nochmals leisten zu müssen. Abgesehen von dieser Modifikation handelt es sich bei Geldschulden um Schickschulden. Das bedeutet, dass der Gläubiger das Verzögerungsrisiko trägt, weil es für die Rechtzeitigkeit der Leistung auf die Vornahme der Leistungshandlung ankommt (siehe § 24 Rn. 21) und diese bei der Schickschuld in der Absendung liegt. Dieser Widerspruch zu den Vorgaben der Richtlinie kann vermieden werden, wenn die Geldschuld als **Bringschuld** eingeordnet wird, denn dann kommt es auch für die Rechtzeitigkeit darauf an, wann das Geld den Gläubiger erreicht hat, da dies noch zur geschuldeten Leistungshandlung gehört. Im Sinne einer einheitlichen Dogmatik der Geldschuld sollte dieses Verständnis nicht nur dort zur Geltung kommen, wo dies aufgrund der Richtlinienvorgaben zwingend ist, also im Anwendungsbereich der Zahlungsverzugsrichtlinie, sondern darüber hinaus für alle Geldschulden.[6] Dies wird vom BGH jedoch unter Hinweis auf die Entstehungsgeschichte des Gesetzes, mit dem die Vorgaben der Zahlungsverzugsrichtlinie in deutsches Recht umgesetzt wurden, abgelehnt.[7]

23

---

4 Richtlinie 2011/7/EU v. 16.2.2011 zur Bekämpfung des Zahlungsverzugs im Rechtsverkehr; ebenso die Vorgängerrichtlinie in Art. 3 Abs. 1 lit. c) Ziff. ii) RL 2000/35/EG v. 29.6.2000.
5 EuGH, Slg. 2008, I-1923 Rn. 34 = NJW 2008, 1935.
6 OLG Karlsruhe, WM 2014, 1422; Hk-BGB/Schulze, § 270 Rn. 6; Palandt/Grüneberg, § 270 Rn. 6; PWW/Zöchling-Jud, § 270 Rn. 1; Staudinger/Bittner (2014), § 270 Rn. 3; Freitag, AcP 213 (2013), 128 (161 ff.); a.A. BeckOGK/Beurskens, Stand 1.6.2019, § 270 Rn. 52 ff.; Schwab, Geldschulden als Bringschulden?, NJW 2011, 2833 (2834 ff.); zur Vertiefung: Herresthal, Das Ende der Geldschuld als sog. qualifizierte Schickschuld, ZGS 2008, 259; Heyers, Rechtsnatur der Geldschuld und Überweisung – welche Konsequenzen sind aus der Rechtsprechung des EuGH für das nationale Recht zu ziehen?, JZ 2012, 398; Meier, Der Leistungs- und der Erfüllungsort der Geldschuld, JuS 2018, 940; Scheuren-Brandes, EuGH kürt Geldschuld bei Banküberweisung zur Bringschuld?!, ZIP 2008, 1463.
7 BGH NJW 2017, 1596 Rn. 25 ff.

Beispiel: S schuldet der G 10.000 €. Die Forderung wird am 15.2. fällig. An diesem Tage überweist S den Betrag auf ein von G genanntes Konto. Weil die Bank einen Tag zur Ausführung des Auftrags braucht und noch ein Wochenende dazwischen liegt, wird das Geld erst am 19.2. dem Konto der G gutgeschrieben. Sie verlangt deshalb Verzugszinsen. – Anspruchsgrundlage ist § 288 Abs. 1 S. 1. Voraussetzung des Anspruchs ist Schuldnerverzug nach § 286. Der Anspruch war fällig, eine Mahnung war nach § 286 Abs. 2 S. 1 entbehrlich. Fraglich ist nur, ob S bei Fälligkeit nicht geleistet hat, da er das Geld an diesem Tag überwiesen hat. Für die Rechtzeitigkeit kommt es auf die Vornahme der Leistungshandlung an. Welche Handlungen geschuldet sind, hängt auch vom Leistungsort ab. Wird bei der Geldschuld angenommen, diese sei Schickschuld, so hätte die rechtzeitige Erteilung des Überweisungsauftrags genügt. Wird die Geldschuld jedoch als Bringschuld verstanden, dann hatte S die Leistungshandlung erst vorgenommen, als das Geld die G erreichte – also nach Fälligkeit.

5. Leistungsort in der Fallbearbeitung

24   In der Fallbearbeitung stellt sich die Frage nach dem Leistungsort insbesondere bei der Prüfung von Ansprüchen, die im Zusammenhang mit der Unmöglichkeit einer Leistungspflicht stehen, da bei Gattungsschulden der Eintritt der Unmöglichkeit, abgesehen von den sehr seltenen Fällen des Untergangs der gesamten Gattung oder des Vorrats (bei der Vorratsschuld), von der Konkretisierung nach § 243 Abs. 2 abhängig ist, die wiederum voraussetzt, dass der Schuldner das seinerseits Erforderliche getan hat. Was das ist, hängt wesentlich vom Leistungsort ab (siehe § 8 Rn. 7 ff.). Darüber hinaus ist die Erbringung der Leistung am geschuldeten Ort Voraussetzung für den Eintritt des Annahmeverzugs (§ 293). Eine Leistung am falschen Ort kann außerdem zum Schuldnerverzug führen, wenn der Schuldner die Leistung nicht bis zum Fälligkeitszeitpunkt am richtigen Ort nochmals erbringt. Muss der Gläubiger eine Frist setzen (z.B. nach § 281 Abs. 1), gehört dazu auch, dass er die Leistung ordnungsgemäß verlangt; eine wirksame Fristsetzung liegt daher nicht vor, wenn der Gläubiger den Schuldner auffordert, die Leistung an einem anderen Ort als dem Leistungsort zu erbringen.

IV. Leistungszeit

1. Erfüllbarkeit und Fälligkeit

25   Nach der Zeit für die Leistung kann aus zwei verschiedenen Perspektiven gefragt werden: Aus der des Schuldners ist die Leistungszeit jener Zeitpunkt, zu dem er berechtigt ist, die Leistung zu erbringen (**Erfüllbarkeit**), während es aus der Perspektive des Gläubigers darum geht, wann er vom Schuldner die Leistung verlangen darf (**Fälligkeit**). Mit dem Begriff Leistungszeit sind daher zwei Zeitpunkte erfasst, die identisch sein können, aber nicht müssen.[8]

2. Bestimmung der Leistungszeit

26   Wie bei allen Leistungsmodalitäten bedarf es des Rückgriffs auf die gesetzliche Regelung in § 271 nur, wenn die Leistungszeit sich nicht aus den **vertraglichen Vereinbarungen** oder den **Umständen** ergibt. Vertragliche Bestimmungen zur Fälligkeit und Erfüllbarkeit sind stets vorrangig. Bei ihnen kann sich allerdings die Frage stellen, ob die Parteien die Fälligkeit, die Erfüllbarkeit oder beides regeln wollten. Eine Regelung nur

---

8   Zur Vertiefung: Kupfer, Die vertraglich vereinbarte Leistungszeit in der Klausurbearbeitung, JuS 2019, 518; Nastelski, Die Zeit als Bestandteil des Leistungsinhalts, JuS 1962, 289.

der Fälligkeit liegt insbesondere bei der **Stundung** vor: Hier soll der Schuldner auch vor dem vereinbarten Zeitpunkt zur Erfüllung berechtigt sein, aber der Gläubiger soll die Leistung nicht vorher verlangen dürfen. Ergibt die Auslegung einer Leistungszeitvereinbarung kein eindeutiges Ergebnis, greift die Auslegungsregel des § 271 Abs. 2 ein, wonach im Zweifel anzunehmen ist, dass der Gläubiger die Leistung nicht vor der vereinbarten Zeit verlangen, der Schuldner sie aber vorher bewirken kann. Vertragliche Leistungszeitvereinbarungen sind also im Zweifel Stundungsvereinbarungen, die nur die Fälligkeit betreffen. Sie hindern den Gläubiger zum Schutz des Schuldners an einer vorzeitigen Geltendmachung des Anspruchs.

Die Vertragsparteien können die Leistungszeit grundsätzlich frei festlegen. Eine Leistungszeitregelung durch eine vom Schuldner verwendete AGB ist aber, sofern der Gläubiger Verbraucher ist, nach § 308 Nr. 1 unwirksam, wenn die Leistungsfrist unangemessen lang oder nicht hinreichend bestimmt ist. Für Entgeltforderungen (Geldforderungen, die eine Gegenleistung für eine Leistung des Gläubigers darstellen) schränkt § 271 a die Vertragsfreiheit weiter ein. Eine Vereinbarung, dass der Schuldner der Entgeltforderung erst mehr als 60 Tage nach Empfang der Gegenleistung zahlen muss, ist – auch wenn sie nicht durch AGB erfolgt ist – nur wirksam, wenn sie ausdrücklich getroffen wurde und für den Gläubiger nicht grob unbillig ist (§ 271 a Abs. 1 S. 1). Noch strenger ist die Rechtslage, wenn der Schuldner ein öffentlicher Auftraggeber ist (vgl. § 271 a Abs. 2). Besonderen Anforderungen unterliegen Vereinbarungen zu Abnahme- oder Überprüfungsfristen, wenn die Entgeltforderung erst nach Ablauf einer solchen Frist fällig werden soll (§ 271 a Abs. 3). Wenn die Leistungszeitvereinbarung nach diesen Regelungen unwirksam ist, bleibt der übrige Vertrag wirksam (§ 271 a Abs. 4). Die Einschränkungen der Vertragsfreiheit gelten nicht, wenn der Schuldner der Entgeltforderung ein Verbraucher ist (§ 271 a Abs. 5 Nr. 2). Hier wird deutlich, dass diese Regelung, mit der die Vorgaben der Zahlungsverzugsrichtlinie umgesetzt werden, einen Unternehmer davor schützen sollen, dass er übermäßig lange auf sein Geld warten muss. Für Vereinbarungen durch ABG wird die Regelung durch § 308 Nr. 1 a und 1 b noch verschärft.

Fehlt es an einer Vereinbarung und ergibt sich die Leistungszeit auch nicht aus den Umständen, so finden vorrangig **gesetzliche Fälligkeitsregelungen**, die nur für bestimmte Schuldverhältnisse gelten, Anwendung (z.B. § 475 Abs. 1 für die Pflicht zur Übergabe und Übereignung beim Verbrauchsgüterkaufvertrag, § 556 b Abs. 1 für die Miete beim Wohnraummietvertrag, § 614 für die Vergütung beim Dienstvertrag, § 641 für den Werklohn). Ansonsten gilt nach § 271 Abs. 1, dass der Gläubiger die Leistung **sofort** verlangen und der Schuldner sie sofort bewirken kann. Fälligkeit und Erfüllbarkeit treten dann mit der Entstehung der Leistungspflicht ein.

Beispiel: A hat B ein Darlehen über 5.000 € gewährt. Die Rückzahlung soll ein Jahr später erfolgen. Kann B das Darlehen schon früher zurückzahlen? – Das ist zu bejahen, wenn die Erfüllbarkeit nicht erst ein Jahr nach Vertragsschluss eintritt. Die Parteien haben zwar nicht ausdrücklich vereinbart, dass sich ihre Leistungszeitvereinbarung nur auf die Fälligkeit und nicht auf die Erfüllbarkeit beziehen soll. Aus ihrem Zweck ergibt sich jedoch, dass sie nur die Fälligkeit betrifft: Es soll verhindert werden, dass A das Geld vorher zurückfordert; hingegen ist nicht ersichtlich, dass A daran interessiert ist, das Geld erst ein Jahr später wieder zu erhalten. Anders wäre dies hingegen, wenn für das Darlehen Zinsen zu entrichten sind: Die vorzeitige Darlehensrückzahlung bringt Darlehensgeber A um einen Teil der Zinsen, da diese laufzeitabhängig sind. Die Auslegung würde dann ergeben, dass auch die Erfüllbarkeit hinausgeschoben ist.

27

28

3. Leistungszeit in der Fallbearbeitung

29 Bei der Prüfung eines Anspruchs ist die Fälligkeit allgemein Anspruchsvoraussetzung; ein entstandener, aber noch nicht fälliger Anspruch ist nicht durchsetzbar. Ob die Leistung pflichtgemäß erbracht wurde, hängt auch davon ab, ob sie rechtzeitig, d.h. bei Fälligkeit erfolgt ist. Ein Verstreichenlassen des Fälligkeitszeitpunkts durch den Schuldner kann zu Ansprüchen des Gläubigers führen. Dementsprechend ist die Fälligkeit des Anspruchs Voraussetzung für den Eintritt des Schuldnerverzugs (§ 286 Abs. 1), der seinerseits Voraussetzung für einen Anspruch des Gläubigers auf Ersatz des Verzögerungsschadens (§§ 280 Abs. 1, 2, 286) oder auf Verzugszinsen (§ 288) ist. Bei nicht rechtzeitiger Leistung kommt ferner ein Anspruch auf Schadensersatz statt der Leistung (§§ 280 Abs. 1, 3, 281) oder ein Rücktrittsrecht (§ 323 Abs. 1) in Betracht; für beide Rechte ist die Fälligkeit Entstehungsvoraussetzung. In manchen Fällen ist die Einhaltung des Leistungszeitpunkts sogar so wichtig, dass mit seinem Verstreichen Unmöglichkeit nach § 275 Abs. 1 eintritt (absolutes Fixgeschäft, siehe § 19 Rn. 9). Die Erfüllbarkeit ist insbesondere im Rahmen des Annahmeverzugs zu prüfen: Durfte der Schuldner die Leistung zu jenem Zeitpunkt, in dem er das nach §§ 294–296 notwendige Angebot gemacht hat, bereits erbringen, kommt der Gläubiger durch Nichtannahme in Annahmeverzug, § 293.

WIEDERHOLUNGS- UND VERTIEFUNGSFRAGEN

30 1. Wann ist eine Leistung teilbar? (Rn. 4)

2. Darf der Schuldner eine teilbare Leistung in Teilen erbringen? (Rn. 2)

3. Kann ein Dritter für den Schuldner die geschuldete Leistung erbringen? (Rn. 9 ff.)

4. Kann der Gläubiger die Leistung eines Dritten ablehnen, ohne in Annahmeverzug zu geraten? (Rn. 11)

5. S hat bei der B-Bank ein Darlehen über 20.000 € aufgenommen, für das D eine Bürgschaft übernommen hat. Da S das Darlehen nicht zurückzahlen kann, wird D von B aus der Bürgschaft in Anspruch genommen und zahlt 20.000 €. Später stellt sich heraus, dass die Bürgschaft unwirksam war. D teilt B mit, die Bank könne das Geld behalten, sie solle es als Tilgung der Forderung gegen S ansehen. Kann B von S noch Zahlung von 20.000 € verlangen und hat D gegen S Ansprüche? (vgl. BGH NJW 1986, 2700).

6. Was sind Leistungs- und Erfolgsort und wo liegen diese Orte bei Hol-, Bring- oder Schickschulden? (Rn. 15 ff., insbesondere 17, 18, 19)

7. Wo liegt der Leistungsort bei einer Geldschuld? (Rn. 22)

8. Kann der Gläubiger die Leistung verlangen, bevor sie erfüllbar ist? (Rn. 25)

9. Im Vertrag zwischen V und K ist Folgendes vereinbart: „Der Rechnungsbetrag ist mit Zugang der Rechnung fällig. Der Rechnungsbetrag muss spätestens am 30. Tag nach Zugang der Rechnung auf dem in der Rechnung angegebenen Konto gutgeschrieben sein". K erhält die Rechnung am 1.3. Ab welchem Tag kann V Zahlung verlangen? (vgl. BGH NJW 2007, 1581).

§ 11 Inhaltsgestaltung durch Allgemeine Geschäftsbedingungen

I. Nutzen und Gefahren Allgemeiner Geschäftsbedingungen

Bei vertraglichen Schuldverhältnissen können die Parteien aufgrund der Inhaltsfreiheit die Rechtsbeziehung zwischen ihnen selbst ausgestalten. Zwingend notwendig ist aber nur eine Festlegung der Hauptleistungspflichten; im Übrigen greift bei Fehlen vertraglicher Vereinbarungen das dispositive Recht des BGB ein (siehe § 7 Rn. 4). Diese Vorschriften zielen auf einen Ausgleich der Parteiinteressen. Wer eine für sich günstigere Regelung treffen will, muss sich folglich mit seinem Vertragspartner einigen. Das ist für Wirtschaftsteilnehmer, die häufig Verträge abschließen, sehr kostenträchtig; zudem wird es nicht immer gelingen, in den Verhandlungen die gewünschten Vereinbarungen durchzusetzen. Diese Nachteile können überwunden werden, indem die Vertragsbedingungen einseitig vorformuliert und der Vertragsabschluss von ihrer Akzeptanz abhängig gemacht wird. Solche Allgemeinen Geschäftsbedingungen (AGB) haben für den Verwender einen **Rationalisierungseffekt** und ermöglichen eine **vorteilhafte Vertragsgestaltung.** Für den Vertragspartner bedeutet die Verwendung von AGB jedoch, dass ihm der Einfluss auf die Vertragsgestaltung weitgehend genommen ist. Insbesondere im Massenverkehr sind AGB-Verwender nicht bereit, über die Vertragsbedingungen zu verhandeln, weshalb der Gegenseite oftmals nur die Möglichkeit bleibt, vom Vertragsabschluss abzusehen, wenn sie mit den gestellten Bedingungen nicht einverstanden ist. Akzeptiert sie die AGB hingegen, besteht die Gefahr, dass sie die Bedeutung der Regelungen verkennt. Das ist besonders problematisch, weil AGB typischerweise zum Nachteil der Gegenseite von den dispositiven Vorschriften des BGB abweichen. Wegen dieser Gefahren unterliegt ihre Verwendung Einschränkungen.[1] Diese wurden zunächst von der Rechtsprechung auf Grundlage des § 242 entwickelt, 1976 dann im AGBG kodifiziert und mit der Schuldrechtsreform 2002 in §§ 305 ff. normiert.

§§ 305 ff. machen, soweit die Anwendungsvoraussetzungen gegeben sind (siehe Rn. 4 ff.), die Wirksamkeit von AGB von zwei Voraussetzungen abhängig. AGB werden nur Vertragsbestandteil, wenn sie die besonderen Anforderungen an die Einbeziehung erfüllen (**Einbeziehungskontrolle,** siehe Rn. 13 ff.) und sind auch dann nur wirksam, wenn ihr Inhalt den Vertragspartner nicht unangemessen benachteiligt (**Inhaltskontrolle,** siehe Rn. 24 ff.). Die §§ 305 ff. dienen der Umsetzung der Richtlinie 93/13/EWG über missbräuchliche Klauseln in Verbraucherverträgen (sog. Klauselrichtlinie) und sind daher richtlinienkonform auszulegen.

Hinweis zur Fallbearbeitung: In der Anspruchsprüfung ist die Wirksamkeit einer AGB nur dann zu prüfen, wenn die vorformulierte Regelung im Fall zur Anwendung kommt. Die Prüfung hat dann auch an dieser Stelle zu erfolgen. Ist z.B. in den AGB ein Gewährleistungsausschluss enthalten, ist dessen Wirksamkeit erst beim Prüfungspunkt „Kein Ausschluss der Gewährleistung" zu erörtern. Eine abstrakte Wirksamkeitsprüfung wird in Klausuren und Hausarbeiten fast nie verlangt. In der Praxis spielt hingegen die vom konkreten Fall unab-

---

[1] Zur Vertiefung: Kötz, Der Schutzzweck der AGB-Kontrolle – Eine rechtsökonomische Skizze, JuS 2003, 209; Leuschner, Gebotenheit und Grenzen der AGB-Kontrolle, AcP 207 (2007), 491; Löhnig/Gietl, Grundfälle zum Recht der Allgemeinen Geschäftsbedingungen, JuS 2012, 494; Lorenz/Gärtner, Grundwissen – Zivilrecht: Allgemeine Geschäftsbedingungen, JuS 2013, 199; Wendland, Das Recht der Allgemeinen Geschäftsbedingungen in der Fallbearbeitung, Jura 2018, 866; 2019, 41, 486.

hängige gerichtliche Überprüfung von AGB eine nicht unerhebliche Rolle. Die dafür geltenden Regelungen finden sich im Unterlassungsklagengesetz (UKlaG).

II. Anwendungsvoraussetzungen der §§ 305 ff.

4 Eine Einbeziehungs- und Inhaltskontrolle kann nur vorgenommen werden, soweit der Anwendungsbereich der §§ 305 ff. eröffnet ist.[2]

1. Vorliegen von Allgemeinen Geschäftsbedingungen

5 Allgemeine Geschäftsbedingungen sind alle für eine Vielzahl von Verträgen vorformulierte Vertragsbedingungen, die eine Vertragspartei, der Verwender, der anderen Vertragspartei bei Abschluss des Vertrages stellt, § 305 Abs. 1 S. 1. Im AGB-Recht wird eine solche Vertragsbedingung auch „Klausel" genannt.

a) Vorformulierung

6 Vorformuliert ist eine Vertragsbedingung, wenn sie bereits **vor Vertragsabschluss festgelegt** wurde. Die Vorformulierung muss nicht durch den Verwender erfolgt sein; AGB liegen auch dann vor, wenn der Verwender von einem Dritten vorformulierte Vertragsbedingungen einsetzt.

Beispiele: Von einem Automobilclub vorformulierter Kaufvertrag; vom Mieterverein vorformulierter Mietvertrag.

b) Vielzahl von Verträgen

7 Für eine Vielzahl von Verträgen sind Vertragsbedingungen vorformuliert, wenn derjenige, der sie vorformuliert hat, die Absicht hat, dass sie von ihm oder anderen mindestens **dreimal** verwendet werden.[3] Sind derjenige, der die AGB vorformuliert und derjenige, der sie verwendet, nicht identisch, kommt es also allein auf die Verwendungsabsicht des Formulierenden an. Ist diese gegeben, liegen AGB auch dann vor, wenn der Verwender sie nur in einem einzigen Vertrag verwenden will und er auch nicht die Absicht hat, sie nochmals zu verwenden.[4] Ausreichend ist außerdem die **Absicht mehrfacher Verwendung**; die §§ 305 ff. gelten dann schon bei der ersten Verwendung, auch wenn weitere Verwendungen tatsächlich noch nicht stattgefunden haben.

8 Die §§ 305 ff. gelten in ihrer Gesamtheit nur für Vertragsbedingungen, die für eine Vielzahl von Verwendungen formuliert wurden. Liegt aber ein Vertrag zwischen einem Unternehmer und einem Verbraucher vor (**Verbrauchervertrag**), dann gelten die §§ 305 c Abs. 2, 306, 307–309 auch für vorformulierte Vertragsbedingungen, die nur zur einmaligen Verwendung bestimmt sind, soweit der Verbraucher aufgrund der Vorformulierung auf ihren Inhalt keinen Einfluss nehmen konnte, § 310 Abs. 3 Nr. 2. Es findet also eine Inhaltskontrolle, aber keine Einbeziehungskontrolle statt.

c) Stellen durch Verwender

9 Der Verwender stellt die Vertragsbedingungen bei Vertragsabschluss, wenn er ihre **Einbeziehung einseitig verlangt**. Verwender ist eine Vertragspartei deshalb nur dann, wenn

---

2 Zur Vertiefung: Grünberger, Der Anwendungsbereich der AGB-Kontrolle, Jura 2009, 249.
3 BGH NJW 1998, 2286 (2287); BGH NJW 2002, 138 (139); Palandt/Grüneberg, § 305 Rn. 9.
4 BGHZ 184, 259 Rn. 10 m.w.N.

die Einbeziehung auf ihre Veranlassung und nicht etwa auf die eines Dritten (z.B. Makler) erfolgt. Werden trotz Vorformulierung die Vertragsbedingungen zwischen den Parteien ausgehandelt, liegen keine AGB vor, § 305 Abs. 1 S. 3. Da damit der Schutz durch Einbeziehungs- und Inhaltskontrolle entfällt, darf ein **Aushandeln** nur angenommen werden, wenn derjenige, der die vorformulierten Bedingungen präsentiert, die ernsthafte Möglichkeit einer inhaltlichen Änderung eingeräumt und der Vertragspartner die tatsächliche Möglichkeit hat, die Bedingungen zu beeinflussen.[5]

Beispiel (BGHZ 184, 259): V bietet im Internet seinen gebrauchten Pkw zum Kauf an. K interessiert sich für den Wagen, bittet aber nach Besichtigung um Bedenkzeit, die ihm gewährt wird. Ein paar Tage später ruft K bei V an und teilt mit, er nehme den Wagen. Man kommt überein, dass ein schriftlicher Vertrag geschlossen werden soll. Als die Frage diskutiert wird, wer von beiden ein Vertragsformular mitbringen soll, schlägt V vor, ein Formular der Versicherung Z zu nehmen, das er zufällig zu Hause hat. K ist einverstanden und unterschreibt später den Vertrag. – Der BGH hat ein Stellen der Vertragsbedingungen durch V verneint, weil dieser nicht einseitig deren Verwendung verlangt habe, sondern sich mit K auf dieses Formular geeinigt habe.

Zugunsten der Verbraucher bestimmt § 310 Abs. 3 Nr. 1, dass bei **Verbraucherverträgen** die AGB als vom Unternehmer gestellt gelten, es sei denn, dass sie durch den Verbraucher in den Vertrag eingeführt wurden. Hier sind also auch vorformulierte Vertragsbedingungen, die auf Veranlassung eines Dritten in den Vertrag einbezogen worden, als AGB erfasst und unterliegen deshalb sowohl der Einbeziehungs- als auch der Inhaltskontrolle. Obwohl § 310 Abs. 3 Nr. 1 von „Allgemeinen Geschäftsbedingungen" spricht und daher seinem Wortlaut nach nur gilt, wenn es um AGB i.S.d. § 305 Abs. 1 geht, findet die Regelung aufgrund richtlinienkonformer Auslegung auch auf die von § 310 Abs. 3 Nr. 2 erfassten Vertragsbedingungen, die nur zur einmaligen Verwendung bestimmt sind, Anwendung.[6]   10

Beispiel: Unternehmer V verkauft ein Grundstück an Verbraucher K. Der schriftliche Grundstückskaufvertrag wird von Notar N erstellt; er verwendet dazu ein Vertragsmuster aus seiner Mustersammlung, in das nur die Einzelheiten zu den Vertragsparteien, dem verkauften Grundstück und dem Kaufpreis eingetragen werden. – Nach § 310 Abs. 3 Nr. 1 gelten diese für eine Vielzahl von Verträgen von N vorformulierten Vertragsbedingungen als von V gestellt.

2. Sachlicher Anwendungsbereich

Die §§ 305 ff. gelten trotz ihres Standorts im Schuldrecht nicht nur für schuldrechtliche, sondern grundsätzlich für **alle Verträge**. Ausgenommen sind aber Verträge auf dem Gebiet des **Erb-, Familien- und Gesellschaftsrechts** sowie Tarifverträge und Betriebs- und Dienstvereinbarungen, § 310 Abs. 4 S. 1. Anders als im früheren Recht gelten die §§ 305 ff. auch für **Arbeitsverträge**; allerdings sind hier die im Arbeitsrecht geltenden Besonderheiten angemessen zu berücksichtigen, § 310 Abs. 4 S. 2.[7]   11

Bei der Verwendung von AGB gegenüber **Unternehmern, juristischen Personen des öffentlichen Rechts** oder einem öffentlich-rechtlichen Sondervermögen gelten nicht alle Vorschriften. § 310 Abs. 1 S. 1 nimmt § 305 Abs. 2 (Einbeziehungsvoraussetzungen)   12

---

5 BGHZ 104, 232 (236); BGH NJW 2000, 1110 (1111 f.); BGHZ 200, 326 Rn. 27; BGH NJW 2018, 2039 Rn. 12.
6 NK-BGB/Kollmann, § 310 Rn. 32; Palandt/Grüneberg, § 310 Rn. 16; a.A. Ulmer/Brandner/Hensen/Ulmer/Schäfer, AGB-Recht, 12. Aufl. 2016, § 310 Rn. 81.
7 Zur Vertiefung: Hamann/Rudnik, Formulararbeitsverträge auf dem Prüfstand, Jura 2009, 335 ff., 486 ff.; Wank/Maties, Allgemeine Geschäftsbedingungen in der Arbeitsrechtsklausur, Jura 2010, 1 ff.

sowie die §§ 308 Nr. 1, 2 bis 8, 309 aus, sodass sich in diesen Fällen die Inhaltskontrolle auf die Klauselverbote des § 308 Nr. 1 a, 1 b und die Generalklausel des § 307 beschränkt. Auf die in § 310 Abs. 2 genannten Verträge von **Elektrizitäts-, Gas-, Fernwärme- und Wasserversorgungsunternehmen** mit Sonderkunden findet für die Inhaltskontrolle nur § 307 Anwendung; eine Einbeziehungskontrolle findet hier jedoch statt, da § 305 Abs. 2 nicht ausgeschlossen ist.

III. Einbeziehung in den Vertrag

1. Einbeziehungsvoraussetzungen des § 305 Abs. 2

13   Die in AGB getroffenen Regelungen können nach allgemeinen Grundsätzen nur dann für die Parteien gelten, wenn sie durch deren übereinstimmende Willenserklärungen in den Vertrag einbezogen wurden. An diese Einbeziehung stellt § 305 Abs. 2 zum Schutz der anderen Vertragspartei **besondere Anforderungen.**[8] Bei Verwendung von AGB gegenüber **Unternehmern**, juristischen Personen des öffentlichen Rechts und öffentlich-rechtlichen Sondervermögen gilt § 305 Abs. 2 aufgrund der geringeren Schutzbedürftigkeit nicht, § 310 Abs. 1 S. 1. Hier genügt für die Einbeziehung schon das konkludente Einverständnis des Vertragspartners mit der Geltung der AGB. Wegen § 310 Abs. 1 S. 1 gelten die besonderen Einbeziehungsanforderungen des § 305 Abs. 2 folglich nur bei Verwendung gegenüber einem **Verbraucher.** Handelt es sich allerdings um einen Arbeitsvertrag, gilt § 305 Abs. 2 ebenfalls nicht (§ 310 Abs. 4 S. 2 2. HS); hier soll der Schutz durch § 2 NachwG erfolgen.

a) Hinweis durch Verwender

14   Der Verwender muss die andere Vertragspartei **ausdrücklich auf die AGB hinweisen,** § 305 Abs. 2 Nr. 1. Dieser Hinweis muss **bei Vertragsabschluss** erfolgen; Vertragsbedingungen auf der Rechnung oder einer nach Abschluss des Verwahrungsvertrages ausgehändigten Garderobenmarke werden daher nicht Vertragsbestandteil. Ist ein Hinweis nur unter unverhältnismäßigen Schwierigkeiten möglich, so genügt ein deutlich sichtbarer Aushang am Ort des Vertragsschlusses (§ 305 Abs. 2 Nr. 1). Das ist vor allem bei Massengeschäften der Fall, z.B. Parkhausbenutzung, Beförderung, Kinos, Sportveranstaltungen.

b) Möglichkeit zumutbarer Kenntnisnahme

15   Der Verwender muss der anderen Vertragspartei die **Möglichkeit** verschaffen, in **zumutbarer Weise von den AGB Kenntnis zu nehmen,** § 305 Abs. 2 Nr. 2. Daraus ergeben sich Anforderungen an die Gestaltung der AGB (z.B. Schriftgröße und -farbe), aber auch an die Zugänglichkeit (z.B. Aushändigung umfangreicher AGB). Eine für den Verwender erkennbare **körperliche Behinderung** der anderen Vertragspartei ist angemessen zu berücksichtigen (z.B. Aushändigung in Blindenschrift an erkennbar blinden Vertragspartner). Gegenüber geistig Behinderten ergeben sich nach dem Wortlaut keine besonderen Anforderungen. Das ist zutreffend, weil es nur darum geht, die Möglichkeit der Kenntnisnahme sicherzustellen, nicht aber die Möglichkeit, die AGB zu verstehen. Aus diesem Grund sollte § 305 Abs. 2 Nr. 2 auch nicht analog auf Vertragspartner angewandt werden, die erkennbar nicht die Sprache sprechen, in der die AGB

---

8 Zur Vertiefung: Neideck, Die Einbeziehung von AGB in der Fallbearbeitung, JA 2011, 492; Petersen, Die Einbeziehung Allgemeiner Geschäftsbedingungen, Jura 2010, 667 ff.

abgefasst sind.[9] Gleiches gilt für Analphabeten; hier fehlt es zudem regelmäßig an der Erkennbarkeit.[10]

c) Einverständnis des Vertragspartners

Der Vertragspartner muss mit der Geltung der AGB **einverstanden** sein. Dieses Einverständnis ist Teil der Willenserklärung und kann auch stillschweigend erklärt werden. Hiervon ist mangels entgegenstehender Anhaltspunkte auszugehen, wenn die Voraussetzungen von § 305 Abs. 2 Nr. 1, 2 erfüllt sind und der Vertragspartner sodann den Vertrag abschließt.

16

2. Keine überraschende Klausel, § 305 c Abs. 1

Trotz Einhaltung der Einbeziehungsvoraussetzungen des § 305 Abs. 2 werden Vertragsbedingungen, die nach den Umständen so **ungewöhnlich** sind, dass der Vertragspartner mit ihnen nicht zu rechnen braucht, nicht Vertragsbestandteil, § 305 c Abs. 1. Das erscheint auf den ersten Blick ungewöhnlich, hat doch der Vertragspartner sein Einverständnis mit der Geltung erklärt. Für eine Einbeziehung genügt es jedoch schon, dass die Möglichkeit der Kenntnisnahme bestand, § 305 Abs. 2 Nr. 2. Deshalb kann nicht davon ausgegangen werden, dass der Vertragspartner die einzelnen Klauseln tatsächlich allesamt zur Kenntnis genommen hat. Vor diesem Hintergrund soll er vor Bestimmungen, mit denen er nach den Umständen überhaupt nicht zu rechnen hatte, geschützt werden. Der Überraschungscharakter kann sich sowohl aus der äußeren Gestaltung der Vertragsbedingungen als auch aus deren Inhalt ergeben.

17

Beispiele: Verstecken einer besonders belastenden Haftungsklausel in Regelungen zur Art und Weise der Lieferung; Klausel, derzufolge bei Inanspruchnahme einer typischerweise kostenlosen Dienstleistung im Internet ein entgeltlicher Vertrag über die Nutzung eines Download-Portals zustande kommt (sog. Abofalle); Klausel in Mietvertrag, dass der Mieter dem Vermieter zur Sicherung des Anspruchs auf Zahlung der Miete seinen Gehaltsanspruch abtritt.

3. Rechtsfolgen fehlender Einbeziehung

Liegen die Einbeziehungsvoraussetzungen des § 305 Abs. 2 nicht vor, werden die AGB **nicht Vertragsbestandteil**. Das Gleiche gilt für eine überraschende Klausel i.S.d. § 305 c Abs. 1. Der abgeschlossene **Vertrag bleibt wirksam**, § 306 Abs. 1. Diese speziellere Regelung verdrängt die allgemeine Regelung des § 139, derzufolge im Zweifel Nichtigkeit des ganzen Rechtsgeschäfts eintreten würde. Zu dieser Rechtsfolge kommt es bei fehlender Einbeziehung nur, wenn das Festhalten am Vertrag eine unzumutbare Härte für eine Vertragspartei darstellen würde, § 306 Abs. 3. Soweit das nicht der Fall ist, bleibt der Vertrag wirksam; an die Stelle der nicht einbezogenen Bestimmungen treten, soweit vorhanden, die dispositiven Gesetzesvorschriften, § 306 Abs. 2. Gibt es solche nicht, muss im Wege der ergänzenden Vertragsauslegung ermittelt werden, was die Parteien bei sachgerechter Abwägung der beiderseitigen Interessen vereinbart hätten, wenn ihnen die Unwirksamkeit der AGB bewusst gewesen wäre.

18

---

9   Vgl. BGHZ 87, 112 (114 f.); BGH NJW 1995, 190; BeckOGK/Lehmann-Richter, Stand 1.4.2019, § 305 Rn. 256.3; Palandt/Grüneberg, § 305 Rn. 38; a.A. v. Westphalen, NJW 2003, 12 (13 f.)
10 Erman/Roloff, § 305 Rn. 39; MünchKomm/Basedow, § 305 Rn. 79.

IV. Auslegung von Allgemeinen Geschäftsbedingungen

19   Sowohl die Durchführung der Inhaltskontrolle als auch die Anwendung einer AGB-Klausel setzt eine vorherige Auslegung voraus.[11] Obwohl es sich infolge der Einbeziehung um vertragliche Regelungen handelt, erfolgt die Auslegung nicht nach §§ 133, 157, sondern entsprechend den für die **Auslegung von Normen geltenden Regeln**. Dafür spricht, dass die Bestimmungen vorformuliert sind und für eine Vielzahl von Geschäften gelten sollen. Das bedingt eine einheitliche, von der Person des konkreten Vertragspartners gelöste Auslegung. Abzustellen ist deshalb auf die Verständnismöglichkeiten des rechtlich nicht vorgebildeten Durchschnittskunden; die individuellen Umstände der Parteien und des Vertragsschlusses müssen außen vor bleiben.

20   Ergibt die Auslegung kein eindeutiges Ergebnis, d.h., ist mehr als ein Verständnis der Klausel möglich, so ist diese mehrdeutig. Die daraus folgenden Zweifel, welches Verständnis das richtige ist, gehen nach § 305c Abs. 2 zulasten des Verwenders. Was das heißt, hängt davon ab, zu welchem Zweck die Klausel ausgelegt wird.

21   ■ Bei der **Inhaltskontrolle** nach §§ 307–309 ist zu prüfen, ob die Klausel wirksam ist. Da Auslegungszweifel zulasten des Verwenders gehen, ist diejenige Auslegung zu wählen, bei der die Klausel am ehesten unwirksam ist. Die Wahrscheinlichkeit dafür steigt, je nachteiliger die Klausel für den Vertragspartner des Verwenders ist. Deshalb ist bei der Inhaltskontrolle die Klausel in ihrer **kundenfeindlichsten Auslegung** zugrunde zu legen.

22   ■ Ergibt sich nach der Inhaltskontrolle, dass die Klausel auch in ihrer kundenfeindlichsten Auslegung wirksam ist, so muss entschieden werden, welche der Auslegungsvarianten nun zur Geltung kommt. Da Zweifel zulasten des Verwenders gehen, ist bei der **Anwendung der Klausel** im zu entscheidenden Fall die **kundenfreundlichste Auslegung** zu wählen.

V. Vorrang der Individualabrede

23   Eine AGB-Klausel kann trotz wirksamer Einbeziehung in den Vertrag nur dann die Rechtsbeziehungen zwischen den Parteien gestalten, wenn die Parteien in dem von der Klausel geregelten Punkt **keine abweichende individuelle Vereinbarung** getroffen haben. Dieser Grundsatz des Vorrangs der Individualabrede ist in § 305b niedergelegt. Soweit es also eine individuell getroffene Vereinbarung gibt, deren Inhalt mit einer AGB-Klausel in Widerspruch steht, kommt die Klausel nicht zur Anwendung. Eine solche Vereinbarung kann auch noch nach der Einbeziehung getroffen werden. Deshalb hat eine Klausel, derzufolge Vertragsänderungen nur wirksam sind, wenn sie in Schriftform erfolgen, keine Wirkung, wenn die Parteien später mündlich eine Vertragsänderung vereinbaren – diese Individualabrede ist vorrangig und gilt daher auch ohne Einhaltung der Schriftform. Das ist auch dann noch der Fall, wenn in der Schriftformklausel vorgesehen ist, dass sie nur durch schriftliche Vereinbarung geändert werden kann (doppelte Schriftformklausel).[12]

---

11   Zur Vertiefung: Lange, Auslegung, Unklarheitenregel und Transparenzklausel, ZGS 2004, 208.
12   BGH NJW 2017, 1017 Rn. 16.

VI. Inhaltskontrolle

1. Bedeutung der Inhaltskontrolle

Bestimmungen in AGB, die Vertragsbestandteil geworden sind, unterliegen, anders als individuell vereinbarte Regelungen, einer erweiterten Kontrolle des Inhalts anhand der §§ 307–309. Damit ist gemeint, dass in AGB getroffene Regelungen einer **besonderen Wirksamkeitsprüfung** zu unterziehen sind, wobei die Wirksamkeitsanforderungen strenger sind als bei Individualvereinbarungen. Letztere unterliegen nur den Grenzen, die sich aus §§ 134, 138 und einigen Sondervorschriften ergeben; für AGB gelten hingegen die deutlich engeren Grenzen der §§ 307 ff. Dies hat zur Folge, dass eine Regelung, die als Individualvereinbarung zulässig wäre, unwirksam sein kann, wenn sie durch AGB getroffen wurde. Der Gestaltungsspielraum des Verwenders ist folglich eingeschränkt; §§ 307 ff. sind Beschränkungen der Inhaltsfreiheit.[13]

24

2. Voraussetzungen der Inhaltskontrolle

Der Inhaltskontrolle unterliegen selbstverständlich nur solche AGB-Klauseln, die wirksam Bestandteil des Vertrages geworden sind. Bei Verbraucherverträgen kommt es nach § 310 Abs. 3 Nr. 2 jedoch auch dann zur Inhaltskontrolle, wenn die vorformulierten Vertragsbedingungen nur zur **einmaligen Verwendung** bestimmt sind und daher keine AGB i.S.d. § 305 Abs. 1 S. 1 darstellen. Diese Ausdehnung der Inhaltskontrolle gilt nur, wenn der Vertragspartner aufgrund der Vorformulierung keinen Einfluss auf den Inhalt nehmen konnte.

25

Sowohl für AGB nach § 305 Abs. 1 S. 1 als auch für nach § 310 Abs. 3 Nr. 2 der Inhaltskontrolle unterliegende Klauseln gilt als weitere Voraussetzung, dass die zu prüfende Klausel ihrem Inhalt nach von einer **gesetzlichen Regelung abweicht** oder diese ergänzt, § 307 Abs. 3 S. 1. Das ist auch dann der Fall, wenn eine gesetzliche Regelung ganz fehlt. Durch § 307 Abs. 3 S. 1 sind **von der Inhaltskontrolle ausgenommen:**

26

- **Gesetzeswiederholende Klauseln,** d.h. Klauseln, die eine mit der gesetzlichen Bestimmung übereinstimmende Regelung treffen. Hier bedarf es keiner Inhaltskontrolle, weil eine mit dem Gesetz inhaltsgleiche Regelung den Vertragspartner des Verwenders nicht unangemessen benachteiligen kann – diese Regelung würde ja auch ohne AGB gelten.

27

- **Klauseln zum Gegenstand der Hauptleistungen.** Welche Hauptleistungen sich die Parteien schulden, kann sich nicht aus dem Gesetz ergeben, sondern gehört zu den *essentialia negotii* der Willenserklärung und ergibt sich daher allein aus den vertraglichen Vereinbarungen. Bei diesen Klauseln fehlt also bereits eine gesetzliche Vorschrift, von der abgewichen werden könnte.

28

Diese beiden Klauseltypen sind allerdings nicht vollständig von der Inhaltskontrolle ausgeschlossen, denn sie unterliegen nach § 307 Abs. 3 S. 2 dem **Transparenzgebot** des § 307 Abs. 1 S. 2 (dazu Rn. 35).

29

---

13 Zur Vertiefung: Coester-Waltjen, Inhaltskontrolle von AGB – geltungserhaltende Reduktion – ergänzende Vertragsauslegung, Jura 1988, 113; Leible/Freitag, Grundfragen der Inhaltskontrolle Allgemeiner Geschäftsbedingungen, JA 2001, 978; Peter, Haftungsklauseln in Allgemeinen Geschäftsbedingungen, Jura 2015, 121.

3. Durchführung der Inhaltskontrolle

30   Die Inhaltskontrolle ist in §§ 307–309 geregelt. Nach § 307 Abs. 1 S. 1 sind Bestimmungen in AGB unwirksam, wenn sie den Vertragspartner des Verwenders entgegen den Geboten von Treu und Glauben unangemessen benachteiligen. Dies ist eine **Generalklausel**, die durch § 307 Abs. 2 konkretisiert wird. § 308 zählt eine Reihe von einzelnen Klauseln auf, die nicht per se unwirksam sind; vielmehr enthält jedes einzelne Verbot eine **Wertungsmöglichkeit** (z.B. § 308 Nr. 1: „unangemessen lange" Frist für Annahme oder Ablehnung eines Angebots). § 309 enthält schließlich **Klauselverbote ohne Wertungsmöglichkeit**, d.h., die genannten Klauseln sind unter allen Umständen unwirksam. Aus dieser Regelungssystematik ergibt sich eine im Vergleich zur Regelungsreihenfolge **umgekehrte Prüfungsreihenfolge**: Zu beginnen ist mit der speziellsten Norm, also § 309, denn wenn die Klausel nach einem dort genannten Verbot unwirksam ist, bedarf es einer Prüfung der unangemessenen Benachteiligung nicht mehr. Es folgt die Prüfung des § 308. Nur wenn keines der in diesen beiden Vorschriften aufgeführten Verbote einschlägig ist, muss auf § 307 Abs. 1, 2 zurückgegriffen werden.

31   Bei Verwendung von AGB gegenüber **Unternehmern**, juristischen Personen des öffentlichen Rechts oder juristischen Sondervermögen gelten die §§ 308 Nr. 1, 2 bis 8, 309 jedoch nicht, § 310 Abs. 1 S. 1. Hier findet die Inhaltskontrolle allein anhand von § 308 Nr. 1 a, 1 b und § 307 Abs. 1, 2 statt. Das bedeutet aber nicht, dass eine Klausel, die bei Verwendung gegenüber einem Verbraucher gegen § 308 Nr. 1, 2 bis 8 oder § 309 verstoßen würde, bei Verwendung gegenüber einem Unternehmer wirksam ist. Vielmehr kann, wie § 310 Abs. 1 S. 2 anordnet, eine Vertragsbestimmung, die bei Verwendung gegenüber Verbrauchern den §§ 308, 309 unterfallen würde, auch nach § 307 Abs. 1, 2 unwirksam sein. Die Rechtsprechung nimmt mittlerweile sogar an, dass die §§ 308, 309 generell Indizwirkung haben, d.h., dass eine unangemessene Benachteiligung i.S.d. § 307 Abs. 1 S. 1 indiziert ist, wenn die Klausel gegen §§ 308, 309 verstoßen würde.[14]

4. Inhaltskontrolle nach § 307 Abs. 1, 2

a) Unangemessene Benachteiligung, § 307 Abs. 1 S. 1

32   § 307 Abs. 1 erklärt Bestimmungen in AGB, die den Vertragspartner des Verwenders entgegen den Geboten von Treu und Glauben unangemessen benachteiligen, für unwirksam. Dadurch soll sichergestellt werden, dass auch bei Verwendung einseitig vorformulierter Vertragsbedingungen noch ein angemessener Ausgleich der Interessen der Vertragsparteien erfolgt. Abweichungen vom dispositiven Recht sind zwar auch durch AGB zulässig; der Verwender darf jedoch nicht missbräuchlich seine eigenen Interessen auf Kosten seines Vertragspartners durchsetzen, ohne von vornherein auch dessen Belange hinreichend zu berücksichtigen und ihm einen angemessenen Ausgleich zuzugestehen. Ob eine solche **unangemessene Benachteiligung** vorliegt, kann nur im Rahmen einer **umfassenden Würdigung** festgestellt werden. Dabei sind die Art des konkreten Vertrages, die typischen Interessen der Parteien, die Anschauungen der beteiligten Verkehrskreise sowie allgemeine Bewertungskriterien, die sich aus der gesamten Rechtsordnung ergeben, zu berücksichtigen. Bei Verbraucherverträgen sind auch die den Vertragsschluss begleitenden Umstände bedeutsam, § 310 Abs. 3 Nr. 3.

---

14   BGH NJW 2014, 3722 Rn. 32.

b) Regelbeispiele unangemessener Benachteiligung, § 307 Abs. 2

Die Beurteilung, ob eine Klausel unangemessen benachteiligt, ist ein komplexer Vorgang. Das Gesetz hilft mit zwei Regelbeispielen in § 307 Abs. 2. Eine unangemessene Benachteiligung ist im Zweifel anzunehmen, wenn die Klausel mit **wesentlichen Grundgedanken** der gesetzlichen Regelung, von der abgewichen wird, nicht zu vereinbaren ist, § 307 Abs. 2 Nr. 1. Da § 307 aber nur vor unangemessenen Benachteiligungen schützen will, kommt es darauf an, ob der Grundgedanke der Norm die wesentliche Schutzbedürftigkeit des Vertragspartners ist und ihr nicht etwa nur ein Zweckmäßigkeitsbedürfnis zugrunde liegt.

Beispiel (BGH NJW-RR 2008, 818): Eine Klausel, die dem Verkäufer bei Zahlungsverzug des Käufers gestattet, die unter Eigentumsvorbehalt gelieferte Sache vorübergehend wieder an sich zu nehmen, verstößt gegen § 307 Abs. 1, 2 Nr. 1, weil dieses Recht mit dem wesentlichen Grundgedanken des § 449 Abs. 2 nicht zu vereinbaren ist. Danach kann der Verkäufer die Sache im Fall eines Eigentumsvorbehalts nur herausverlangen, wenn er vom Vertrag zurückgetreten ist. Grundgedanke dieser Norm ist der Schutz des Käufers: Er soll nicht zur Zahlung des Kaufpreises verpflichtet sein, ohne die Kaufsache zu erhalten. Deshalb muss der Verkäufer zuerst den Rücktritt erklären; das hat zur Folge, dass der Käufer von seiner Kaufpreiszahlungspflicht frei wird (siehe § 17 Rn. 10). Könnte der Verkäufer die Sache ohne Rücktritt herausverlangen, bliebe der Käufer jedoch aus dem Kaufvertrag zur weiteren Zahlung des Kaufpreises verpflichtet.

Nach § 307 Abs. 2 Nr. 2 ist eine unangemessene Benachteiligung ferner anzunehmen, wenn die Klausel **wesentliche Rechte oder Pflichten**, die sich aus der Natur des Vertrages ergeben, so einschränkt, dass die Erreichung des Vertragszwecks gefährdet ist. Indem die Natur des Vertrages und die Erreichung des Vertragszwecks zum Prüfungsmaßstab gemacht werden, ermöglicht dieses Regelbeispiel eine Inhaltskontrolle auch dann, wenn es keine gesetzliche Bestimmung gibt, von der die Klausel abweichen könnte. Außerdem wird allgemein die Aushöhlung wesentlicher Rechte und Pflichten erfasst. Diese sog. Kardinalpflichten bestehen insbesondere aus den im Gegenseitigkeitsverhältnis stehenden Hauptleistungspflichten der Parteien.

Beispiel (BGH NJW 2005, 1774): Busunternehmer B stellt Kunden, die eine Fahrt buchen, einen Fahrschein aus, auf dem deren Name vermerkt ist. Beim Einstieg kontrolliert der Fahrer, ob der Name auf der Fahrkarte mit einer Namensliste, die er von B erhalten hat, übereinstimmt. In den AGB des B ist bestimmt, dass für verloren gegangene oder gestohlene Fahrscheine kein Ersatz gewährt wird und auch keine Fahrpreiserstattung erfolgt. Diese Klauseln führen dazu, dass ein Fahrgast, der seinen Fahrschein verloren hat, seinen Anspruch auf die Hauptleistungspflicht des B, nämlich die Beförderung, nicht geltend machen kann. Zugleich kann er keine Erstattung des Fahrpreises erhalten. Das führt zu einer Aushöhlung der Hauptleistungspflichten: B muss die geschuldete Beförderung nicht erbringen, darf aber ein bereits bezahltes Entgelt behalten.

c) Transparenzgebot, § 307 Abs. 1 S. 2

§ 307 Abs. 1 S. 2 erweitert die Inhaltskontrolle um ein Transparenzgebot: Eine unangemessene Benachteiligung kann sich auch daraus ergeben, dass die Klausel nicht **klar und verständlich** ist. Dieser Prüfung unterliegen auch die ansonsten durch § 307 Abs. 3 S. 1 von der Inhaltskontrolle ausgenommenen Klauseln, § 307 Abs. 3 S. 2. Aus dem Transparenzgebot folgen insbesondere Anforderungen an die **Verständlichkeit, Bestimmtheit und Richtigkeit der Formulierung.** Mit der Verwendung des Wortes „kann" in § 307 Abs. 1 S. 2 wollte der Gesetzgeber klarstellen, dass aus der Intransparenz

33

34

35

nicht zwingend eine unangemessene Benachteiligung folgt.[15] Zum Teil wird daher angenommen, für eine unangemessene Benachteiligung müsse neben der Intransparenz noch die Gefahr einer inhaltlichen Benachteiligung des Vertragspartners bestehen.[16] Der Wortlaut zeigt indessen, dass die Intransparenz ausreichen kann, um die unangemessene Benachteiligung zu begründen – nur zwingend ist dies eben nicht. Die Gefahr einer inhaltlichen Benachteiligung wird aber im Regelfall ohnehin vorliegen, da die Intransparenz typischerweise verhindert, dass der Vertragspartner die rechtlichen Wirkungen der Klausel vollständig erkennen kann.[17]

Beispiel (BGH NJW 2006, 3057): In dem vom Vermieter der Räume eines Einzelhandelszentrums vorformulierten Mietvertrag ist bestimmt, dass der Mieter verpflichtet ist, auf Verlangen des Vermieters einer Werbegemeinschaft beizutreten, wobei deren Kosten entsprechend den vermieteten Flächen abgerechnet werden sollen. Diese Klausel ist intransparent, weil sie es dem Mieter nicht möglich macht, zumindest grob die Kosten, die mit dem Beitritt zur Werbegemeinschaft entstehen, abzuschätzen. Die Unbestimmtheit der Formulierung birgt dabei zugleich die Gefahr der inhaltlichen Benachteiligung, weil der Mieter die Reichweite der eingegangenen Belastung nicht erkennen kann.

5. Rechtsfolgen der Unwirksamkeit

36   Verstößt eine Klausel gegen §§ 307 Abs. 1, 308, 309, so treten die gleichen Rechtsfolgen ein wie bei der Nichteinbeziehung einer Klausel (siehe Rn. 18): Die Klausel ist unwirksam, der Vertrag bleibt im Übrigen wirksam, § 306 Abs. 1. Die durch die Unwirksamkeit entstandene Lücke ist durch Anwendung des dispositiven Rechts zu schließen, § 306 Abs. 2. Ausgeschlossen ist eine Schließung der Lücke durch eine Reduktion des Inhalts der Klausel auf ein gerade noch zulässiges Maß. Eine solche **geltungserhaltende Reduktion** widerspräche der Unwirksamkeitsanordnung. Mit ihr soll zum Schutz des Vertragspartners erreicht werden, dass der Verwender seine AGB von vornherein so gestaltet, dass sie nicht zu einer unangemessenen Benachteiligung führen. Dieses Ziel würde bei einer geltungserhaltenden Reduktion verfehlt, weil der Verwender dann letztlich risikolos beliebige Klauseln formulieren könnte und es im Fall eines Verstoßes gegen §§ 307 ff. immer noch bei einer Regelung bleiben würde, die ihm günstiger ist als das dispositive Recht.

VII. Prüfungsaufbau AGB-Kontrolle

37   I.   Anwendungsbereich der §§ 305 ff. BGB

      1.   Kein Vertrag auf dem Gebiet des Erb-, Familien- oder Gesellschaftsrechts, § 310 Abs. 4 S. 1 1. HS

      2.   Kein Tarifvertrag, keine Betriebs- oder Dienstvereinbarung, § 310 Abs. 4 S. 1 2. HS

---

15 Vgl. BT-Drucks. 14/1752, S. 188.
16 BGH NJW 2016, 2670 Rn. 30; Erman/Roloff, § 307 Rn. 22; Jauernig/Stadler, § 307 Rn. 7; Staudinger/Coester (2013), § 307 Rn. 174; Brox/Walker, Allg. Schuldrecht, § 4 Rn. 53; a.A. Palandt/Grüneberg, § 307 Rn. 24; PWW/Berger, § 307 Rn. 14.
17 Vgl. Palandt/Grüneberg, § 307 Rn. 24; Looschelders, Schuldrecht AT, § 16 Rn. 21.

II. Vorliegen von Allgemeinen Geschäftsbedingungen, § 305 Abs. 1

   1. Vorformulierte Vertragsbedingung

   2. Für eine Vielzahl von Verträgen (sonst bei Verwendung gegenüber Verbraucher: § 310 Abs. 3 Nr. 2)

   3. Stellen durch den Verwender (Verwendung gegenüber Verbraucher: § 310 Abs. 3 Nr. 1)

III. Einbeziehung in den Vertrag

   1. Verwendung gegenüber Unternehmer, § 310 Abs. 1 S. 1: Rechtsgeschäftliche Einbeziehung

   2. Verwendung gegenüber Verbraucher: Einbeziehung gem. § 305 Abs. 2

      a) Ausdrücklicher Hinweis oder Aushang, § 305 Abs. 2 Nr. 1

      b) Möglichkeit zumutbarer Kenntnisnahme, § 305 Abs. 2 Nr. 2

      c) Einverständnis des Vertragspartners, § 305 Abs. 2 a.E.

   3. Keine überraschende Klausel, § 305 c Abs. 1

IV. Inhaltskontrolle

   1. Keine vorrangige Individualabrede, § 305 b

   2. Auslegung im kundenfeindlichsten Sinn, § 305 c Abs. 2

   3. Abweichung von gesetzlicher Regelung, § 307 Abs. 3 S. 1 (sonst: nur Transparenzkontrolle, § 307 Abs. 3 S. 2, Abs. 1 S. 2)

   4. Klauselverbote der §§ 308, 309

      a) Anwendbarkeit, § 310 Abs. 1 S. 1, Abs. 2

      b) Verstoß gegen § 309

      c) Verstoß gegen § 308

   5. Unangemessene Benachteiligung, § 307 Abs. 1, 2 (Verwendung gegenüber Verbraucher: § 310 Abs. 3 Nr. 3)

WIEDERHOLUNGS- UND VERTIEFUNGSFRAGEN

1. Welche Vor- und Nachteile haben AGB? (Rn. 1)

2. Auf welche Weise ist der Verbraucher bei der Verwendung von AGB besser geschützt als der Unternehmer? (Rn. 10)

3. V hat zehn Oldtimer geerbt, die er verkaufen will. Da er Sorge hat, die Käufer könnten ihm wegen irgendwelcher Mängel Ärger machen, denkt er sich eine Formulierung aus, mit der die Haftung ausgeschlossen ist und die er in allen abzuschließenden Kaufverträgen verwenden will. Ist diese Formulierung eine AGB? (vgl. BGH NJW 1988, 410).

4. V will zum ersten Mal eine Wohnung vermieten. Er fragt seine Bekannten B, von der er weiß, dass sie auch eine Wohnung vermietet hat, ob sie ein Mietvertragsmuster habe. B gibt ihm ein Vertragsformular, das sie selbst entworfen, bislang aber erst einmal verwendet hat. Unterliegen die im Formular getroffenen Regelungen der Einbeziehungs- und/oder Inhaltskontrolle, wenn V sie gegenüber einem Verbraucher verwendet? (Rn. 7)

5. V bietet in seinem Internet-Shop selbst hergestellte Stofftiere an. Auf der Bestellseite heißt es: „Unsere Allgemeinen Geschäftsbedingungen senden wir Ihnen auf Wunsch gerne per E-Mail oder Post zu." Werden die AGB Vertragsbestandteil, wenn es über diese Bestellseite zu Vertragsabschlüssen mit Verbrauchern kommt? (Rn. 15)

38

6. In welchen Fällen sind AGB kundenfeindlich auszulegen? (Rn. 21)
7. In welcher Prüfungsreihenfolge sind die §§ 307–309 anzuwenden? (Rn. 30)
8. Welche Rolle spielen die §§ 308, 309 bei Verwendung von AGB gegenüber Unternehmern? (Rn. 31, 12)

§ 12 Recht zur Verweigerung der Leistung

I. Überblick

Zwischen zwei Personen können aus einem oder verschiedenen Schuldverhältnissen Leistungspflichten untereinander bestehen. Dann stellt sich die Frage, ob eine Partei von der anderen die Leistung auch dann verlangen kann, wenn sie selbst die ihrerseits geschuldete Leistung noch nicht erbracht hat. Die Antwort auf diese Frage hängt davon ab, ob zwischen den Leistungspflichten ein rechtlicher Zusammenhang besteht. Das BGB kennt zwei Formen eines solchen Zusammenhangs; es regelt ihn durch zwei unterschiedliche Einreden des Schuldners: Das in §§ 273 f. geregelte **allgemeine Zurückbehaltungsrecht** des Schuldners und die im Verhältnis dazu speziellere **Einrede des nichterfüllten Vertrages** nach §§ 320–322. Dogmatisch handelt es sich um **Leistungsverweigerungsrechte**; hierzu gehören u.a. auch noch die in § 275 Abs. 2, 3 geregelten Einreden (siehe § 19 Rn. 14 ff., 21 ff.) sowie die Einrede der Verjährung (§ 214 Abs. 1). Die Einreden aus §§ 273, 320 lassen ebenso wie die aus § 214 Abs. 1 den Anspruch in seiner Existenz unberührt, nehmen ihm aber die Durchsetzbarkeit.

Die Leistungsverweigerungsrechte aus §§ 273, 320 nehmen auf das Interesse des Schuldners Rücksicht, eine Leistung erst dann erbringen zu müssen, wenn er eine im rechtlichen Zusammenhang stehende Leistung des Gläubigers erhält. Sie nehmen dem Schuldner das Risiko, dass er die geschuldete Leistung des Gläubigers nicht erhält, obwohl er seinerseits seine Leistungspflicht bereits erfüllt hat (**Sicherungsfunktion**). Zugleich sind sie ein Mittel, Druck auf den Gläubiger auszuüben, da er die ihm geschuldete Leistung erst erhalten wird, wenn er seinerseits geleistet hat. Leistungsverweigerungsrechte helfen dem Schuldner also auch bei der Durchsetzung seines Anspruchs gegen den Gläubiger (**Durchsetzungsfunktion**).

Leistungsverweigerungsrechte sind eine, aber nicht die einzige Möglichkeit, einen Schuldner, der zugleich einen Anspruch gegen den Gläubiger hat, zu schützen. Je nach Art des rechtlichen Zusammenhangs zwischen den Leistungspflichten ergeben sich unterschiedliche **Möglichkeiten** für den Schuldner, sich vor einseitiger Inanspruchnahme zu schützen:

- Soweit beide Ansprüche ihrem Inhalt nach gleichartig sind (z.B. Geldzahlung), kommt eine **Aufrechnung** (§§ 387 ff., siehe § 14) in Betracht. Mit ihr bringt der Schuldner beide Ansprüche, soweit sie sich decken, zum Erlöschen (§ 389). Die Aufrechnung ist für den Schuldner daher regelmäßig günstiger als die Geltendmachung eines Leistungsverweigerungsrechts: Er erfüllt seine eigene Pflicht und setzt zugleich seinen Anspruch gegen den Gläubiger durch.

- Besteht ein gegenseitiger Vertrag, kann der Schuldner die **Einrede des nichterfüllten Vertrages** aus § 320 Abs. 1 erheben, sofern die beiden Ansprüche im Gegenseitigkeitsverhältnis stehen. Die Einrede setzt keine Gleichartigkeit des Forderungsinhalts voraus und kommt daher auch dann in Betracht, wenn eine Aufrechnung ausgeschlossen ist. Sie führt allerdings nicht zum Erlöschen der Ansprüche, sondern nimmt dem Anspruch des Gläubigers lediglich so lange die Durchsetzbarkeit, bis dieser die von ihm geschuldete Leistung anbietet.

- Handelt es sich nicht um im Gegenseitigkeitsverhältnis stehende Ansprüche aus einem gegenseitigen Vertrag, kommt nur die Geltendmachung des **Zurückbehaltungsrechts** aus § 273 Abs. 1 in Betracht. Dieses setzt lediglich voraus, dass beide Ansprüche auf demselben rechtlichen Verhältnis beruhen. Es hindert wie die Einrede aus § 320 Abs. 1 vorübergehend die Durchsetzbarkeit des Anspruchs des Gläubigers. Im Vergleich zu § 320 Abs. 1 steht der Schuldner aber schlechter, weil der Gläubiger die Ausübung des Zurückbehaltungsrechts durch Sicherheitsleistung abwenden kann (§ 273 Abs. 3); bei der Einrede des nichterfüllten Vertrages ist das nicht möglich (§ 320 Abs. 1 S. 3).

7 ■ Soweit Schuldner und Gläubiger Kaufmann sind, kommt das **kaufmännische Zurückbehaltungsrecht** (§§ 369 ff. HGB) in Betracht. Es erstreckt sich nur auf bewegliche Sachen und Wertpapiere, an denen der Gläubiger aufgrund eines beiderseitigen Handelsgeschäfts Besitz erlangt hat und gibt nicht nur ein Verweigerungs-, sondern auch ein Befriedigungsrecht.

II. Einrede des nichterfüllten Vertrages, § 320

1. Dogmatische Grundlage

8 Nach § 320 Abs. 1 kann eine Partei, die aus einem gegenseitigen Vertrag verpflichtet ist, die ihr obliegende Leistung so lange verweigern, bis die Gegenleistung bewirkt ist. Hintergrund dieser nur für **gegenseitige Verträge** geltenden Sonderregelung ist der besondere Zusammenhang zwischen den Leistungspflichten, der daraus resultiert, dass jede Partei ihre Verpflichtung nur deshalb eingegangen ist, weil sich auch die andere Partei zur Erbringung einer Leistung verpflichtet hat. Das genetische Synallagma setzt sich nach der Entstehung der Leistungspflichten fort: Sie sind fortan dergestalt miteinander verknüpft, dass sie sich in einem dauerhaften Abhängigkeitsverhältnis befinden. Dieses **funktionelle Synallagma** wirkt sich auch auf die Möglichkeit der Geltendmachung einer im Gegenseitigkeitsverhältnis stehenden Pflicht aus. Der Gläubiger kann vom Schuldner die Leistung nicht verlangen, bevor er die seinerseits geschuldete Leistung anbietet.

2. Voraussetzungen

a) Gegenseitiger Vertrag

9 Zwischen Schuldner und Gläubiger muss ein **wirksamer gegenseitiger Vertrag** bestehen. § 320 gilt nicht für unvollkommen zweiseitige Verträge, bei denen beide Parteien zwar Leistungspflichten haben, zwischen diesen aber kein Gegenseitigkeitsverhältnis besteht (z.B. Leihe, Auftrag). Hier kommt nur ein Zurückbehaltungsrecht aus § 273 in Betracht.

b) Leistungspflichten im Gegenseitigkeitsverhältnis

10 Die Einrede des nichterfüllten Vertrages knüpft an das Synallagma an. Sie besteht deshalb nur, wenn das **Gegenseitigkeitsverhältnis** (das als solches ja schon Voraussetzung des gegenseitigen Vertrages ist) **zwischen der verweigerten Leistungspflicht und der Gegenleistungspflicht** besteht. Das ist stets bei den Hauptleistungspflichten der Fall; im Einzelfall können die Parteien aber auch ein Gegenseitigkeitsverhältnis zwischen einer Nebenleistungspflicht und der Gegenleistungspflicht wollen. Fehlt es zwischen den beiden Pflichten am Gegenseitigkeitsverhältnis, kommt auch beim gegenseitigen Vertrag § 273 zur Anwendung.

Beispiele: Käufer K verweigert die Kaufpreiszahlung, weil Verkäufer V die Kaufsache noch nicht übergeben und übereignet hat. Diese beiden Pflichten stehen im Gegenseitigkeitsverhältnis, weil K sich nur deshalb zur Kaufpreiszahlung verpflichtet hat, weil V sich zur Übergabe und Übereignung verpflichtet hat und umgekehrt. – Beim Mietvertrag stehen die Pflicht des Vermieters zur Gebrauchsüberlassung (§ 535 Abs. 1 S. 1) und die Pflicht des Mieters zur Mietzahlung (§ 535 Abs. 2) im Gegenseitigkeitsverhältnis, nicht jedoch die Pflicht zur Rückgabe der Mietsache bei Beendigung des Mietverhältnisses (§ 546 Abs. 1).

c) Fälligkeit des Anspruchs auf Gegenleistung

Wenn die Gegenleistung mangels Fälligkeit noch nicht erbracht werden muss, aber die verweigerte Leistung bereits fällig ist, besteht eine **Vorleistungspflicht des Schuldners**: Er muss seine Leistung zeitlich vor der anderen Partei erbringen. Das ändert nichts am Synallagma, schließt aber gleichwohl ein Leistungsverweigerungsrecht aus, weil die Parteien gerade wollten, dass eine Partei ihre Leistung erbringen muss, ohne (schon) die Gegenleistung zu erhalten. Dementsprechend ist das Fehlen einer Vorleistungspflicht nach § 320 Abs. 1 S. 1 Voraussetzung der Einrede des nichterfüllten Vertrages. Der vorleistungspflichtige Schuldner kann nur die in § 321 geregelte **Unsicherheitseinrede** erheben, sofern nach Vertragsabschluss erkennbar wird, dass der Anspruch auf die Gegenleistung durch mangelnde Leistungsfähigkeit des anderen Teils gefährdet wird.

11

Beispiel: B hat U mit der Reparatur ihrer Heizungsanlage beauftragt. U will erst mit den Arbeiten beginnen, wenn B den vereinbarten Werklohn gezahlt hat; B verlangt jedoch, dass U erst die Reparatur abschließt. Gegen den Anspruch der B aus dem Werkvertrag gem. § 631 Abs. 1 auf Vornahme der Reparatur kann U nicht die Einrede aus § 320 Abs. 1 erheben, weil der Werklohnanspruch nach § 641 Abs. 1 S. 1 mit der Abnahme fällig wird und die Abnahme nach § 640 Abs. 1 S. 1 die Herstellung des Werks voraussetzt. U könnte nur die Unsicherheitseinrede des § 321 Abs. 1 erheben, falls schon jetzt erkennbar ist, dass B bei Fälligkeit des Werklohnanspruchs nicht in der Lage sein wird, diesen zu erfüllen.

Ist der Anspruch auf die Gegenleistung wegen Eintritts der **Verjährung** lediglich nicht mehr durchsetzbar, so bleibt dem Schuldner die Einrede des nichterfüllten Vertrages erhalten, wenn diese schon zu einer Zeit bestand, zu der noch keine Verjährung eingetreten war. § 215 regelt das zwar nur für das Zurückbehaltungsrecht nach § 273; für die Einrede aus § 320 kann jedoch nichts anderes gelten, da diese den Schuldner nicht schlechter stellen will als er nach § 273 stünde – § 215 gilt deshalb analog.[1]

12

d) Keine vollständige Erfüllung der Gegenleistung

Wurde die Gegenleistung vollständig erbracht, liegt kein Verweigerungsgrund mehr vor. Hingegen bleibt dem Schuldner die Einrede des nichterfüllten Vertrages bezüglich seiner ganzen geschuldeten Leistung erhalten, wenn die Gegenleistung nur **teilweise** erbracht wurde. Auch dies ist Folge des Synallagmas, das weiterhin besteht. § 320 Abs. 2 schließt die Einrede nur aus, wenn die Verweigerung nach den Umständen, insbesondere wegen unverhältnismäßiger Geringfügigkeit des rückständigen Teils, gegen Treu und Glauben verstoßen würde.

13

e) Eigene Vertragstreue des Schuldners

Wer ein Leistungsverweigerungsrecht geltend machen will, muss grundsätzlich **zur Erbringung der Leistung bereit** sein. Ist der Schuldner dies nicht (z.B. weil er seine Leistung endgültig nicht erbringen will), so kann er sich nicht auf § 320 berufen, weil die

14

---

1 Hk-BGB/Schulze, § 320 Rn. 4; Palandt/Grüneberg, § 320 Rn. 5.

Einrede des nichterfüllten Vertrages nur dazu dient, das Synallagma auch bei der Erfüllung durchzusetzen.[2] Will er hieran endgültig nicht mehr festhalten, muss er zu entsprechenden Mitteln wie dem Rücktritt vom Vertrag oder einem Anspruch auf Schadensersatz statt der Leistung greifen.

f) Kein Ausschluss der Einrede

15 § 320 ist eine **dispositive Vorschrift**, deren Geltung die Parteien durch individuelle vertragliche Vereinbarung ausschließen können. Ein Ausschluss durch AGB ist hingegen nach § 309 Nr. 2 lit. a) nicht möglich.

3. Rechtsfolgen

16 Der Schuldner darf nach § 320 Abs. 1 S. 1 die Leistung verweigern, bis der Gläubiger die Gegenleistung erbringt. Es handelt sich um eine **dilatorische Einrede**, die dem Schuldner nur ein vorübergehendes Leistungsverweigerungsrecht gewährt. Dementsprechend wird eine gegen ihn gerichtete Klage auch nicht abgewiesen, sondern er wird zur Leistung Zug um Zug gegen Erhalt der Gegenleistung verurteilt (§ 322 Abs. 1). Der Gläubiger kann das Leistungsverweigerungsrecht des Schuldners nur verhindern bzw. wieder beseitigen, indem er die von ihm geschuldete Leistung anbietet. Eine Abwendung durch Sicherheitsleistung, wie sie beim Zurückbehaltungsrecht nach § 273 Abs. 3 möglich ist, ist bei der Einrede des nichterfüllten Vertrages ausgeschlossen, § 320 Abs. 1 S. 3.

17 Da es sich um eine Einrede handelt, muss sie grundsätzlich vom Schuldner geltend gemacht werden. Die **Erhebung der Einrede** ist indessen nur im Prozess Voraussetzung für die Verurteilung zur Leistung Zug um Zug (§ 322 Abs. 1). Erhebt der Schuldner die Einrede hier nicht, wird er zur vorbehaltslosen Leistung verurteilt; das Gericht wird nicht berücksichtigen, dass die Voraussetzungen des § 320 Abs. 1 vorliegen und die Einrede hätte erhoben werden können. **Materiell-rechtlich** ist hingegen nach h.M. schon das Vorliegen der Einredevoraussetzungen zu berücksichtigen, d.h., dem geltend gemachten Anspruch fehlt es bereits an der Durchsetzbarkeit, wenn die Voraussetzungen des § 320 Abs. 1 gegeben sind, selbst wenn der Schuldner die Einrede nicht erhoben hat.[3] Diese unterschiedliche Behandlung erklärt sich trotz des Wortlauts, der von einem Verweigerungsrecht und damit einer Einrede spricht, aus der von den Parteien gewollten Verknüpfung von Leistungs- und Gegenleistungspflicht: Einer im Gegenseitigkeitsverhältnis stehenden Leistungspflicht fehlt es bereits ihrem Inhalt nach an der Durchsetzbarkeit, solange die andere Partei nicht zur Erbringung ihrer Leistung bereit ist.[4]

4. Hinweise zur Fallbearbeitung

18 § 320 ist als spezielleres Leistungsverweigerungsrecht vor dem allgemeinen Zurückbehaltungsrecht aus § 273 zu prüfen. Da es in der Fallprüfung nur um die materielle Rechtslage geht, ist die Durchsetzbarkeit eines Anspruchs auch dann zu verneinen, wenn der Schuldner die Einrede nicht erhoben hat. Im Ergebnis ist dann festzustellen,

---

2 BGH NJW 2002, 3541 (3542); BGH NJW-RR 2013, 1458 Rn. 26.
3 BGH NJW-RR 2003, 1318 f.; Hk-BGB/Schulze, § 320 Rn. 10; Looschelders, Schuldrecht AT, § 15 Rn. 15 f.; Medicus/Lorenz, Schuldrecht I, Rn. 246.
4 Palandt/Grüneberg, § 320 Rn. 1; Larenz, Schuldrecht I, § 15 I; a.A. Erman/Westermann, § 320 Rn. 2.

dass der Gläubiger die Leistung nur Zug um Zug gegen Erbringung der Gegenleistung verlangen kann (§§ 320, 322). Bei der Prüfung von Sekundäransprüchen des Gläubigers führt das Vorliegen der Voraussetzungen des § 320 dazu, dass kein durchsetzbarer Anspruch gegen den Schuldner besteht, sodass dieser nicht in Schuldnerverzug (§ 286) geraten kann, es sei denn, der Gläubiger bietet zusammen mit der Mahnung die Erbringung seiner Leistung an. Ebenso hindert schon das Bestehen der Einrede Schadensersatzansprüche aus §§ 280 Abs. 1, 3, 281 oder die Entstehung des Rücktrittsrechts aus § 323 Abs. 1.

5. Prüfungsaufbau

I. Gegenseitiger Vertrag 19

II. Leistungspflichten im Gegenseitigkeitsverhältnis

III. Fälligkeit des Anspruchs auf die Gegenleistung

IV. Eigene Vertragstreue des Schuldners

V. Kein Ausschluss der Einrede

    1. Vertraglich (beachte § 309 Nr. 2 lit. a)

    2. Verstoß gegen Treu und Glauben, § 320 Abs. 2

III. Allgemeines Zurückbehaltungsrecht, § 273

1. Dogmatische Grundlage

Ein Schuldner, der aus demselben rechtlichen Verhältnis, auf dem seine Verpflichtung 20 beruht, einen fälligen Anspruch gegen den Gläubiger hat, kann nach § 273 Abs. 1 die von ihm geschuldete Leistung verweigern, bis der Gläubiger seine geschuldete Leistung bewirkt. Anders als bei § 320 beruht dieser rechtliche Zusammenhang von zwei Leistungspflichten nicht auf einem zwischen ihnen bestehenden Synallagma und der sich daraus ergebenden inhaltlichen Beschränkung der Durchsetzbarkeit. Hinter § 273 steht vielmehr die allgemeine Erwägung, dass ein Gläubiger, der seinerseits zur Leistung verpflichtet ist, gegen die Gebote von **Treu und Glauben** verstößt, wenn er vom Schuldner eine Leistung verlangt, ohne zugleich die von ihm geschuldete Leistung anzubieten. Das gilt, wie § 273 Abs. 1 zeigt, freilich nicht für alle Fälle, in denen zwei Parteien sich aus irgendwelchen rechtlichen Beziehungen Leistungen schulden. Treuwidrig ist das Verhalten des Gläubigers nur, wenn beide Ansprüche aus dem gleichen rechtlichen Verhältnis stammen.

2. Voraussetzungen

a) Wechselseitigkeit der Ansprüche

Die Parteien müssen gegeneinander wirksame Ansprüche haben. Handelt es sich um 21 im Gegenseitigkeitsverhältnis stehende Leistungspflichten aus einem gegenseitigen Vertrag, wird § 273 von der spezielleren Einrede des nichterfüllten Vertrages (§ 320) verdrängt.

b) Konnexität der Ansprüche

Beide Ansprüche müssen auf demselben rechtlichen Verhältnis beruhen. Dieser Begriff 22 ist nach der Funktion des § 273 – Wahrung von Treu und Glauben – grundsätzlich weit auszulegen. Es ist nicht erforderlich, dass die beiden Ansprüche aus demselben rechtsgeschäftlichen oder gesetzlichen Schuldverhältnis stammen, weil auch in anderen Fällen die Geltendmachung eines Anspruchs treuwidrig sein kann. So verhält es sich, wenn die Ansprüche auf einem **einheitlichen Lebensverhältnis** beruhen.[5] Dies tun sie, wenn zwischen ihnen ein **natürlicher und wirtschaftlicher Zusammenhang** besteht.

Beispiel: V ist seit Jahren Rohstofflieferant des K. Im Mai bestellt K erneut bei V, der das Angebot annimmt. Bei Fälligkeit verweigert V die Lieferung, weil K ihm noch aus einem im März geschlossenen Vertrag den Kaufpreis schuldet. – K hat einen Anspruch auf Übergabe und Übereignung aus dem im Mai geschlossenen Vertrag, doch kann V die Leistung nach § 273 Abs. 1 verweigern, weil er gegen K aus dem im März geschlossenen Vertrag noch einen Kaufpreiszahlungsanspruch hat. Dieser Anspruch stammt zwar nicht aus dem gleichen Vertrag, beruht aber auf demselben rechtlichen Verhältnis, weil die laufende Geschäftsverbindung zwischen V und K ein einheitliches Lebensverhältnis darstellt, aus dem beide Ansprüche herrühren.

23   Einen Sonderfall regelt § 273 Abs. 2 mit einem eigenen Zurückbehaltungsrecht: Wer zur **Herausgabe eines Gegenstands** verpflichtet ist, kann die Herausgabe verweigern, wenn ihm ein fälliger Anspruch auf Verwendungs- oder Schadensersatz zusteht, sofern er den Gegenstand nicht durch eine vorsätzlich begangene unerlaubte Handlung erlangt hat. Hier besteht kraft Gesetzes Konnexität.

Beispiel: A hat aus Versehen beim Fußballspiel den Fußball in das Wohnzimmerfenster seines Nachbarn N geschossen. N kann die Herausgabe des Fußballs, auf die A aus § 985 einen Anspruch hat, nach § 273 Abs. 2 so lange verweigern, bis A seiner aus § 823 Abs. 1 folgenden Schadensersatzpflicht, die durch die Zerstörung der Fensterscheibe entstanden ist, nachgekommen ist.

c) Fälligkeit des Gegenanspruchs

24   Der Schuldner kann die Leistung wegen seines Gegenanspruchs gegen den Gläubiger nur verweigern, wenn er die Leistung vom Gläubiger bereits fordern kann. Dazu muss der Gegenanspruch fällig sein. Ist er hingegen wegen Eintritts der **Verjährung** lediglich nicht mehr durchsetzbar, kann der Schuldner dennoch das Zurückbehaltungsrecht geltend machen, wenn sich die beiden Ansprüche vor Eintritt der Verjährung bereits fällig gegenüber standen (§ 215). Der so entstandene Rechtsgrund für das Zurückbehaltungsrecht wird durch den späteren Eintritt der Verjährung des Gegenanspruchs nicht mehr beseitigt.

Beispiel: K hat gegen V aus einem 2018 geschlossenen Vertrag einen Anspruch auf Übereignung einer Maschine. Im Februar 2019 verweigert V die Lieferung unter Hinweis auf eine noch offene Forderung gegen K, die aus einem Kaufvertrag aus 2015 stammt. Sofern beide Ansprüche auf demselben rechtlichen Verhältnis beruhen (z.B. aus Verträgen innerhalb einer laufenden Geschäftsbeziehung), steht V das Zurückbehaltungsrecht zu. Zwar ist sein Gegenanspruch aus dem Jahr 2015 zum 31.12.2018 verjährt (§§ 195, 199 Abs. 1). Das hindert die Geltendmachung des Zurückbehaltungsrechts jedoch nicht, wenn V die Leistung schon zu einem Zeitpunkt hätte verweigern können, als noch keine Verjährung eingetreten war, § 215. So verhält es sich, weil der Anspruch des K gegen V auf Lieferung schon 2018 entstanden ist und V mithin die Einrede aus § 273 hätte erheben können, als sein Anspruch gegen K noch nicht verjährt war.

---

5   BGHZ 92, 194 (196); BGHZ 115, 99 (103 f.).

d) Kein Ausschluss des Zurückbehaltungsrechts

Das Zurückbehaltungsrecht besteht ausdrücklich nur, sofern sich aus dem Schuldver- 25
hältnis nichts anderes ergibt. Die Parteien können das Zurückbehaltungsrecht durch
vertragliche Vereinbarung ausschließen. Durch AGB ist dies allerdings nach § 309
Nr. 2 lit. b) für diejenigen Fälle nicht möglich, in denen der Gegenanspruch auf demselben vertraglichen Verhältnis beruht. Gelegentlich schließt das Gesetz ein Zurückbehaltungsrecht ausdrücklich aus (z.B. §§ 175, 570, 596 Abs. 2); im Übrigen können gesetzliche Aufrechnungsverbote analog auch auf das Zurückbehaltungsrecht Anwendung
finden, sofern ihr Zweck dies gebietet (z.B. kein Zurückbehaltungsrecht, wenn die
Leistungspflicht des Schuldners aus einer vorsätzlichen unerlaubten Handlung stammt,
§ 393 analog).[6] Aus der **Natur des Schuldverhältnisses** kann ein Ausschluss vor allem
dann folgen, wenn der Leistungsgegenstand sich seiner Art nach nicht zur Zurückbehaltung eignet (z.B. verderbliche Lebensmittel) oder für den Gläubiger so überragende
Bedeutung hat, dass das Zurückbehaltungsinteresse des Schuldners zurücktreten muss
(z.B. unpfändbarer Lohn, Unterhaltsansprüche, Dokumente mit öffentlicher Bedeutung wie Reisepass).[7] Aus Treu und Glauben kann ein Ausschluss folgen, wenn der
Schuldner bereits hinreichend gesichert ist oder nur noch ein geringfügiger Teil der
Leistung des Gläubigers aussteht (Gedanke des § 320 Abs. 2).[8]

3. Rechtsfolgen

Wie bei § 320 Abs. 1 handelt es sich auch beim Zurückbehaltungsrecht um eine **auf-** 26
schiebende Einrede. Der Schuldner kann die Erbringung seiner Leistung so lange verweigern, bis der Gläubiger seine geschuldete Leistung bewirkt. Eine gegen den Schuldner gerichtete Klage wird nicht abgewiesen, sondern er wird zur Leistung Zug um Zug
gegen Erhalt der Leistung des Gläubigers verurteilt, § 274 Abs. 1. Der Gläubiger kann
zudem nach § 273 Abs. 3 die Ausübung des Zurückbehaltungsrechts durch Sicherheitsleistung abwenden.

Das Zurückbehaltungsrecht ist eine Einrede, die vom Schuldner **erhoben** werden muss. 27
Anders als bei § 320 Abs. 1 gilt das nicht nur im **Prozess** (vgl. § 274 Abs. 1), sondern
auch **materiell-rechtlich,** weil das Zurückbehaltungsrecht nicht auf dem Inhalt der beiden Ansprüche, sondern allein auf Treu und Glauben beruht. Der Anspruch gegen den
Schuldner ist daher solange durchsetzbar, wie er die Einrede nicht erhoben hat.

4. Hinweise zur Fallbearbeitung

Bei der Prüfung eines Anspruchs ist im Rahmen der Durchsetzbarkeit auf § 273 nur 28
einzugehen, wenn es sich nicht um Ansprüche aus einem gegenseitigen Vertrag handelt, die im Gegenseitigkeitsverhältnis stehen; bei nicht im Gegenseitigkeitsverhältnis
stehenden Ansprüchen findet § 273 hingegen auch bei gegenseitigen Verträgen Anwendung. Die Durchsetzbarkeit fehlt nur, wenn der Schuldner die Einrede erhoben hat.
Dies ist ausdrücklich festzustellen. Hat der Schuldner die Einrede noch nicht erhoben,
darf die Durchsetzbarkeit nicht verneint werden; wohl aber kann darauf hingewiesen
werden, dass diese entfällt, wenn der Schuldner die Einrede erhebt. Ist die Einrede er-

---

6 RGZ 123, 6 (8); BayObLG NJW-RR 1991, 1234 (1235); Hk-BGB/Schulze, § 273 Rn. 10; Palandt/Grüneberg, § 273
   Rn. 14.
7 Palandt/Grüneberg, § 273 Rn. 15.
8 Erman/Artz, § 273 Rn. 26; Hk-BGB/Schulze, § 273 Rn. 13.

hoben, kann der Gläubiger die Leistung nur Zug um Zug gegen Erbringung der Gegenleistung verlangen. Außerdem fehlt es dann an einem durchsetzbaren Anspruch, sodass der Schuldner nicht in Schuldnerverzug (§ 286) geraten kann; der Gläubiger hat keinen Anspruch auf Schadensersatz statt der Leistung (§§ 280 Abs. 1, 3, 281) und kein Rücktrittsrecht (§ 323 Abs. 1).

5. Prüfungsaufbau

29   I.   Wechselseitigkeit der Ansprüche

II.   Konnexität der Ansprüche

III. Fälligkeit des Gegenanspruchs

IV. Kein Ausschluss des Zurückbehaltungsrechts

    1. Vertraglich (beachte § 309 Nr. 2 lit. b)

    2. Gesetzlich (§§ 175, 570, 596 Abs. 2; § 393 analog)

    3. Natur des Schuldverhältnisses

    4. Verstoß gegen Treu und Glauben, § 242

V.   Erhebung der Einrede

WIEDERHOLUNGS- UND VERTIEFUNGSFRAGEN

30   1. Welche Funktion hat die Einrede des nichterfüllten Vertrages aus § 320? (Rn. 1, 2)

2. Welche Funktion hat das Zurückbehaltungsrecht aus § 273? (Rn. 1, 2)

3. A hat sich verpflichtet, drei Monate lang den Hund des B zu versorgen. Zu diesem Zweck hat er von B den Impfpass des Tieres erhalten. Nach Ablauf der drei Monate gibt A dem B den Hund zurück. Den Impfpass will er hingegen erst herausgeben, wenn B ihm die Kosten für die Verpflegung des Hundes ersetzt hat. Kann A die Herausgabe des Impfpasses verweigern?

4. Was ist im Zusammenhang mit § 273 mit der Konnexität der Ansprüche gemeint? (Rn. 22)

5. Kann der Schuldner nach § 273 oder § 320 die Leistung verweigern, wenn der Gegenanspruch bereits verjährt ist? (Rn. 12, 24)

6. Nach h.M. ist bei der Frage, ob die Einrede des nichterfüllten Vertrages vom Schuldner erhoben werden muss, zwischen der Wirkung im Prozess und der materiell-rechtlichen Wirkung zu differenzieren. Wie ist zu differenzieren und worauf kann die unterschiedliche Behandlung gestützt werden? (Rn. 16, 17, 27)

7. Kann der Schuldner nach § 320 die Erfüllung einer Hauptleistungspflicht verweigern, weil der Gläubiger seine Nebenleistungspflicht noch nicht erbracht hat? (Rn. 10)

8. Was ist die Unsicherheitseinrede? (Rn. 11)

D. Erlöschen von Schuldverhältnissen

§ 13 Die Erfüllung

I. Begriff und dogmatische Einordnung

Sinn und Zweck von Leistungspflichten ist es, dass der Gläubiger die ihm geschuldete Leistung erhält. Ist dies geschehen, muss das Auswirkungen auf die Leistungspflicht haben, da sonst der Gläubiger die Leistung noch einmal vom Schuldner verlangen könnte. § 362 Abs. 1 verhindert dies, indem er anordnet, dass das Schuldverhältnis (im engeren Sinne, d.h. die Leistungspflicht) erlischt, wenn die **geschuldete Leistung an den Gläubiger bewirkt** wird. Ist dies geschehen, ist dem Leistungsinteresse des Gläubigers Genüge getan.[1] 1

Nach dem Gesetzeswortlaut genügt für den Eintritt der Erfüllung die bloße Bewirkung der Leistung, d.h. ein rein tatsächlicher Vorgang (**Theorie der realen Leistungsbewirkung**, h.M.).[2] Auf den Willen der Parteien des Schuldverhältnisses oder zumindest des Leistenden scheint es nicht anzukommen. Ob das richtig ist oder nicht doch noch ein zusätzliches rechtsgeschäftliches Element für den Eintritt der Rechtsfolge – Erlöschen der Leistungspflicht – erforderlich ist, ist seit jeher umstritten. Die heute nur noch selten vertretene **Vertragstheorie** verlangt einen Erfüllungsvertrag zwischen Schuldner und Gläubiger, weil der Gläubiger sonst seinen Anspruch ohne sein Zutun verliere;[3] einer einschränkenden Meinung zufolge soll dies nur dann gelten, wenn die Erfüllungshandlung in einem Rechtsgeschäft besteht (eingeschränkte Vertragstheorie).[4] Für die Notwendigkeit eines solchen Vertrages gibt es im Gesetz jedoch keinen Anhaltspunkt. Ein solcher findet sich allerdings für die **Theorie der finalen Leistungsbewirkung**, derzufolge der Eintritt der Erfüllung von einer zusätzlichen einseitigen Zweckbestimmung des Leistenden abhängt.[5] Tatsächlich kennt § 366 Abs. 1 eine solche einseitige Tilgungsbestimmung für den Fall, dass der Schuldner dem Gläubiger aus mehreren Schuldverhältnissen gleichartige Leistungen schuldet – genügt dann das Geleistete nicht zur Tilgung sämtlicher Schulden, so wird jene Schuld getilgt, die der Schuldner bei der Leistung bestimmt hat. Ferner kommt es auch für die Bestimmung der Leistung im Bereicherungsrecht ganz wesentlich auf eine Zweckbestimmung an. Der Idee eines einheitlichen Leistungsbegriffs im BGB steht jedoch § 366 Abs. 2 entgegen: Erfüllung tritt in Fällen, in denen das Geleistete nicht ausreicht, um alle Schulden zu tilgen, auch ohne Tilgungsbestimmung ein. § 366 Abs. 2 zeigt, dass eine Leistungsbestimmung möglich, aber nicht nötig ist. Das spricht für die herrschende Theorie der realen Leistungsbewirkung, die eine tatsächlich erfolgte Tilgungsbestimmung anerkennt, aber nicht voraussetzt. 2

---

1 Zur Vertiefung: Bülow, Grundfragen der Erfüllung und ihrer Surrogate, JuS 1991, 529; Looschelders/Erm, Die Erfüllung - dogmatische Grundlagen und aktuelle Probleme, JA 2014, 161; Lorenz, Grundwissen Zivilrecht: Erfüllung (§ 362), JuS 2009, 109; Muscheler/Bloch, Erfüllung und Erfüllungssurrogate, JuS 2000, 729.
2 BGH NJW 1991, 1294 (1295); BGH NJW 2007, 3488 Rn. 17; BGHZ 205, 90 Rn. 13; Erman/Buck-Heeb, § 362 Rn. 3; MünchKomm/Fetzer, § 362 Rn. 10; Staudinger/Olzen (2016), vor §§ 362 ff. Rn. 14.
3 Ehmann, NJW 1966, 1833.
4 Fikentscher/Heinemann, Schuldrecht, Rn. 314 f.
5 Gernhuber, Erfüllung, § 5 II, 8; Harke, Allg. Schuldrecht, Rn. 355; Soergel/Schreiber, vor § 362 Rn. 6.

3   **Hinweis zur Fallbearbeitung:** Erfüllung führt zum Erlöschen der Forderung und ist deshalb als rechtsvernichtende Einwendung zu prüfen. Auf den Streit, ob neben dem Bewirken der Leistung noch weitere rechtsgeschäftliche Anforderungen erfüllt sein müssen, ist nur einzugehen, wenn dies erkennbar Bedeutung für die Falllösung hat. Dies ist vor allem bei einer Leistung an einen minderjährigen Gläubiger der Fall (siehe Rn. 7).

II. Voraussetzungen der Erfüllung

1. Bewirken der Leistung

4   Was geschehen sein muss, damit ein Bewirken der Leistung vorliegt, hängt vom Inhalt der Leistungspflicht ab. Ist diese auf die Herbeiführung eines Leistungserfolgs gerichtet, so liegt ein Bewirken nur vor, wenn der **Leistungserfolg eingetreten** ist, weil erst dann das Gläubigerinteresse befriedigt ist. Die bloße Vornahme der Leistungshandlungen genügt daher nur, wenn dem Inhalt der Schuld nach nicht mehr als diese geschuldet war.

Beispiele: Der Verkäufer schuldet Übergabe und Übereignung der Kaufsache (§ 433 Abs. 1 S. 1). Erfüllung tritt erst ein, wenn der Käufer Besitz und Eigentum an der Sache erlangt hat. Die bloße Vornahme der Leistungshandlungen (z.B. Versand der Sache) genügt für die Erfüllung selbst dann nicht, wenn der Eintritt des Leistungserfolgs am Verhalten des Gläubigers (z.B. Annahmeverweigerung) oder aus sonstigen vom Schuldner nicht zu vertretenden Umständen (z.B. Diebstahl auf dem Transport) scheitert. – Der Dienstverpflichtete schuldet die Leistung von Diensten (§ 611 Abs. 1), d.h. die Vornahme einer Leistungshandlung; die Pflicht erlischt, wenn die Handlung vorgenommen wird.

5   Ein Bewirken der Leistung kann ferner nur dann vorliegen, wenn der Eintritt des Leistungserfolgs durch eine Leistung, d.h., **durch Tun oder Unterlassen** des Schuldners oder eines Dritten i.S.d. § 267 herbeigeführt worden ist. Ein zufälliger Eintritt des Leistungserfolgs führt nicht zur Erfüllung, sondern zum Eintritt der Unmöglichkeit wegen Zweckerreichung (§ 275 Abs. 1, siehe § 19 Rn. 6).

Beispiel: A ruft einen kommerziellen Tierretter, um seine auf einem Baum festsitzende Katze zu retten. Bevor der Retter eintrifft, gelingt es der Katze, den Baum zu verlassen. Damit ist der mit der Leistung bezweckte Erfolg eingetreten, doch ist dies nicht die Folge der Leistungshandlung.

2. Geschuldete Leistung

6   Die Leistung muss **wie geschuldet** erbracht werden. Das ist nicht der Fall, wenn sie unvollständig oder mangelhaft ist oder ein anderer als der geschuldete Gegenstand geleistet wurde. Eine Leistung zur falschen Zeit oder am falschen Ort hindert den Eintritt der Erfüllung nicht in jedem Fall, sondern nur dann, wenn es sich bei Zeit und Ort um Identitätsmerkmale der Leistung handelt.[6] Die Annahme einer nicht ordnungsgemäßen Leistung als Erfüllung führt nicht zum Erlöschen der Leistungspflicht, sondern nur zu einer **Beweislastumkehr:** Der Gläubiger muss, wenn er vom Schuldner weiterhin die geschuldete Leistung verlangt, beweisen, dass die angenommene Leistung unvollständig oder nicht die geschuldete Leistung war, § 363. Davon zu unterscheiden ist die Annahme einer anderen als der geschuldeten Leistung an Erfüllungs statt; sie führt zum Erlöschen der Leistungspflicht (§ 364 Abs. 1, siehe Rn. 20).

---

6 MünchKomm/Fetzer, § 362 Rn. 5; Staudinger/Olzen (2016), § 362 Rn. 16; Muscheler/Bloch, JuS 2000, 729 (731).

3. Leistung an Gläubiger

a) Empfangszuständiger Gläubiger

Die Leistung muss **an den Gläubiger**, seinen Empfangsvertreter oder -boten oder seine Zahlstelle bewirkt worden sein, d.h., bei ihm muss der Leistungserfolg eingetreten sein, § 362 Abs. 1.[7] Hierzu ist allerdings erforderlich, dass der Gläubiger **empfangszuständig** ist. Dies ist – wie § 362 Abs. 2 zeigt – der Fall, wenn der Gläubiger befugt ist, über die Forderung zu verfügen. Das ist der Regelfall, doch in einigen Fällen nimmt das Gesetz einer Person die Befugnis, über die Forderung zu verfügen (z.B. Insolvenz des Gläubigers, § 80 Abs. 1 InsO; Testamentsvollstreckung, § 2211 Abs. 1). In solchen Fällen verliert der Gläubiger auch die Empfangszuständigkeit. Nach h.M. fehlt sie auch dem **geschäftsunfähigen oder beschränkt geschäftsfähigen Gläubiger**.[8] Das wird insbesondere relevant, wenn ein Minderjähriger Gläubiger eines Übereignungsanspruchs ist. Die Übereignung der geschuldeten Sache ist bei Geschäftsunfähigkeit nach § 105 Abs. 1 nichtig, weil die notwendige Einigung (§§ 873 Abs. 1, 929 S. 1) eine Willenserklärung auch des Gläubigers verlangt. Bei beschränkter Geschäftsfähigkeit ist die Annahme des Einigungsangebots durch den Minderjährigen jedoch ein lediglich rechtlich vorteilhaftes Geschäft i.S.d. § 107, weil er dadurch Eigentum erwirbt. Davon zu trennen ist die Frage, ob Erfüllung nach § 362 Abs. 1 eintritt. Diese führt für den Minderjährigen zum Verlust des Anspruchs auf Übereignung. Dieser Verlust nimmt zwar der Übereignung selbst nicht den Charakter eines lediglich vorteilhaften Geschäfts i.S.d. § 107, weil er nicht unmittelbar durch die Übereignung eintritt und sich auch nur auf das Verpflichtungsgeschäft bezieht (Abstraktionsprinzip).[9] Er stellt aber den Schutz des Minderjährigen infrage, weil der Verlust des Anspruchs für ihn einen rechtlichen Nachteil bedeutet. § 107 ist allerdings nur dann unmittelbar anwendbar, wenn man für den Eintritt der Erfüllungswirkung einen Erfüllungsvertrag verlangt. Hält man hingegen eine einseitige Tilgungsbestimmung durch den Schuldner für erforderlich (Theorie der finalen Leistungsbewirkung), kann das gleiche Ergebnis über § 132 Abs. 2 S. 2 erreicht werden. Lässt man aber schon das Bewirken der Leistung genügen (Theorie der realen Leistungsbewirkung), kann der Minderjährigenschutz durch eine analoge Anwendung des § 107 im Sinne einer fehlenden Empfangszuständigkeit erreicht werden. Dann tritt Erfüllung nur ein, wenn die Leistung an den gesetzlichen Vertreter gelangt oder dieser der Leistung an den Minderjährigen zugestimmt hat.[10]

b) Leistung an Nichtgläubiger

Eine Leistung an eine Person, die nicht Gläubiger ist, führt nicht zur Erfüllung nach § 362 Abs. 1.[11] Nach § 362 Abs. 2 kommt es aber zum Erlöschen der Leistungspflicht, wenn die Voraussetzungen des § 185 vorliegen. Der Eintritt der Erfüllung hängt dann davon ab, ob die Leistung an den Dritten mit Einwilligung des Gläubigers erfolgt ist (§ 185 Abs. 1) oder sie nachträglich von ihm genehmigt wurde (§ 185 Abs. 2). Eine solche **Empfangsermächtigung** kann sich auch aus dem Gesetz ergeben (z.B. §§ 1074, 1282).

---

7 Zur Vertiefung: Taupitz, Vertragserfüllung durch Leistung an den „Vertreter" des Gläubigers, JuS 1992, 449.
8 BGHZ 205, 90 Rn. 15; MünchKomm/Fetzer, § 362 Rn. 15; Palandt/Grüneberg, § 362 Rn. 4; Larenz, Schuldrecht I, § 18 I; a.A. Harder, JuS 1977, 149 ff.; van Veenroy, BB 1980, 1017.
9 MünchKomm/Spickhoff, § 107 Rn. 63; Staudinger/Olzen (2016), § 362 Rn. 38; krit. Köhler, JZ 1983, 225 (227).
10 Köhler, BGB AT, § 10 Rn. 18; MünchKomm/Fetzer, § 362 Rn. 15; PWW/Pfeiffer, § 362 Rn. 9.
11 Zur Vertiefung: Petersen, Die Leistung an den Nichtberechtigten, Jura 2010, 281 ff.

9   Die Leistung an einen Nichtgläubiger kann für den Schuldner ferner zur Leistungsbefreiung führen, wenn er besonders **schutzwürdig** ist. So verhält es sich insbesondere, wenn es ohne sein Zutun zu einem Gläubigerwechsel gekommen ist und er in Unkenntnis dieses Vorgangs an den alten Gläubiger leistet. Entsprechende Regelungen finden sich in §§ 407 ff. (siehe § 39 Rn. 25), 566 c, 567 b. Ist die Schuld verbrieft, so kann der Schuldner ggf. befreiend auch an den Inhaber der Urkunde leisten, selbst wenn dieser nicht Gläubiger ist (§§ 793 Abs. 1 S. 2, 808, 809). Hat der Gläubiger eine **Quittung** über den Empfang der Leistung erteilt (siehe Rn. 13), bevor er die Leistung erhalten hat, so kann der Schuldner nach § 370 leistungsbefreiend an den Überbringer der Quittung leisten. Diese Regelung beruht auf der fehlenden Schutzwürdigkeit des Gläubigers und findet daher nur auf echte (vom Gläubiger ausgestellte) Quittungen Anwendung.

III. Rechtsfolgen der Erfüllung

1. Erlöschen der Leistungspflicht

10   Erfüllung führt zum **Erlöschen der Leistungspflicht**. Das Schuldverhältnis i.w.S. bleibt bestehen, bis alle Leistungs- und Schutzpflichten erfüllt sind.

11   Bestehen **mehrere gleichartige Forderungen** des Gläubigers gegen den Schuldner (aus demselben oder mehreren Schuldverhältnissen i.w.S.) und genügt die bewirkte Leistung nicht, um alle Forderungen zu tilgen, stellt sich die Frage, welche Leistungspflichten erloschen sind.[12] Das ist für den Gläubiger wichtig, weil z.B. für die nicht erloschenen Leistungspflichten möglicherweise weiterhin Zinsen anfallen, die vom Schuldner zu begleichen sind. Nach § 366 Abs. 1 kommt es vorrangig darauf an, welche Forderung der Schuldner als diejenige bestimmt hat, auf die er leistet. Diese **Tilgungsbestimmung** ist eine einseitige empfangsbedürftige Willenserklärung, die ausdrücklich, aber auch konkludent abgegeben werden kann (z.B. Angabe der Rechnungsnummer, Überweisung eines genau nur auf eine Forderung passenden Betrages). Sie muss dem Wortlaut nach spätestens bei der Leistung erfolgen, aber die Parteien können vereinbaren, dass der Schuldner die Tilgungsbestimmung nachholen darf.[13] Fehlt eine Tilgungsbestimmung oder ist sie zu spät erfolgt, so gilt die in § 366 Abs. 2 bestimmte **Tilgungsreihenfolge:** Fällige Schulden werden vor noch nicht fälligen (aber schon erfüllbaren) Forderungen getilgt. Sind mehrere Forderungen fällig, werden zuerst jene getilgt, die für den Gläubiger bei Anlegung wirtschaftlicher Maßstäbe die geringste Sicherheit bieten (z.B. Art der Sicherung, Möglichkeiten ihrer Realisierung). Sind mehrere Forderungen auch gleich sicher, wird die für den Schuldner lästigste Schuld getilgt. Hier kommt es vor allem auf die Nachteile an, die für den Schuldner bei Nichttilgung eintreten (z.B. höhere Zinsen, Vertragsstrafe). Sind mehrere Forderungen gleich lästig, wird diejenige getilgt, die gemessen an ihrem Entstehungszeitpunkt die älteste ist. Sind mehrere Forderungen auch gleich alt, so erfolgt eine verhältnismäßige Tilgung.

12   Ist der Schuldner wegen einer Leistungspflicht auch verpflichtet, auf die Schuld angefallene **Zinsen** zu leisten (z.B. aus § 288) oder dem Gläubiger **Kosten** der Durchsetzung

---

12 Zur Vertiefung: Avenarius, Die Anrechnung von Teilleistungen auf mehrere Forderungen bei Fehlen einer Tilgungsbestimmung, AcP 203 (2003), 511 ff.; Ehricke, Die Anfechtung einer Tilgungsbestimmung gem. § 366 Abs. 1 BGB wegen Irrtums, JZ 1999, 1075; Peters, § 366 BGB bei einer Mehrheit von Gläubigern, JR 2007, 397.
13 BGH NJW-RR 2009, 1053 Rn. 46; zur Vertiefung Schulz-Merkel/Meier, Spielarten der Tilgungsbestimmung, JA 2016, 333.

seines Anspruchs zu ersetzen (z.B. aus §§ 280 Abs. 1, 2, 286), so handelt es sich hierbei nicht um mehrere Forderungen i.S.d. § 366, sondern um **eine Forderung aus Haupt- und Nebenleistungen.** Genügt das Geleistete nicht zur Tilgung der gesamten Forderung, so werden nach § 367 Abs. 1 zuerst die Kosten, dann die Zinsen und erst zum Schluss die Hauptleistung getilgt. Der Schuldner hat kein Tilgungsbestimmungsrecht; bestimmt er aber eine andere Anrechnung, kann der Gläubiger die Annahme der Leistung ablehnen, § 367 Abs. 2. Beim Allgemein-Verbraucherdarlehensvertrag gilt nach § 497 Abs. 3 S. 1 eine andere Tilgungsreihenfolge.

2. Pflichten des Gläubigers

Auf Verlangen des Schuldners muss der Gläubiger den Empfang der Leistung schriftlich durch eine **Quittung** bestätigen, § 368 S. 1. Das dient dem Beweissicherungsinteresse des Schuldners, der dementsprechend nach § 369 Abs. 1 die Kosten zu tragen hat. Da der Schuldner einen Anspruch auf Quittungserteilung hat und da diese „gegen Empfang der Leistung" zu erfolgen hat, kann der erfüllungsbereite Schuldner, der eine Quittung verlangt, die Leistung nach § 273 Abs. 1 so lange zurückbehalten, bis die Quittung erteilt ist. Das setzt allerdings voraus, dass er seiner Pflicht, die Kosten der Erteilung vorzuschießen (§ 369 Abs. 1), nachgekommen ist, weil sonst der Gläubiger seinerseits nach § 273 Abs. 1 berechtigt ist, die Quittung zurückzubehalten. Wurde über die Forderung ein **Schuldschein,** d.h. eine dem Beweis dienende Urkunde ausgestellt, kann der Schuldner Herausgabe verlangen, wenn er die Schuld erfüllt, § 371. 13

IV. Annahme einer anderen als der geschuldeten Leistung

1. Abgrenzungen

Wird eine andere als die geschuldete Leistung bewirkt, tritt keine Erfüllung nach § 362 ein. Der Gläubiger kann diese Leistung zurückweisen, ohne in Annahmeverzug zu geraten. Nimmt er sie jedoch an, stellt sich die Frage, welche rechtliche Bedeutung dies hat. Grundsätzlich kommen drei Einordnungen in Betracht.[14] 14

■ Die angenommene Leistung kann als **Sicherheit für die geschuldete Leistung** dienen. Ist dies gewollt, so soll der Gläubiger auf den sicherungshalber hingegebenen Gegenstand erst zurückgreifen dürfen, wenn es dem Schuldner endgültig nicht gelingt, die geschuldete Leistung zu erbringen. Deshalb bleibt bei der Hingabe sicherheitshalber die Leistungspflicht bestehen. 15

■ Die angenommene Leistung kann einen Gegenstand darstellen, aus dem der Gläubiger vorrangig Befriedigung suchen soll. Bei einer solchen **Leistung erfüllungshalber** bleibt die Leistungspflicht bestehen, aber der Gläubiger soll die geschuldete Leistung erst dann wieder verlangen können, wenn es ihm nicht gelingt, aus dem anderen Gegenstand vollständige Befriedigung zu erlangen. Gelingt ihm dies, erlischt die Leistungspflicht. 16

14 Zur Vertiefung: Brechtel, Die Leistung an Erfüllungs statt im Kontext der bargeldlosen Zahlung, WM 2016, 1057; Harder, Die Leistung an Erfüllungs Statt (1976); Köhler, Die Leistung erfüllungshalber, WM 1977, 242; Looschelders/Erm, Die Erfüllung - dogmatische Grundlagen und aktuelle Probleme, JA 2014, 161; Muscheler/Bloch, Erfüllung und Erfüllungssurrogate, JuS 2000, 729 ff.; Schreiber, Leistungen an Erfüllungs Statt und erfüllungshalber, Jura 1996, 328.

17 ▪ Die angenommene Leistung kann schließlich an die Stelle der geschuldeten Leistung treten. Bei einer solchen **Leistung an Erfüllungs statt** erlischt die Leistungspflicht, § 364 Abs. 1.

18 Welche Einordnung vorzunehmen ist, ist durch **Auslegung der Parteivereinbarung** zu ermitteln. Maßgeblich ist, sofern es an einer ausdrücklichen Vereinbarung fehlt, ob der Gläubiger zur Verwertung verpflichtet sein soll und wer das **Risiko der Werthaltigkeit** bezüglich des hingegebenen Gegenstands tragen soll. Bei der Leistung sicherungshalber besteht keine Verwertungspflicht, wohl aber bei der Leistung erfüllungshalber. Bei dieser wiederum trägt der Schuldner das Verwertungsrisiko, weil die ursprüngliche Schuld nur insoweit erlischt, wie die Verwertung gelingt. Demgegenüber trifft bei der Leistung an Erfüllungs statt den Gläubiger das Risiko der Werthaltigkeit, weil mit Annahme des Gegenstands der Anspruch auf die ursprünglich geschuldete Leistung erlischt.

Beispiel: A schuldet dem B aus einem Darlehen 1.000 €. Zum Fälligkeitstermin ist A nicht in der Lage, die Schuld zu begleichen. Stattdessen bietet sie B eine goldene Uhr an. B nimmt sie mit den Worten „Ich schau mal, was die so bringt". Kann B von A noch Zahlung von 1.000 € verlangen? – Anspruchsgrundlage ist der Darlehensvertrag gem. § 488 Abs. 1 S. 2. Der Anspruch ist nicht durch Erfüllung (§ 362 Abs. 1) untergegangen, weil A die geschuldete Leistung nicht erbracht hat. Er wäre nach § 364 Abs. 1 untergegangen, wenn B die Uhr an Erfüllungs statt angenommen hat. Offenbar wollen die Parteien, dass die Uhr von B verwertet wird, sodass keine Leistung sicherungshalber vorliegt. Gegen eine Leistung an Erfüllungs statt spricht, dass der Wert der Uhr geringer sein kann als 1.000 € und dass sich dem Geschehen nicht hinreichend deutlich entnehmen lässt, dass B das Risiko der Werthaltigkeit übernommen hat. Es liegt daher eine Leistung erfüllungshalber vor. Da eine Verwertung noch nicht stattgefunden hat, ist der Anspruch des B nicht erloschen. Ihm fehlt es aber an der Durchsetzbarkeit (siehe Rn. 24).

19 Eine gesetzliche Auslegungsregel findet sich in § 364 Abs. 2: Geht der Schuldner zur Befriedigung des Gläubigers diesem gegenüber eine **neue Verbindlichkeit** ein (z.B. Hingabe eines Schecks oder Wechsels), so liegt im Zweifel keine Leistung an Erfüllungs statt, sondern eine Leistung erfüllungshalber vor. Die Regelung gilt analog, wenn der Schuldner dem Gläubiger zum Zwecke der Befriedigung einen Anspruch gegen einen Dritten verschafft (z.B. Zahlung mit Kreditkarte) oder abtritt.[15]

2. Leistung an Erfüllungs statt

a) Voraussetzungen und Rechtsfolgen

20 Nimmt der Gläubiger eine andere als die geschuldete Leistung an Erfüllungs statt an, erlischt die Leistungspflicht, § 364 Abs. 1. Dabei spielt es keine Rolle, ob der Wert des hingegebenen Gegenstands dem der geschuldeten Leistung entspricht, weil der Gläubiger das Risiko der Verwertung und Verwendbarkeit trägt. Trotz des Wortlauts der Norm genügt die bloße Annahmehandlung nicht, weil sich aus ihr allein nicht ergibt, ob diese tatsächlich an Erfüllungs statt oder nur erfüllungshalber erfolgt. Erforderlich ist daher eine ausdrücklich oder konkludent geschlossene **vertragliche Vereinbarung** zwischen Gläubiger und Schuldner, die mit der h.M. nicht als Vertrag zur Änderung des Inhalts der Leistungspflicht (weil nicht die ursprüngliche Schuld geändert, sondern vereinbart wird, dass eine andere Leistung erbracht werden darf), sondern als Erfüllungsvertrag, demzufolge die hingegebene Leistung Erfüllung der Schuld sein soll, ein-

---

15 BGH NJW 2014, 1239 Rn. 11; Hk-BGB/Schulze, § 364 Rn. 10; MünchKomm/Fetzer, § 362 Rn. 21.

zuordnen ist.[16] In diesem Vertrag können die Parteien auch vereinbaren, dass der Gläubiger für einen hingegebenen Gegenstand, der mehr wert ist als die geschuldete Leistung, einen Ausgleich zu leisten hat. Ohne eine solche Vereinbarung besteht hingegen keine Ausgleichspflicht.[17] Möglich ist auch eine Vereinbarung, dass nur ein Teil der Leistungspflicht erlischt (z.B. durch Hingabe einer Uhr verbunden mit der Vereinbarung, dass die Kaufpreisschuld damit zu einem Drittel erfüllt sein soll und die übrigen zwei Drittel weiter zu zahlen sind). § 266 steht dem nicht entgegen, weil diese Norm nur einseitige Teilleistungen verbietet.

b) Haftung für Mängel

Ist der an Erfüllungs statt hingegebene Gegenstand mit einem Sach- oder Rechtsmangel behaftet, so wird dadurch sein Wert vermindert. Dies kann zur Folge haben, dass der Gläubiger in seinem Leistungsinteresse nicht vollständig befriedigt ist. § 365 löst dieses Problem, indem angeordnet wird, dass der Schuldner **wie ein Verkäufer Gewähr leisten** muss. Damit verweist § 365 auf die §§ 434 ff. Liegen die Voraussetzungen eines Sach- oder Rechtsmangels vor (§§ 434 f.), kann der Gläubiger dem Schuldner gegenüber die in § 437 genannten Rechte geltend machen. Vorrangig kann er deshalb Nacherfüllung verlangen, § 437 Nr. 1. Nach erfolglosem Ablauf einer hierzu gesetzten Frist oder bei Entbehrlichkeit der Fristsetzung kann er jedoch auch Schadensersatz verlangen oder den Rücktritt erklären. Dieser Rücktritt bezieht sich aber nur auf den Erfüllungsvertrag und nicht auf das Rechtsgeschäft, durch das die Leistungspflicht des Schuldners begründet wurde. Im Rahmen der nach § 346 Abs. 1 geschuldeten Rückgewähr empfangener Leistungen ist der Schuldner verpflichtet, die ursprüngliche Forderung wieder durch Vereinbarung mit dem Gläubiger herzustellen.[18]

Die Gleichsetzung des Schuldners mit einem Verkäufer ist zweifelhaft, wenn der Schuldner aus einem **unentgeltlichen Schuldverhältnis** zur Leistung verpflichtet ist und er deshalb für einen Sach- oder Rechtsmangel der geschuldeten Leistung nur beschränkt haften würde. So verhält es sich insbesondere bei der Schenkung; der Schenker haftet nur für arglistig verschwiegene Mängel (§§ 523 f.). Gibt er jedoch an Erfüllungs statt einen anderen als den vereinbarten Gegenstand hin, haftet er über § 365 wesentlich schärfer, weil der Verkäufer auch für ihm nicht bekannte Mängel einstehen muss. § 365 ist daher nach h.M. teleologisch zu reduzieren, sodass besondere Haftungsprivilegierungen Anwendung finden können.[19] Dem steht nicht entgegen, dass der Gesetzgeber § 365 auch in diesen Fällen angewandt sehen wollte, weil dahinter das heute überholte Verständnis steht, dass die Vereinbarung über die Annahme an Erfüllungs statt stets ein entgeltlicher Austauschvertrag sei, bei dem die Leistung an Erfüllungs statt die Gegenleistung für den Erlass der geschuldeten Leistung ist. Dem Problem kann aber auch durch großzügige Annahme eines stillschweigenden vertraglichen

21

22

16 BGHZ 89, 126 (133); BeckOGK/Looschelders, Stand 1.6.2019, § 364 Rn. 12; MünchKomm/Fetzer, § 364 Rn. 1; Palandt/Grüneberg, § 364 Rn. 2; a.A. Gernhuber, Erfüllung, § 10, 3; Soergel/Schreiber, § 364 Rn. 1; Staudinger/Olzen (2016) § 364 Rn. 10.

17 BeckOGK/Looschelders, Stand 1.6.2019, § 364 Rn. 28; Erman/Buck-Heeb, § 364 Rn. 5; Hk-BGB/Schulze, § 364 Rn. 3; MünchKomm/Fetzer, § 364 Rn. 5.

18 BGHZ 46, 338 (442); BeckOGK/Looschelders, Stand 1.6.2019, § 365 Rn. 25; Erman/Buck-Heeb, § 365 Rn. 2; MünchKomm/Fetzer, § 365, Rn. 3; a.A. (automatisches Wiederaufleben) Gernhuber, Erfüllung, § 10, 8 d; Harke, Allg. Schuldrecht, Rn. 369.

19 Erman/Buck-Heeb, § 365 Rn. 1; Hk-BGB/Schulze, § 365 Rn. 1; MünchKomm/Fetzer, § 365 Rn. 1; Palandt/Grüneberg, § 365 Rn. 1; a.A. Joussen, Schuldrecht AT, Rn. 812.

Ausschlusses des dispositiven § 365, verbunden mit der Vereinbarung einer Haftung entsprechend §§ 523 f., entgangen werden.[20]

23   Auch bei entgeltlichen Verträgen entspricht eine Haftung des Schuldners nach § 365 nicht immer dem Willen der Parteien. Wichtigster Fall ist die **Inzahlungnahme eines Gebrauchtfahrzeugs** bei einem Neukauf. Die entsprechende Vereinbarung begründet nicht nur eine Ersetzungsbefugnis des Käufers (siehe § 8 Rn. 23), sondern ist zugleich eine im Voraus getroffene Erfüllungsvereinbarung i.S.d. § 364 Abs. 1. Ist der vom Käufer anstelle eines Teils des Kaufpreises übereignete Gebrauchtwagen mangelhaft, haftet er zwar grundsätzlich nach §§ 365, 434 ff. In Betracht kommt aber ein (stillschweigender) vertraglicher Ausschluss der Haftung etwa für Verschleißmängel.[21] Mit einer solchen Regelung wird indessen nicht § 365 abgedungen, sondern lediglich § 437. Dies hat zur Folge, dass der Käufer gleichwohl haftet, wenn er den Mangel arglistig verschwiegen hat (§ 444). Ein stillschweigend vereinbarter Haftungsausschluss gilt außerdem nicht für Mängel, die in einer Abweichung von der vertraglich vereinbarten Beschaffenheit bestehen (Sachmangel gem. § 434 Abs. 1 S. 1), weil es widersprüchlich wäre, eine bestimmte Beschaffenheit zu vereinbaren und zugleich die Haftung bei Fehlen dieser Beschaffenheit auszuschließen.[22]

3. Leistung erfüllungshalber

24   Bei der im BGB nicht geregelten, mit § 364 Abs. 2 aber anerkannten Leistung erfüllungshalber führt die Annahme der nicht geschuldeten Leistung nicht zur Erfüllung der Leistungspflicht. Der Vereinbarung der Parteien entsprechend soll der Gläubiger aber zunächst **Befriedigung aus dem hingegebenen Gegenstand** suchen. Solange er dies nicht mit der im Verkehr erforderlichen Sorgfalt versucht hat, soll er die geschuldete Leistung nicht verlangen können. Bei dieser Abrede handelt es sich nach überwiegender Auffassung um eine Stundung.[23] Für den Gläubiger hat dies den Nachteil, dass sein Anspruch auf die geschuldete Leistung nicht fällig ist, weshalb der Schuldner z.B. nicht in Schuldnerverzug geraten kann und ein bereits eingetretener Schuldnerverzug und daraus entstandene Ansprüche sogar wieder wegfallen. Es spricht deshalb viel dafür, dass die Parteien jedenfalls dann, wenn Schuldnerverzug schon eingetreten ist, lediglich einen Ausschluss der Klagbarkeit wollten.[24]

25   Die **Forderung erlischt** ganz oder zum Teil, soweit der Gläubiger aus dem hingegebenen Gegenstand Befriedigung erlangt. Ein über die Forderung hinausgehender Mehrerlös ist analog § 667 herauszugeben. Soweit eine Befriedigung bei Anwendung verkehrsüblicher Sorgfalt ganz oder teilweise nicht gelingt, wird die ursprüngliche Forderung nach h.M. wieder fällig, nach hier vertretener Auffassung kann sie nun wieder klageweise durchgesetzt werden. Ist der hingegebene Gegenstand mangelhaft, gilt § 365 nicht. Der Gläubiger kann ihn entweder an den Schuldner zurückgeben oder gleichwohl die Verwertung versuchen. Gelingt die Verwertung, wird er aber vom Dritterwerber wegen des Mangels in Anspruch genommen, ist der Anspruch gegen den Schuldner

---

20   Brox/Walker, Allg. Schuldrecht, § 14 Rn. 6; Looschelders, Schuldrecht AT, § 17 Rn. 28; Staudinger-Olzen (2016), § 365 Rn. 12.
21   BGH NJW 1982, 1700 f.
22   BGH NJW 2013, 1733 Rn. 15.
23   BGHZ 96, 182 (193); BGHZ 116, 278 (282); BGH NJW 2007, 1357 Rn. 10; Erman/Buck-Heeb, § 364 Rn. 11; Hk-BGB/Schulze, § 364 Rn. 8.
24   BeckOGK/Looschelders, Stand 1.6.2019, § 364 Rn. 45; Palandt/Grüneberg, § 364 Rn. 8; Staudinger/Olzen (2016), § 364 Rn. 27.

in Höhe des Betrages, den der Gläubiger an den Dritterwerber leisten muss, nicht erlo-schen.[25]

V. Prüfungsaufbau

1. Erfüllung, § 362

I.   Bewirken der geschuldeten Leistung   26
    1. Eintritt des Leistungserfolgs (sofern geschuldet)
    2. Leistung wie geschuldet
II. Durch Schuldner oder Dritten
    1. Leistung durch den Schuldner o. seine Hilfsperson
    2. Leistung durch Dritten i.S.d. § 267 Abs. 1 S. 1
III. Leistung an den Gläubiger oder Dritten
    1. Leistung an Gläubiger o. seine Hilfsperson, § 362 Abs. 1
    2. Leistung an Dritten, §§ 362 Abs. 2, 185

2. Leistung an Erfüllungs statt, § 364 Abs. 1

I.   Bewirken einer anderen als der geschuldeten Leistung   27
II. Annahme an Erfüllungs statt
    1. Annahme der Leistung durch Gläubiger
    2. Erfüllungsvertrag zwischen Gläubiger und Schuldner

WIEDERHOLUNGS- UND VERTIEFUNGSFRAGEN

1. Tritt Erfüllung mit Vornahme der Leistungshandlung ein? (Rn. 4)   28
2. Worauf stützen sich die Theorie der finalen Leistungsbewirkung und die Theorie der rea-len Leistungsbewirkung und welche Voraussetzungen müssen nach diesen Theorien er-füllt sein, damit Erfüllung eintritt? (Rn. 2)
3. Der 16-jährige M hat im Wege der Erbfolge einen Anspruch auf Übereignung einer Uhr gegen V geerbt. Kann V die Uhr an M übereignen und ihre Übereignungspflicht erfüllen? (Rn. 7)
4. Wie ist zu ermitteln, ob die Leistung erfüllungshalber oder an Erfüllungs statt erfolgt ist? (Rn. 18)
5. Kann der Gläubiger, der vom Schuldner eine Leistung erfüllungshalber angenommen hat, weiterhin die geschuldete Leistung verlangen? (Rn. 16, 25)
6. G hat gegen S vier fällige Forderungen über jeweils 1.000 €. Die erste Forderung ist am 1.1. entstanden, die zweite am 1.2., die dritte am 1.3. und die vierte am 1.4. Verzugszinsen sind vertraglich ausgeschlossen. S überweist 3.000 €. Welche Forderungen sind erlo-schen? Ändert sich etwas, wenn für die seit dem 1.4. fällige Forderung vertraglich Ver-zugszinsen von 8 % geschuldet sind? (Rn. 11)
7. A hat bei der Versicherung V für sein Auto einen Haftpflichtversicherungsvertrag und einen Teilkaskoversicherungsvertrag abschlossen. Die fällige Erstprämie für die Haft-pflichtversicherung beträgt 600 €, die für die Teilkaskoversicherung 100 €. A, der in Zah-lungsschwierigkeiten ist, überweist 500 €. Kurz darauf wird das Fahrzeug gestohlen. V

---

25 Erman/Buck-Heeb, § 364 Rn. 12; Gernhuber, Erfüllung, § 9 I, 14.

verweigert gem. § 37 Abs. 2 VVG Leistungen aus der Teilkaskoversicherung, weil A die Prämie i.H.v. 100 € nicht gezahlt habe; die geleisteten 500 € seien auf die Prämie für die Haftpflichtversicherung angerechnet worden. Stimmt es, dass A die Prämie für die Teilkaskoversicherung nicht gezahlt hat? (vgl. BGH NJW 1978, 1524; Avenarius, AcP 203 (2003), 511).

§ 14 Aufrechnung

I. Funktion und Terminologie

Sind zwei Personen im Verhältnis zueinander sowohl Gläubiger als auch Schuldner, d.h., schulden sie sich gegenseitig Leistungen, so ist der jeweilige Schuldner unter den in §§ 273, 320 genannten Voraussetzungen berechtigt, die Leistung zu verweigern, bis die andere Partei die von ihr geschuldete Leistung erbracht hat (siehe § 12). Wenn der **Inhalt der Leistungspflichten gleichartig** ist, stellt das Gesetz dem Schuldner mit der in §§ 387–396 geregelten Aufrechnung noch einen anderen Weg zur Verfügung, mit dem er sein Interesse, nicht einseitig vorleisten zu müssen, wahren kann: Erklärt er die Aufrechnung (§ 388), so kommt es nach § 389 zum **Erlöschen beider Forderungen**, soweit sie sich decken.[1]

Beispiel: A kann von B Zahlung von 1.000 € verlangen, während B gegen A einen Anspruch auf Zahlung von 600 € hat. A, aber auch B kann die Aufrechnung erklären. Tut eine der Parteien dies, so erlischt die Forderung der B gegen A in voller Höhe und diejenige der A gegen B in Höhe von 600 €.

Wegen ihrer Wirkung hat die Aufrechnung für den Aufrechnenden zwei praktisch sehr bedeutsame Funktionen. Zum einen dient sie der **Tilgung einer gegen ihn gerichteten Forderung** des Aufrechnungsgegners; insoweit ist die Aufrechnung schuldbefreiend und damit ein Erfüllungssurrogat. Das ist für den Aufrechnenden dann besonders attraktiv, wenn er nicht über die Mittel zur Erfüllung verfügt. Zum anderen dient sie der **Durchsetzung der eigenen Forderung**: Zwar erhält der Aufrechnende nicht die geschuldete Leistung, aber er erlangt dennoch einen seiner eigenen Forderung entsprechenden Wert, nämlich die Befreiung von seiner eigenen Verbindlichkeit. Das ist für den Aufrechnenden vor allem dann interessant, wenn der Aufrechnungsgegner nicht leistungsfähig ist; er kann selbst dann noch aufrechnen, wenn über dessen Vermögen das Insolvenzverfahren eröffnet wurde (§ 94 InsO). Außerdem kann er durch Aufrechnung auch noch eine Forderung durchsetzen, die zwischenzeitlich verjährt ist (§ 215, siehe Rn. 13). Ist der Aufrechnungsgegner zahlungsunwillig, erspart die Aufrechnung dem Aufrechnenden ferner den steinigen Weg einer zwangsweisen Vollstreckung seiner Forderung.

Beispiel: A und B schulden sich gegenseitig jeweils 1.000 €. B ist hoch verschuldet und kann daher nicht zahlen. Verlangt B von A Zahlung, so müsste A, sofern ihr kein Leistungsverweigerungsrecht zur Seite steht, an B leisten, ohne Gewissheit zu haben, dass B die 1.000 € nutzt, um ihre Schuld bei A zu begleichen. Erklärt A hingegen die Aufrechnung, so erhält sie zwar von B nicht die geschuldete Summe, wohl aber Befreiung von einer Verbindlichkeit im gleichen Wert, denn durch die Aufrechnung erlischt auch die Forderung der B gegen A. Mit Blick auf ihr Vermögen steht A sich also genau so, als ob beide Forderungen erfüllt worden wären.

Aufrechnung setzt notwendigerweise zwei Forderungen voraus. Die Forderung, deren Gläubiger der Aufrechnende ist, wird als **Gegen- oder Aktivforderung** bezeichnet; die Forderung, deren Schuldner der Aufrechnende ist, als **Haupt- oder Passivforderung**. Mit der Aufrechnung benutzt der Aufrechnende also seine Gegen- oder Aktivforde-

1 Zur Vertiefung: Coester-Waltjen, Die Aufrechnung, Jura 2003, 246; v. Feldmann, Die Aufrechnung – ein Überblick, JuS 1983, 357; Habermeier, Grundfragen der Aufrechnung, JuS 1997, 1057; Heller, Der Ausschluss der Aufrechnung, AcP 207 (2007), 456; Lieder/Illhardt, Grenzen der Aufrechnung, JA 2010, 769; Lorenz, Grundwissen Zivilrecht: Die Aufrechnung (§§ 387 ff. BGB), JuS 2008, 951; Weber, Die Aufrechnung, JuS 1999, L 65.

rung, um die Haupt- oder Passivforderung des Aufrechnungsgegners ganz oder teilweise zum Erlöschen zu bringen. Es handelt sich um relative Begriffe, die auf die Person des Aufrechnenden bezogen sind und die den Forderungen erst zugeordnet werden können, wenn feststeht, wer von den beiden Parteien die Aufrechnung erklärt.

4   **Hinweise zur Fallbearbeitung**: Die Aufrechnung ist eine rechtsvernichtende Einwendung und an entsprechender Stelle zu prüfen. Sie zwingt in der Regel zu einer inzidenten Prüfung einer der beiden Forderungen im Rahmen der Aufrechnungsvoraussetzungen. Da es nur dann zum Erlöschen der Forderungen kommt, wenn die Aufrechnung erklärt wird (§ 388), empfiehlt sich eine Prüfung nur, wenn Anhaltspunkte für eine solche Erklärung gegeben sind. Das ist natürlich anders, wenn abstrakt danach gefragt ist, was der Schuldner tun kann.

II. Aufrechnungsvoraussetzungen

5   Aufrechnung, d.h. der Eintritt der in § 389 bestimmten Rechtsfolge, setzt eine Aufrechnungslage (§§ 387, 390) und eine Aufrechnungserklärung (§ 388) voraus; außerdem darf die Aufrechnung nicht ausgeschlossen sein (§§ 392–394).

1. Aufrechnungslage

a) Gegenseitigkeit der Forderungen

6   § 387 verlangt, dass „zwei Personen einander Leistungen" schulden. Die damit notwendige **Gegenseitigkeit** setzt voraus, dass der Aufrechnende eine Forderung gegen den Aufrechnungsgegner hat (Gegen- oder Aktivforderung) und der Aufrechnungsgegner eine Forderung gegen den Aufrechnenden (Haupt- oder Passivforderung). Beide Forderungen müssen **wirksam** sein.

7   Wegen des Gegenseitigkeitserfordernisses kann weder mit noch gegen **Forderungen Dritter** aufgerechnet werden und Dritte können die Aufrechnung auch nicht erklären. Das bedeutet:

8   ■ Der Aufrechnende kann die Forderung eines Dritten gegen den Aufrechnungsgegner auch dann nicht als Gegenforderung verwenden, wenn der Dritte in die Aufrechnung eingewilligt hat (keine Aufrechnung mit fremder Forderung).[2]

9   ■ Der Aufrechnende kann eine eigene Forderung, die sich gegen einen Dritten und nicht gegen den Aufrechnungsgegner richtet, nicht als Gegenforderung einsetzen (keine Aufrechnung mit eigener Forderung gegen Nichtgläubiger).

10   ■ Ein Dritter, der eine Forderung gegen einen Gläubiger des Schuldners hat, kann die Aufrechnung nicht erklären. Es handelt sich auch nicht um die Leistung eines Dritten i.S.d. § 267, weil diese Regelung nur die Erbringung der geschuldeten Leistung durch den Dritten zulässt und Erfüllungssurrogate wie die Aufrechnung nicht erfasst. Das ergibt sich aus § 268 Abs. 2, der die Leistungserbringung durch Aufrechnung nur bei einem Ablösungsrecht zulässt (siehe § 10 Rn. 13).

Beispiel: G hat gegen S einen Anspruch auf Zahlung von 100 € und D hat gegen G einen Anspruch in gleicher Höhe. Mangels Gegenseitigkeit kann keiner der Beteiligten die Aufrechnung erklären. S ist zwar Schuldner des G, hat aber keine Gegenforderung. Er kann auch nicht mit der Forderung des D aufrechnen, selbst wenn D hiermit einverstanden ist.

---

2   RGZ 78, 382 (383); BGH NJW-RR 1988, 1146 (1150); Hk-BGB/Schulze, § 387 Rn. 4.

G hat eine Forderung gegen S, aber er ist nicht dessen Schuldner, sondern nur Schuldner des D, gegen den er jedoch keine Forderung hat. D hat eine Forderung gegen G, ist aber nicht dessen Schuldner. Er kann die Aufrechnung auch nicht in der Absicht erklären, damit die Forderung des G gegen S erfüllen zu wollen, weil § 267 die Aufrechnung nicht erfasst.

In besonders geregelten Fällen lässt das Gesetz eine **Aufrechnung trotz fehlender Gegenseitigkeit** zu. So verhält es sich insbesondere, wenn eine bestehende Aufrechnungslage durch Abtretung der Hauptforderung an einen Dritten beendet wurde und der Schuldner hiervon keine Kenntnis hatte (§ 406, siehe § 39 Rn. 28; weitere Fälle: §§ 409, 566 d).
    11

b) Gleichartigkeit der Forderungen

Beide Forderungen müssen ihrem **Gegenstand nach gleichartig** sein. Das ist bei **Geldschulden** der Fall und bei Gattungsschulden denkbar, bei denen beide Parteien Leistungen aus der gleichen Gattung schulden. Die Gleichartigkeit bezieht sich ausschließlich auf den Gegenstand der Leistung seiner Art nach. Die Forderungen müssen weder gleich hoch sein (vgl. § 389: „soweit sie sich decken") noch aus dem gleichen Rechtsverhältnis stammen. Auch unterschiedliche Leistungs- oder Ablieferungsorte lassen die Gleichartigkeit unberührt, § 391 Abs. 1 S. 1.
    12

c) Durchsetzbarkeit der Gegenforderung

Mit der Aufrechnung setzt der Aufrechnende seine Gegenforderung durch. Dies kann er jedoch nur tun, wenn er die „ihm gebührende Leistung" fordern kann, § 387. Die Gegenforderung muss daher nicht nur **fällig**, sondern auch durchsetzbar, d.h., **einredefrei** sein (§ 390). Die Aufrechnung ist, wie der Wortlaut zeigt, bereits ausgeschlossen, wenn die Forderung einredebehaftet ist, d.h., es genügt, dass die Einredevoraussetzungen (z.B. nach §§ 273, 320, 519 Abs. 1, 770 f.) gegeben sind, selbst wenn die Einrede noch nicht erhoben worden ist.[3] Vom Erfordernis der Durchsetzbarkeit macht das BGB in § 215 eine praktisch sehr wichtige Ausnahme: Ist die Gegenforderung zum Zeitpunkt der Aufrechnungserklärung **verjährt**, so ist sie an sich nicht mehr durchsetzbar (§ 214 Abs. 1). Der Eintritt der Verjährung schließt die Aufrechnung aber nicht aus, wenn die Gegenforderung zu dem Zeitpunkt, in dem erstmals hätte aufgerechnet werden können, noch nicht verjährt war. § 215 konserviert gleichsam eine einmal bestehende Aufrechnungslage.
    13

Beispiel: A hat gegen B einen Anspruch auf Rückzahlung eines Darlehens, der am 1.7.2015 fällig geworden ist. Im Mai 2018 verkauft B an A einen Kleiderschrank für 600 €. Kann A im August 2019 mit seinem Anspruch auf Darlehensrückzahlung gegen den Kaufpreiszahlungsanspruch des B aufrechnen? – Die beiden wirksam entstandenen Forderungen sind gegenseitig und gleichartig. Die Gegenforderung der A ist allerdings verjährt (§§ 195, 199 Abs. 1) und daher nicht mehr durchsetzbar (§ 214 Abs. 1). Nach § 215 kann A dennoch mit ihr die Aufrechnung erklären, wenn die Aufrechnungslage schon vor Verjährungseintritt bestand. Die Hauptforderung aus dem Kaufvertrag ist mit Vertragsabschluss im Mai 2018 (§ 271 Abs. 1) und damit zu einer Zeit fällig geworden, in der die Gegenforderung noch nicht verjährt war (Verjährungseintritt zum Schluss des Jahres 2018). A kann daher die Aufrechnung erklären.

---

3 BGH NJW 2001, 287 (288); BGH NJW 2002, 3541 (3542); BGH NJW 2005, 3285 (3286); MünchKomm/Schlüter, § 390 Rn. 1; Staudinger/Gursky (2016), § 390 Rn. 28 m.w.N. zur Gegenauffassung.

d) Erfüllbarkeit der Hauptforderung

14   Mit der Aufrechnung erbringt der Aufrechnende die geschuldete Leistung in Form eines Erfüllungssurrogats. Es genügt daher, dass er „die ihm obliegende Leistung bewirken kann", § 387. Dies ist der Fall, wenn die Hauptforderung **erfüllbar** (§ 271) ist. Durchsetzbar muss die Hauptforderung hingegen nicht sein. Der Aufrechnende hat die Wahl, ob er eine ihm zustehende Einrede geltend macht oder die Aufrechnung erklärt.

2. Aufrechnungserklärung

15   Die Aufrechnung ist vom Gesetz in das Belieben der Beteiligten gestellt worden. Sie können trotz bestehender Aufrechnungslage weiterhin die Forderungen durch Erfüllung tilgen, weil die Aufrechnung nicht schon kraft Gesetzes durch das Entstehen der Aufrechnungslage bewirkt wird, sondern eine Aufrechnungserklärung voraussetzt (§ 388 S. 1). Genügend ist freilich die einseitige Erklärung eines der beiden Beteiligten; ein Aufrechnungsvertrag ist nicht erforderlich (aber infolge der Vertragsfreiheit natürlich möglich). Jedem Schuldner ist damit bei Bestehen einer Aufrechnungslage ein **Gestaltungsrecht** zugewiesen, das durch **einseitige empfangsbedürftige Willenserklärung** gegenüber dem Aufrechnungsgegner ausgeübt wird.

16   Weil die Aufrechnungserklärung die Ausübung eines Gestaltungsrechts ist, kann sie nicht unter einer Bedingung oder Zeitbestimmung abgegeben werden. Eine **bedingte oder befristete Aufrechnungserklärung** ist unwirksam, § 388 S. 2. Das schließt die Möglichkeit einer hilfsweisen Aufrechnung im Prozess (sog. Eventualaufrechnung) nicht aus. Zu dieser soll es kommen, wenn das Gericht feststellt, dass der gegen den Aufrechnenden geltend gemachte Anspruch besteht. Diese Entscheidung ist kein ungewisses Ereignis i.S.d. § 158 und deshalb auch keine Bedingung, sondern nur eine sog. Rechtsbedingung, die von § 388 S. 2 nicht erfasst ist.[4]

3. Kein Ausschluss der Aufrechnung

a) Vertraglicher Ausschluss

17   Die Möglichkeit einer Aufrechnung kann vertraglich ausgeschlossen werden. Das ergibt sich aus dem Grundsatz der Privatautonomie sowie aus § 391 Abs. 2, wonach für den Fall, dass die Leistung zu einer bestimmten Zeit an einem bestimmten Ort erfolgen soll, im Zweifel anzunehmen ist, dass die Aufrechnung mit einer Forderung, für die ein anderer Leistungsort besteht, ausgeschlossen sein soll. Der Ausschluss kann **ausdrücklich**, aber auch **konkludent** vereinbart werden. So liegt in Formulierungen wie „Kasse gegen Verladedokumente", „cash on delivery" oder „netto Kasse gegen Rechnung" ein vertragliches Aufrechnungsverbot.[5]

18   **Grenzen** ergeben sich aus § 309 Nr. 3 bzw. (zwischen Unternehmern) § 307 Abs. 1. Unzulässig ist danach ein durch **AGB** vereinbartes Aufrechnungsverbot, das dem Vertragspartner des Verwenders die Befugnis nimmt, mit einer unbestrittenen oder rechtskräftig festgestellten Gegenforderung aufzurechnen. Das bedeutet nicht, dass im Umkehrschluss eine Klausel, derzufolge nur mit einer unbestrittenen oder rechtskräftig festgestellten Forderung aufgerechnet werden kann, stets zulässig wäre. Auch eine sol-

---

4   Zur Vertiefung: Buß, Prozessaufrechnung und materielles Recht, JuS 1994, 147; Coester-Waltjen, Die Aufrechnung im Prozess, Jura 2004, 391; Musielak, Die Aufrechnung des Beklagten im Zivilprozess, JuS 1994, 817; Schreiber, Grundprobleme der Prozessaufrechnung, JA 1980, 344.

5   BGH NJW 1976, 852 (853); BGH NJW 1985, 550; Hk-BGB/Schulze, § 387 Rn. 12.

che Klausel kann nach § 307 Abs. 1 unwirksam sein, weil sie etwa bei einem Werkvertrag dem Vertragspartner des Verwenders die Möglichkeit nimmt, gegen die Werklohnforderung mit Gegenansprüchen, die ihm wegen einer mangelhaften Leistung entstanden sind, aufzurechnen.[6] Im **Mietrecht** erlaubt § 556 b Abs. 2 S. 1 dem Mieter die Aufrechnung mit bestimmten Forderungen gegen den Vermieter auch dann, wenn eine Aufrechnung vertraglich ausgeschlossen ist. Ist die Durchsetzung der Gegenforderung erheblich gefährdet (z.B. drohende Insolvenz, Vermögensverfall), kann eine Berufung des Aufrechnungsgegners auf ein vertragliches Aufrechnungsverbot gegen **Treu und Glauben** (§ 242) verstoßen, weil das Verbot in solchen Fällen wirtschaftlich einen Verzicht auf die Forderung darstellt, die nicht gewollt ist.[7]

b) Gesetzlicher Ausschluss

Die in §§ 392–394 geregelten gesetzlichen Ausschlussgründe betreffen allesamt Fallgestaltungen, in denen bezüglich der **Hauptforderung** besondere Umstände gegeben sind.   19

aa) Beschlagnahmte Hauptforderung, § 392

Wenn die **Hauptforderung beschlagnahmt** wird (z.B. weil ein Gläubiger des Inhabers   20
der Hauptforderung diese nach §§ 829 ff. ZPO pfänden lässt), verliert der Schuldner die Befugnis, durch Leistung an den Forderungsinhaber zu erfüllen (§ 829 Abs. 1 S. 1 ZPO). Folgerichtig kann er dann auch nicht mehr gegen diese Forderung aufrechnen. § 392 schränkt dieses Aufrechnungsverbot zugunsten des Schuldners der Hauptforderung ein. Konnte dieser nämlich schon vor der Beschlagnahme aufrechnen, so soll ihm diese eigentlich durch die Beschlagnahme beendete Aufrechnungslage erhalten bleiben. Deshalb ist die Aufrechnung nur dann ausgeschlossen, wenn er seine Gegenforderung erst nach der Beschlagnahme erworben hat oder wenn die Gegenforderung erst nach der Beschlagnahme und später als die beschlagnahmte Hauptforderung fällig geworden ist – in beiden Fällen fehlte es vor Beschlagnahme an einer Aufrechnungslage.

Beispiel: G und S haben gegenseitig fällige Zahlungsansprüche. X, ein Gläubiger des G, lässt dessen Forderung gegen S im Wege der Zwangsvollstreckung beschlagnahmen. Nunmehr darf S nicht mehr an G zahlen (§ 829 Abs. 1 S. 1 ZPO). Eine Aufrechnung durch S ist aber noch möglich, weil er seine Gegenforderung bereits zum Zeitpunkt der Beschlagnahme hatte und sie auch schon vorher fällig war. Hat S hingegen seine Forderung erst nach der Beschlagnahme erworben, kann er mit dieser nach § 392 nicht aufrechnen.

bb) Hauptforderung aus vorsätzlicher unerlaubter Handlung, § 393

Das in § 393 niedergelegte Verbot einer Aufrechnung gegen eine Hauptforderung, die   21
aus einer vorsätzlich begangenen unerlaubten Handlung stammt, hat **Präventivcharakter.** Es soll verhindert werden, dass der Aufrechnende, der eine Forderung gegen den Aufrechnungsgegner hat, eine bis dahin nicht bestehende Aufrechnungslage selbst schafft, indem er vorsätzlich eine unerlaubte Handlung gegenüber dem Aufrechnungsgegner begeht und sodann gegen dessen Schadensersatzanspruch die Aufrechnung erklärt. Diese Gefahr besteht besonders dann, wenn die Gegenforderung mangels Leistungsfähigkeit des Aufrechnungsgegners nicht eintreibbar ist. Wäre hier die Aufrech-

---

6   BGH NJW 2011, 1729 Rn. 16.
7   BGH NJW-RR 1989, 124 (125); BGH NJW 2003, 140 (142); MünchKomm/Schlüter, § 387 Rn. 61.

nung möglich, könnte der Aufrechnende gleichsam sanktionslos private Rache nehmen.

Beispiel: S schuldet dem G aus einem Vertrag 1.000 €, ist aber auf absehbare Zeit nicht in der Lage, die Forderung zu tilgen. Erbost fährt G zu S und zerstört mit einem Messer dessen Autoreifen. Als S wegen dieser vorsätzlichen unerlaubten Handlung aus § 823 Abs. 1 Schadensersatz i.H.v. 1.000 € verlangt, erklärt G, er rechne mit seinem Anspruch aus dem Vertrag in gleicher Höhe auf; man sei also „quitt". – Die Aufrechnung ist nach § 393 unwirksam, weil die Hauptforderung aus einer vorsätzlichen unerlaubten Handlung stammt. G kann daher nicht aufrechnen, sondern muss Schadensersatz leisten. Da das nicht in seinem Interesse ist, wird er – so hofft § 393 gleichsam – schon von vornherein auf die Begehung der vorsätzlichen unerlaubten Handlung verzichten.

22   Das Aufrechnungsverbot gilt **nur für die Hauptforderung.** Erklärt der vorsätzlich Geschädigte die Aufrechnung, so ist seine Schadensersatzforderung die Gegenforderung und eine Aufrechnung daher möglich.

23   Ob § 393 auch dann gilt, wenn nicht nur die Haupt-, sondern **auch die Gegenforderung** aus einer vorsätzlichen unerlaubten Handlung stammt, ist insbesondere für den Fall, dass beide Ansprüche auf einem einheitlichen Lebenssachverhalt beruhen (z.B. Prügelei), umstritten. Gegen eine Anwendbarkeit spricht, dass in solchen Fällen der Zweck des § 393 – Verhinderung einer sanktionslosen Privatrache am zahlungsunfähigen Aufrechnungsgegner – nicht einschlägig ist.[8] Dass der Wortlaut keine solche Einschränkung erkennen lässt, spricht nicht gegen eine teleologische Reduktion. Die dafür notwendige Regelungslücke ergibt sich aus dem gesetzgeberischen Zweck der Norm, dessen Erreichung eine Anwendung des § 393 in solchen Fällen gerade nicht gebietet. Die h.M. wendet hingegen ein, dann müsste in jedem Einzelfall geprüft werden, ob die Voraussetzung eines einheitlichen Lebensvorgangs gegeben sei, was zu nicht hinnehmbarer Rechtsunsicherheit führe.[9] Das überzeugt freilich kaum; Tatbestandsmerkmale, seien sie nun geschrieben oder ungeschrieben, müssen stets im Einzelfall geprüft werden und das Gesetz kennt z.B. mit „demselben rechtlichen Verhältnis" in § 273 Abs. 1 ein vergleichbar unscharfes Tatbestandsmerkmal.

cc) Unpfändbare Hauptforderung, § 394

24   Wenn eine Forderung unpfändbar ist (§§ 850 ff. ZPO), soll damit erreicht werden, dass der Gläubiger die Leistung erhält und ihm die Forderung nicht etwa durch Pfändung entzogen werden kann. Deshalb ist gegen eine unpfändbare Hauptforderung die Aufrechnung ausgeschlossen, § 394 S. 1. Könnte hier der Gläubiger der Gegenforderung aufrechnen, so erhielte der Gläubiger der Hauptforderung die vom Aufrechnenden geschuldete Leistung gerade nicht.

Beispiel: S ist gegenüber G gesetzlich unterhaltspflichtig und schuldet monatlich 500 € Unterhalt. Bei einem Besuch schüttet G versehentlich Kaffee auf den teuren Anzug des S. Die Reinigungskosten betragen 100 €. S rechnet mit seinem Schadensersatzanspruch in dieser Höhe aus § 823 Abs. 1 gegen den Unterhaltsanspruch der G auf. – Die Aufrechnung ist unwirksam, weil der gesetzliche Unterhaltsanspruch der G gegen S nach § 850 b Abs. 1 Nr. 2 ZPO unpfändbar ist.

---

8   BeckOGK/Skamel, Stand 1.7.2019, § 393 Rn. 20; BeckOK-BGB/Dennhardt, § 393 Rn. 7; Soergel/Schreiber, § 393 Rn. 5; Deutsch, NJW 1981, 735 f.; noch weitergehend (generell keine Anwendbarkeit des § 393) Erman/Wagner, § 393 Rn. 2 c; Larenz, Schuldrecht I, § 18 VI b) 1.

9   BGH NJW 2009, 3508 Rn. 6; Hk-BGB/Schulze, § 393 Rn. 1; MünchKomm/Schlüter, § 393 Rn. 5; Palandt/Grüneberg, § 393 Rn. 4; PWW/Pfeiffer, § 393 Rn. 5.

III. Wirkung der Aufrechnung

Die wirksame Aufrechnung führt dazu, dass beide Forderungen, soweit sie sich de- 25
cken, ab dem Zeitpunkt als **erloschen** gelten, zu dem sie sich erstmals aufrechenbar gegenüber standen, § 389. Die Aufrechnung hat also **Rückwirkung** auf den Zeitpunkt
der Entstehung der Aufrechnungslage. Bereits entstandene Ansprüche wegen nicht
rechtzeitiger Leistung entfallen wieder.

Haben der Aufrechnende oder der Aufrechnungsgegner **mehrere Forderungen** gegen 26
den jeweils anderen, so kann der Aufrechnende bestimmen, mit welchen oder gegen
welche Forderungen aufgerechnet wird, § 396 Abs. 1. Dieser einseitigen Bestimmung
kann der Aufrechnungsgegner unverzüglich widersprechen; in diesem Fall kommt
§ 366 Abs. 2 (siehe § 13 Rn. 11) zur Anwendung, § 396 Abs. 1 S. 2. Das Gleiche gilt,
wenn die Aufrechnung ohne Bestimmung erfolgt ist, § 396 Abs. 1 S. 2. Schuldet der
Aufrechnende neben der Hauptforderung auch Zinsen und Kosten, findet § 367 entsprechende Anwendung, § 396 Abs. 2.

IV. Prüfungsaufbau

I. Aufrechnungslage, § 387   27
    1. Gegenseitigkeit der Forderungen
    2. Gleichartigkeit der Forderungen
    3. Fälligkeit und Durchsetzbarkeit der Gegenforderung, § 390
    4. Erfüllbarkeit der Hauptforderung
II. Aufrechnungserklärung, § 388
III. Kein Ausschluss der Aufrechnung
    1. Vertraglicher Ausschluss (beachte § 309 Nr. 3)
    2. Gesetzlicher Ausschluss
      a) Beschlagnahmte Hauptforderung, § 392
      b) Hauptforderung aus vorsätzlicher unerlaubter Handlung, § 393
      c) Unpfändbare Hauptforderung, § 394

WIEDERHOLUNGS- UND VERTIEFUNGSFRAGEN

1. Welche Rechtsfolge hat die Aufrechnung? (Rn. 25)   28
2. Welche Forderung wird bei der Aufrechnung als Gegenforderung und welche als Hauptforderung bezeichnet? (Rn. 3)
3. Welche Voraussetzungen müssen für eine Aufrechnungslage erfüllt sein? (Rn. 5 f.)
4. N hat bei der Bank B einen Kredit über 100.000 € aufgenommen. Im Auftrag des N hat
dessen Freund D eine Bürgschaft zur Sicherung der Rückzahlungsforderung der B übernommen. Außerdem haben N und D einen wirksamen Grundstückskaufvertrag abgeschlossen, aus dem N einen fälligen Anspruch auf Kaufpreiszahlung i.H.v. 100.000 € hat.
Als sich die Vermögensverhältnisse des N wesentlich verschlechtern, verlangt D von N
nach § 775 Abs. 1 Nr. 1 Befreiung von der Verbindlichkeit. Da N sich weigert, erklärt D die
Aufrechnung gegen den Anspruch des N auf Kaufpreiszahlung. Ist der Anspruch des N
erloschen? (vgl. BGH NJW 1999, 1182).
5. Hersteller H beauftragt das Transportunternehmen T mit dem Transport einer an X verkauften Maschine. Es ist vereinbart, dass die Lieferung gegen Nachnahme erfolgen soll,

d.h., T soll X die Maschine nur gegen Kaufpreiszahlung übergeben und die vereinnahmte Summe anschließend an H weiterleiten. T liefert die Maschine bei X ab und nimmt von diesem den Kaufpreis in Empfang. Als H dessen Herausgabe verlangt, erklärt T die Aufrechnung mit einem aus einem früheren Vertrag bestehenden und fälligen Entgeltanspruch wegen des Transports einer anderen Maschine. Sind die gleich hohen Forderungen erloschen? (vgl. BGH NJW-RR 1999, 1192).

6. Kann der Schuldner einer verjährten Forderung aufrechnen? (Rn. 13)

7. Die 16-jährige S schuldet dem G aus einem wirksamen Kaufvertrag 100 €. G schuldet S seinerseits infolge einer fahrlässigen Beschädigung des Fahrrads der S 100 €. S erklärt, ohne ihre Eltern zuvor zu Rate zu ziehen, die Aufrechnung. Ist die Forderung des G erloschen? (Rn. 15)

8. Welche der beiden Forderungen darf nach § 393 nicht aus einer vorsätzlichen unerlaubten Handlung stammen und warum schließt diese Norm die Aufrechnung aus? (Rn. 21)

9. S schuldet G aus einem Darlehensvertrag Rückzahlung von 500 €, während G dem S 500 € aus einem Kaufvertrag schuldet. Der Anspruch des G ist seit dem 1.1. fällig, während der Anspruch des S aufgrund vertraglicher Vereinbarung erst zum 1.3. fällig wird. Am 15.2. erklärt G die Aufrechnung. Bis dahin hatte S noch keine Zahlungen geleistet. Hat G gegen S einen Anspruch auf Verzugszinsen seit dem 1.1.? (Rn. 25)

§ 15 Hinterlegung, Erlass und andere Erlöschensgründe

I. Hinterlegung

1. Funktion und Verfahren

Erfüllung liegt nur vor, wenn der Leistungserfolg eingetreten ist (siehe § 13 Rn. 4). Dieser kann aus Gründen aus der Sphäre des Gläubigers ausbleiben, z.B. wenn er die angebotene Leistung nicht annimmt. Für solche Fälle bietet die in §§ 372–386 geregelte Hinterlegung dem Schuldner unter bestimmten Voraussetzungen die Möglichkeit, dennoch eine **Befreiung von seiner Leistungspflicht** herbeizuführen. Es steht dem Schuldner aber (vorbehaltlich abweichender Vereinbarung) frei, auf die Hinterlegung zu verzichten und stattdessen weiter zu versuchen, Erfüllung herbeizuführen.[1]

Das Verfahren der Hinterlegung bestimmt sich nach den landesrechtlichen **Hinterlegungsgesetzen**, die übereinstimmend das Amtsgericht als Hinterlegungsstelle bestimmen (z.B. § 1 Abs. 2 HintG NW). Durch die Hinterlegung entsteht ein öffentlich-rechtliches Verwahrungsverhältnis mit Drittwirkung zugunsten des Gläubigers.

2. Hinterlegungsvoraussetzungen

a) Leistungsberechtigung des Schuldners

Der Schuldner muss zur Leistung berechtigt sein, weil die Hinterlegung zur Leistungsbefreiung führen kann. Die Schuld muss deshalb **erfüllbar** sein.

b) Hinterlegungsfähige Sache

Hinterlegt werden kann nicht jeder Leistungsgegenstand, sondern nur **Geld, Wertpapiere, sonstige Urkunden und Kostbarkeiten** (unverderbliche, leicht aufzubewahrende Sachen mit im Vergleich zu ihrer Größe hohem Wert, z.B. Schmuck, Edelsteine, Kunstgegenstände, kostbare Bücher), § 372 S. 1. Nur beim Handelskauf sind Waren aller Art hinterlegungsfähig (§ 373 HGB). Bei fehlender Hinterlegungsfähigkeit kommt ein **Selbsthilfeverkauf** in Betracht, sofern der Gläubiger sich in Annahmeverzug befindet, § 383 Abs. 1 S. 1. In diesem Fall wandelt sich der Anspruch des Gläubigers auf die Leistung analog § 1247 S. 2 in einen Zahlungsanspruch i.H.d. Erlöses um. Der Schuldner kann den Erlös an den Gläubiger auszahlen und so Erfüllung herbeiführen oder ihn hinterlegen (§ 383 Abs. 1 S. 1).

c) Hinterlegungsgrund

Da Hinterlegung nicht die geschuldete Leistung ist, ist der Schuldner zu ihr nur berechtigt, wenn ein Hinterlegungsgrund besteht. Ein solcher liegt vor, wenn der Gläubiger in **Annahmeverzug** ist (§ 372 S. 1) oder der Schuldner seine Verbindlichkeit nicht oder nicht mit Sicherheit erfüllen kann, weil dem ein anderer **in der Person des Gläubigers liegender Grund** entgegensteht (§ 372 S. 2 1. Alt., z.B. Verschollenheit, unbekannter Aufenthalt, Geschäftsunfähigkeit oder beschränkte Geschäftsfähigkeit bei Personen ohne gesetzlichen Vertreter) oder er sich unverschuldet in **Ungewissheit über die Person des Gläubigers** befindet (§ 372 S. 2 2. Alt., z.B. unbekannte Erben des Gläubigers).

---

1   Zur Vertiefung: Brechtel, Die Hinterlegung wegen Gläubigerunsicherheit (§ 372 S. 2 BGB), JuS 2017, 495; Fest, Die Hinterlegung zum Zweck der Sicherheitsleistung und der Erfüllung, JA 2009, 258.

3. Wirkungen der Hinterlegung

6   Die Wirkungen der Hinterlegung hängen davon ab, ob der Schuldner berechtigt ist, die hinterlegte Sache zurückzunehmen oder nicht. Grundsätzlich hat der Schuldner ein **Rücknahmerecht** (§ 376 Abs. 1). Solange dieses Recht besteht, kann er die Hinterlegung wieder beenden. Deshalb kann keine Befreiung von der Leistungspflicht eintreten. Der Schuldner hat aber, wenn er während der Hinterlegung vom Gläubiger auf Leistung in Anspruch genommen wird, ein **Leistungsverweigerungsrecht**, da er den Gläubiger nach § 379 Abs. 1 auf die hinterlegte Sache verweisen kann. Außerdem führt die Hinterlegung nach § 379 Abs. 2 zum Übergang der Gegenleistungsgefahr auf den Gläubiger, d.h., der Schuldner behält abweichend von § 326 Abs. 1 S. 1 seinen Anspruch auf die Gegenleistung, wenn die hinterlegte Sache während der Hinterlegung untergeht und er nach § 275 Abs. 1 von seiner Leistungspflicht frei wird. Außerdem schuldet er weder Zinsen noch Ersatz nicht gezogener Nutzungen (§ 379 Abs. 2).

7   Ist das **Rücknahmerecht ausgeschlossen**, führt die Hinterlegung nach § 378 zur **Befreiung von der Verbindlichkeit**, d.h., sie wirkt wie die Erfüllung und ist daher Erfüllungssurrogat. Wann die Rücknahme ausgeschlossen ist, wird in § 376 Abs. 2 geregelt. Wichtigster Ausschlussgrund ist der Verzicht des Schuldners auf das Rücknahmerecht (§ 376 Abs. 2 Nr. 1).

II. Erlass

8   Der Erlass ist nach § 397 Abs. 1 ein **Vertrag** zwischen Schuldner und Gläubiger, durch den eine Forderung (Schuldverhältnis i.e.S.) aufgehoben wird. Ein einseitiger Verzicht durch den Gläubiger ist nicht möglich. Da der Erlassvertrag die Forderung beseitigt, ist er ein **Verfügungsgeschäft**. Er ist deshalb unbedingt vom zugrunde liegenden Verpflichtungsgeschäft (meist ein Schenkungsvertrag) zu unterscheiden, dessen eventuelle Mängel die Wirksamkeit des Erlassvertrages wegen des Abstraktionsprinzips unberührt lassen. Fehlt der Rechtsgrund für den Erlass oder fällt er später weg, richtet sich der Kondiktionsanspruch des Gläubigers aus § 812 Abs. 1 auf eine Wiederbegründung der wirksam zum Erlöschen gebrachten Forderung.

9   Der **Abschluss des Erlassvertrages** kann auch stillschweigend erfolgen. Wegen der Wirkungen ist aber bei der Auslegung Vorsicht geboten. Das gilt insbesondere in Fällen, in denen der Schuldner einen Teil der Leistung erbringt und zugleich den Abschluss eines Erlassvertrages über die restliche geschuldete Leistung anbietet. Ob der Gläubiger, der die Teilleistung entgegennimmt (z.B. Einlösung des übersandten Schecks über einen Teil der geschuldeten Summe), damit zugleich das Angebot auf Abschluss des Erlassvertrages annimmt (wobei der Zugang gem. § 151 S. 1 entbehrlich wäre), ist zweifelhaft. Hier droht eine **Erlassfalle** für den Gläubiger. Die Rechtsprechung lehnt einen entsprechenden Annahmewillen des Gläubigers bei Auslegung vom objektiven Empfängerhorizont allerdings nur in Fällen eines groben Missverhältnisses zwischen der erbrachten Teilleistung und der geschuldeten Gesamtleistung ab.[2]

III. Negatives Schuldanerkenntnis

10   Das in § 397 Abs. 2 geregelte negative Schuldanerkenntnis ist ein **Vertrag** zwischen Gläubiger und Schuldner, durch den der Gläubiger anerkennt, dass das Schuldverhält-

---

2   BGH NJW 2001, 2324; BGH MDR 2008, 274 Rn. 17; OLG Koblenz, NJW 2003, 758 (759).

nis nicht besteht. Es handelt sich um eine Unterart des Erlassvertrages; mit ihm sollen vor allem Fälle erfasst werden, in denen die Parteien klarstellen wollen, dass die Forderung nicht mehr besteht.[3] Trotz des feststellenden Charakters hat das negative Schuldanerkenntnis konstitutive Wirkung, da es die Forderung zum Erlöschen bringt, sofern sie doch noch besteht. Anders als beim positiven Schuldanerkenntnis (§ 781) müssen die Parteien keine besondere Form beachten.

IV. Konfusion

Üblicherweise sind Gläubiger und Schuldner verschiedene Personen. Es kann jedoch dazu kommen, dass sich **Gläubiger- und Schuldnerposition in einer Person** vereinigen.[4] Zu diesem Konfusion genannten Vorgang kommt es insbesondere, wenn der Schuldner den Gläubiger beerbt oder umgekehrt. Das führt im Regelfall zum Erlöschen des Schuldverhältnisses, weil niemand sein eigener Schuldner sein kann.[5] Dieses Ergebnis kann aber unbillig sein, wenn Rechte Dritter (z.B. Pfandrecht, §§ 1273 ff.) beeinträchtigt würden; hier bleibt es beim Fortbestand des Rechts.[6] Auch das Gesetz ordnet in einigen Fällen ausdrücklich den Fortbestand der Forderung an (z.B. § 1976). | 11

V. Aufhebungsvertrag

Im Rahmen der Vertragsfreiheit haben die Parteien die Möglichkeit, ein **Schuldverhältnis i.w.S.** durch Abschluss eines Aufhebungsvertrages zu beseitigen. Dieser im BGB nicht geregelte, aber wegen der Vertragsfreiheit ohne Weiteres mögliche Vertrag führt zum Erlöschen sämtlicher Forderungen aus dem aufgehobenen rechtsgeschäftlichen oder gesetzlichen Schuldverhältnis. Die Einhaltung einer Form ist auch dann nicht notwendig, wenn der aufgehobene Vertrag formbedürftig war, weil die Formvorschriften nur vor der Eingehung von Verbindlichkeiten schützen sollen.[7] Die Parteien können die Aufhebung auch mit der Begründung eines neuen Schuldverhältnisses verbinden. Sind sie sich darüber einig, dass das neue Schuldverhältnis an die Stelle des alten treten soll, liegt eine sog. **Novation** (auch: Schuldumwandlung) vor. Bei der Auslegung entsprechender Vereinbarungen ist aber Vorsicht geboten, weil durch das Erlöschen des alten Schuldverhältnisses auch akzessorische Sicherheiten wie Bürgschaft oder Pfandrecht, die für eine Forderung bestanden, erlöschen. Deshalb kann es sein, dass die Parteien mit ihrer Vereinbarung lediglich den Inhalt des Schuldverhältnisses ändern, dieses aber nicht aufheben wollten. | 12

VI. Unmöglichkeit

Ist die Erbringung für den Schuldner oder jedermann unmöglich, erlischt der Anspruch des Gläubigers gem. § 275 Abs. 1. Dies hat bei gegenseitigen Verträgen in der Regel das Erlöschen der Gegenleistungspflicht zur Folge (§ 326 Abs. 1 S. 1). Diese Erlöschensgründe werden im Zusammenhang mit der Störung der Leistungspflicht behandelt (siehe §§ 19, 29). | 13

---

3 Vgl. MünchKomm/Schlüter, § 397 Rn. 12.
4 Zur Vertiefung: Bosak, Konfusion, JA 2009, 596; Kollhosser/Jansen, Konfusion, JA 1988, 305; Wacke, Die Konfusion: Schuldtilgungsgrund oder bloßer Wegfall der Klagbarkeit?, FS Medicus (2009), 543.
5 BGHZ 48, 214 (218); BGHZ 115, 116 (122).
6 BGH NJW 1995, 2287 (2288); BGH NJW-RR 2009, 1059 Rn. 20; Palandt/Grüneberg, Überbl. vor § 362 Rn. 4.
7 Palandt/Grüneberg, § 311 Rn. 7.

VII. Widerruf

14   Der in §§ 355 ff. geregelte Widerruf wandelt das Schuldverhältnis in ein Rückgewährschuldverhältnis um, weshalb bis dahin nicht erfüllte Leistungspflichten erlöschen. Dieses Recht besteht nur bei bestimmten Verbraucherverträgen und wird daher gesondert behandelt (siehe § 35).

Wiederholungs- und Vertiefungsfragen

15   1. Aus welchen Gründen darf der Schuldner eine Sache hinterlegen? (Rn. 5)

2. Unter welcher Voraussetzung führt die Hinterlegung zur Befreiung des Schuldners von seiner Verbindlichkeit? (Rn. 3 ff.)

3. S schuldet dem G aus einem Darlehen 1.000 €. G tritt den fälligen Anspruch schriftlich an Z ab. Z verlangt von S Zahlung. Als S sich bei G erkundigt, ob das „in Ordnung" sei, erhält er die Auskunft, die Abtretung sei unwirksam und er solle auf gar keinen Fall an Z, sondern an ihn, G, zahlen. Z wiederum bestreitet S gegenüber die Unwirksamkeit der Abtretung und widerspricht einer Zahlung an G. S möchte die Schuld gerne tilgen, um die Entstehung weiterer Zinsen zu verhindern. Kann er die geschuldete Summe schuldbefreiend hinterlegen? (vgl. BGH NJW 1997, 1501; BGH NJW-RR 2004, 656).

4. K befindet sich in Annahmeverzug, weil er einen von V gekauften Pkw (Verkehrswert: 10.000 €) nicht angenommen hat. V führt einen ordnungsgemäßen Selbsthilfeverkauf durch. Die Versteigerung des Fahrzeugs bringt einen Erlös von 8.000 €, die V unter Verzicht auf sein Rücknahmerecht hinterlegt. K erhält den Betrag ausgezahlt, verlangt aber von V Zahlung von 2.000 €, weil der Erlös um diesen Betrag hinter dem Wert des Fahrzeugs zurückgeblieben ist. Zu Recht? (Rn. 4)

§ 16 Kündigung

I. Begriff und Funktion

Schuldverhältnisse können abhängig von ihrem Inhalt auf eine in die Zeit hineinreichende längere und dauerhafte Verbindung der Beteiligten gerichtet sind. Bei solchen **Dauerschuldverhältnissen** erschöpft sich das Schuldverhältnis nicht in Pflichten zur einmaligen Leistungserbringung, sondern die Parteien schulden über einen gewissen Zeitraum Leistungen entweder in Form von Dauerleistungen (z.B. Überlassung von Wohnraum bei der Miete; dauerhafte Überlassung von Geld beim Darlehensvertrag) oder sich wiederholenden Einzelleistungen (z.B. regelmäßige Lieferung von Waren wie beim Bierbezugsvertrag oder Zeitschriftenabonnement).[1] Hiervon zu unterscheiden sind Verträge über eine festgelegte Gesamtleistung, die in Einzelakten erfüllt werden soll (Teillieferungsverträge, z.B. Kaufvertrag über einen Bausatz, dessen Teile monatlich geliefert werden). Dauerschuldverhältnisse enden, wenn ihre Geltungsdauer von den Parteien wirksam **befristet** wurde. Grenzen für Befristungen ergeben sich insbesondere im Miet- und Arbeitsrecht (vgl. § 575; § 14 TzBfG). Dauerschuldverhältnisse können ferner von den Parteien einvernehmlich aufgehoben werden. Wegen der mit der dauerhaften Bindung einhergehenden Belastung der Vertragsparteien ist darüber hinaus aber auch eine **einseitige Beendigungsmöglichkeit**, nämlich die Kündigung, in Betracht zu ziehen. Sie dient dazu, das Dauerschuldverhältnis mit **Wirkung** *ex nunc* zu beenden.

1

II. Ordentliche und außerordentliche Kündigung

Die einseitige Beendigung des Schuldverhältnisses kommt auch bei Dauerschuldverhältnissen nur in Betracht, soweit ein **Recht zur Kündigung** besteht. Hierbei kann zwischen der ordentlichen und der außerordentlichen Kündigung unterschieden werden.

2

Das **Recht zur ordentlichen Kündigung** beruht entweder auf vertraglicher Vereinbarung oder gesetzlicher Anordnung (z.B. § 542 Abs. 1 für den Mietvertrag, § 620 Abs. 2 für den Dienstvertrag). Es ist nicht selten asymmetrisch ausgestaltet, d.h. die Voraussetzungen, unter denen gekündigt werden kann, sind für beide Vertragspartner häufig unterschiedlich (vgl. z.B. §§ 573 ff. für die Kündigung des Vermieters). Typischerweise ist die Kündigung **fristgebunden**, sodass sie eine vertraglich oder gesetzlich bestimmte Zeit vor dem gewünschten Beendigungstermin erfolgen muss (z.B. § 573c für die Kündigung des Mietvertrages, § 621 für Dienstverträge, § 622 für Arbeitsverträge). Die Kündigungserklärung ist eine einseitige empfangsbedürftige Willenserklärung, die oftmals formbedürftig ist (z.B. § 568 Abs. 1 für den Mietvertrag, § 623 für den Arbeitsvertrag).

3

Das **Recht zur außerordentlichen Kündigung** beruht in der Regel auf einer gesetzlichen Anordnung (z.B. § 490 für den Darlehensvertrag, §§ 543, 569 für den Mietvertrag, § 626 für den Dienstvertrag, § 723 für den Gesellschaftsvertrag sowie allgemein § 314 für Dauerschuldverhältnisse, siehe Rn. 5 ff.). Es unterscheidet sich von der ordentlichen Kündigung vor allem dadurch, dass keine Kündigungsfristen einzuhalten sind, d.h., das Schuldverhältnis kann **mit sofortiger Wirkung** beendet werden. Das kommt nur in Betracht, wenn besondere Gründe gegeben sind, die im Einzelnen in den jeweiligen

4

---

1 Zur Vertiefung: Michalski, Zur Rechtsnatur des Dauerschuldverhältnisses, JA 1979, 401.

Kündigungsregelungen aufgeführt sind und im Kern darauf abstellen, dass dem Kündigenden eine Fortsetzung des Dauerschuldverhältnisses nicht mehr zumutbar ist.

III. Kündigung von Dauerschuldverhältnissen aus wichtigem Grund, § 314

5   Für Dauerschuldverhältnisse sieht § 314 Abs. 1 S. 1 ein für jeden Vertragsteil geltendes **Recht zur fristlosen Kündigung aus wichtigem Grund** vor.[2]

6   **Hinweis zur Fallbearbeitung:** Das allgemeine Kündigungsrecht aus § 314 ist im Vergleich zu den gesetzlichen Regelungen zur außerordentlichen Kündigung eines speziellen Schuldverhältnisses **subsidiär** und wird daher von diesen Sonderregelungen verdrängt. Auf § 314 darf bei der Falllösung daher nur bei Dauerschuldverhältnissen zurückgegriffen werden, für die es kein besonderes Recht zur Kündigung aus wichtigem Grund gibt (z.B. Factoring, Franchising, Bierbezugsvertrag).

1. Kündigungsvoraussetzungen

a) Wichtiger Grund

7   Die Hauptschwierigkeit des § 314 besteht darin, zu bestimmen, wann ein wichtiger Grund vorliegt, der zur Kündigung berechtigt. Das soll nach § 314 Abs. 1 S. 2 der Fall sein, wenn dem Kündigenden unter Berücksichtigung der Umstände des Einzelfalls und unter Abwägung der beiderseitigen Interessen die Fortsetzung des Vertragsverhältnisses bis zur vereinbarten Beendigung oder bis zum Ablauf einer Kündigungsfrist **nicht mehr zugemutet** werden kann. Erforderlich ist also zweierlei: Ein **besonderer Umstand** und eine **Interessenabwägung**. Ein zur Kündigung berechtigender Umstand kann sich insbesondere aus einer Verletzung der vertraglichen Leistungs- oder Schutzpflichten ergeben, aber auch aus Vorkommnissen außerhalb des Vertrages, durch die es zu einer schweren Störung des Vertrauensverhältnisses der Parteien gekommen ist (z.B. Straftaten gegen den anderen Vertragspartner). Wegen der Interessenabwägung muss der Umstand ein hinreichendes Gewicht haben; insbesondere berechtigt noch nicht jede Pflichtverletzung des Schuldners den Gläubiger zur Kündigung. Umgekehrt können schwerwiegende Pflichtverletzungen selbst dann einen wichtigen Grund darstellen, wenn den Schuldner kein Verschulden trifft.

Beispiele: Der Pächter eines Angelteichs ist dem Verpächter gegenüber vertraglich verpflichtet, einen Teil des Erlöses aus verkauften Angelkarten zukommen zu lassen. Rechnet er gegenüber dem Verpächter vorsätzlich falsch ab, um einen geringeren Erlös abführen zu müssen, liegt ein wichtiger Grund zur fristlosen Kündigung vor. – Besteht zwischen Nutzer und Betreiber einer Internet-Auktionsplattform ein Vertrag, der es dem Nutzer ausdrücklich untersagt, auf seine eigenen Angebote zu bieten, so liegt ein wichtiger Grund zur Kündigung vor, wenn der Nutzer, dessen Account gesperrt wurde, diese Sperre umgeht und erneut auf eigene Angebote bietet.[3]

8   Umstände aus der **Sphäre des Kündigenden** sind in aller Regel auch dann kein wichtiger Grund, wenn sie dazu führen, dass der Gläubiger die geschuldete Leistung nicht in

---

2   Zur Vertiefung: v. Hase, Fristlose Kündigung und Abmahnung nach neuem Recht, NJW 2002, 2278; Ramming, Wechselwirkungen zwischen den Voraussetzungen der gesetzlichen Kündigungs- und Rücktrittsrechte nach allgemeinem Schuldrecht (§§ 314, 323, 324 BGB), ZGS 2003, 113; Stürner, Die Kündigung von Dauerschuldverhältnissen aus wichtigem Grund nach § 314 BGB, Jura 2016, 163.

3   OLG Brandenburg MMR 2009, 767.

Anspruch nehmen kann. In Einzelfällen kann sich aber auch hier nach Treu und Glauben etwas anderes ergeben.

Beispiele: K hat mit DSL-Provider T einen auf zwei Jahre befristeten Internetzugangsvertrag geschlossen. Drei Monate nach Vertragsschluss zieht er in eine Gegend, in der mangels Ausbau der Infrastruktur keine DSL-Zugänge zur Verfügung stehen. K kann nicht nach § 314 Abs. 1 fristlos kündigen. Dass er zur Entgeltzahlung verpflichtet ist, obwohl T ihm die geschuldete Leistung wegen seines Umzugs nicht mehr zur Verfügung stellen kann, ist zwar ein den K besonders belastender Umstand. Dieser rührt jedoch aus der Sphäre des K, der mit Abschluss des Vertrages das Risiko übernommen hat, die Leistung des T wegen einer Veränderung der persönlichen Verhältnisse nicht mehr nutzen zu können.[4] Es besteht aber ein ordentliches Kündigungsrecht mit einer Frist von drei Monaten aus § 46 Abs. 8 S. 3 TKG; die Frist beginnt mit dem Umzug.[5] – A hat einen auf zwei Jahre befristeten Nutzungsvertrag für das Fitnessstudio des F abgeschlossen. Nach drei Monaten erleidet er eine rheumatische Erkrankung, die eine sportliche Betätigung im Fitnessstudio auf Dauer ausschließt. Obwohl der Grund aus der Sphäre des A stammt, mag ein wichtiger Grund anzunehmen sein, weil es sich um ein schicksalhaftes und von A nicht beeinflussbares Hindernis handelt.[6] Der BGH geht noch weiter, indem er allein darauf abstellt, dass der Grund nicht im Verantwortungsbereich des Kunden liegt.[7] Das soll schon anzunehmen sein, wenn er den Grund nicht beeinflussen kann.[8] Deshalb wurde eine Kündigung wegen einer Schwangerschaft zugelassen,[9] wegen eines Wohnortwechsels aber nicht.[10] Wieso eine Schwangerschaft nicht im Verantwortungsbereich der Kundin liegen soll, ist freilich unklar und auch bei Erkrankungen fragt es sich, warum der Betreiber des Studios die Gesundheitsrisiken seiner Kunden tragen soll. Tatsächlich stellt der BGH in anderen Entscheidungen auch gerade darauf ab, aus wessen Risikobereich der Grund stammt.[11]

b) Fristsetzung bzw. Abmahnung bei Pflichtverletzung

Pflichtverletzungen einer Partei des Schuldverhältnisses führen nach dem grundlegenden System des Leistungsstörungsrechts in der Regel nicht automatisch zur Entstehung von Ansprüchen und Rechten der anderen Partei, die zu einer Liquidation des Vertrages führen (siehe § 20). Sowohl der Schadensersatz statt der Leistung im Fall der nicht oder nicht ordnungsgemäßen Leistung als auch der Rücktritt erfordern den vorherigen erfolglosen Ablauf einer vom Gläubiger gesetzten Frist, innerhalb derer der Schuldner Gelegenheit hat, die Leistung noch wie geschuldet zu erbringen (§§ 280 Abs. 1, 3, 281 Abs. 1; § 323 Abs. 1). Daran anknüpfend verlangt § 314 Abs. 2 S. 1 für den Fall, dass der zur Kündigung berechtigende wichtige Grund in der **Verletzung einer Pflicht aus einem Vertrag** besteht, den erfolglosen Ablauf einer zuvor gesetzten angemessenen Frist oder eine erfolglose Abmahnung, sofern diese nicht nach §§ 314 Abs. 2 S. 2, 3, 323 Abs. 2 Nr. 1 und 2 entbehrlich ist. § 314 Abs. 2 S. 3 regelt als eigenständigen Entbehrlichkeitsgrund das Vorliegen besonderer Umstände, die unter Abwägung der beiderseitigen Interessen eine sofortige Kündigung rechtfertigen. Das geht weiter als § 323 Abs. 2 Nr. 3, weil auch Fälle der Nichtleistung erfasst werden.

9

---

4 BGH NJW-RR 2011, 916.
5 OLG Düsseldorf NJW-RR 2018, 745 f.; OLG München MMR 2019, 119 (120 f.).
6 Bejahend AG Dieburg NJOZ 2011, 1134 (1135).
7 BGH NJW 2012, 1432 Rn. 30.
8 BGH NJW 2016, 3718 Rn. 12.
9 BGH NJW 2012, 1432 Rn. 31.
10 BGH NJW 2016, 3718 Rn. 13.
11 Vgl. BGH NJW 2010, 1874 Rn. 15; BGH NJW-RR 2011, 916 Rn. 9; BGHZ 196, 285 Rn. 17.

10   Ob bei fehlender Entbehrlichkeit eine Frist zu setzen oder eine **Abmahnung** auszusprechen ist, hängt von der Art der Pflichtverletzung ab (§ 281 Abs. 3 analog, siehe § 25 Rn. 19). Bei Schutzpflichtverletzungen wird typischerweise nur eine Abmahnung in Betracht kommen. Beide Mittel dienen dazu, dem Schuldner die Vertragswidrigkeit seines Verhaltens vor Augen zu führen und ihn vor den Folgen einer Fortsetzung bzw. Nichtbeseitigung der Pflichtverletzung zu warnen. Daraus folgt, dass Unzumutbarkeit eigentlich erst dann vorliegt, wenn sich der Schuldner trotz dieser Warnung weiter vertragswidrig verhält. Deshalb genügt für eine Abmahnung die bloße Rüge des Verhaltens nicht, sondern der Gläubiger muss darauf hinweisen, dass der Vertrag auf dem Spiel steht, wenn der Schuldner sein Verhalten nicht ändert.[12] Bei der Fristsetzung wird man eine solche Folgenandrohung nicht verlangen müssen, weil sich hier schon aus der konkret gesetzten Frist für den Schuldner ergibt, dass ihm nach Fristablauf Konsequenzen drohen.

2. Kündigungserklärung

11   Die Kündigung muss von der kündigungsberechtigten Partei erklärt werden. Dies erfolgt durch **einseitige, empfangsbedürftige Willenserklärung**, die keine Begründung enthalten muss. Mit dieser Erklärung darf sich der Berechtigte nicht beliebig lange Zeit lassen: Je länger er zuwartet, desto unwahrscheinlicher ist es, dass ihm ein Festhalten am Vertrag unzumutbar ist. Außerdem hat die andere Vertragspartei ein berechtigtes Interesse daran, möglichst bald zu erfahren, ob es wegen ihres Verhaltens zu einer Beendigung des Vertrages kommt. Deshalb setzt § 314 Abs. 3 eine **Erklärungsfrist**, innerhalb derer die Kündigung erfolgen muss. Die Frist beginnt mit der Kenntnis vom Kündigungsgrund; ihre Dauer wird mittels des Begriffs „angemessene Frist" bestimmt. Was angemessen ist, hängt von der Art des Schuldverhältnisses und der Schwere des Kündigungsgrundes ab.

3. Rechtsfolgen der Kündigung

12   Die Kündigung beendet das Schuldverhältnis mit **sofortiger Wirkung** und nur **für die Zukunft** (*ex nunc*). Für bereits erbrachte Leistungen bleibt das gekündigte Dauerschuldverhältnis deshalb der Rechtsgrund. Eine Rückabwicklung findet folglich nicht statt. Bei Kündigung bereits entstandene Schadensersatzansprüche wegen des Verhaltens des Schuldners bleiben bestehen, § 314 Abs. 4.

4. Prüfungsaufbau

13   I.   Dauerschuldverhältnis

II.   Keine vorrangige Spezialregelung

III. Wichtiger Grund, § 314 Abs. 1

IV.   Erfolgloser Fristablauf o. erfolglose Abmahnung, § 314 Abs. 2 S. 1 bzw. Entbehrlichkeit von Fristsetzung oder Abmahnung, § 314 Abs. 2 S. 2 (bzw. § 314 Abs. 2 S. 2, 3 n.F.)

V.   Kündigungserklärung

1.   Erklärung der Kündigung

2.   Rechtzeitigkeit der Kündigung, § 314 Abs. 3

---

12   BGHZ 196, 285 Rn. 18.

WIEDERHOLUNGS- UND VERTIEFUNGSFRAGEN

1. Was ist der Unterschied zwischen der ordentlichen und der außerordentlichen Kündigung? (Rn. 2, 3, 4)   14

2. Warum verlangt § 314 Abs. 2 S. 1 bei Verletzung einer Vertragspflicht eine Fristsetzung oder Abmahnung? (Rn. 9)

§ 17 Rücktritt

I. Begriff, Funktion und Wirkung

1 Der in den §§ 346–354 geregelte Rücktritt führt nach § 346 Abs. 1 dazu, dass die empfangenen Leistungen zurückzugewähren und die gezogenen Nutzungen herauszugeben sind. Der Rücktritt erfolgt durch Erklärung gegenüber dem anderen Teil, § 349. Es handelt sich also um die **einseitige Rückgängigmachung eines vertraglichen Schuldverhältnisses.** Wegen der Bindung an den Vertrag kommt eine solche einseitige Liquidation allerdings nur in Betracht, wenn die Parteien diese Möglichkeit vertraglich vereinbart haben (vertragliches Rücktrittsrecht) oder das Gesetz einer Vertragspartei dieses Recht zuweist (gesetzliches Rücktrittsrecht).

2 Der Rücktritt führt, wie § 346 Abs. 1 zeigt, zur Entstehung neuer Pflichten, gerichtet auf Rückgewähr empfangener Leistungen und Nutzungsherausgabe. Deshalb beendet er das vertragliche Schuldverhältnis nicht, sondern wandelt es um in ein **Rückgewährschuldverhältnis.** Zugleich aber führt der Rücktritt auch zum **Wegfall der aus dem Vertrag bestehenden primären Leistungspflichten ex nunc (Befreiungswirkung).** Diese Rechtsfolge war dem Gesetzgeber so selbstverständlich, dass er auf eine Regelung verzichtet hat. Mit Blick auf das Schuldverhältnis bewirkt der Rücktritt also nicht das Erlöschen des Vertrages (Schuldverhältnis i.w.S.), wohl aber das Erlöschen der vertraglichen Leistungspflichten (Schuldverhältnis i.e.S.). Zugleich entstehen neue, in §§ 346, 347 geregelte Leistungspflichten. Sie sind – obschon das Rückgewährschuldverhältnis kein gegenseitiger Vertrag ist – Zug um Zug zu erfüllen (§ 348 S. 1); kraft der Verweisung des § 348 S. 2 kann jeder Rückgewährschuldner auch die Einrede des nichterfüllten Vertrages (§ 320) erheben. Weil der Vertrag als Rückgewährschuldverhältnis bestehen bleibt und die Leistungspflichten nur mit Wirkung für die Zukunft entfallen, bildet das Schuldverhältnis nach wie vor den Rechtsgrund für bereits empfangene Leistungen. Eine (zusätzliche) Rückabwicklung über das Bereicherungsrecht findet deshalb nicht statt.[1] Aus dem gleichen Grund bleiben bei Rücktritt bereits entstandene Sekundäransprüche auf Schadensersatz bestehen.

3 **Hinweise zur Fallbearbeitung:** Aufgrund der doppelten Wirkung des Rücktritts (Wegfall der Leistungspflichten, Entstehung eines Rückgewährschuldverhältnisses) kann ein Rücktritt an unterschiedlichen Stellen innerhalb der Falllösung eine Rolle spielen. Soweit geprüft wird, ob ein vertraglicher Anspruch auf eine Leistung besteht, ist der Rücktritt ein Untergangsgrund und an entsprechender Stelle zu prüfen. Da aus dem Rückgewährschuldverhältnis Leistungspflichten folgen, können sich aus einem Rücktritt aber auch Ansprüche der Beteiligten ergeben. Dementsprechend spielen die §§ 346, 347 als Anspruchsgrundlagen eine Rolle. Wird in diesem Zusammenhang ein wirksamer Rücktritt bejaht, muss im späteren Verlauf keine Rückabwicklung erbrachter Leistungen auf bereicherungsrechtlicher Grundlage mehr geprüft werden, da der Rechtsgrund nicht weggefallen ist.

II. Rücktrittsvoraussetzungen

4 Ein wirksamer Rücktritt steht unter drei Voraussetzungen: Rücktrittsrecht, Rücktrittserklärung und kein Ausschluss des Rücktritts.

---

1 Erman/Röthel, vor § 346 Rn. 1; MünchKomm/Gaier, Vorbem. zu § 346 Rn. 2; Palandt/Grüneberg, Einf. v. § 346 Rn. 6; kritisch Kohler, AcP 208 (2008), 417 ff.; ders., ZfPW 2017, 404 ff.

1. Rücktrittsrecht

Für ein **vertragliches Rücktrittsrecht** (auch Rücktrittsvorbehalt genannt) ist eine **ausdrückliche oder stillschweigende Vereinbarung** der Parteien erforderlich. Aus dieser Vereinbarung ergibt sich auch, unter welchen Voraussetzungen der Rücktritt erklärt werden kann. Durch AGB kann, soweit der Vertragspartner Verbraucher ist, ein Rücktrittsvorbehalt, der dem Verwender das Recht gibt, sich ohne sachlich gerechtfertigten und im Vertrag angegebenen Grund von seiner Leistungspflicht zu lösen, nicht wirksam vereinbart werden, sofern es sich nicht um ein Dauerschuldverhältnis handelt (§ 308 Nr. 3). Gegenüber einem Unternehmer ist die Wertung dieser Regelung bei Anwendung des § 307 Abs. 2 Nr. 1 zu berücksichtigen.[2] **Gesetzliche Rücktrittsrechte** finden sich vor allem im Leistungsstörungsrecht (§§ 313 Abs. 3, 323, 324, 326 Abs. 5). Auf sie und ihre Voraussetzungen ist im Zusammenhang mit der Darstellung dieses Teils des allgemeinen Schuldrechts einzugehen (siehe §§ 30, 32). Weitere gesetzliche Rücktrittsrechte finden sich z.B. in §§ 321 Abs. 2 S. 2, 508 S. 1.

5

2. Rücktrittserklärung

Der Rücktritt erfordert nach § 349 eine Erklärung gegenüber dem anderen Teil. Diese Rücktrittserklärung ist eine **einseitige, empfangsbedürftige Willenserklärung**. Die Wirkungen, die mit einem Rücktritt verbunden sind, zeigen, dass es sich um die **Ausübung eines Gestaltungsrechts** handelt. Der Rücktritt kann daher zumindest im Grundsatz nicht unter einer auflösenden oder aufschiebenden Bedingung erklärt werden.[3]

6

Eine wirksame Rücktrittserklärung setzt naturgemäß voraus, dass zum Zeitpunkt des Wirksamwerdens dieser Erklärung ein Rücktrittsgrund gegeben war. Liegt ein solcher vor, steht es dem Rücktrittsberechtigten frei, ob er den Rücktritt erklärt oder nicht. Das hat für den anderen Vertragsteil eine erhebliche Ungewissheit zur Folge. Dem können die Parteien durch Vereinbarung einer **Rücktrittsfrist** begegnen. Haben sie das nicht getan, gewährt § 350 S. 1 dem Rücktrittsgegner die Möglichkeit, dem Berechtigten für die Ausübung des Rücktrittsrechts eine angemessene Frist zu setzen. Erfolgt keine Rücktrittserklärung innerhalb der Frist, erlischt das Rücktrittsrecht (§ 350 S. 2). Das gilt dem Wortlaut nach nur für vertragliche Rücktrittsrechte. Einer analogen Anwendung auf gesetzliche Rücktrittsrechte steht entgegen, dass der Gesetzgeber hier bewusst auf die Möglichkeit einer Fristsetzung verzichtet hat, weil dem pflichtwidrig handelnden Schuldner die Ungewissheit, ob das Rücktrittsrecht ausgeübt wird, zugemutet werden könne.[4] Man wird daher höchstens für das von einer Pflichtverletzung unabhängige Rücktrittsrecht aus § 313 Abs. 3 S. 1 eine analoge Anwendung zulassen dürfen.[5]

7

3. Kein Ausschluss des Rücktritts

Die §§ 346 ff. kennen **keinen allgemeinen Ausschluss** des Rücktrittsrechts. Insbesondere schließt auch die Unmöglichkeit der Rückgewähr der empfangenen Leistung oder

8

---

2 BGHZ 178, 227 Rn. 27; Erman/Roloff, § 308 Rn. 29.
3 Vgl. BGH NJW 1986, 2245 auch zu der Ausnahme, dass für den Erklärungsempfänger durch die Bedingung keine Ungewissheit entstehen kann.
4 BT-Drucks. 14/6040, S. 185.
5 BeckOK-BGB/Schmidt, § 350 Rn. 3; MünchKomm-BGB/Gaier, § 350 Rn. 2; NK-BGB/Hager, § 350 Rn. 1; ablehnend BeckOGK/Schall, Stand 15.7.2018, § 350 Rn. 9; Staudinger/Kaiser (2012), § 350 Rn. 8; PWW/Stürner, § 350 Rn. 2.

deren Verschlechterung den Rücktritt nicht aus (anders noch § 351 a.F.). Ausschlussgründe finden sich aber bei einzelnen gesetzlichen Rücktrittsrechten (z.B. § 323 Abs. 6).

III. Rechtsfolgen des Rücktritts

9   Der Rücktritt kann je nach den Umständen des Einzelfalls neben dem Erlöschen der Leistungspflicht eine ganze Reihe von Ansprüchen zur Entstehung bringen.[6]

1. Erlöschen der Leistungspflichten

10   Der Rücktritt führt zum Erlöschen der **primären vertraglichen Leistungspflichten** für die Zukunft (ex-nunc-Wirkung). Der Gläubiger kann die Leistung nicht mehr verlangen und kann eine gleichwohl vom Schuldner nach Rücktritt erbrachte Leistung ablehnen, ohne in Annahmeverzug zu geraten.

2. Rückgewähr empfangener Leistungen

11   Leistungen, die in Erfüllung des Vertrages bereits erfolgt sind, müssen zurückgewährt werden, § 346 Abs. 1. Welchen **Inhalt** diese Rückgewährpflichten haben, hängt von der Art der empfangenen Leistung ab. Wurde eine Sache übereignet, muss der Rückgewährschuldner sie zurückübereignen; wurde eine Sache zum Gebrauch überlassen, muss er dem Gläubiger den Besitz übertragen. Weil bei Geldschulden ein Geldbetrag und nicht bestimmte Münzen oder Scheine geschuldet sind (siehe § 9 Rn. 3), muss bei Geldleistungen der Geldwert zurückgegeben werden und nicht etwa die bei Barzahlung übereigneten Scheine und Münzen.[7]

3. Wertersatz statt Rückgewähr empfangener Leistungen

a) Problemüberblick

12   Die empfangene Leistung kann ihrer Art nach zur Rückgewähr ungeeignet sein (z.B. Dienstleistung) oder sie kann sich verändert haben oder gar untergegangen sein, sodass sie nicht mehr so, wie sie erhalten wurde, zurückgegeben werden kann. Da der Rücktritt aber zur vollständigen Rückabwicklung des Vertrages führen soll, kann es hierbei nicht bleiben. Deshalb sieht § 346 Abs. 2 vor, dass in den dort genannten Fällen statt der Rückgewähr Wertersatz zu leisten ist. Dieser **Wertersatzanspruch** ist auf die **Zahlung von Geld** gerichtet; seine Berechnung ist zum Teil in § 346 Abs. 2 S. 2 geregelt. In bestimmten Fällen ist es jedoch nicht zu rechtfertigen, dass der Rückgewährschuldner Wertersatz leisten muss. Diese Ausnahmen von der Wertersatzpflicht regelt § 346 Abs. 3 S. 1. Soweit ein solcher Ausnahmefall vorliegt, muss der Rückgewähr-

---

6   Zur Vertiefung: Annuß, Die Folgen des Rücktritts (§§ 346 ff. BGB), JA 2006, 184; Arnold, Das neue Recht der Rücktrittsfolgen, Jura 2002, 154; Bartels, Wert- und Schadensersatzansprüche im Rücktrittsfolgenrecht, AcP 215 (2015), 203; Coester-Waltjen, Rücktritt und Widerruf – Gemeinsamkeiten und Unterschiede, Jura 2009, 820; Faust, Haftung bei Störungen im Rückgewährschuldverhältnis, JuS 2009, 481; Gaier, Das Rücktritts(folgen)recht nach dem Schuldrechtsmodernisierungsgesetz, WM 2002, 1; Lorenz, Grundwissen Zivilrecht: Rechtsfolgen von Rücktritt und Widerruf, JuS 2011, 871; Perkams, Die Haftung des Rücktrittsberechtigten im neuen Schuldrecht, Jura 2003, 150; Reischl, Grundfälle zum neuen Schuldrecht: Der Rücktritt, JuS 2003, 667; Schwab, Schuldrechtsmodernisierung 2001/2002 – Die Rückabwicklung von Verträgen nach §§ 346 ff. BGB n.F., JuS 2002, 630; Wiese/Hauser, Empfangene Leistungen i.S. des § 346 BGB und Gefahrübergang, JuS 2011, 301.

7   BGH NJW 2006, 211 Rn. 25; Palandt/Grüneberg, § 346 Rn. 5; Staudinger/Kaiser (2012), § 346 Rn. 75.

schuldner nach § 346 Abs. 3 S. 2 nur eine bei ihm verbliebene Bereicherung herausgeben (Rechtsfolgenverweisung auf §§ 818 ff.).

b) Anspruchsgrundlagen und -voraussetzungen

aa) Ausschluss der Rückgewähr aufgrund der Natur des Erlangten

Wertersatz statt Rückgabe wird nach § 346 Abs. 2 S. 1 Nr. 1 geschuldet, wenn die   **13** Rückgewähr der empfangenen Leistung ihrer Natur nach nicht möglich ist. Das ist insbesondere bei **unkörperlichen Leistungen** wie Dienstleistungen oder der Herstellung eines unkörperlichen Werks der Fall.

Beispiel (BGHZ 185, 192): M hat mit E einen Partnervermittlungsvertrag geschlossen, kraft dessen E verpflichtet ist, dem M für ein Entgelt von 9.000 € maximal 15 Partnervorschläge zu unterbreiten. Nachdem E zwei Vorschläge gemacht hat, muss M erkennen, dass diese seinen Anforderungen überhaupt nicht gerecht werden. Er macht daher von seinem im Vertrag eingeräumten Rücktrittsrecht Gebrauch. Was kann E von M verlangen? – Eine Rückgewähr der beiden übermittelten Partnervorschläge ist ihrer Natur nach nicht möglich, da es sich um Dienstleistungen des E handelt. Dieser hat deshalb zwar keinen Rückgewähranspruch aus § 346 Abs. 1, wohl aber einen Wertersatzanspruch aus § 346 Abs. 2 S. 1 Nr. 1. Für die Höhe dieses Anspruchs ist nach § 346 Abs. 2 S. 2 die Höhe der Gegenleistung zu Grunde zu legen. Bei einem Entgelt von 9.000 € für 15 Vorschläge ist folglich für zwei Vorschläge Wertersatz in Höhe von 1.200 € geschuldet.

bb) Verbrauch, Veräußerung, Belastung, Verarbeitung oder Umgestaltung

Wertersatz statt Rückgabe wird nach § 346 Abs. 2 S. 1 Nr. 2 geschuldet, wenn der   **14** empfangene Gegenstand **verbraucht, veräußert, belastet, verarbeitet oder umgestaltet** wurde. Diese Handlungen führen dazu, dass die empfangene Leistung entweder gar nicht oder nicht mehr so, wie sie empfangen wurde, zurückgewährt werden kann. Allerdings ist der Wortlaut zu weit geraten: Wenn der Schuldner nach § 346 Abs. 1 zur Rückgewähr verpflichtet ist, so bedeutet dies, dass er alle ihm zumutbaren Anstrengungen unternehmen muss, um die Sache so zurück zu gewähren, wie er sie empfangen hat. Nach allgemeinen Regeln wird er nämlich von seiner Leistungspflicht erst dann frei, wenn ihre Erfüllung unmöglich ist (§ 275 Abs. 1). Deshalb sollte der Anspruch auf Wertersatz aus § 346 Abs. 2 S. 1 Nr. 2 auch erst und nur dann an die Stelle des Rückgewähranspruchs treten, wenn eine Wiederherstellung des ursprünglichen Zustands unmöglich i.S.d. § 275 Abs. 1–3 ist. § 346 Abs. 2 S. 1 Nr. 2 ist daher nach zutreffender h.M. teleologisch durch Einfügung des ungeschriebenen Tatbestandsmerkmals „**Unmöglichkeit der Rückgewähr im geschuldeten Zustand**" zu ergänzen.[8] Der Rückgewährschuldner muss sich also im Rahmen des Anspruchs aus § 346 Abs. 1 bemühen, sich die veräußerte Sache wieder zu beschaffen oder die Belastung (z.B. mit einem dinglichen Recht, aber auch mit einem obligatorischen Recht, etwa durch Vermietung) wieder zu beseitigen. Nur wenn das nicht möglich ist, schuldet er Wertersatz aus § 346 Abs. 2 S. 1 Nr. 2.

Beispiel (OLG Stuttgart, NJW-RR 2010, 412): K hat bei V einen Neuwagen gekauft. Zur Finanzierung des Kaufpreises hat er bei B ein Darlehen aufgenommen. Als Sicherheit hat er das Fahrzeug nach Auslieferung an B übereignet. Wenige Monate später tauchen Probleme

---

8 BGHZ 178, 182 Rn. 17 ff.; BeckOK-BGB/Schmidt, § 346 Rn. 52; Jauernig/Stadler, § 346 Rn. 5 a; Hk-BGB/Schulze, § 346 Rn. 14; a.A. Fest, ZGS 2009, 78; BeckOGK/Schall, Stand 15.7.2018, § 346 Rn. 334, 515; MünchKomm/Gaier, § 346 Rn. 48.

mit der Bremsanlage auf, die auf eine fehlerhafte Konstruktion zurückzuführen sind und die V trotz mehrfacher Versuche nicht beseitigen kann. Als der dritte Versuch fehlschlägt, erklärt K den Rücktritt vom Kaufvertrag. Daraufhin verlangt V von K Wertersatz für das Fahrzeug, da K wegen der Sicherungsübereignung an B nicht mehr Eigentümer des Fahrzeugs sei und ihm daher auch nicht – wie eigentlich nach § 346 Abs. 1 geschuldet – das Eigentum zurück übertragen könne. – Anspruchsgrundlage ist § 346 Abs. 2 S. 1 Nr. 2. Ein wirksamer Rücktritt nach §§ 437 Nr. 2, 323 Abs. 1 liegt vor, da der Pkw bei Gefahrübergang mangelhaft war (§ 434 Abs. 1) und eine Fristsetzung wegen des zweimaligen Fehlschlagens der Nachbesserung entbehrlich ist (§ 440 S. 1 2. Alt., S. 2). K hat den empfangenen Gegenstand auch veräußert. Indessen setzt § 346 Abs. 2 S. 1 Nr. 2 als ungeschriebenes Tatbestandsmerkmal die Unmöglichkeit der Rückgewähr voraus. Ob V Wertersatz verlangen kann, hängt also davon ab, ob die Bank B bereit ist, dem K den Pkw zurück zu übereignen. Ist sie dies, so kann V nur Rückgewähr nach § 346 Abs. 1 verlangen. Andernfalls hat er einen Wertersatzanspruch aus § 346 Abs. 2 S. 1 Nr. 2.

15   Der Wertersatzanspruch ist nach § 346 Abs. 3 S. 1 Nr. 1 **ausgeschlossen**, wenn sich der zum Rücktritt berechtigende **Mangel erst bei der Verarbeitung oder Umgestaltung gezeigt** hat, d.h., wenn der Rücktrittsberechtigte erst dann vom Mangel positive Kenntnis erlangt hat. Dahinter steht die Erwägung, dass es nicht gerechtfertigt ist, denjenigen auf Wertersatz haften zu lassen, der in Unkenntnis des zum Rücktritt berechtigenden Mangels die Sache verarbeitet oder umgestaltet und dadurch die Unmöglichkeit der Rückgewähr herbeigeführt hat. Der Wortlaut erfasst nur Verarbeitung oder Umgestaltung; nach dem Zweck der Norm müssen aber auch Fälle erfasst sein, in denen der Mangel erst beim **Verbrauch** entdeckt wird; hier ist eine analoge Anwendung geboten.[9]

Beispiel: K hat auf dem Wochenmarkt bei V eine große Tüte Studentenfutter gekauft, das V selbst herstellt und abfüllt. K isst gleich aus der Tüte, findet aber, als sie etwa die Hälfte verzehrt hat, in dieser eine getrocknete Spinne. Umgehend begibt sie sich zu V und erklärt den Rücktritt vom Vertrag. Was kann V von K verlangen? – V könnte einen Anspruch auf Wertersatz aus § 346 Abs. 2 S. 1 Nr. 2 haben. Ein wirksamer Rücktritt der K nach §§ 437 Nr. 2, 323 liegt vor: Die verkaufte Sache ist mangelhaft (§ 434 Abs. 1) und dem K dürfte angesichts der offenbar bei V bestehenden hygienischen Verhältnisse eine Nachbesserung oder Nachlieferung unzumutbar sein, sodass eine Fristsetzung nach § 440 S. 1 3. Alt. entbehrlich ist. K hat einen Teil des empfangenen Studentenfutters verbraucht und schuldet daher insoweit nach § 346 Abs. 2 S. 1 Nr. 2 Wertersatz. Analog § 346 Abs. 3 S. 1 Nr. 1 ist der Anspruch jedoch ausgeschlossen, weil sich der Mangel erst beim Verbrauch gezeigt hat. V kann daher nur aus § 346 Abs. 1 Rückgabe des verbliebenen Rests Studentenfutter sowie aus §§ 346 Abs. 3 S. 2, 818 Abs. 1, 2 Wertersatz verlangen, soweit K noch bereichert ist.

cc) Verschlechterung oder Untergang

16   Wertersatz statt Rückgabe wird nach § 346 Abs. 2 S. 1 Nr. 3 geschuldet, wenn der empfangene Gegenstand sich verschlechtert hat oder untergegangen ist. Ein **Untergang** liegt bei vollständiger Vernichtung der Sachsubstanz vor, während für eine **Verschlechterung** eine nachteilige Veränderung der Sachsubstanz oder Beeinträchtigung der Funktionstauglichkeit ausreichend ist. In beiden Fällen ist die Rückgewähr der Sache in dem Zustand, in dem sie empfangen wurde, unmöglich. Deshalb sollte § 346 Abs. 2 S. 1 Nr. 3 auch analog auf andere Fälle angewandt werden, in denen eine Rückgewähr unmöglich ist (z.B. Diebstahl, Verlust).[10]

---

9   Erman/Röthel, § 346 Rn. 21; Hk-BGB/Schulze, § 346 Rn. 16; Palandt/Grüneberg, § 346 Rn. 11.
10   BeckOK-BGB/Schmidt, § 346 Rn. 56; NK-BGB/Hager, § 346 Rn. 40.

Substanz oder Funktionstauglichkeit einer Sache können auch durch deren **Gebrauch** 17 beeinträchtigt werden. Hier ist jedoch zu bedenken, dass der Rückgewährschuldner nach § 346 Abs. 1 auch Herausgabe der Nutzungen schuldet und dass zu diesen Nutzungen auch Gebrauchsvorteile gehören (§ 100, siehe Rn. 21). Der Gläubiger erhält also schon über diesen Anspruch einen Ausgleich für die durch den bestimmungsgemäßen Gebrauch eingetretenen Beeinträchtigungen. § 346 Abs. 2 S. 1 Nr. 3 ist daher so auszulegen, dass Beeinträchtigungen durch bestimmungsgemäßen Gebrauch keine Verschlechterung im Sinne der Norm darstellen.[11] Anders liegen die Dinge aber bei Beeinträchtigungen durch die **erstmalige Ingebrauchnahme**. Diese kann bei manchen Gegenständen (insb. Neufahrzeuge, aber auch Bekleidung) zu einem erheblichen Wertverlust führen. Diesem Wertverlust stehen keine entsprechenden Gebrauchsvorteile des Schuldners gegenüber, die als Nutzungen herauszugeben wären. Deshalb ist die Ingebrauchnahme anders als der Gebrauch eine Verschlechterung und es wäre Wertersatz zu leisten. Das aber würde den Schuldner, der den Wertverlust nicht verhindern kann und die Sache aber berechtigterweise in Gebrauch nehmen will, ungerechtfertigt belasten. Deshalb ist für eine durch bestimmungsgemäße Ingebrauchnahme eingetretene Verschlechterung nach § 346 Abs. 2 S. 1 Nr. 3 2. HS kein Wertersatz geschuldet.

Beispiel: K hat bei Händler V einen Neuwagen gekauft. Wegen eines Mangels, mit dessen Nachbesserung V zweifach scheitert, erklärt K sechs Monate nach Fahrzeugübergabe den Rücktritt vom Vertrag. V verlangt neben der Rückgabe des Fahrzeugs auch Ersatz für den eingetretenen Wertverlust, da K mit dem Fahrzeug 20.000 km gefahren ist. – Der Anspruch auf Rückübereignung des Fahrzeugs folgt aus § 346 Abs. 1, da K nach §§ 437 Nr. 2, 323, 440 S. 1 2. Alt., S. 2 ohne Fristsetzung zurücktreten konnte. V hat außerdem aus § 346 Abs. 1 einen Anspruch auf Herausgabe der Nutzungen und damit der von K gezogenen Gebrauchsvorteile. Diese bestehen darin, dass sie mit dem Fahrzeug sechs Monate lang 20.000 km fahren konnte. Hierfür schuldet sie, da diese Nutzungen ihrer Natur nach nicht herausgegeben werden können, nach § 346 Abs. 2 S. 1 Nr. 1 Wertersatz; hingegen besteht kein Anspruch auf Wertersatz aus § 346 Abs. 2 S. 1 Nr. 3, weil Beeinträchtigungen durch bestimmungsgemäßen Gebrauch keine Verschlechterung darstellen. Mit der Nutzungsherausgabe ist aber der gesamte Wertverlust des Fahrzeugs möglicherweise nicht ausgeglichen, weil auch schon die bloße erstmalige Ingebrauchnahme eines Neufahrzeugs zu einem erheblichen Wertverlust führt. Für diese Verschlechterung kann V jedoch nach § 346 Abs. 2 S. 1 Nr. 3 2. HS keinen Wertersatz verlangen.

Der Anspruch auf Wertersatz ist in mehreren Fällen **ausgeschlossen**. Nach § 346 Abs. 3 18 S. 1 Nr. 2 ist kein Wertersatz geschuldet, soweit Verschlechterung oder Untergang vom **Gläubiger zu vertreten** sind oder wenn der **Schaden bei ihm gleichfalls eingetreten** wäre (z.B. Schaden durch ein Naturereignis, das auch beim Gläubiger stattgefunden hat). Mit dem Begriff „Vertretenmüssen" will die Norm nicht nur auf §§ 276, 278 verweisen, sondern allgemein auf die vertragliche Risikoverteilung. Das ist besonders bedeutsam für Sach- oder Rechtsmängel, aufgrund derer es zur Verschlechterung oder zum Untergang gekommen ist. Für sie muss ein Verkäufer oder Werkunternehmer einstehen, weil er die Pflicht hat, die Sache dem Gläubiger frei von Sach- und Rechtsmängeln zu verschaffen (§§ 433 Abs. 1 S. 2, 633 Abs. 1). Die aus solchen Mängeln folgende Verschlechterung oder Untergang hat der Gläubiger des Wertersatzanspruchs zu vertreten.

---

11 BT-Drucks. 14/6040, S. 196; BeckOK-BGB/Schmidt, § 346 Rn. 55; Erman/Röthel, § 346 Rn. 12; MünchKomm/Gaier, § 346 Rn. 51; a.A. Palandt/Grüneberg, § 346 Rn. 9.

Beispiel: K hat von V einen Jagdhund gekauft, der schon bei Gefahrübergang mit einer unheilbaren Augenkrankheit infiziert war, die dazu führt, dass das Tier schon drei Monate später nicht mehr für die Jagd eingesetzt werden kann. Infolge der mit der Krankheit verbundenen Blindheit läuft der Hund unter ein Auto und wird getötet. Nunmehr tritt K wegen eines anfänglichen nicht behebbaren Sachmangels nach §§ 437 Nr. 2, 326 V wirksam vom Kaufvertrag zurück. Obwohl ein Untergang i.S.d. § 346 Abs. 2 S. 1 Nr. 3 vorliegt, hat V keinen Anspruch auf Wertersatz, weil er diesen Untergang zu vertreten hat. Dieser ist die Folge eines Sachmangels, für den V als Verkäufer nach §§ 433 Abs. 1 S. 2, 437 einzustehen hat.

19   Beruht der Rücktritt auf einem **gesetzlichen Rücktrittsrecht**, so ist der Wertersatz nach § 346 Abs. 3 S. 1 Nr. 3 ferner ausgeschlossen, wenn die Verschlechterung oder der Untergang beim Rücktrittsberechtigten eingetreten ist, obwohl dieser diejenige Sorgfalt beachtet hat, die er in eigenen Angelegenheiten anzuwenden pflegt. Dahinter steht die Erwägung, dass derjenige, der einen Gegenstand aufgrund des Vertrages erhält, nicht weiß, ob es nachfolgend zur Entstehung eines gesetzlichen Rücktrittsrechts kommen wird. Deshalb soll er mit dem Gegenstand nicht anders umgehen müssen als er dies gewöhnlich zu tun pflegt, wobei er sich aber nicht grob fahrlässig verhalten darf (§ 277, siehe § 22 Rn. 18). Zugleich ist dem Rücktrittsgegner zuzumuten, die Gefahr von Verschlechterungen oder einer Zerstörung aus Zufall oder aufgrund leichter Fahrlässigkeit des Rücktrittsberechtigten zu tragen, wenn und soweit das gesetzliche Rücktrittsrecht an eine Pflichtverletzung anknüpft (was es bei § 313 Abs. 3 nicht tut). Dabei kommt es nach dem Wortlaut nicht auf den Zeitpunkt an, zu dem Verschlechterung oder Untergang eingetreten sind. Der Rücktrittsberechtigte muss daher auch dann keinen Wertersatz leisten, wenn es zur Beeinträchtigung erst gekommen ist, als er schon Kenntnis davon hatte, dass die Voraussetzungen eines gesetzlichen Rücktrittsrechts vorliegen oder er diese Kenntnis zumindest hätte haben müssen. Trotz der in solchen Fällen fehlenden Schutzwürdigkeit des Rücktrittsberechtigten spricht gegen eine teleologische Reduktion der Wille des Gesetzgebers. Er wollte denjenigen Rücktrittsgegner, der eine zum Rücktritt berechtigende Pflichtverletzung begangen hat, dadurch schlechter stellen, dass er ihm das Risiko eines auf Zufall oder leichter Fahrlässigkeit des Rücktrittsberechtigten beruhenden Untergangs oder Verschlechterung der Sache zugewiesen hat. Dieser Regelungsgrund trägt auch dann noch, wenn der Rücktrittsberechtigte Kenntnis hatte oder hätte haben müssen.[12] Das gilt aber nicht mehr für Beeinträchtigungen nach Erklärung des Rücktritts. Hier fehlt es bei Licht betrachtet schon an einem „Berechtigten" i.S.d. Norm. Hinzu kommt, dass der Rückgewährschuldner dann sicher weiß, dass er die Leistung zurückzugeben hat, während dies bei bloßer Kenntnis vom Rücktrittsgrund noch nicht sicher ist.

Beispiel: K hat bei V ein Smartphone gekauft. Der bei diesem Gerät verbaute Akku ist fehlerhaft und hält nur sechs Monate. Drei Monate nach dem Kauf lässt K, der mit seinen Sachen stets etwas unvorsichtig ist, das Telefon fallen, sodass die vordere Glasscheibe reißt. Da es noch funktionsfähig ist, wird es jedoch von K weiter benutzt. Erst als der Akku nach weiteren drei Monaten versagt, bringt er das Gerät zu V. Da es V innerhalb einer von K für die Reparatur gesetzten Frist nicht gelingt, den Akku zu tauschen, erklärt K nach §§ 437 Nr. 2, 323 Abs. 1 den Rücktritt vom Kaufvertrag. – V kann wegen der beschädigten Scheibe nicht Wertersatz aus § 346 Abs. 2 S. 1 Nr. 3 verlangen, weil K die Sorgfalt in eigenen Ange-

---

12   Vgl. BeckOK-BGB/Schmidt, § 346 Rn. 65; Erman/Röthel, § 346 Rn. 29; Palandt/Grüneberg, § 346 Rn. 13; a.A. Hk-BGB/Schulze, § 346 Rn. 16; MünchKomm/Gaier, § 346 Rn. 77; Looschelders, Schuldrecht AT, § 40 Rn. 25. Zur Vertiefung: Iden, § 277 BGB – Die Sorgfalt in eigenen Angelegenheiten, Jura 2013, 460; Schneider, Keine teleologische Reduktion von § 346 Abs. 3 Satz 1 Nr. 3 BGB, ZGS 2007, 57.

legenheiten beachtet hat und keine grobe Fahrlässigkeit vorliegt und der Anspruch daher nach § 346 Abs. 3 S. 1 Nr. 3 ausgeschlossen ist. Das gilt auch dann, wenn es zur Beschädigung der vorderen Scheibe erst gekommen ist, nachdem es V nicht gelungen ist, den Akku auszutauschen, sodass K bereits Kenntnis vom gesetzlichen Rücktrittsrecht hatte. Anders wäre dies aber, wenn die Beschädigung erst nach Rücktrittserklärung entstanden ist.

c) Berechnung des Wertersatzes

Der Wertersatz soll den Rückgewährgläubiger so stellen, wie er stünde, wenn ihm die   20
Leistung nach § 346 Abs. 1 1. Alt. zurückgewährt worden wäre. Maßgeblich ist deshalb der **objektive Wert**. Auf den kann es aber nur dann ankommen, wenn die Parteien nicht selbst zu erkennen gegeben haben, welchen Wert die Leistung hat. Das haben sie getan, wenn für die Leistung eine Gegenleistung geschuldet ist. Deshalb ist diese **Gegenleistung** nach § 346 Abs. 2 S. 2 der Berechnung des Wertersatzes zugrunde zu legen. Das gilt auch für den Wertersatz für gezogene Nutzungen.[13] Bei der Berechnung muss allerdings bedacht werden, dass die Gegenleistung sich wegen eines Mangels der Leistung als zu hoch erweisen kann, weil die Parteien bei ihrer Vereinbarung von Mangelfreiheit ausgegangen sind. In solchen Fällen ist daher die Gegenleistung entsprechend der in § 441 Abs. 3 für die Kaufpreisminderung bestimmten Vorgehensweise herabzusetzen, bevor sie zur Berechnung des Wertersatzes herangezogen wird. Die Bindung an die Höhe der Gegenleistung gilt auch dann, wenn diese deutlich unter dem Wert der Leistung liegt, für die Wertersatz zu leisten ist. Mit der Vereinbarung dieser Gegenleistung haben die Parteien zu erkennen gegeben, dass ihnen die Leistung eben weniger wert ist als dies nach objektiven Maßstäben der Fall wäre. Hieran müssen sie sich auch bei einem Rücktritt festhalten lassen.[14]

Beispiel: K schuldet V infolge eines Rücktritts von einem Kaufvertrag über ein Notebook nach § 346 Abs. 2 S. 1 Nr. 3 Wertersatz. Der Kaufpreis betrug 1.000 €. Wie hoch ist der geschuldete Wertersatz, wenn der objektive Wert a) 1.200 € oder b) 800 € betrug oder wenn c) das Notebook schon bei Gefahrübergang eine defekte Festplatte hatte? – Maßgeblich ist in allen drei Varianten nach § 346 Abs. 2 S. 2 die vereinbarte Gegenleistung, also 1.000 €. Dass diese über oder unter dem objektiven Wert liegt, ist nicht maßgeblich, weil das subjektive Wertverhältnis zugrunde zu legen ist. Lediglich in Variante c) muss der Kaufpreis von 1.000 € wegen der defekten Festplatte zuvor gemindert werden. Wäre das Notebook ohne Mangel 1.200 € wert gewesen, beträgt sein Wert wegen des Mangels aber nur 600 €, so ist der Kaufpreis von 1.000 € analog § 441 Abs. 3 im Verhältnis 1:2 auf 500 € herabzusetzen. In dieser Höhe ist Wertersatz geschuldet.

4. Herausgabe gezogener Nutzungen

Der Rückgewährschuldner ist nach § 346 Abs. 1 auch zur Herausgabe der Nutzungen   21
verpflichtet. Dies sind nach § 100 die **Früchte** einer Sache oder eines Rechts (§ 99) sowie die tatsächlich erlangten **Gebrauchsvorteile**. Da Nutzungen typischerweise ihrer Natur nach nicht herausgegeben werden können, ist nach § 346 Abs. 2 S. 1 Nr. 1 **Wertersatz** geschuldet.

---

13   BGH NJW 2017, 3438 Rn. 26 ff.
14   BGHZ 178, 355 Rn. 16; Erman/Röthel, § 346 Rn. 16; Staudinger/Kaiser (2012), § 346 Rn. 164. Kritisch und zur Vertiefung: Kohler, Rücktrittsrechtliche Wertersatzbemessung, AcP 213 (2013), 46.

5. Wertersatz für nicht gezogene Nutzungen

22 Zieht der Rückgewährschuldner aus der Sache keine Nutzungen, besteht auch kein Herausgabeanspruch aus § 346 Abs. 1. Diese Untätigkeit geht zulasten des Rückgewährgläubigers. Deshalb ordnet § 347 Abs. 1 S. 1 an, dass der Schuldner für **Nutzungen**, die er **entgegen den Regeln einer ordnungsgemäßen Wirtschaft nicht gezogen** hat, Wertersatz zu leisten hat. Bei einem gesetzlichen Rücktrittsrecht kann die Nichtziehung von Nutzungen dem Schuldner aber nicht ohne Weiteres zum Vorwurf gemacht werden, weil er ja nicht wusste, ob das Rücktrittsrecht entstehen würde. § 347 Abs. 1 S. 2 bestimmt daher, dass der Schuldner nur dann Wertersatz zu leisten hat, wenn die Nichtziehung der Nutzungen einen Verstoß gegen die Sorgfalt in eigenen Angelegenheiten (§ 277) darstellt.

6. Verwendungsersatz

23 Die Pflicht zur Rückgewähr der empfangenen Leistung bedeutet für den Schuldner, dass Aufwendungen, die er auf den Gegenstand gemacht hat, für ihn nutzlos werden. Soweit diese Aufwendungen dem Gegenstand zugutegekommen sind, fließen sie im Ergebnis dem Gläubiger zu, wenn der Schuldner dessen Rückgewähranspruch erfüllt. § 347 Abs. 2 S. 1 bestimmt daher, dass der Schuldner **Ersatz der notwendigen Verwendungen** verlangen kann, wenn er die Sache zurückgibt, Wertersatz leistet oder von der Wertersatzpflicht nach § 346 Abs. 3 S. 1 Nr. 1, 2 befreit ist.[15] Muss er nach § 346 Abs. 3 S. 1 Nr. 3 keinen Wertersatz leisten, steht ihm kein Verwendungsersatz zu, weil der Gläubiger schon dadurch belastet ist, dass er keinen Wertersatz verlangen kann, obwohl der Gegenstand beim Schuldner (möglicherweise sogar aufgrund leichter Fahrlässigkeit) verschlechtert wurde oder untergegangen ist. Notwendig ist eine Verwendung, wenn sie zum Erhalt oder zur ordnungsgemäßen Bewirtschaftung der Sache erforderlich ist. **Sonstige Aufwendungen**, die keine notwendigen Verwendungen sind (z.B. werterhöhende Aufwendungen), kann der Schuldner nach § 347 Abs. 2 S. 2 nur ersetzt verlangen, soweit der Gläubiger durch diese noch bereichert ist (Rechtsfolgenverweisung auf §§ 818 ff.).

7. Schadensersatz

24 Bei der Frage, ob der Rückgewährgläubiger Schadensersatz verlangen kann, sind **zwei Problemkreise** auseinanderzuhalten: Einerseits geht es um die Frage, ob der Rückgewährschuldner für Schäden, die nach Ausübung des Rücktrittsrechts entstanden sind, einzustehen hat; andererseits fragt es sich, ob er auch für Verschlechterungen oder Untergang, die vor Rücktrittserklärung eingetreten sind, haftet.[16] Die Haftung für **Beeinträchtigungen nach Rücktrittserklärung** ist in § 346 Abs. 4 geregelt: Wird die in § 346 Abs. 1 statuierte Pflicht zur Rückgewähr der Sache verletzt, so kann der Gläubiger nach §§ 280–283 Schadensersatz verlangen. Dieser Schadensersatzanspruch tritt neben einen eventuellen Anspruch auf Wertersatz aus § 346 Abs. 2. Welche Anspruchsgrundlage einschlägig ist, hängt von der Art der Pflichtverletzung ab. Ist die Rückgewähr unmöglich i.S.d. § 275, kann der Gläubiger nach §§ 280 Abs. 1, 3, 283 Scha-

---

15 Zur Vertiefung: Kohler, Rücktrittsrechtliche Ersatzansprüche für notwendige Verwendungen – Haftungsgrenzen und Systemfragen, JZ 2013, 171.
16 Zur Vertiefung: Arnold, Rücktritt und Schadensersatz, ZGS 2003, 427; Kohler, Schadensersatzhaftung beim Rücktritt, ZGS 2005, 386; Meyer, Schadensersatz im Rückgewährschuldverhältnis gemäß § 346 Abs. 4 BGB, Jura 2011, 244.

densersatz statt der Leistung verlangen. Erfolgt sie nicht rechtzeitig, sind für den Verzugsschaden §§ 280 Abs. 1, 2, 286 einschlägig und für den Schadensersatz statt der Leistung §§ 280 Abs. 1, 3, 281.

Komplexer liegen die Dinge hinsichtlich der Haftung für **Beeinträchtigungen vor Rücktrittserklärung.** Hier scheint es auf den ersten Blick, als könne § 346 Abs. 4 nicht eingreifen, weil erst mit der Rücktrittserklärung das Rückgewährschuldverhältnis entsteht, es aber um die Haftung für Handlungen vor dessen Entstehung geht.[17] Das bedeutet jedoch nicht, dass die für die Anwendung des § 346 Abs. 4 notwendige Verletzung einer Pflicht aus § 346 Abs. 1 nicht vorliegen kann. Denn für die Verletzung der Rückgewährpflicht ist allein darauf abzustellen, ob der Schuldner die empfangene Leistung wie geschuldet zurückgewährt hat. Ist dies nicht der Fall, liegt eine Pflichtverletzung vor.[18] Da es hierbei nur auf die objektive Abweichung vom Geschuldeten ankommt (siehe § 21 Rn. 1), spielt es keine Rolle, ob die Ursache dieser Pflichtverletzung in einer Handlung vor oder nach Rücktrittserklärung liegt. Wird dies erkannt und dementsprechend eine Verletzung der Pflicht aus § 346 Abs. 1 bejaht, ist § 346 Abs. 4 anwendbar und es bedarf des alternativ vorgeschlagenen Wegs eines Schadensersatzanspruchs wegen der Verletzung von Schutzpflichten nicht. Für beide Wege gelten aber jedenfalls Besonderheiten mit Blick auf das nach § 280 Abs. 1 S. 2 notwendige **Vertretenmüssen.** Beim **vertraglichen Rücktrittsrecht** müssen die Vertragsparteien damit rechnen, dass es zu einem Rücktritt kommt; von ihnen kann daher ein sorgfältiger Umgang mit empfangenen Leistungen erwartet werden. Hier gilt für das Vertretenmüssen der Maßstab des § 276 ab dem Zeitpunkt, in dem sie die Leistung erhalten haben. Bei einem **gesetzlichen Rücktrittsrecht**, das ja nur bei Vorliegen ganz bestimmter Voraussetzungen entsteht, müssen die Parteien hingegen nicht damit rechnen, dass es zum Rücktritt kommt. Sie können vielmehr von einem endgültigen Erwerb ausgehen. Deshalb kommt jedenfalls aufseiten des Rücktrittsberechtigten ein Vertretenmüssen frühestens ab dem Zeitpunkt in Betracht, in dem er den Rücktrittsgrund kannte oder kennen musste.[19] Dabei ist aber weiter zu bedenken, dass der Schuldner nach § 346 Abs. 3 S. 1 Nr. 3 im Hinblick auf seine Haftung auf Wertersatz sogar dann noch privilegiert wird, wenn er den Rücktrittsgrund kannte (siehe Rn. 19). Diese Privilegierung würde leer laufen, wenn er stattdessen schon bei leichter Fahrlässigkeit Schadensersatz leisten müsste. Deshalb schuldet er im Zeitraum zwischen Kennenmüssen des Rücktrittsgrunds und Erklärung des Rücktritts analog § 346 Abs. 3 S. 1 Nr. 3 nur die Sorgfalt in eigenen Angelegenheiten.[20] Erst ab Rücktrittserklärung haftet er nach dem Maßstab des § 276 Abs. 1 für Vorsatz und jede Fahrlässigkeit.

8. Herausgabe des stellvertretenden commodums

Wenn die Rückgewähr des empfangenen Gegenstands **unmöglich** ist, richten sich die Rechtsfolgen zwar primär nach § 346. Neben einem Anspruch auf Wertersatz aus § 346 Abs. 2 oder einem Schadensersatzanspruch aus §§ 346 Abs. 4, 280 Abs. 1, 3, 283 kommt aber auch ein Anspruch auf Ersatzherausgabe aus § 285 (siehe § 27) in Be-

25

26

---

17 So Erman/Röthel, § 346 Rn. 40; Staudinger/Kaiser (2012), § 346 Rn. 225; Brox/Walker, Allg. Schuldrecht, § 18 Rn. 20; Looschelders, Schuldrecht AT, § 40 Rn. 36; Annuß, JA 2006, 184 (188); Schneider, ZGS 2007, 57 (59 f.)
18 MünchKomm/Gaier, § 346 Rn. 70; Palandt/Grüneberg, § 346 Rn. 15; PWW/Stürner, § 346 Rn. 28.
19 BT-Drucks. 14/6040, S. 194, 195; MünchKomm/Gaier, § 346 Rn. 71; Palandt/Grüneberg, § 346 Rn. 15; a.A. (nur bei positiver Kenntnis) Staudinger/Kaiser (2012), § 346 Rn. 226; Looschelders, Schuldrecht AT, § 40 Rn. 38.
20 Hk-BGB/Schulze, § 346 Rn. 18; NK-BGB/Hager, § 346 Rn. 62 f.; Palandt/Grüneberg, § 346 Rn. 15; a.A BeckOK-BGB/Schmidt, § 346 Rn. 73; Erman/Röthel, § 346 Rn. 44; MünchKomm/Gaier, § 346 Rn. 72.

tracht. Das ist in § 346 zwar nicht so angeordnet, doch ging der Gesetzgeber davon aus, dass sich durch die Neufassung dieser Norm im Zuge der Schuldrechtsmodernisierung nichts daran ändern soll, dass wie schon zuvor Ersatzherausgabe verlangt werden kann.[21] § 346 ist insoweit also keine abschließende Rechtsfolgenregelung. Der herausgegebene Ersatz ist aber auf einen Wertersatz- oder Schadensersatzanspruch anzurechnen (§ 285 Abs. 2 direkt bzw. für den Wertersatzanspruch analog).

Wiederholungs- und Vertiefungsfragen

27
1. Welche Wirkungen hat der Rücktritt auf erfüllte und noch nicht erfüllte Leistungspflichten? (Rn. 2)

2. Welche Pflichten haben die Parteien eines Rückgewährschuldverhältnisses? (Rn. 11 ff.)

3. Ist Wertersatz geschuldet, wenn der zurück zu gewährende Leistungsgegenstand umgestaltet wurde, die Umgestaltung aber rückgängig gemacht werden kann? (Rn. 14)

4. Nach welcher Regelung ist für den Wertverlust, der durch bestimmungsgemäßen Gebrauch der zurück zu gewährenden Sache entstanden ist, Wertersatz zu leisten? (Rn. 17)

5. K hat bei V ein Auto gekauft, das mangelhaft ist. Da Nachbesserungsversuche scheitern, will er den Rücktritt erklären und fährt deshalb zu V. Auf dem Weg dorthin verursacht K, der immer etwas unvorsichtig im Straßenverkehr ist, leicht fahrlässig einen Unfall, der zu einer Beschädigung des Autos führt. Anschließend fährt er weiter zu V, erklärt wirksam den Rücktritt und übergibt V das Auto. Kann V von K wegen des Unfalls Wertersatz verlangen? (Rn. 19)

6. K hat wirksam den Rücktritt von einem Kaufvertrag mit V erklärt und verlangt nun Rückzahlung des Kaufpreises. V will das nur tun, wenn K zuerst den Kaufgegenstand zurückgibt. Kann V die Kaufpreisrückzahlung verweigern? (Rn. 2)

7. Wie hoch ist der nach § 346 Abs. 2 S. 1 geschuldete Wertersatz, wenn der zurück zu gewährende Gegenstand 500 € wert ist und eine Gegenleistung von 1.000 € vereinbart wurde? (Rn. 20)

8. Kann das Rücktrittsrecht verjähren? (§ 30 Rn. 13)

---

21 BT-Drucks. 14/6040, S. 194; zweifelnd aber BGH NJW 2015, 1749 Rn. 21 unter Verweis auf Staudinger/Caspers (2014), § 285 Rn. 13. Zur Vertiefung: Linardatos/Russmann, Der Anspruch auf das stellvertretende commodum bei Rückgewährunmöglichkeit, Iura 2013, 861.

E. Störung von Schuldverhältnissen

§ 18 Überblick: Das Leistungsstörungsrecht

I. Störungen im Schuldverhältnis

Die aus einem Schuldverhältnis resultierenden Leistungs- und Schutzpflichten sind ihrer Natur nach darauf ausgerichtet, erfüllt zu werden. Aus unterschiedlichen Gründen kommt es hierzu jedoch nicht immer. Umstände, die dafür sorgen, dass eine Pflicht aus dem Schuldverhältnis nicht so erfüllt wird, wie dies nach den vertraglichen Vereinbarungen oder gesetzlichen Vorschriften geschuldet ist, führen zu einer Störung des Schuldverhältnisses. Diese Störungen können trotz ihrer tatsächlichen Vielfältigkeit gruppiert werden. Den Hauptanteil machen Fälle aus, in denen der Schuldner die Leistung bei Fälligkeit überhaupt nicht oder nicht so, wie sie geschuldet wird, erbringt. Zu diesem **Leistungsstörungsrecht** gehören (auch wenn der Begriff das eigentlich ausschließt) nicht nur Störungen einer Leistungspflicht, sondern auch solche, die Schutzpflichten betreffen. Die Störung kann ihre Ursache aber auch darin haben, dass der Gläubiger die Erfüllung der Leistungspflicht dadurch verhindert, dass er die ihm angebotene Leistung nicht annimmt. Hier geht es um einen **Annahmeverzug des Gläubigers** (§§ 293 ff., siehe § 31). Die dritte Gruppe stellen schließlich Fallgestaltungen dar, in denen Umstände aufgetreten sind, die für eine Vertragspartei so schwerwiegend sind, dass ihr ein Festhalten am Vertrag nicht mehr zugemutet werden kann. Das betrifft vor allem **Störungen der Geschäftsgrundlage** (§ 313, siehe § 32) sowie das schon erläuterte Recht zur **Kündigung von Dauerschuldverhältnissen** aus wichtigem Grund (§ 314, siehe § 16 Rn. 5 ff.). 1

II. Leistungsstörungen

1. Die drei großen Fragen (Regelungssystematik des Leistungsstörungsrechts)

Wenn der Gläubiger die Leistung vom Schuldner nicht so erhält, wie dies geschuldet war, dann stellen sich drei große Fragen, die durch das Leistungsstörungsrecht beantwortet werden.[1] 2

a) Das Schicksal der Leistungspflicht

Die erste Frage ist die nach dem Schicksal der Leistungspflicht: **Welche Auswirkungen hat die Störung auf die Leistungspflicht?** Wird sie durch die Störung in ihrem Bestand berührt oder inhaltlich verändert? Die Antwort auf diese Frage gibt § 275 Abs. 1: Der Anspruch auf die Leistung ist ausgeschlossen, soweit diese für den Schuldner oder für 3

---

[1] Zur Vertiefung: Canaris, Die Neuregelung des Leistungsstörungs- und des Kaufrechts – Grundstrukturen und Problemschwerpunkte, Karlsruher Forum 2002, 5; Gieseler, Die Struktur des Leistungsstörungsrechts beim Schadensersatz und beim Rücktritt, JR 2004, 133; Kindl, Das Recht der Leistungsstörungen nach dem Schuldrechtsmodernisierungsgesetz, WM 2002, 1313; Körber, Das Recht der Pflichtverletzungen im Allgemeinen Schuldrecht, Jura 2015, 429, 554, 673; Mattheus, Schuldrechtsmodernisierung 2001/2002 – Die Neuordnung des allgemeinen Leistungsstörungsrechts, JuS 2002, 209; Medicus, Die Leistungsstörungen im neuen Schuldrecht, JuS 2003, 521; Otto, Die Grundstrukturen des neuen Leistungsstörungsrechts, Jura 2002, 1; Reischl, Grundfälle zum neuen Schuldrecht, JuS 2003, 40; Schwab, Das neue Schuldrecht im Überblick, JuS 2002, 1; Senne, Das Recht der Leistungsstörungen nach dem Schuldrechtsmodernisierungsgesetz, JA 2002, 424; Zimmer, Das neue Recht der Leistungsstörungen, NJW 2002, 1.

jedermann unmöglich ist. Daraus ergibt sich, dass die tatsächliche Antwort auf die ge-stellte Frage davon abhängt, ob die Störung der Leistungspflicht als ein Fall von Un-möglichkeit zu qualifizieren ist. Ist dem so, so führt die Störung zum Untergang der Leistungspflicht. Liegt hingegen keine Unmöglichkeit vor, bleibt die Leistungspflicht von der Störung in ihrem Bestand unberührt. Der Anspruch kann allerdings später wegfallen, wenn der Gläubiger Schadensersatz statt der Leistung verlangt (§ 281 Abs. 4) oder den Rücktritt vom Vertrag erklärt. Das sind aber keine unmittelbaren Wirkungen der Leistungsstörung, sondern Rechtsfolgen, die eintreten, weil der Gläubi-ger ein Recht ausgeübt hat, das ihm wegen der Leistungsstörung zusteht.

Beispiel: V hat der K einen Gebrauchtwagen verkauft. Bevor V den Wagen wie vereinbart zu K bringen kann, wird er von unbekannten Dieben gestohlen. Hat K gegen V einen An-spruch auf Übergabe und Übereignung des Fahrzeugs? – Anspruchsgrundlage ist der Kauf-vertrag gem. § 433 Abs. 1 S. 1; der Anspruch ist mit Kaufvertragsabschluss entstanden und fällig. Der Anspruch könnte jedoch nach § 275 Abs. 1 untergegangen sein. Dem V ist die Erbringung der geschuldeten Leistung unmöglich. Er muss den verkauften Wagen überge-ben und übereignen. Es handelt sich um eine Stückschuld, sodass V seine Verpflichtung nur mit dem verkauften Fahrzeug erfüllen kann. Dieses ist jedoch gestohlen, sodass V ihn nicht übergeben kann, weil dazu die Verschaffung des Besitzes erforderlich ist und nicht ersicht-lich ist, dass V sich das Fahrzeug von den Dieben beschaffen könnte. Es liegt Unmöglichkeit vor und der Anspruch der K aus dem Kaufvertrag ist gem. § 275 Abs. 1 untergegangen.

b) Sekundäransprüche des Gläubigers

4 Die zweite Frage ist die nach den Sekundäransprüchen des Gläubigers: **Hat der Gläu-biger gegen den Schuldner wegen der eingetretenen Störung zusätzliche Ansprüche?** Diese Frage stellt sich unabhängig von der Antwort auf die Frage nach dem Schicksal der Leistungspflicht. Die Antwort findet sich in den §§ 276–292, wobei die eigentliche Antwort durch § 280 Abs. 1 gegeben wird: Verletzt der Schuldner eine Pflicht aus dem Schuldverhältnis, so kann der Gläubiger Ersatz des hierdurch entstehenden Schadens verlangen, sofern der Schuldner die Pflichtverletzung zu vertreten hat. Weitere Sekun-däransprüche richten sich auf den Ersatz vergeblicher Aufwendungen (§ 284), die He-rausgabe eines Ersatzes (§ 285) sowie Zinsen (§§ 288, 291). Bei bestimmten Störungen im Kauf- und Werkvertragsrecht, nämlich bei Verletzung der Pflicht zur Verschaffung der Kaufsache bzw. des Werks frei von Sach- und Rechtsmängeln (§§ 433 Abs. 1 S. 2, 633 Abs. 1), ergibt sich die Antwort auf die zweite Frage allerdings nicht (unmittelbar) aus den §§ 276 ff., sondern aus den besonderen, für diese beiden Vertragstypen getrof-fenen Regelungen (§§ 437 ff., 634 ff.), die ihrerseits mit bestimmten Modifikationen wieder auf die §§ 276 ff. verweisen. Für Mängel der Mietsache regelt das Mietrecht die Sekundäransprüche des Mieters selbstständig (§§ 536 ff.). Die Geltendmachung von Sekundäransprüchen kann auch Auswirkungen auf den Bestand der gestörten Leis-tungspflicht haben. So kann der Gläubiger vom Schuldner gem. § 281 Abs. 4 die Leis-tung nicht mehr verlangen, wenn er nach §§ 280 Abs. 1, 3, 281 Schadensersatz statt der Leistung verlangt.

Beispiel: Hätte K im vorherigen Beispiel für den Wagen schon einen Abkäufer gehabt, der ihr 500 € mehr gezahlt hätte als sie an V zahlen musste, so stellt sich die Frage, ob sie von V Schadensersatz verlangen kann. – Anspruchsgrundlage ist §§ 280 Abs. 1, 3, 283. Mit dem Kaufvertrag liegt ein Schuldverhältnis vor und V ist nach § 275 Abs. 1 von seiner Leistungs-pflicht frei geworden. Fraglich ist allein, ob er, wie § 280 Abs. 1 S. 2 dies verlangt, die Un-möglichkeit zu vertreten hat. V hat nach § 276 Abs. 1 Vorsatz und Fahrlässigkeit zu vertre-ten. Vorsatz scheidet aus und es ist auch nicht ersichtlich, dass V bei der Sicherung des

Fahrzeugs die im Verkehr erforderliche Sorgfalt außer Acht (§ 276 Abs. 2) gelassen hat. Mangels Vertretenmüssens hat K keinen Schadensersatzanspruch.

c) Das Schicksal der Gegenleistungspflicht

Die dritte Frage ist die nach dem Schicksal der Gegenleistungspflicht: **Muss der Gläubiger eine geschuldete Gegenleistung erbringen, wenn die Leistung des Schuldners gestört ist?** Diese Frage stellt sich nur bei Schuldverhältnissen, bei denen eine Gegenleistung geschuldet ist. Deshalb gibt das BGB die Antwort auf diese Frage nicht (wie bei den ersten beiden Fragen) im Abschnitt 1 „Inhalt der Schuldverhältnisse", sondern im Abschnitt 3 „Schuldverhältnisse aus Verträgen" und dort in den §§ 323 ff., also bei den Regelungen zum **gegenseitigen Vertrag**. Dort bestimmt § 326 Abs. 1 S. 1, dass der Anspruch auf die Gegenleistung entfällt, wenn der Schuldner nach § 275 Abs. 1–3, also wegen Unmöglichkeit, nicht leisten muss. Daraus folgt im Umkehrschluss, dass bei Störungen der Leistungspflicht, die nicht als Unmöglichkeit zu qualifizieren sind, der Anspruch auf die Gegenleistung bestehen bleibt. Hier gewährt das Gesetz dem Gläubiger der gestörten Leistungspflicht aber unter gewissen Voraussetzungen ein Rücktrittsrecht (§§ 323, 324, 326 Abs. 5). Übt er dieses aus, erlöschen die vertraglichen Leistungspflichten. Der Rücktritt berührt also nicht nur das Schicksal der Gegenleistungspflicht, sondern auch das der gestörten Leistungspflicht. Für das Kauf- und Werkvertragsrecht gelten wie auch bei den Sekundäransprüchen im Hinblick auf mangelhafte Leistungen Sonderregelungen (§§ 437 ff., 634 ff.), die den allgemeinen Bestimmungen in §§ 323 ff. vorgehen.

Beispiel: K möchte beim Autokauf aus den letzten beiden Beispielen wissen, ob sie den vereinbarten Kaufpreis von 10.000 € zahlen muss. – Anspruchsgrundlage für den Kaufpreiszahlungsanspruch ist der Kaufvertrag gem. § 433 Abs. 2. Der mit Kaufvertragsabschluss entstandene Anspruch könnte nach § 326 Abs. 1 S. 1 untergegangen sein. Der Kaufvertrag ist ein gegenseitiger Vertrag und der Schuldner V muss nach § 275 Abs. 1 die von ihm geschuldete Leistung (Übergabe und Übereignung, § 433 Abs. 1 S. 1) nicht mehr erbringen. Da auch keiner der in § 326 Abs. 2 genannten Ausschlussgründe vorliegt, ist der Anspruch auf die Gegenleistung untergegangen.

2. Die Formen der Leistungsstörung

a) Pflichtverletzung als Zentralbegriff

Bei der Neuregelung des Leistungsstörungsrechts durch die Schuldrechtsreform war der Gesetzgeber bemüht, einen einheitlichen, alle Formen der Störung einer Leistungs- oder Schutzpflicht erfassenden Tatbestand zu schaffen. Er hat dies mit der Einführung des Begriffs „Pflichtverletzung" in der zentralen Norm des § 280 Abs. 1 getan. Das enthebt jedoch aus mehreren Gründen nicht von der Notwendigkeit, zwischen den verschiedenen **Formen der Leistungsstörung** zu unterscheiden. Zunächst einmal knüpfen nur die Regelungen zum Schadens- und Aufwendungsersatz an diesen Zentralbegriff an. Demgegenüber beschränkt sich die Regelung zum Schicksal der Leistungspflicht in § 275 Abs. 1 von vornherein mit der Unmöglichkeit auf eine Form der Leistungsstörung. Bei den Regelungen zum Schicksal der Gegenleistungspflicht (§§ 323 ff.) findet sich der Begriff der Pflichtverletzung gleichfalls nicht. Hier regelt § 326 Abs. 1 wiederum nur eine Form der Leistungsstörung (Unmöglichkeit) und die Rücktrittsrechte in §§ 323, 324, 326 Abs. 5 gelten jeweils nur für eine bestimmte Leistungsstörung. Aber auch bei den Vorschriften zur Entstehung von Sekundäransprüchen findet sich mit

5

6

dem Anspruch auf Verzugszinsen (§ 288) eine Regelung, die nicht an die Pflichtverletzung, sondern nur eine Form der Leistungsstörung, den Schuldnerverzug, anknüpft. Und schließlich kommt der Rechtsanwender auch beim Schadensersatzanspruch, der mit seinem Grundtatbestand in § 280 Abs. 1 schlicht an die Pflichtverletzung anknüpft, nicht um eine Differenzierung herum, weil § 280 Abs. 2, 3 für die dort geregelten Ansprüche besondere Voraussetzungen verlangen; welche das sind, hängt wiederum von der Art der Leistungsstörung ab.

b) Störungen der Leistungspflicht

aa) Nichtleistung wegen Unmöglichkeit

7   Eine der beiden Grundformen der Leistungsstörung ist die Nichterbringung der Leistung bei Fälligkeit (Nichtleistung); die zweite Form ist die Schlechtleistung (siehe Rn. 9). Bei der Nichtleistung stellt die **Nichterbringung der Leistung wegen Unmöglichkeit** eine besondere Kategorie dar. Nur bei dieser Form der Leistungsstörung kommt es zum Untergang der Leistungspflicht (§ 275 Abs. 1) und zum Erlöschen der Gegenleistungspflicht (§ 326 Abs. 1 S. 1) kraft Gesetzes. Sie liegt nach § 275 Abs. 1 vor, wenn die geschuldete Leistung für den Schuldner (subjektiv) oder jedermann (objektiv) unmöglich ist. Weder bei § 275 Abs. 1 noch bei § 326 Abs. 1 S. 1 kommt es darauf an, zu welchem Zeitpunkt, gemessen am Vertragsschluss, die Unmöglichkeit eingetreten ist. Im Bereich der Sekundäransprüche ist jedoch zu differenzieren zwischen Unmöglichkeit bei Vertragsschluss (anfängliche Unmöglichkeit) und nach Entstehung der Leistungspflicht eingetretener Unmöglichkeit (nachträgliche Unmöglichkeit). Die Sekundäransprüche bei anfänglicher Unmöglichkeit hat der Gesetzgeber der Schuldrechtsreform in § 311 a Abs. 2 gesondert und systematisch im Zusammenhang mit dem Vertrag geregelt, weil sich die Nichterbringung einer Leistung, die wegen § 275 Abs. 1 schon bei Vertragsabschluss nicht geschuldet war, nicht als Verletzung einer Leistungspflicht und damit als Pflichtverletzung qualifizieren lässt. Für die nachträgliche Unmöglichkeit ergibt sich der Schadensersatzanspruch aus §§ 280 Abs. 1, 3, 283.

Beispiel: V hat seinen „Schönfelder" an K verkauft, obwohl die Gesetzessammlung zum Zeitpunkt des Vertragsabschlusses bereits infolge eines Feuers in der Wohnung des V verbrannt war. Es liegt anfängliche objektive Unmöglichkeit vor: Da der „Schönfelder" verbrannt ist, kann er weder von V noch von sonst jemanden so übergeben werden, wie dies V nach § 433 Abs. 1 S. 1 schuldet. Ist es erst nach Vertragsabschluss zum Brand gekommen, liegt nachträgliche objektive Unmöglichkeit vor.

bb) Nichtleistung trotz Möglichkeit der Leistung

8   Eine Leistungsstörung liegt auch vor, wenn der Schuldner die Leistung bei Fälligkeit nicht erbringt, obwohl kein Fall der Unmöglichkeit gegeben ist. Diese Form der Leistungsstörung kann auch als Verzögerung der Leistung bezeichnet werden, weil die Leistung nicht rechtzeitig, nämlich zum Fälligkeitszeitpunkt erfolgt ist. So geht das BGB bei § 280 Abs. 2 vor. In § 281 Abs. 1 spricht das Gesetz demgegenüber nicht von einer Verzögerung, sondern von der Nichterbringung der fälligen Leistung. Das liegt daran, dass für den dort geregelten Anspruch auf Schadensersatz statt der Leistung (§§ 280 Abs. 1, 3, 281 Abs. 1 S. 1 1. Alt.) die bloße Verzögerung der Leistung nicht ausreicht. Für diesen Anspruch ist vielmehr zusätzlich erforderlich, dass die bei Fälligkeit nicht erbrachte Leistung auch bis zum Ablauf einer vom Schuldner gesetzten ange-

messenen Frist nicht erbracht wurde. Die gleiche Voraussetzung sieht § 323 Abs. 1 1. Alt. für das Entstehen ein Rücktrittsrechts vor.

Beispiel: B hat mit Malermeister U vereinbart, dass dieser bis zum 1.5. eine Wärmeisolierung an seinem Haus anbringen soll. U beginnt mit den Arbeiten jedoch nicht rechtzeitig, weil er auf einer anderen Baustelle nicht wie geplant fertig geworden ist. Dadurch sind die Arbeiten bei B erst am 5.5. abgeschlossen. – Es liegt eine Nichtleistung zum Fälligkeitszeitpunkt (1.5.) vor und U hat seine aus dem Werkvertrag gem. § 631 Abs. 1 geschuldete Herstellung eines Werkes nicht rechtzeitig erbracht. Ist dem B durch die Verzögerung von fünf Tagen ein Schaden entstanden (z.B. höhere Heizkosten), kann er hierfür unter den Voraussetzungen der §§ 280 Abs. 1, 2, 286 Schadensersatz verlangen. Setzt B dem U am 2.5. eine angemessene Frist zur Fertigstellung der Arbeiten und hält U diese Frist nicht ein, kann B unter den Voraussetzungen der §§ 280 Abs. 1, 3, 281 Abs. 1 S. 1 1. Alt. Schadensersatz statt der Leistung verlangen.

cc) Schlechtleistung

Die andere Grundform der Leistungsstörungen liegt vor, wenn der Schuldner die Leistung zwar erbringt, aber **nicht so, wie er sie schuldet** (Schlechtleistung). Das ist der Fall, wenn die Leistung zum maßgeblichen Zeitpunkt nicht die geschuldete Qualität aufweist. Die Schlechtleistung ist eine Pflichtverletzung im Sinne des § 280 Abs. 1. Darüber hinaus können aus ihr aber auch Schadensersatzansprüche aus §§ 280 Abs. 1, 3, 281 Abs. 1 S. 1 2. Alt. und ein Rücktrittsrecht aus § 323 Abs. 1 2. Alt. entstehen. Im Kauf- und Werkvertragsrecht bestehen für Schlechtleistungen in Form einer sach- und rechtsmangelbehafteten Sache Sonderregelungen (§§ 437 ff., 634 ff.), während für die Nichterfüllung der Pflichten aus dem Kauf- und Werkvertrag (Nichtleistung) die allgemeinen Regelungen zur Anwendung kommen.

Beispiel: Das von V an K verkaufte Motorrad bleibt eine Woche nach dem Kauf mit einem Motorschaden liegen, weil die Zylinderkopfdichtung defekt ist. Dieser Defekt lag schon bei der Übergabe an K vor. – V hat seine Pflicht zur Übereignung und Übergabe aus dem Kaufvertrag gem. § 433 Abs. 1 S. 1 zwar rechtzeitig erfüllt, aber er hat die Sache abweichend von § 433 Abs. 1 S. 2 nicht frei von einem Sachmangel verschafft. Die Leistung ist nicht wie geschuldet erbracht und es liegt eine Schlechtleistung vor, deren Rechtsfolgen in §§ 437 ff. besonders geregelt sind. Übereignet V der K das Motorrad hingegen überhaupt nicht, liegt eine Nichtleistung vor, für die das Kaufrecht keine Sonderregelungen bereithält, d.h. die allgemeinen Regelungen des Schuldrecht AT sind anzuwenden.

c) Störung der Schutzpflicht

Schutzpflichten verlangen vom Schuldner Rücksicht auf die Rechte, Rechtsgüter und Interessen des anderen Teils (§ 241 Abs. 2). Eine Störung liegt dementsprechend vor, wenn der Schuldner es an der **notwendigen Rücksicht hat fehlen lassen**. Sie wird allgemein vom Begriff der Pflichtverletzung erfasst und kann daher – auch bei vorvertraglichen Schuldverhältnissen – nach § 280 Abs. 1 zu einem Anspruch auf Ersatz des durch die Verletzung entstandenen Schadens führen. Bei Schutzpflichtverletzungen in vertraglichen Schuldverhältnissen stellt sich aber auch die Frage, ob der Gläubiger weitergehende Sekundäransprüche wie bei einer Verletzung der Leistungspflicht geltend machen oder ob er wegen der Schutzpflichtverletzung vom Vertrag zurücktreten kann. Diese Fragen regeln §§ 280 Abs. 1, 3, 282 und § 324.

Beispiel: K hat im Gartenbaucenter des V einen Baum gekauft. Bei der vertraglich vereinbarten Anlieferung des Baumes beschädigt V die Einfahrt zum Grundstück des K. – V hat

9

10

zwar seine Leistungspflichten aus dem Kaufvertrag gem. § 433 Abs. 1 ordnungsgemäß erfüllt, hierbei jedoch nicht die gebotene Rücksicht auf die Rechtsgüter des K genommen. Es liegt eine Schutzpflichtverletzung vor.

3. Hinweise zur Fallbearbeitung

11   Das Leistungsstörungsrecht ist für die Fallbearbeitung von ausgesprochen großer Bedeutung, weist zugleich aber einen hohen Komplexitätsgrad auf. Für eine erfolgreiche Fallbearbeitung ist zunächst unbedingt zu ermitteln, **nach welchen Ansprüchen der Beteiligten überhaupt gefragt ist.** Dadurch wird eine Zuordnung zu den drei großen Fragen des Leistungsstörungsrechts und damit zugleich das Auffinden der für die Falllösung entscheidenden Normen möglich.

12   ■ Muss geklärt werden, ob der **Gläubiger einen Anspruch auf die gestörte Leistung** hat, so geht es um das Schicksal der Leistungspflicht. Dieses beantwortet sich primär nach § 275. Die Norm ist wegen der Rechtsfolge ein Untergangsgrund, der an entsprechender Stelle zu prüfen ist. Liegt keine Unmöglichkeit vor, geht die Leistungspflicht nur unter, wenn der Gläubiger Schadensersatz statt der Leistung verlangt (§ 281 Abs. 4) oder vom Vertrag zurücktritt. Deshalb muss ggf. schon bei der Prüfung des Anspruchs auf die gestörte Leistung nach Sekundäransprüchen bzw. Rücktrittsrechten gefragt werden.

13   ■ **Verlangt der Gläubiger vom Schuldner neben oder anstelle der Leistung etwas anderes,** so geht es um Sekundäransprüche, die in §§ 280 ff., 311a Abs. 2 geregelt sind. Dies sind Anspruchsgrundlagen, die – sofern entsprechend umfassend zu prüfen ist – erst erörtert werden sollten, nachdem der Anspruch des Gläubigers auf die gestörte Leistung geprüft wurde.

14   ■ Geht es um die Frage, ob der **Schuldner der gestörten Leistung vom Gläubiger die Gegenleistung verlangen kann,** hängt dies davon ab, ob die Gegenleistungspflicht nach § 326 Abs. 1 S. 1 untergegangen ist oder ob der Gläubiger nach §§ 323, 324 oder 326 Abs. 5 wirksam vom Vertrag zurückgetreten ist. Dies sind wiederum Untergangsgründe, die an entsprechender Stelle zu prüfen sind.

15   ■ Verlangt der Gläubiger der gestörten Leistung die **Rückgewähr einer bereits erbrachten Gegenleistung,** dann geht es um die Rückabwicklung des Vertrages und damit in erster Linie um die Folgen eines Rücktritts. Anspruchsgrundlage ist folglich § 346 Abs. 1, 2; das dafür notwendige Rücktrittsrecht ergibt sich bei Leistungsstörungen aus §§ 323, 324 oder 326 Abs. 5. Ist die Gegenleistungspflicht nach § 326 Abs. 1 S. 1 weggefallen, hat der Gläubiger aus §§ 326 Abs. 4, 346 einen Rückgewähranspruch.

§ 19 Wegfall der Leistungspflicht bei Unmöglichkeit

I. Regelungsüberblick

Der Wegfall der Leistungspflicht wegen Unmöglichkeit ist in § 275 geregelt. Die Norm kennt **drei Tatbestände.** Zunächst die echte Unmöglichkeit, bei der es dem Schuldner oder jedermann unmöglich ist, die Leistung zu erbringen (§ 275 Abs. 1). Dem sind zwei Situationen gleichgestellt, in denen die Leistung zwar an sich möglich ist, dem Schuldner aber nicht zugemutet werden kann, weil sie entweder einen Aufwand erfordert, der im Verhältnis zum Gläubigerinteresse in einem groben Missverhältnis steht (§ 275 Abs. 2), oder weil besondere persönliche Gründe bestehen (§ 275 Abs. 3).[1]

Als **Rechtsfolge** ordnet § 275 Abs. 1 den **Ausschluss des Anspruchs auf die Leistung** an (rechtsvernichtende Einwendung, die von Amts wegen zu beachten ist). In den Fällen des § 275 Abs. 2, 3 besteht demgegenüber nur ein **Leistungsverweigerungsrecht** des Schuldners. Dieses Recht hat nur Auswirkungen auf den Anspruch, wenn es geltend gemacht wird; es kommt also anders als bei § 275 Abs. 1 nicht zu einem Wegfall des Anspruchs kraft Gesetzes. Welche Rechtsfolge die Geltendmachung hat, ist umstritten. Überwiegend wird angenommen, es handele sich um eine peremptorische (dauerhafte) Einrede, bei deren Erhebung die Durchsetzbarkeit des Anspruchs wegfalle.[2] Gegen diese Einordnung spricht, dass das Gesetz an vielen Stellen die drei Tatbestände des § 275 Abs. 1-3 gleich behandelt (z.B. §§ 275 Abs. 4, 283 S. 1, 311 a Abs. 1, 326 Abs. 1 S. 1) und damit auch einheitlich weitere Rechtsfolgen statuiert. Das passt mit einer unterschiedlichen Einordnung (§ 275 Abs. 1 als Einwendung, die zum Untergang des Anspruchs führt; § 275 Abs. 2, 3 als Einrede, die die Existenz des Anspruchs unberührt lässt) nicht zusammen. Es handelt sich deshalb um rechtsvernichtende Einreden i.S.e. Gestaltungsrechts, deren Geltendmachung zum Erlöschen des Anspruchs führt.[3] In allen Fällen kommt es nur zum Erlöschen des Anspruchs auf die Leistung, nicht etwa zum Wegfall des Schuldverhältnisses i.w.S. Das gilt, wie § 311 a Abs. 1 klarstellt, selbst dann, wenn die Unmöglichkeit schon bei Vertragsabschluss bestand. Wegen der auf die primäre Leistungspflicht beschränkten Wirkung des § 275 Abs. 1–3 kann die Unmöglichkeit weitere Rechtsfolgen auslösen; § 275 Abs. 4 bestimmt deshalb, dass sich die Rechte des Gläubigers nach den §§ 280, 283 bis 285, 311 a und 326 bestimmen. Er kann also, soweit die Voraussetzungen vorliegen, einfachen Schadensersatz (§ 280 Abs. 1), Schadensersatz statt der Leistung (§§ 280 Abs. 1, 3, 283 bzw. § 311 a Abs. 2), Aufwendungsersatz (§ 284 bzw. § 311 a Abs. 2) oder Herausgabe des Ersatzes (§ 285) verlangen, vom Vertrag zurücktreten (§ 326 Abs. 5) und wird unter den Voraussetzungen des § 326 Abs. 1, 2 von seiner Gegenleistungspflicht frei.

Hinweis zur Fallbearbeitung: § 275 Abs. 1 führt zum Erlöschen des Anspruchs und ist an entsprechender Stelle zu prüfen. Der Prüfungsort von § 275 Abs. 2, 3 hängt davon ab, ob das Leistungsverweigerungsrecht als peremptorische Einrede (dann Prüfung bei der Durchsetz-

---

1 Zur Vertiefung: Musielak, Der Ausschluss der Leistungspflicht nach § 275 BGB, JA 2011, 801; Schwarze, Unmöglichkeit, Unvermögen und ähnliche Leistungshindernisse im neuen Leistungsstörungsrecht, Jura 2002, 73.
2 BeckOGK/Riehm, Stand 1.7.2019, § 275 Rn. 227; MünchKomm/Ernst, § 275 Rn. 101; Soergel/Benicke/Hellwig, § 283 Rn. 19; Soergel/Ekkenga/Kuntz, § 275 Rn. 166; Staudinger/Caspers (2014), § 275 Rn. 114.
3 Dafür auch Jauernig/Stadler, § 275 Rn. 32; Faust in: Huber/Faust, Schuldrechtsmodernisierung, Kap. 3 Rn. 184; Freitag, NJW 2014, 113 (114); Thomale AcP 212 (2012), 920 (935 f.).

barkeit) oder als rechtsvernichtende Einrede i.s.e. Gestaltungsrechts verstanden wird (dann Prüfung beim Untergang des Anspruchs).

II. Unmöglichkeit

4   Unmöglichkeit i.S.d. § 275 Abs. 1 liegt vor, wenn der Erfüllung der Leistungspflicht ein **dauerhaftes und unüberwindbares Hindernis** entgegensteht. Genügend ist schon, dass der Schuldner das Hindernis nicht überwinden kann (**subjektive Unmöglichkeit**); erst recht liegt Unmöglichkeit vor, wenn dies für niemanden möglich ist (**objektive Unmöglichkeit**). Abzustellen ist dabei auf den **Leistungserfolg**, sofern ein solcher geschuldet ist. Der Zeitpunkt, zu dem die Unmöglichkeit eingetreten ist, ist für die Anwendung des § 275 Abs. 1 irrelevant. Die Norm erfasst sowohl anfängliche (bei Vertragsschluss bestehende) als auch nachträgliche (nach Vertragsschluss eintretende) Unmöglichkeit. Ob der Schuldner die Unmöglichkeit zu vertreten hat, ist für die Anwendung des § 275 Abs. 1 ohne Bedeutung. Das Vertretenmüssen spielt aber für eventuelle Schadensersatzansprüche (insb. §§ 280 Abs. 1, 3, 283 bzw. § 311 a Abs. 2) eine wichtige Rolle.

1. Unmöglichkeitsgründe

a) Physische Unmöglichkeit

5   Hat der Schuldner eine Leistung bezüglich eines Gegenstands vorzunehmen (z.B. Übereignung einer Sache, Reparatur eines Autos), dann ist ihm diese Leistung unmöglich, wenn Naturgesetze der Vornahme der Leistungshandlung entgegenstehen. So verhält es sich insbesondere, wenn der Leistungsgegenstand **nicht (mehr) existent** ist. Physische Unmöglichkeit liegt je nach Inhalt der Leistungspflicht aber auch dann vor, wenn die Sache zwar existent, dem Schuldner aber **nicht zugänglich** ist und er dieses Zugangshindernis auch nicht überwinden kann (z.B. weil sie von unbekannten Dieben gestohlen wurde und sie deshalb vom Schuldner nicht mehr übergeben werden kann). Bei nicht gegenstandsbezogenen Leistungspflichten liegt physische Unmöglichkeit vor, wenn die geschuldete **Handlung nicht vorgenommen werden kann** (z.B. wenn A sich vertraglich verpflichtet hat, dem B das freie Fliegen ohne jegliche Hilfsmittel beizubringen). Ob eine Handlung möglich ist, beurteilt sich nach den uns bekannten physikalischen Gesetzen und dem Stand von Wissenschaft und Technik. Magie, parapsychologische oder übersinnliche Kräfte existieren nach den uns bekannten Naturgesetzen nicht. Deren Anwendung ist daher auch dann unmöglich und wegen § 275 Abs. 1 nicht geschuldet, wenn die Parteien glauben, der Schuldner sei hierzu in der Lage.[4] Tun sie oder wenigstens der Gläubiger dies nicht, dann muss allerdings hinterfragt werden, ob wirklich eine übersinnliche Leistung geschuldet sein soll (dann Unmöglichkeit) oder ob es nur um eine durchaus mögliche Unterhaltungsleistung geht (z. B. Wahrsagen auf dem Jahrmarkt).

6   Physische Unmöglichkeit liegt auch dann vor, wenn der geschuldete Leistungserfolg nicht mehr eintreten kann, weil er bereits aus anderen Gründen eingetreten ist (**Zweckerreichung**). Hier steht die Erreichung des Leistungserfolgs einer erneuten Herbeiführung naturgesetzlich auch dann entgegen, wenn die Leistungshandlung noch möglich ist. Ob der Zweck durch Zufall eingetreten oder durch die Handlung eines Dritten oder des Gläubigers herbeigeführt worden ist, spielt deshalb keine Rolle. Unmöglichkeit liegt aber auch vor, wenn der erstrebte Leistungszweck überhaupt nicht mehr ein-

---

4   BGH NJW 2011, 756; dazu Bartels, ZGS 2011, 355; Schermeier, JZ 2011, 633.

treten kann (**Zweckfortfall**), weil die Leistungshandlung an einem vom Gläubiger zu stellenden Gegenstand (sog. Leistungssubstrat) vorgenommen werden soll und dieser Gegenstand weggefallen ist oder sonst besondere Gründe in der Person des Gläubigers gegeben sind. Das gilt freilich nur, wenn die Herbeiführung des Leistungszwecks physisch unmöglich geworden ist. Nicht ausreichend für einen Zweckfortfall ist es, dass der Verwendungszweck aufseiten des Gläubigers weggefallen ist.[5]

Beispiele: Pferdehalterin P hat den Tierarzt T telefonisch um die sofortige Behandlung ihres Pferds „Hippolyt" gebeten, das plötzlich an einer leichten Kolik leidet. Bevor T, der zunächst noch einen anderen Termin wahrnehmen muss, den Hof der P erreicht, leitet der Pferdepfleger A die notwendigen Maßnahmen zur Beseitigung der Kolik ein. Als T bei P eintrifft, gibt es für ihn nichts mehr zu tun. – Da der mit der geschuldeten Leistung erstrebte Zweck (Wiederherstellung der Gesundheit) eingetreten ist, liegt Unmöglichkeit wegen Zweckerreichung vor. – Ist das Pferd vor dem Eintreffen des T gestorben, dann kann der Leistungszweck nicht mehr herbeigeführt werden, sodass wegen Zweckfortfalls Unmöglichkeit eingetreten wäre.

T hat sich bei Bahnbetreiber B eine Zugfahrkarte gekauft, um zu einem großen Musikfestival in W zu fahren. Kurz darauf wird das Festival wegen einer Sturmwarnung abgesagt. – Es liegt keine Unmöglichkeit in Form des Zweckfortfalls vor. Zwar findet das Festival nicht statt und für T ist deshalb die von B geschuldete Beförderungsleistung nutzlos. Damit ist aber die Leistung nicht physikalisch unmöglich geworden: B kann T weiterhin nach W transportieren. Dass T für die Leistung keine Verwendung mehr haben mag, ändert daran nichts. Zu denken wäre allenfalls an einen Wegfall der Geschäftsgrundlage (§ 313), der bei einem Wegfall des Verwendungszwecks jedoch nur ganz ausnahmsweise anzunehmen ist (siehe § 32 Rn. 16).

b) Rechtliche Unmöglichkeit

Die Herbeiführung des geschuldeten Leistungserfolgs kann aus **rechtlichen Gründen** unmöglich sein. Wichtigster Fall ist die Verpflichtung zur Übereignung einer Sache, die dem Schuldner nicht gehört. Ist der Schuldner nicht Eigentümer und liegt auch keine Einwilligung oder Genehmigung des Eigentümers vor (§ 185), so **fehlt dem Schuldner die Rechtsmacht**, das Eigentum an der Sache zu übertragen. Das führt aber nur dann zur Unmöglichkeit, wenn der Schuldner dieses Hindernis nicht überwinden kann. Ist der Eigentümer bereit, dem Schuldner die Sache zu übereignen oder in eine Verfügung einzuwilligen, liegt keine Unmöglichkeit vor. Das gilt auch dann noch, wenn der Eigentümer seine Zustimmung von einer Leistung des Schuldners an ihn abhängig macht. Ist die verlangte Leistung im Vergleich zum Leistungsinteresse des Gläubigers besonders hoch, kann allenfalls Unzumutbarkeit nach § 275 Abs. 2 gegeben sein.

Beispiel: V hat dem K ein Bild, das 10.000 € wert ist, für 8.000 € verkauft, obwohl es nicht ihm, sondern der E gehört. Kann K von V Übergabe und Übereignung verlangen? – Der Anspruch aus dem Kaufvertrag gem. § 433 Abs. 1 S. 1 ist mit Vertragsabschluss entstanden, könnte aber nach § 275 Abs. 1 erloschen sein. Die geschuldete Übereignung setzt für ihre Wirksamkeit die Verfügungsbefugnis des V voraus (§ 185). Er ist nicht Eigentümer und es liegt auch keine Einwilligung oder Genehmigung der E vor. Die Leistung ist jedoch nur dann unmöglich, wenn es V unmöglich ist, sich das Eigentum zu verschaffen oder die E zu einer Einwilligung in die Verfügung zu veranlassen. Will E das Eigentum nicht aufgeben, besteht rechtliche Unmöglichkeit. Ist E bereit, dem V das Bild für 15.000 € zu übertragen, ist § 275 Abs. 1 nicht erfüllt. Eine Unzumutbarkeit nach § 275 Abs. 2 liegt ebenfalls nicht vor. Zwar muss V, um seine Leistungspflicht erfüllen zu können, einen Aufwand i.H.v. 15.000 €

7

---

5 Palandt/Grüneberg, § 275 Rn. 20; PWW/Schmidt-Kessel, § 275 Rn. 11.

treiben. Im Vergleich zum Leistungsinteresse des K, das vor allem durch den Wert des Bildes bestimmt wird (10.000 €), liegt jedoch kein grobes Missverhältnis vor.

8   Rechtliche Unmöglichkeit kann auch vorliegen, wenn der Schuldner den Leistungserfolg aus Rechtsgründen **nicht herbeiführen darf**, weil z.b. der Leistungsgegenstand nicht eingeführt werden darf oder für die geschuldete Leistung eine behördliche Genehmigung erforderlich ist, die nicht erteilt werden kann. Relative Rechte einer Person an dem Leistungsgegenstand führen hingegen nicht zur Unmöglichkeit. Sie werden durch die Leistung möglicherweise verletzt, hindern aber nicht den Eintritt des Leistungserfolgs.

Beispiel: V hat seine Taschenuhr für 100 € an K verkauft. Übergabe und Übereignung sollen aber erst später stattfinden. Bevor es dazu kommt, verkauft V die Uhr für 120 € an Z. – Sowohl K als auch Z haben gegen V einen Anspruch auf Übergabe und Übereignung der Uhr aus einem Kaufvertrag gem. § 433 Abs. 1 S. 1. Solange V nicht einen der beiden Ansprüche erfüllt hat, sind beide Leistungen noch möglich. Dass V einem Käufer gegenüber zur Übereignung verpflichtet ist, ändert nichts daran, dass er die Uhr wirksam an den anderen Käufer übereignen kann. Erst wenn er die Uhr an einen der beiden übereignet, tritt im Verhältnis zum anderen Käufer Unmöglichkeit ein, sofern ein Rückerwerb der Uhr nicht möglich ist.

c) Absolutes Fixgeschäft

9   Keine Unmöglichkeit liegt vor, wenn der Schuldner die Leistung lediglich nicht rechtzeitig erbracht hat. Allerdings kann der Leistungszeitpunkt aufgrund der Art der geschuldeten Leistung für diese so prägend sein, dass eine Nachholung der versäumten Leistung zu einem späteren Zeitpunkt nicht mehr als Erbringung der geschuldeten Leistung verstanden werden kann. Bei einem solchen **absoluten Fixgeschäft** tritt mit der Versäumung des Leistungszeitpunkts Unmöglichkeit ein.[6] Es handelt sich im Ergebnis um eine Ausnahme von dem Grundsatz, dass der Gläubiger das Verwendungsrisiko der Leistung trägt. Das ist gerechtfertigt, weil auch für den Schuldner erkennbar war, dass die Leistung für den Gläubiger nur dann sinnvoll verwendbar ist, wenn sie zum festgelegten Zeitpunkt erfolgt und weil er sich auf die so vom Zeitmoment geprägte Leistungspflicht eingelassen hat.

Beispiele: K hat bei V ein weißes Hochzeitskleid gekauft, bei dem V noch kleinere Änderungsarbeiten vornehmen soll. Es ist vereinbart, dass er das Kleid allerspätestens am Morgen der Hochzeit bei K abliefert. Da dies nicht geschieht, muss K in einem anderen Kleid heiraten. Am Tag nach der Hochzeit will V das Kleid abliefern. – Die von V geschuldete Übergabe und Übereignung des Kleides (§ 433 Abs. 1 S. 1) kann zwar faktisch auch noch nach der Hochzeit erbracht werden. Da das Kleid aber bei der Hochzeit getragen werden sollte, V dies auch bekannt war und K das Kleid nicht mehr sinnvoll verwenden kann, scheidet eine Nachholung der Leistung aus.

B hat bei der Fluggesellschaft F einen Flug von Frankfurt/M. nach Phoenix (Arizona) mit Umstieg in Washington D.C. gebucht. Am Abflugtag wird der Abflug jedoch mehrfach verschoben. Das hat zur Folge, dass B, wenn er den Flug noch antreten würde, mehr als 12 Stunden später in Phoenix ankommen würde als dies ursprünglich geplant war. – Unmöglichkeit der Leistung der F würde, da der Flug noch stattfinden kann, nur dann eingetreten sein, wenn es sich um ein absolutes Fixgeschäft handelte. Ob das bei einem Flug der Fall ist, ist umstritten. Der BGH verneint dies jedenfalls für den Regelfall, weil das Interesse des Fluggastes, sein Ziel möglichst schnell zu erreichen, bei einer Verspätung des Fluges regel-

---

6   Zur Vertiefung: Dubovitskaya, Absolute Fixgeschäfte, AcP 215 (2015), 581.

mäßig nicht entfalle, weshalb der Vertragszweck auch noch durch eine verspätete Beförderung erreicht werden könne.[7]

2. Maßgeblicher Leistungsgegenstand

Bei gegenstandsbezogenen Leistungspflichten hängt der Eintritt der Unmöglichkeit davon ab, ob für die Herbeiführung des geschuldeten Leistungserfolgs noch ein geeigneter Leistungsgegenstand vorhanden ist. Keine Probleme ergeben sich insoweit bei **Stückschulden**, da hier nur ein einziger Gegenstand zur Erfüllung geeignet ist. Das Gleiche gilt für eine **Gattungsschuld**, wenn bereits Konkretisierung (§ 243 Abs. 2) eingetreten ist: Maßgeblich sind dann allein die vom Schuldner ausgewählten Gegenstände aus der Gattung. Da der Schuldner eine Beschaffungspflicht hat, kann es vor Konkretisierung bei einer Gattungsschuld nur dann zur Unmöglichkeit kommen, wenn die gesamte Gattung bzw. (bei Vorratsschulden) der beim Schuldner vorhandene Vorrat aus physischen oder rechtlichen Gründen nicht mehr zur Verfügung steht. Bei **Geldschulden** kommt Unmöglichkeit nur in Betracht, wenn es wegen eines Annahmeverzugs nach § 300 Abs. 2 zu einer Konkretisierung und damit zu einem Übergang der Leistungsgefahr auf den Gläubiger gekommen ist (siehe § 31 Rn. 20).

10

3. Teilweise Unmöglichkeit

Die Rechtsfolge des § 275 Abs. 1 – Erlöschen des Erfüllungsanspruchs – tritt nach dem Wortlaut nur ein, *soweit* die Leistung unmöglich ist. Ist nur ein **Teil der geschuldeten Leistung** unmöglich, so entfällt der Anspruch auch nur hinsichtlich dieses Teils; im Übrigen bleibt der Schuldner zur Leistung verpflichtet. Das setzt aber voraus, dass die Leistung **teilbar** ist.[8] Wird eine aus mehreren Leistungshandlungen bestehende Leistung geschuldet, die für den Gläubiger nur in ihrer Gesamtheit Sinn hat, führt die Unmöglichkeit einer dieser Leistungshandlungen zur Unmöglichkeit der gesamten Leistung.[9]

11

Beispiel: V hat K zehn gebrauchte Fenster verkauft. Bevor K die Fenster abholt, werden zwei von unbekannten Dieben gestohlen. – Die Leistung des V (Übergabe und Übereignung der zehn Fenster) ist tatsächlich und rechtlich teilbar, weil die verbliebenen acht Fenster von K verwendet und von V übergeben und übereignet werden können. V bleibt daher zur Leistung dieser acht Fenster verpflichtet und ist nur bezüglich der beiden gestohlenen Fenster von seiner Leistungspflicht befreit, soweit eine Wiederbeschaffung nicht möglich ist.

Wurde zwar kein Fenster gestohlen, gehörten sie aber allesamt nicht V, sondern E, dann kann V seine Pflicht aus dem Kaufvertrag nur teilweise erfüllen: Er kann K den Besitz an den Fenstern verschaffen und sie somit übergeben. Er kann sie jedoch nicht übereignen, weil er nicht Berechtigter ist, sofern E nicht bereit ist, ihm das Eigentum zu übertragen oder in seine Verfügung einzuwilligen. Die geschuldete Leistung besteht zwar aus mehreren Leistungshandlungen, ist aber unteilbar: Der Käufer soll beides erlangen, Eigentum und Besitz, denn hierfür zahlt er den Kaufpreis. Da die geschuldete Leistung folglich rechtlich nicht teilbar ist, liegt nicht nur teilweise, sondern vollständige Unmöglichkeit vor und V ist von seiner gesamten Verpflichtung frei.

---

7 BGH NJW 2009, 2743 Rn. 12.
8 BGHZ 116, 334 (337).
9 Zur Vertiefung: Lorenz, Zur Abgrenzung von Teilleistung, teilweiser Unmöglichkeit und teilweiser Schlechtleistung im neuen Schuldrecht, NJW 2003, 3097.

4. Vorübergehende Unmöglichkeit

12 Unmöglichkeit verlangt ein dauerhaft unüberwindbares Leistungshindernis. Ist es nur **vorübergehend unüberwindbar**, kann die Rechtsordnung vom Schuldner aber jedenfalls für die Zeit, in der das Leistungshindernis besteht, nicht die Leistungserbringung verlangen. Auf der anderen Seite muss aber berücksichtigt werden, dass die Leistung später wieder möglich ist. Es ist daher jedenfalls im Regelfall nicht gerechtfertigt, den Schuldner endgültig von seiner Leistungspflicht zu befreien. Vorübergehende Unmöglichkeit führt deshalb analog § 275 Abs. 1 auch nur zur vorübergehenden Leistungsbefreiung, also nur zu einem **vorübergehenden Durchsetzungshemmnis**.[10]

13 Der Fortbestand des Anspruchs bedeutet für beide Vertragsparteien, dass die Erfüllung der vertraglichen Pflichten in die Zukunft geschoben wird. Das kann für jede der Parteien zu einer erheblichen Belastung werden: Der Gläubiger bleibt an den Vertrag gebunden und muss sich darauf einrichten, die Leistung später zu erhalten. Der Schuldner wiederum muss sich ebenfalls länger als geplant leistungsbereit halten bzw. kontrollieren, ob das Leistungshindernis weggefallen ist und dann die Leistung zu einer Zeit vornehmen, zu der sie eigentlich schon längst hätte erfüllt sein sollen. Deshalb ist die vorübergehende Unmöglichkeit dann der **dauerhaften Unmöglichkeit gleichzustellen**, wenn durch das vorübergehende Leistungshindernis der Zweck des Vertrages infrage gestellt wird und einer der Vertragsparteien ein Festhalten am Vertrag bis zum Wegfall des Hindernisses nicht zuzumuten ist.[11] Der Schuldner wird dann gem. § 275 Abs. 1 zu dem Zeitpunkt von der Leistung frei, in dem das Hindernis eingetreten ist.

Beispiel: Zulieferer Z hat sich gegenüber Autohersteller H zur Lieferung von Türdichtungen für ein bestimmtes Fahrzeugmodell verpflichtet. Aufgrund eines am 2.7. aufgetretenen Maschinenschadens ist Z jedoch für eine Woche außerstande, die Dichtungen herzustellen. – Wenn es Z nicht anderweitig möglich ist, die Dichtungen herzustellen, liegt für die Dauer einer Woche vorübergehende Unmöglichkeit vor. In dieser Zeit kann H von Z die Leistung nicht verlangen.

Kommt es bei Z zu einem Produktionsstopp, weil ein benötigter Rohstoff auf dem Weltmarkt aufgrund eines politischen Umsturzes im einzigen Förderstaat derzeit nicht mehr verfügbar ist, wird der Zweck des Vertrages ernsthaft gefährdet, weil nicht absehbar ist, wann Z den Rohstoff erhält und seine Leistungspflicht erfüllen kann. Es ist H nicht zumutbar, für ungewisse Zeit auf die Leistung des Z warten zu müssen und sich für die Zwischenzeit anderweitig Ersatz zu beschaffen. Der Anspruch des H erlischt dann nach § 275 Abs. 1 endgültig.

III. Unverhältnismäßiger Leistungsaufwand

1. Hintergrund des § 275 Abs. 2

14 Der Schuldner muss dafür sorgen, dass er den geschuldeten Leistungserfolg auch tatsächlich herbeiführen kann. § 275 Abs. 1 befreit ihn erst dann, wenn dies für ihn oder jedermann unmöglich ist. Bei einem Leistungshindernis, das überwunden werden kann, bleibt er zur Leistung verpflichtet. Daraus folgt, dass die Aufwendungen zur

---

10 Zur Vertiefung: Arnold, Die vorübergehende Unmöglichkeit nach der Schuldrechtsreform, JZ 2002, 866; Däubler, Die vorübergehende Unmöglichkeit der Leistung, FS Heldrich (2005), 55; Holzwarth/Walz, Die vorübergehende Unmöglichkeit der Leistung, StudZR 2011, 33; Medicus, Bemerkungen zur „vorübergehenden Unmöglichkeit", FS Heldrich (2005), 347.
11 BGHZ 83, 197 (200); BGHZ 174, 61 Rn. 24; Palandt/Grüneberg, § 275 Rn. 11.

Herstellung der Leistungsfähigkeit dem Schuldner zugewiesen und von ihm zu tragen sind. Dass der Schuldner auch bei Leistungserschwerungen an der Leistungspflicht festgehalten wird, rechtfertigt sich aus dem Interesse des Gläubigers, die Leistung vom Schuldner zu erhalten. Der Fortbestand der Leistungspflicht trotz des überwindbaren Leistungshindernisses wird aber fraglich, wenn der Schuldner zur Herstellung seiner Leistungsfähigkeit Aufwendungen tätigen muss, die völlig außer Verhältnis zum Leistungsinteresse des Gläubigers stehen. Dann stellt sich die Frage, ob der Gläubiger vom Schuldner immer noch **Leistung in Natur** verlangen können soll oder ob er statt dessen auf eine Liquidation seines Leistungsinteresses im Wege des Schadensersatzes (der auf Geldleistung geht) verwiesen werden kann.

Beispiel: V hat K seinen Sportwagen – ein seltenes Sondermodell, das derzeit nicht anderweitig angeboten wird – für 100.000 € verkauft; der Kaufpreis entspricht dem Verkehrswert. Bevor er ihn übereignen kann, wird der Wagen jedoch entwendet. Der Dieb X bietet V an, ihm den Wagen gegen Zahlung von 150.000 € wieder zu verschaffen. Kann K in dieser Situation von V aus dem Kaufvertrag gem. § 433 Abs. 1 S. 1 Übergabe und Übereignung verlangen, d.h., muss V 150.000 € zur Herstellung seiner Leistungsfähigkeit aufwenden, oder kann K auf einen Anspruch auf Schadensersatz statt der Leistung aus §§ 280 Abs. 1, 3, 283 verwiesen werden? Letzteres hätte zur Folge, dass sie von V nur vermögensmäßig so zu stellen ist, wie sie bei ordnungsgemäßer Erfüllung gestanden hätte, d.h., V müsste K den objektiven Wert des Fahrzeugs (100.000 €) als Mindestschaden ersetzen.

§ 275 Abs. 2 S. 1 beantwortet die gestellte Frage im Sinne einer **für Extremfälle gedachte Ausnahmeregelung**.[12] Nur dann, wenn die Leistung für den Schuldner einen Aufwand erfordert, der unter Beachtung des Inhalts des Schuldverhältnisses und der Gebote von Treu und Glauben in einem groben Missverhältnis zum Leistungsinteresse des Gläubigers steht, darf der Schuldner die Leistung verweigern.[13] Es bleibt mithin auch bei Leistungserschwerungen grundsätzlich beim Anspruch des Gläubigers auf Leistung in Natur; der Wechsel zum Schadensersatzanspruch wird ihm nur ausnahmsweise zugemutet. Mit dieser Regelung sollen vor allem Fälle der sog. **faktischen Unmöglichkeit** erfasst werden, bei denen der Leistung so erhebliche Hindernisse entgegenstehen, dass ihre Beseitigung von einem Schuldner nach Treu und Glauben nicht erwartet werden kann. Das kommt im Lehrbuchbeispiel des verkauften Rings, der vor Übergabe auf den Meeresboden sinkt, treffend zum Ausdruck. Praktisch wichtigster Anwendungsfall dürften Gestaltungen sein, in denen der Schuldner eine fremde Sache verkauft hat und der Eigentümer nur gegen Zahlung eines weit über dem Wert liegenden Betrages bereit ist, dem Schuldner das Eigentum zu übertragen und ihn so in den Stand zu setzen, seine Leistungspflicht zu erfüllen. Auf den Zeitpunkt der Leistungserschwerung (vor oder nach Vertragsschluss) kommt es nicht an.

2. Bezugspunkte der Verhältnismäßigkeitsprüfung

Das von § 275 Abs. 2 verlangte grobe Missverhältnis muss zwischen dem **Leistungsaufwand des Schuldners** und dem **Leistungsinteresse des Gläubigers** bestehen. Anzuset-

---

12 BGH NJW 2009, 1660 Rn. 18; BeckOK-BGB/Lorenz, § 275 Rn. 57; Jauernig/Stadler, § 275 Rn. 26.

13 Zur Vertiefung: Canaris, Die Behandlung nicht zu vertretender Leistungshindernisse nach § 275 Abs. 2 BGB beim Stückkauf, JZ 2004, 214; Löhnig, Die Voraussetzungen des Leistungsverweigerungsrechts nach § 275 Abs. 2 BGB, ZGS 2005, 459; Picker, Schuldrechtsreform und Privatautonomie – Zur Neuregelung der Schuldnerpflichten bei zufallsbedingter Leistungsstörung nach § 275 Abs. 2 BGB und § 313 BGB, JZ 2003, 1035; Schlüter, Leistungsbefreiung bei Leistungserschwerung, ZGS 2003, 346; Stürner, „Faktische Unmöglichkeit" (§ 275 Abs. 2 BGB) und Störung der Geschäftsgrundlage (§ 313 BGB) – unmöglich abzugrenzen?, Jura 2010, 73.

zen sind aufseiten des Schuldners die finanziellen und tatsächlichen Aufwendungen (Geld, Material, Tätigkeiten), die ihm für die Beseitigung des Leistungshindernisses entstehen würden. Das Leistungsinteresse des Gläubigers ergibt sich aus seinem Anspruch auf Erbringung der geschuldeten Leistung. Zu ihm gehören Vermögensinteressen (Wert der Sache, aber auch die Kosten einer sonst nötigen Ersatzbeschaffung oder ein entgangener Gewinn), ggf. auch ideelle Interessen (z.B. besonderes Liebhaber- oder Sammlerinteresse). Keine Rolle spielt hingegen die Gegenleistung, die der Schuldner vom Gläubiger erhält.[14] Es geht bei § 275 Abs. 2 nicht darum, ob sich die Leistung für den Schuldner noch lohnt (sog. wirtschaftliche Unmöglichkeit, siehe Rn. 20) oder seine durch die Gegenleistung mitbestimmte Opfergrenze überschritten wird, sondern ob der Gläubiger angesichts seines Leistungsinteresses nach Treu und Glauben noch berechtigterweise vom Schuldner die Leistung verlangen kann.

Beispiel: Im Fall des Sportwagenkaufs (Rn. 14) gehören zum Leistungsaufwand des V die Kosten zur Wiederbeschaffung des Fahrzeugs. Ggf. wird hier aber zu berücksichtigen sein, dass es noch andere, günstigere Wege zur Wiederbeschaffung geben kann, z.B. durch Beauftragung eines Detektivs. Das setzt allerdings voraus, dass solche anderweitigen Maßnahmen hinreichende Erfolgsaussichten haben – andernfalls steigt der Leistungsaufwand des Schuldners noch weiter. Aufseiten der K ist der wirtschaftliche Wert, der ihr zufließen würde, wenn V seine Leistungspflicht durch Übergabe und Übereignung erfüllt, in Ansatz zu bringen.

3. Verhältnismäßigkeit

17 Faktische Unmöglichkeit liegt nur vor, wenn zwischen dem Leistungsaufwand und dem Leistungsinteresse ein **grobes Missverhältnis** besteht.[15] Hierin kommt deutlich zum Ausdruck, dass § 275 Abs. 2 nur ausnahmsweise eingreift. Insbesondere genügt ein bloßes Missverhältnis noch nicht; es muss vielmehr in besonders hohem Maße bestehen. Zur Konkretisierung verweist § 275 Abs. 2 S. 1 auf den **Inhalt des Schuldverhältnisses** sowie **Treu und Glauben**. Abzustellen ist vor allem darauf, ob und inwieweit die Parteien dem Schuldner das Risiko von Leistungserschwerungen zugewiesen haben. So trifft den Schuldner bei einer marktbezogenen Gattungsschuld regelmäßig eine Beschaffungspflicht und damit verbunden auch das Beschaffungsrisiko. Freilich muss auch hier gefragt werden, ob der Schuldner nach dem Willen der Parteien wirklich verpflichtet sein soll, auf dem gesamten Weltmarkt nach den letzten verbliebenen Stücken einer Gattung zu suchen. Dennoch wird sich bei Gattungsschulden seltener ein grobes Missverhältnis ergeben als bei Stückschulden.[16] Auch bei Werkleistungen kann sich ergeben, dass der Schuldner das Risiko eines übermäßigen Aufwands übernommen hat (z.B. Vertrag zur Bergung eines gesunkenen Schiffes). Umgekehrt kann sich aus vertraglichen Vereinbarungen aber auch ergeben, dass die Parteien davon ausgingen, dass der Schuldner ohne Probleme würde leisten können und keine besonderen Anstrengungen unternehmen soll, sodass die Anforderungen an das grobe Missverhältnis deutlich geringer ausfallen (z.B. bei Vorbehalt der Selbstbelieferung durch Vorlieferanten oder beim privaten Verkauf einer Sache, die beim Verkäufer bei Vertragsschluss vorhanden ist).

---

14 BeckOGK/Riehm, Stand 1.7.2019, § 275 Rn. 207; Jauernig/Stadler, § 275 Rn. 25; MünchKomm/Ernst, § 275 Rn. 80; Soergel/Ekkenga/Kuntz, § 275 Rn. 157; a.A. Staudinger/Caspers (2014), § 275 Rn. 105; Harke, Schuldrecht AT, Rn. 216.

15 Zur Vertiefung: Bernhard, Das grobe Missverhältnis in § 275 Abs. 2 BGB, Jura 2006, 801.

16 BeckOK-BGB/Lorenz, § 275 Rn. 61; Hk-BGB/Schulze, § 275 Rn. 21; a.A. PWW/Schmidt-Kessel, § 275 Rn. 26.

Besondere Bedeutung kommt der Frage zu, ob der Schuldner das Leistungshindernis zu **vertreten** hat (§ 275 Abs. 2 S. 2). Ist dies der Fall, können von ihm deutlich höhere Anstrengungen erwartet werden. Auch der Grad des Verschuldens spielt für die Verhältnismäßigkeitsprüfung eine Rolle. So kann von einem Schuldner, der das Leistungshindernis vorsätzlich herbeigeführt hat, ein höherer Aufwand verlangt werden als von einem, der nur leicht fahrlässig gehandelt hat.[17] § 275 Abs. 2 S. 2 spricht zwar nur von „ob" und nicht von „inwieweit"; für eine Beachtlichkeit des Verschuldensgrads spricht aber die von § 275 Abs. 2 S. 1 verlangte Berücksichtigung von Treu und Glauben. Wie die Formulierung „zu berücksichtigen" zeigt, führt ein Vertretenmüssen aber nicht zwangsläufig dazu, dass dem Schuldner die Einrede des § 275 Abs. 2 S. 1 genommen ist; das gilt selbst bei Vorsatz.[18] Hat der Schuldner das Hindernis nicht zu vertreten, so bedeutet dies nicht, dass von ihm keine besonderen Anstrengungen verlangt werden dürfen.[19]

18

Beispiel: Ist im Sportwagen-Beispiel (Rn. 14) der Wagen nicht gestohlen, sondern von V an X für 120.000 € verkauft und übereignet worden und ist X zur Rückübertragung gegen Zahlung von 180.000 € bereit, dann hat V dieses überwindbare Leistungshindernis (fehlendes Eigentum) vorsätzlich verursacht. Von ihm kann daher angesichts des Leistungsinteresses der K, das mindestens 100.000 € beträgt, noch erwartet werden, dass er 180.000 € für die Wiederbeschaffung des Eigentums aufwendet. Demgegenüber dürfte im Ausgangsfall, in dem der Wagen von X gestohlen wurde und den V kein Verschuldensvorwurf trifft, bei einem Wiederbeschaffungsaufwand von 150.000 € bereits ein grobes Missverhältnis vorliegen.

4. Rechtsfolge des § 275 Abs. 2

Anders als § 275 Abs. 1 erlischt bei Vorliegen der Voraussetzungen des § 275 Abs. 2 der Anspruch nicht kraft Gesetzes, sondern dem Schuldner steht ein **Recht zur Leistungsverweigerung** zu. Der Wegfall der Leistungspflicht hängt deshalb davon ab, dass der Schuldner diese **rechtsvernichtende Einrede** (zu dieser Einordnung siehe Rn. 2) tatsächlich geltend macht. Die Einredelösung hat für den Schuldner den Vorteil, dass es nicht zu einem automatischen Wegfall der Gegenleistung nach § 326 Abs. 1 S. 1 kommt. Er hat vielmehr nach wie vor die Möglichkeit, trotz des hohen Aufwands seine Leistungspflicht zu erfüllen und sich so den Anspruch auf die Gegenleistung zu bewahren oder seine Bereitschaft zur Vertragstreue unter Beweis zu stellen.

19

5. Abgrenzung zur wirtschaftlichen Unmöglichkeit

Für den Schuldner kann sich nach Übernahme der Leistungspflicht die Situation ergeben, dass er gemessen an der Gegenleistung, die er vom Gläubiger erhält, einen unverhältnismäßig hohen Leistungsaufwand betreiben muss. Bei diesen Fällen sog. **wirtschaftlicher Unmöglichkeit** geht es um Gestaltungen, in denen sich rückblickend für den Schuldner zeigt, dass seine Kalkulation, in die er die Gegenleistung einbezogen hat, sich aufgrund zwischenzeitlich veränderter Umstände als nicht mehr richtig erweist, sodass nun die Äquivalenz von Leistung und Gegenleistung gestört ist. Diese **Äquivalenzstörungen** werden von § 275 Abs. 2 nicht erfasst, weil es bei dieser Regelung allein auf das Verhältnis von Leistungsaufwand und Gläubigerinteresse ankommt.

20

---

17 Ebenso Faust in: Huber/Faust, Schuldrechtsmodernisierung, Kap. 2 Rn. 66; BeckOGK/Riehm, Stand 1.7.2019, § 275 Rn. 202.
18 BGH NJW 2014, 1881 Rn. 9.
19 BT-Drucks. 14/6040, S. 131.

Die Lösung muss daher über die Regelung zur Störung der Geschäftsgrundlage (§ 313, siehe § 32) gesucht werden.

Beispiel: U hat sich gegenüber B zur Herstellung von 1.000 goldenen Armreifen verpflichtet. Nach Abschluss des Vertrages steigen durch kriegerische Ereignisse in mehreren Förderländern die Goldpreise so stark an, dass schon die Kosten zur Beschaffung des Goldes über dem für die Herstellung der Armreifen vereinbarten Entgelt liegen. – Faktische Unmöglichkeit nach § 275 Abs. 2 liegt noch nicht vor, da allein der Umstand, dass die Materialbeschaffungskosten (Leistungsaufwand des U) höher sind als der Wert der Leistung (Leistungsinteresse des B), noch kein grobes Missverhältnis begründet. Zu bedenken ist außerdem, dass der Hersteller von Schmuckstücken das Risiko von Rohstoffpreisschwankungen trägt. Zu denken ist aber eine Störung der Geschäftsgrundlage (§ 313 Abs. 1).

IV. Persönliche Unzumutbarkeit

1. Hintergrund des § 275 Abs. 3

21 Umstände in der Person des Schuldners führen weder zur Unmöglichkeit (§ 275 Abs. 1) noch zu einem unverhältnismäßigen Leistungsaufwand (§ 275 Abs. 2), wenn der Schuldner nicht verpflichtet ist, die Leistung in Person zu erbringen und eine Erbringung durch einen vom Schuldner beauftragten Dritten möglich ist. Besteht aber eine **Pflicht, die Leistung persönlich zu erbringen** (insb. bei Dienst- und Arbeitsverträgen, § 613 S. 1, ferner z.B. beim Auftrag, § 664 Abs. 1 S. 1), dann können Umstände in der Person des Schuldners zur Unmöglichkeit nach § 275 Abs. 1 führen, wenn sie für ihn unüberwindbar sind (z.B. schwere Erkrankung des Arbeitnehmers).[20] Ist das in seiner Person liegende Hindernis überwindbar, stellt sich ähnlich wie bei einem unverhältnismäßigen Leistungsaufwand die Frage, ob dem Schuldner die **Überwindung des Hindernisses zuzumuten ist.** § 275 Abs. 3 beantwortet diese Frage ebenso wie § 275 Abs. 2 im Sinne einer selten anwendbaren **Ausnahmeregelung:** Bei einer persönlichen Leistungspflicht kann der Schuldner die Leistung verweigern, wenn sie ihm bei Abwägung des Leistungshindernisses mit dem Leistungsinteresse des Gläubigers nicht zumutbar ist.[21]

2. Abwägungsentscheidung

22 § 275 Abs. 3 verlangt eine **Abwägungsentscheidung,** bei der aufseiten des Schuldners keine wirtschaftlichen, sondern nur **persönliche Gründe** zu berücksichtigen sind. Ob der Schuldner sie zu vertreten hat oder nicht, spielt keine Rolle, da es an einer § 275 Abs. 2 S. 2 vergleichbaren Vorschrift fehlt; einer analogen Anwendung steht der Wille des Gesetzgebers entgegen.[22] Aufseiten des Gläubigers ist das Leistungsinteresse in Ansatz zu bringen (siehe Rn. 16).

Beispiele (BT-Drucks. 16/6040, S. 130): Einer Opernsängerin kann wegen einer schweren Erkrankung ihres Kindes ein Auftritt nicht zugemutet werden. – Einem Arbeitnehmer, dem im Heimatland die Todesstrafe droht, wenn er den Wehrdienst nicht antritt, kann nicht zugemutet werden, dass er stattdessen seine geschuldete Arbeitsleistung erbringt. – Arztbesuche während der Arbeitszeit oder Ladungen zu Behörden und Gerichtsterminen, sofern der Schuldner alles ihm zumutbare unternommen hat, um das Leistungshindernis zu beseitigen,

---

20 BeckOK-BGB/Lorenz, § 275 Rn. 46; Palandt/Grüneberg, § 275 Rn. 30.
21 Zur Vertiefung: Scholl, Die Unzumutbarkeit der Arbeitsleistung nach § 275 Abs. 3 BGB, Jura 2006, 283.
22 Vgl. BT-Drucks. 14/6857, S. 47; BT-Drucks. 14/7052, S. 183; Erman/Westermann, § 275 Rn. 31; Hk-BGB/Schulze, § 275 Rn. 23; Soergel/Ekkenga/Kuntz, § 275 Rn. 178; Harke, Schuldrecht AT, Rn. 219; a.A. BeckOGK/Riehm, § 275 Rn. 278 ff.; NK-BGB/Dauner-Lieb, § 275 Rn. 62; eingeschränkt auch MünchKomm/Ernst, § 275 Rn. 122.

z.B. indem er nachweist, dass ein Arzttermin außerhalb der Arbeitszeit nicht zu erhalten war oder eine Verschiebung des Termins, zu dem er geladen wurde, nicht erfolgen konnte.

Nach zutreffender Auffassung erfasst § 275 Abs. 3 auch **Gewissenskonflikte** aufgrund einer religiösen, weltanschaulichen oder sonstigen lebensbestimmenden Überzeugung.[23] Nur für Fälle fehlender persönlicher Leistungspflicht wollte der Gesetzgeber Gewissenskonflikte über § 313 oder § 242 gelöst wissen.[24] Unzumutbarkeit kommt hier aber wohl nur in Betracht, wenn der Konflikt bei Vertragsschluss noch nicht vorhersehbar war.[25] Außerdem dürfen die Anforderungen an den Nachweis des Konflikts nicht zu gering ausfallen, weil sonst dem Schuldner die Möglichkeit eröffnet wäre, sich unter Berufung auf einen angeblichen Gewissenskonflikt der Leistungspflicht zu entziehen. Voraussetzung ist ferner immer eine persönliche Leistungspflicht. Darf der Schuldner die Leistung durch einen Dritten erbringen lassen, muss er dies auch dann tun, wenn er die Leistung mit seinem Gewissen nicht vereinbaren kann. 23

Beispiele: Eine Krankenschwester kann aus religiösen Gründen den Einsatz in einer nach ihrer Einstellung neu eingerichteten Klinikabteilung, in der Schwangerschaftsabbrüche durchgeführt werden, verweigern. – Ein pazifistisch gesinnter Gärtner, der nicht persönlich verpflichtet ist, darf hingegen die Leistung nicht verweigern, wenn das von ihm gepflegte Grundstück aufgrund eines Mieterwechsels nunmehr vom Inhaber eines Rüstungsbetriebs genutzt wird.

3. Rechtsfolge des § 275 Abs. 3

§ 275 Abs. 3 gewährt wie § 275 Abs. 2 ein Leistungsverweigerungsrecht, das im Wege einer **rechtsvernichtenden Einrede** vom Schuldner geltend gemacht werden muss, wenn er sich von der Leistungspflicht befreien will. 24

WIEDERHOLUNGS- UND VERTIEFUNGSFRAGEN

1. Welche der nachfolgend genannten Formen der Unmöglichkeit werden von § 275 Abs. 1 erfasst: anfängliche Unmöglichkeit, nachträgliche Unmöglichkeit, dauerhafte Unmöglichkeit, vorübergehende Unmöglichkeit, objektive Unmöglichkeit, subjektive Unmöglichkeit, wirtschaftliche Unmöglichkeit, teilweise Unmöglichkeit? 25

2. Was ist mit Zweckerreichung und Zweckfortfall im Zusammenhang mit der Unmöglichkeit gemeint? (Rn. 6)

3. Was ist ein absolutes Fixgeschäft und welche Auswirkungen hat die Nichteinhaltung der Leistungszeit bei ihm auf die Leistungspflicht? (Rn. 9)

4. Was ist faktische Unmöglichkeit? (Rn. 15)

5. Liegt Unmöglichkeit (§ 275 Abs. 1) vor, wenn zwischen dem Leistungsaufwand des Schuldners und der Gegenleistung ein grobes Missverhältnis besteht? (Rn. 14)

6. Hängt die Rechtsfolge des § 275 Abs. 1 davon ab, ob der Schuldner die Unmöglichkeit zu vertreten hat? (Rn. 4)

7. K hat bei Gebrauchtwagenhändler V nach einer Probefahrt ein Auto gekauft. Nach Abschluss des Kaufvertrages bittet V den K, den Wagen, der erst in einer Woche übereig-

---

23 BeckOGK/Riehm, § 275 Rn. 270; MünchKomm/Ernst, § 275 Rn. 123; Soergel/Ekkenga/Kuntz, § 275 Rn. 171; Staudinger/Caspers (2014), § 275 Rn. 110; Harke, Schuldrecht AT, Rn. 219; Looschelders, Schuldrecht AT, § 21 Rn. 28; a.A. (§ 313) Jauernig/Stadler, § 275 Rn. 30.

24 Vgl. BT-Drucks. 14/6040, S. 130.

25 Ebenso Looschelders, Schuldrecht AT, § 21 Rn. 28; a.A. Erman/Westermann, § 275 Rn. 31; PWW/Schmidt-Kessel, § 275 Rn. 31.

net werden soll, auf seinen Stellplatz auf dem Gelände des V zurückzufahren. Hierbei verursacht K einen Zusammenstoß, durch den das gekaufte Auto in Flammen aufgeht und völlig zerstört wird. Liegt Unmöglichkeit vor? (Rn. 5)

8. S hat bei V einen Flug nach Basel gebucht. Eine paar Tage vor dem Abflugdatum erlässt die Schweiz gegen S einen Haftbefehl. S will den Flug nicht antreten, da er am Flughafen in Basel sogleich verhaftet werden würde. Ist die Leistung des V unmöglich geworden? (Rn. 21, 22)

9. Kann der Schuldner nach § 275 Abs. 2 die Leistung verweigern, wenn er das Leistungshindernis zu vertreten hat? (Rn. 18)

10. Welche Rechtsfolge tritt nach § 275 Abs. 2, 3 ein? (Rn. 2, 19, 24)

11. Entfällt nach § 275 Abs. 1 der Anspruch auf die Gegenleistung, wenn die Erfüllung der Leistungspflicht unmöglich ist? (§ 18 Rn. 5)

§ 20 Überblick: Sekundäransprüche des Gläubigers

I. Schadensersatz

1. Funktion von Schadensersatzansprüchen

Der Umstand, dass der Gläubiger die Leistung nicht, nicht rechtzeitig oder nicht wie geschuldet erhält, kann ebenso wie die Verletzung einer Schutzpflicht bei ihm zu einer Beeinträchtigung seiner rechtlich geschützten Güter (insb. Vermögen) führen, die bei ordnungsgemäßer Erfüllung ausgeblieben wäre. Aufgabe der Schadensersatzansprüche ist es, für einen **Ausgleich solcher unfreiwilliger Einbußen** des Gläubigers durch den Schuldner zu sorgen. Ist der Schuldner zum Schadensersatz verpflichtet, so bedeutet dies nach der allgemeinen, nicht nur für das Leistungsstörungsrecht geltenden Vorschrift des § 249 Abs. 1, dass er den Zustand herzustellen hat, der bestehen würde, wenn der zum Ersatz verpflichtende Umstand nicht eingetreten wäre (Naturalrestitution, siehe § 46 Rn. 1). Der Gläubiger ist bei Leistungsstörungen mithin so zu stellen, wie er bei ordnungsgemäßer Leistung gestanden haben würde. Abweichend von § 249 Abs. 1 erfolgt der Ausgleich aber, soweit es um Schadensersatz statt der Leistung geht, regelmäßig durch eine Geldzahlung, da der im Wege der Naturalrestitution geschuldete Zustand sonst durch die Erbringung der Leistung hergestellt werden müsste – dann wären Erfüllungs- und Schadensersatzanspruch das Gleiche (siehe § 25 Rn. 30).

2. Regelungsstruktur der Schadensersatzansprüche

Die Schadensersatzansprüche des Gläubigers sind in §§ 280–283 geregelt. Hierbei stellt § 280 Abs. 1 einen **Grundtatbestand** dar, dessen Voraussetzungen für alle dort geregelten Schadensersatzansprüche gegeben sein müssen. Dadurch knüpft der Schadensersatz einheitlich an den Tatbestand der **Pflichtverletzung** an und setzt stets voraus, dass der Schuldner die Pflichtverletzung zu **vertreten** hat. Schadensersatz wegen der Verletzung einer Schutz- oder Leistungspflicht aus einem Schuldverhältnis ist deshalb – der Grundentscheidung des Zivilrechts folgend – verschuldensabhängig. Demgegenüber setzt das in §§ 323, 324, 326 Abs. 5 geregelte Rücktrittsrecht kein Vertretenmüssen voraus und hierauf kommt es auch für den Wegfall der primären Leistungspflicht nach § 275 Abs. 1–3 nicht an.

§ 280 Abs. 1 hat eine Doppelfunktion: Die Norm ist nicht nur Grundtatbestand für alle Ansprüche auf Schadensersatz bei Pflichtverletzungen, sondern zugleich auch abschließende Anspruchsgrundlage für einen Anspruch auf **Schadensersatz neben der Leistung**, soweit es nicht um einen Ersatz des Verzögerungsschadens geht. Für diesen müssen nach § 280 Abs. 2 die zusätzlichen Voraussetzungen des § 286 vorliegen. Zur Unterscheidung kann deshalb von **einfachem Schadensersatz** (Schadensersatz neben der Leistung aus § 280 Abs. 1) und **Verzögerungsschadensersatz** (Schadensersatz neben der Leistung aus §§ 280 Abs. 1, 2, 286) gesprochen werden.

Ein Anspruch auf **Schadensersatz statt der Leistung** besteht nach § 280 Abs. 3 nur unter den zusätzlichen Voraussetzungen des § 281, des § 282 oder des § 283. Welche der drei genannten Normen im konkreten Fall einschlägig ist, hängt von der Art der Leistungsstörung ab. § 283 regelt mit der Unmöglichkeit einen Spezialfall der Leistungsstörung und geht daher § 281 vor. Dem Wortlaut nach erfasst § 283 S. 1 alle Fälle, in denen der Schuldner nach § 275 Abs. 1–3 nicht zu leisten braucht. Tatsächlich jedoch ist hier nur die **nachträgliche Unmöglichkeit** gemeint. Das ergibt sich daraus, dass für die

1

2

3

4

anfängliche Unmöglichkeit mit § 311 a Abs. 2 eine Sonderregelung zum Schadensersatz statt der Leistung existiert, die eine eigenständige, von den Voraussetzungen des § 280 Abs. 1 unabhängige Anspruchsgrundlage darstellt.[1] Für alle anderen, nicht auf Unmöglichkeit beruhenden Fälle der **Nichtleistung** regelt § 281 die zusätzlichen Voraussetzungen. Diese gelten auch, wenn die Leistung nicht ordnungsgemäß erfolgt (**Schlechtleistung**). Im Bereich der Schlechtleistung wird die allgemeine Regelung des § 281 von den spezielleren Regelungen des Kauf-, Miet-, Werk- und Reisevertragsrechts verdrängt. Freilich verweisen die kauf- und werkvertraglichen Sonderregelungen (§§ 437 Nr. 3, 634 Nr. 4) auch auf § 281, sehen jedoch Modifikationen vor. §§ 281, 283 gelten für Leistungspflichten. Im Fall der **Verletzung von Schutzpflichten** finden sich die zusätzlichen Voraussetzungen für einen Schadensersatzanspruch statt der Leistung in § 282.

3. Der Schadensersatz statt und neben der Leistung

5   Der Schadensersatz soll dafür sorgen, dass alle Schäden, die aus der vom Schuldner zu vertretenden Leistungsstörung zurechenbar (siehe § 45) entstanden sind, ausgeglichen werden. Das bedeutet aber nicht, dass die Pflicht zum Ausgleich im Hinblick auf ihre Voraussetzungen unabhängig von der Art der Einbuße wäre. Vielmehr ist im Ausgangspunkt nach der **Art des beeinträchtigten Interesses** zu unterscheiden. Hieraus ergeben sich zwei Arten von Schadensersatzansprüchen, für die unterschiedliche Voraussetzungen gelten.

a) Schadensersatz statt der Leistung

6   Der primäre Anspruch des Gläubigers aus einem Schuldverhältnis ist auf die Leistung in Natur, d.h., die Herbeiführung des Leistungserfolgs bzw. Vornahme einer Leistungshandlung gerichtet. Diesem Anspruch entspricht ein **Erfüllungsinteresse** des Gläubigers, das im Fall der störungsfreien Abwicklung des Schuldverhältnisses durch Erfüllung, d.h. Bewirken der geschuldeten Leistung (§ 362 Abs. 1), befriedigt wird. Soweit eine Gegenleistung geschuldet wird, erlangt der Gläubiger mit der ordnungsgemäß erbrachten Leistung auch eine Befriedigung seines **Äquivalenzinteresses**, d.h., seines Interesses, für seine Gegenleistung die vertraglich als gleichwertig erachtete Leistung zu erhalten. Im Störungsfall gelingt diese Befriedigung nicht oder nur unvollständig, weil der Gläubiger die Leistung nicht oder nicht ordnungsgemäß erhalten hat. Der Ausgleich des beeinträchtigten Erfüllungs- und Äquivalenzinteresses durch einen Schadensersatzanspruch sorgt dafür, dass der Gläubiger im Hinblick auf den ihm zustehenden Wert der Leistung wirtschaftlich so gestellt wird, als habe er diese ordnungsgemäß erhalten. Das gelingt, indem der **Schadensersatzanspruch an die Stelle der Leistung** tritt.

Beispiel: K hat bei V einen gebrauchten elektrischen Heizofen (Wert 500 €) für 400 € gekauft, bei dem das Thermostat fehlerhaft ist. Deshalb kommt es nach der Übergabe und Kaufpreiszahlung bei Inbetriebnahme durch K zu einer Überhitzung, durch die das Gerät in Flammen aufgeht und vollständig zerstört wird. – Nach § 433 Abs. 1 S. 2 war V zur Verschaffung einer Sache frei von Sach- und Rechtsmängeln verpflichtet. Der Heizlüfter wies jedoch einen Sachmangel (§ 434 Abs. 1) auf. Dadurch ist das Erfüllungsinteresse des K beeinträchtigt – er hat nicht diejenige Leistung bekommen, auf die er einen Anspruch hat. Die Beeinträchtigung kann durch eine von V nach §§ 437 Nr. 1, 439 Abs. 1 geschuldete Nacher-

---

1   BeckOK-BGB/Gehrlein, § 311 a Rn. 1; Hk-BGB/Schulze, vor §§ 275–292 Rn. 11; Medicus/Lorenz, Schuldrecht I, Rn. 447; a.A. Schmidt-Kessel, Schuldrecht AT, Rn. 559.

füllung (Nachbesserung der mangelhaften Sache oder Nachlieferung einer mangelfreien Sache) beseitigt werden. Erbringt V diese Leistung aber bis zum Ablauf einer von K gesetzten Frist nicht, kann dieser nach §§ 437 Nr. 3, 280 Abs. 1, 3, 281 Abs. 1 S. 1 2. Alt. Schadensersatz statt der Leistung verlangen. Dieser Anspruch tritt mit seiner Geltendmachung an die Stelle des Anspruchs auf Nacherfüllung (§ 281 Abs. 4), d.h. das beeinträchtigte Erfüllungsinteresse wird jetzt nicht mehr durch die Leistung befriedigt. Diese Aufgabe übernimmt der Anspruch auf Schadensersatz statt der Leistung: K kann von V verlangen, dass er den Wert der geschuldeten Leistung (500 €) in Geld erhält.

Wäre es in diesem Beispiel schon nicht zur Übereignung des Heizofens gekommen, wäre das Erfüllungsinteresse des K ebenfalls beeinträchtigt; der Ausgleich würde wiederum durch den Schadensersatz statt der Leistung erfolgen. Diesen könnte K verlangen, wenn V entweder bis zum Ablauf einer von K gesetzten Frist nicht leistet (dann §§ 280 Abs. 1, 3, 281 Abs. 1 S. 1 1. Alt.) oder wenn der Heizofen vor Übergabe vollständig zerstört wurde und die Beschaffung eines anderen geeigneten Ofens unmöglich gem. § 275 Abs. 1-3 ist (dann §§ 280 Abs. 1, 3, 283).

Schadensersatz statt der Leistung bedeutet, dass der Schuldner eine andere Leistung als ursprünglich geschuldet erbringen muss. Dieser Wechsel vom primären Erfüllungsanspruch zum sekundären Anspruch auf Schadensersatz statt der Leistung belastet ihn, weil er die geschuldete Leistung nicht mehr erbringen darf (obwohl er möglicherweise bereits Anstrengungen unternommen hat, um die Leistung doch noch erbringen zu können), sondern eine Vermögenseinbuße des Gläubigers auszugleichen hat; hierzu ist eine Geldleistung erforderlich. Deshalb kann Schadensersatz statt der Leistung nach § 280 Abs. 3 nur verlangt werden, wenn besondere Voraussetzungen (erfolglose Fristsetzung, § 281 Abs. 1; Unzumutbarkeit, § 282; nachträgliche Unmöglichkeit, § 283) vorliegen. Dadurch wird der **Vorrang des Anspruchs auf Erfüllung** der primären Leistungspflicht gesichert und der Schuldner vor einer vorschnellen Inanspruchnahme auf Schadensersatz geschützt.

Der Wechsel von der Erfüllung zum Schadensersatz statt der Leistung ist nur möglich, wenn eine Befriedigung des Erfüllungsinteresses nicht mehr durch die Erbringung der Leistung durch den Schuldner erfolgen kann. Das ist der Fall, wenn der Gläubiger den **primären Leistungsanspruch verloren** hat. So liegt es offensichtlich, wenn der Anspruch auf die Leistung nach § 275 Abs. 1-3 erloschen ist. In allen anderen Fällen bleibt der Anspruch trotz der Leistungsstörung zunächst bestehen. Liegen aber die besonderen Voraussetzungen für einen Anspruch auf Schadensersatz statt der Leistung vor, verliert der Gläubiger mit dessen Geltendmachung den Anspruch auf die Leistung (§ 281 Abs. 4). Hier erlaubt das Gesetz dem Gläubiger gleichsam, selbst den Verlust des Erfüllungsanspruchs herbeizuführen. Das ist gerechtfertigt, weil die besonderen, dem Schuldnerschutz dienenden Voraussetzungen vorliegen, also der Schuldner bis Fristablauf nicht geleistet hat (§ 281 Abs. 1) oder dem Gläubiger die Entgegennahme der Leistung unzumutbar ist (§ 282). Zum Verlust des Leistungsanspruchs kommt es auch, wenn der Gläubiger vom Vertrag zurücktritt; auch hierfür müssen besondere Voraussetzungen (erfolglose Fristsetzung, § 323 Abs. 1; Unzumutbarkeit, § 324) vorliegen. Schadensersatz statt der Leistung kann in einem solchen Fall aber nur verlangt werden, wenn die Anspruchsvoraussetzungen, die nicht mit den Rücktrittsvoraussetzungen identisch sind, vorliegen.

Aus dem Gesagten wird deutlich, dass der **Schaden**, um den es beim Schadensersatz statt der Leistung geht, stets darin besteht, dass die Leistung dem Vermögen des Gläubigers nicht zugeflossen ist, weil sein primärer Leistungsanspruch erloschen ist. Zu diesem Schaden gehören verschiedene **Schadenspositionen**, insbesondere der Wert der Leistung, den der Gläubiger nicht erhalten hat. Dazu kommen weitere Vermögenseinbußen, z.B. die über dem Wert der Leistung liegenden Kosten für ihre anderweitige Beschaffung oder andere Vermögenseinbußen, die durch den Nichterhalt der Leistung verursacht worden sind (sog. Folgeschäden).

b) Schadensersatz neben der Leistung

10   Die Leistungsstörung kann beim Gläubiger auch zu Einbußen außerhalb seines Erfüllungs- und Äquivalenzinteresses führen. Das ist der Fall, wenn andere Rechtsgüter des Gläubigers durch die ausbleibende, verspätete oder nicht ordnungsgemäße Leistung beeinträchtigt werden. Andere Rechtsgüter meint hier das gesamte Vermögen des Gläubigers mit Ausnahme des ebenfalls zum Vermögen gehörenden Anspruchs auf die Leistung. Hier ist das **Integritätsinteresse** des Gläubigers betroffen. Dafür ist kennzeichnend, dass die durch die Leistungsstörung eingetretene Einbuße auch dann noch bestehen bleibt oder bleiben würde, wenn der Schuldner die Leistung ordnungsgemäß erbringt oder erbringen würde. Weil also die (nachgeholte) Leistung nicht geeignet ist, den Schaden zu beseitigen, tritt der Anspruch auf **Schadensersatz neben den Anspruch auf die Leistung**. Da dem Schuldner nicht die Möglichkeit genommen ist, die Leistung zu erbringen und der Vorrang des Erfüllungsanspruchs unberührt bleibt, sind die Voraussetzungen geringer: Genügend ist gem. § 280 Abs. 1, dass der Schuldner die Pflichtverletzung, die zum Schaden geführt hat, zu vertreten hat. Zusätzliche Voraussetzungen wie beim Schadensersatz statt der Leistung sind nicht erforderlich. Terminologisch passt die Bezeichnung „Schadensersatz neben der Leistung" allerdings nur bei Schuldverhältnissen mit Leistungspflichten. Daran fehlt es beim vorvertraglichen Schuldverhältnis, bei dem gem. § 311 Abs. 2 nur Schutzpflichten nach § 241 Abs. 2 entstehen. Trotzdem gilt § 280 Abs. 1 auch bei der Verletzung vorvertraglicher Schutzpflichten, denn die Norm setzt nach ihrem Wortlaut keine Leistungspflichten voraus. Mit der Formulierung „Schadensersatz neben der Leistung" soll nur deutlich gemacht werden, dass dieser Schadensersatzanspruch bei Leistungspflichtverletzungen nicht dem Ausgleich des Erfüllungsinteresses dient und Schadensersatz daher zusätzlich zur Leistung verlangt werden kann.

Beispiel: Wenn im Beispiel des mangelhaften Heizofens (Rn. 6) nicht nur dieser selbst, sondern durch die Flammen auch die Wohnungseinrichtung beschädigt wird, sind zwei verschiedene Einbußen entstanden: Durch die Lieferung des mangelhaften Heizofens ist, wie oben dargestellt, zunächst das Erfüllungsinteresse des K beeinträchtigt. Er hat nicht diejenige Leistung erhalten, die ihm nach dem Kaufvertrag zustand, nämlich Eigentum und Besitz an einer Sache frei von Sach- und Rechtsmängeln, § 433 Abs. 1 S. 2. Die zweite Beeinträchtigung besteht in der beschädigten Wohnungseinrichtung. Insoweit ist nicht das Erfüllungsinteresse betroffen, da dieses nur das Interesse am Erhalt der geschuldeten Leistung umfasst. Es liegt vielmehr eine Beeinträchtigung des Integritätsinteresses vor, für die nach §§ 437 Nr. 3, 280 Abs. 1 Schadensersatz neben der Leistung verlangt werden kann. Das unterschiedliche Interessen betroffen sind, wird besonders deutlich, wenn man sich vorstellt, V würde die geschuldete Nacherfüllung (§§ 437 Nr. 1, 439) noch erbringen: Dann hätte K Eigentum und Besitz an einem Heizlüfter, der frei von Sach- und Rechtsmängeln ist, d.h. sein Erfüllungsinteresse wäre doch noch befriedigt worden. Die Nacherfüllung würde aber nichts daran ändern, dass die Wohnungseinrichtung beschädigt ist. Diese Beeinträchtigung besteht also gänzlich unabhängig davon, ob die Leistung gegenüber K noch erbracht werden würde.

Eine gewisse Sonderstellung nimmt der in §§ 280 Abs. 1, 2, 286 geregelte Ersatz des   11
Schadens ein, der dem Schuldner aus einer **Verzögerung der Leistung** entstanden ist.
Auf den ersten Blick scheint auch hier das Erfüllungsinteresse betroffen zu sein. Das
trifft jedoch nicht zu, weil diese Anspruchsgrundlage allein an die Verzögerung (d.h.
Nichtleistung bei Fälligkeit) anknüpft und daher auch dann gegeben sein kann, wenn
der Schuldner die Leistung später noch erbringt und damit das Erfüllungsinteresse befriedigt. Der Norm unterfallen deshalb nur diejenigen Schäden, die allein darauf zurückzuführen sind, dass die Leistung bei Fälligkeit ausgeblieben ist. Folglich geht es
beim **Ersatz des Verzögerungsschadens** um **Schadensersatz neben der Leistung**. Gleichwohl ist ein Ersatz nach § 280 Abs. 2 nur unter zusätzlichen, in § 286 niedergelegten
Voraussetzungen möglich. Der danach erforderliche Schuldnerverzug tritt erst ein,
wenn der Gläubiger den Schuldner mahnt (§ 286 Abs. 1); anders ist das nur, wenn die
Mahnung ausnahmsweise entbehrlich ist (§ 286 Abs. 2). Infolge der Verweisung auf
§ 286 erfasst der nach § 280 Abs. 1, 2 zu ersetzende Verzögerungsschaden nur solche
durch die Verzögerung eingetretenen Vermögenseinbußen, die ab Schuldnerverzug entstanden sind. Für zuvor eingetretene Verzögerungsschäden muss der Schuldner hingegen keinen Ersatz leisten.

Beispiel: K hat bei Händler V eine Industrienähmaschine gekauft. Ein Liefertermin wurde
nicht vereinbart. Als die Lieferung auch zwei Wochen nach Vertragsschluss nicht erfolgt,
sieht K sich gezwungen, zur Erledigung eines Großauftrags eine vergleichbare Maschine für
100 € pro Tag zu mieten. Eine Mahnung schickt K dem V aber erst eine Woche nach dem
Abschluss des Mietvertrages. Als schließlich die Lieferung durch V erfolgt, verlangt K Ersatz der ihr entstandenen Mietkosten. – V hat die geschuldete Leistung, wenn auch verspätet, erbracht, d.h., das Erfüllungsinteresse der K ist durch die Nachholung der Leistung befriedigt. Es geht also nicht um Schadensersatz statt der Leistung nach §§ 280 Abs. 1, 3, 281,
sondern um Schadensersatz neben der Leistung wegen einer Leistungsverzögerung aus
§§ 280 Abs. 1, 2, 286: Trotz vollständiger Befriedigung des Interesses der K an der Leistung
durch deren Nachholung bleibt die wegen der Mietkosten entstandene Vermögenseinbuße
bestehen. Da jedoch erst mit der Mahnung Schuldnerverzug nach § 286 Abs. 1 eingetreten
ist, sind die vor der Mahnung entstandenen Mietkosten nicht von V zu ersetzen. K kann
also von V nur Ersatz der ab Zugang der Mahnung entstandenen Mietkosten verlangen.

c) Abgrenzung

Die Abgrenzung zwischen dem Schadensersatz neben und dem statt der Leistung kann   12
im Einzelfall schwierig sein.[2] Sie ist aber stets erforderlich, weil **unterschiedliche An-**
spruchsgrundlagen bestehen und diese auch **unterschiedliche Voraussetzungen** haben.

---

2 Vgl. zur Vertiefung: Arnold, Die Abgrenzung der Schadensarten nach § 280 BGB, ZJS 2009, 22; Bach, Zur Abgrenzung des Schadensersatzes statt der Leistung vom Schadensersatz neben der Leistung, ZJS 2013, 1; Gri-
   goleit/Bender, Der Diskurs über die Kategorien des Schadensersatzes im Leistungsstörungsrecht – Teleologische Dogmatisierung auf dem Prüfstand, ZfPW 2019, 1; Gerhardt, Die Abgrenzung der wichtigsten Anspruchsgrundlagen im Schadensersatzrecht bei Leistungsstörungen, Jura 2012, 251; Grigoleit/Riehm, Die Kategorien des Schadensersatzes im Leistungsstörungsrecht, AcP 203 (2003), 727; Hellgardt, Die Ersatzfähigkeit
   des vorzeitigen Deckungskaufs, JuS 2016, 1057; Hirsch, Schadensersatz statt oder neben der Leistung – Aktuelle Fragen der Abgrenzung, JuS 2014, 97; Korch/Hagemeyer, Die ewige Frage: Schadensersatz statt oder neben der Leistung? – Die Abgrenzung vor dem Hintergrund des Biodiesel-Urteils des BGH, Jura 2014, 1077;
   Lorenz, Schadensarten bei der Pflichtverletzung (§ 280 Abs. 2, 3 BGB), JuS 2008, 203; Ostendorf, Die Abgrenzung zwischen Schadensersatz statt und neben der Leistung – Versuch einer Neubetrachtung, NJW 2010,
   2833; ders., Das endgültige Ausbleiben der Leistung als „Zauberformel" für die Abgrenzung des Schadensersatzanspruchs statt der Leistung vom Schadensersatzanspruch neben der Leistung?, ZJS 2012, 742.

13   Die Abgrenzung hat zum Ziel, jede Schadensposition vor ihrer Prüfung einer der beiden Schadensformen zuzuordnen. Im Wesentlichen kommen **zwei Ansätze** in Betracht: Zum einen kann gefragt werden, ob es sich um eine Schadensposition handelt, die erst durch das endgültige Ausbleiben der Leistung, also den Verlust des primären Erfüllungsanspruchs hervorgerufen worden ist. Bei dieser Betrachtungsweise kommt es darauf an, zu welchem **Zeitpunkt** die Einbuße entstanden ist und zu welchem Zeitpunkt der Gläubiger den Schadensersatzanspruch geltend macht.[3] Zum anderen kann danach unterschieden werden, **welches Interesse des Gläubigers** betroffen ist:[4] Ist es das Erfüllungsinteresse, handelt es sich um Schadensersatz statt der Leistung, der nur verlangt werden kann, wenn die jeweiligen Voraussetzungen vorliegen. Ist hingegen das Integritätsinteresse berührt, geht es um Schadensersatz neben der Leistung und es ist noch zu fragen, ob es sich um einfachen Schadensersatz (§ 280 Abs. 1) oder Verzögerungsschadensersatz (§§ 280 Abs. 1, 2, 286) handelt. Dieser Ansatz überzeugt, weil der Schadensersatz statt der Leistung an die Stelle des Erfüllungsanspruchs tritt und daher auch nur solche, aber auch alle Einbußen erfassen sollte, die dem Gläubiger dadurch entstanden sind, dass die Leistung nicht oder nicht im geschuldeten Umfang Teil seines Vermögens geworden ist.

14   Welches Interesse betroffen ist, kann in der Regel durch ein **Gedankenexperiment** ermittelt werden: Was würde hypothetisch im Hinblick auf diese konkrete Schadensposition passieren, wenn die Leistung ordnungsgemäß nachgeholt werden würde, wenn also das Interesse des Gläubigers am Zufluss des Wertes der Leistung noch befriedigt werden würde? Bliebe die Einbuße dann dennoch bestehen, so beruht sie nicht auf der Beeinträchtigung des Erfüllungsinteresses, da dieses ja durch die (gedachte) Nachholung der Leistung befriedigt würde. Fiele sie hingegen weg, dann muss es sich um eine Beeinträchtigung des Erfüllungsinteresses handeln, da nur die Leistung geeignet ist, dieses zu befriedigen. Diese Schadensposition ist im Rahmen des Schadensersatzes statt der Leistung zu ersetzen, während die bei dem Gedankenexperiment bestehen bleibenden Einbußen dem Schadensersatz neben der Leistung unterfallen.[5]

15   Besondere Abgrenzungsprobleme ergeben sich beim sog. **Deckungsgeschäft**, d.h. einem vom Gläubiger getätigten Geschäft, mit dem er sich wegen der Leistungsstörung die geschuldete Leistung bei einem Dritten besorgt hat und ihm hierfür ein Mehraufwand (höhere Kosten als die dem Schuldner zu zahlende Gegenleistung) entstanden ist. Mit der auf das betroffene Interesse abstellenden Abgrenzung lässt sich diese Schadensposition dem Schadensersatz statt der Leistung zuordnen.[6] Das wird deutlich, wenn man sich vor Augen führt, dass das Deckungsgeschäft dazu dient, den durch die Leistungsstörung ausgebliebenen Zufluss der Leistung zum Vermögen des Gläubigers zu bewirken. Es geht also um den Ausgleich des Erfüllungsinteresses. Das gilt unabhängig von dem Zeitpunkt, in dem der Deckungskauf getätigt wurde, d.h. es geht immer um Schadensersatz statt der Leistung, weshalb auch immer die Voraussetzungen der entsprechenden Anspruchsgrundlage vorliegen müssen. Ist das nicht der Fall (z.B. fehlende Fristsetzung und auch keine Entbehrlichkeit beim Anspruch aus §§ 280 Abs. 1, 3, 281), kann kein Ersatz für die Mehrkosten verlangt werden (auch nicht nach §§ 280

---

3 MünchKomm/Ernst, § 280 Rn. 71; Medicus/Lorenz, Schuldrecht I, Rn. 344.
4 BeckOGK/Riehm, Stand 1.7.2019, § 280 Rn. 207; Grigoleit/Riehm, AcP 203 (2003), 727.
5 Vgl. MünchKomm/Ernst, § 280 Rn. 70; Palandt/Grüneberg, § 280 Rn. 18; Looschelders, Schuldrecht AT, § 24 Rn. 17; im Ansatz auch Medicus/Lorenz, Schuldrecht I, Rn. 342; a.A. Soergel/Benicke/Hellwig, § 280 Rn. 285 ff.
6 BGHZ 197, 357 Rn. 27; BeckOGK/Riehm, Stand 1.7.2019, § 280 Rn. 227 f.; MünchKomm/Ernst, § 280 Rn. 73; Palandt/Grüneberg, § 280 Rn. 18.

Abs. 1, 2, 286). Unproblematisch ersatzfähig sind danach Mehrkosten, die durch ein Deckungsgeschäft entstanden sind, das nach dem Wegfall des Erfüllungsanspruchs (nach § 275 Abs. 1-3 oder durch Geltendmachung des Anspruchs auf Schadensersatz statt der Leistung gem. § 281 Abs. 4) getätigt wurde. Ebenso wird man es beim Anspruch aus §§ 280 Abs. 1, 3, 281 genügen lassen, dass der Deckungskauf nach Ablauf der vom Gläubiger gesetzten angemessenen Frist getätigt wurde. Zwar besteht der Erfüllungsanspruch auch noch nach Fristablauf (siehe § 25 Rn. 25), aber der Gläubiger hat es hier in der Hand, diesen jederzeit durch Geltendmachung des Schadensersatzanspruchs zum Erlöschen zu bringen. Dies zeigt, dass der Schadensersatzanspruch schon mit Fristablauf entsteht und deshalb die danach getätigten Deckungsgeschäfte erfasst sind.

Beispiel: K will am 1.5 einen Imbiss eröffnen und bestellt hierzu bei V eine Industriefritteuse zum Preis von 1.000 €; dies entspricht dem Verkehrswert. Die Lieferung soll am 29.4. erfolgen, sodass K ausreichend Zeit für die Inbetriebnahme verbleibt. Als K auch am 30.4. noch nichts von V gehört hat, setzt er V an diesem Tag eine Frist zur Lieferung der Fritteuse bis zum 5.5. Da die Frist erfolglos verstreicht, kauft K am 7.5. bei X ein baugleiches Modell für 1.200 €. – K hat gegen V einen Anspruch auf Schadensersatz statt der Leistung, da die Voraussetzungen der §§ 280 Abs. 1, 3, 281 vorliegen. Der Schaden besteht im Ausbleiben der Leistung durch den Verlust des Erfüllungsanspruchs (§ 281 Abs. 4). Die Höhe dieses Schadens bemisst sich nach dem Wert der Leistung (1.000 €). Hinzu kommen die Aufwendungen, die erforderlich sind, um sich die Leistung anderweitig zu beschaffen (200 €).

Kauft K die Fritteuse schon am 6.5., kann er ebenfalls 1.200 € Schadensersatz statt der Leistung verlangen. Zwar wäre es möglich gewesen, dass V am 6.5., also nach Fristablauf, noch leistet. K wäre in diesem Fall jedoch berechtigt gewesen, die Leistung zurückzuweisen (siehe § 25 Rn. 26). Außerdem hätte er auch schon am 6.5. den Schadensersatzanspruch geltend machen können.

Sehr umstritten ist hingegen die Behandlung von Fällen, in denen der Gläubiger das **Deckungsgeschäft schon vor Fristablauf** getätigt hat. Hier wird teilweise vertreten, es handele sich um Schadensersatz neben der Leistung, weil die Einbuße schon vor dem endgültigen Wegfall des Erfüllungsanspruchs entstanden sei.[7] Dafür scheint das o.g. Gedankenexperiment zu sprechen: Stellt man sich eine Nachholung der Leistung nach dem Deckungsgeschäft vor, würde das Erfüllungsinteresse des Gläubigers befriedigt, aber die durch den Mehraufwand des Deckungsgeschäfts entstandene Einbuße bestünde noch fort, sodass es sich um Schadensersatz neben der Leistung zu handeln scheint. Das ist jedoch ein Irrtum: Der Schaden liegt allein im Nichterhalt der Leistung, nicht jedoch in den schon vorher entstandenen Kosten für das Deckungsgeschäft. Deshalb kommt es auch nicht darauf an, ob diese Kosten als Einbuße bei einer Nachholung der Leistung entfallen oder bestehen bleiben. Sie sind also keine Schadensposition, die mit Hilfe des Gedankenexperiments einer Schadensart zugeordnet werden können. Entscheidend ist vielmehr, inwieweit das Erfüllungsinteresse betroffen ist. Das ist bei Kosten zur anderweitigen Beschaffung der Leistung stets der Fall. Entscheidend für die Ersatzfähigkeit ist danach, ob die Anspruchsvoraussetzungen letztendlich noch eingetreten sind. Ist das der Fall, ist der Gläubiger vermögensmäßig so zu stellen, als ob er die Leistung erhalten hätte. Der Schaden besteht im fehlenden Zufluss der Leistung und als Schadensersatz ist dasjenige geschuldet, was jetzt – in dem Zeitpunkt, in dem die Voraussetzungen des Schadensersatzes statt der Leistung eingetreten sind (z.B. bei

16

---

7   Klöhn JZ 2010, 46 (47); Lorenz, FS Leenen, 147, 153; Nietsch NJW 2014, 2385 (2386 f.).

Fristablauf) – aufgewandt werden müsste, um sich die Leistung bei einem Dritten zu beschaffen.[8]

Beispiel: Kauft K im Fritteusen-Beispiel (Rn. 15) die Fritteuse schon am 3.5. bei X für 1.200 €, kann er nach §§ 280 Abs. 1, 3, 281 200 € Schadensersatz (zzgl. 1.000 € Wert der Leistung) verlangen, wenn dies der Betrag ist, der bei Fristablauf für das Deckungsgeschäft aufzuwenden gewesen wäre. Wäre es ihm hingegen möglich gewesen, am 6.5. die Fritteuse für 1.100 € zu beschaffen, kann er nur Mehrkosten i.H.v. 100 € ersetzt verlangen (zzgl. 1.000 € Wert der Leistung). Diejenigen, die zur Abgrenzung auf den Zeitpunkt der Einbuße abstellen, nehmen demgegenüber an, der Anspruch folge aus §§ 280 Abs. 1, 2, 286. Dabei wird allerdings angenommen, die Kosten eines vor Fristablauf vorgenommenen Deckungsgeschäfts seien nicht ersatzfähig, weil der Gläubiger sich zur Vornahme dieses Geschäfts zu diesem Zeitpunkt nicht herausgefordert habe fühlen dürfen[9] (zur Bedeutung der Herausforderung siehe § 45 Rn. 15 f.) oder weil ihn ein überwiegendes Mitverschulden treffe, das nach § 254 Abs. 1 zur Anspruchsreduzierung auf Null führe.[10]

17   Abgrenzungsprobleme ergeben sich auch beim **entgangenen Gewinn**, der nach § 252 S. 1 zu den ersatzfähigen Schadenspositionen gehört. Dieser kann entweder dadurch entstehen, dass der Gläubiger die Leistung zu einem bestimmten Zeitpunkt nicht erhalten hat oder dadurch, dass er sie (wegen des Wegfalls des Erfüllungsanspruchs) gar nicht erhalten hat. Konnte ein bestimmter Gewinn nur zu einem bestimmten Zeitpunkt erzielt werden, dann führt eine gedachte Nachholung der Leistung nach diesem Zeitpunkt nicht zum Wegfall der Einbuße – sie hat sich ja bereits zu einem bestimmten, davorliegenden Zeitpunkt manifestiert. Dann handelt es sich um Schadensersatz neben der Leistung (§§ 280 Abs. 1, 2, 286). Geht es hingegen darum, dass dem Gläubiger die allgemein in der Leistung liegende Möglichkeit einer Gewinnerzielung entgangen ist, dann würde diese Einbuße bei gedachter Nachholung der Leistung wieder entfallen, sodass es um Schadensersatz statt der Leistung geht.

Beispiel: K kauft von Händler H einen Oldtimer im Wert von 50.000 €. H liefert entgegen der Absprache den Wagen am 1.5. nicht. Daraufhin setzt K dem H eine Frist zur Lieferung des Wagens bis zum 10.5. – Leistet H innerhalb der von K gesetzten Frist nicht, kann dieser jedenfalls den Wert des Fahrzeugs (50.000 €) ersetzt verlangen. Hätte K den Wagen jedoch für 55.000 € weiterverkaufen können, kann er zusätzlich 5.000 € als Schadensersatz statt der Leistung verlangen, da dies der Gewinn ist, der nach dem gewöhnlichen Lauf der Dinge mit Wahrscheinlichkeit erwartet werden konnte (§ 252 S. 2). Denn stellt man sich vor, H hätte bis Fristablauf noch geleistet, dann hätte K durch den Weiterverkauf einen Gewinn in dieser Höhe erzielen können – die Einbuße wäre also wieder entfallen. Anders ist dies, wenn der Autoliebhaber X am 2.5. dem K für den Fall, dass er ihm den Wagen am gleichen Tag übereignet, 62.000 € bietet. Hier entgeht K am 2.5. durch das Ausbleiben der Leistung ein Gewinn von 12.000 €. Eine gedachte Nachholung der Leistung bei Fristablauf würde diesen Schaden nur zum Teil entfallen lassen, nämlich i.H.v. 5.000 €, da K den Wagen dann, wie im Ausgangsfall, für 55.000 € hätte weiterverkaufen können. In Höhe von 7.000 € würde der Schaden hingegen bestehen bleiben, denn bei Leistung am 10.5. wäre die Gewinnerzielungsmöglichkeit schon wieder erloschen – sie bestand ja nur am 2.5. Folglich geht es insoweit um einen Verzögerungsschaden, der unter den Voraussetzungen der §§ 280 Abs. 1, 2, 286 ersetzt verlangt werden kann. Die übrigen 5.000 € kann K hingegen nur als Schadensersatz statt der Leistung verlangen, also nur, wenn die Leistung bis Fristablauf ausbleibt (§§ 280 Abs. 1, 3, 281).

---

8   BeckOGK/Riehm, Stand 1.7.2019, § 280 Rn. 245; MünchKomm/Ernst, § 280 Rn. 73.
9   Lorenz, FS Leenen, 147 (160 ff.).
10   Faust, FS Huber, 239 (255 f.).

4. Die einzelnen Anspruchsgrundlagen der §§ 280 ff., 311 a

Aus der Regelungsstruktur ergibt sich, dass trotz der einheitlichen Anknüpfung an die Pflichtverletzung die einschlägigen Anspruchsvoraussetzungen von der Art der Pflichtverletzung und des Schuldverhältnisses abhängig sind:

18

- **Einfacher Schadensersatz aus § 280 Abs. 1** kommt in Betracht für Schäden an Rechtsgütern des Gläubigers aus der Verletzung von Schutzpflichten aus beliebigen (insb. auch vorvertraglichen) Schuldverhältnissen. Bei einer Schlechtleistung sind Schäden, die an anderen Rechtsgütern als der Leistung selbst entstanden sind (sog. Mangelfolgeschäden; Beeinträchtigung des Integritätsinteresses), erfasst (siehe § 23 Rn. 12 ff.). Der Schaden, der darin liegt, dass der Gläubiger nur eine mangelhafte Sache erhalten hat (sog. Mangelschaden; Beeinträchtigung des Erfüllungsinteresses), ist hingegen nur als Schadensersatz statt der Leistung ersatzfähig. Bei einer Nichtleistung infolge Unmöglichkeit ist in gleicher Weise zu differenzieren, d.h., sog. Begleitschäden unterfallen § 280 Abs. 1 (siehe § 23 Rn. 15).[11] Das gilt entgegen h.M. auch für den Fall der anfänglichen Unmöglichkeit, weil § 311 a Abs. 2 dem Wortlaut nach nur für den Schadensersatz statt der Leistung eine Sonderregelung darstellt, mit der die §§ 280 ff. verdrängt werden.[12] Schäden aus einer nicht rechtzeitigen Leistung sind hingegen nur nach §§ 280 Abs. 1, 2, 286 (Verzögerungsschadensersatz, siehe Rn. 20) bzw. §§ 280 Abs. 1, 3, 281 (Schadensersatz statt der Leistung) ersatzfähig (siehe Rn. 23).

19

- **Verzögerungsschadensersatz aus §§ 280 Abs. 1, 2, 286** kommt nur bei einer nicht rechtzeitigen Leistung in Betracht und setzt deshalb ein Schuldverhältnis mit Leistungspflichten voraus. Bei einem vorvertraglichen Schuldverhältnis kann es also keinen Verzögerungsschadensersatz geben. Erfasst sind außerdem nur reine Verzögerungsschäden, die auch bei (gedachter) Nachholung der Leistung nicht wieder entfallen würden (siehe § 24 Rn. 24). Für Schadensersatz statt der Leistung wegen Nichtleistung trotz Möglichkeit der Leistung sind hingegen §§ 280 Abs. 1, 3, 281 einschlägig.

20

- **Schadensersatz statt der Leistung wegen nachträglicher Unmöglichkeit aus §§ 280 Abs. 1, 3, 283** setzt ein Schuldverhältnis mit Leistungspflichten voraus und ist in allen Fällen einschlägig, in denen der Schuldner nach Vertragsabschluss nach § 275 Abs. 1–3 von der Leistung frei geworden ist und Ersatz für die Beeinträchtigung des Erfüllungsinteresses verlangt. Bei Beeinträchtigungen des Integritätsinteresses (Begleitschäden) ist § 280 Abs. 1 einschlägig.

21

- **Schadensersatz statt der Leistung wegen anfänglicher Unmöglichkeit aus § 311 a Abs. 2 S. 1** setzt ebenfalls ein Schuldverhältnis mit Leistungspflichten voraus. Hier müssen schon bei Vertragsschluss die Voraussetzungen von § 275 Abs. 1–3 vorgelegen haben. Erfasst sind wie bei §§ 280 Abs. 1, 3, 283 Beeinträchtigungen des Erfüllungsinteresses. Für Begleitschäden findet § 280 Abs. 1 Anwendung.

22

- **Schadensersatz statt der Leistung wegen Nichtleistung oder Schlechtleistung aus §§ 280 Abs. 1, 3, 281** setzt ein Schuldverhältnis mit Leistungspflichten voraus. Beruhen diese beiden Formen der Pflichtverletzung auf einer Unmöglichkeit, sind

23

---

11 Staudinger/Schwarze (2014), § 283 Rn. 59; Looschelders, Schuldrecht AT, § 26 Rn. 18; a.A. Erman/Westermann, § 283 Rn. 3; MünchKomm/Ernst, § 283 Rn. 9; Soergel/Benicke/Hellwig, § 283 Rn. 29.

12 Ähnlich Jauernig/Stadler, § 311 a Rn. 13; NK-BGB/Dauner-Lieb, § 311 a Rn. 24; Dötsch ZGS 2002, 160 (161 f.); Ehmann/Sutschet, JZ 2004, 62 (70); a.A. BGHZ 201, 148 Rn. 27; BeckOGK/Herresthal, Stand 1.6.2019, § 311 a Rn. 127; Erman/Kindl, § 311 a Rn. 8; MünchKomm/Ernst, § 311 a Rn. 65; Soergel/Gsell, § 311 a Rn. 54.

§§ 280 Abs. 1, 3, 283 bzw. § 311 a Abs. 2 vorrangig. Soweit bei einzelnen Schuldverhältnissen Sonderregelungen bestehen, sind §§ 280 Abs. 1, 3, 281 entweder gar nicht (Miet- und Reisevertrag) oder nur kraft entsprechender Rechtsgrundverweisung (Kauf- und Werkvertrag) anwendbar.

24 ■ **Schadensersatz statt der Leistung wegen Schutzpflichtverletzung aus §§ 280 Abs. 1, 3, 282** setzt ebenfalls ein Schuldverhältnis mit Leistungspflichten voraus und ist daher bei der Verletzung von vorvertraglichen Schutzpflichten nicht einschlägig. Im Anwendungsbereich der Norm geht es außerdem nicht um die aus der Schutzpflichtverletzung an den Rechtsgütern des Gläubigers entstandenen Schäden; für diese ist § 280 Abs. 1 einschlägig (einfacher Schadensersatz). Erfasst sind nur Beeinträchtigungen des Erfüllungsinteresses, die dadurch entstanden sind, dass dem Gläubiger wegen der Schutzpflichtverletzung die Entgegennahme der Leistung nicht mehr zumutbar ist, er diese auch nicht mehr haben möchte und bei Geltendmachung des Schadensersatzanspruchs auch nicht mehr bekommt.

25 **Hinweise zur Fallbearbeitung:** Bei der Prüfung von Schadensersatzansprüchen des Gläubigers ist zunächst zu ermitteln, welche Anspruchsgrundlage einschlägig ist. Dazu ist auf einer ersten Stufe zu fragen, ob es um Schadensersatz neben oder statt der Leistung geht. Auf einer zweiten Stufe ist nach der Art der Pflichtverletzung zu differenzieren. Hierdurch ergibt sich, abgesehen von wenigen Streitfällen, ohne Weiteres die richtige Anspruchsgrundlage. Die Vorprüfung ist der schriftlichen Anspruchsprüfung aber nicht etwa voranzustellen; diese beginnt sogleich mit der ermittelten Anspruchsgrundlage. Erst bei der Prüfung der Voraussetzungen ist dann Raum für die Frage, welche Art von Pflichtverletzung vorliegt (Prüfungspunkt: Pflichtverletzung). Ob der geltend gemachte Schaden ersatzfähig ist, kann beim Schadensersatzanspruch neben der Leistung schon beim Schaden geprüft werden. Beim Schadensersatzanspruch statt der Leistung besteht der Schaden hingegen schon darin, dass der Gläubiger die Leistung wegen des Verlusts des Erfüllungsanspruchs nicht erhalten hat. Hier sollte auf der Rechtsfolgenseite geprüft werden, ob und wie die geltend gemachten Schadenspositionen zu ersetzen sind.

II. Aufwendungsersatz

26 Aufwendungen im Sinne des Leistungsstörungsrechts sind vom **Gläubiger in Erwartung der Leistung getätigte Vermögensaufwendungen,** die sich wegen der Leistungsstörung als nutzlos erweisen. Wie beim Schadensersatz statt der Leistung bestehen für den Aufwendungsersatz unterschiedliche Anspruchsgrundlagen. Allerdings differenziert das Gesetz nur danach, ob die Leistung des Schuldners von Anfang an unmöglich ist; in diesem Fall kann der Gläubiger nach § 311 a Abs. 2 S. 1 unter den dort genannten Voraussetzungen Aufwendungsersatz verlangen. In allen anderen Fällen ist § 284 die einschlägige Anspruchsgrundlage (zur genauen rechtlichen Einordnung siehe aber § 26 Rn. 4). Anspruchsvoraussetzung ist hier, dass ein Anspruch auf Schadensersatz statt der Leistung besteht (aus §§ 280 Abs. 1, 3, 281, 282 oder 283), wobei es allerdings nicht darauf ankommt, ob auch ein Schaden entstanden ist. Weil es auf das Bestehen eines Anspruchs auf Schadensersatz statt der Leistung ankommt, muss im Ergebnis doch bei der Anwendung des § 284 zwischen den verschiedenen Arten der Pflichtverletzung unterschieden werden.

III. Herausgabe des Ersatzes

Im Fall der Unmöglichkeit kann der Gläubiger nach § 285 Herausgabe eines Ersatzes oder Abtretung eines Ersatzanspruchs verlangen, den der Schuldner infolge des Umstands, der zur Unmöglichkeit geführt hat, erlangt hat (siehe § 27). Dieser Anspruch auf das sog. **stellvertretende commodum** besteht sowohl bei anfänglicher als auch bei nachträglicher Unmöglichkeit, nicht aber bei anderen Pflichtverletzungen.

27

WIEDERHOLUNGS- UND VERTIEFUNGSFRAGEN

1. Was ist ein Schaden? (Rn. 1)
2. Welches Interesse wird durch den Schadensersatz neben der Leistung geschützt? (Rn. 10)
3. Welches Interesse wird durch den Schadensersatz statt der Leistung geschützt? (Rn. 6)
4. Was ist einfacher Schadensersatz? (Rn. 19)
5. Ist der in § 280 Abs. 2 genannte Verzögerungsschadensersatz Schadensersatz statt oder neben der Leistung? (Rn. 11)
6. Welche Schadensart liegt vor, wenn der Schaden bei zumindest gedachter Nachholung der geschuldeten Leistung entfallen würde? (Rn. 14)

28

§ 21 Die Pflichtverletzung

I. Begriff

1   In der „Pflichtverletzung", an die § 280 Abs. 1 die Schadensersatzansprüche des Gläubigers anknüpft, schwingt ein Vorwurf an den Schuldner mit, der diesem Begriff dogmatisch jedoch fremd ist. Eine Pflichtverletzung liegt vielmehr immer schon dann vor, wenn der Schuldner von dem **Pflichtenprogramm**, das er kraft des Schuldverhältnisses zu erfüllen hat, **objektiv abweicht**.[1] Die Gründe für die Abweichung spielen nicht hier, sondern erst bei der davon streng zu trennenden Frage nach dem Vertretenmüssen eine Rolle.

2   Das Pflichtenprogramm des Schuldners umfasst Leistungs- und Schutzpflichten. Ob er hiervon abgewichen ist, hängt von der Art der Pflicht ab. Ist sie auf die **Herbeiführung eines Leistungserfolgs** gerichtet, genügt es, dass dieser Leistungserfolg nicht so, wie geschuldet eingetreten ist – gar nicht, zu spät oder nicht ordnungsgemäß.[2] Ist hingegen eine **Leistungshandlung** geschuldet, setzt die Feststellung einer Pflichtverletzung zunächst die Bestimmung der geschuldeten Handlung (Tun oder Unterlassen) voraus. Soweit die Parteien keine Vereinbarungen getroffen haben, muss dazu auf den objektiven Maßstab des § 276 Abs. 2 zurückgegriffen werden.[3] Diese Norm regelt zwar unmittelbar nur den Begriff der Fahrlässigkeit und damit einen Aspekt aus dem Bereich des Vertretenmüssens und nicht der objektiven Pflichtverletzung. Gleichwohl „passt" der dort verwendete objektive Maßstab der im Verkehr erforderlichen Sorgfalt auch zur Bestimmung der objektiv geschuldeten Handlung. Liegt nach diesem Maßstab eine Pflichtverletzung vor, so trifft den Schuldner zugleich ein Fahrlässigkeitsvorwurf. Dennoch ist auch hier zwischen Pflichtverletzung und Vertretenmüssen streng zu trennen, schon weil es Fallgestaltungen gibt, in denen der Schuldner nur grobe Fahrlässigkeit oder gar nur Vorsatz zu vertreten hat (siehe § 22 Rn. 12 ff.). Außerdem ist die Beweislast unterschiedlich: Die Pflichtverletzung ist vom Gläubiger zu beweisen, während der Schuldner beweisen muss, dass er die Pflichtverletzung nicht zu vertreten hat (§ 280 Abs. 1 S. 2, siehe § 23 Rn. 7).

Beispiel: Gärtner G hat sich vertraglich verpflichtet, für die wertvolle Orchideensammlung der B zu sorgen, während diese sich für drei Monate im Ausland aufhält. Es ist vereinbart, dass G nur für grobe Fahrlässigkeit und Vorsatz haftet. G gießt die Orchideen zweimal wöchentlich. Nach seiner Rückkehr stellt B fest, dass die Hälfte der Pflanzen eingegangen ist, weil sie von G zu häufig gegossen wurden. – Eine Pflichtverletzung liegt vor, wenn G die geschuldete Leistungshandlung nicht ordnungsgemäß vorgenommen hat. Das hängt davon ab, ob zweimaliges Gießen von Orchideen der im Verkehr erforderlichen Sorgfalt widerspricht. Ist das der Fall, liegt zugleich Fahrlässigkeit i.S.d. § 276 Abs. 2 vor. Das bedeutet jedoch noch nicht, dass G die Pflichtverletzung zu vertreten hat, da seine Haftung auf grobe

---

1   Zur Vertiefung: Faust, Pflichtverletzung und Vertretenmüssen als Voraussetzungen des Anspruchs auf Schadensersatz statt der Leistung, FS Canaris I (2007), S. 219; Lorenz, Grundwissen Zivilrecht: Was ist eine Pflichtverletzung (§ 280 I BGB)?, JuS 2007, 213; Münch, Die „nicht wie geschuldet" erbrachte Leistung und sonstige Pflichtverletzungen, Jura 2002, 361; Reischl, Grundfälle zum neuen Schuldrecht. 2. Teil – Die Pflichtverletzung, JuS 2003, 250; Riehm, Pflichtverletzung und Vertretenmüssen – Zur Dogmatik der §§ 280 ff. BGB, FS Canaris I (2007), 1079; Wilhelm, Die Pflichtverletzung nach dem neuen Schuldrecht, JZ 2004, 1055; v. Wilmowsky, Pflichtverletzungen im Schuldverhältnis, JuS 2002, Beilage zu Heft 1.
2   Hk-BGB/Schulze, vor §§ 275–292 Rn. 8; MünchKomm/Ernst, § 280 Rn. 19; Palandt/Grüneberg, § 280 Rn. 12; Medicus, JuS 2003, 521 (527); a.A. Reichenbach, Jura 2003, 512.
3   BeckOK-BGB/Lorenz, § 280 Rn. 12; Medicus/Lorenz, Schuldrecht I, Rn. 328.

Fahrlässigkeit beschränkt ist. Vertretenmüssen ist daher nur gegeben, wenn das zweimalige Gießen der Orchideen grob fahrlässig war.

Der weite Begriff der Pflichtverletzung erfasst alle Pflichten aus einem wirksamen Schuldverhältnis i.w.S. Die Rechtsnatur des Schuldverhältnisses ist irrelevant; § 280 Abs. 1 unterfallen **alle vertraglichen und gesetzlichen Schuldverhältnisse** einschließlich der **vorvertraglichen Schuldverhältnisse**. Eine Pflichtverletzung setzt aber notwendig voraus, dass zum Zeitpunkt der Verletzung das Schuldverhältnis bereits existierte. Keine Pflichtverletzung liegt vor, wenn durch die fragliche Handlung das Schuldverhältnis erst zur Entstehung gebracht wurde (insb. deliktische Schuldverhältnisse). Ist das Schuldverhältnis entstanden, kann eine Pflichtverletzung auch dann noch eintreten, wenn die Leistungspflichten bereits vollständig erfüllt worden sind. Denn auch danach können sich die Parteien noch Rücksichtnahme i.S.d. § 241 Abs. 2 schulden, damit etwa der Vertragszweck nicht gefährdet wird oder dem Gläubiger die vertraglich gewährten Vorteile wieder entzogen werden (**nachvertragliche Pflichten**).[4]

Beispiel: Nach Durchführung einer ärztlichen Behandlung hat der Patient grundsätzlich gegen den behandelnden Arzt einen Anspruch auf Einsichtnahme in seine Patientenakte.

II. Formen der Pflichtverletzung

1. Nichtleistung wegen Unmöglichkeit

Ist der Schuldner gem. § 275 Abs. 1–3 wegen **Unmöglichkeit** von seiner Leistungspflicht frei geworden, fällt es auf den ersten Blick schwer, eine Pflichtverletzung zu erkennen – die Leistungspflicht ist erloschen, wie kann sie dann verletzt worden sein? Als Ausweg ist vorgeschlagen worden, die Pflichtverletzung in der Herbeiführung oder Nichtbeseitigung der Unmöglichkeit zu sehen.[5] Der Gesetzgeber war hingegen der Auffassung, bei **nachträglicher Unmöglichkeit** liege die Pflichtverletzung darin, dass der Schuldner die **Leistung nicht zum Fälligkeitszeitpunkt** erbringe.[6] Das überzeugt freilich kaum, wenn wegen der Unmöglichkeit zum Zeitpunkt der Fälligkeit überhaupt keine Leistungspflicht mehr bestand und die Nichterbringung der Leistung deshalb auch keine Abweichung vom Pflichtenprogramm ist. Dennoch ist es richtig, auch bei nachträglicher Unmöglichkeit von einer Pflichtverletzung zu sprechen, ohne dass es darauf ankäme, ob der Schuldner die Unmöglichkeit herbeigeführt oder nicht verhindert hat. Denn § 275 Abs. 4 bestimmt ausdrücklich, dass sich die Rechte des Gläubigers nach §§ 280, 283 bestimmen – diese Normen knüpfen aber an die Pflichtverletzung an. Vor allem bestimmt § 283 S. 1, dass der Gläubiger unter den Voraussetzungen des § 280 Abs. 1 Schadensersatz statt der Leistung verlangen kann, wenn er nach § 275 Abs. 1–3 frei geworden ist. Mit dieser Verweisung wollte der Gesetzgeber klarstellen, dass es für einen Schadensersatzanspruch schon genügt, dass Unmöglichkeit vorliegt, sofern der Schuldner sie zu vertreten hat.[7] Deshalb stellt die bloße Nichtleistung schon die Pflichtverletzung dar.[8] Das hat für den Gläubiger den Vorteil, dass er im Prozess die Gründe, aus denen der Schuldner die Leistung nicht erbracht hat, nicht darlegen

3

4

---

4 Zur Vertiefung: Bodewig, Vertragliche Pflichten „post contractum finitum", Jura 2005, 505.
5 Reichenbach, Jura 2003, 512 (515); Katzenstein, Jura 2005, 217 (219).
6 BT-Drucks. 14/6040, S. 135 f.
7 BT-Drucks. 14/6040, S. 142.
8 BeckOGK/Riehm, Stand 1.7.2019, § 280 Rn. 15; BeckOK-BGB/Lorenz, § 280 Rn. 20; MünchKomm/Ernst, § 280 Rn. 11, 19; Soergel/Benicke/Hellwig, § 283 Rn. 8 ff.; Staudinger/Schwarze (2014), § 280 Rn. C 13.

muss, da den Schuldner die Beweislast dafür trifft, dass er die Nichtleistung nicht zu vertreten hat (§ 280 Abs. 1 S. 2).

5 Die durch § 283 S. 1 geschaffene Fiktion überwindet das für die Pflichtverletzung eigentlich erforderliche Bestehen einer Leistungspflicht. Dabei spielt es an sich keine Rolle, zu welchem Zeitpunkt die Leistungspflicht nach § 275 Abs. 1–3 untergegangen ist. Dennoch war der Gesetzgeber der Auffassung, bei **anfänglicher Unmöglichkeit** könne keine Pflichtverletzung vorliegen, da die Leistungspflicht schon mit der Entstehung des Vertrages wieder erloschen sei, also der Vertrag von vornherein ohne diese Leistungspflicht entstehe.[9] Deshalb hat er den Anspruch auf Schadensersatz statt der Leistung sowie den Aufwendungsersatzanspruch vom Merkmal der Pflichtverletzung gelöst und systematisch ausgegliedert in § 311 a Abs. 2 geregelt. Auch wenn das nicht zwingend war, folgt daraus doch, dass die Nichtleistung wegen anfänglicher Unmöglichkeit keine Pflichtverletzung ist.

2. Nichtleistung trotz Möglichkeit der Leistung

6 Die Nichterbringung der möglichen Leistung bei Fälligkeit ist eine Pflichtverletzung, wenn der Gläubiger einen **wirksamen, fälligen und einredefreien Anspruch** auf die Leistung hat.[10] Ist die Leistungspflicht unmöglich (§ 275 Abs. 1) oder hat der Schuldner die Einrede aus § 275 Abs. 2, 3 erhoben, liegt in der Nichtleistung zwar auch eine Pflichtverletzung, aber in der Form der Unmöglichkeit. Wenn der Gläubiger seinen Anspruch aufgrund einer **Einrede** des Schuldners nicht durchsetzen kann (z.B. Einrede der Verjährung, § 214 Abs. 1; Zurückbehaltungsrecht, § 273 Abs. 1; Einrede des nichterfüllten Vertrages, § 320; Unsicherheitseinrede, § 321), dann bedeutet dies zugleich, dass der Schuldner nicht leisten muss und die Nichtleistung deshalb auch keine Pflichtverletzung ist. Dazu genügt es schon, dass die Einredevoraussetzungen bestanden; ob der Schuldner die Einrede geltend gemacht hat, ist für die materielle Rechtslage (im Gegensatz zur prozessualen) ohne Bedeutung. Etwas anderes gilt nur für das Zurückbehaltungsrecht aus § 273, das auch materiell-rechtlich nur dann Wirkungen entfaltet, wenn es geltend gemacht wurde (siehe § 12 Rn. 27).[11]

3. Schlechtleistung

7 Eine Pflichtverletzung liegt auch vor, wenn der Schuldner die Leistung zwar erbringt, diese aber nicht so beschaffen ist, wie dies geschuldet ist. Die **Anforderungen an die Qualität der Leistung** ergeben sich vorrangig aus den vertraglichen Vereinbarungen. Bei einigen Schuldverhältnissen bestimmt das Gesetz durch dispositive Vorschriften, unter welchen Voraussetzungen eine Schlechtleistung vorliegt (z.B. §§ 434, 435, 536 Abs. 1, 633 Abs. 2, 3). Wichtiger jedoch ist, dass das BGB die Rechtsfolgen der Schlechtleistung bei einigen Schuldverhältnissen vollständig autonom und unabhängig vom allgemeinen Leistungsstörungsrecht regelt (Miet- und Reisevertrag, §§ 536 ff., 651 i ff.). Im Kauf- und Werkvertragsrecht kommen die allgemeinen Vorschriften des Leistungsstörungsrechts kraft entsprechender Rechtsgrundverweisungen (§§ 437, 634) und mit Modifikationen zur Anwendung.

---

9 BT-Drucks. 14/6040, S. 164.
10 Vgl. BGH NJW 2013, 1431 Rn. 20. Zur Vertiefung: Derleder/Karabulut, Schuldnerverzug und Zurückbehaltungsrechte des Allgemeinen Schuldrechts, JuS 2014, 102.
11 BeckOK-BGB/Lorenz, § 281 Rn. 12; MünchKomm/Ernst, § 281 Rn. 20; Palandt/Grüneberg, § 281 Rn. 8.

4. Verletzung einer Schutzpflicht

Die Verletzung einer Schutzpflicht i.S.d. § 241 Abs. 2 begründet gleichfalls eine Pflicht- 8
verletzung. Schutzpflichten können bei allen Formen von Schuldverhältnissen bestehen. Besondere Bedeutung haben sie bei **vorvertraglichen Schuldverhältnissen**, da diese
sich auf Schutzpflichten beschränken (§ 311 Abs. 2), sodass die anderen Formen der
Pflichtverletzung hier nicht einschlägig sein können. Aber auch in **vertraglichen
Schuldverhältnissen** bestehen regelmäßig Schutzpflichten. Die aus ihrer Verletzung an
den Rechtsgütern des Gläubigers entstandenen Schäden unterfallen dem Anspruch auf
einfachen Schadensersatz aus § 280 Abs. 1. Davon zu unterscheiden ist der Anspruch
auf Schadensersatz statt der Leistung nach §§ 280 Abs. 1, 3, 282, bei dem es darum
geht, ob es dem Gläubiger wegen der Schutzpflichtverletzung noch zumutbar ist, an
seinen Anspruch auf die Leistung gebunden zu bleiben.

Die **Feststellung einer Schutzpflichtverletzung** setzt zunächst voraus, dass ermittelt 9
wird, zu welchem Verhalten der Schuldner im Rahmen seiner Pflicht zur Rücksichtnahme auf Rechte, Rechtsgüter und Interessen des Gläubigers verpflichtet war. Hierzu
bedarf es in Ermanglung vertraglicher Regelungen überwiegend eines Rückgriffs auf
§ 242 (siehe § 5 Rn. 10 ff.). Rechtspraktisch verläuft die Ermittlung des Pflichtinhalts
jedoch retrospektiv: Ausgehend vom eingetretenen Schaden beim Gläubiger wird gefragt, ob es dem Schuldner im Rahmen seiner Schutzpflicht oblegen hätte, diesen zu
verhindern. Dadurch fallen die Ermittlung des Pflichtinhalts und die Feststellung der
Verletzung zusammen.

WIEDERHOLUNGS- UND VERTIEFUNGSFRAGEN

1. Wann liegt eine Pflichtverletzung vor? (Rn. 1) 10
2. Liegt eine Pflichtverletzung vor, wenn der Schuldner durch ein Naturereignis (z.B. schwere Überschwemmung) an der rechtzeitigen Erfüllung seiner Leistungspflicht gehindert
   ist? (Rn. 6)
3. Worin liegt bei nachträglicher Unmöglichkeit die Pflichtverletzung? (Rn. 4)
4. Warum ist bei anfänglicher Unmöglichkeit keine Pflichtverletzung gegeben? (Rn. 5)
5. S fährt mit seinem Fahrrad versehentlich Fußgänger G um, der dadurch verletzt wird.
   Liegt eine Pflichtverletzung des S vor? (Rn. 3)
6. Setzt der Anspruch auf Aufwendungsersatz aus § 284 eine Pflichtverletzung voraus?
   (§ 26 Rn. 8)
7. Wer muss im Streitfall beweisen, dass eine Pflichtverletzung vorliegt? (Rn. 2)

§ 22 Das Vertretenmüssen

I. Begriff und Funktion

1 § 280 Abs. 1 S. 2 macht die Schadensersatzpflicht davon abhängig, dass der Schuldner die Pflichtverletzung zu vertreten hat. Damit wird deutlich, dass die objektive Pflichtverletzung allein noch nicht zur Begründung der Haftung genügt. Hinzu treten muss das subjektive Element der **Verantwortlichkeit** des Schuldners. § 276 Abs. 1 S. 1 bestimmt, unter welchen Voraussetzungen diese Verantwortlichkeit besteht. Der Schuldner hat Vorsatz und Fahrlässigkeit zu vertreten, wenn eine strengere oder mildere Haftung weder bestimmt noch aus dem sonstigen Inhalt des Schuldverhältnisses zu entnehmen ist. Vorsatz und Fahrlässigkeit lassen sich mit dem Begriff Verschulden zusammenfassen. Dementsprechend normiert § 276 Abs. 1 S. 1 ein **Verschuldensprinzip**. Dieses Prinzip gilt aber, wie die Norm selbst bestimmt, nicht ausnahmslos. Es kann eingeschränkt sein, weil für den Schuldner eine mildere Haftung gilt und er z.B. nur für Vorsatz einzustehen hat. Es kann aber auch ausgedehnt sein, weil die Haftung des Schuldners strenger ist und er deshalb auch für Pflichtverletzungen haftet, die er nicht verschuldet hat. Daraus ergibt sich, dass die Begriffe Verschulden und Vertretenmüssen nicht deckungsgleich sind: Verschulden ist nur die Regelform des Vertretenmüssens; in Einzelfällen aber hat der Schuldner die Pflichtverletzung trotz Verschuldens nicht zu vertreten (mildere Haftung) oder er hat sie trotz fehlenden Verschuldens zu vertreten (strengere Haftung).[1]

2 Das Verschuldensprinzip legt es nahe, im Vertretenmüssen einen persönlichen Vorwurf an den Schuldner zu sehen. Dagegen spricht jedoch, dass die Fahrlässigkeit vom Gesetz als das Außerachtlassen der im Verkehr erforderlichen Sorgfalt definiert ist (§ 276 Abs. 2). Deshalb hängt das Vorliegen von Fahrlässigkeit nicht von einem Verstoß gegen die individuelle Sorgfalt des Schuldners ab; maßgeblich ist stattdessen ein objektiver Maßstab. Da Fahrlässigkeit bei Pflichtverletzungen weitaus häufiger gegeben ist als Vorsatz, folgt die Entscheidung über das Vertretenmüssen **überwiegend objektiven Kriterien**. Das Verschuldensprinzip als Regelfall des Vertretenmüssens hat deshalb vor allem die Funktion, den Schuldner zu entlasten: Er muss sich lediglich an objektiven Sorgfaltsanforderungen orientieren und hat bei deren Einhaltung auch dann keine Haftung zu fürchten, wenn es dennoch zu einer Pflichtverletzung gekommen ist.

3 Das Vertretenmüssen bezieht sich auf den Eintritt der Pflichtverletzung und ist insoweit erfolgsbezogen. Zu fragen ist hierbei, ob der Schuldner für diesen **Erfolg selbst verantwortlich** ist. Beruht die Verletzung einer Leistungs- oder Schutzpflicht auf dem Handeln einer anderen Person, wird deren Verantwortlichkeit dem Schuldner jedoch zugerechnet, wenn sie sein **Erfüllungsgehilfe** oder gesetzlicher Vertreter ist (§ 278).

II. Verschulden des Schuldners

1. Verantwortungsfähigkeit

4 Die Verantwortlichkeit des Schuldners setzt voraus, dass er überhaupt zu einem verantwortlichen Handeln in der Lage ist. Diese **Verantwortungsfähigkeit** regelt § 276 Abs. 1 S. 2 mit einem Verweis auf die §§ 827, 828, in denen die Deliktsfähigkeit

---

1 Zur Vertiefung: Lorenz, Grundwissen – Zivilrecht: Vertretenmüssen (§ 276 BGB), JuS 2007, 611; Riehm, Pflichtverletzung und Vertretenmüssen – Zur Dogmatik der §§ 280 ff. BGB, FS Canaris I (2007), 1079; Ulber, Vertretenmüssen und Verschulden, JA 2014, 573.

geregelt ist. Im Deliktsrecht gehört hierzu auch die in § 829 geregelte sog. Billigkeitshaftung, die zu einer Ersatzpflicht trotz fehlender Verantwortungsfähigkeit führen kann. § 276 Abs. 1 S. 2 verweist nicht auf diese Norm und sie sollte auch nicht analog angewandt werden. Hinter dieser Regelung steht eine Billigkeitserwägung, die auf die Vermögenslage des Schädigers verweist; dafür ist in bereits bestehenden Schuldverhältnissen kein Raum.[2]

Nicht verantwortungsfähig sind Personen im Zustand der Bewusstlosigkeit oder in einem die freie Willensbildung ausschließenden Zustand krankhafter Störung der Geistestätigkeit (§ 827 S. 1). Das gilt nicht, wenn sie sich selbst durch Alkohol oder andere Drogen in diesen Zustand versetzt haben – in diesem Fall liegt Fahrlässigkeit vor (§ 827 S. 2). Vor allem aber sind **Minderjährige**, die das **siebte Lebensjahr nicht vollendet** haben, nicht verantwortungsfähig (§ 828 Abs. 1). Im Straßenverkehr erweitert § 828 Abs. 2 diesen Schutz bis zum zehnten Lebensjahr. Bei Minderjährigen, die das **siebte Lebensjahr vollendet** haben, hängt die Verantwortungsfähigkeit außerhalb des Straßenverkehrs davon ab, ob sie bei der Begehung der Handlung die zur Erkenntnis der Verantwortlichkeit erforderliche Einsicht hatten (§ 828 Abs. 3). Ob diese Einsichtsfähigkeit gegeben ist, ist unter Beachtung der persönlichen, altersbedingten Entwicklung und der Art der Handlung zu bestimmen.

5

Hinweis zur Fallbearbeitung: Auf die Verantwortungsfähigkeit ist nur einzugehen, wenn es konkrete Anhaltspunkte für ihr Fehlen gibt. Das ist bei einem minderjährigen Schuldner stets der Fall. Hier ist die Verantwortungsfähigkeit streng von der Geschäftsfähigkeit zu trennen.

6

2. Form des Verschuldens

a) Vorsatz

Der im BGB nicht näher geregelte Vorsatz ist ein Doppeltatbestand: Er verlangt **Wissen** (intellektuelles Element) und **Wollen** (voluntatives Element) des Erfolgs. Ausreichend ist bedingter Vorsatz. Für das Wissen genügt es deshalb, dass der Schuldner den Eintritt des Erfolgs zumindest für möglich hält; für das Wollen reicht aus, dass er den Erfolg in Kauf nimmt. Hinzutreten muss jedenfalls im Bereich der Haftung für Pflichtverletzungen jedoch das **Bewusstsein der Pflichtwidrigkeit**, denn der Erfolg, von dem der Schuldner wissen muss, besteht in der Pflichtverletzung; dieses Wissen kann er nur haben, wenn er die Pflicht kannte.[3] Fehlt diese Kenntnis, liegt jedoch Fahrlässigkeit vor, wenn der Irrtum nach dem Maßstab des § 276 Abs. 2 vermeidbar war.

7

Beispiel: K hat mit V einen Kaufvertrag abgeschlossen. Er verweigert trotz Lieferung der Kaufsache die Kaufpreiszahlung, weil er gegen die Ehefrau des V einen fälligen Anspruch auf Rückzahlung eines Darlehens hat und glaubt, deswegen die Leistung verweigern zu dürfen. – Eine Pflichtverletzung des K liegt vor, weil er den Kaufpreis nicht zum Fälligkeitszeitpunkt gezahlt hat und er nicht zur Leistungsverweigerung berechtigt war, da weder die Voraussetzungen des § 320 Abs. 1 (V hat seine Leistung bereits erbracht) noch des § 273 Abs. 1 (die Forderungen stammen nicht aus demselben rechtlichen Verhältnis) vorliegen. Diese

---

2 Vgl. BeckOGK/Schaub, Stand 1.3.2019, § 276 Rn. 39; BeckOK-BGB/Lorenz, § 276 Rn. 6; Jauernig/Stadler, § 276 Rn. 12; PWW/Schmidt-Kessel, § 276 Rn. 16; a.A. Hk-BGB/Schulze, § 276 Rn. 4; MünchKomm/Grundmann, § 276 Rn. 166; Palandt/Grüneberg, § 276 Rn. 6; Soergel/Pfeiffer, § 276 Rn. 213.

3 BeckOK-BGB/Lorenz, § 276 Rn. 13; Hk-BGB/Schulze, § 276 Rn. 6; Jauernig/Stadler, § 276 Rn. 21; PWW/Schmidt-Kessel, § 276 Rn. 8; a.A. Palandt/Grüneberg, § 276 Rn. 11.

Pflichtverletzung hat K zu vertreten, wenn er entweder vorsätzlich oder fahrlässig gehandelt hat. Naheliegend ist Vorsatz, weil K die Zahlungspflicht kannte und bewusst nicht gezahlt hat. Da er jedoch glaubte, zur Zurückbehaltung berechtigt zu sein, fehlt es am zum Wissen gehörenden Bewusstsein der Pflichtwidrigkeit und deshalb am Vorsatz. Gegeben ist aber Fahrlässigkeit, weil eine Verweigerung der Zahlung ohne vorherige Einholung von Rechtsrat der im Verkehr erforderlichen Sorgfalt widerspricht.

b) Fahrlässigkeit

8 § 276 Abs. 2 definiert Fahrlässigkeit als das Außerachtlassen der im Verkehr erforderlichen Sorgfalt. Damit ist – anders als im Strafrecht – ein **objektiver Maßstab** entscheidend.[4] Es kommt nicht darauf an, wie sorgfältig der Schuldner nach seinen individuellen Fähigkeiten hätte sein können, sondern wie sorgfältig ein Schuldner dieses Verkehrskreises nach den Anforderungen des Verkehrs sich zu verhalten hat. Zugleich ist der Maßstab normativ: Geschuldet ist die erforderliche Sorgfalt, die durchaus über das hinausgehen kann, was im Verkehr üblich ist.

Beispiel: Dachdeckergeselle G hat soeben seine Lehre abgeschlossen und verpflichtet sich gegenüber B zum Einbau eines Dachfensters. Bei diesem Einbau macht G einen handwerklichen Fehler, der zur Folge hat, dass es hereinregnet. Hierdurch wird ein unter dem Fenster liegender Perserteppich beschädigt. Von B auf Schadensersatz in Anspruch genommen, verteidigt sich G mit dem Hinweis, er habe zuvor noch nie ein Dachfenster eingebaut und daher nicht gewusst, dass dieses so wie geschehen nicht hätte eingebaut werden dürfen. – Mit diesem Einwand kann G sein Vertretenmüssen nicht widerlegen. Zwar liegt kein Vorsatz vor, wohl aber Fahrlässigkeit. Auch wenn G nach seinen individuellen Fähigkeiten gar nicht in der Lage war, das Fenster richtig einzubauen, kommt es allein auf die Fähigkeiten eines durchschnittlichen Schuldners, d.h. auf einen Durchschnittsdachdecker an. Da der Einbau von Dachfenstern zu den typischen Aufgaben eines Dachdeckers gehört und auch nicht gerade selten ist, erwartet der Verkehr, dass ein Dachdecker hierzu in der Lage ist.

9 Die Objektivierung des Fahrlässigkeitsmaßstabs rechtfertigt sich aus dem Umstand, dass der Rechtsverkehr sich allgemein darauf verlassen können muss, dass jemand, der eine Pflicht übernommen hat, zu deren Erfüllung auch in der Lage ist. Würde man hingegen auf einen subjektiven Sorgfaltsverstoß abstellen, dann wäre der Gläubiger bei vertraglichen Schuldverhältnissen gezwungen, sich vor Vertragsabschluss davon zu überzeugen, dass der Schuldner auch wirklich über die notwendigen Kenntnisse und Fähigkeiten verfügt. Hier könnte man den Gläubiger zwar entlasten, wenn man bei der Frage des Vertretenmüssens nicht auf die konkrete Pflichtverletzung, sondern schon auf die sorgfaltswidrige Übernahme der Leistungspflicht durch den Schuldner abstellt (sog. **Übernahmeverschulden**). Das hilft aber nur beschränkt weiter, wenn man hier wiederum einen subjektiven Sorgfaltsmaßstab gelten lässt. Dann nämlich besteht das Risiko, dass zulasten des Gläubigers Fahrlässigkeit verneint werden muss, weil der Schuldner nach seinen individuellen Fähigkeiten nicht in der Lage war, zu erkennen, dass er die Leistung nicht erbringen kann.[5] All dies wird durch den objektiven Maßstab des § 276 Abs. 2 vermieden.

Beispiel: Wird im Dachfenster-Beispiel (Rn. 8) auf ein Übernahmeverschulden des G abgestellt, so käme es bei einem subjektiven Fahrlässigkeitsmaßstab darauf an, ob er nach seinen individuellen Fähigkeiten in der Lage war, zu erkennen, dass er zum Einbau des Dachfens-

---

4 Zur Vertiefung: Deutsch, Der Begriff der Fahrlässigkeit im Zivilrecht, Jura 1987, 505; ders., Die Fahrlässigkeit im neuen Schuldrecht, AcP 202 (2002), 889.
5 Looschelders, Schuldrecht AT, § 23 Rn. 9; Medicus/Lorenz, Schuldrecht I, Rn. 359.

ters nicht befähigt war. Dass mag zu verneinen sein, weil G an Selbstüberschätzung leidet oder die Schwierigkeiten eines Dachfenstereinbaus nicht realisiert.

Was der Verkehr in Bezug auf die Erfüllung einer Pflicht an Sorgfalt erwartet, hängt allerdings auch davon ab, zu welchem **Verkehrskreis** der Schuldner gehört. So wird von einem ausgebildeten Maler beim Streichen des Wohnzimmers mehr Sorgfalt verlangt als von einem Buchhalter, der sich mit Malerarbeiten in seiner Freizeit ein Zubrot verdient. Hier liegt der eigentliche Anwendungsbereich des Übernahmeverschuldens: Wer sich zu einer Leistung verpflichtet, die in objektiv erkennbarer Weise Fachkenntnisse oder eine entsprechende Berufsausbildung erfordert, muss sich auch dann, wenn er nicht zu diesen Verkehrskreisen gehört, an diesem Sorgfaltsmaßstab messen lassen, weil er die Verpflichtung übernommen hat.

Beispiel (BGH NJW 1993, 2989): Assistenzarzt A steht noch am Anfang seiner Ausbildung zum Facharzt für Anästhesie. Bei der Operation der B wird diese, wie zuvor geplant, von einer sitzenden Position in eine Rückenlage umgelagert. Hieraus entstehen für bestimmte Narkosemethoden besondere Risiken. A hat in Kenntnis der geplanten Umlagerung, aber in Unkenntnis dieser Risiken eine Methode ausgewählt, die während der Umlagerung der B zu deren Schädigung führt. – Bei der Frage des Vertretenmüssens des A kommt es zunächst darauf an, ob ein Arzt, der zum maßgeblichen Verkehrskreis gehört (hier: Arzt am Beginn der Ausbildung zum Facharzt), bei Anwendung der verkehrserforderlichen Sorgfalt erkennen musste, dass die gewählte Methode risikoreich ist. Wird dies verneint, ist dennoch unter dem Aspekt des Übernahmeverschuldens Fahrlässigkeit gegeben, wenn A wusste, dass er an einer solchen Operation mit Umlagerung noch nicht teilgenommen hatte und insoweit keine Erfahrung besaß. Ist dem so, dann verlangt die im Verkehr erforderliche Sorgfalt, dass A von einer Teilnahme an der Operation absieht.

Die Orientierung an Verkehrskreisen ermöglicht es ferner, auf **altersbedingt fehlende Fähigkeiten** Rücksicht zu nehmen. So sind vor allem Kinder und Jugendliche aufgrund ihrer Persönlichkeitsentwicklung regelmäßig nicht zur gleichen Sorgfalt in der Lage wie Erwachsene und auch innerhalb dieser Gruppe von Minderjährigen hängt die Sorgfaltserwartung des Verkehrs vom Alter ab.[6] Das lässt sich grundsätzlich auch auf alte Menschen und Behinderte übertragen. In allen Fällen bleibt es aber dabei, dass nicht auf die Fähigkeiten des individuellen Schuldners, sondern auf die eines durchschnittlichen Mitglieds der maßgeblichen Altersgruppe abzustellen ist.

3. Mildere Haftung

Der Schuldner hat nur dann Vorsatz und Fahrlässigkeit zu vertreten, wenn keine mildere Haftung bestimmt ist (§ 276 Abs. 1 S. 1). Eine solche Bestimmung kann sich aus dem Schuldverhältnis selbst sowie aus dem Gesetz ergeben.[7]

a) Vertraglich vereinbarte Haftungsmilderungen

§ 276 Abs. 1 ist grundsätzlich dispositiv. Die Parteien können deshalb eine mildere Haftung vereinbaren. Im Voraus, d.h. vor der Pflichtverletzung, kann dem Schuldner die Haftung wegen Vorsatz allerdings nicht erlassen werden, § 276 Abs. 3. Insoweit ist ein vollständiger Ausschluss der eigenen Haftung nicht möglich. Zulässig ist hingegen ein völliger Ausschluss der Haftung für Erfüllungsgehilfen und gesetzliche Vertreter (§ 278 S. 2). Das gilt uneingeschränkt aber nur für Haftungsmilderungen durch Indivi-

10

11

12

13

---

6   BGHZ 39, 281 (283); BGH NJW 1970, 1038 (1039); BGH NJW-RR 1997, 1110 (1111).
7   Zur Vertiefung: Walker, Haftungsprivilegierungen, JuS 2015, 865.

dualvereinbarungen; zudem bestehen auch hier teilweise weitere Einschränkungen (z.B. § 8 a StVG). Haftungsmilderungen durch **AGB** unterliegen hingegen besonderen, in § 309 Nr. 7 niedergelegten Beschränkungen. Danach kann weder die eigene Haftung noch die für Erfüllungsgehilfen ausgeschlossen oder begrenzt werden, soweit es um Verletzungen des Lebens, Körpers oder der Gesundheit geht (§ 309 Nr. 7 lit. a) – hier haftet der Schuldner für jede Form des Verschuldens. Für andere Schäden kann die Haftung durch AGB nur für einfache Fahrlässigkeit des Schuldners oder eines Erfüllungsgehilfen ausgeschlossen werden (§ 309 Nr. 7 lit. b). Wegen des Verbots der geltungserhaltenden Reduktion (siehe § 11 Rn. 35) muss die haftungsbeschränkende Klausel entsprechend formuliert sein – geht sie weiter, als § 309 Nr. 7 dies erlaubt, ist sie in Gänze unwirksam und es gilt der Haftungsmaßstab des § 276 Abs. 1.

14   Ob eine vertragliche Haftungsmilderung vorliegt, muss bei Fehlen einer ausdrücklichen Vereinbarung im Wege der **Auslegung** ermittelt werden. Wegen der Folgen für die andere Vertragspartei ist hierbei Vorsicht geboten; insbesondere darf ein entsprechender Parteiwille nicht einfach unterstellt werden. Für eine **stillschweigende Vereinbarung** müssen konkrete Anhaltspunkte vorliegen.[8] Im Wege der ergänzenden Vertragsauslegung darf eine Haftungsmilderung nur angenommen werden, wenn der Geschädigte sich der Forderung des Schädigers nach einer solchen Vereinbarung billigerweise nicht hätte versagen können.[9] In jedem Fall beschränkt sich eine durch Auslegung ermittelte Begrenzung auf Vorsatz und grobe Fahrlässigkeit.

Beispiel (BGH NJW 1966, 41): A bittet seinen Arbeitskollegen F, ihn am nächsten Tag mit zur Arbeit zu nehmen. F sagt zu und holt A ab. Aufgrund leicht überhöhter Geschwindigkeit seitens des F kommt es zu einem Unfall, bei dem A verletzt wird. Er verlangt Schadensersatz von F. – Ein vertraglicher Anspruch aus § 280 Abs. 1 scheitert, da zwischen A und F kein Vertrag über die Mitnahme zustande gekommen ist; es handelt sich um eine Gefälligkeit (siehe § 3 Rn. 8 ff.). Für einen Anspruch aus § 823 Abs. 1 kommt es darauf an, ob F für jede Form der Fahrlässigkeit haftet, sofern man sein Verhalten nicht ohnehin als grob fahrlässig einstuft. Gegen die Annahme einer stillschweigenden Haftungsbegrenzung spricht, dass hierfür keine konkreten Anhaltspunkte gegeben sind. Allein aus der Bereitschaft des F, den A mitzunehmen und aus dessen Bereitschaft, bei F mitzufahren, kann noch nicht geschlossen werden, dass die Parteien die Haftung des F begrenzen wollten. Dagegen spricht auch, dass eine solche Beschränkung im Ergebnis nur zugunsten des Haftpflichtversicherers des F wirkt – die Versicherung muss nämlich nur dann für einen von F verursachten Schaden einstehen, wenn F selbst hierfür haftet. – Anders wäre der Fall zu beurteilen, wenn kein Versicherungsschutz besteht, die Beteiligten hiervon aber ausgegangen sind. Bei einer solchen Gestaltung kann es naheliegen, dass die Beteiligten bei Kenntnis der Rechtslage nicht gewollt hätten, dass der Fahrer auch für einfache Fahrlässigkeit gegenüber dem Mitfahrer einstehen muss.[10]

b) Gesetzliche Haftungsmilderungen

aa) Beschränkung auf grobe Fahrlässigkeit und Vorsatz

15   Für die Frage, ob Fahrlässigkeit vorliegt, spielt es grundsätzlich keine Rolle, in welchem Maße der Schuldner von der im Verkehr erforderlichen Sorgfalt abgewichen ist.

---

8   BGHZ 152, 391 (396); BGH NJW 1965, 907; BGH NJW 1966, 41 f.
9   BGHZ 152, 391 (396); BGH NJW 1979, 414 f.; BGH NJW 1980, 1681 (1682); BGH NJW-RR 2017, 272 Rn. 10.
10 BGH NJW 1979, 414 (415); BGH NJW 2009, 1482 Rn. 16; BGH NJW-RR 2017, 274 Rn. 10; zur Vertiefung: Wessel, Stillschweigende Haftungsbeschränkungen im Straßenverkehr – insbesondere bei Gefälligkeits- und Probefahrten sowie Auslandsunfällen und im Sport, VersR 2011, 569.

In einigen Schuldverhältnissen haftet eine der beteiligten Personen jedoch kraft gesetzlicher Anordnung nur für **Vorsatz und grobe Fahrlässigkeit**. Das gilt für den Schenker (§ 521), den Verleiher (§ 599) und den Notgeschäftsführer (§ 680). Hier bestehen Schuldverhältnisse, bei denen die haftungsprivilegierte Person für ihre Tätigkeit, bei deren Ausübung sie einen Schaden verursacht hat, kein Entgelt erhält. Die Übertragbarkeit dieser Regelungen auf andere unentgeltliche Schuldverhältnisse, bei denen keine Haftungsmilderung angeordnet ist (insb. beim Auftrag, § 662), ist umstritten. Jedenfalls beim Auftrag spricht dagegen, dass es sich um ein besonderes Vertrauensverhältnis handelt (weshalb z.B. der Auftrag mit dem Tod des Beauftragten im Zweifel erlischt, § 673 S. 1) und zudem eine fremdnützige Tätigkeit geschuldet ist, sodass die Annahme einer Begrenzung der Haftung auf grobe Fahrlässigkeit und Vorsatz interessenwidrig wäre.[11] Unabhängig von der Art des Schuldverhältnisses beschränkt hingegen § 300 Abs. 1 während eines Annahmeverzugs des Gläubigers die Haftung des Schuldners auf Vorsatz und grobe Fahrlässigkeit (siehe § 31 Rn. 15).

Das BGB definiert die **grobe Fahrlässigkeit** nicht. Nach der Rechtsprechung setzt sie einen **objektiv schweren und subjektiv nicht entschuldbaren Verstoß** gegen die Anforderungen der im Verkehr erforderlichen Sorgfalt voraus.[12] Hierzu muss die Sorgfalt in ungewöhnlich hohem Maße verletzt worden sein; das ist der Fall, wenn dasjenige unbeachtet geblieben ist, was im gegebenen Fall jedem hätte einleuchten müssen. Weil der BGH im Verschulden einen persönlichen Vorwurf sieht, lässt er einen objektiv groben Pflichtenverstoß jedoch nicht genügen. Der Schluss auf ein gesteigertes persönliches Verschulden soll vielmehr nur dann gerechtfertigt sein, wenn auch in subjektiver Hinsicht eine schlechthin unentschuldbare Pflichtverletzung gegeben ist. Zu berücksichtigen ist deshalb, ob auch dem Schuldner nach seinen individuellen Fähigkeiten einleuchten musste, dass er sich so wie geschehen auf gar keinen Fall hätte verhalten dürfen. Ist der Sorgfaltsverstoß aus objektiven oder subjektiven Gründen nicht grob, liegt **einfache (leichte) Fahrlässigkeit** vor.

Beispiel (BGH NJW-RR 2011, 1055): Der 33-jährige B will sich auf seinem Küchenherd in einem Kochtopf mit Frittiereinsatz Kartoffelröllchen zubereiten und erhitzt dazu das Fett. Als es geschmolzen ist, gibt er die tiefgefrorenen Kartoffelröllchen hinzu und geht ins Wohnzimmer. Das Fett erhitzt sich so stark, dass es sich entzündet; das so ausgelöste Feuer zerstört das gesamte Haus. – Ein objektiver Sorgfaltspflichtverstoß des B ist gegeben. Im maßgeblichen Verkehrskreis (Nutzer eines Küchenherds im Erwachsenenalter) ist bekannt, dass die Verwendung von Frittierfett in der Küche mit besonderen Gefahren verbunden ist. Wegen der Gefahr einer Entzündung des Fetts leuchtet es einem Mitglied dieses Verkehrskreises ohne Weiteres ein, dass der Frittiervorgang nicht unbeaufsichtigt erfolgen darf. Hinzukommen muss aber ein subjektiv grober Verstoß. Daran fehlt es, wenn B die Gefahr nicht kannte, weil er in der selbstständigen Zubereitung von Speisen noch unerfahren war und den Topf in der Vergangenheit bereits für die Zubereitung von Speisen genutzt hat, ohne dass es zu einem Brand gekommen ist.

bb) Beschränkung auf eigenübliche Sorgfalt

Einige Normen des BGB beschränken die Haftung dergestalt, dass der Schuldner nur für diejenige Sorgfalt einzustehen hat, die er **in eigenen Angelegenheiten anzuwenden**

---

11 Erman/Berger, § 662 Rn. 24; MünchKomm/Schäfer, § 662 Rn. 68; PWW/Fehrenbacher, § 662 Rn. 14; Staudinger/Martinek/Omlor (2017), § 662 Rn. 42.
12 BGHZ 10, 14 (16); BGH NJW 2001, 2092 (2093); BGH NJW 2003, 1118 (1119); BGH NJW 2006, 1271 f.; BGH NJW-RR 2011, 1055 Rn. 10.

pflegt (eigenübliche Sorgfalt, *diligentia quam in suis*).[13] Das gilt für unentgeltliche Verwahrer (§ 690), zwischen Gesellschaftern (§ 708), Ehegatten (§ 1359), Lebenspartnern (§ 4 LPartG) und Vor- und Nacherben (§ 2131) sowie Eltern bezüglich der Haftung gegenüber ihrem Kind (§ 1664 Abs. 1). Im Rücktrittsrecht stellen §§ 346 Abs. 3 S. 1 Nr. 3, 347 Abs. 1 S. 2 auf eigenübliche Sorgfalt ab (siehe § 17 Rn. 19, 22).

18   Die Privilegierung des Schuldners besteht darin, dass er nur dann haftet, wenn er sich weniger sorgfältig verhalten hat, als er dies in eigenen Angelegenheiten zu tun pflegt. Maßgeblich ist damit nicht wie sonst bei der Fahrlässigkeit ein objektiver, sondern ein **subjektiver Maßstab**. Ist der Schuldner jedoch in eigenen Angelegenheiten sorgfältiger, als es der Verkehr objektiv erfordert, so führt dies nicht etwa zu einer Haftungsverschärfung, da die genannten Normen den Schuldner privilegieren wollen – einfache Fahrlässigkeit nach dem Maßstab des § 276 Abs. 2 muss daher mindestens gegeben sein.[14] Umgekehrt erhält der Schuldner aber auch keinen Freibrief zu unsorgfältigem Verhalten, denn nach § 277 wird er von der Haftung für grobe Fahrlässigkeit nicht befreit. Die Ersetzung des objektiven Fahrlässigkeitsmaßstabs durch einen subjektiven beschränkt sich deshalb auf die **einfache Fahrlässigkeit**; für grobe Fahrlässigkeit und Vorsatz wird uneingeschränkt gehaftet.

c) Haftungsmilderung aus dem Inhalt des Schuldverhältnisses

19   Aus dem Inhalt des Schuldverhältnisses ergibt sich wohl nur für das Arbeitsrecht eine Haftungsmilderung zugunsten des **Arbeitnehmers bei seiner Haftung gegenüber dem Arbeitgeber**. Hier ist zu berücksichtigen, dass die zur Haftung führende Tätigkeit betrieblich veranlasst sein kann. Soweit das der Fall ist, ist sie auch auf den Arbeitgeber zurückzuführen, der das Betriebsrisiko trägt. Eine uneingeschränkte Haftung des Arbeitnehmers würde aber diesem gleichsam das Betriebsrisiko auferlegen. Deshalb haftet er bei einer betrieblich veranlassten Tätigkeit nur eingeschränkt (Rechtsgedanke des Mitverschuldens des Arbeitgebers, § 254 Abs. 1).[15] Das BAG hat hierzu ein Stufensystem der Fahrlässigkeitshaftung entwickelt: Bei leichtester Fahrlässigkeit ist die Haftung des Arbeitnehmers ausgeschlossen, bei grober Fahrlässigkeit besteht sie grundsätzlich uneingeschränkt. Im Zwischenbereich der normalen Fahrlässigkeit erfolgt die Privilegierung des Arbeitnehmers auf der Ebene des ersatzfähigen Schadens, da dieser zwischen ihm und dem Arbeitgeber zu teilen ist. Gegenüber **Dritten** haftet der Arbeitnehmer auch bei betrieblich veranlasster Tätigkeit unbeschränkt.

III. Strengere (verschuldensunabhängige) Haftung des Schuldners

20   Das Vertretenmüssen des Schuldners beschränkt sich nur dann auf Vorsatz und Fahrlässigkeit, wenn keine strengere Haftung gilt. Soweit dies der Fall ist, haftet der Schuldner auch, wenn ihm keine Fahrlässigkeit zur Last fällt, sodass seine Haftung verschuldensunabhängig ist.

---

13   Zur Vertiefung: Iden, § 277 BGB – Die Sorgfalt in eigenen Angelegenheiten, Jura 2013, 460.
14   Palandt/Grüneberg, § 277 Rn. 3; Soergel/Pfeiffer, § 277 Rn. 1; Schlechtriem/Schmidt-Kessel, Schuldrecht AT, Rn. 584.
15   BAG NJW 1995, 210 (212). Zur Vertiefung: Walker, Die eingeschränkte Haftung des Arbeitnehmers unter Berücksichtigung der Schuldrechtsmodernisierung, JuS 2002, 736.

1. Vertragliche und gesetzliche Haftungsverschärfungen

Das Verschuldensprinzip des § 276 Abs. 1 ist dispositiv. Die Parteien können daher   21
durch vertragliche Vereinbarung eine verschuldensunabhängige Haftung begründen.
Uneingeschränkt ist dies jedoch nur durch **Individualvereinbarung** möglich. Bei einer
Vereinbarung durch **AGB** stellt sich das Problem, dass das Verschuldensprinzip einen
wesentlichen Grundgedanken des bürgerlichen Rechts darstellt.[16] Eine formularmäßige
Abweichung von diesem Prinzip führt daher nach § 307 Abs. 2 Nr. 1 zu einer unange-
messenen Benachteiligung und ist deshalb unwirksam. Das gilt bei Verwendung der
AGB gegenüber Verbrauchern ausnahmslos; gegenüber Unternehmern zumindest im
Regelfall.

Das Gesetz verschärft die Haftung des Schuldners während des **Schuldnerverzugs**   22
(§ 287 S. 2).[17] Verschuldensunabhängig haftet ferner der Vermieter wegen eines schon
bei Vertragsabschluss vorhandenen Mangels der Mietsache (§ 536 a Abs. 1 1. Alt.). Außerhalb bestehender Schuldverhältnisse kennt die Rechtsordnung eine Reihe von Haf-
tungtatbeständen, die ein Verschulden des in Anspruch genommenen nicht vorausset-
zen (z.B. § 833; § 7 StVG; § 1 ProdHG).[18] Im Ergebnis führt auch die Haftung für
fremdes Verschulden nach § 278 für den betroffenen Schuldner zu einer verschuldensunabhängigen Haftung. Das ist aber keine echte Haftungsverschärfung für den Schuldner, sondern ein Ausgleich dafür, dass er durch Übertragung der Erfüllung an eine
Hilfsperson die Gefahr einer eigenen Haftung reduziert.

2. Haftungsverschärfung aus dem Inhalt des Schuldverhältnisses

a) Geldschulden

Bei einer Geldschuld haftet der Schuldner für eine Pflichtverletzung, die auf seiner **feh-**   23
lenden finanziellen Leistungsfähigkeit beruht, verschuldensunabhängig. Das entspricht
dem Grundsatz „Geld hat man zu haben". Dogmatisch rechtfertigt sich die verschuldensunabhängige Haftung am leichtesten bei vertraglichen Schuldverhältnissen: Wer
sich zur Zahlung von Geld verpflichtet, sichert bei einer Auslegung vom objektiven
Empfängerhorizont her zugleich seine finanzielle Leistungsfähigkeit zu und übernimmt
insoweit auch das Beschaffungsrisiko.[19] Allgemein kann zudem auf den Grundsatz der
unbeschränkten Vermögenshaftung verwiesen werden, wie er sich aus dem Zwangs-
vollstreckungs- und Insolvenzrecht ergibt. Die verschuldensunabhängige Haftung beschränkt sich aber auf die Leistungsfähigkeit. Für andere Gründe, die zur Pflichtverletzung geführt haben, muss auch der Geldschuldner nur verschuldensabhängig einstehen. Ist der leistungsfähige Schuldner etwa durch plötzliche Erkrankung gehindert,
eine Geldschuld rechtzeitig zu begleichen, hat er die Pflichtverletzung mangels Fahrlässigkeit nicht zu vertreten. Anders hingegen, wenn er infolge Krankheit kein Geld hat –
dieses Risiko ist dem Schuldner zugewiesen und er haftet dann auch ohne Verschulden.
In solchen Fällen mag man dem Schuldner zudem vorwerfen, nicht die notwendigen
Vorkehrungen zur Absicherung seiner Leistungsfähigkeit trotz Übernahme einer Geldschuld getroffen zu haben.[20]

---

16 BGHZ 114, 238 (240); BGHZ 150, 269 (276); BGHZ 164, 196 Rn. 30.
17 Zur Vertiefung: Petersen, Haftung für Zufall, Jura 2018, 123.
18 Dazu Peifer, Gesetzliche Schuldverhältnisse, §§ 4, 5.
19 BGHZ 204, 134 Rn. 18; Staudinger/Caspers (2014), § 276 Rn. 162.
20 Vgl. Kähler, AcP 206 (2006), 805 (829 f.).

b) Garantieübernahme

24   Beispielhaft nennt § 276 Abs. 1 S. 1 als einen Fall der Haftungsverschärfung aus dem Inhalt des Schuldverhältnisses die Übernahme einer Garantie. Gemeint ist damit eine **vertraglich übernommene unbedingte Einstandspflicht** des Schuldners. Hierzu genügt das Leistungsversprechen als solches noch nicht. Erforderlich ist vielmehr, dass der Schuldner zusätzlich (unselbstständige Garantie) oder ein Dritter eigenständig (selbstständige Garantie) verspricht, unbedingt (d.h. verschuldensunabhängig) für einen bestimmten Umstand und vor allem auch für die Folgen seines Fehlens oder einer sonstigen Störung einstehen zu wollen.[21] Das kann zwar auch konkludent geschehen; hierzu bedarf es aber konkreter Anhaltspunkte; allgemein ist hier Zurückhaltung geboten.[22]

Beispiel: K verhandelt mit V über den Erwerb sog. Elektro-Flächen-Heizungen. V erklärt nach Besichtigung des Hauses, der Verbrauch der Heizungen liege bei voller Deckung des Wärmebedarfs bei 8.000 KWh/Jahr. Auf Nachfrage des K erklärt V, darauf könne K sich verlassen, er kenne sich damit schließlich aus. Ein Jahr nach Kaufvertragsabschluss stellt K fest, dass der Stromverbrauch bei 12.000 KWh/Jahr liegt. Grund dafür ist eine kurzfristig vom Hersteller vorgenommene technische Änderung, die V nicht kannte und auch nicht kennen konnte. – Ob V die Pflichtverletzung (Lieferung einer mangelhaften, da nicht der vertraglichen Beschaffenheitsvereinbarung entsprechenden Sache, §§ 433 Abs. 1 S. 2, 434 Abs. 1 S. 1) zu vertreten hat, hängt davon ab, ob er verschuldensunabhängig haftet, da ihm Fahrlässigkeit nicht zur Last fällt. Allein im Versprechen, eine Heizung zu liefern, die den Wärmebedarf mit einem Verbrauch von 8.000 KWh/Jahr deckt, liegt noch keine Garantie, sondern lediglich eine Beschaffenheitsvereinbarung i.S.d. § 434 Abs. 1 S. 1. V hat jedoch diesen Stromverbrauch nochmals gesondert zugesichert und hiermit zu erkennen gegeben, dass er für das Vorhandensein dieser Beschaffenheit unbedingt einstehen will. Aufgrund der Garantieübernahme haftet V verschuldensunabhängig.

c) Beschaffungsrisikoübernahme

25   Als weiteres Beispiel einer Haftungsverschärfung aus dem Inhalt des Schuldverhältnisses nennt § 276 Abs. 1 S. 1 die Übernahme eines Beschaffungsrisikos. Liegt eine solche vor, ist es gerechtfertigt, den Schuldner für Beschaffungshindernisse verschuldensunabhängig haften zu lassen. Voraussetzung für die Risikoübernahme ist, dass der Schuldner sich überhaupt zur Beschaffung verpflichtet hat. Das kann im Einzelfall bei Stückschulden der Fall sein; bei Gattungsschulden ist es der Regelfall. Uneingeschränkt ist diese **Beschaffungspflicht** aber nur bei der **marktbezogenen Gattungsschuld**; bei einer Vorratsschuld beschränkt sie sich auf die Beschaffung aus einem Vorrat.

26   Das **Beschaffungsrisiko**, das der Schuldner durch die Beschaffungspflicht übernommen hat, reicht nur so weit wie diese selbst.[23] Bei einer marktbezogenen Gattungsschuld ist zu bedenken, dass der Schuldner im Allgemeinen die Beschaffungspflicht in der Erwartung übernommen hat, er selbst werde zu ihrer Erfüllung in der Lage sein. Hindernisse, die nicht nur ihn, sondern jedermann an der Erfüllung hindern, werden von ihm daher nicht übernommen (z.B. vollständiger Untergang der Gattung infolge eines Feuers in der einzigen Lagerhalle; Ausfuhrverbot im Herstellerland; Truppeneinmarsch im Ursprungsland).[24] Bei der Übernahme des Beschaffungsrisikos wird der Schuldner fer-

---

21 BGHZ 170, 86 Rn. 20.
22 BGHZ 170, 86 Rn. 20; BGH NJW 2007, 3777 Rn. 39.
23 Zur Vertiefung: Derleder, Beschaffungsrisiko, Lieferungsengpass und Leistungsfrist, NJW 2011, 113; Roth, Zur Reichweite des Beschaffungsrisikos bei der Gattungsschuld, FS Medicus (2009), 371.
24 RGZ 99, 1; BGHZ 205, 177 Rn. 38.

ner üblicherweise hierzu nur insoweit bereit sein, als er diese Risiken beherrschen und ihren Eintritt verhindern kann. Hindernisse, die nicht vorhersehbar oder ihrer Art nach ganz ungewöhnlich sind, fallen daher, soweit die Auslegung nichts anderes ergibt, nicht in das übernommene Risiko.

Beispiel (BGH NJW 1994, 515): Nachdem Sportwagenhersteller P die Produktion eines exklusiven und auf 300 Stück limitierten Fahrzeugs angekündigt hat, schließt K mit V, der Vertragshändler des P ist, einen Kaufvertrag über ein solches Fahrzeug. Zur Auslieferung des Fahrzeugs kommt es jedoch nicht, weil P sich nach Kaufvertragsabschluss entschieden hat, das Fahrzeug nicht über sein Händlernetz zu vertreiben. Das ist in der Vergangenheit noch nie vorgekommen. K verlangt von V Schadensersatz, da er durch einen Weiterverkauf einen erheblichen Gewinn hätte erzielen können. – Sofern keine Neufahrzeuge mehr auf dem Markt verfügbar sind, richtet sich der Schadensersatzanspruch nach §§ 280 Abs. 1, 3, 283, da V dann wegen Unmöglichkeit von der Leistungspflicht frei geworden ist (§ 275 Abs. 1). Ob er die in der Nichtleistung liegende Pflichtverletzung zu vertreten hat, hängt davon ab, ob er das Beschaffungsrisiko übernommen hat, da ihm keine Fahrlässigkeit zur Last fällt. Ausgehend von einer Gattungsschuld liegt eine solche Übernahme vor, doch fragt es sich, ob sie auch das konkrete Leistungshindernis erfasst. Dagegen spricht, dass das Beschaffungshindernis für V bei Vertragsabschluss unvorhersehbar war. Zu bedenken ist aber, dass V als Vertragshändler in die Absatzorganisation des P eingebunden ist und sich als solcher zur Lieferung des Fahrzeugs verpflichtet hat. Deshalb kann angenommen werden, dass V verpflichtet war, alles zu unternehmen, um das Hindernis aus der Sphäre des P zu beseitigen. Am Vertretenmüssen fehlt es daher nur dann, wenn V nachweist, dass es ihm trotz aller zumutbaren Anstrengungen nicht möglich war, sich ein Fahrzeug von P zu verschaffen.

IV. Zurechnung von fremdem Verschulden

1. Funktion der Verschuldenszurechnung

Der Schuldner kann, soweit es sich nicht um eine höchstpersönliche Pflicht handelt, zur Erfüllung Hilfspersonen einsetzen. Verletzen diese hierbei rechtlich geschützte Interessen des Gläubigers, kann für die Pflichtverletzung des Schuldners und sein Vertretenmüssen nicht auf die Handlung der Hilfsperson abgestellt werden, da diese nicht durch den Schuldner erfolgt ist. Eine Pflichtverletzung des Schuldners kann sich insoweit nur daraus ergeben, dass er die Hilfsperson nicht ordnungsgemäß ausgewählt, angeleitet und beaufsichtigt hat. Eine solche beschränkte Haftung auf dieses sog. **Auswahlverschulden** widerspricht jedoch der Interessenlage der Beteiligten. Der Schuldner erlangt durch die Einschaltung von Hilfspersonen einen wirtschaftlichen Vorteil, weil er hierdurch im Vergleich zur persönlichen Leistungserbringung Kosten sparen und seine eigenen Handlungsmöglichkeiten erweitern kann. Zugleich aber steigert er das Risiko, dass dem Gläubiger durch Handlungen der Hilfspersonen Schäden entstehen. Wer aber den Vorteil der Arbeitsteilung in Anspruch nimmt, soll auch deren Nachteile tragen müssen.[25] Hierzu bedarf es einer **Zurechnung des Verhaltens und Verschuldens einer Hilfsperson zum Schuldner**. Diese Zurechnung erfolgt durch § 278 S. 1: Der Schuldner hat ein Verschulden und über den Wortlaut hinaus auch das Verhalten seines gesetzlichen Vertreters oder der Personen, derer er sich zur Erfüllung bedient, in gleichem Umfang zu vertreten wie eigenes Verschulden.[26]

27

---

25 Vgl. Mot. II, 30; BGHZ 62, 119 (124); BGHZ 95, 128 (132); BGHZ 131, 200 (204).
26 Zur Vertiefung: v. Caemmerer, Verschulden von Erfüllungsgehilfen, FS Hauß (1978), 33; Kupisch, Die Haftung für Erfüllungsgehilfen (§ 278), JuS 1983, 817; E. Lorenz, Die Haftung für Erfüllungsgehilfen, in: 50 Jahre Bundesgerichtshof, FG aus der Wissenschaft (2000), Bd. 1, 329; S. Lorenz, Grundwissen – Zivilrecht: Haftung für Erfüllungsgehilfen (§ 278 BGB), JuS 2007, 983; Schreiber, Die Haftung für Hilfspersonen, Jura 1987, 647;

28 Einen ganz anderen Weg als den der Zurechnung beschreitet das Deliktsrecht. Das deliktische Schuldverhältnis entsteht erst mit Vornahme der schädigenden Handlung und deshalb allein zum Handelnden. Die Zurechnung fremden Verschuldens ist dem Deliktsrecht unbekannt. § 278 ist dort unanwendbar, weil die Norm voraussetzt, dass bereits eine Verbindlichkeit und damit ein Schuldverhältnis besteht. Ist der Schädiger die Hilfsperson eines anderen, so haftet dieser nur dann, wenn ihn ein eigenes Verschulden bei der Auswahl der Hilfsperson trifft. Diese in § 831 geregelte Haftung für Verrichtungsgehilfen begründet einen eigenen Anspruch gegen den Geschäftsherrn; die Norm ist deshalb Anspruchsgrundlage.[27] § 278 ist hingegen eine Zurechnungsnorm und **keine Anspruchsgrundlage**.

2. Zurechnungsvoraussetzungen

a) Vorrang privatautonomer Regelungen

29 Die Zurechnung fremden Verschuldens durch § 278 entspricht der typischen Interessenlage. Die Parteien haben aber die Möglichkeit, die Geltung des § 278 einzuschränken oder auszuschließen. Durch **Individualvereinbarung** können sie nicht nur die Haftung für fahrlässiges, sondern auch für vorsätzliches Handeln der Hilfsperson ausschließen, da § 278 S. 2 das Verbot des § 276 Abs. 3 für unanwendbar erklärt. Durch **AGB** ist hingegen für Sachschäden nur ein Ausschluss der Haftung für einfache Fahrlässigkeit möglich; für Personenschäden kann die Haftung gar nicht begrenzt werden (§ 309 Nr. 7, siehe Rn. 13).

b) Schuldverhältnis

30 § 278 S. 1 rechnet fremdes Verschulden dem Schuldner zu – also einer Person, die bei Begehung der fraglichen Handlung durch die Hilfsperson bereits eine Leistungs- oder Schutzpflicht hat. Notwendig ist daher ein **bereits bestehendes Schuldverhältnis** (vertraglich oder gesetzlich, insb. vorvertraglich). Für deliktische Ansprüche gilt § 278 nicht – hier kommt das Schuldverhältnis erst mit der Handlung zustande (siehe Rn. 28).

c) Hilfsperson

aa) Gesetzlicher Vertreter

31 Der Begriff des gesetzlichen Vertreters ist wegen des Regelungszwecks weit auszulegen. Er erfasst nicht nur echte gesetzliche Vertreter, denen das Gesetz Vertretungsmacht für den Schuldner zuweist (z.B. Eltern, §§ 1626 Abs. 1, 1629 Abs. 1; Vormund, § 1793 Abs. 1; Betreuer, § 1902; Pfleger, §§ 1915, 1793 Abs. 1), sondern **alle Personen, die aufgrund Gesetz mit Wirkung für andere handeln können** (z.B. Testamentsvollstrecker, Nachlass- oder Insolvenzverwalter). Ob allerdings die **Organe einer juristischen Person** (z.B. Vorstand der AG, Geschäftsführer der GmbH) ebenfalls § 278 unterfallen, ist umstritten. Ihnen kommt zwar Vertretungsmacht zu (z.B. § 26 Abs. 1 S. 2 BGB, § 35 Abs. 1 S. 1 GmbHG, § 78 Abs. 1 S. 1 AktG), aber ihr Handeln wird der juristischen Person bereits nach § 31 als eigenes Handeln zugerechnet. Das ist eine Sonderre-

---

Wendelstein, Zur Schadenshaftung für „Erfüllungs"-Gehilfen bei Verletzungen des Integritätsinteresses, AcP 215 (2015), 70.
27 Dazu Peifer, Gesetzliche Schuldverhältnisse, § 4 I.

gelung, die nach zutreffender h.M. § 278 verdrängt, sodass § 31 auch innerhalb bestehender Schuldverhältnisse Anwendung findet.[28] Deshalb gilt auch § 278 S. 2 nicht; die
juristische Person kann also die Haftung ihrer Organe für Vorsatz nicht durch Individualvereinbarung ausschließen. Für die Vertreter von OHG und KG sowie nach h.M.
auch für die der GbR gilt ebenfalls § 31 und nicht § 278.[29]

bb) Erfüllungsgehilfe

Der Schuldner bedient sich einer Person zur Erfüllung seiner Verbindlichkeit, wenn   32
diese Person nach den tatsächlichen Gegebenheiten mit seinem Willen bei der Erfüllung tätig wird.[30] Entscheidend für die Stellung als Erfüllungsgehilfe ist deshalb nicht
das Rechtsverhältnis zwischen dem Gehilfen und dem Schuldner oder ob die Hilfsperson selbstständiger Unternehmer oder unselbstständige Hilfsperson ist. Es kommt nur
auf zwei Merkmale an, die gemeinsam vorliegen müssen: Der Gehilfe muss **mit Willen
des Schuldners** tätig werden und er muss vom Schuldner **zur Erfüllung einer diesem
obliegenden Verbindlichkeit** eingesetzt werden. Nur dort, wo dies der Fall ist, liegt jene
Arbeitsteilung vor, die für § 278 maßgeblich ist. Deshalb muss der Gehilfe zur Erfüllung einer Leistungs- und Schutzpflicht des Schuldners und damit in dessen Pflichtenkreis zum Einsatz kommen. Bei Leistungspflichten muss die Tätigkeit, die die Hilfsperson nach dem Willen des Schuldners vornehmen soll, Teil der vom Schuldner geschuldeten Leistungshandlung sein. Hierzu gehören nicht Handlungen, die dem Gläubiger
gegenüber nicht geschuldet sind oder nur dazu dienen, dem Schuldner die Leistung zu
ermöglichen. Deshalb ist nach zutreffender h.M. etwa der Hersteller einer Sache kein
Erfüllungsgehilfe des Verkäufers – der Verkäufer schuldet trotz einer eventuellen Nach-
besserungspflicht aus §§ 437 Nr. 1, 439 Abs. 1 keine Herstellung, sodass die Tätigkeit
des Herstellers nicht im Pflichtenkreis des Schuldners liegt.[31] Auch der Lieferant (z.B.
Großhändler) des Verkäufers ist nicht dessen Erfüllungsgehilfe, wenn er an den Verkäufer liefert – hier dient seine Handlung nur dazu, dem Verkäufer die eigene Leistung
zu ermöglichen.[32] Anders ist das, wenn er auf Weisung des Verkäufers direkt an den
Käufer liefert, da er dann eine Handlung vornimmt, die zur Pflicht des Verkäufers aus
§ 433 Abs. 1 S. 1 gehört. Bei einer Schickschuld ist die Transportperson nicht Erfüllungsgehilfe des Schuldners, weil der Transport nicht mehr zum Pflichtenkreis des
Schuldners gehört – dieser muss die Sache nur an die Transportperson übergeben.[33]
Bei der Abgrenzung sollte allerdings nicht darauf abgestellt werden, ob der Gehilfe
dem Schuldner gegenüber eine eigene Leistungspflicht erfüllt, da dies nicht ausschließt,
dass der Schuldner sich des Gehilfen zur Erfüllung einer eigenen Verbindlichkeit bedient.

---

28 BeckOK-BGB/Lorenz, § 278 Rn. 10; MünchKomm/Grundmann, § 278 Rn. 10; Staudinger/Caspers (2014), § 278
    Rn. 124; a.A. Erman/Westermann, § 278 Rn. 9; Brox/Walker, Allg. Schuldrecht, § 20 Rn. 27; zur Vertiefung: Pi-
    per, Die Haftung für Organe nach § 31 BGB, JuS 2011, 490.
29 Vgl. BGHZ 154, 88 (93 ff.); MünchKomm/Grundmann, § 278 Rn. 10; Staudinger/Caspers (2014), § 278 Rn. 125;
    a.A. BeckOK-BGB/Lorenz, § 278 Rn. 10.
30 BGHZ 13, 111 (113 f.); BGHZ 62, 119 (124 f.); BGH NJW 1984, 1748; BGH NJW 2005, 888 (889).
31 BGHZ 177, 224 Rn. 29; BGHZ 181, 317 Rn. 19; BGHZ 200, 337 Rn. 31; NK-BGB/Dauner-Lieb, § 278 Rn. 15; Palandt/
    Grüneberg, § 278 Rn. 13; Staudinger/Caspers (2014), § 278 Rn. 37; a.A. MünchKomm/Grundmann, § 278
    Rn. 31; PWW/Schmidt-Kessel, § 278 Rn. 21; zur Vertiefung: Weller, Die Verantwortlichkeit des Händlers für
    Herstellerfehler, NJW 2012, 2312.
32 BGHZ 177, 186 Rn. 19; BGH NJW 1967, 1903; BGH NJW 1968, 2238 (2239); BeckOGK/Schaub, Stand 1.3.2019,
    § 278 Rn. 65.3; Soergel/Pfeiffer, § 278 Rn. 34; Staudinger/Caspers (2014), § 278 Rn. 38.
33 Jauernig/Stadler, § 278 Rn. 11; Palandt/Grüneberg, § 278 Rn. 15; anders nach h.M. beim Transport durch eige-
    ne Leute, vgl. MünchKomm/Grundmann, § 278 Rn. 31.

Beispiel: U hat sich gegenüber B verpflichtet, von B mitgebrachte Winterreifen an deren Pkw anzubringen. Er beauftragt seinen Gesellen G mit der Arbeit. G vergisst bei einem der vier Reifen, die Schrauben ordnungsgemäß anzuziehen. Dadurch kommt es nach Abholung zu einem Unfall, bei dem das Fahrzeug beschädigt wird. – Anspruchsgrundlage sind §§ 634 Nr. 4, 280 Abs. 1. Das Schuldverhältnis liegt in Form eines Werkvertrages vor. Die daraus resultierende Pflicht, das Werk mangelfrei zu erstellen (§ 633 Abs. 1), ist verletzt, weil ein Reifen nicht richtig montiert wurde. Diese Pflichtverletzung müsste U zu vertreten haben. Bei ihm liegt weder Vorsatz noch Fahrlässigkeit vor, doch muss er sich gem. § 278 S. 1 das Verschulden eines Erfüllungsgehilfen zurechnen lassen. U hat G mit einer Arbeit beauftragt, die Gegenstand seiner Leistungspflicht gegenüber B war. G ist daher als Erfüllungsgehilfe tätig geworden und U muss sich dessen Fahrlässigkeit zurechnen lassen.

Hat G hingegen auftrags- und ordnungsgemäß Reifen aus dem Lager des U montiert und ist es zu dem Unfall gekommen, weil einer der Reifen, die U von H bezogen hat, fehlerhaft war, dann kommt es für das Vertretenmüssen des U zunächst darauf an, ob er den Mangel des Reifens kannte oder bei Anwendung der im Verkehr erforderlichen Sorgfalt hätte erkennen müssen. Hierbei muss er sich eine eventuelle Kenntnis oder fahrlässige Unkenntnis des G nach § 278 zurechnen lassen. Fehlt es insoweit jedoch am Vertretenmüssen, fragt es sich, ob auch H Erfüllungsgehilfe des U ist und er sich deshalb ein mögliches Verschulden des H zurechnen lassen muss. Dagegen spricht, dass die Lieferung von Winterreifen durch H für U nur der Vorbereitung der Durchführung seiner Leistungspflicht dient und noch nicht Teil der B gegenüber geschuldeten Leistungshandlung ist.[34] Das gilt umso mehr, wenn die Leistungspflicht des U noch gar nicht bestand, als H die Reifen geliefert hat.

d) Handeln in Erfüllung der Verbindlichkeit

33   § 278 schafft für den Schuldner im Ergebnis eine verschuldensunabhängige Einstandspflicht für alle Handlungen seines Gehilfen, sofern diesem ein Verschulden zur Last fällt. Eine so weitgehende Haftung des Schuldners lässt sich jedoch mit dem Regelungszweck der Norm nicht vereinbaren. Die Zurechnung ist nur dort gerechtfertigt, wo sich die spezifischen Gefahren, die sich aus dem Einsatz einer Hilfsperson ergeben, realisiert haben. Über die Kriterien, die zur Grenzziehung notwendig sind, besteht allerdings keine Einigkeit. Traditionell verlangt die Rechtsprechung einen **inneren sachlichen Zusammenhang** mit den Aufgaben, die der Hilfsperson übertragen sind; sie lässt deshalb ein Handeln nur bei Gelegenheit der Erfüllung nicht ausreichen.[35] Der damit bewirkte Schutz des Schuldners geht freilich, wie zunehmend erkannt wird, zu weit, weil diesen nicht nur Leistungs-, sondern auch Schutzpflichten treffen und er deshalb auch die Pflicht haben kann, nur bei Gelegenheit der Erfüllung herbeigeführte Schäden zu vermeiden. Deshalb genügt es für die Zurechnung, wenn der Schuldner durch den Einsatz der Hilfsperson die **Gefahr einer Schädigung des Gläubigers wesentlich erhöht** hat.[36] Das ist der Fall, wenn der Hilfsperson die schädigende Handlung gerade durch die Aufgabenübertragung wesentlich erleichtert wurde. Die Testfrage lautet dann, ob die Schadenszufügung für die Hilfsperson wesentlich einfacher war als für jedermann.

Beispiel: K hat bei V einen Springbrunnen gekauft, der in seinem Garten aufgestellt werden soll. V beauftragt seine Angestellte A, den Brunnen zu K zu bringen und aufzubauen. Stiehlt A im nicht frei zugänglichen Garten eine Gartenfigur, so ist ihr dies durch die ihr von V

---

34   Vgl. zum Lieferanten des Werkunternehmers BGH NJW 1978, 1157; BGH NJW 2002, 1565.

35   BGHZ 23, 319 (323); BGHZ 31, 358 (366); BGHZ 114, 263 (270); BGH NJW 2001, 3190 (3191); BeckOK-BGB/Lorenz, § 278 Rn. 44; Jauernig/Stadler, § 278 Rn. 12.

36   OLG München, MDR 2007, 70; BeckOGK/Schaub, Stand 1.3.2019, § 278 Rn. 102; Hk-BGB/Schulze, § 278 Rn. 11; MünchKomm/Grundmann, § 278 Rn. 46; Palandt/Grüneberg, § 278 Rn. 22; Soergel/Pfeiffer, § 278 Rn. 38; Medicus/Lorenz, Schuldrecht I, Rn. 391.

übertragene Aufgabe wesentlich erleichtert worden. Andere Personen hätten die Figur nicht so leicht stehlen können, weil sie nicht ohne Weiteres in den Garten hätten gelangen können. V muss sich das Verschulden seiner Erfüllungsgehilfin zurechnen lassen. Stand die Figur hingegen im frei zugänglichen Vorgarten des K und hätte sie dort jeder stehlen können, dann ist der Diebstahl durch A nicht durch ihren Einsatz als Erfüllungsgehilfin erleichtert worden, sodass V sich ihr Verschulden nicht zurechnen lassen muss.

e) Verschulden der Hilfsperson

Da § 278 die Zurechnung des Verschuldens der Hilfsperson anordnet, ist grundsätzlich vorausgesetzt, dass die Hilfsperson vorsätzlich oder fahrlässig gehandelt hat. Der Schuldner hat das fremde Verschulden aber nur in dem Umfang zu vertreten **wie eigenes Verschulden**. Diese Gleichsetzung hat eine Doppelfunktion. Sie stellt zunächst sicher, dass der Schuldner eine ihm zukommende Haftungsprivilegierung nicht allein dadurch verliert, dass er einen Gehilfen einschaltet. Deshalb gilt für die Hilfsperson der gleiche **Verschuldensmaßstab** wie für den Schuldner. Haftet dieser z.B. nur für Vorsatz und grobe Fahrlässigkeit, so muss er sich eine einfache Fahrlässigkeit der Hilfsperson nicht zurechnen lassen.

Die Anknüpfung an das eigene Verschulden soll aber auch dafür sorgen, dass sich die Haftungssituation für den Schuldner nicht verbessert, wenn er auf einen Gehilfen zurückgreift und damit die Gefahren für den Gläubiger erhöht. Deshalb spricht viel dafür, dass der Schuldner auch für einen **verschuldensunfähigen Gehilfen** einzustehen hat.[37] Die h.M. will hingegen mangels zurechenbaren Verschuldens § 278 nicht anwenden und stellt stattdessen auf ein eigenes Auswahlverschulden des Schuldners ab.[38] Die These fehlenden zurechnungsfähigen Verschuldens ist indessen durchaus angreifbar, weil §§ 827, 828 lediglich die Zurechnung des Verschuldens zum verschuldensunfähigen Gehilfen ausschließen, nicht aber zum verschuldensfähigen Schuldner und § 276 Abs. 1 S. 2 unmittelbar nur für den Schuldner und nicht für Hilfspersonen gilt.

Weil durch die Anknüpfung an das eigene Verschulden eine Besserstellung des Schuldners verhindert werden soll, richtet sich der **Sorgfaltsmaßstab**, der bei der Prüfung des Verschuldens des Gehilfen anzuwenden ist, nach dem Schuldner und nicht nach der Hilfsperson. Haftet der Schuldner nur für eigenübliche Sorgfalt, kommt es darauf an, ob die Hilfsperson so sorgfältig war, wie der Schuldner dies in eigenen Angelegenheiten zu tun pflegt. Stellt sich die Frage, ob die Hilfsperson **fahrlässig** gehandelt hat, so bestimmt sich die im Verkehr erforderliche Sorgfalt anhand jener Verkehrsgruppe, der der Schuldner zugehörig ist.[39] Das sollte grundsätzlich auch dann gelten, wenn der Gehilfe (z.B. als Fachmann) zu einer Verkehrsgruppe gehört, von der eine größere Sorgfalt erwartet werden kann als vom Schuldner. Wird hier auf die Hilfsperson abgestellt, führt dies zu einer Haftung des Schuldners, die nicht gegeben wäre, wenn er selbst gehandelt hätte – also zu einer Haftung, die über das eigene Verschulden hinausgeht. Lediglich in Fällen, in denen die besonderen Fähigkeiten des Gehilfen schon den Ver-

34

35

36

37 Dafür BeckOGK/Schaub, Stand 1.3.2019, § 278 Rn. 88; MünchKomm/Grundmann, § 278 Rn. 49; Soergel/Pfeiffer, § 278 Rn. 57; Brox/Walker, Allg. Schuldrecht, § 20 Rn. 34; Fikentscher/Heinemann, Schuldrecht, Rn. 659.
38 BayObLG NJW 1970, 1150 (1154); OLG Düsseldorf NJW-RR 1995, 1165 (1166); Palandt/Grüneberg, § 278 Rn. 27; PWW/Schmidt-Kessel, § 278 Rn. 7; Staudinger/Caspers (2014), § 278 Rn. 68.
39 BGHZ 31, 358 (367); BeckOGK/Schaub, Stand 1.3.2019, § 278 Rn. 86; MünchKomm/Grundmann, § 278 Rn. 49; Palandt/Grüneberg, § 278 Rn. 27; Staudinger/Caspers (2014), § 278 Rn. 64; a.A. Looschelders, Schuldrecht AT, § 23 Rn. 41.

tragsabschluss beeinflusst haben, ist eine Abweichung gerechtfertigt, weil der Gläubiger dann darauf vertrauen darf, dass die aus der besonderen Fachkunde folgenden Sorgfaltsanforderungen auch eingehalten werden.[40]

Beispiel: Elektromeister M hat seinen Lehrling L mit der Installation eines Sicherungskastens im Haus des B beauftragt. L macht einen Fehler, der nach der Abnahme dazu führt, dass ein Brand ausbricht und das Haus des B beschädigt wird. – Für die Haftung des M aus §§ 634 Nr. 4, 280 Abs. 1 bieten sich zwei Ansatzpunkte. Zunächst kann traditionell danach gefragt werden, ob M, der ja nicht selbst die fehlerhafte Installation vorgenommen hat, sich Verhalten und Verschulden des L nach § 278 zurechnen lassen muss. L war Erfüllungsgehilfe und hat in Erfüllung der Verbindlichkeit gehandelt. Beim Vertretenmüssen kommt nur Fahrlässigkeit in Betracht. Ob L die im Verkehr erforderliche Sorgfalt (§ 276 Abs. 2) außer Acht gelassen hat, hängt von den Sorgfaltsanforderungen des maßgeblichen Verkehrskreises ab. Da auf den Schuldner abzustellen ist, kommt es darauf an, ob L so sorgfältig gehandelt hat wie ein durchschnittlicher Elektromeister. Käme es hingegen auf den für einen durchschnittlichen Lehrling dieses Handwerks geltenden Sorgfaltsmaßstab an, wäre M durch die Übertragung der Erfüllung an L entlastet. Ein zweiter Ansatzpunkt besteht aber auch in der Möglichkeit einer eigenen Pflichtverletzung des M: Die Übertragung der Installationsarbeiten auf einen Lehrling kann, soweit zur Durchführung der Arbeiten bessere Kenntnisse als die eines Lehrlings notwendig sind, als Verletzung einer dem B gegenüber bestehenden Schutzpflicht verstanden werden, die M auch zu vertreten hat, sofern er erkennen musste, dass L die Arbeiten nicht selbstständig ausführen darf.

3. Rechtsfolge

37   § 278 ordnet als Rechtsfolge die **Zurechnung des fremden Verschuldens** an. Das ist freilich zu eng gefasst, weil sich das Verschulden nur auf eine Pflichtverletzung beziehen kann. Dementsprechend wird auch das **Verhalten** der Hilfsperson dem Schuldner zugerechnet. Das führt dazu, dass der Schuldner haftungsmäßig so behandelt wird, als habe er die Handlung selbst vorgenommen.

WIEDERHOLUNGS- UND VERTIEFUNGSFRAGEN

38   1.   In welchem Verhältnis stehen Vertretenmüssen und Verschulden zueinander? (Rn. 1)

2.   Was hat der Schuldner zu vertreten? (Rn. 1)

3.   Was ist mit den Begriffen Übernahmeverschulden und Auswahlverschulden gemeint? (Rn. 9, 27)

4.   Nach welchen Vorschriften bestimmt sich die Verantwortungsfähigkeit eines minderjährigen Schuldners? (Rn. 5)

5.   Was ist Fahrlässigkeit? (Rn. 2, 8, 9)

6.   Was ist grobe Fahrlässigkeit? (Rn. 16)

7.   Welche Grenzen gelten für vertragliche Beschränkungen der Haftung, wenn diese durch AGB erfolgen sollen? (Rn. 13)

8.   Was schuldet ein Schuldner, der nur für die Sorgfalt in eigenen Angelegenheiten haftet? (Rn. 18)

9.   Nennen sie drei Beispiele für gesetzliche Haftungsprivilegierungen des Schuldners. (Rn. 15 ff.)

10.   Wann liegt eine Garantie i.S.d. § 276 Abs. 1 S. 1 vor? (Rn. 24)

---

40   Vgl. BGHZ 114, 263 (272); BGH NJW 2008, 3700 Rn. 17.

11. Was wird nach § 278 dem Schuldner zugerechnet? (Rn. 3, 27)

12. Wer ist gesetzlicher Vertreter i.S.d. § 278 S. 1? (Rn. 27)

13. Die A-GmbH hat sich dazu verpflichtet, bei B eine Garage zu bauen. Im Vertrag ist die Haftung für Erfüllungsgehilfen vollständig ausgeschlossen. Die Bauarbeiten werden von G, dem Geschäftsführer der A-GmbH durchgeführt. Beim Einbau des Garagentors erkennt G, dass die dafür vorgesehene Konstruktion das Gewicht des Tores nicht tragen kann. Da er jedoch keine Lust hat, entweder eine andere Konstruktion oder ein anderes Tor zu beschaffen, entschließt er sich zum Einbau des Tores; hierbei nimmt er eventuelle Schädigungen in Kauf. Tatsächlich stürzt das Tor einige Zeit später herab und beschädigt dabei das Auto des B. Er verlangt von der A-GmbH Schadensersatz. Zu Recht? (Rn. 31)

14. Unter dem Stichwort „Handeln in Erfüllung der Verbindlichkeit" wird die Begrenzung der Erfüllungsgehilfenhaftung diskutiert. Welche Eingrenzungskriterien kommen in Betracht? (Rn. 33)

15. Der bei U angestellte Geselle G ist auf dem Weg zu einem Kunden, bei dem er eine Waschmaschine anschließen soll, als er leicht fahrlässig das Auto des Passanten P beschädigt. Kommt § 278 zur Anwendung, wenn P von U Schadensersatz verlangt? (Rn. 28)

§ 23 Einfacher Schadensersatz

1 § 280 Abs. 1 ist die **Grundnorm** des Schadensersatzes im Recht der Leistungsstörungen (siehe § 20 Rn. 2). Deshalb setzt jeder Schadensersatzanspruch voraus, dass die dort genannten Voraussetzungen vorliegen. Darüber hinaus ist § 280 Abs. 1 für den Anspruch auf Schadensersatz neben der Leistung in Form des einfachen Schadensersatzes eine **eigenständige Anspruchsgrundlage**.

I. Anwendungsbereich

2 Der Anspruch auf einfachen Schadensersatz kommt aus systematischen Gründen nicht bei allen Formen der Pflichtverletzung in Betracht. Ist die Leistung nicht rechtzeitig erfolgt, bestimmt sich der Anspruch auf Ersatz des Verzögerungsschadens nicht allein nach § 280 Abs. 1, sondern nach §§ 280 Abs. 1, 2, 286 und der Anspruch auf Schadensersatz statt der Leistung nach §§ 280 Abs. 1, 3, 281. Anwendbar ist § 280 Abs. 1 als eigenständige Anspruchsgrundlage aber bei einer **Schlechtleistung, Nichtleistung wegen Unmöglichkeit oder Schutzpflichtverletzung**, soweit es um Beeinträchtigungen des Integritätsinteresses geht.

II. Anspruchsvoraussetzungen

1. Schuldverhältnis

3 § 280 Abs. 1 setzt ein **bestehendes und wirksames Schuldverhältnis** voraus. Es kann sich sowohl um ein rechtsgeschäftliches als auch um ein gesetzliches Schuldverhältnis handeln. Hier, nämlich beim gesetzlichen vorvertraglichen Schuldverhältnis (§ 311 Abs. 2), liegt sogar einer der Hauptanwendungsbereiche des § 280 Abs. 1 als eigenständige Anspruchsgrundlage, da bei diesen Schuldverhältnissen mangels Leistungspflicht Ansprüche auf Schadensersatz statt der Leistung von vornherein ausscheiden. Ausreichend sind aber auch andere gesetzliche Schuldverhältnisse wie z.B. aus Geschäftsführung ohne Auftrag (§ 677). § 280 Abs. 1 gilt auch in einem durch Rücktritt entstandenen Rückgewährschuldverhältnis (§ 346 Abs. 4). Zur Anwendbarkeit nach einem Widerruf gem. § 355 Abs. 1 siehe § 35 Rn. 47.

2. Pflichtverletzung

4 Für die Pflichtverletzung genügt die objektive Abweichung vom Pflichtenprogramm (siehe § 21 Rn. 1). Einfacher Schadensersatz kommt aber nur bei Unmöglichkeit, Schlechtleistung und Schutzpflichtverletzung (insbesondere bei vorvertraglichen, aber auch bei sonstigen rechtsgeschäftlichen oder gesetzlichen Schuldverhältnissen) in Betracht (siehe Rn. 2). Wird § 280 Abs. 1 als Grundtatbestand für Verzögerungsschadensersatz (§§ 280 Abs. 1, 2, 286) und Schadensersatz statt der Leistung (§§ 280 Abs. 1, 3, 281-283) angewandt, spielt die Art der Pflichtverletzung keine Rolle.

5 **Hinweis zur Fallbearbeitung**: Bei der Anwendung des § 280 Abs. 1 als Grundtatbestand spielt die Art der Pflichtverletzung an sich keine Rolle, weil diese konkret in den zusätzlichen Voraussetzungen (§§ 281, 282, 283, 286) normiert ist und insoweit später zu prüfen ist. Um Dopplungen zu vermeiden, sollte die konkrete Art der Pflichtverletzung dennoch schon hier geprüft werden. Dogmatisch rechtfertigt sich das daraus, dass diejenige Norm, aus der sich

die zusätzlichen Voraussetzungen ergeben, den abstrakten Begriff der Pflichtverletzung in § 280 Abs. 1 konkretisiert.

3. Vertretenmüssen

a) Bezugspunkt

Das von § 280 Abs. 1 S. 2 verlangte Vertretenmüssen bezieht sich nur auf die **konkrete** **Pflichtverletzung,** nicht hingegen auf den Schaden. Es kommt deshalb nicht darauf an, ob der Schuldner den Schaden wollte oder seinen Eintritt bei Anwendung verkehrserforderlicher Sorgfalt hätte voraussehen oder vermeiden können. Diese Fragen können nur bei der Zurechnung des Schadens eine Rolle spielen (siehe § 45).

6

b) Vermutung des Vertretenmüssens

Nach allgemeinen Grundsätzen muss der Anspruchsteller im Bestreitensfall alle anspruchsbegründenden Tatsachen beweisen. Damit trägt der Gläubiger die Beweislast für das Vorliegen eines Schuldverhältnisses und einer Pflichtverletzung sowie für den Eintritt des Schadens. Gelingt ihm bezüglich einer Anspruchsvoraussetzung der Beweis nicht, wird er mit einer auf Schadensersatz gerichteten Klage scheitern. Zu den Anspruchsvoraussetzungen gehört auch das Vertretenmüssen des Schuldners. Der Gläubiger müsste deshalb – sofern keine verschuldensunabhängige Haftung besteht – beweisen, dass der Schuldner die Pflichtverletzung kannte und wollte oder zumindest die im Verkehr erforderliche Sorgfalt außer Acht gelassen hat. Der Beweis solcher Umstände aus der Sphäre des Schuldners kann für den Gläubiger sehr schwierig sein und im Ergebnis dazu führen, dass er mit der prozessualen Durchsetzung seines Schadensersatzanspruchs scheitert. Aus diesem Grund ordnet § 280 Abs. 1 S. 2 mit der Formulierung „das gilt nicht" eine **Beweislastumkehr** an. Für das Vertretenmüssen trägt der Schuldner die Beweislast, d.h., er muss beweisen, dass er die Pflichtverletzung nicht zu vertreten hat.[1] Die für die prozessuale Geltendmachung des Anspruchs relevante Beweislastumkehr wirkt auch materiell-rechtlich. Da der Schuldner den Entlastungsbeweis führen muss, wird sein Vertretenmüssen widerleglich **vermutet.** Das gilt gem. § 619 a allerdings nicht für Pflichtverletzungen des Arbeitnehmers; hier obliegt dem Arbeitgeber auch der Beweis des Verschuldens.

7

Hinweis zur Fallbearbeitung: Die Vermutung des Vertretenmüssens ist der Ausgangspunkt der Prüfung. Zu fragen ist dann, ob die Vermutung aufgrund der Angaben im Sachverhalt widerlegt ist. Diese Prüfung ist nur verzichtbar, wenn der Sachverhalt diesbezüglich keine verwertbaren Angaben enthält. Ansonsten müssen entlastende Umstände, die zur Widerlegung der Vermutung führen können, geprüft werden. Da eine materiell-rechtliche Prüfung vorzunehmen ist, spielt es keine Rolle, ob der Schuldner sich auf diese Umstände beruft. Enthält der Sachverhalt umgekehrt konkrete Anhaltspunkte für ein Vertretenmüssen des Schuldners, sollte trotz der Vermutungsregelung das Vertretenmüssen konkret geprüft werden, um den Sachverhalt auszuschöpfen und eventuell in diesem Bereich liegende Probleme (z.B. hinsichtlich des anwendbaren Sorgfaltsmaßstabs) nicht zu übergehen.

8

---

1 Zur Vertiefung: Zieglmeier, Die neuen „Spielregeln" des § 280 I 2 BGB, JuS 2007, 701.

4. Schaden

9   Die Pflichtverletzung muss zu einem Schaden beim Gläubiger geführt haben. Soweit § 280 Abs. 1 als eigenständige Anspruchsgrundlage für den einfachen Schadensersatz Anwendung findet, sind von vornherein nur Schäden ersatzfähig, die durch eine (evtl. nur gedachte) nachgeholte ordnungsgemäße Leistung nicht wieder entfallen würden (siehe § 20 Rn. 10). Von diesen **Integritätsschäden** sind wiederum Schäden, die aus der nicht rechtzeitigen Leistung entstanden sind, nicht nach § 280 Abs. 1, sondern nur nach §§ 280 Abs. 1, 2, 286 ersatzfähig.[2]

a) Integritätsschäden bei Schutzpflichtverletzungen

10   § 280 Abs. 1 unterfallen sämtliche Schäden an **Rechten, Rechtsgütern und Interessen** des Gläubigers, die durch eine Schutzpflichtverletzung entstanden sind. Hierzu gehören nicht nur Körper- und Sachschäden, sondern auch bloße Vermögensschäden. Ein wichtiger Anwendungsfall sind vorvertragliche Schuldverhältnisse. Bei vertraglichen Schuldverhältnissen unterfallen § 280 Abs. 1 ebenfalls alle aus der Schutzpflichtverletzung entstandenen Integritätsschäden. Will der Gläubiger aber wegen der Schutzpflichtverletzung Schadensersatz statt der Leistung geltend machen, richtet sich dieser nach §§ 280 Abs. 1, 3, 282.

Beispiel: Bei der Beseitigung eines Wasserrohrbruchs setzt U in der Wohnung des B eine Lötlampe so ungeschickt ein, dass es zu einem Feuer kommt, bei dem B verletzt und sein Mobiliar zerstört wird. – U hat fahrlässig eine Schutzpflicht aus dem Werkvertrag verletzt. Der Anspruch auf Schadensersatz aus § 280 Abs. 1 erfasst sowohl den eingetretenen Sach- als auch den Körperschaden. B kann daher Ersatz für das zerstörte Mobiliar sowie für die ihm entstandenen Heilungskosten verlangen. Will B die U wegen dieses Vorfalls nicht weiterarbeiten lassen und beauftragt er den Z mit der Fortführung der Arbeiten, dann kann er dadurch entstehende Mehrkosten nur als Schadensersatz statt der Leistung unter den Voraussetzungen der §§ 280 Abs. 1, 3, 282 verlangen.

11   Hat die **vorvertragliche Schutzpflichtverletzung** zum **Abschluss eines Vertrages** geführt (insb. infolge einer Aufklärungspflichtverletzung, siehe § 5 Rn. 19), kann im Rahmen der geschuldeten Naturalrestitution (§ 249 Abs. 1, siehe § 46 Rn. 1) die Aufhebung des Vertrages verlangt werden. Das soll nach h.M. auch bei nur fahrlässigen Irreführungen möglich sein, obwohl § 123 Abs. 1 nur vorsätzliche Täuschungen für relevant hält und zudem die Täuschungsanfechtung an die Frist des § 124 Abs. 1 gebunden ist.[3] Um eine Umgehung der Anfechtungsvoraussetzungen zu vermeiden, verlangt der BGH aber für den Schadensersatzanspruch in der Regel einen Vermögensschaden.[4] Alternativ kann der Gläubiger auch am Vertrag festhalten und nur einen dann verbleibenden Vertrauensschaden ersetzt verlangen. Bei der Berechnung wird der Gläubiger so behandelt, als wäre es ihm in Kenntnis der wahren Sachlage gelungen, den Vertrag zu einem niedrigeren Preis zu schließen; zu ersetzen ist dann der Betrag, um den er die Leistung tatsäch-

---

2   Zur Vertiefung: Bredemeyer, Der Regelungsbereich von § 280 BGB, ZGS 2010, 10; ders., Zur Abgrenzung der Schadensarten bei § 280 BGB, ZGS 2010, 71; Grigoleit/Riehm, Die Kategorien des Schadensersatzes im Leistungsstörungsrecht, AcP 203 (2003), 727; Lorenz, Schadensarten bei der Pflichtverletzung (§ 280 Abs. 2, 3 BGB), JuS 2008, 203.

3   BeckOGK/Herresthal, Stand 1.6.2019, § 311 Rn. 240; Palandt/Grüneberg, § 311 Rn. 13; Looschelders, Schuldrecht AT, § 8 Rn. 16; Medicus/Lorenz, Schuldrecht I, Rn. 536; a.A. Lieb, FS Uni Köln, 251 (261 ff.); Horn, JuS 1995, 375 (380).

4   BGH NJW 1998, 302 (303 ff.); BGH WM 2007, 1182; BGH NJW 2013, 1591 Rn. 9.

lich zu teuer erworben hat.[5] Bezieht sich die vorvertragliche Aufklärungspflichtverletzung allerdings auf einen **Mangel der gekauften Sache**, scheidet ein Schadensersatzanspruch aus Konkurrenzgründen aus, sobald es zum Gefahrübergang (§§ 446, 447) und damit zur Geltung des kaufrechtlichen Gewährleistungsrechts gekommen ist; anders ist dies nach h.M. nur in Fällen arglistiger Täuschung.[6] Besteht die Schutzpflichtverletzung im **Abbruch von Vertragsverhandlungen** (siehe § 5 Rn. 17), kann Ersatz der Aufwendungen verlangt werden, die im Hinblick auf den als sicher dargestellten Vertragsschluss gemacht wurden. Ein Anspruch auf Abschluss des Vertrages besteht nicht.

Beispiel (BGH NJW 2010, 858): Bei den Verhandlungen über den Kauf eines Gebrauchtfahrzeugs hat Verkäufer V es vorsätzlich unterlassen, Kaufinteressent K darauf hinzuweisen, dass er, V, den Wagen von einem fliegenden Zwischenhändler erworben hat. K kauft das Fahrzeug. – Es liegt eine von V zu vertretende Schutzpflichtverletzung im durch die Aufnahme von Vertragsverhandlungen nach § 311 Abs. 2 Nr. 1 entstandenen vorvertraglichen Schuldverhältnis vor. Der Kaufinteressent kann erwarten, über diese Herkunft des Fahrzeugs aufgeklärt zu werden, da sie den Verdacht begründet, dass der Kilometerzähler manipuliert worden ist. Der Schaden besteht im von K abgeschlossenen Kaufvertrag und damit in seinem Vermögen. Er kann daher Vertragsaufhebung verlangen. Alternativ kann K das Fahrzeug auch behalten und stattdessen geltend machen, bei ordnungsgemäßer Aufklärung hätte er das Fahrzeug zu einem niedrigeren Preis gekauft; zu ersetzen ist dann der zuviel gezahlte Betrag.

b) Mangelfolgeschäden bei Schlechtleistungen

Im Fall einer Schlechtleistung erfasst § 280 Abs. 1 als eigenständige Anspruchsgrundlage nur solche Schäden, die nicht am Leistungsgegenstand selbst, sondern an anderen Rechten, Rechtsgütern und Interessen des Gläubigers entstanden sind (**Mangelfolgeschäden**). Die Vermögensbeeinträchtigung, die darin besteht, dass der Gläubiger eine nicht ordnungsgemäße Leistung erhalten hat, stellt keine Beeinträchtigung des Integritäts-, sondern des Erfüllungs- und Äquivalenzinteresses dar. Deshalb geht es bei solchen **Mangelschäden** um Schadensersatz statt der Leistung, der nur nach §§ 280 Abs. 1, 3, 281, 283 zu ersetzen ist. 12

Beispiel: Der von V an K verkaufte Staubsauger hat einen schon bei Gefahrübergang vorhandenen technischen Defekt. Dieser führt dazu, dass K einen Stromschlag erhält, in dessen Folge er bewusstlos umstürzt. Hierbei zieht er sich Verletzungen am Kopf zu. – K hat gegen V einen Anspruch auf Ersatz der Heilungskosten aus §§ 437 Nr. 3, 280 Abs. 1. V hat seine Pflicht zur Lieferung der Sache frei von Sach- und Rechtsmängeln (§ 433 Abs. 1 S. 2) verletzt, weil die Sache bei Gefahrübergang einen Sachmangel aufwies (§ 434 Abs. 1). Das Vertretenmüssen des V wird vermutet. Der Schaden des K liegt in der Beeinträchtigung seiner Gesundheit und den daraus entstandenen Heilungskosten. Dieser Schaden ist im Rahmen des einfachen Schadensersatzes zu ersetzen, da er das Integritätsinteresse des K betrifft.

Wegen der unterschiedlichen Anspruchsvoraussetzungen ist eine Einordnung des Schadens als Mangel- oder Mangelfolgeschaden bzw. als einfacher Schadensersatz oder Schadensersatz statt der Leistung notwendig, aber nicht immer ganz einfach, wenn es um einen Vermögensschaden geht. Nicht entscheidend ist, ob es sich bei dem Schaden nur um eine Folge des Mangels handelt; insoweit lädt der Begriff „Mangelfolgescha- 13

---

5 BGH NJW 2001, 2875 (2876 f.); BGHZ 168, 35 Rn. 21; BGH NJW 2011, 2128 Rn. 28.
6 BGHZ 180, 205 Rn. 19 ff.; BGH NJW 2010, 858 Rn. 20; BGH NJW 2013, 1671 Rn. 22; BeckOGK/Herresthal, Stand 1.6.2019, § 311 Rn. 261 f.; Erman/Grunewald, vor § 437 Rn. 15 ff.; Jauernig/Berger, § 437 Rn. 34; MünchKomm/Westermann, § 437 Rn. 58; a.A. (Ausschluss auch bei arglistiger Täuschung) Palandt/Grüneberg, § 311 Rn. 14 f.; für kumulative Anwendbarkeit BeckOK-BGB/Faust, § 437 Rn. 190; MünchKomm/Emmerich, § 311 Rn. 82.

den" eher zu Fehlschlüssen ein. Maßgeblich für die **Abgrenzung** ist vielmehr, ob es sich um eine Beeinträchtigung des Erfüllungsinteresses, d.h., des Interesses des Gläubigers am Erhalt der mangelfreien Leistung als solcher handelt. Soweit das der Fall ist, ist der Schaden als Mangelschaden zu qualifizieren, der nur im Rahmen des Schadensersatzes statt der Leistung ersatzfähig ist. Eine erste Zuordnung ermöglicht die **Prüffrage**, ob der Ausgleich des geltend gemachten Schadens dazu beiträgt, die Mangelhaftigkeit der Leistung und damit die Beeinträchtigung des Erfüllungsinteresses wirtschaftlich zu beseitigen. Nicht nach § 280 Abs. 1 ersatzfähig sind deshalb z.B. die mangelbedingte Wertminderung, die Kosten für die Beseitigung des Mangels oder für die Beschaffung einer mangelfreien Sache (Deckungsgeschäft). Ein auch bei Beseitigung des Mangels verbleibender Minderwert unterfällt § 280 Abs. 1 ebenfalls nicht, da bei dessen Ausgleich das Erfüllungsinteresse des Gläubigers befriedigt wird.

14   Zu den Mangelfolgeschäden gehört der **Nutzungsausfallschaden** (auch Betriebsausfallschaden genannt). Dieser besteht darin, dass der Gläubiger die Leistung aufgrund ihrer Mangelhaftigkeit nicht nutzen kann und dadurch eine Vermögenseinbuße erleidet (z.B. Stillstand einer Fabrikationsanlage aufgrund der Mangelhaftigkeit eines Förderbands). Ein Ausgleich dieser Einbuße ändert nichts daran, dass das Erfüllungsinteresse des Gläubigers infolge der Mangelhaftigkeit nach wie vor beeinträchtigt ist. Es geht also um die Beeinträchtigung eines Integritätsinteresses und damit um Schadensersatz neben der Leistung. Ob dieser Schaden aber als einfacher Schadensersatz nach § 280 Abs. 1 oder nur als Verzögerungsschadensersatz nach §§ 280 Abs. 1, 2, 286 ersatzfähig ist, ist äußerst umstritten. Für die Zuordnung hilft es wenig, auf die Art der Pflichtverletzung zu schauen. Die mangelhafte Leistung kann nämlich nicht nur als Schlechtleistung (dann § 280 Abs. 1), sondern auch als Verzögerung der geschuldeten mangelfreien Leistung (dann §§ 280 Abs. 1, 2, 286) verstanden werden. Es geht vielmehr um eine Wertungsfrage, die daraus entsteht, dass für den Ersatz des Verzögerungsschadens Schuldnerverzug und damit eine Mahnung erforderlich ist: Soll der Schuldner für den möglicherweise sehr weitgehenden Nutzungsausfallschaden schon ab Pflichtverletzung und ohne Warnung in Form einer Mahnung einstehen müssen[7] oder erst ab Schuldnerverzug und damit nach Warnung (sofern man die Mahnung nicht nach § 286 Abs. 2 Nr. 4 für entbehrlich hält)?[8] Das lässt sich am ehesten mit Blick auf die Schutzbedürftigkeit des Gläubigers beantworten. Diese ist bei einer Schlechtleistung höher als bei einer Nichtleistung, weil dem Gläubiger aus der mangelhaften Leistung eher Schäden entstehen können und er die Mangelhaftigkeit möglicherweise nur schwer erkennen kann. Vor diesem Hintergrund wird man ihm eine Mahnung und damit die Herbeiführung des Schuldnerverzugs nicht abverlangen können.[9] Dementsprechend gehört der Ersatz des Nutzungsausfallschadens zum einfachen Schadensersatz nach § 280 Abs. 1.

Beispiel: Ein von K bei V gekaufter Schweißroboter wird am 16.6. geliefert. Nach Inbetriebnahme am 17.6. ergibt eine an diesem Tage durchgeführte Röntgenprüfung der geschweißten Werkstücke, dass die Schweißnähte fehlerhaft sind. Das ist auf ein schon bei Gefahrübergang fehlerhaftes Bauteil des Schweißroboters zurückzuführen; diesen Mangel hätte V

---

7 Dafür z.B. BT-Drucks. 14/6040, S. 225; BeckOK-BGB/Lorenz, § 280 Rn. 30; MünchKomm/Ernst, § 280 Rn. 70; Palandt/Grüneberg, § 280 Rn. 18; Soergel/Benicke/Hellwig, § 280 Rn. 408; Staudinger/Schwarze (2014), § 280 Rn. C 31; Medicus/Lorenz, Schuldrecht I, Rn. 475.

8 Dafür z.B. NK-BGB/Dauner-Lieb, § 280 Rn. 60 f.; PWW/Schmidt-Kessel, § 280 Rn. 31; Faust in: Huber/Faust, Schuldrechtsmodernisierung, Kap. 3 Rn. 223; für Entbehrlichkeit der Mahnung BeckOGK/Riehm, Stand 1.6.2019, § 280 Rn. 279 ff.; Grigoleit/Riehm, AcP 203 (2003), 727 (756).

9 BGHZ 181, 317 Rn. 10 ff.; BeckOK-BGB/Lorenz, § 280 Rn. 30; Medicus/Lorenz, Schuldrecht I, Rn. 475.

bei Anwendung der im Verkehr erforderlichen Sorgfalt erkennen können. K unterbricht den Einsatz des Roboters sofort; V ersetzt das Bauteil vier Tage später. K hat, da er den Roboter vier Tage nicht nutzen konnte, aus dem Betriebsstillstand einen Schaden i.H.v. 30.000 € erlitten. – Für einen Anspruch aus §§ 437 Nr. 3, 280 Abs. 1 liegen die Voraussetzungen vor: V hat seine Pflicht aus § 433 Abs. 1 S. 2 verletzt, da der Roboter bei Gefahrübergang einen Sachmangel hatte (§ 434 Abs. 1); diese Pflichtverletzung hat er auch zu vertreten. Der eingetretene Schaden ist nach § 280 Abs. 1 ersatzfähig, da er auch durch die Beseitigung des Mangels am Roboter nicht wieder entfällt (Schadensersatz neben der Leistung). Bei wertender Betrachtung handelt es sich auch nicht um einen Verzögerungsschaden. Wird dies anders gesehen, dann könnte K nach §§ 280 Abs. 1, 2, 286 nur für jenen Betriebsausfallschaden Ersatz verlangen, der ab Schuldnerverzug eingetreten ist. Dieser setzt eine Mahnung voraus (§ 286 Abs. 1), an der es hier fehlt. Lag auch keine für V erkennbare besondere Dringlichkeit vor, ist die Mahnung auch nicht nach § 286 Abs. 2 Nr. 4 entbehrlich. Folglich hätte V bei Einordnung des Nutzungsausfallschadens als Verzögerungsschaden keinen Anspruch auf Schadensersatz.

c) Begleitschäden bei Unmöglichkeit

Wenn die Erfüllung der Leistungspflicht unmöglich ist, erhält der Schuldner die Leistung nicht. Dieses Ausbleiben der Leistung führt in erster Linie zu einer Beeinträchtigung des Erfüllungsinteresses und ist daher als Schadensersatz statt der Leistung nach §§ 280 Abs. 1, 3, 283 bzw. § 311a Abs. 2 zu ersetzen. Es kann aber auch zu Beeinträchtigungen anderer Rechtsgüter des Gläubigers kommen (sog. **Begleitschäden**). Da dann das Integritätsinteresse berührt ist, ist bei konsequenter Durchhaltung der Unterscheidung zwischen einfachem Schadensersatz und solchem statt der Leistung § 280 Abs. 1 als Anspruchsgrundlage einschlägig.[10] Das sollte entgegen h.M. auch bei anfänglicher Unmöglichkeit gelten.[11] Zwar ist § 311a Abs. 2 eine Sonderregelung, die §§ 280 ff. verdrängt. Sie gilt aber ausweislich des Wortlauts nur für den Anspruch auf Schadensersatz statt der Leistung. Für Beeinträchtigungen des Integritätsinteresses ist daher keine Sonderregelung getroffen. Bei der Pflichtverletzung sollte dann, wie bei nachträglicher Unmöglichkeit, auf die Nichterbringung der Leistung abgestellt werden. Für das Vertretenmüssen muss aber analog § 311a Abs. 2 auf das Kennen bzw. Kennenmüssen abgestellt werden, weil dem Schuldner nicht vorgeworfen werden kann, dass er es vor Entstehung der Leistungspflicht zum Untergang des Gegenstands hat kommen lassen.

Beispiel: K hat einen Sportwagen gekauft, der am 15.7. geliefert wird. Um das Fahrzeug unterstellen zu können, mietet sie bei V dessen Garage ab dem 15.7. Die Garage brennt jedoch am Tag vor der Übergabe infolge Unachtsamkeit des V ab. Da es K nicht gelingt, rechtzeitig eine andere Garage zu mieten, muss sie das Fahrzeug in der ersten Nacht draußen stehen lassen. Dort wird es durch einen überraschend aufgezogenen Hagelschauer beschädigt. K verlangt von V Schadensersatz.[12] – Da sich die Gebrauchsüberlassungspflicht des V auf die vermietete Sache bezieht (vgl. § 535 Abs. 1) und diese zerstört worden ist, ist die Erfüllung dieser Pflicht unmöglich (§ 275 Abs. 1). Die eingetretene Einbuße betrifft nicht das Erfüllungs-, sondern das Integritätsinteresse. Stellt man sich nämlich vor, V würde die Garage jetzt doch noch überlassen, bliebe die Beschädigung des Fahrzeugs bestehen. K kann daher

15

---

10 Staudinger/Schwarze (2014), § 283 Rn. 59; Looschelders, Schuldrecht AT, § 25 Rn. 18; a.A. Erman/Westermann, § 283 Rn. 3; MünchKomm/Ernst, § 283 Rn. 9; Soergel/Benicke/Hellwig, § 283 Rn. 29.

11 Ähnlich Jauernig/Stadler, § 311a Rn. 13; NK-BGB/Dauner-Lieb, § 311a Rn. 24; Dötsch ZGS 2002, 160 (161 f.); Ehmann/Sutschet, JZ 2004, 62 (70); a.A. BGHZ 201, 148 Rn. 27; BeckOGK/Herresthal, Stand 1.6.2019, § 311a Rn. 126; Erman/Kindl, § 311a Rn. 8; MünchKomm/Ernst, § 311a Rn. 65; Soergel/Gsell, § 311a Rn. 54.

12 Ähnliches Beispiel bei Staudinger/Schwarze (2014), § 283 Rn. 59.

nach § 280 Abs. 1 einfachen Schadensersatz verlangen. Das gilt auch, wenn die Garage schon vor Abschluss des Mietvertrages abgebrannt ist. Beim Vertretenmüssen kommt es dann aber analog § 311 a Abs. 2 darauf an, ob V hiervon Kenntnis hatte oder ihm diese Kenntnis infolge Fahrlässigkeit fehlte.

III. Prüfungsaufbau

16   I.   Schuldverhältnis

II.   Pflichtverletzung

III.   Vertretenmüssen, § 280 Abs. 1 S. 2 (Widerlegung der Vermutung)

  1.   Haftungsmaßstab des Schuldners, § 276 Abs. 1

  2.   Vertretenmüssen des Schuldners

  a)   Eigenes Vertretenmüssen

  b)   Zurechnung des Verschuldens eines Dritten, § 278

IV.   Schaden

  1.   Unfreiwillige Einbuße nach der Differenzhypothese

  2.   Ersatzfähigkeit des Schadens

WIEDERHOLUNGS- UND VERTIEFUNGSFRAGEN

17   1.   Welche Funktionen hat § 280 Abs. 1? (Rn. 1)

2.   Bei welchen Pflichtverletzungen kommt ein Anspruch auf einfachen Schadensersatz in Betracht? (Rn. 4)

3.   Wer trägt die Beweislast für das Vertretenmüssen? (Rn. 7)

4.   Wie sind Mangelschaden und Mangelfolgeschaden voneinander abzugrenzen? (Rn. 13)

5.   Aus welcher Anspruchsgrundlage kann der Gläubiger Ersatz eines Nutzungsausfallschadens verlangen? (Rn. 14)

§ 24 Verzögerungsschadensersatz und Schuldnerverzug

I. Anwendungsbereich und Regelungsstruktur

Der Anspruch auf Ersatz des Verzögerungsschadens aus §§ 280 Abs. 1, 2, 286 kommt von vornherein nur bei einer Form der Pflichtverletzung – der **Nichtleistung trotz Möglichkeit der Leistung** – in Betracht. Das Gesetz nennt sie in § 280 Abs. 2 **Verzögerung der Leistung.** Der Anspruch erfasst ferner nur Schäden, die unmittelbar aus der Nichtleistung bei Fälligkeit entstanden sind, lässt aber den Bestand der Leistungspflicht unberührt. Der Gläubiger kann deshalb den Verzögerungsschadensersatz neben der Leistung verlangen. Will er hingegen wegen der Verzögerung nicht mehr die Leistung, sondern statt dieser Schadensersatz haben, bestimmen sich die Anspruchsvoraussetzungen nach §§ 280 Abs. 1, 3, 281.[1]

Der Schadensersatz wegen Verzögerung der Leistung kann, wie § 280 Abs. 2 bestimmt, nur unter den zusätzlichen Voraussetzungen des § 286 verlangt werden. Erforderlich ist daher außer Schuldverhältnis, Pflichtverletzung, Vertretenmüssen und Schaden (Voraussetzungen des § 280 Abs. 1) der in § 286 geregelte **Schuldnerverzug.** Dieser wiederum ist nicht nur Zusatzvoraussetzung für den Verzögerungsschadensersatz, sondern löst selbstständig, d.h. unabhängig von § 280 Abs. 1, **weitere Rechtsfolgen** aus: Es kommt zu einer Haftungsverschärfung für den Schuldner (§ 287, siehe Rn. 26), bei Geldschulden entsteht ein Anspruch auf Verzugszinsen (§ 288 Abs. 1, 2, siehe Rn. 29) und bei Entgeltforderungen kann, sofern der Schuldner kein Verbraucher ist, eine Verzugspauschale von 40 € verlangt werden (§ 288 Abs. 5, siehe Rn. 33).

Hinweis zur Fallbearbeitung: Bei einem Anspruch auf Verzögerungsschadensersatz ist die zusätzliche Voraussetzung des Schuldnerverzugs nach dem Schuldverhältnis und der Pflichtverletzung, aber vor dem Vertretenmüssen zu prüfen, weil Letzteres sich auf die Nichtleistung bei Verzugseintritt bezieht (siehe Rn. 22). Anschließend ist der Schaden zu behandeln.

II. Voraussetzungen des Schuldnerverzugs

Der in § 286 geregelte Schuldnerverzug lässt sich schlagwortartig zusammenfassen als die vom Schuldner zu vertretende Nichtleistung trotz Fälligkeit und Mahnung. Bei der Auslegung ist zu beachten, dass die §§ 286 ff. zum Teil auch die Zahlungsverzugsrichtlinie umsetzen.[2]

Hinweis zur Fallbearbeitung: Die Voraussetzungen des Schuldnerverzugs überschneiden sich zum Teil mit jenen, die nach § 280 Abs. 1 auch für einen Anspruch auf Verzögerungsschadensersatz vorliegen müssen: Die Nichtleistung auf den fälligen Anspruch ist bereits Pflichtverletzung i.S.d. § 280 Abs. 1 S. 1. Da diese schon geprüft und bejaht wurde, bevor der Schuldnerverzug untersucht wird, kann hierauf verwiesen werden. Das für den Schuldnerverzug nach § 286 Abs. 4 erforderliche Vertretenmüssen ist auch allgemeine Voraussetzung des Schadensersatzanspruchs (§ 280 Abs. 1 S. 2). Es kann daher bei der Prüfung des Schuld-

1 · 2 · 3 · 4 · 5

---

1 Zur Vertiefung: Krause, Die Leistungsverzögerung im neuen Schuldrecht, Jura 2002, 217, 299; Timme, Die Neuregelung des Schuldnerverzuges gem. § 286 BGB, JA 2002, 656.
2 Richtlinie 2011/7/EU v. 16.2.2011, ersetzt die Richtlinie 2000/35/EG v. 29.6.2000.

nerverzugs noch ausgespart werden; bei der dann anschließenden Prüfung des Vertretenmüssens als allgemeine Voraussetzung ist aber zu beachten, dass § 286 Abs. 4 den Zeitpunkt modifiziert, auf den abzustellen ist (siehe Rn. 23). – Wird ein Anspruch auf Zahlung von Verzugszinsen aus § 288 Abs. 1 oder der Verzugspauschale nach § 288 Abs. 5 oder der Eintritt einer Haftungsverschärfung zulasten des Schuldners nach § 287 geprüft, muss eine vollständige Prüfung aller Verzugsvoraussetzungen stattfinden, da hier § 280 Abs. 1 nicht zur Anwendung kommt.

1. Wirksamer, fälliger und einredefreier Anspruch

6   Der Anspruch des Gläubigers muss wirksam, fällig und einredefrei sein (siehe zur Pflichtverletzung § 21 Rn. 6).[3] Ist der Anspruch nach § 275 Abs. 1–3 erloschen, scheidet Schuldnerverzug aus. **Unmöglichkeit** schließt daher den Eintritt des Schuldnerverzugs aus. Eine während des Schuldnerverzugs erst eintretende Unmöglichkeit beendet den Schuldnerverzug mit Wirkung ex nunc. Bis dahin entstandene Ansprüche aus dem Schuldnerverzug bleiben bestehen.

2. Mahnung

a) Begriff und Anforderungen

7   Die bloße Nichteinhaltung des Leistungszeitpunkts rechtfertigt es nach deutscher Rechtstradition noch nicht, den säumigen Schuldner mit Sekundäransprüchen zu belasten. Er soll vielmehr eine besondere Warnung erhalten, damit ihm klar wird, dass eine weitere Untätigkeit zusätzliche Rechtsfolgen nach sich ziehen kann. § 286 Abs. 1 verlangt daher eine vom Gläubiger vorzunehmende **Mahnung.** Dies ist eine an den Schuldner gerichtete, empfangsbedürftige, eindeutige und bestimmte Aufforderung, die geschuldete Leistung zu erbringen.[4] Um **eindeutig** zu sein, muss die Mahnung zum Ausdruck bringen, dass der Gläubiger die Leistung verlangt. Das kann auch höflich oder gar in Versen geschehen;[5] immer aber muss ein **Leistungsverlangen** erkennbar sein. Es genügt deshalb z.B. nicht, wenn der Gläubiger lediglich mitteilt, er sehe der Leistung gerne entgegen. Ein Hinweis auf etwa eintretende Rechtsfolgen oder eine Fristsetzung sind hingegen nicht erforderlich und auch sonst muss die Mahnung nicht erkennen lassen, dass das Ausbleiben der Leistung Folgen haben wird.[6] Liegt eine Fristsetzung i.S.d. § 281 Abs. 1 oder § 323 Abs. 1 vor, dann ist gleichzeitig auch eine Mahnung gegeben, weil zur Fristsetzung ein Leistungsverlangen gehört (siehe § 25 Rn. 12). Die **erste Rechnung,** die der Gläubiger dem Schuldner übersendet, wird nach der Verkehrsauffassung noch nicht als Mahnung verstanden.[7] Davon abgesehen sprechen auch systematische Gründe gegen eine Einordnung als Mahnung: Nach § 286 Abs. 3 S. 1 tritt bei Entgeltforderungen Verzug spätestens 30 Tage nach Fälligkeit und Zugang einer Rechnung ein (siehe Rn. 18) – es kommt also nicht, wie dies durch Mahnung geschieht, zum sofortigen Verzugseintritt.

---

3 Zur Vertiefung: Derleder/Karabulut, Schuldnerverzug und Zurückbehaltungsrechte des Allgemeinen Schuldrechts, JuS 2014, 102.
4 BGH NJW 1998, 2132 (2133); BGHZ 174, 77 Rn. 11; BGH NJW 2009, 1813 Rn. 30. Zur Vertiefung: B. Lorenz, Schuldnerverzug und wirksame Mahnung des Gläubigers, ZGS 2011, 111.
5 Vgl. LG Frankfurt NJW 1982, 650 (Urteil ebenfalls in Versform).
6 Erman/Hager, § 286 Rn. 32; MünchKomm/Ernst, § 286 Rn. 51; Staudinger/Löwisch/Feldmann (2014), § 286 Rn. 29; a.A. Hk-BGB/Schulze, § 286 Rn. 8; Brox/Walker, Allg. Schuldrecht, § 23 Rn. 11.
7 BGHZ 174, 77 Rn. 11.

Für die **Bestimmtheit** muss der Gläubiger angeben, was er vom Schuldner verlangt; bei 8
mehreren Schulden muss auch erkennbar sein, auf welche Schuld die Mahnung erfolgt.
Fordert der Gläubiger weniger als ihm zusteht, kommt der Schuldner nur wegen des
gemahnten Teils der Forderung in Verzug. Verlangt der Gläubiger mehr als geschuldet
ist, liegt eine Mahnung vor, wenn der Schuldner nach den Umständen des Einzelfalls
und Treu und Glauben die Erklärung als Aufforderung zur Bewirkung der tatsächlich
geschuldeten Leistung verstehen muss und der Gläubiger auch zur Annahme der gegenüber seinen Vorstellungen geringeren Leistung bereit ist.[8] Das kommt vor allem bei
geringfügigen oder auf einem offensichtlichen Irrtum des Gläubigers beruhenden Zu-
vielforderungen in Betracht.

Die Mahnung führt zum Schuldnerverzug; diese Rechtsfolge tritt kraft Gesetzes ein. 9
Deshalb ist die Mahnung nicht Willenserklärung, sondern geschäftsähnliche Handlung. Auf sie finden aber die Vorschriften über Willenserklärungen entsprechende Anwendung. Sie muss daher dem Schuldner analog § 130 Abs. 1 S. 1 **zugehen**. Die Mahnung durch einen beschränkt geschäftsfähigen Gläubiger ist analog § 107 wirksam,
weil sie für ihn lediglich rechtlich vorteilhaft ist. Ist hingegen der Schuldner nicht oder
nicht voll geschäftsfähig, wird die Mahnung erst wirksam, wenn sie seinem gesetzlichen Vertreter zugeht (§ 131 analog).

Statt der Mahnung kann der Gläubiger auch **Klage** auf die Leistung erheben oder 10
einen **Mahnbescheid** zustellen lassen (§ 286 Abs. 1 S. 2). Diese Vorgehensweise ist
nicht frei von Risiken: Erkennt der Schuldner den Anspruch sofort an und hat er dem
Gläubiger keine Veranlassung zur Klageerhebung gegeben, so trägt dieser und nicht
der Schuldner die Kosten des Rechtsstreits (§ 93 ZPO).

b) Zeitpunkt der Mahnung

§ 286 Abs. 1 S. 1 verlangt vom Wortlaut her eine Mahnung, die **nach dem Eintritt der** 11
Fälligkeit erfolgt. Eine Mahnung vor Fälligkeit ist unwirksam und führt daher auch
dann nicht zum Schuldnerverzug, wenn später Fälligkeit eintritt. Seit jeher ist jedoch
anerkannt, dass die Mahnung mit einer **fälligkeitsbegründenden Handlung** (z.B. Abruf
der Ware, Kündigung des Darlehens) verbunden werden kann.[9] Immer ist aber erforderlich, dass eine eindeutige Leistungsaufforderung vorliegt; die Zusendung einer die
Fälligkeit auslösenden ersten Rechnung genügt deshalb nicht (siehe Rn. 7). Der gleichzeitige Eintritt von Fälligkeit und Mahnung lässt sich mit dem Wortlaut des
§ 286 Abs. 1 S. 1 vereinbaren, wenn man diesen als etwas verunglückte Formulierung
versteht, mit der zum Ausdruck gebracht werden sollte, dass eine vor Fälligkeit erfolgte Mahnung nicht genügt. Teleologisch ist die Zulässigkeit einer Mahnung zusammen
mit Fälligkeitseintritt unbedenklich: Mit der Anordnung, dass die Mahnung nach Eintritt der Fälligkeit erfolgen soll, will das Gesetz dem Schuldner nicht etwa noch eine
zusätzliche Schonfrist zwischen Fälligkeit und Zugang der Mahnung verschaffen.
Sichergestellt werden soll nur die Warnfunktion der Mahnung: Tritt Fälligkeit ein, drohen dem Schuldner Sekundäransprüche; deshalb kann er auch sogleich vor den Folgen
der Nichtleistung gewarnt werden.

Beispiel (BGH NJW 2010, 2940): D hat bei B ein Darlehen aufgenommen. Als er mit der
Rückzahlung wegen einer Verschlechterung seiner Vermögensverhältnisse ins Stocken gerät,

---

8 BGHZ 146, 24 (35); BGH NJW 1999, 3115 (3116); BGH NJW 2006, 769 Rn. 24; BGH NJW 2006, 3271 Rn. 16.
9 BGHZ 174, 77 Rn. 11; BGH NJW 2001, 3114; BGH NJW 2010, 2940 Rn. 14; Erman/Hager, § 286 Rn. 34; Hk-BGB/
   Schulze, § 286 Rn. 12; Palandt/Grüneberg, § 286 Rn. 16; Soergel/Benicke/Nalbantis, § 286 Rn. 74.

erklärt B schriftlich die Kündigung des Darlehens und fordert D im gleichen Schreiben zur sofortigen Rückzahlung der restlichen Darlehenssumme auf. – Der Anspruch auf Darlehensrückzahlung aus § 488 Abs. 1 ist wirksam und fällig, weil B das Darlehen nach § 490 Abs. 1 gekündigt hat. In der Aufforderung zur Rückzahlung liegt eine Mahnung, die D zugegangen ist. Die Mahnung ist zwar nicht nach Fälligkeit erfolgt, weil diese erst mit dem Zugang des Kündigungsschreibens eingetreten ist. Es war jedoch möglich, die Mahnung mit der Kündigung zu verbinden und damit zeitgleich mit dem Eintritt der Fälligkeit zu mahnen. D ist daher schon seit Zugang des Kündigungsschreibens in Verzug.

c) Entbehrlichkeit der Mahnung

12 § 286 Abs. 2 regelt vier Fälle, in denen eine Mahnung **kraft Gesetzes entbehrlich** ist. Darüber hinaus können die Parteien auch vereinbaren, dass Schuldnerverzug ohne Mahnung eintreten soll. Das ist allerdings gegenüber einem Verbraucher nur durch **Individualvereinbarung** möglich, da eine **AGB-Klausel** nach § 309 Nr. 4 unwirksam ist.

aa) Kalendermäßige Bestimmung oder Berechenbarkeit der Leistungszeit, § 286 Abs. 2 Nr. 1, 2

13 Wenn für die Zeit eine Leistung nach dem Kalender bestimmt ist, dann ist damit deutlich gemacht, dass die Einhaltung des Leistungszeitpunkts für den Gläubiger besonders wichtig ist. Eine besondere Warnung des Schuldners durch eine Mahnung ist nicht erforderlich (*dies interpellat pro homine* – Der Termin mahnt für den Menschen). Das setzt freilich voraus, dass die Leistungszeit durch Gesetz, Urteil oder **Vertrag** bestimmt ist. Einseitige Festsetzungen der Leistungszeit durch den Gläubiger genügen nur, wenn ihm ein entsprechendes Bestimmungsrecht i.S.d. § 315 eingeräumt ist. Im Sinne des § 286 Abs. 2 Nr. 1 ist die Leistungszeit **nach dem Kalender bestimmt,** wenn ein Kalenderdatum oder -zeitraum konkret festgelegt wurde oder sich die Leistungszeit nach dem Kalender bestimmen lässt. Notwendig ist aber, dass sich die Leistungszeit schon bei deren Festlegung allein mithilfe des Kalenders ermitteln lässt.

Beispiele: 1. Juli; 34. Kalenderwoche; 2. Augusthälfte; drei Tage nach Allerheiligen.

14 Haben die Parteien vereinbart, dass die **Leistung nach dem Eintritt eines noch ungewissen Ereignisses** stattfinden soll, ist eine Bestimmung nur mit dem Kalender zunächst nicht möglich. Hier kennt der Schuldner folglich nicht von vornherein den Leistungszeitpunkt. In solchen Fällen ist die Mahnung nach § 286 Abs. 2 Nr. 2 daher nur entbehrlich, wenn die Leistung eine angemessene Zeit nach dem Eintritt eines bestimmten Ereignisses zu erfolgen hat und der Leistungszeitpunkt sich von dem Ereignis an nach dem Kalender **berechnen** lässt.

Beispiele: Eine Woche nach Lieferung; drei Wochen nach Abschluss der Vorarbeiten; vier Wochen nach Rechnungszugang.

15 Über die verlangte **Angemessenheit** wird sichergestellt, dass der Schuldner genügend Zeit hat, die Leistung zu bewirken. Dieser Schutz ist erforderlich, weil der Schuldner zunächst nicht weiß, wann das Ereignis, das die Frist in Gang setzt, eintreten wird und er sich deshalb noch nicht so auf die Leistung vorbereiten kann, dass er sie sofort mit dem Eintritt des Ereignisses erbringen könnte. Aus diesem Grund sollte § 286 Abs. 2 Nr. 2 nicht angewandt werden, wenn die Frist unangemessen kurz ist – es bleibt dann

dabei, dass für den Verzugseintritt eine Mahnung erforderlich ist.[10] Demgegenüber will die h.M. den Verzug nach Ablauf einer angemessenen Frist eintreten lassen.[11] Ist vereinbart, dass die Leistung „sofort" nach dem Ereignis zu erfolgen hat, liegt zwar an sich eine Fristvereinbarung vor (siehe § 25 Rn. 13). Der Fristablauf kann jedoch nicht nach dem Kalender berechnet werden, weshalb es für den Verzugseintritt einer Mahnung bedarf.[12]

bb) Ernsthafte und endgültige Leistungsverweigerung, § 286 Abs. 2 Nr. 3

Wenn der Schuldner die **Leistung endgültig und ernsthaft verweigert,** wird er sich auch durch eine Mahnung des Gläubigers nicht dazu bewegen lassen, die Leistung zu erbringen. Die Mahnung ist deshalb nach § 286 Abs. 2 Nr. 3 entbehrlich. Verzug tritt dann schon mit der Leistungsverweigerung ein, sofern die weiteren Verzugsvoraussetzungen vorliegen. Hierzu gehört auch die Fälligkeit. Verweigert der Schuldner die Leistung schon vor Fälligkeit, kommt er gleichwohl erst mit deren Eintritt in Verzug. Eine hinreichende Leistungsverweigerung setzt zudem voraus, dass die Weigerung des Schuldners als sein letztes Wort aufzufassen ist.

16

cc) Besondere Gründe, § 286 Abs. 2 Nr. 4

Die Mahnung ist nach § 286 Abs. 2 Nr. 4 auch entbehrlich, wenn der sofortige Eintritt des Verzugs aus besonderen Gründen unter Abwägung der beiderseitigen Interessen gerechtfertigt ist. Anwendungsfälle dieser Regelung sind etwa solche, in denen die Leistung erkennbar von **besonderer Dringlichkeit** ist, sodass nach Treu und Glauben vom Gläubiger keine Mahnung verlangt werden kann. Entbehrlich ist die Mahnung ferner, wenn der Schuldner den Gläubiger durch sein Verhalten davon abhält, eine Mahnung auszusprechen. Das ist insbesondere der Fall, wenn er nach Fälligkeit die Erbringung der Leistung selbst ankündigt oder zusichert (sog. **Selbstmahnung).**[13] Besondere Gründe können sich auch aus der Art des Geschäfts ergeben. Insbesondere bei **anonymen Massengeschäften** kann es für den Gläubiger sehr schwer sein, den Schuldner zu mahnen. So bedarf es etwa beim Tanken an einer Selbstbedienungstankstelle keiner Mahnung durch den Tankstellenbetreiber, um den Kunden hinsichtlich der Entgeltforderung in Verzug zu setzen – hat dieser nämlich das Tankstellengelände verlassen, ist es für den Tankstellenbetreiber nur unter erheblichem Aufwand möglich, die Personalien zu ermitteln, die aber erforderlich sind, um überhaupt mahnen zu können.[14]

17

Beispiele: Die mit dem Auto mitten in der Nacht auf einer einsamen Straße liegen gebliebene A ruft den Pannendienst des B per Telefon. Die Leistung ist sofort fällig (§ 271 Abs. 1, freilich unter Berücksichtigung der notwendigen Fahrzeit). B gerät in Verzug, wenn er länger als notwendig braucht, um zu A zu kommen. Eine Mahnung ist nicht erforderlich, weil er ohne Weiteres erkennen konnte, dass seine Leistung von besonderer Dringlichkeit ist.

---

10 Looschelders, Schuldrecht AT, § 26 Rn. 11; MünchKomm/Ernst, § 286 Rn. 63; Staudinger/Löwisch/Feldmann (2014), § 286 Rn. 82.

11 BeckOK-BGB/Lorenz, § 286 Rn. 36; Palandt/Grüneberg, § 286 Rn. 23; Soergel/Benicke/Nalbantis, § 286 Rn. 99.

12 BT-Drucks. 14/6040, S. 146; MünchKomm/Ernst, § 286 Rn. 64; Palandt/Grüneberg § 286 Rn. 23; Looschelders, Schuldrecht AT, § 26 Rn. 11; Soergel/Nalbantis, § 286 Rn. 97; a.A. BeckOGK/Dornis, Stand 1.6.2019, § 286 Rn. 189.1 (aber nur bei Unternehmergeschäften).

13 BeckOK-BGB/Lorenz, § 286 Rn. 38; Erman/Hager, § 286 Rn. 46; Hk-BGB/Schulze, § 286 Rn. 17.

14 BGH NJW 2011, 2871 Rn. 20.

U ist vertraglich verpflichtet, bei B eine neue Duschabtrennung einzubauen. Einige Tage nach Fälligkeit der Leistung meldet er sich und teilt mit, B brauche sich keine Sorgen zu machen, er baue die Abtrennung am kommenden Wochenende ein. Bleibt der Einbau zum versprochenen Zeitpunkt aus, kommt U wegen seiner Selbstmahnung auch ohne Mahnung durch B in Verzug.

d) Verzug ohne Mahnung bei Entgeltforderungen

18   Für Entgeltforderungen, d.h. Geldforderungen, die eine Gegenleistung für eine Leistung des Gläubigers darstellen,[15] bestimmt § 286 Abs. 3 S. 1, dass Verzug spätestens eintritt, wenn der Schuldner nicht innerhalb von **30 Tagen nach Fälligkeit und Zugang einer Rechnung** oder gleichwertigen Zahlungsaufstellung leistet. Die Frist (Berechnung nach §§ 187 Abs. 1, 188 Abs. 1) kommt erst zu dem Zeitpunkt in Gang, in dem beide Voraussetzungen gegeben sind. § 286 Abs. 3 S. 1 führt bei Entgeltforderungen zu einem automatischen Verzugseintritt ohne Mahnung. Geregelt ist aber nur der Zeitpunkt, zu dem **spätestens** Verzug eintritt. Deshalb ist ein früherer Verzugseintritt ohne Weiteres möglich – hierzu bedarf es aber einer Mahnung oder diese muss nach § 286 Abs. 2 entbehrlich sein. Auf § 286 Abs. 3 kommt es folglich nur an, wenn nicht bereits vor dem Ablauf der 30-Tages-Frist Verzug eingetreten ist. Die Berechnung der Frist des § 286 Abs. 3 S. 1 setzt voraus, dass der Zeitpunkt feststeht, in dem die Rechnung zugegangen ist. Ist der **Zugangszeitpunkt unsicher**, steht aber ein Zugang fest, kommt der Schuldner nach § 286 Abs. 3 S. 2 spätestens 30 Tage nach Fälligkeit und Empfang der Gegenleistung in Verzug.

Beispiel: Käufer K erhält die Rechnung am 1.6. Die Kaufpreisforderung war mangels abweichender Vereinbarung schon bei Kaufvertragsabschluss fällig (§ 271), sodass mit dem Zugang der Rechnung die 30-Tages-Frist des § 286 Abs. 3 S. 1 beginnt. Der Zugangstag wird nicht mitgerechnet (§ 187 Abs. 1); die Frist beginnt daher am 2.6. und läuft mit Ablauf des 1.7. ab (§ 188 Abs. 1). Mit Beginn des 2.7. tritt daher auch ohne Mahnung Verzug ein. Dem Verkäufer steht es frei, den K schon vorher durch Mahnung in Verzug zu setzen.

19   Der automatische Verzugseintritt dient dazu, die Erfüllung von Entgeltforderungen zu beschleunigen. Für den Schuldner ist das eine belastende Regelung, weil er keine Mahnung erhalten muss, um in den für ihn nachteiligen Schuldnerverzug zu geraten. Deshalb findet § 286 Abs. 3 S. 1 gegenüber einem Schuldner, der **Verbraucher** ist, nur Anwendung, wenn er in der Rechnung oder Zahlungsaufforderung auf diese Rechtsfolge besonders hingewiesen worden ist. § 286 Abs. 3 S. 2 ist überhaupt nicht anwendbar.

3. Nichtleistung

20   Der Schuldner kommt in Verzug, wenn er trotz Fälligkeit und Mahnung die Leistung nicht erbringt. Dies bedeutet nicht, dass ihm nach Zugang der Mahnung nochmals eine Frist zur Leistung und damit zur Vermeidung des Schuldnerverzugs bleiben würde. Das wäre nicht gerechtfertigt, weil die Leistung bereits fällig ist und der Schuldner deshalb schon leistungsbereit zu sein hat. Allerdings ist die Nichtleistung eine eigenständige Verzugsvoraussetzung. Daraus folgt, dass das Gesetz davon ausgeht, dass der Schuldner den Verzug trotz Mahnung noch durch Leistung abwenden kann. Das entspricht auch der Warnfunktion der Mahnung. Deshalb sollte nicht, wie die h.M. dies

---

15   BGH NJW 2010, 1872 Rn. 23.

tut,[16] der Verzugseintritt mit dem Zeitpunkt gleichgesetzt werden, in dem die Mahnung zugeht. Der Schuldner gerät erst dann in Verzug, wenn er nach **Zugang der Mahnung** bzw. dem nach § 286 Abs. 2 maßgeblichen Zeitpunkt die **Leistung nicht alsbald** erbringt.[17] Das ist freilich nur eine sehr kurze Frist, da von der Leistungsbereitschaft des Schuldners auszugehen ist; regelmäßig wird die Leistung spätestens am nächsten Geschäftstag erfolgen müssen, wenn der Schuldner den Verzug noch verhindern will. Mehr Zeit ist dem Schuldner aber zu geben, wenn die Mahnung mit der fälligkeitsbegründenden Handlung verbunden wurde, weil er dann erst mit Zugang der Mahnung leistungsbereit sein muss.[18]

Ob die Leistung noch rechtzeitig erfolgt ist oder Nichtleistung vorliegt, hängt davon ab, zu welchem Zeitpunkt der Schuldner die **Leistungshandlung** vorgenommen hat.[19] Ist diese noch vor Zugang der Mahnung erfolgt, liegt auch dann kein Schuldnerverzug vor, wenn der Leistungserfolg erst nach Zugang eingetreten ist. Was zur Leistungshandlung gehört, hängt von der Art der Schuld (Hol-, Bring- oder Schickschuld) ab. Werden **Geldschulden** als Bringschulden qualifiziert (siehe § 10 Rn. 23), dann ist bei ihnen die Leistungshandlung erst dann vorgenommen, wenn auch der Leistungserfolg eingetreten ist. Dann ist etwa bei Banküberweisungen nicht entscheidend, wann der Schuldner die Überweisung veranlasst hat, sondern wann der Betrag dem Konto des Gläubigers gutgeschrieben worden ist. 21

4. Vertretenmüssen

Schuldnerverzug setzt Vertretenmüssen des Schuldners voraus, § 286 Abs. 4.[20] Der Maßstab des Vertretenmüssens bestimmt sich nach § 276; auch § 278 kommt zur Anwendung. Wie die Formulierung „kommt nicht in Verzug" zeigt, gilt auch hier eine **Beweislastumkehr**: Der Schuldner muss beweisen, dass er den Umstand, der ihn an der rechtzeitigen Leistung gehindert hat, nicht zu vertreten hat. Folglich wird auch hier das Vertretenmüssen des Schuldners vermutet. Bei Geldschulden haftet der Schuldner verschärft (siehe § 22 Rn. 23); eine fehlende wirtschaftliche Leistungsfähigkeit hat er daher zu vertreten. Deshalb gerät z.B. ein Mieter, der Sozialleistungen zur Begleichung der Miete bekommt, in Verzug, wenn die Behörde die Leistungen nicht rechtzeitig erbringt.[21] 22

Beispiele für fehlendes Vertretenmüssen: Schuldner ist wegen einer schweren Erkrankung an der Leistung bei Verzugseintritt gehindert. – Der Gläubiger ist ohne Angabe einer neuen Anschrift verzogen und es ist dem Schuldner bei Anwendung der im Verkehr erforderlichen Sorgfalt auch nicht möglich, die Anschrift zu ermitteln. – Ungewissheit über das Bestehen und den Umfang der Forderung, die auch bei Anwendung verkehrserforderlicher Sorgfalt nicht beseitigt werden kann.

§ 286 Abs. 4 hat eine **Doppelfunktion**. Soweit es um den Anspruch auf Ersatz des Verzögerungsschadens aus §§ 280 Abs. 1, 2, 286 geht, **modifiziert** diese Norm die allgemeine Regelung zum Vertretenmüssen in § 280 Abs. 1 S. 2. Abzustellen ist nicht auf die Pflichtverletzung, die in der Nichtleistung bei Fälligkeit liegt, sondern auf die Nicht- 23

---

16 BeckOGK/Dornis, Stand 1.6.2019, § 286 Rn. 226; Erman/Hager, § 286 Rn. 70; Hk-BGB/Schulze, § 286 Rn. 30; MünchKomm/Ernst, § 286 Rn. 100.
17 Larenz, Schuldrecht I, § 23 I a); Staudinger/Löwisch/Feldmann (2014), § 286 Rn. 60.
18 Erman/Hager, § 286 Rn. 69; MünchKomm/Ernst, § 286 Rn. 55; Soergel/Benicke/Nalbantis, § 286 Rn. 74.
19 Erman/Hager, § 286 Rn. 71; Staudinger/Löwisch/Feldmann (2014), § 286 Rn. 63.
20 Zur Vertiefung: Kohler, Das Vertretenmüssen beim verzugsrechtlichen Schadensersatz, JZ 2004, 961.
21 BGHZ 204, 134 Rn. 17; BGH NJW-RR 2016, 849 Rn. 17; etwas einschränkend BGH NJW 2016, 2805 Rn. 19.

leistung bei Eintritt des Schuldnerverzugs. § 286 Abs. 4 verschiebt so den maßgeblichen Zeitpunkt. Das ist praktisch durchaus relevant, wenn der Schuldner seine Nichtleistung bei Fälligkeit nicht zu vertreten hatte, später aber wegen eines anderen Umstands, den er zu vertreten hat, nicht leistet. Hinsichtlich der anderen Rechtsfolgen des Schuldnerverzugs (§§ 287, 288) ist § 286 Abs. 4 hingegen eine **eigenständige Anspruchsvoraussetzung**, da hier § 280 Abs. 1 S. 2 keine Anwendung findet.

Beispiel: K ist plötzlich schwer erkrankt und kann daher die höchstpersönlich geschuldete Leistung zum Fälligkeitstermin nicht erbringen. Eine Woche später ist K wieder gesund, denkt aber aus Nachlässigkeit nicht mehr an ihre Schuld. Tritt nun Schuldnerverzug ein, so hat K ihre Nichtleistung bei Verzugseintritt zu vertreten.

III. Rechtsfolgen des Schuldnerverzugs

1. Verzögerungsschadensersatz

24   Der Schuldnerverzug ist die nach § 280 Abs. 2 notwendige zusätzliche Voraussetzung für einen Ersatz des Verzögerungsschadens aus §§ 280 Abs. 1, 2, 286. Der Gläubiger kann Ersatz jenes Schadens verlangen, der ihm dadurch entstanden ist, dass die Leistung bei Verzugseintritt ausgeblieben ist.[22] Ersatzfähig sind nur **ab Schuldnerverzug eingetretene Schäden**; für zuvor entstandene Einbußen kann der Gläubiger keinen Ersatz verlangen. Zu den ersatzfähigen Schäden gehören insbesondere Einbußen durch Produktionsausfälle, Kosten der vorübergehenden Ersatzbeschaffung (z.B. Anmietung des vom Verkäufer geschuldeten Gegenstands bei einem anderen Anbieter), entgangener Gewinn (sofern dieser auch bei Nachholung der Leistung bestehen bleibt, z.B. weil die Ware zwischenzeitlich unverkäuflich geworden ist, siehe § 20 Rn. 17), sowie die erforderlichen Kosten der Rechtsverfolgung (z.B. Beauftragung eines Anwalts nach Eintritt des Schuldnerverzugs zur weiteren Durchsetzung der Forderung; Einschaltung eines Inkassobüros). Nicht ersatzfähig sind hingegen die Kosten der Mahnung, sofern diese erst zum Eintritt des Verzugs führt – diese Kosten sind vor Schuldnerverzug entstanden.

25   Der Ersatz des Verzögerungsschadens ist **Schadensersatz neben der Leistung.** Er erfasst in Abgrenzung zum Schadensersatz statt der Leistung, der nur nach §§ 280 Abs. 1, 3, 281 verlangt werden kann, alle Schäden, die aus der Verzögerung entstanden sind und die auch durch eine Nachholung der Leistung nicht wieder entfallen würden (siehe § 20 Rn. 14). Diese Schäden sind ausschließlich nach §§ 280 Abs. 1, 2, 286 zu ersetzen; sie unterfallen also nicht dem Schadensersatz statt der Leistung. Die **Kosten eines Deckungsgeschäfts**, mit dem der Gläubiger sich die Leistung endgültig anderweitig beschafft (z.B. Kauf von anderem Anbieter), sind kein Verzögerungsschaden, sondern nur als Schadensersatz statt der Leistung ersatzfähig (siehe § 20 Rn. 15 f.).[23]

Beispiel: K hat bei V eine Maschine für 5.000 € gekauft. Da die Lieferung ausbleibt, mahnt sie die V. Da auch eine Woche nach der Mahnung noch keine Leistung erfolgt ist, kauft K die Maschine bei X für 5.500 € und verlangt von V Ersatz der Mehrkosten i.H.v. 500 €. – Bei der Wahl der Anspruchsgrundlage ist zu berücksichtigen, dass die Kosten eines Deckungskaufs dem Erfüllungsinteresse des Gläubigers zuzuordnen sind. K kann daher Ersatz der Mehrkosten nur nach §§ 280 Abs. 1, 3, 281 verlangen. Voraussetzung dafür ist aber eine erfolglose Fristsetzung, an der es hier fehlt und die auch nicht nach § 281 Abs. 2 entbehrlich war. Hätte K die Maschine hingegen nur von X gemietet, läge hinsichtlich der

---

22   Zur Vertiefung: Canaris, Begriff und Tatbestand des Verzögerungsschadens, ZIP 2003, 321.
23   BGHZ 197, 357; MünchKomm/Ernst, § 286 Rn. 127; Staudinger/Löwisch/Feldmann (2014), § 286 Rn. 184.

Mietkosten ein Verzögerungsschaden vor, der nach §§ 280 Abs. 1, 2, 286 zu ersetzen wäre, da V sich zum Zeitpunkt der Miete bereits in Schuldnerverzug befand.

2. Verschärfung der Schuldnerhaftung

§ 287 ordnet für den Schuldner ab Eintritt des Verzugs zwei Haftungsverschärfungen an. Nach § 287 S. 1 hat er während des Verzugs jede (d.h. auch einfache) Fahrlässigkeit zu vertreten. Es kommt folglich zu einem **Verlust einer vertraglichen oder gesetzlichen Haftungsmilderung**. Soweit es um die Leistung geht, dehnt § 287 S. 2 die Haftung aber noch weiter aus: Der Schuldner haftet auch für **Zufall**, es sei denn, der Schaden wäre auch bei rechtzeitiger Leistung eingetreten. Hier kommt es zu einer **verschuldensunabhängigen Haftung** für Umstände, die weder vom Schuldner noch vom Gläubiger zu vertreten sind und die zu einem Untergang oder einer Verschlechterung des Leistungsgegenstands geführt haben. Diese Haftungsverschärfung beschränkt sich auf jene Leistungspflicht, wegen der der Schuldner in Verzug ist ("wegen der Leistung"). Für Schutzpflichten gilt § 287 S. 2 nicht. Bei ihnen ist auch die Anwendbarkeit des § 287 S. 1 zweifelhaft: Sie werden zwar vom Wortlaut erfasst; aber es besteht kein Grund, dem Schuldner eine bestehende Haftungsprivilegierung gänzlich zu nehmen, nur weil er mit der Leistungspflicht in Verzug ist.[24]

26

Hinter der strengen Regelung des § 287 S. 2 steht die Erwägung, dass der Schuldnerverzug zu einer Gefahrerhöhung führt: Hätte der Schuldner rechtzeitig geleistet, wäre die Leistung Gefahren aus seiner Sphäre, seien diese verschuldet oder unverschuldet, nicht mehr ausgesetzt gewesen. Diese Erwägung ist nicht einschlägig, wenn der Schaden nicht auf der Gefahrerhöhung beruht, sondern **auch bei rechtzeitiger Leistung** eingetreten wäre. Dementsprechend schließt § 287 S. 2 hier die Haftungsverschärfung aus.

27

Beispiel: Ein von V an K verkauftes Diamantencollier, mit dessen Übereignung V in Schuldnerverzug ist, wird aus dem ordnungsgemäß gesicherten Safe des V von unbekannten Dieben gestohlen. K verlangt Schadensersatz in Höhe des Werts des Colliers. – Anspruchsgrundlage sind §§ 280 Abs. 1, 3, 283. Die Erfüllung der aus dem Kaufvertrag geschuldeten Pflicht zur Übergabe und Übereignung ist V durch den Diebstahl unmöglich geworden, weshalb er von seiner Leistungspflicht frei wurde (§ 275 Abs. 1). Allerdings muss V den Umstand, der zur Unmöglichkeit geführt hat, zu vertreten haben. Nach § 276 Abs. 1 hätte er nur Vorsatz und Fahrlässigkeit zu vertreten – beides liegt nicht vor. Da die Unmöglichkeit und der durch sie verursachte Schaden während des Schuldnerverzugs eingetreten sind, haftet V nach § 287 S. 2 jedoch auch für Zufall. Ein solcher liegt vor, da K die Unmöglichkeit nicht zu vertreten hat und der Diebstahl bei rechtzeitiger Leistung an K auch nicht eingetreten wäre, da sich das Collier dann nicht mehr im Safe des V befunden hätte und es keine Anhaltspunkte dafür gibt, dass es bei rechtzeitiger Leistung bei K gestohlen worden wäre.

Hinweis zur Fallbearbeitung: § 287 ist keine Anspruchsgrundlage, sondern eine gesetzliche Haftungsverschärfung i.S.d. § 276 Abs. 1 S. 1, die im Zusammenhang mit dem Vertretenmüssen zu prüfen ist und vor allem beim Schadensersatz statt der Leistung eine wichtige Rolle spielt.

28

---

24 Ebenso BeckOGK/Dornis, Stand 1.6.2019, § 287 Rn. 12; Erman/Hager, § 287 Rn. 2; Soergel/Benicke/Nalbantis, § 287 Rn. 11; Staudinger/Löwisch/Feldmann (2014), § 287 Rn. 7; a.A. BeckOK-BGB/Lorenz, § 287 Rn. 2; Hk-BGB/Schulze, § 287 Rn. 2; Palandt/Grüneberg, § 287 Rn. 2; PWW/Schmidt-Kessel, § 287 Rn. 2.

3. Verzugszinsen

29 Während des Schuldnerverzugs hat der Gläubiger einer **Geldschuld** nach § 288 Abs. 1 S. 1 einen Anspruch auf Verzugszinsen. Es handelt sich um eine eigenständige Anspruchsgrundlage, die von einem Schadensersatzanspruch nach §§ 280 ff. zu unterscheiden ist. Der Zinssatz beträgt fünf Prozentpunkte über dem Basiszinssatz (§ 247) pro Jahr (§ 288 Abs. 1 S. 2). Bei **Entgeltforderungen** (Geldforderungen, die eine Gegenleistung für eine Leistung des Gläubigers sind) beträgt der Zinssatz sogar neun Prozentpunkte über dem Basiszinssatz, wenn an dem Rechtsgeschäft keine Verbraucher beteiligt sind (§ 288 Abs. 2). In beiden Fällen ist nur ein Mindestzinssatz normiert; hat der Gläubiger aus einem anderen Rechtsgrund (vertragliche Vereinbarung von Verzugszinsen) einen Anspruch auf höhere Zinsen, so kann er diese verlangen (§ 288 Abs. 3).

30 Die Verzugszinsen sollen den Schaden, den der Gläubiger dadurch erlitten hat, dass er die geschuldete Summe bei Verzugseintritt nicht erhalten hat, ausgleichen. Dieser Schaden besteht darin, dass er die Leistung nicht selbst wirtschaftlich nutzen konnte, um sie z.B. anzulegen (Verlust von Anlagezinsen) oder einen Kredit zu tilgen (Verlust durch Fortbestand einer Kreditzinszahlungspflicht). Der Verzugszinssatz des § 288 Abs. 1 S. 2, Abs. 2 stellt dabei den pauschalen Mindestschaden dar, den der Gläubiger auf jeden Fall und ohne Nachweis, dass ihm tatsächlich ein solcher Schaden entstanden ist, ersetzt verlangen kann. Die Geltendmachung eines **weiteren Schadens**, der von Verzugszinsen nicht abgedeckt wird, ist dadurch nicht ausgeschlossen, § 288 Abs. 4. Es handelt sich hierbei um einen Verzögerungsschaden, dessen Ersatz der Gläubiger nach §§ 280 Abs. 1, 2, 286 verlangen kann. Dabei trägt er allerdings die Beweislast dafür, dass ihm ein höherer Schaden entstanden ist.

Beispiel: K ist seit dem 1.7. mit seiner Pflicht zur Zahlung des Kaufpreises von 1.000 € in Verzug. Es handelt sich um eine Geldschuld, sodass V einen Anspruch auf Verzugszinsen i.H.v. fünf Prozentpunkten über dem Basiszinssatz hat (§ 288 Abs. 1 S. 1). Sind K und V nicht Verbraucher, beträgt der Zinssatz neun Prozentpunkte über dem Basiszinssatz, weil die Forderung auf Kaufpreiszahlung eine Entgeltforderung ist (§ 288 Abs. 2). Hätte V den Betrag nutzen können, um einen Überziehungskredit zurückzuführen, für den er selbst zehn Prozent Zinsen pro Jahr zu zahlen hat, so ist ihm ein Zinsschaden entstanden, der mit dem Verzugszinssatz nicht abgedeckt ist. Diesen weitergehenden Schaden kann er nach §§ 280 Abs. 1, 2, 286 geltend machen.

31 Im unternehmerischen Verkehr sind die Beteiligten aus wirtschaftlichen Gründen auf eine zügige Erfüllung von Entgeltforderungen angewiesen. Eine gesetzliche Pflicht zur Verzugszinszahlung kann dazu geeignet sein, dieses Ziel zu erreichen, da sie Druck auf den Schuldner ausübt. Vor diesem Hintergrund verbietet § 288 Abs. 6 S. 1 einen im Voraus getroffenen **vertraglichen Ausschluss** des Anspruchs auf Verzugszinsen, sofern der Schuldner Unternehmer (§ 14) ist (§ 288 Abs. 6 S. 4). Vertragliche Beschränkungen (z.B. geringere Zinshöhe) sind nicht per se, wohl aber dann unwirksam, wenn sie grob unbillig sind, § 288 Abs. 6 S. 2. Nach dem Wortlaut gilt dies, anders als bei § 288 Abs. 6 S. 1, unabhängig vom Zeitpunkt der Vereinbarung.[25]

32 **Hinweise zur Fallbearbeitung:** § 288 Abs. 1 S. 1 ist eine eigenständige Anspruchsgrundlage, die von den Voraussetzungen des § 280 Abs. 1 unabhängig ist. Ist nach Zinsen gefragt, müs-

---

25 BeckOGK/Dornis, Stand 1.6.2019, § 288 Rn. 13; BeckOK-BGB/Lorenz, § 288 Rn. 15; Verse, ZIP 2014, 1809 (1817); a.A. Faust DNotZ 2015, 644 (659).

sen diese stets gesondert als eigener Anspruch geprüft werden. Da nicht feststeht, wann der Schuldner die Geldleistung erbringt, ist es nicht erforderlich, die Summe auszurechnen, die als Zinsen geschuldet werden; genügend ist die Angabe des Zinssatzes und des Zeitpunkts, ab dem dieser geschuldet ist (Datum, an dem Schuldnerverzug eingetreten ist). Fehlt es am Schuldnerverzug oder kann ein solcher nicht nachgewiesen werden, kommt als weitere Anspruchsgrundlage § 291 in Betracht (Zinsen ab Rechtshängigkeit).

4. Verzugspauschale

§ 288 Abs. 5 gewährt dem Gläubiger einer Entgeltforderung einen Anspruch auf Zahlung einer **Pauschale von 40 €**, sofern der Schuldner kein Verbraucher (§ 13) ist.[26] Die Verzugspauschale dient dazu, dem Gläubiger einen Mindestersatzanspruch für seine Beitreibungskosten zu verschaffen, ohne dass es darauf ankommt, ob diese Kosten als Schaden ersatzfähig wären oder ob sie tatsächlich entstanden sind. Wird jedoch ein Schadensersatzanspruch geltend gemacht, findet nach § 288 Abs. 5 S. 3 eine Anrechnung statt. Dies gilt jedoch nur, soweit der geltend gemachte Schaden in den Rechtsverfolgungskosten liegt. Werden nur andere Schadenspositionen verlangt, wird die Pauschale nicht angerechnet. Ein vertraglicher Ausschluss oder eine Einschränkung dieses Anspruchs ist unwirksam, wenn sie grob unbillig ist, § 288 Abs. 6 S. 2. Dies wird bei einem Ausschluss im Zweifel vermutet, § 288 Abs. 6 S. 3. Das führt zu einer Beweislastumkehr: Der Schuldner, der sich auf die Vereinbarung beruft, muss beweisen, dass sie nicht wegen grober Unbilligkeit unwirksam ist.

IV. Prüfungsaufbau

1. Verzögerungsschadensersatz, §§ 280 Abs. 1, 2, 286

I. Schuldverhältnis

II. Pflichtverletzung

    1. Wirksamer, fälliger und einredefreier Anspruch

    2. Nichterbringung der Leistung (Eintritt des Leistungserfolgs) bei Fälligkeit

III. Schuldnerverzug, § 286

    1. Mahnung (§ 286 Abs. 1) bzw. Entbehrlichkeit (§ 286 Abs. 2) bzw. Ablauf der 30-Tages-Frist bei Entgeltforderungen (§ 286 Abs. 3)

    2. Nichtleistung auf die Mahnung bzw. zum Entbehrlichkeitszeitpunkt bzw. bis Ablauf der 30-Tages-Frist bei Entgeltforderungen

IV. Vertretenmüssen, §§ 286 Abs. 4, 280 Abs. 1 S. 2 (Widerlegung der Vermutung)

    1. Haftungsmaßstab des Schuldners, § 276 Abs. 1

    2. Vertretenmüssen des Schuldners bei Eintritt des Schuldnerverzugs

33

34

---

26 Zur Vertiefung: Dornis, Vom künftigen Umgang mit einer Unbekannten – die „Entschädigungspauschale" im neuen § 288 BGB, ZIP 2014, 2427; ders., Die Entschädigungspauschale für Betreibungsaufwand – Neujustierung von Kompensation und Prävention im europäischen und deutschen Verzugsrecht?, WM 2014, 677; Dornis/Kessenich, Die „Entschädigungspauschale" bei Zahlungsverzug – Einführung in grundsätzliche Fragen eines neuen Verzugsfolgeninstruments, Jura 2015, 887.

a) Eigenes Vertretenmüssen

b) Zurechnung des Verschuldens eines Dritten, § 278

V. Schaden

1. Unfreiwillige Einbuße nach der Differenzhypothese

2. Ersatzfähigkeit als Verzögerungsschaden

2. Verzugszinsen, § 288 Abs. 1

35   I. Geldschuld

II. Schuldnerverzug, § 286

1. Wirksamer, fälliger und einredefreier Anspruch

2. Mahnung (§ 286 Abs. 1) bzw. Entbehrlichkeit (§ 286 Abs. 2) bzw. Ablauf der 30-Tages-Frist bei Entgeltforderungen (§ 286 Abs. 3)

3. Nichtleistung auf die Mahnung bzw. zum Entbehrlichkeitszeitpunkt bzw. bis Ablauf der 30-Tages-Frist bei Entgeltforderungen

4. Vertretenmüssen, § 286 Abs. 4 (Widerlegung der Vermutung)

a) Haftungsmaßstab des Schuldners, § 276 Abs. 1

b) Vertretenmüssen des Schuldners bei Eintritt des Schuldnerverzugs

aa) Eigenes Vertretenmüssen

bb) Zurechnung des Verschuldens eines Dritten, § 278

3. Verzugspauschale, § 288 Abs. 5

36   I. Entgeltforderung

II. Schuldnerverzug, § 286 (wie beim Anspruch aus § 288 Abs. 1)

III. Schuldner ist kein Verbraucher

Wiederholungs- und Vertiefungsfragen

37   1. Was ist Schuldnerverzug? (Rn. 4)

2. Was ist eine Mahnung? (Rn. 7)

3. Die 17-jährige G hat einen Anspruch auf Zahlung von 100 € gegen S. Da die Leistung zum Fälligkeitszeitpunkt ausbleibt, schickt sie dem S eine Mahnung. Hiermit sind die Eltern der G, die mit S gut befreundet sind, nicht einverstanden. Befindet S sich in Schuldnerverzug, wenn er trotz der Mahnung nicht leistet? (Rn. 9)

4. Kann der Gläubiger die Mahnung mit der fälligkeitsauslösenden Handlung verbinden? (Rn. 11)

5. G hat gegen S einen fälligen Anspruch auf Zahlung von 10.000 €. Da die Zahlung ausbleibt, übersendet G dem S eine Mahnung. In dieser Mahnung verschreibt er sich jedoch: Statt 10.000 € fordert er nur zur Zahlung von 1.000 € auf. Kann G, wenn S auf die Mahnung nicht leistet, Verzugszinsen für 10.000 € verlangen? Kann G die Mahnung anfechten? (Rn. 8)

6. Wann ist eine Mahnung entbehrlich? (Rn. 12 ff.)

7. Wann kommt der Schuldner einer Entgeltforderung spätestens in Verzug? (Rn. 18)

8. Auf welchen Zeitpunkt kommt es für das Vertretenmüssen des Schuldners an? (Rn. 23)

9. Welche Rechtsfolgen hat der Schuldnerverzug? (Rn. 24 ff.)

10. Was ist ein Verzögerungsschaden? (Rn. 24)

11. Welche Auswirkungen hat der Eintritt der Unmöglichkeit auf einen schon entstandenen Anspruch auf Verzugszinsen? (Rn. 6)

12. Aus welcher Anspruchsgrundlage kann der Gläubiger höhere Zinsen als die gesetzlichen Verzugszinsen verlangen? (Rn. 30)

13. Gilt § 287 auch für Schutzpflichtverletzungen? (Rn. 26)

§ 25 Schadensersatz statt der Leistung

I. Anwendungsbereich und Regelungsstruktur

1   Schadensersatz statt der Leistung ist bei **jeder Form der Pflichtverletzung** sowie bei der nicht als Pflichtverletzung einzuordnenden anfänglichen Unmöglichkeit denkbar. Er umfasst Beeinträchtigungen des Erfüllungsinteresses und damit Schäden, die durch eine (gedachte) Nachholung der Leistung wieder entfallen würden (siehe § 20 Rn. 14). Der Anspruch ermöglicht dem Gläubiger den Verzicht auf die Leistung in Natur und kann – im Wege der Schadensersatzberechnung (siehe Rn. 31) – auch zu einer Befreiung von der Gegenleistungspflicht führen. Dieses Ziel kann der Gläubiger auch durch einen Rücktritt nach §§ 323, 324, 326 Abs. 5 erreichen, ohne dass es dazu – wie beim Schadensersatz – auf das Vertretenmüssen ankäme. Der Rücktritt führt aber nur zum Wegfall der Leistungspflichten und einer Rückgewährpflicht bereits empfangener Leistungen (§ 346 Abs. 1). Dadurch wird der Gläubiger im Ergebnis so gestellt, als ob er den Vertrag nicht abgeschlossen hätte. Will er hingegen sein Erfüllungsinteresse realisieren, also so gestellt werden, als ob ihm die Leistung ordnungsgemäß zugeflossen wäre, ist der Anspruch auf Schadensersatz statt der Leistung der richtige Weg, weil der Schadensersatz wirtschaftlich an die Stelle der Leistung tritt. Hierzu ist allerdings erforderlich, dass der Schuldner die Pflichtverletzung bzw. anfängliche Unmöglichkeit zu vertreten hat.

2   Die Ersetzung der primären Leistungspflicht durch eine sekundäre Pflicht zum Schadensersatz schiebt den Vorrang des Erfüllungsanspruchs beiseite. Dies ist zum Schutz des Schuldners nur gerechtfertigt, wenn **zusätzliche Voraussetzungen** gegeben sind.[1] Bei Pflichtverletzungen ergeben sich die nach § 280 Abs. 3 zusätzlich notwendigen Voraussetzungen abhängig von der Art der Pflichtverletzung aus § 281 (Nichtleistung trotz Möglichkeit der Leistung, Schlechtleistung), § 282 (Schutzpflichtverletzung), § 283 (Nichtleistung wegen nachträglicher Unmöglichkeit). Bei der Nichtleistung wegen anfänglicher Unmöglichkeit ergeben sich sämtliche Anspruchsvoraussetzungen aus § 311a Abs. 2.

II. Schadensersatz statt der Leistung wegen Nichtleistung oder Schlechtleistung (§§ 280 Abs. 1, 3, 281)

1. Anwendungsbereich

3   Der in §§ 280 Abs. 1, 3, 281 geregelte Schadensersatz statt der Leistung setzt voraus, dass eine fällige Leistung nicht oder nicht wie geschuldet erbracht wurde. Die hier erwähnte Nichtleistung kann aber nur vorliegen, wenn die Leistung noch möglich ist. Dafür gibt es mehrere Gründe: Der Wortlaut verlangt eine fällige Leistung; hieran fehlt es, wenn die Leistungspflicht nach § 275 Abs. 1–3 weggefallen ist. Aus der Regelungssystematik ergibt sich ferner, dass § 283 eine Sonderregelung für Unmöglichkeitsfälle darstellt. Das in § 281 Abs. 1 vorgesehene Fristsetzungserfordernis ist sinnlos, wenn die Leistung unmöglich ist, sodass auch teleologisch eine Ausgrenzung der Unmöglichkeit geboten ist. § 281 erfasst daher neben der **Schlechtleistung** nur die **Nichtleistung**

---

1 Zur Vertiefung: Hirsch, Schadensersatz statt der Leistung, Jura 2003, 727; Huber, Schadensersatz statt der Leistung, AcP 210 (2010), 319; Katzenstein, Der Schadensersatz statt der Leistung nach §§ 280 Abs. 1 und 3, 281 bis 283 BGB, Jura 2005, 217.

trotz Möglichkeit der Leistung. Diese liegt vor, wenn der Schuldner die Leistung bei Fälligkeit nicht erbringt, obwohl kein Fall des § 275 Abs. 1–3 vorliegt.

Für Schlechtleistungen bei Miet- und Pauschalreiseverträgen finden sich in §§ 536 ff., 4 651 i ff. abschließende Sonderregelungen, die §§ 280 Abs. 1, 3, 281 verdrängen. Bei Kauf- und Werkverträgen finden diese Vorschriften nur über die Verweisungen in §§ 437 Nr. 3, 634 Nr. 4 Anwendung; dabei gelten jeweils Modifikationen (z.B. bzgl. der Fristsetzung, §§ 440, 636). Da das Fristsetzungserfordernis des § 281 Abs. 1 darauf gerichtet ist, dem Schuldner eine zweite Chance zu verschaffen, die Leistung noch ordnungsgemäß zu erbringen, unterfallen nur **behebbare Schlechtleistungen** §§ 280 Abs. 1, 3, 281. Ist die Schlechtleistung nicht behebbar, liegt ein Fall von Unmöglichkeit vor. Die Anspruchsgrundlage hängt dann von dem Zeitpunkt ab, in dem die Unbehebbarkeit eingetreten ist: Lag diese schon bei Vertragsschluss vor, gilt § 311 a Abs. 2; trat sie danach ein, kommen §§ 280 Abs. 1, 3, 283 zur Anwendung.

Die verletzte Pflicht muss eine **Leistungspflicht** (Haupt- oder Nebenleistungspflicht) 5 sein. Schutzpflichtverletzungen unterfallen § 282. Pflichten mit Doppelcharakter, die sowohl Leistungs- als auch Schutzpflicht sind, sollten unter § 281 subsumiert werden, damit der Schuldner über das Fristsetzungserfordernis Gelegenheit erhält, die Leistung nachzuholen (siehe § 5 Rn. 21).

2. Anspruchsvoraussetzungen

Hinweis zur Fallbearbeitung: § 281 Abs. 1 S. 1 nimmt die Voraussetzungen des § 280 Abs. 1 S. 1 6 in Bezug. Dennoch sollte die Anspruchsprüfung nicht mit den in § 281 Abs. 1 S. 1 genannten Voraussetzungen begonnen werden, weil § 280 Abs. 1 die Grundnorm für alle Schadensersatzansprüche ist und sich aus § 281 Abs. 1 S. 1 nur die nach § 280 Abs. 3 erforderlichen zusätzlichen Voraussetzungen ergeben. Diese bestehen im erfolglosen Ablauf einer angemessenen, vom Gläubiger gesetzten Frist. Um Dopplungen zu vermeiden, sollte bereits bei der Prüfung der Pflichtverletzung als Voraussetzung des § 280 Abs. 1 S. 1 thematisiert werden, ob der Schuldner die fällige Leistung nicht oder nicht wie geschuldet (§ 281 Abs. 1 S. 1) erbracht hat. Die Fristsetzung und der erfolglose Fristablauf sollten dann nach der Pflichtverletzung, aber vor dem Vertretenmüssen geprüft werden, denn bei Letzterem kommt es grundsätzlich darauf an, ob der Schuldner die Pflichtverletzung bei Fristablauf zu vertreten hat (siehe Rn. 21).

a) Schuldverhältnis

Das nach § 280 Abs. 1 erforderliche **wirksame Schuldverhältnis** muss ein solches mit 7 Leistungspflichten sein, da § 281 eine fällige Leistung voraussetzt. Vorvertragliche Schuldverhältnisse sind daher nicht ausreichend. Andere gesetzliche Schuldverhältnisse kommen hingegen in Betracht.

b) Pflichtverletzung

Die Pflichtverletzung durch Nichtleistung oder Schlechtleistung setzt eine „fällige Leis- 8 tung" und damit einen **wirksamen, fälligen und einredefreien Anspruch** auf die Leistung voraus (siehe § 21 Rn. 6).[2] Vor Fälligkeit kann ein Anspruch auf Schadensersatz

---

2 BGH NJW 2013, 1431 Rn. 20; zur Vertiefung: Herresthal, Das ungeschriebene Tatbestandsmerkmal der Durchsetzbarkeit in §§ 281 I, 323 I BGB, Jura 2008, 561.

statt der Leistung nicht entstehen. Das muss entgegen h.M. auch gelten, wenn schon vor Fälligkeit erkennbar ist, dass es zu einer Pflichtverletzung kommen wird (z.B. Schuldner kündigt an, bei Fälligkeit nicht leisten zu wollen). Hier kann der Gläubiger noch nicht Befriedigung seines Erfüllungsinteresses im Wege des Schadensersatzes verlangen, weil er auch noch nicht Erfüllung dieses Interesses in Natur, d.h., durch die Leistung verlangen konnte.[3] Hierin unterscheidet sich der Schadensersatz vom Rücktritt, der nach § 323 Abs. 4 unter bestimmten Voraussetzungen auch vor Fälligkeit erfolgen kann, aber nicht dem Schutz des Erfüllungsinteresses dient. Die Leistungsverweigerung vor Fälligkeit lässt sich aber als Schutzpflichtverletzung verstehen, sodass sich aus §§ 280 Abs. 1, 3, 282 ein Schadensersatzanspruch ergeben kann.

9   Eine **Nichtleistung** liegt vor, wenn der Schuldner die Leistung zum Fälligkeitszeitpunkt nicht erbringt, obwohl die Leistung nicht nach § 275 Abs. 1–3 unmöglich ist. Schuldnerverzug ist nicht erforderlich. Eine **Schlechtleistung** ist gegeben, wenn die erbrachte Leistung nicht so beschaffen ist, wie dies aufgrund vertraglicher Vereinbarung oder gesetzlicher Bestimmung notwendig ist, sofern der Mangel behebbar ist.

c) Fristsetzung

10   Die zusätzlichen Voraussetzungen bestehen in der Setzung einer angemessenen Frist zur Erbringung der geschuldeten Leistung und deren erfolglosem Ablauf.[4]

aa) Funktion und Anforderungen

11   Das Fristsetzungserfordernis des § 281 Abs. 1 S. 1 soll es dem Schuldner ermöglichen, durch Nachholung der unterbliebenen bzw. Behebung der schlechten Leistung den ihn belastenden Schadensersatzanspruch noch abzuwehren. Die Fristsetzung gibt ihm gleichsam eine **zweite Chance**.

12   Die Fristsetzung verlangt nicht nur die Setzung einer Frist, sondern zusätzlich eine bestimmte und eindeutige Aufforderung zur Leistung.[5] Notwendig ist also eine **Leistungsaufforderung mit Fristsetzung**. Die Anforderungen an die Leistungsaufforderung entsprechen grundsätzlich denen der Mahnung (siehe § 24 Rn. 7). Inhaltlich richtet sie sich auf die geschuldete Leistung. Das ist im Fall der Nichtleistung die Erbringung der Leistung, im Fall der Schlechtleistung die Erbringung der ordnungsgemäßen Leistung (Nacherfüllung). Bei der Schlechtleistung reicht es aus, wenn der Mangel beschrieben und seine Beseitigung oder Lieferung einer mangelfreien Sache verlangt wird.[6] Die Leistungsaufforderung ist nur wirksam, wenn der Gläubiger mit ihr etwas verlangt, was ihm tatsächlich zusteht. Sie ist daher z.B. unwirksam, wenn der Käufer Nachbesserung der mangelhaften Kaufsache an einem anderen Ort als dem Nacherfüllungsort verlangt.[7]

13   Für die **Frist** ist es nach h.M. nicht notwendig, einen kalendermäßig bestimm- oder berechenbaren Zeitraum oder Endtermin anzugeben. Ausreichend sind auch Aufforde-

---

3   Medicus/Lorenz, Schuldrecht I, Rn. 507; a.A. NK-BGB/Dauner-Lieb, § 281 Rn. 39; Palandt/Grüneberg, § 281 Rn. 8 a; Soergel/Benicke/Hellwig, § 281, 75 ff.; Staudinger/Schwarze (2014), § 281 Rn. B 182; Looschelders, Schuldrecht AT, § 27 Rn. 18.
4   Zur Vertiefung: Odemer, Das Fristsetzungserfordernis der §§ 281, 323 BGB, Jura 2016, 842; Skamel, Die angemessene Frist zur Leistung oder Nacherfüllung, JuS 2010, 671.
5   Vgl. BGH NJW 2010, 2200 Rn. 16; Palandt/Grüneberg, § 281 Rn. 9.
6   BGH NJW 2010, 2200 Rn. 16.
7   Vgl. zu § 323 Abs. 1 BGH NJW 2013, 1074 Rn. 23.

rungen zur sofortigen, unverzüglichen, umgehenden oder schnellen Leistung[8] – auch damit sind Zeiträume bestimmt, die allerdings möglicherweise unangemessen kurz sind. Die Setzung einer zu kurzen Frist bringt aber eine angemessene Frist in Gang.[9] Was **angemessen** ist, hängt vom Inhalt der Leistungspflicht und den Umständen des Einzelfalls ab. Die Frist soll dem Schuldner nur eine letzte Gelegenheit zur Leistung verschaffen. Sie muss daher nicht so bemessen sein, dass der Schuldner eine noch nicht angefangene Leistung erstellen kann; ausreichend ist, wenn er sie vollenden kann. Bei einer Schlechtleistung ist zu beachten, dass der Schuldner sich auf deren Behebung nicht vorbereiten konnte. Die Frist muss daher so lang sein, dass die verlangte Art der Nacherfüllung erbracht werden kann. Schlägt der Schuldner selbst eine Frist vor, darf der Gläubiger sie selbst dann übernehmen, wenn sie objektiv zu kurz ist.[10]

Wie die Mahnung (siehe § 24 Rn. 9) ist auch die Fristsetzung keine Willenserklärung, sondern eine geschäftsähnliche Handlung.[11] Auf sie finden die Vorschriften für Willenserklärungen aber analoge Anwendung. Sie muss daher dem Schuldner **zugehen** (§ 130 Abs. 1 analog).

14

bb) Zeitpunkt der Fristsetzung

Anders als bei § 286 Abs. 1 fehlt es in § 281 Abs. 1 S. 1 an einer ausdrücklichen Bestimmung des frühesten Zeitpunkts, in dem die Fristsetzung erfolgen kann. Aus der Struktur der Regelung ergibt sich jedoch, dass auch hier die Fristsetzung **nach Fälligkeit** erfolgen muss.[12] Eine vor Fälligkeit erfolgte Fristsetzung verfehlt ihre Funktion, dem Schuldner eine zweite Chance zu gewähren – er muss zu diesem Zeitpunkt ja überhaupt noch nicht leisten. Eine vor Fälligkeit gesetzte Frist ist auch dann nicht wirksam, wenn sie eine angemessene Zeit nach Fälligkeit endet, da hier die zur Fristsetzung ebenfalls notwendige Leistungsaufforderung ihre Aufgabe verfehlt, dem Schuldner zu verdeutlichen, dass der Gläubiger nach wie vor auf die Leistung besteht – eine solche Aufforderung kann der Schuldner vor Fälligkeit ignorieren. Ausreichend ist aber aus den gleichen Gründen wie bei der Mahnung (siehe § 24 Rn. 11) eine Verbindung von fälligkeitsbegründender Handlung und Fristsetzung.

15

cc) Entbehrlichkeit der Fristsetzung

§ 281 Abs. 2 nennt anders als § 286 Abs. 2 bei der Mahnung nur zwei Gründe, aus denen die **Fristsetzung entbehrlich** ist. Insbesondere genügt nicht, dass der Leistungszeitpunkt nach dem Kalender bestimmt ist oder im Sinne des § 286 Abs. 2 Nr. 2 berechenbar ist. Wäre in diesen Fällen die Fristsetzung entbehrlich, könnte der Gläubiger schon bei Fälligkeit Schadensersatz statt der Leistung verlangen, ohne dass dem Schuldner eine zweite Chance verbliebe. Anders als beim Rücktritt ist auch bei einem relativen

16

---

8 BGH NJW 2009, 3153 Rn. 8 ff.; BGH NJW 2015, 2564 Rn. 11; BGH NJW 2016, 3654 Rn. 25; Hk-BGB/Schulze, § 281 Rn. 7; Palandt/Grüneberg, § 281 Rn. 9; Soergel/Bennicke/Hellwig, § 281 Rn. 91; a.A. Staudinger/Schwarze (2014), § 281 Rn. B 43; Koch, NJW 2010, 1636 ff. Zur Vertiefung: Dubovitskaya, Fristsetzung im Schuldrecht: Neue Obliegenheit für den säumigen Schuldner?, JZ 2012, 328; Greiner/Hossenfelder, Aufforderung zur „unverzüglichen", „umgehenden" oder „sofortigen" Nacherfüllung als hinreichende Nachfristsetzung i.S.d. § 281 I 1 BGB?, JA 2010, 412; Höpfner, Anforderungen an die Fristsetzung – Bestimmtheitsgebot und Angemessenheit der Frist, NJW 2016, 3633; Ludes/Lube, Das Verlangen nach „umgehender" Leistung bei §§ 281, 286 und § 323 BGB, MDR 2009, 1317.
9 Allg. Meinung, vgl. nur BGH NJW 2016, 3654 Rn. 31; Hk-BGB/Schulze, § 281 Rn. 7.
10 BGH NJW 2016, 3654 Rn. 36.
11 Vgl. Staudinger/Schwarze (2014), § 281 Rn. B 19 m.w.N. auch zur Gegenauffassung.
12 Vgl. zu § 323 Abs. 1 BGHZ 193, 315 Rn. 16 m.w.N.

Fixgeschäft (siehe § 30 Rn. 5) die Fristsetzung nicht generell entbehrlich. Eine analoge Anwendung des § 323 Abs. 2 Nr. 2 widerspräche dem Willen des Gesetzgebers; ggf. kann aber eine Berücksichtigung beim Entbehrlichkeitsgrund der besonderen Umstände erfolgen (siehe Rn. 18). § 281 Abs. 2 wird bei Schlechtleistungen im Kauf- und Werkvertragsrecht durch §§ 440, 636 ergänzt, die weitere Entbehrlichkeitsgründe enthalten. Außerdem können die Parteien das Fristsetzungserfordernis durch Individualvereinbarung abbedingen; einer entsprechenden AGB-Klausel steht hingegen bei Verwendung gegenüber Verbrauchern § 309 Nr. 4 entgegen.

17   Wie bei der Mahnung (§ 286 Abs. 2 Nr. 3, siehe § 24 Rn. 16) ist die Fristsetzung entbehrlich, wenn der Schuldner die Leistung **ernsthaft und endgültig verweigert** (§ 281 Abs. 2 1. Alt.). Das ist nur anzunehmen, wenn der Schuldner unmissverständlich und eindeutig zum Ausdruck bringt, dass er seinen Pflichten unter keinen Umständen nachkommen wird.[13] Eine Verweigerung vor Fälligkeit kann genügen, wenn sich aus ihr ergibt, dass der Schuldner auch bei Eintritt der Fälligkeit nicht leisten wird und dies sein letztes Wort ist.[14] Der Gläubiger kann dann aber Schadensersatz erst verlangen, wenn die Leistung tatsächlich fällig geworden ist. Ein sofortiger, mit der Leistungsverweigerung entstehender Schadensersatzanspruch hätte zur Folge, dass der Gläubiger schon vor Fälligkeit Ersatz seines Erfüllungsinteresses verlangen kann, obwohl er noch nicht einmal Erfüllung dieses Interesses durch die Leistung verlangen konnte. § 323 Abs. 4, der in diesem Fall einen Rücktritt zulässt, kann entgegen h.M. nicht analog angewandt werden, da der Rücktritt den Schuldner nur zur Wiederherstellung der ursprünglichen, vor dem Leistungsaustausch bestehenden Situation verpflichtet.[15]

18   Die Fristsetzung ist ferner entbehrlich, wenn **besondere Umstände** vorliegen, die unter Abwägung der beiderseitigen Interessen die sofortige Geltendmachung des Schadensersatzanspruchs rechtfertigen (§ 281 Abs. 2 2. Alt.). Ähnlich wie bei der Mahnung (286 Abs. 2 Nr. 4) gehören hierzu Fälle **besonderer Dringlichkeit**, in denen dem Gläubiger ein längeres Zuwarten auf die Leistung bzw. Nacherfüllung nicht zumutbar ist (z.B. wegen drohender Schäden bei Just-in-Time-Lieferverträgen). Das kann auch bei einem relativen Fixgeschäft der Fall sein. Allerdings genügt es nicht, dass die Voraussetzungen des § 323 Abs. 2 Nr. 2 gegeben sind, da eine analoge Anwendung dieser Vorschrift ausscheidet (siehe Rn. 17). Für den Schadensersatzanspruch ist die Fristsetzung erst entbehrlich, wenn die Interessenabwägung ergibt, dass dem Gläubiger ein weiteres Warten auf die Leistung nicht zumutbar ist.[16] Ein **zerrüttetes Vertrauensverhältnis** kann ebenfalls die Nachfristsetzung entbehrlich machen. Hierzu gehören insbesondere Fälle schwerer Pflichtverletzungen oder arglistiger Täuschungen.[17]

dd) Abmahnung statt Fristsetzung

19   Ist der Schuldner zur **Unterlassung** verpflichtet, hat er aber dagegen bei Fälligkeit verstoßen, indem er die Handlung vorgenommen hat, ist es sinnlos, ihn aufzufordern, bis

---

13 BGH NJW 2015, 3455 Rn. 33 m.w.N.; BGH NJW 2017, 1666 Rn. 31.
14 Vgl. zu § 323 Abs. 2 Nr. 1 BGHZ 193, 315 Rn. 21; a.A. Staudinger/Schwarze (2014), § 281 Rn. B 90.
15 Medicus/Lorenz, Schuldrecht I, Rn. 507; a.A. Erman/Westermann, § 281 Rn. 16; Palandt/Grüneberg, § 281 Rn. 8 a; PWW/Schmidt-Kessel, § 281 Rn. 14; Looschelders, Schuldrecht AT, § 27 Rn. 18.
16 BeckOK-BGB/Lorenz, § 281 Rn. 30; Staudinger/Schwarze (2014), § 281 Rn. B 118; wohl großzügiger NK-BGB/Dauner-Lieb, § 281 Rn. 42; a.A. MünchKomm/Ernst, § 281 Rn. 64; Palandt/Grüneberg, § 281 Rn. 15.
17 Vgl. zur Täuschung über Mängel der Kaufsache BGH NJW 2007, 835 Rn. 12 f.; BGH NJW 2008, 1371 Rn. 19; BGH NJW 2010, 1805 Rn. 9.

zu einem bestimmten Termin die Handlung zu unterlassen. Hier kann nach § 281 Abs. 3 wegen der Art der Pflichtverletzung an die Stelle der Fristsetzung eine Abmahnung treten. Das ist die ernsthafte und eindeutige Aufforderung an den Schuldner, die Handlung zu unterlassen. Für die Entbehrlichkeit gilt § 281 Abs. 2.

d) Erfolglosigkeit der Fristsetzung

Die Frist ist erfolglos abgelaufen, wenn bis zu ihrem Ende die geschuldete Leistung (bei Nichtleistung) bzw. Nacherfüllung (bei Schlechtleistung) vom Schuldner nicht erbracht wurde. Maßgeblich ist die Vornahme der **Leistungshandlung** innerhalb der gesetzten Frist; ein späterer Eintritt des Leistungserfolgs schadet nicht.[18] Wie das Wort „soweit" am Anfang des § 281 Abs. 1 S. 1 zeigt, kann der Gläubiger auch dann Schadensersatz verlangen, wenn der Schuldner die Leistung oder Nacherfüllung nur **zum Teil** nicht bis Fristablauf erbracht hat. Freilich beschränkt sich der Anspruch dann auf den ausgebliebenen Teil (sog. kleiner Schadensersatz). Schadensersatz statt der ganzen Leistung kann er nur unter den Voraussetzungen des § 281 Abs. 1 S. 2, 3 verlangen (siehe Rn. 34 ff.).

20

e) Vertretenmüssen

Das nach § 280 Abs. 1 S. 2 erforderliche Vertretenmüssen bezieht sich auf die Pflichtverletzung und insoweit auf die Nicht- oder Schlechtleistung bei Fälligkeit. Der Anspruch auf Schadensersatz statt der Leistung entsteht jedoch erst, wenn die Frist erfolglos abgelaufen ist. Davon ausgehend, dass für die Anspruchsentstehung alle Tatbestandsvoraussetzungen gemeinsam vorliegen müssen, ist für das Vertretenmüssen grundsätzlich auf den Zeitpunkt abzustellen, in dem die **Frist erfolglos abgelaufen** ist. War hingegen keine Fristsetzung erforderlich, kommt es auf den Zeitpunkt an, in dem der Grund eingetreten ist, aus dem die Entbehrlichkeit der Fristsetzung folgt.[19]

21

Hat der Schuldner zwar die Nicht- oder Schlechtleistung **bei Fälligkeit** zu vertreten, ist er aber unverschuldet an der Nachholung der Leistung bzw. Nacherfüllung bis zum Fristablauf gehindert, stellt sich die Frage, ob ein Vertretenmüssen vorliegt. Dabei ist zunächst zu bedenken, dass die Fristsetzung in der Regel auch die Anforderungen an die Mahnung erfüllt und der Schuldner daher schon mit Fristsetzung in Schuldnerverzug gerät, wenn er das Ausbleiben der Leistung oder Nacherfüllung zu diesem Zeitpunkt zu vertreten hat. Das hat zur Folge, dass er ab diesem Zeitpunkt auch für Zufall haftet (§ 287 S. 2), weshalb es im Allgemeinen bei Fristablauf nicht am Vertretenmüssen fehlt. Grundsätzlich aber ist die gestellte Frage mit der wohl h.M. zu bejahen.[20] Aus der Funktion der Fristsetzung ergibt sich, dass Vertretenmüssen bei Fälligkeit ausreichend ist. Die Fristsetzung soll dem Schuldner nur eine zweite Chance geben, sich vor einer Inanspruchnahme auf Schadensersatz zu schützen. Der bei erfolglosem Verstreichen der Frist geschuldete Ausgleich des Erfüllungsinteresses beruht jedoch nicht

22

---

18 Erman/Westermann, § 281 Rn. 18; MünchKomm/Ernst, § 281 Rn. 48; differenzierend Soergel/Benicke/Hellwig, § 281 Rn. 136.

19 BeckOK-BGB/Lorenz, § 281 Rn. 14; Jauernig/Stadler, § 281 Rn. 12; Palandt/Grüneberg, § 281 Rn. 16; a.A. (Zeitpunkt der Fälligkeit) Looschelders, Schuldrecht AT, § 27 Rn. 22.

20 Vgl. MünchKomm/Ernst, § 281 Rn. 50; PWW/Schmidt-Kessel, § 280 Rn. 20; Staudinger/Schwarze (2014), § 280 Rn. D 12; Looschelders, Schuldrecht AT, § 27 Rn. 22; a.A. (stets Zeitpunkt des Fristablaufs) BeckOK-BGB/Lorenz, § 281 Rn. 14; Palandt/Grüneberg, § 281 Rn. 16; Lorenz, NJW 2002, 2497 (2503); Schur, ZGS 2002, 243; zur Vertiefung: Ludes/Lube, Vertretenmüssen bei § 281 BGB, ZGS 2009, 259; Tetenberg, Der Bezugspunkt des Vertretenmüssens beim Schadensersatz statt der Leistung, JA 2009, 1.

darauf, dass der Schuldner schuldhaft seine zweite Chance nicht wahrgenommen hat, sondern auf der Beeinträchtigung des Erfüllungsinteresses durch schuldhafte Nicht- oder Schlechtleistung. Die Pflichtverletzung besteht folglich darin, dass die **Leistung nicht spätestens bis zum Ablauf der Frist** erbracht wurde. Ausreichend ist deshalb, dass der Schuldner die Nicht- oder Schlechtleistung **bei Fälligkeit oder bei Fristablauf** zu vertreten hat.

f) Schaden

23   Der von § 280 Abs. 1 S. 1 verlangte Schaden spielt für die Entstehung des Anspruchs auf Schadensersatz statt der Leistung zunächst keine Rolle, weil der Anspruch schon mit dem erfolglosen Fristablauf entsteht. Zum Schaden kommt es für den Gläubiger erst, wenn er den Schadensersatzanspruch geltend macht – das hat nach § 281 Abs. 4 zur Folge, dass er die Leistung nicht erhält. Durch diesen Wegfall kommt es zur endgültigen Beeinträchtigung seines Erfüllungsinteresses, das durch den Schadensersatz ausgeglichen werden soll. Ersatzfähig sind deshalb nur solche Schadenspositionen, die aus dem endgültig ausgebliebenen Zufluss der Leistung zum Vermögen des Gläubigers resultieren. Dazu gehört insbesondere der Wert der Leistung (siehe Rn. 28 f.).

24   **Hinweis zur Fallbearbeitung:** Da der Schaden erst mit der Geltendmachung des Schadensersatzanspruchs entsteht, sollte beim Schaden nur geprüft werden, ob der Gläubiger Schadensersatz statt der Leistung verlangt. Ist dies der Fall, liegt ein hinreichender Schaden schon im Verlust des Anspruchs auf die Leistung. Die einzelnen Schadenspositionen, die der Gläubiger geltend macht, sind hingegen auf der Rechtsfolgenseite bei der Prüfung des Umfangs des Schadensersatzanspruchs zu erörtern.

3. Rechtsfolgen

a) Wahl zwischen Erfüllung und Schadensersatz

25   Erfolgt bis Fristablauf bzw. dem nach § 281 Abs. 2 maßgeblichen Zeitpunkt keine Leistung, bleibt der Erfüllungs- bzw. Nacherfüllungsanspruch des Gläubigers weiterhin bestehen. Der Gläubiger hat jetzt aber die Wahl zwischen der Erfüllung und dem Anspruch auf Schadensersatz statt der Leistung. Er kann deshalb weiterhin **auf Erfüllung bestehen.** Tut er dies, bleibt ihm der Schadensersatzanspruch dennoch erhalten und er kann diesen, wenn die verlangte Erfüllung weiterhin ausbleibt, ohne erneute Fristsetzung geltend machen.[21] Einem allzu schnellen Wechsel vom erneuten Erfüllungsverlangen zum Schadensersatzanspruch kann allenfalls § 242 (unzulässige Rechtsausübung) entgegenstehen.

26   Erbringt der Schuldner die Leistung bzw. Nacherfüllung und nimmt der Gläubiger sie an, erlischt der Erfüllungsanspruch nach § 362 Abs. 1. Das muss zum Erlöschen des Schadensersatzanspruchs führen, weil nunmehr das Erfüllungsinteresse des Gläubigers durch die Leistung befriedigt ist.[22] Der Gläubiger ist aber befugt, die **Leistung zurück-**

---

21   Vgl. BGH NJW 2006, 1198 Rn. 16 ff.; Staudinger/Schwarze (2014), § 281 Rn. D 7 m.w.N.; a.A. Jauernig/Stadler, § 281 Rn. 15; Schwab, JR 2003, 133 (135).
22   BGHZ 197, 357 Rn. 29.

zuweisen, ohne in Annahmeverzug zu geraten.[23] Andernfalls könnte der Schuldner mit seinem ordnungsgemäßen Angebot dem Gläubiger das Recht zur Wahl zwischen Erfüllung und Schadensersatz aus der Hand schlagen, weil dieser sich zur Annahme gezwungen sieht, wenn er die Rechtsnachteile des Annahmeverzugs vermeiden will. Das aber widerspricht der Regelungsintention des § 281 Abs. 4, derzufolge es gerade der Gläubiger sein soll, der über das Schicksal der Leistungspflicht bestimmt. Da er frei wählen können soll, kann die bloße Nichtannahme auch nicht als Geltendmachung des Schadensersatzanspruchs qualifiziert werden.[24]

Der Erfüllungsanspruch erlischt, wenn der Gläubiger **Schadensersatz statt der Leistung** **verlangt** (§ 281 Abs. 4).[25] Hierzu ist eine einseitige, empfangsbedürftige Erklärung erforderlich. Sie ist ihrer Rechtsnatur nach eine geschäftsähnliche Handlung, weil der Schadensersatzanspruch bereits besteht und die Leistungspflicht kraft Gesetzes wegfällt. Die Vorschriften über Willenserklärungen finden aber analoge Anwendung. Aus der Erklärung muss sich hinreichend deutlich ergeben, dass ein Schadensersatz verlangt wird, der an die Stelle der Leistung treten soll.   27

b) Schadensersatz statt der Leistung

aa) Ersatzfähige Schäden

Der Schadensersatzanspruch umfasst alle Vermögensbeeinträchtigungen, die dem Gläubiger durch den **ausgebliebenen Zufluss der Leistung** zu seinem Vermögen entstanden sind. Der Anspruch dient dem Ausgleich des Erfüllungsinteresses. Deshalb ist der Gläubiger im Hinblick auf die Leistung wirtschaftlich so zu stellen, wie er bei ordnungsgemäßer Erfüllung stehen würde (Ersatz des positiven Interesses).[26] Zur Schadensermittlung muss ein Vergleich zwischen der Vermögenslage des Gläubigers, die bei ordnungsgemäßem Zufluss der Leistung eingetreten wäre, und der durch das endgültige Ausbleiben dieses Zuflusses tatsächlich eingetretenen Vermögenslage angestellt werden. Ein Schaden liegt vor, wenn dieser Vergleich eine Differenz zulasten des Gläubigers ergibt (sog. Differenzhypothese, siehe § 44 Rn. 4).   28

Zu den ersatzfähigen Schäden gehört insbesondere der **Wert der Leistung,** der dem Vermögen des Gläubigers nicht zugeflossen ist. Bei Schlechtleistungen kann der fehlende Wertzufluss anhand des geminderten Werts der mangelhaften Leistung berechnet werden (kleiner Schadensersatz). Alternativ kann der Gläubiger Ersatz der tatsächlich entstandenen Mängelbeseitigungskosten verlangen. Grundsätzlich ist es auch möglich, auf die Kosten abzustellen, die bei einer zukünftigen Mängelbeseitigung entstehen würden (fiktive Mängelbeseitigungskosten).[27] Beim Werkvertrag lehnt der BGH dies jedoch mittlerweile ab.[28] Den Wert der gesamten Leistung kann der Gläubiger nur unter den Voraussetzungen des § 281 Abs. 1 S. 3 verlangen (großer Schadensersatz, siehe Rn. 38). Bei Nichtleistung ist, soweit nicht zumindest eine Teilleistung erfolgt ist (siehe Rn. 36), der gesamte Wert der Leistung zu ersetzen. Vermögenseinbußen, die schon   29

---

23 Erman/Westermann, § 281 Rn. 20; Staudinger/Schwarze (2014), § 281 Rn. D 3; a.A. BeckOK-BGB/Lorenz, § 281 Rn. 53; MünchKomm/Ernst, § 281 Rn. 91. Zur Vertiefung: Finn, Kann der Gläubiger die (Nach-)Erfüllung zwischen Fristablauf und Schadensersatzverlangen zurückweisen?, ZGS 2004, 32.

24 Staudinger/Schwarze (2014), § 281 Rn. D 3; a.A. NK-BGB/Dauner-Lieb, § 281 Rn. 52.

25 Zur Vertiefung: Kohler, § 281 Abs. 4 BGB und das Ende des Erfüllungsanspruchs, Jura 2014, 872.

26 BGH JZ 2010, 44 Rn. 20; MünchKomm/Emmerich, Vorbem. zu §§ 281 ff. Rn. 3; Palandt/Grüneberg, § 281 Rn. 17.

27 Vgl. zum Kaufrecht BGHZ 193, 326 Rn. 31; BGHZ 200, 350 Rn. 33; BGH NJW 2015, 2244 Rn. 12.

28 BGHZ 218, 1 Rn. 26 ff.

durch die Verzögerung verursacht wurden, sind hingegen Verzögerungsschäden, die nach §§ 280 Abs. 1, 2, 286 zu ersetzen sind. Das gilt auch für Verzögerungsschäden, die während der gesetzten Frist oder nach deren Ablauf, aber vor der Geltendmachung des Anspruchs auf Schadensersatz statt der Leistung entstanden sind. Verzögerungsschäden werden also nicht zu einem Rechnungsposten bei der Berechnung des Schadensersatzes statt der Leistung.[29] Zu den ersatzfähigen Schadenspositionen gehören aber **Folgeschäden** aus dem endgültigen Ausbleiben der Leistung. Das sind etwa die Kosten eines **Deckungskaufs**, mit dem der Gläubiger sich für die geschuldete Leistung einen Ersatz beschafft hat, der sein Erfüllungsinteresse befriedigt (siehe § 20 Rn. 15 f.). Ersatzfähig ist ferner ein **entgangener Gewinn**, wenn er darauf beruht, dass der Gläubiger die Leistung endgültig nicht erhalten hat; ist die Einbuße hingegen bereits durch die nicht rechtzeitige Leistung entstanden, liegt ein nach §§ 280 Abs. 1, 2, 286 zu ersetzender Verzögerungsschaden vor (siehe § 20 Rn. 17). Bei wirtschaftlichen Verträgen können nutzlos gewordene Aufwendungen den Mindestbetrag des entgangenen Gewinns darstellen (siehe § 26 Rn. 1).

bb) Art des Schadensersatzes

30 Grundsätzlich ist der Schuldner eines Schadensersatzanspruchs verpflichtet, beim Gläubiger den Zustand herzustellen, der ohne das schädigende Ereignis eingetreten wäre (§ 249 Abs. 1, siehe § 46 Rn. 1). Diese Naturalrestitution würde im Leistungsstörungsrecht aber im Ergebnis bedeuten, dass der Schuldner dem Gläubiger die Leistung zu verschaffen hat. Das widerspricht der klaren Trennung zwischen Erfüllungs- und Schadensersatzanspruch, wie sie in § 281 Abs. 4 zum Ausdruck kommt. Mit dem Schadensersatzanspruch soll dem Gläubiger der Verzicht auf die Leistung und die Liquidation seines Erfüllungsinteresses in Geld ermöglicht werden. Deshalb richtet sich der Anspruch auf einen **Schadensausgleich in Geld**.[30]

cc) Berechnung bei gegenseitigen Verträgen

31 Bei gegenseitigen Verträgen ist für die Schadensberechnung zu berücksichtigen, ob der Gläubiger für die Leistung, die er nach § 281 Abs. 4 nicht mehr verlangen kann, noch eine Gegenleistung schuldet oder bereits erbracht hat. Ist sie noch nicht erbracht, würde es eigentlich zu einem Austausch von Schadensersatzleistung und Gegenleistung kommen. Dies kann der Gläubiger verhindern, indem er den Schaden nach der **Differenztheorie** berechnet.[31] Dazu ist der Wert der Gegenleistung vom Schaden (Wert der Leistung zzgl. Folgeschäden) abzuziehen. Der Schadensersatzanspruch richtet sich dann auf den Ausgleich einer noch verbleibenden Differenz. Diese Berechnungsmethode führt zum **Wegfall des Anspruchs auf die Gegenleistung**, soweit der Schaden mindestens so hoch ist wie diese. Das ist zwar gesetzlich nicht ausdrücklich angeordnet; § 281 Abs. 4 erfasst nur den Anspruch auf die Leistung und § 326 Abs. 1 S. 1 gilt nur in Fällen der Unmöglichkeit. Gleichwohl spricht gerade § 326 Abs. 1 S. 1 für einen

---

29 MünchKomm/Ernst, § 281 Rn. 120; NK-BGB/Dauner-Lieb, § 280 Rn. 76; Palandt/Grüneberg, § 281 Rn. 17.

30 BGH NJW 2013, 370 Rn. 9; BGH NJOZ 2016, 1793 Rn. 21; BGH NJW 2018, 1746 Rn. 26; NK-BGB/Dauner-Lieb, § 281 Rn. 58; Palandt/Grüneberg, § 281 Rn. 17; zur Vertiefung und Kritik: Riehm, Naturalrestitution und Wertersatz beim Schadensersatz statt der Leistung, GS Unberath, 363.

31 Zur Vertiefung: Betz, Die Möglichkeit der Schadensberechnung entweder nach der Differenzmethode oder nach der Surrogationsmethode, JA 2006, 60; Mohr, Berechnung des Schadens nach der Differenzhypothese, Jura 2010, 327; Schmidt-Recla, Surrogationstheorie, Schuldnerverschulden und § 326 BGB, ZGS 2007, 181; Sutschet, Austausch- und Differenztheorie nach der Schuldrechtsreform, Jura 2006, 586.

Wegfall auch in anderen Fällen als Unmöglichkeit, denn die Norm knüpft daran an, dass durch den Wegfall der Leistungspflicht nach § 275 Abs. 1–3 das Synallagma von Leistung und Gegenleistung beeinträchtigt ist. Ebenso verhält es sich, wenn die Leistungspflicht nach § 281 Abs. 4 entfällt.[32] Will man dem nicht folgen, bedarf es für den Wegfall der Gegenleistungspflicht und die Anwendbarkeit der Differenztheorie eines Rücktritts nach § 323 Abs. 1, der neben dem Schadensersatzverlangen möglich ist (§ 325). Ein solcher ist immer erforderlich, wenn die Gegenleistung bereits erbracht wurde. Hier genügt für den Gläubiger der auf die Differenz gerichtete Schadensersatzanspruch nicht; nach seinem Rücktritt kann er aber neben Schadensersatz auch Rückgewähr der erbrachten Gegenleistung verlangen (§ 346 Abs. 1).

Beispiel: K hat bei V für 500 € einen Aktenvernichter gekauft, dessen objektiver Verkehrswert 600 € beträgt und den er für 650 € hätte weiterverkaufen können. Eine Lieferung bleibt trotz Fälligkeit auch bis zum Ablauf einer von K gesetzten Frist aus. Daraufhin verlangt er Schadensersatz statt der Leistung. – Der Anspruch folgt aus §§ 280 Abs. 1, 3, 281. Der Schaden besteht im endgültigen Nichterhalt der Leistung. Ersatzfähig sind der Wert der Leistung (600 €) sowie der entgangene Gewinn (50 €). Von diesen 650 € ist der Wert der Gegenleistung von 500 € abzuziehen. K kann dann die Differenz von 150 € von V verlangen.

Der Schuldner hat die Möglichkeit, das bei gegenseitigen Verträgen bestehende Austauschverhältnis aufrecht zu erhalten, indem er auf eine Berechnung nach der Differenztheorie verzichtet. Dann tritt der Anspruch auf Schadensersatz statt der Leistung (Wert der Leistung zzgl. Folgeschäden) an die Stelle des ursprünglichen Leistungsanspruchs, wodurch er zu dessen Surrogat wird (**Surrogations- oder Austauschtheorie**). Dagegen spricht nicht, dass mit Geltendmachung des Schadensersatzanspruchs auch der Anspruch auf die Gegenleistung erlischt (siehe Rn. 31), da es dem Gläubiger unbenommen bleibt, diese weiterhin zu erbringen.[33] In Fortführung des Austauschverhältnisses kann der Gläubiger Erfüllung seines Schadensersatzanspruchs nur Zug um Zug gegen Erbringung der Gegenleistung verlangen, soweit er diese noch nicht erbracht hat. Soweit die Ansprüche auf Geldleistung gerichtet sind, kann auch aufgerechnet werden.

Beispiel: Im Aktenvernichter-Beispiel (Rn. 31) kann K bei Anwendung der Surrogationstheorie von V Schadensersatz i.H.v. 650 € Zug um Zug gegen Zahlung von 500 € Kaufpreis verlangen. Erklärt er die Aufrechnung, erlischt der Kaufpreiszahlungsanspruch vollständig und der Schadensersatzanspruch bleibt in Höhe von 150 € bestehen (§ 389).

Der Gläubiger kann zwischen Differenz- und Surrogationstheorie **wählen**. Lässt er keine Präferenz erkennen, kommt die Differenzmethode zur Anwendung, weil sie dem Gläubiger die Erbringung der Gegenleistung erspart. Zu wirklichen Unterschieden kommt es ohnehin nur, wenn die vom Gläubiger geschuldete Gegenleistung nicht in einer Geld-, sondern Sachleistung liegt (insb. beim **Tauschvertrag**). Hier kann der Gläubiger ein Interesse daran haben, die Leistung noch erbringen zu dürfen. Diesem Interesse kann er durch Wahl der Surrogationstheorie entsprechen.

Beispiel: K hat sich im Aktenvernichter-Beispiel (Rn. 31) nicht zu einer Kaufpreiszahlung, sondern zur Übereignung eines Safes verpflichtet, der 500 € wert ist. Bei Anwendung der Differenztheorie ergeben sich keine Unterschiede: Der Wert des Safes (500 €) ist vom Wert

32

33

---

32 NK-BGB/Dauner-Lieb, § 281 Rn. 62; Palandt/Grüneberg, § 281 Rn. 18; Staudinger/Schwarze (2014), § 281 Rn. D 21; a.A. MünchKomm/Ernst, § 281 Rn. 12.
33 Looschelders, Schuldrecht AT, § 29 Rn. 8; Medicus/Lorenz, Schuldrecht I, Rn. 513; a.A. (Wiederaufleben des Gegenleistungsanspruchs bei Wahl der Surrogationstheorie) Staudinger/Schwarze (2014), § 281 Rn. D 21.

der Leistung (600 €) und dem entgangenen Gewinn (50 €) abzuziehen und K kann als Schadensersatz 150 € verlangen. Anders jedoch bei Anwendung der Surrogationstheorie: K kann von V Schadensersatz i.H.v. 650 € Zug um Zug gegen Übereignung des Safes verlangen. Eine Aufrechnung ist mangels Gleichartigkeit der Forderungen nicht möglich (§ 387). Das ist auf den ersten Blick keine Lösung, die K wählen würde. Anders ist dies aber, wenn er den Safe unbedingt loswerden will, weil dieser in seinem Büro im Weg herumsteht und sonst schwer verkäuflich ist.

c) Schadensersatz statt der ganzen Leistung

aa) Problemüberblick

34   Der Schuldner ist nach § 281 Abs. 1 S. 1 nur zum Schadensersatz verpflichtet, **soweit** er die Leistung nicht oder nicht wie geschuldet erbringt. Bei einer nur **teilweise gestörten Leistung** beschränkt sich der Schadensersatzanspruch auf diesen Teil, der neben den (evtl. bereits erfüllten) Anspruch auf den ungestörten Leistungsteil tritt. Für die gesamte (teils gestörte, teils ungestörte) Leistung kann der Gläubiger nur unter zusätzlichen, in § 281 Abs. 1 S. 2, 3 normierten Voraussetzungen Schadensersatz verlangen. Mit dieser Regelung zum Schadensersatz statt der ganzen Leistung wird ein Gleichlauf mit dem Rücktrittsrecht hergestellt, das in solchen Fällen einen Rücktritt vom ganzen Vertrag nur unter den zusätzlichen Voraussetzungen des § 323 Abs. 5 zulässt.[34]

35   Beim Schadensersatz statt der ganzen Leistung ist zwischen **Zuwenigleistungen (quantitativen Teilleistungen)** (§ 281 Abs. 1 S. 2) und **Schlechtleistungen (qualitative Teilleistungen,** § 281 Abs. 1 S. 3) zu unterscheiden. Schwierigkeiten bereitet die Zuordnung der Zuweniglieferung beim Kauf und der Werkherstellung in zu geringer Menge. Diese Pflichtverletzungen sind, soweit die Leistung vom Gläubiger nicht als Teilleistung erkannt und angenommen wurde, Sachmängel (§§ 434 Abs. 3 2. Alt., 633 Abs. 2 S. 3 2. Alt.). Aus systematischen Gründen sind sie deshalb nicht als quantitative Teilleistungen i.S.d. § 281 Abs. 1 S. 2, sondern als Schlechtleistungen i.S.d. § 281 Abs. 1 S. 3 zu qualifizieren.[35] Dass § 281 Abs. 1 S. 2 dadurch nur einen recht geringen Anwendungsbereich hat, folgt aus der Entscheidung des Gesetzgebers, die Zuweniglieferung bzw. Mengenfehler als Sachmangel zu behandeln und ist daher zu respektieren.

Beispiel: Von den 100 bei V gekauften Äpfeln erhält K nur 75. Dies bemerkt sie jedoch erst, nachdem sie die Lieferung angenommen hat. Eine Fristsetzung zur Nachlieferung bleibt erfolglos. – Es liegt ein Sachmangel in Form der Zuweniglieferung i.S.d. § 434 Abs. 3 2. Alt. vor. Das ist eine Schlechtleistung, sodass für den Schadensersatz statt der ganzen Leistung nicht auf § 281 Abs. 1 S. 2, sondern § 281 Abs. 1 S. 3 abzustellen ist. Maßgeblich ist folglich, ob eine nur unerhebliche Pflichtverletzung vorliegt. Das ist aber bei einer Minderlieferung von 25 % zu verneinen. K kann daher nach §§ 437 Nr. 3, 280 Abs. 1, 3, 281 Abs. 1 S. 1, 3 Schadensersatz statt der ganzen Leistung verlangen.

bb) Zuwenigleistung (quantitative Teilleistung)

36   Erbringt der Schuldner bis Fristablauf die geschuldete Leistung nur zu einem Teil, kann der Gläubiger die unzulässige Teilleistung zurückweisen (§ 266). Nimmt er sie an, be-

---

34   Zur Vertiefung: Lorenz, Zur Abgrenzung von Teilleistung, teilweiser Unmöglichkeit und teilweiser Schlechtleistung im neuen Schuldrecht, NJW 2003, 3097.

35   Hk-BGB/Schulze, § 281 Rn. 17; Palandt/Grüneberg, § 281 Rn. 38; PWW/Schmidt-Kessel, § 281 Rn. 33; a.A. Looschelders, Schuldrecht AT, § 27 Rn. 32; Medicus/Lorenz, Schuldrecht I, Rn. 435; Heiderhoff/Skamel, JZ 2006, 383 (387 ff.). Zur Vertiefung: Grigoleit/Riehm, Grenzen der Gleichstellung von Zuwenig-Leistung und Sachmangel, ZGS 2002, 115; Windel, Mankoleistungen im modernisierten Schuldrecht, Jura 2003, 793.

schränkt sich sein Schadensersatzanspruch grundsätzlich auf den nicht erbrachten Teil (**kleiner Schadensersatz**). Schadensersatz statt der ganzen Leistung (**großer Schadensersatz**) kann er nach § 281 Abs. 1 S. 2 nur verlangen, wenn er an der erbrachten Teilleistung bei objektiver Betrachtung **kein Interesse** hat. Dieser Interessenwegfall muss auf der Unvollständigkeit der Leistung beruhen und kommt nur in Betracht, wenn der für den fehlenden Teil geschuldete Schadensersatz statt der Leistung zusammen mit dem erbrachten Teil der Leistung nicht genügt, das Gläubigerinteresse zu befriedigen.[36] So kann es sich etwa verhalten, wenn die erbrachte Teilleistung für den Gläubiger ohne Nutzen ist oder er wirtschaftlich trotz des Schadensersatzanspruchs besser steht, wenn er den Vertrag insgesamt neu abschließt.

Beispiel: B hat sich bei H für eine bevorstehende Betriebsfeier drei Mikrofone samt Verstärkeranlage geliehen. Bis zum Ablauf einer von B gesetzten Frist hat H nur die Mikrofone zur Verfügung gestellt. – B kann als kleinen Schadensersatz (§§ 280 Abs. 1, 3, 281 Abs. 1 S. 1, 2) die Mehrkosten für die Beschaffung der Verstärkeranlage bei einem anderen Anbieter verlangen. Ein Anspruch auf großen Schadensersatz besteht nach § 281 Abs. 1 S. 2 nur, wenn er an den drei Mikrofonen kein Interesse mehr hat. So würde es sich etwa verhalten, wenn diese von H so modifiziert worden sind, dass sie an andere Verstärkeranlagen nicht angeschlossen werden können oder wenn die Beschaffung einer passenden Anlage von einem Dritten nur unter Schwierigkeiten möglich ist.

cc) Schlechtleistung (qualitative Teilleistung)

Erbringt der Schuldner die Leistung nicht wie geschuldet, liegt darin bei qualitativer Betrachtung ebenfalls eine Teilleistung: Der Gläubiger erhält zwar eine Leistung, sie ist aber nicht so beschaffen, wie dies geschuldet ist; er hat also weniger bekommen. Auch hier kann der Gläubiger ohne Weiteres den **kleinen Schadensersatz** gem. §§ 280 Abs. 1, 3, 281 verlangen, sofern die Schlechtleistung behebbar ist. Das Gleiche gilt für nicht behebbare Schlechtleistungen, Anspruchsgrundlage sind dann aber §§ 280 Abs. 1, 3, 283 bzw. § 311 a Abs. 2 S. 1. Da sich der kleine Schadensersatzanspruch auf die Schlechtleistung beschränkt, behält der Gläubiger die erbrachte mangelhafte Leistung und erhält Schadensersatz für jene Einbußen, die ihm dadurch entstanden sind, dass die Leistung nicht ordnungsgemäß ist. Das ist in erster Linie die Wertdifferenz zwischen der geschuldeten mangelfreien Leistung und der tatsächlich erbrachten mangelhaften Leistung. Stattdessen kann der Gläubiger aber auch die Kosten der Mangelbeseitigung verlangen.[37]

37

Beim Schadensersatz statt der ganzen Leistung (**großer Schadensersatz**) erhält der Gläubiger hingegen den vollen Wert der geschuldeten Leistung zuzüglich eventueller Folgeschäden, muss aber die erhaltene mangelhafte Leistung zurückgeben (§ 281 Abs. 5). Dieser Anspruch auf einen vollständigen wirtschaftlichen Ausgleich setzt voraus, dass die **Pflichtverletzung nicht unerheblich** ist (§ 281 Abs. 1 S. 3). Bei der Erheblichkeitsprüfung ist dem Wortlaut entsprechend von der Pflichtverletzung auszugehen und zu fragen, ob diese so schwer wiegt, dass es dem Gläubiger unter Berücksichtigung der beiderseitigen Interessen und der Umstände des Einzelfalls nicht mehr zuzumuten ist, weiter am Vertrag festhalten zu müssen und nur den kleinen Schadensersatz verlangen zu können.[38] Anders gewendet geht es also darum, ob der kleine Schadens-

38

---

36   Vgl. MünchKomm/Ernst, § 281 Rn. 145; Soergel/Bennicke/Hellwig, § 281 Rn. 297.

37   Vgl. BGHZ 193, 326 Rn. 31; BGHZ 200, 350 Rn. 33; BGH NJW 2013, 370 Rn. 10.

38   Vgl. BGH NJW-RR 2010, 1289 Rn. 23; BGH NJW 2013, 1431 Rn. 41; BGHZ 201, 290 Rn. 14; MünchKomm/Ernst, § 281 Rn. 155; Palandt/Grüneberg, § 281 Rn. 47; kritisch Staudinger/Schwarze (2014), § 281 Rn. C 27.

ersatz ausreichend ist, das beeinträchtigte Erfüllungsinteresse des Gläubigers auszugleichen. Hierfür ist die Größe der Wertdifferenz zwischen mangelfreier und mangelhafter Leistung nicht allein entscheidend, weil diese schon durch den kleinen Schadensersatz ausgeglichen werden kann. An der Erheblichkeit fehlt es daher nicht nur bei Bagatellmängeln. Ein wichtiges Kriterium ist neben einer eventuellen vertraglichen Beschaffenheitsvereinbarung (bei Abweichungen hiervon liegt in der Regel Erheblichkeit vor)[39] die **Behebbarkeit des Mangels**. Fehlt es hieran, ist dem Gläubiger das Behalten der mangelhaften Leistung nur bei geringfügigen Beeinträchtigungen seines Erfüllungsinteresses zuzumuten. Nur hier sollte auf den Minderwert der Leistung abgestellt werden;[40] daneben ist auch zu berücksichtigen, welche nicht behebbaren Funktionsbeeinträchtigungen gegeben sind.[41] Ist der Mangel hingegen behebbar, ist eine Befriedigung des Gläubigerinteresses durch die Leistung noch möglich, weshalb an die Erheblichkeit der Pflichtverletzungen strengere Anforderungen zu stellen sind. Die Praxis orientiert sich bei Kaufverträgen am Verhältnis zwischen Mängelbeseitigungskosten und Kaufpreis, wobei die Frage, ab welcher Prozentschwelle keine Unerheblichkeit mehr vorliegt, umstritten ist. Der BGH hat zur Parallelregelung in § 323 Abs. 5 S. 2 angenommen, dass die Grenze in der Regel bei 5 % anzusetzen ist.[42] Das lässt sich auf § 281 Abs. 1 S. 3 übertragen. Steht die genaue Ursache des Mangels noch nicht fest und ist deshalb unklar, wie hoch die Mängelbeseitigungskosten sind, kommt es auf den Grad der mangelbedingten Funktionsbeeinträchtigung an.[43] Unabhängig von der Behebbarkeit des Mangels lässt der BGH den großen Schadensersatz außerdem zu, wenn der Verkäufer den Mangel **arglistig verschwiegen** hat.[44]

Beispiel (BGH NJW 2009, 508): K hat bei Händler V einen Pkw für 9.500 € (Verkehrswert in mangelfreiem Zustand: 10.000 €) erworben. Bald nach Übergabe stellt K fest, dass Feuchtigkeit in das Fahrzeuginnere dringt. Die Ursache dafür kann V nicht ermitteln; zwei Versuche, den Mangel zu beheben, scheitern. K verlangt Schadensersatz i.H.v. 10.000 € Zug um Zug gegen Rückgabe des Pkw. – Anspruchsgrundlage sind §§ 437 Nr. 3, 280 Abs. 1, 3, 283. Da K Schadensersatz statt der ganzen Leistung verlangt, kommt es darauf an, ob die Pflichtverletzung nicht unerheblich war (§§ 283 S. 2, 281 Abs. 1 S. 3). Da die Mangelursache nicht feststeht, muss davon ausgegangen werden, dass der Mangel nicht behebbar ist. Es kommt deshalb darauf an, ob der finanzielle Ausgleich des Minderwerts, der durch den kleinen Schadensersatz erfolgt, ausreichend ist. Das ist zu verneinen: Feuchtigkeit im Fahrzeuginnenraum aufgrund einer unbekannten Ursache, die zudem vom Verkäufer nicht behoben werden kann, beeinträchtigt die Gebrauchstauglichkeit des Fahrzeugs erheblich und wird einen Kaufinteressenten regelmäßig vom Kauf abhalten. K kann daher großen Schadensersatz verlangen. Wäre der Mangel hingegen behebbar (Anspruchsgrundlage wäre dann §§ 437 Nr. 3, 280 Abs. 1, 3, 281 Abs. 1 S. 1, 3, die Fristsetzung wäre nach § 440 S. 1 2. Alt. entbehrlich) und lägen die Kosten dafür bei 400 €, würde es an einer erheblichen Pflichtverletzung fehlen, da die Mängelbeseitigungskosten weniger als 5 % des Kaufpreises betragen.

---

39   Vgl. zu § 323 Abs. 5 S. 2 BGH NJW-RR 2010, 1289 Rn. 23; BGH NJW 2013, 1365 Rn. 16.
40   Vgl. BGH NJW 2008, 1517 Rn. 22 (merkantiler Minderwert eines Unfallfahrzeugs i.H.v. 1 % ist nur unerhebliche Pflichtverletzung).
41   BGH NJW 2009, 508 Rn. 18 ff.
42   BGHZ 201, 290 Rn. 18 ff.
43   BGH NJW 2017, 153 Rn. 30.
44   BGH NJW 2006, 1960 (1961); zur Vertiefung: Lorenz, Arglist und Sachmangel – Zum Begriff der Pflichtverletzung in § 323 V 2 BGB, NJW 2006, 1925.

dd) Rückgewähranspruch des Schuldners

Der Gläubiger kann zwischen kleinem und großem Schadensersatz wählen. Entscheidet er sich für Letzteren, hat der Schuldner gegen ihn einen Anspruch auf Rückgewähr der bereits erbrachten Leistung, § 281 Abs. 5, dessen Inhalt sich nach §§ 346–348 bestimmt (Rechtsfolgenverweisung). Er kann dann vom Gläubiger nicht nur Rückgewähr der erbrachten Leistung verlangen, sondern auch Herausgabe gezogener Nutzungen (§ 346 Abs. 1) bzw. Wertersatz hierfür (§ 346 Abs. 2 S. 1 Nr. 1).[45]   39

4. Prüfungsaufbau

I.   Schuldverhältnis   40

II. Pflichtverletzung

    1. Wirksamer, fälliger und einredefreier Anspruch

    2. Nichterbringung der Leistung (Eintritt des Leistungserfolgs) bei Fälligkeit bzw. nicht ordnungsgemäße Leistung

III. Erfolglose Fristsetzung, § 281 Abs. 1–3

    1. Setzung einer angemessenen Frist (§ 281 Abs. 1 S. 1) bzw. Abmahnung (§ 281 Abs. 3) bzw. Entbehrlichkeit der Fristsetzung/Abmahnung (§ 281 Abs. 2)

    2. Erfolgloser Fristablauf

IV. Vertretenmüssen, § 280 Abs. 1 S. 2 (Widerlegung der Vermutung)

    1. Haftungsmaßstab des Schuldners, § 276 Abs. 1

    2. Vertretenmüssen des Schuldners bei Fristablauf oder Fälligkeit

       a) Eigenes Vertretenmüssen

       b) Zurechnung des Verschuldens eines Dritten, § 278

V.   Schaden (= endgültiges Ausbleiben der Leistung)

III. Schadensersatz statt der Leistung wegen nachträglicher Unmöglichkeit (§§ 280 Abs. 1, 3, 283)

1. Anwendungsbereich

Der in §§ 280 Abs. 1, 3, 283 geregelte Schadensersatz statt der Leistung setzt voraus, dass der Schuldner nach § 275 Abs. 1–3 nicht zu leisten braucht. Zugleich aber bestimmt § 311a Abs. 2 S. 1, dass der Gläubiger Schadensersatz statt der Leistung verlangen kann, wenn der Schuldner nach § 275 Abs. 1–3 nicht zu leisten braucht und das Leistungshindernis schon bei Vertragsschluss vorliegt. Aus dieser Sonderregelung zur anfänglichen Unmöglichkeit ergibt sich, dass § 283 vom Wortlaut her zu weit geraten und insoweit zu reduzieren ist auf Fälle, in denen der Schuldner **nach Entstehung des Schuldverhältnisses gem. § 275 Abs. 1–3 von der Leistung frei geworden** ist (nachträgliche Unmöglichkeit).   41

Erfasst sind nicht nur Gestaltungen, in denen die Leistungspflicht überhaupt nicht erfüllt werden kann (**Nichtleistung wegen Unmöglichkeit**), sondern auch solche, in denen es unmöglich ist, die Leistung wie geschuldet zu erbringen. Für solche **nicht behebbaren Schlechtleistungen** gelten im Kauf- und Werkvertragsrecht §§ 437 Nr. 3, 634   42

---

45 BGH NJW 2017, 3438 Rn. 20.

Nr. 4, die auch auf § 283 verweisen. Im Miet- und Pauschalreisevertragsrecht gelten Sonderregelungen, die §§ 280 Abs. 1, 3, 283 verdrängen (§§ 536 ff., 651 i ff.).

43 **Hinweis zur Fallbearbeitung:** Da der Anspruch aus §§ 280 Abs. 1, 3, 281 den Bestand der Leistungspflicht voraussetzt, ist ein Schadensersatzanspruch aus §§ 280 Abs. 1, 3, 283 (bzw. § 311 a Abs. 2 S. 1) vorrangig zu prüfen, sofern sich aus dem Sachverhalt Anhaltspunkte für ein Freiwerden von der Leistungspflicht nach § 275 Abs. 1–3 ergeben.

2. Anspruchsvoraussetzungen

44 § 280 Abs. 3 verweist für die zusätzlichen Voraussetzungen u.a. auf § 283; diese Norm wiederum ordnet für den Fall der Unmöglichkeit an, dass der Gläubiger unter den Voraussetzungen des § 280 Abs. 1 Schadensersatz statt der Leistung verlangen kann. Aus diesem Verweisungskarussell folgt, dass für diesen Anspruch, abgesehen vom **Untergang der Leistungspflicht nach § 275 Abs. 1–3**, keine zusätzlichen Voraussetzungen gegeben sein müssen. Insbesondere ist **keine Fristsetzung** erforderlich; eine solche wäre in Fällen der Unmöglichkeit auch sinnlos.[46]

a) Schuldverhältnis

45 § 283 gilt für **alle vertraglichen und gesetzlichen Schuldverhältnisse** mit Leistungspflichten. Vorvertragliche Schuldverhältnisse werden mangels Leistungspflicht nicht erfasst.

b) Pflichtverletzung

46 Die auf Unmöglichkeit beruhende Nichtleistung bei Fälligkeit lässt sich an sich nicht als Pflichtverletzung verstehen, weil der Schuldner nach § 275 Abs. 1–3 von der Leistungspflicht frei geworden ist, sodass es schon an einer Pflicht fehlt, die durch Nichterbringung der Leistung verletzt werden kann. Wie der Verweis auf § 280 Abs. 1 in § 283 S. 1 jedoch zeigt, ist die Nichtleistung aufgrund nachträglicher Unmöglichkeit als Pflichtverletzung zu qualifizieren (siehe § 21 Rn. 4). Deshalb kommt es für die Pflichtverletzung neben der **Nichtleistung bei Fälligkeit** nur darauf an, ob einer der in **§ 275 Abs. 1–3 genannten Gründe nach Vertragsabschluss** eingetreten ist. In den Fällen des § 275 Abs. 2, 3 muss der Schuldner zudem die Einrede erhoben haben. Solange er das nicht getan hat, kann der Gläubiger die Leistung weiter verlangen; Schadensersatz statt der Leistung steht ihm dann nur nach erfolgloser Fristsetzung gem. §§ 280 Abs. 1, 3, 281 zu. Zu einer Fristsetzung ist dem Gläubiger zu raten, wenn er den Grund für das Ausbleiben der Leistung nicht kennt; andernfalls besteht die Gefahr, dass er mit dem Schadensersatzanspruch scheitert, weil keine nachträgliche Unmöglichkeit vorliegt.

47 **Hinweis zur Fallbearbeitung:** Da § 283 außer dem Freiwerden des Schuldners nach § 275 Abs. 1–3 keine zusätzlichen Voraussetzungen verlangt, kann schon bei der Pflichtverletzung geprüft werden, ob die Nichtleistung auf einer Unmöglichkeit i.S.d. § 275 Abs. 1–3 beruht. Es

---

46 Zur Vertiefung: Looschelders, „Unmöglichkeit" und Schadensersatz statt der Leistung, JuS 2010, 849; Meier, Neues Leistungsstörungsrecht: Nachträgliche Unmöglichkeit und nachträgliches Unvermögen in der Fallbearbeitung, Jura 2002, 118.

ist aber auch möglich, die Unmöglichkeit als eigenständige Anspruchsvoraussetzung nach der Pflichtverletzung zu prüfen.

c) Vertretenmüssen

Das nach § 280 Abs. 1 S. 2 erforderliche Vertretenmüssen bezieht sich nicht auf die 48 Nichtleistung als solche, sondern auf die dafür verantwortlichen Umstände, die zur Leistungsbefreiung nach § 275 Abs. 1–3 geführt haben. Es kommt deshalb darauf an, ob der Schuldner die **Unmöglichkeit zu vertreten** hat. Maßstab hierfür sind §§ 276, 278. Wegen der Beweislastumkehr muss der Schuldner, sofern keine mildere Haftung gilt, beweisen, dass er den zur Unmöglichkeit führenden Umstand weder willentlich und wissentlich herbeigeführt noch unter Außerachtlassung der im Verkehr erforderlichen Sorgfalt hat eintreten lassen.[47] Am Vertretenmüssen fehlt es insbesondere, wenn der Schuldner das Leistungshindernis nicht vorhersehen musste und es auch nicht hätte vermeiden können.

Beispiele: V hat sein Fahrrad für 200 € an K verkauft. Noch vor der Übergabe bietet Z dem V 250 €. V ist einverstanden und übereignet und übergibt das Fahrrad sogleich der Z. K verlangt Schadensersatz i.H.v. 70 €, weil er das Rad für 270 € hätte weiterverkaufen können. – Anspruchsgrundlage sind §§ 280 Abs. 1, 3, 283. Der Kaufvertrag zwischen K und V ist wirksam, die daraus folgende Pflicht zur Übergabe und Übereignung (§ 433 Abs. 1 S. 1) ist jedoch nach Vertragsabschluss gem. § 275 Abs. 1 erloschen, sofern Z nicht bereit ist, das Fahrrad wieder an V zu übereignen. Die Nichtleistung beruht auf der willentlichen Veräußerung an Z; diesen Umstand hat V gem. § 276 Abs. 1 S. 1 zu vertreten. Der Schaden besteht im entgangenen Gewinn aufgrund des endgültigen Ausbleibens der Leistung.

Hat V das Fahrrad nicht an Z übereignet, sondern wurde es vor der Übergabe an K von unbekannten Dieben gestohlen, liegt Vertretenmüssen des V vor, wenn er hinsichtlich der Diebstahlsicherung des schon an K verkauften Rads die im Verkehr erforderliche Sorgfalt außer Acht gelassen hat. War das Rad nicht angeschlossen oder mit einem untauglichen Schloss versehen, liegt Fahrlässigkeit vor. Hatte V das Fahrrad im abgeschlossenen Fahrradkeller seines Hauses aufbewahrt, so hat er die im Verkehr erforderliche Sorgfalt gewahrt und das Leistungshindernis nicht zu vertreten.

d) Schaden

Der Schaden liegt für den Gläubiger im Verlust seines primären Leistungsanspruchs in- 49 folge § 275 Abs. 1–3 und damit im endgültigen **Nichterhalt** der – nun nicht mehr – geschuldeten **Leistung**. Dieser Schaden tritt bereits mit der Unmöglichkeit ein; auf eine Geltendmachung des Schadensersatzanspruchs durch den Gläubiger kommt es nicht an.

3. Rechtsfolgen

a) Schadensersatz statt der Leistung

Da der Erfüllungsanspruch gem. § 275 Abs. 1–3 erlischt, hat der Gläubiger nicht die 50 Wahl zwischen Erfüllung und Schadensersatz statt der Leistung, sondern kann nur Letzteren verlangen. Hierzu ist sein Erfüllungsinteresse zu ersetzen; er ist so zu stellen, wie er bei ordnungsgemäßer Leistung gestanden haben würde. Erfasst sind alle Schä-

---

47 MünchKomm/Ernst, § 283 Rn. 7.

den, die aus dem ausgebliebenen Zufluss der Leistung zum Vermögen des Gläubigers resultieren.

51 Den Schaden kann der Schuldner nicht nur nach der **Differenztheorie**, sondern auch nach der **Surrogationstheorie** berechnen (siehe Rn. 32).[48] Zwar fällt nach § 326 Abs. 1 S. 1 die Pflicht zur Gegenleistung weg, sodass an sich kein Austauschverhältnis mehr besteht, in dem der Schadensersatzanspruch an die Stelle der nach § 275 Abs. 1–3 erloschenen Leistungspflicht treten könnte. § 326 Abs. 1 S. 1 befreit den Gläubiger jedoch nur von seiner Gegenleistungspflicht, nimmt ihm aber nicht das Recht, diese im Rahmen der Surrogationstheorie dennoch zu erbringen.[49]

Beispiel: Landwirt L hat sich durch Tauschvertrag verpflichtet, seinen Feldhäcksler an Maschinenhändler H zu übereignen; dafür erhält er von H einen gebrauchten Mähdrescher. Vor dem Austausch der beiden Fahrzeuge, die je 25.000 € wert sind, kommt es bei H durch dessen Unachtsamkeit zu einem Brand, bei dem der Mähdrescher zerstört wird. L will von H Schadensersatz i.H.v. 25.000 € Zug um Zug gegen Übergabe und Übereignung des Feldhäckslers. – L kann seinen Schadensersatzanspruch aus §§ 280 Abs. 1, 3, 283 nach der Surrogationstheorie berechnen, obwohl er seine Gegenleistung (Übergabe und Übereignung des Feldhäckslers) nach § 326 Abs. 1 S. 1 nicht mehr schuldet. Könnte L den Schaden nur nach der Differenztheorie berechnen, betrüge dieser 0 €, da beide Leistungen gleich viel wert sind. Die Anwendung der Surrogationstheorie hat für ihn den Vorteil, dass er den Feldhäcksler los wird und im Gegenzug von H die Mittel zur anderweitigen Beschaffung eines Mähdreschers erhält. Interessen des H stehen der Surrogationstheorie übrigens nicht entgegen: H muss L so stellen, wie er bei ordnungsgemäßer Leistung stehen würde. Dann aber hätte er dem L auch den Häcksler abnehmen und ihm dafür eine Leistung im Wert von 25.000 € geben müssen.

b) Schadensersatz statt der ganzen Leistung

52 Erstreckt sich die Unmöglichkeit nur auf einen Teil der Leistung, erlischt der Anspruch auch nur teilweise nach § 275 Abs. 1–3. Dementsprechend beschränkt sich der Anspruch auf Schadensersatz statt der Leistung auf den unmöglich gewordenen Teil. Zwar fehlt es in § 283 an einer entsprechenden Formulierung (wie in § 281 Abs. 1 S. 1: „soweit"), doch ergibt sich die Beschränkung auf den **kleinen Schadensersatz** aus dem Verweis des § 283 S. 2 auf § 281 Abs. 1 S. 2, 3 und damit auf die Regelungen zum Schadensersatz statt der ganzen Leistung (**großer Schadensersatz**).

53 Zu unterscheiden ist zwischen Zuwenigleistungen und Schlechtleistungen. Bei einer Zuwenigleistung (**quantitative Teilunmöglichkeit**) kommt es darauf an, ob der Gläubiger an der weiterhin möglichen Teilleistung kein Interesse mehr hat (siehe Rn. 36). Das gilt nicht für Minderleistungen im Kauf- und Werkvertragsrecht, weil diese nach §§ 434 Abs. 3 2. Alt, 633 Abs. 2 S. 3 2. Alt. einen Sachmangel darstellen und deshalb als Schlechtleistung zu qualifizieren sind (Rn. 35). Bei diesen nachträglich nicht behebbar gewordenen Schlechtleistungen (**qualitative Teilunmöglichkeit**) kommt es darauf an, ob die Pflichtverletzung nicht unerheblich ist, §§ 283 S. 2, 281 Abs. 1 S. 3 (siehe Rn. 38).

Beispiel: Bei einem von K bei V gekauften Flachbildfernseher versagt drei Wochen nach der Übergabe das für den Empfang der Signale der Fernbedienung zuständige Bauteil aufgrund eines Produktionsfehlers. Ein Austausch ist nicht möglich, weil die einzige Fabrikationsstät-

---

48 BeckOK-BGB/Lorenz, § 283 Rn. 6; NK-BGB/Dauner-Lieb, § 283 Rn. 15; Soergel/Bennicke/Hellwig, § 283 Rn. 30; Staudinger/Schwarze (2014), § 283 Rn. 54.
49 Brox/Walker, Allg. Schuldrecht, § 22 Rn. 60; Looschelders, Schuldrecht AT, § 29 Rn. 6.

te des Herstellers eine Woche nach dem Kauf durch ein Feuer zerstört wurde und nicht wieder in Betrieb genommen wird. Ersatzteile anderer Hersteller gibt es nicht. – K kann als kleinen Schadensersatz (§§ 437 Nr. 3, 280 Abs. 1, 3, 283) Ausgleich des Minderwerts verlangen, den der Fernseher aufgrund des fehlerhaften Bauteils hat. Schadensersatz statt der ganzen Leistung kann sie nur verlangen, wenn die Pflichtverletzung nicht unerheblich war (§§ 283 S. 2, 281 Abs. 1 S. 3). Das ist unabhängig vom Ausmaß der Wertminderung zu bejahen, weil die fehlende Möglichkeit, den Fernseher mit einer Fernbedienung zu steuern, nach heutigen Maßstäben eine wesentliche Beeinträchtigung des Gebrauchs darstellt.

Verlangt der Gläubiger Schadensersatz statt der ganzen Leistung, so hat der Schuldner gegen ihn einen **Anspruch auf Rückgewähr** der bereits erbrachten Leistung, §§ 283 S. 2, 281 Abs. 5, dessen Inhalt sich nach §§ 346–348 bestimmt (Rechtsfolgenverweisung). 54

4. Prüfungsaufbau

I. Schuldverhältnis 55

II. Pflichtverletzung

   1. Nichterbringung der Leistung (Eintritt des Leistungserfolgs) bei Fälligkeit

   2. Befreiung des Schuldners gem. § 275 Abs. 1–3 nach Entstehung des Schuldverhältnisses (alternativ Prüfung als eigenständige Voraussetzung nach der Pflichtverletzung)

III. Vertretenmüssen, § 280 Abs. 1 S. 2 (Widerlegung der Vermutung)

   1. Haftungsmaßstab des Schuldners, § 276 Abs. 1

   2. Vertretenmüssen des Schuldners bei Fristablauf oder Fälligkeit

     a) Eigenes Vertretenmüssen

     b) Zurechnung des Verschuldens eines Dritten, § 278

IV. Schaden (= endgültiges Ausbleiben der Leistung)

IV. Schadensersatz statt der Leistung wegen anfänglicher Unmöglichkeit (§ 311 a Abs. 2)

1. Anwendungsbereich

§ 311 a Abs. 2 regelt den Schadensersatz statt der Leistung für jene Fälle, in denen der Schuldner bereits **bei Vertragsabschluss gem.** § 275 Abs. 1–3 **von seiner Leistungspflicht frei** war.[50] Der Anspruch steht außerhalb des Systems der §§ 280 ff.; die Norm formuliert die Anspruchsvoraussetzungen selbst. Dahinter steht die Erwägung des Gesetzgebers, bei anfänglicher Unmöglichkeit könne keine Pflichtverletzung vorliegen, da der Vertrag von vornherein ohne die unmögliche Leistungspflicht entstanden sei (siehe § 21 Rn. 5). Trotzdem sind die Anspruchsvoraussetzungen zum Teil sachlich deckungsgleich. Unterschiede bestehen aber beim Bezugspunkt des Vertretenmüssens. 56

§ 311 a Abs. 2 gilt nicht nur für die **Nichtleistung aufgrund anfänglicher Unmöglichkeit**, sondern auch für **anfänglich nicht behebbare Schlechtleistungen**. Im Kauf- und 57

---

50 Zur Vertiefung: Canaris, Grundlagen und Rechtsfolgen der Haftung für anfängliche Unmöglichkeit, FS Heldrich (2005), 11; Katzenstein, Die Nichterfüllungshaftung nach § 311 a Abs. 2 BGB, JR 2003, 447; Kohler, Probleme der verschuldensunabhängigen Schadensersatzhaftung gemäß § 311 a Abs. 2 BGB, Jura 2006, 241; Looschelders, „Unmöglichkeit" und Schadensersatz statt der Leistung, JuS 2010, 849; Meier, Neues Leistungsstörungsrecht: Anfängliche Leistungshindernisse, Gattungsschuld und Nichtleistung trotz Möglichkeit, Jura 2002, 187; Sutschet, Haftung für anfängliches Unvermögen, NJW 2005, 1404.

Werkvertragsrecht kommt § 311 a Abs. 2 insoweit nur über die Verweisungen in §§ 437 Nr. 3, 634 Nr. 4 mit den dort geregelten Modifikationen zur Anwendung. Im Mietrecht enthält § 536 a eine abschließende Sonderregelung.

2. Anspruchsvoraussetzungen

a) Vertrag

58   § 311 a Abs. 2 gilt nicht für jedes Schuldverhältnis, sondern nur für **Verträge**. Es gibt keine gesetzlichen Schuldverhältnisse, die den Schuldner zu einer von Anfang an unmöglichen Leistung verpflichten. Bei vorvertraglichen Schuldverhältnissen fehlt es zudem an einer Leistungspflicht, weshalb bei ihnen Schadensersatz statt der Leistung ohnehin ausscheidet. Allerdings schließt der Wortlaut auch andere rechtsgeschäftliche Schuldverhältnisse als den Vertrag aus. Das widerspricht dem Haftungsgrund, der mit der h.M. darin zu sehen ist, dass der Schuldner ein von ihm abgegebenes Leistungsversprechen nicht erfüllt hat.[51] § 311 a Abs. 2 ist daher analog auch auf **einseitige rechtsgeschäftliche Schuldverhältnisse mit Leistungspflichten** (z.B. Auslobung, § 657) anzuwenden.[52]

59   Der Vertrag muss **wirksam** sein. Kein Wirksamkeitshindernis ist es, dass die vertragliche Leistungspflicht wegen § 275 Abs. 1–3 nicht wirksam entstanden ist, § 311 a Abs. 1. Anfängliche Unmöglichkeit ist kein Nichtigkeitsgrund; der Vertrag entsteht vielmehr ohne primäre Leistungspflicht. Andere Unwirksamkeitsgründe (z.B. §§ 125, 134, 138, 142) werden von § 311 a Abs. 1 nicht ausgeschlossen. Unterliegt eine Vertragspartei hinsichtlich des Umstands, der zur anfänglichen Unmöglichkeit geführt hat, einem Irrtum, so kann dies einen **Irrtum über eine verkehrswesentliche Eigenschaft** darstellen, der zur Anfechtung nach § 119 Abs. 2 berechtigten würde. Das hätte die Nichtigkeit des Vertrages zur Folge, § 142 Abs. 1. Das ist unproblematisch, wenn der Gläubiger wegen des Irrtums die Anfechtung erklärt. Anders jedoch, wenn der Schuldner der Anfechtende ist: Durch die Anfechtung könnte er dem Vertrag die Wirksamkeit ex tunc entziehen und so dem Anspruch auf Schadensersatz statt der Leistung aus § 311 a Abs. 2 entgehen. Er würde dann zwar u.U. Schadensersatz nach § 122 Abs. 1 schulden, doch beschränkt sich dieser Anspruch auf das negative Interesse (Vertrauensschaden), während § 311 a Abs. 2 dem Gläubiger den Ersatz des positiven Interesses (Erfüllungsinteresse) gewährt. Deshalb ist eine Anfechtung nach § 119 Abs. 2 für den Schuldner ausgeschlossen.[53]

Beispiel: Verkäufer V geht davon aus, dass der von ihm für 10.000 € an K verkaufte Gebrauchtwagen kein Unfallfahrzeug ist und nimmt dies auch so in den Kaufvertrag auf. Später stellt K fest, dass der Wagen, der in mangelfreiem Zustand einen Wert von 11.000 € hätte, zuvor bereits einen Unfall erlitten hat. Sie verlangt deshalb von V Schadensersatz in Höhe von 11.000 € Zug um Zug gegen Rückgabe des Fahrzeugs. Hierdurch erfährt V zum ersten Mal von dem Unfall. Sogleich erklärt er die Anfechtung gem. § 119 Abs. 2. – Der Anspruch der K aus §§ 437 Nr. 3, 311 a Abs. 2 S. 1 setzt einen wirksamen Vertrag voraus. Ein

---

51 BeckOGK/Herresthal, Stand 1.6.2019, § 311 a Rn. 15; Hk-BGB/Schulze, § 311 a Rn. 2; MünchKomm/Ernst, § 311 a Rn. 15; a.A. (Verletzung der vorvertragl. Pflicht, Gläubiger über Leistungshindernis aufzuklären) Altmeppen, DB 2001, 1399 (1401); wohl auch Brox/Walker, Allg. Schuldrecht, § 22 Rn. 67; widersprüchlich Palandt/Grüneberg, § 311 a Rn. 6, 7.

52 BeckOGK/Herresthal, Stand 1.6.2019, § 311 a Rn. 11; Erman/Kindl, § 311 a Rn. 2; Jauernig/Stadler, § 311 a Rn. 2; Soergel/Gsell, § 311 a Rn. 19; Staudinger/Feldmann (2018), § 311 a Rn. 8.

53 BT-Drucks. 14/6040, S. 165; Erman/Kindl, § 311 a Rn. 12; Hk-BGB/Schulze, § 311 Rn. 5; Soergel/Gsell, § 311 Rn. 62.

Kaufvertrag ist abgeschlossen worden und allein der Umstand, dass es von Anfang an unmöglich war, das verkaufte Fahrzeug in der vereinbarten Beschaffenheit zu übereignen, ändert hieran nichts (§ 311a Abs. 1). Der Vertrag wäre jedoch nach § 142 Abs. 1 von Anfang an nichtig, wenn er von V wirksam angefochten wurde. Tatsächlich ist die Unfallfreiheit eine verkehrswesentliche Eigenschaft und V ist diesbezüglich einem Irrtum unterlegen. Dennoch ist die Anfechtung ausgeschlossen, weil V sich hiermit seiner Pflicht zum Schadensersatz statt der Leistung entziehen könnte. Es fehlt deshalb nicht am wirksamen Vertrag und der Schadensersatzanspruch der K hängt davon ab, ob V hätte wissen müssen, dass es sich um ein Unfallfahrzeug handelt (siehe Rn. 61).

b) Anfängliche Unmöglichkeit

Die Leistung des Schuldners muss nach § 275 Abs. 1–3 unmöglich bzw. unverhältnismäßig oder unzumutbar sein. Das setzt in den Fällen des § 275 Abs. 2, 3 voraus, dass er die Einrede erhoben hat. Das Leistungshindernis muss außerdem schon zu dem Zeitpunkt vorgelegen haben, in dem der **Vertrag abgeschlossen** wurde.   60

c) Vertretenmüssen

§ 311a Abs. 2 S. 2 schließt die Haftung des Schuldners aus, wenn er das Leistungshindernis bei Vertragsschluss nicht kannte und seine Unkenntnis nicht zu vertreten hat. Das ist ein anderer Bezugspunkt als bei § 283. Es kommt nicht darauf an, ob der Schuldner das Leistungshindernis herbeigeführt oder fahrlässigerweise nicht verhindert hat, sondern abzustellen ist allein auf seine **Kenntnis bzw. Kennenmüssen**. Dieser abweichende Bezugspunkt folgt aus dem Umstand, dass es zu keinem Zeitpunkt eine Leistungspflicht des Schuldners gab und deshalb auch nicht daran angeknüpft werden kann, ob der Schuldner einen Umstand herbeigeführt hat, der die Erfüllung der Leistungspflicht unmöglich macht. Die Anknüpfung an Kenntnis bzw. Kennenmüssen entspricht hingegen dem Haftungsgrund: Der Schuldner muss das positive Interesse ersetzen, weil er sich vertraglich zu einer Leistung verpflichtet hat, obwohl er wusste oder hätte wissen müssen, dass deren Erbringung ein Hindernis i.S.d. § 275 Abs. 1–3 entgegensteht.[54] Maßstab für das Vertretenmüssen sind §§ 276 ff. Es kommt – sofern keine strengere oder mildere Haftung besteht – darauf an, ob der Schuldner oder seine Hilfsperson i.S.d. § 278 das Hindernis kannte oder es ihm bzw. ihr infolge eines Verstoßes gegen die im Verkehr erforderliche Sorgfalt unbekannt gewesen ist. Hierfür trägt, wie die an § 280 Abs. 1 S. 2 angelehnte Formulierung des § 311a Abs. 2 S. 2 („das gilt nicht") zeigt, der Schuldner die **Beweislast**; das Vertretenmüssen wird also widerlegbar vermutet.   61

Beispiel: Im Unfallfahrzeug-Beispiel (Rn. 59) besteht das Leistungshindernis in dem Umstand, dass das Fahrzeug einen Unfall erlitten hat und deshalb nicht in der vereinbarten Beschaffenheit übereignet werden kann. Diese Beschaffenheit konnte schon bei Vertragsschluss nicht herbeigeführt werden, weil der Umstand, dass das Fahrzeug in der Vergangenheit einen Unfall erlitten hat, nicht mehr aus der Welt geschafft werden kann. Fraglich ist aber, ob V die anfängliche Unmöglichkeit zu vertreten hat. Da er keine Kenntnis davon hatte, dass es sich um ein Unfallfahrzeug handelt, kommt es darauf an, ob er dies bei Anwendung verkehrserforderlicher Sorgfalt hätte wissen können. Von einem Gebrauchtwagenhändler ist zu erwarten, dass er Fahrzeuge vor einem Verkauf zumindest auf Anzeichen eines früheren Unfalls untersucht. Wäre bei einer solchen Untersuchung der Unfall erkennbar gewesen, so hätte V die anfängliche Unmöglichkeit zu vertreten.

---

54 BT-Drucks. 14/6040, S. 165.

d) Schaden

62   Der Schaden liegt darin, dass der Gläubiger aufgrund des anfänglichen Nichtentstehens der Leistungspflicht (§ 275 Abs. 1–3) die **Leistung nicht erhält**. Dieser Schaden tritt bereits mit Vertragsabschluss ein, da der Vertrag bereits ohne die Leistungspflicht entstanden ist.

3. Rechtsfolgen

63   Im Rahmen des **Schadensersatzes statt der Leistung** kann der Gläubiger verlangen, im Hinblick auf die Leistung so gestellt zu werden, wie er bei ordnungsgemäßer Erfüllung des Vertrages gestanden hätte. Hier ergeben sich keine Unterschiede zum Anspruch aus §§ 280 Abs. 1, 3, 283 (siehe Rn. 51).

64   § 311 a Abs. 2 S. 3 verweist auf § 281 Abs. 1 S. 2, 3. Bei anfänglicher teilweiser Unmöglichkeit sowie bei nicht behebbarer Schlechtleistung kann der Gläubiger **Schadensersatz statt der ganzen Leistung** nur verlangen, wenn er an der Teilleistung kein Interesse hat bzw. die Pflichtverletzung nicht unerheblich ist (siehe Rn. 36, 38). Verlangt der Gläubiger den großen Schadensersatz, kann der Schuldner nach §§ 311 a Abs. 2 S. 3, 281 Abs. 5, 346–348 Rückgewähr der bereits erbrachten Teilleistung verlangen.

Beispiel: Im Unfallwagen-Beispiel (Rn. 59) kann K als kleinen Schadensersatz das Fahrzeug behalten und Ausgleich des Minderwerts verlangen, der aus dem Umstand resultiert, dass es sich um ein Unfallfahrzeug handelt. Für den großen Schadensersatz statt der Leistung kommt es – da eine Schlechtleistung vorliegt – darauf an, ob die Pflichtverletzung nicht unerheblich ist (§ 281 Abs. 1 S. 3). Das ist nach der Rechtsprechung auch von der Höhe des Minderwerts abhängig. Da der Verkehr bei Unfallfahrzeugen wegen der Gefahr unentdeckter Unfallschäden jedenfalls bei jüngeren Gebrauchtwagen einen erheblichen Abschlag beim Kaufpreis vornimmt, dürfte der Minderwert in aller Regel nicht so gering sein, dass nur eine unerhebliche Pflichtverletzung vorliegt. K kann also Schadensersatz statt der ganzen Leistung verlangen.

4. Prüfungsaufbau

65   I.   Wirksamer Vertrag (bzw. Schuldverhältnis mit Leistungspflicht)

II.   Unmöglichkeit gem. § 275 Abs. 1–3 bei Vertragsabschluss

III.   Vertretenmüssen, § 311 a Abs. 2 S. 2 (Widerlegung der Vermutung)

    1.   Haftungsmaßstab des Schuldners, § 276 Abs. 1

    2.   Kenntnis oder fahrlässige Unkenntnis des Leistungshindernisses

       a)   Eigene Kenntnis bzw. eigenes Kennenmüssen

       b)   Zurechnung der Kenntnis bzw. des Kennenmüssens eines Dritten, § 278

IV.   Schaden (= endgültiges Ausbleiben der Leistung)

V. Schadensersatz statt der Leistung wegen Schutzpflichtverletzung (§§ 280 Abs. 1, 3, 282)

1. Anwendungsbereich

66   Der in §§ 280 Abs. 1, 3, 282 normierte Anspruch auf Schadensersatz statt der Leistung setzt die Verletzung einer Pflicht nach § 241 Abs. 2 voraus und gilt deshalb nur für **Schutzpflichtverletzungen**. Hier geht es aber nicht um den Ersatz der Schäden, die dem Gläubiger durch die Schutzpflichtverletzung an seinen Rechten und Rechtsgütern ent-

standen sind. Anspruchsgrundlage für den Ausgleich solcher Beeinträchtigungen des Integritätsinteresses ist allein § 280 Abs. 1. Beim Schadensersatz statt der Leistung geht es um Fälle, in denen der Gläubiger wegen der Schutzpflichtverletzung anstelle der geschuldeten Leistung Schadensersatz haben möchte. Dahinter steht die Erwägung, dass durch die Schutzpflichtverletzung das **Vertrauensverhältnis so schwer gestört** sein kann, dass dem Gläubiger die Entgegennahme bzw. das Behalten der u.U. völlig fehlerfreien Leistung nicht zuzumuten ist. Hier genügt es nicht, den Gläubiger auf die Möglichkeit eines Rücktritts nach § 324 zu verweisen, wenn und soweit er durch den Nichterhalt der Leistung einen Schaden erleidet (z.B. Mehrkosten für die anderweitig beschaffte Ersatzleistung). Wegen des Vorrangs des Erfüllungsanspruchs bedarf es für den Schadensersatz, der dem Ausgleich des Erfüllungsinteresses dient, einer zusätzlichen Voraussetzung. Sie besteht darin, dass dem Gläubiger die Leistung durch den Schuldner unzumutbar sein muss (§§ 280 Abs. 1, 3, 282).

Beispiele: Rechtsanwalt R hat den U damit beauftragt, in seiner Kanzlei Akten aus dem Archiv zu vernichten. Am vereinbarten Tag erscheint U und beginnt mit der Arbeit. Im Verlauf des Tages beleidigt er die bei R beschäftigte Angestellte A schwer. Als R davon erfährt, wirft er den U aus der Kanzlei und beauftragt ein Konkurrenzunternehmen mit den Arbeiten. Da dieses teurer ist, verlangt er von U Ersatz der Mehrkosten. – Anspruchsgrundlage sind §§ 280 Abs. 1, 3, 282, da der geltend gemachte Schaden darin besteht, dass R die Leistung wegen seines Schadensersatzverlangens nicht erhalten hat. Es liegt eine Schutzpflichtverletzung vor, da der Schutz der Arbeitnehmer vor Beleidigungen auch zu den Interessen des R gehört und U die geschuldete Rücksicht nicht erbracht hat. Das Vertretenmüssen wird nach § 280 Abs. 1 S. 2 vermutet. Angesichts der Verhaltensweise des U ist es R auch nicht zumutbar, weiterhin die Leistung in Empfang zu nehmen. Einerseits handelt es sich um eine schwerwiegende Schutzpflichtverletzung, andererseits besteht auch Wiederholungsgefahr.

Hat U bei seiner Arbeit nicht die A beleidigt, sondern den Aktenvernichter unvorsichtigerweise so aufgestellt, dass der Parkettboden beschädigt wird, kann hierin ebenfalls die Verletzung einer Schutzpflicht gesehen werden. Für den Schaden am Parkettboden ergibt sich der Schadensersatzanspruch dann aus § 280 Abs. 1.

2. Anspruchsvoraussetzungen

Hinweis zur Fallbearbeitung: Abweichend vom bei § 281 angewandten Schema empfiehlt es sich, die zusätzliche Voraussetzung der Unzumutbarkeit erst nach dem Vertretenmüssen zu prüfen, weil der Grad des Vertretenmüssens bei der Unzumutbarkeit mit zu berücksichtigen ist.   67

a) Schuldverhältnis

Das von § 280 Abs. 1 S. 1 vorausgesetzte Schuldverhältnis kann dem Wortlaut nach jedes Schuldverhältnis sein. Erforderlich ist, dass es sich um ein **Schuldverhältnis mit einer Leistungspflicht** handelt. Deshalb scheiden vorvertragliche Schuldverhältnisse aus. Ferner müssen in diesem Schuldverhältnis auch Schutzpflichten bestehen. Das ist vor allem bei vertraglichen Schuldverhältnissen der Fall.   68

b) Pflichtverletzung

§ 282 verlangt die Verletzung einer Schutzpflicht (§ 241 Abs. 2). Nicht hierher gehören leistungsbezogene Nebenpflichten; bei deren Verletzung kann Schadensersatz statt der Leistung nur nach §§ 280 Abs. 1, 3, 281 verlangt werden. Bei den **Schutzpflichten** zielt   69

§ 282 in erster Linie auf solche, die **aus dem gleichen Schuldverhältnis** herrühren, aus dem auch die Leistungspflicht stammt. Der Wortlaut lässt es aber auch zu, die Verletzung einer Schutzpflicht aus einem vorvertraglichen Schuldverhältnis zu berücksichtigen, sofern dieses dem vertraglichen Schuldverhältnis vorausgegangen ist. Das kommt nach h.M. in Betracht, wenn der Gläubiger die vorvertragliche Pflichtverletzung erst nach Abschluss des Vertrages bemerkt, weil es hier möglich sei, dass ihm dann ein Festhalten am Vertrag unzumutbar ist.[55] Dem ist jedoch entgegenzuhalten, dass der Gesetzgeber nur solche Schutzpflichtverletzungen erfassen wollte, die sich als „leistungsbegleitend" darstellen, d.h. im Zusammenhang mit der Leistungserbringung stehen.[56] Das ist bei Schutzpflichtverletzungen innerhalb eines vorgelagerten vorvertraglichen Schuldverhältnisses jedoch nicht der Fall.

c) Vertretenmüssen

70 Für das nach § 280 Abs. 1 S. 2 erforderliche Vertretenmüssen gelten die §§ 276 ff.

d) Unzumutbarkeit

71 Die nach § 282 notwendige zusätzliche Voraussetzung besteht darin, dass dem Gläubiger die Leistung durch den Schuldner nicht mehr zuzumuten ist. Die Unzumutbarkeit muss ihren Grund in der Schutzpflichtverletzung haben. Da der Anspruch es dem Gläubiger ermöglicht, trotz fehlerfreier Leistung sein Erfüllungsinteresse in Geld ersetzt zu verlangen, sind an die Unzumutbarkeit **hohe Anforderungen** zu stellen. Kriterien sind die Schwere der Pflichtverletzung und die daraus folgende Gefährdung des Vertragszwecks, der Grad des Verschuldens sowie die Wiederholungsgefahr. Eine vorherige Abmahnung ist nicht zwingend erforderlich;[57] insbesondere bei schwerwiegenden Schutzpflichtverletzungen kann der Gläubiger nicht darauf verwiesen werden, erst den Erfolg einer Abmahnung abwarten zu müssen. Aus dem Verstoß gegen eine bereits erfolgte Abmahnung kann sich aber die Unzumutbarkeit auch in Fällen ergeben, in denen die Schutzpflichtverletzung weniger schwer ist.[58] Das heißt aber nicht, dass bei Verstößen gegen eine Abmahnung stets Unzumutbarkeit vorliegen würde. Sonst hätte der Gläubiger es in der Hand, im Wege der Abmahnung auch kleinster Schutzpflichtverletzungen die Unzumutbarkeit herbeizuführen.

Beispiel (BT-Drucks. 14/7052, S. 186): Maler M ist mit der Durchführung von Malerarbeiten im Wohnzimmer der B beauftragt. Vor Beginn der Arbeiten hat B den M darauf hingewiesen, dass sie nicht möchte, dass im Wohnzimmer geraucht wird. Das fällt M als Gewohnheitsraucher schwer und so zündet er sich in der Mittagspause eine Zigarette an. Als B dies bemerkt, fordert sie den M auf, dies sofort zu unterlassen. Gleichwohl raucht M auch am nächsten Tag in der Mittagspause eine Zigarette im Wohnzimmer. – Da B den M vorher auf das Nichtrauchen hingewiesen hat, liegt eine Schutzpflichtverletzung schon beim ersten Rauchen in der Mittagspause vor. Von Unzumutbarkeit i.S.d. § 282 wird man hingegen frühestens dann sprechen können, wenn M trotz der danach erfolgten Abmahnung wieder

---

55   BeckOGK/Riehm, Stand 1.7.2019, § 282 Rn. 34; Erman/Westermann, § 282 Rn. 3; MünchKomm/Ernst, § 282 Rn. 4; Soergel/Benicke/Hellwig, § 282 Rn. 11; Looschelders, Schuldrecht AT, § 27 Rn. 36; Brox/Walker, Allg. Schuldrecht, § 25 Rn. 19.
56   BT-Drucks. 14/7052, S. 186; wie hier im Ergebnis auch Staudinger/Schwarze (2014), § 281 Rn. 32.
57   Vgl. BeckOK-BGB/Lorenz, § 282 Rn. 3; Erman/Westermann, § 282 Rn. 5; PWW/Schmidt-Kessel, § 282 Rn. 5; a.A. (Abmahnung als Regelvoraussetzung) Palandt/Grüneberg, § 282 Rn. 4.
58   Vgl. BT-Drucks. 14/6040, S. 142.

raucht. Selbst dann kann noch kritisch gefragt werden, ob das Rauchen einer einzigen Zigarette in der Mittagspause trotz vorheriger Abmahnung schon ausreichend ist.[59]

3. Rechtsfolgen

a) Wahl zwischen Erfüllung und Schadensersatz statt der Leistung

Bei § 282 fehlt eine dem § 281 Abs. 4 vergleichbare Regelung. Diese Vorschrift ist jedoch analog anzuwenden: Wenn schon bei Verletzungen der Leistungspflicht, die unmittelbar zur Beeinträchtigung des Erfüllungsinteresses führt, ein Wahlrecht des Gläubigers zwischen Erfüllung und Schadensersatz statt der Leistung besteht, so muss dies bei Schutzpflichtverletzungen, die das Erfüllungsinteresse des Gläubigers grundsätzlich unberührt lassen, erst recht gelten.[60] Der Erfüllungsanspruch erlischt **analog** § 281 Abs. 4 erst, wenn der Gläubiger Schadensersatz statt der Leistung verlangt. Das hat bei gegenseitigen Verträgen auch das Erlöschen der Gegenleistungspflicht zur Folge, wenn der Gläubiger den Schaden nach der Differenztheorie berechnet (siehe Rn. 31).

72

b) Schadensersatz statt der Leistung

Im Rahmen des Schadensersatzes statt der Leistung kann der Gläubiger verlangen, so gestellt zu werden, wie er **bei ordnungsgemäßer Erfüllung des Vertrages** gestanden hätte. Hierher gehören aber nicht die Schäden, die durch die Schutzpflichtverletzung an Rechtsgütern des Gläubigers entstanden sind, sondern nur jene Schäden, die aus dem ausgebliebenen Zufluss der Leistung zum Vermögen des Gläubigers resultieren. Im Übrigen ergeben sich keine Unterschiede zu §§ 280 Abs. 1, 3, 281 (siehe Rn. 28 ff.).

73

c) Schadensersatz statt der ganzen Leistung

Hat der Schuldner zu dem Zeitpunkt, in dem der Gläubiger Schadensersatz statt der Leistung verlangt, bereits einen Teil seiner Leistung erbracht, betrifft die Unzumutbarkeit in der Regel nur den noch ausstehenden Teil. Deshalb kann der Gläubiger nur für diesen Teil den kleinen Schadensersatz verlangen. Schadensersatz statt der ganzen Leistung schuldet er **analog § 281 Abs. 1 S. 2** nur, wenn er an der erbrachten Teilleistung kein Interesse hat (siehe Rn. 36).[61] Verlangt er den großen Schadensersatz, hat der Schuldner analog § 281 Abs. 5 einen Anspruch auf Rückgewähr der erbrachten Teilleistung nach §§ 346–348.

74

4. Prüfungsaufbau

I.   Schuldverhältnis

II. Pflichtverletzung

    1. Bestehen einer Schutzpflicht

    2. Verletzung der Schutzpflicht

75

---

59 Verneinend Hk-BGB/Schulze, § 283 Rn. 3; Staudinger/Schwarze (2014), § 282 Rn. 38; differenzierend BeckOGK/Riehm, Stand 1.7.2019, § 282 Rn. 60.

60 Vgl. MünchKomm/Ernst, § 282 Rn. 12; Soergel/Benicke/Hellwig, § 282 Rn. 44; Staudinger/Schwarze (2014), § 282 Rn. 52.

61 Erman/Westermann, § 282 Rn. 6; Staudinger/Schwarze (2014), § 282 Rn. 59.

III. Vertretenmüssen, § 280 Abs. 1 S. 2

   1. Haftungsmaßstab des Schuldners, § 276 Abs. 1

   2. Vertretenmüssen des Schuldners

     a) Eigenes Vertretenmüssen

     b) Zurechnung des Verschuldens eines Dritten, § 278

IV. Unzumutbarkeit, § 282

V. Schaden (= endgültiges Ausbleiben der Leistung)

Wiederholungs- und Vertiefungsfragen

76   1. Warum erfordert der Anspruch auf Schadensersatz statt der Leistung zusätzliche Voraussetzungen? (Rn. 2)

   2. Bei welchen Pflichtverletzungen hängt der Anspruch auf Schadensersatz statt der Leistung von einer erfolglosen Fristsetzung ab? (Rn. 3 ff.)

   3. Ab welchem Zeitpunkt kann der Gläubiger dem Schuldner eine Frist i.S.d. § 281 Abs. 1 setzen? (Rn. 15)

   4. Kann der Gläubiger Schadensersatz statt der Leistung verlangen, wenn die von ihm gesetzte Frist unangemessen kurz ist? (Rn. 13)

   5. Ist die Fristsetzung entbehrlich, wenn für die Leistung eine Zeit nach dem Kalender bestimmt ist? (Rn. 16)

   6. Ist die Fristsetzung entbehrlich, wenn der Gläubiger eine Mahnung i.S.d. § 286 Abs. 1 ausgesprochen hat? (Rn. 13, auch § 24 Rn. 7)

   7. Welche Auswirkung hat die Entstehung eines Anspruchs auf Schadensersatz statt der Leistung aus §§ 280 Abs. 1, 3, 281 auf den Bestand der Leistungspflicht des Schuldners? (Rn. 25)

   8. Was ist mit der Formulierung „Schadensersatz statt der ganzen Leistung" gemeint und unter welchen Voraussetzungen kann der Gläubiger ihn verlangen? (Rn. 34)

   9. K hat 100 t Kies bei V gekauft. Zum Fälligkeitstermin liefert V nur die Hälfte; eine von K gesetzte Frist, den Rest zu liefern, bleibt erfolglos. Deshalb beschafft K sich 50 t Kies bei Z zu einem um 10 % höheren Preis. Er verlangt von V Ersatz dieser Mehrkosten. Zu Recht? (Rn. 35)

   10. Wie erfolgt die Berechnung des Schadens nach der Differenztheorie und wie nach der Surrogationstheorie? (Rn. 31, 32)

   11. Kann der Schuldner vom Gläubiger die Gegenleistung verlangen, wenn dieser von ihm Schadensersatz statt der Leistung verlangt? (Rn. 31)

   12. Welche Form der Unmöglichkeit erfasst § 283? (Rn. 41)

   13. Liegt bei Unmöglichkeit eine Pflichtverletzung vor? (Rn. 46)

   14. Worauf bezieht sich das Vertretenmüssen des Schuldners bei anfänglicher bzw. nachträglicher Unmöglichkeit? (Rn. 48, 61)

   15. Aus welcher Anspruchsgrundlage kann der Gläubiger Schadensersatz für Schäden an seinen Rechtsgütern verlangen, die durch die Verletzung einer Schutzpflicht aus einem gegenseitigen Vertrag entstanden sind? (Rn. 66)

   16. Wie ist der Gläubiger zu stellen, wenn Schadensersatz statt der Leistung geschuldet ist? (Rn. 28)

§ 26 Aufwendungsersatz

I. Ersatzfähigkeit nutzloser Aufwendungen

1. Aufwendungen und Schadensersatz statt der Leistung

Wenn der Gläubiger die geschuldete Leistung endgültig nicht erhält, erweisen sich seine **Aufwendungen, die im Hinblick auf den Erhalt der Leistung getätigt wurden**, als nutzlos (frustrierte Aufwendungen). Das bedeutet nicht zwangsläufig, dass ihm ein Schaden entstanden ist, der im Rahmen des **Schadensersatzes statt der Leistung** zu ersetzen wäre. Bei diesem ist der Gläubiger so zu stellen, wie er bei ordnungsgemäßer Erfüllung gestanden hätte. Der dazu erforderliche Vergleich der tatsächlichen Vermögenslage mit der, die bei Erfüllung eingetreten wäre, ergibt bei Aufwendungen, die in Erwartung der Leistung getätigt wurden, keine Vermögensminderung durch das Ausbleiben der Leistung: Die durch die Aufwendung verursachte Vermögenseinbuße beruht auf der freiwilligen Entscheidung des Gläubigers und wäre auch bei ordnungsgemäßer Erfüllung vorhanden. Zu bedenken ist aber, dass ein ökonomisch denkender Gläubiger solche Aufwendungen nur tätigt, weil er die Erwartung hat, mit der Leistung einen Vermögensvorteil in Form eines Gewinns zu erzielen, aus dem er die Aufwendungen decken kann. Es ist also davon auszugehen, dass sich die Aufwendungen rentiert hätten, weil mindestens ein Gewinn in gleicher Höhe erzielt werden wäre (sog. **Rentabilitätsvermutung**).[1] Bleibt die Leistung aus, entgeht dem Gläubiger die Möglichkeit, mit der Leistung einen Gewinn zu erzielen. Entgangener Gewinn gehört nach § 252 S. 1 zum zu ersetzenden Schaden. Wenn die Rentabilitätsvermutung greift, kann der entgangene Gewinn danach bemessen werden, wie hoch die getätigten und nutzlos gewordenen Aufwendungen waren, denn es ist ja zu vermuten, dass mindestens ein Gewinn in Höhe der Aufwendungen erzielt worden wäre. Der Betrag der nutzlos gewordenen Aufwendungen ist deshalb der Mindestbetrag des entgangenen Gewinns. Die Rentabilitätsvermutung ist aber widerlegbar, d.h. der Schuldner kann nachweisen, dass der Gewinn, den der Gläubiger erzielt hätte, geringer ist als die Aufwendungen.

Beispiel: M mietet für 200 € einen an die Gaststätte des V angeschlossenen Saal, um dort eine Verkaufsveranstaltung durchzuführen. Hierzu druckt er Einladungen und verschickt diese per Post. Kurz vor der Veranstaltung bricht durch Unachtsamkeit des V im Saal ein Feuer aus, das ihn unbenutzbar macht. Da M auf die Schnelle keine Ausweichmöglichkeit findet, sagt er die Veranstaltung ab und verlangt von V Ersatz der Druck- und Portokosten. – Für den Anspruch auf Schadensersatz statt der Leistung kommt es darauf an, ob es sich um einen ersatzfähigen Schaden handelt. Es kann widerlegbar vermutet werden, dass M die Druck- und Portokosten durch die Verkaufsveranstaltung erwirtschaftet hätte. Diese konnte er nicht durchführen, weil er die von V geschuldete Leistung (Überlassung des Veranstaltungsraums) nicht erhalten hat. Aus der Nichtleistung ist ihm ein Vermögensnachteil (entgangener Gewinn) mindestens i.H.d. geltend gemachten Kosten entstanden, der bei ordnungsgemäßer Erfüllung nicht entstanden wäre. Diesen kann er als Schadensersatz statt der Leistung verlangen.

Die Berücksichtigung von Aufwendungen zur Berechnung des entgangenen Gewinns setzt voraus, dass der Gläubiger mit der geschuldeten Leistung einen **wirtschaftlichen Zweck** verfolgt, denn nur dann hat er die Möglichkeit, mit der Leistung die getätigten Aufwendungen zu erwirtschaften, also einen Gewinn zu erzielen. Dient die Leistung

---

1 BGHZ 71, 234 (239); BGHZ 102, 104; BGHZ 143, 41 (48 f.); BGH NJW 2009, 1870 Rn. 19; zur Vertiefung: Meier/Jocham, Die Rentabilitätsvermutung - Aufwendung als Schaden?, JuS 2018, 1168.

ideellen oder konsumtiven Zwecken, spielen die Aufwendungen für die Berechnung des Schadens keine Rolle; hier bleibt es vielmehr dabei, dass nutzlos gewordene Aufwendungen nicht im Rahmen des Schadensersatzes statt der Leistung zu ersetzen sind.

Beispiel: M mietet bei V einen Veranstaltungssaal zur Durchführung seiner Geburtstagsfeier. Nachdem V den Termin bestätigt hat, lädt M seine Gäste schriftlich ein und bittet ausdrücklich darum, ihm nichts zu schenken. M muss die Feier jedoch kurzfristig absagen, weil V versehentlich eine Doppelbuchung vorgenommen hat und er in der Kürze der Zeit auch keinen anderen Raum für die Feier findet. M verlangt von V Ersatz der Portokosten für die nutzlos gewordenen Einladungen. – Es fehlt an einem ersatzfähigen Schaden. Zwar sind die Portokosten für M eine Vermögenseinbuße. Diese hätte er aber auch bei ordnungsgemäßer Erfüllung erlitten. M hätte mit der Feier auch keine Mittel erwirtschaftet, aus denen er die Portokosten hätte decken können, sodass es an einem durch die Nichtleistung verursachten Vermögensnachteil in Form des entgangenen Gewinns fehlt. In Betracht kommt nur Aufwendungsersatz nach § 284.

Hinweis zur Fallbearbeitung: Die Rentabilitätsvermutung ist bei der Prüfung eines Anspruchs auf Schadensersatz statt der Leistung auf der Rechtsfolgenseite, nämlich bei der Frage, in welchem Umfang Schadensersatz verlangt werden kann, anzusprechen. Ausgangspunkt ist dabei der Umstand, dass zum Schadensersatz auch der entgangene Gewinn gehört (§ 252 S. 1). Zur Ermittlung, wie hoch dieser ist, kann auf die gemachten Aufwendungen zurückgegriffen werden, sofern die Rentabilitätsvermutung Anwendung findet.

2. Aufwendungsersatz nach § 284 bzw. § 311 a Abs. 2

3   Die Ersatzmöglichkeiten, die der Schadensersatz statt der Leistung bietet, werden durch §§ 284, 311 a Abs. 2 erweitert.[2] Der Gläubiger kann anstelle des Schadensersatzes statt der Leistung **Ersatz seiner im Vertrauen auf den Erhalt der Leistung gemachten Aufwendungen** verlangen. Das gilt auch, wenn der Vertrag eine wirtschaftliche Zielsetzung hat und auf der Grundlage der Rentabilitätsvermutung schon ein Ausgleich im Rahmen des Schadensersatzes statt der Leistung erfolgen könnte.[3] Umgekehrt muss der Gläubiger bei solchen Verträgen nicht zwingend Aufwendungsersatz gem. § 284 verlangen, sondern kann seinen entgangenen Gewinn nach wie vor im Rahmen der Rentabilitätsvermutung anhand der Aufwendungen ermitteln und insoweit Schadensersatz statt der Leistung geltend machen.[4]

Beispiele: Im Verkaufsveranstaltungs-Beispiel (Rn. 1) kann M den leichten Weg gehen und Ersatz gem. § 284 verlangen. Soweit die Rentabilitätsvermutung eingreift, ist es ihm aber unbenommen, die Druck- und Portokosten als Teil des entgangenen Gewinns als Schadensersatz statt der Leistung geltend zu machen. Gelingt es V aber, die Rentabilitätsvermutung zu widerlegen, so bleibt M nur noch der Weg über § 284.

Im Geburtstagsfeier-Beispiel (Rn. 2) kann M nur nach § 284 Ersatz der Portokosten verlangen, nicht jedoch im Rahmen des Schadensersatzes statt der Leistung.

---

2 Zur Vertiefung: Ellers, Zu Voraussetzungen und Umfang des Aufwendungsersatzanspruchs gemäß § 284 BGB, Jura 2006, 201; Fischinger/Wabnitz, Aufwendungsersatz nach § 284 BGB, ZGS 2007, 139; Stoppel, Der Ersatz frustrierter Aufwendungen nach § 284 BGB, AcP 204 (2004), 81; Tröger, Investitionsschutz nach § 284 BGB, ZGS 2005, 462; ders., Der Individualität eine Bresche: Aufwendungsersatz nach § 284 BGB, ZIP 2005, 2238; Weitemeyer, Rentabilitätsvermutung und Ersatz frustrierter Aufwendungen unter der Geltung des § 284 BGB, AcP 205 (2005), 275.
3 BGHZ 163, 381 (386) m.w.N.
4 Erman/Westermann, § 284 Rn. 9; Hk-BGB/Schulze, § 284 Rn. 2; Palandt/Grüneberg, § 284 Rn. 3.

Ob es sich bei § 284 und § 311 a Abs. 2 um eine **eigenständige Anspruchsgrundlage** handelt, mit der Ersatz des negativen Interesses verlangt werden kann,[5] oder lediglich um eine **Erweiterung der Schadensberechnung** beim Ersatz des positiven Interesses durch den Schadensersatz statt der Leistung,[6] ist umstritten. Hierauf kommt es an, wenn es um die Frage geht, ob schadensrechtliche Vorschriften wie § 254 Anwendung finden; bei einer Einordnung als selbstständige Anspruchsgrundlage ist freilich an eine Analogie zu denken. Für ein schadensrechtliches Verständnis spricht, dass nutzlos gewordene Aufwendungen vor dem Hintergrund der Rentabilitätsvermutung durchaus vom positiven Interesse erfasst sind, sodass sie sich auch über §§ 284, 311 a Abs. 2 nicht dem negativen Interesse zuordnen lassen. Diese Normen erweitern vielmehr die Ersatzfähigkeit von Aufwendungen auf Gestaltungen, in denen die Rentabilitätsvermutung nicht greift oder widerlegt ist.

4

3. Das Alternativverhältnis zwischen Aufwendungsersatz und Schadensersatz statt der Leistung

Sowohl § 284 als auch § 311 a Abs. 2 lassen den Ersatz der Aufwendungen nur **anstelle des Schadensersatzes statt der Leistung** zu. Damit soll eine Überkompensation des Gläubigers verhindert werden. Dazu würde es kommen, wenn er als Schadensersatz statt der Leistung die ihm entgangenen Vermögensvorteile (insb. den anhand der nutzlosen Aufwendungen berechneten entgangenen Gewinn) verlangen und zugleich über § 284 Ersatz jener Aufwendungen erhalten könnte, die er an sich mit dem – durch den Schadensersatzanspruch bereits kompensierten – entgangenen Vermögensvorteil erwirtschaften wollte.

5

Beispiel: Macht M im Verkaufsveranstaltungs-Beispiel (Rn. 1) geltend, ihm sei durch die Pflichtverletzung des V ein Gewinn von 2.000 € entgangen, so kann er diesen nach §§ 280 Abs. 1, 3, 283 ersetzt verlangen. Er kann hingegen nicht nach § 284 zusätzlich Ersatz seiner nutzlos gewordenen Druck- und Portokosten i.H.v. 300 € verlangen. Wäre das möglich, stünde er besser, als wenn V ordnungsgemäß erfüllt hätte. Dann nämlich hätte er einen Gewinn von 2.000 € erzielt, aus dem er die 300 € Druck- und Portokosten getragen hätte.

Problematisch ist das **Alternativverhältnis** bei Verträgen mit ideellen oder konsumtiven Zwecken. Hier kann der Gläubiger im Rahmen des Schadensersatzes keinen entgangenen Gewinn geltend machen und ist für den Ersatz seiner nutzlosen Aufwendungen auf § 284 verwiesen. Verlangt er nach § 284 Ersatz, ist ihm die Geltendmachung anderer Schäden, die aus dem Ausbleiben der Leistung entstanden sind (z.B. Differenz zwischen Leistung und Gegenleistung), nicht möglich. Da hier die Gefahr einer Überkompensation nicht droht, spricht manches dafür, das Alternativverhältnis teleologisch auf Fälle zu reduzieren, in denen der Vertrag ein wirtschaftliches Ziel hat und in allen anderen Fällen eine Kumulation von Schadensersatz statt der Leistung und Aufwendungsersatz zuzulassen.[7]

6

Beispiel: K kauft bei V ein Bild, dessen Wert 1.200 € beträgt, für 1.000 €. Bevor es geliefert wird, lässt er einen einfachen Rahmen für 50 € anfertigen. Bleibt nun die Leistung des V

5 BeckOGK/Dornis, Stand 1.6.2019, § 284 Rn. 22 f.; Erman/Westermann, § 284 Rn. 2; Hk-BGB/Schulze, § 284 Rn. 1; Soergel/Benicke/Grebe, § 284 Rn. 16 ff.; Brox/Walker, Allg. Schuldrecht, § 22 Rn. 71.
6 BeckOK-BGB/Lorenz, § 284 Rn. 9; PWW/Schmidt-Kessel, § 284 Rn. 2; Staudinger/Schwarze (2014), § 284 Rn. 12; Medicus/Lorenz, Schuldrecht I, Rn. 450; differenzierend MünchKomm/Ernst, § 284 Rn. 8.
7 Vgl. Canaris, JZ 2001, 499 (517); Faust, in: Huber/Faust, Schuldrechtsmodernisierung, Kap. 4 Rn. 50; Gsell, NJW 2006, 125 (126); BeckOGK/Dornis, Stand 1.6.2019, § 284 Rn. 146 ff.; BeckOK-BGB/Lorenz, § 284 Rn. 6; a.A. MünchKomm/Ernst, § 284 Rn. 34; Soergel/Benicke/Grebe, § 284 Rn. 49 ff.

aus, kann K entweder als Schadensersatz statt der Leistung 200 € geltend machen (1.200 € Wert der Leistung – 1.000 € Wert der Gegenleistung) oder Ersatz der nutzlos gewordenen Aufwendungen i.H.v. 50 € verlangen. Eine Berücksichtigung der 50 € bei der Berechnung des Schadensersatzes ist nicht möglich, weil die Rentabilitätsvermutung nicht greift. Wird § 284 aber teleologisch reduziert, kann K beides verlangen.

II. Anwendungsbereich des § 284 und § 311 a Abs. 2

7 Nach § 284 kann der Gläubiger anstelle des Schadensersatzes statt der Leistung Ersatz der nutzlos gewordenen Aufwendungen verlangen. Aus der Anknüpfung an den Schadensersatz und der systematischen Stellung ergibt sich, dass § 284 in das System der **Pflichtverletzung** eingegliedert ist und deshalb für alle Schuldverhältnisse gilt. Die Norm findet bei allen Pflichtverletzungen Anwendung, bei denen nach §§ 280 Abs. 1, 3, 281–283 Schadensersatz statt der Leistung verlangt werden kann. Außerhalb dieses Systems steht der in § 311 a Abs. 2 geregelte Aufwendungsersatz bei **anfänglicher Unmöglichkeit**. Für den Umfang verweist die Norm allerdings ebenfalls auf § 284.

III. Voraussetzungen des § 284 bzw. § 311 a Abs. 2

1. Voraussetzungen des Schadensersatzes statt der Leistung

8 § 284 bzw. § 311 a Abs. 2 macht den Aufwendungsersatzanspruch davon abhängig, dass der Gläubiger einen Anspruch auf Schadensersatz statt der Leistung hat. Ob der besteht, hängt von den Voraussetzungen der jeweils einschlägigen Anspruchsgrundlage (§§ 280 Abs. 1, 3, 281–283 bzw. § 311 a Abs. 2) ab. Ein Schaden muss allerdings nicht gegeben sein, denn der Aufwendungsersatz soll dem Gläubiger ja gerade in den Fällen ermöglicht werden, in denen die frustrierten Aufwendungen wegen Nichteingreifens oder Widerlegung der Rentabilitätsvermutung keinen Schaden darstellen.[8]

2. Aufwendungen

9 Erfasst sind **Aufwendungen, die im Vertrauen auf den Erhalt der Leistung** gemacht wurden. Das sind freiwillige Vermögensopfer, zu deren Eingehung der Gläubiger sich entschlossen hat, weil er davon ausging, dass der Schuldner seine Leistungspflicht erfüllen wird. Hierzu genügt auch schon die Eingehung einer Verbindlichkeit. Für das verlangte Handeln im Vertrauen auf die Leistung ist aber erforderlich, dass der Schuldner sich überhaupt schon zur Leistung verpflichtet hat oder dies zumindest unmittelbar bevorsteht. Erfasst sind daher nicht nur nach der Entstehung des Schuldverhältnisses entstandene Kosten, sondern auch die Kosten des Vertragsabschlusses selbst. Nicht ersatzfähig sind hingegen die Kosten der bloßen Vertragsanbahnung, da diese im Vertrauen auf den Vertragsabschluss, nicht aber auf den Erhalt der Leistung entstanden sind. Aufwendungen nach Erhalt der Leistung sind ersatzfähig, wenn sie dazu dienen, die Leistung für den Gläubiger nutzbar zu machen und zu erhalten.

Beispiele für ersatzfähige Aufwendungen: Transport-, Umbau-, Einbau-, Montage-, Untersuchungs-, Überführungs-, Zulassungskosten; Zölle und Gebühren; Aufwendungen für nutzlos gewordenes und nicht anderweitig verwendbares Zubehör; Montage- und Einbaukosten, Makler-, Beurkundungskosten; Kosten zur Finanzierung der Gegenleistung wie Darlehenszinsen.

---

8   NK-BGB/Arnold, § 284 Rn. 12; Looschelders, Schuldrecht AT, § 30 Rn. 5; Medicus/Lorenz, Schuldrecht I, Rn. 452.

Ersatzfähig sind nur Aufwendungen, die der Gläubiger **billigerweise** machen durfte.   10
Diese Begrenzung, die Ausdruck des allgemeinen Gedankens der Schadensminderungs-
obliegenheit ist (§ 254 Abs. 2 S. 1, siehe § 47 Rn. 1), betrifft in erster Linie das **generelle „Ob" von Aufwendungen**, d.h. die Frage, ob zu einem bestimmten Zeitpunkt billigerweise überhaupt noch Aufwendungen getätigt werden durften. Das ist zu verneinen, wenn der Gläubiger bei Anwendung verkehrserforderlicher Sorgfalt mit dem
Nichterhalt der Leistung rechnen musste, selbst wenn er tatsächlich weiter auf den Erhalt der Leistung vertraut hat.[9] Inwieweit über das Billigkeitsmerkmal auch das „**Wie**"
von Aufwendungen (Art und Höhe der konkreten Aufwendung) beschränkt wird, ist
unsicher. Hierbei ist zu bedenken, dass der Gläubiger frei entscheiden darf, welche
Aufwendungen er machen möchte. Bei der Frage, inwieweit diese ersatzfähig sind, sollten Schuldnerinteressen aber nicht völlig ausgeblendet werden. Anknüpfungspunkt des
§ 284 ist die Pflichtverletzung des Schuldners und damit die von ihm geschuldete Leistung. Zwischen ihr und der geltend gemachten Aufwendung muss daher ein dem
Schuldner noch zurechenbarer Bezug bestehen.[10] Daran fehlt es jedenfalls, wenn zwischen der Leistung und der Aufwendung ein offensichtliches und krasses Missverhältnis besteht oder die Eingehung dieser Aufwendung bei objektiver Betrachtung völlig
unvorhersehbar war.[11]

Beispiel: Der in Hamburg lebende K hat über das Internet bei V, die in Köln wohnt, ein gebrauchtes Notebook für 400 € gekauft. Zwecks vereinbarter Abholung mietet K einen Privatjet für 5.000 €. Als er bei V in Köln ankommt, sieht er gerade noch, wie das Notebook
durch Unachtsamkeit der V zu Boden fällt und zerstört wird. Er verlangt Ersatz der nutzlosen Mietkosten. – Fraglich ist allein, ob V diese Aufwendung billigerweise tätigen durfte.
Dagegen spricht, dass sie im Vergleich zum Wert der Leistung in einem erheblichen Missverhältnis steht und es zudem nicht vorhersehbar ist, dass ein Käufer, der ein gebrauchtes
Notebook erwirbt, zur Abholung einen Privatjet mietet.

3. Zweckverfehlung

§ 284 2. HS schließt die Ersatzfähigkeit von Aufwendungen aus, deren Zweck auch   11
ohne die Pflichtverletzung des Schuldners nicht erreicht worden wäre. Daraus folgt,
dass Ersatz nur verlangt werden kann, wenn die Aufwendung tatsächlich ihren **Zweck
nicht erreicht** hat. Das ist nicht der Fall, wenn der Gläubiger die ihm durch die Aufwendung zugeflossene Leistung oder den durch sie erworbenen Gegenstand tatsächlich
weiter nutzt; die bloße Möglichkeit einer anderweitigen Nutzung genügt hingegen
nicht.[12]

Beispiel: In Erwartung eines bei V erworbenen Fahrzeugs kauft K eine nur für dieses Modell
passende Anhängerkupplung. Erhält sie das Fahrzeug nicht, liegt Zweckverfehlung vor. Anders verhält es sich, wenn sie für das Fahrzeug eine Garage bauen lässt, die sie – nachdem
die Leistung ausgeblieben ist – für ein anderweitig erworbenes Fahrzeug nutzt.

Aus § 284 2. HS ergibt sich ferner, dass zwischen der Pflichtverletzung und der Zweck-   12
verfehlung ein **Ursachenzusammenhang** bestehen muss. Nicht ersatzfähig sind Auf-

---

 9 Palandt/Grüneberg, § 284 Rn. 6.
10 Vgl. Staudinger/Otto (2009), § 284 Rn. 31.
11 Vgl. BeckOGK/Dornis, Stand 1.6.2019, § 284 Rn. 114 ff.; BeckOK-BGB/Lorenz, § 284 Rn. 16; Jauernig/Stadler,
     § 284 Rn. 6; NK-BGB/Arnold, § 284 Rn. 31 f.; PWW/Schmidt-Kessel, § 284 Rn. 9; Palandt/Grüneberg, § 284
     Rn. 6; a.A. Fleck, JZ 2009, 1045 ff.
12 BGHZ 163, 381 (387 f.); Staudinger/Schwarze (2014), § 284 Rn. 51.

wendungen, die ihren Zweck auch bei ordnungsgemäßer Erfüllung verfehlt hätten. Wie die Formulierung „es sei denn" zeigt, trifft die Beweislast insoweit den Schuldner.

Beispiel: Kauft K im vorherigen Beispielsfall eine Anhängerkupplung, die nicht auf das bei V erworbene Fahrzeug passt, liegt zwar eine Zweckverfehlung vor. Diese hat ihre Ursache aber nicht in der Pflichtverletzung: Hätte V geliefert, hätte K die Anhängerkupplung auch nicht nutzen können.

IV. Rechtsfolgen des § 284 bzw. § 311 a Abs. 2

13   Verlangt der Gläubiger über § 284 bzw. § 311 a Abs. 2 **Aufwendungsersatz**, ist sein Anspruch auf Schadensersatz statt der Leistung ausgeschlossen (siehe Rn. 5). Das Schicksal anderer Schadensersatzansprüche (einfacher Schadensersatz, Verzögerungsschadensersatz) wird nicht berührt.[13] Die Geltendmachung des Aufwendungsersatzes muss zum **Wegfall der Leistungspflicht** führen. Das ergibt sich nach hier vertretener Auffassung schon daraus, dass es sich lediglich um Regelungen zur Ersatzfähigkeit des Schadens handelt, der vom Schadensersatz statt der Leistung erfasst ist; dementsprechend kommt § 281 Abs. 4 unmittelbar zur Anwendung, soweit der Anspruch nicht bereits nach § 275 Abs. 1–3 erloschen ist. Das Gleiche muss bei einer Einordnung als Anspruchsgrundlage gelten, weil § 284 den Aufwendungsersatz davon abhängig macht, dass ein Anspruch auf Schadensersatz statt der Leistung besteht. Da mit dessen Geltendmachung der Anspruch auf Leistung nach § 281 Abs. 4 erlischt, ist diese Regelung analog anzuwenden.[14]

V. Prüfungsaufbau

1. Aufwendungsersatz nach §§ 280 Abs. 1, 3, 281–283, 284

14   I.   Anspruch auf Schadensersatz statt der Leistung, §§ 280 Abs. 1, 3, 281–283
II.   Aufwendungen
    1.   Aufwendung im Vertrauen auf Erhalt der Leistung
    2.   Billigkeit der Aufwendung
III. Zweckverfehlung
    1.   Nichteintritt des Zwecks der Aufwendung
    2.   Ursachenzusammenhang mit Pflichtverletzung

2. Aufwendungsersatz nach § 311 a Abs. 2 S. 1

15   I.   Wirksamer Vertrag (bzw. Schuldverhältnis mit Leistungspflicht)
II.   Freiwerden des Schuldners gem. § 275 Abs. 1–3 bei Vertragsabschluss
III. Vertretenmüssen, § 311 a Abs. 2 S. 2 (Widerlegung der Vermutung)
    1.   Haftungsmaßstab des Schuldners, § 276 Abs. 1
    2.   Kenntnis oder fahrlässige Unkenntnis des Leistungshindernisses
      a)   Eigene Kenntnis bzw. eigenes Kennenmüssen
      b)   Zurechnung der Kenntnis bzw. des Kennenmüssens eines Dritten, § 278

---

13 BGHZ 163, 381 (387).
14 BeckOGK/Dornis, Stand 1.6.2019, § 284 Rn. 152; MünchKomm/Ernst, § 284 Rn. 35; Soergel/Bennicke/Grebe, § 284 Rn. 129; Staudinger/Schwarze (2014), § 284 Rn. 55.

IV. Aufwendungen i.S.d. § 284
    1. Aufwendung im Vertrauen auf Erhalt der Leistung
    2. Billigkeit der Aufwendung
    3. Nichteintritt des Zwecks der Aufwendung
    4. Ursachenzusammenhang mit anfänglicher Unmöglichkeit

WIEDERHOLUNGS- UND VERTIEFUNGSFRAGEN

1. Was sind Aufwendungen? (Rn. 1)   16
2. Was ist mit der Rentabilitätsvermutung gemeint und wozu führt ihre Anwendung? (Rn. 1)
3. In welchem Verhältnis stehen der Anspruch auf Schadensersatz statt der Leistung und derjenige auf Aufwendungsersatz zueinander? (Rn. 5)
4. Nennen Sie Kriterien, nach denen zu beurteilen ist, ob eine Aufwendung vom Gläubiger billigerweise hätte gemacht werden dürfen. (Rn. 10)

§ 27 Herausgabe des Ersatzes

I. Funktion und Anwendungsbereich

1 Wenn ein Schuldner, der gem. § 275 Abs. 1–3 von seiner Leistungspflicht frei geworden ist, aufgrund des Umstands, der zur Unmöglichkeit bzw. Unzumutbarkeit geführt hat, Ersatz oder einen Ersatzanspruch erhält (z.B. Versicherungsleistung, Schadensersatzanspruch gegen den Schädiger), kann der Gläubiger nach § 285 Abs. 1 Herausgabe des als Ersatz Empfangenen oder Abtretung des Ersatzanspruchs verlangen.[1] Dahinter steht der Gedanke, dass der Ersatz (auch **Surrogat** oder **stellvertretendes commodum** genannt) nicht dem Schuldner, sondern dem Gläubiger gebührt, weil er an die Stelle eines Leistungsgegenstands getreten ist, der aufgrund des Schuldverhältnisses und der daraus resultierenden Forderung bereits dem Gläubiger zugeordnet war. Diese Erstreckung der Forderung auf das Surrogat entspricht dem mutmaßlichen Parteiwillen und der Billigkeit. Sie ist zugleich ein Ausgleich für die Begünstigung, die der Schuldner dadurch erfährt, dass er nach § 275 Abs. 1–3 unabhängig vom Vertretenmüssen von seiner Leistungspflicht frei wird.

2 § 285 Abs. 1 ist eine **eigenständige Anspruchsgrundlage**, die nicht in das System der Pflichtverletzung eingegliedert ist. Der Anspruch ist verschuldensunabhängig und dient auch nicht dem Ausgleich von Schäden, sondern der Beseitigung einer unrichtigen Vermögenslage. Da er den Untergang der Leistungspflicht gem. § 275 Abs. 1–3 voraussetzt, kommt er nur in Fällen der **Unmöglichkeit** in Betracht. Aus dem Verweis in § 275 Abs. 4 ergibt sich, dass § 285 bei allen Formen der Unmöglichkeit Anwendung findet und deshalb nicht nur für die nachträgliche, sondern auch die anfängliche Unmöglichkeit gilt. Der Wortlaut des § 285 Abs. 1 („geschuldeter Gegenstand") ist aufgrund eines Redaktionsversehens zu eng, da bei anfänglicher Unmöglichkeit von Anfang an keine Leistungspflicht bestand.

II. Anspruchsvoraussetzungen

1. Leistungsbefreiung nach § 275 Abs. 1–3

3 Die von § 285 Abs. 1 verlangte Leistungsbefreiung gem. § 275 Abs. 1–3 setzt notwendigerweise ein **Schuldverhältnis** voraus, aus dem mindestens eine Leistungspflicht resultiert. In vorvertraglichen Schuldverhältnissen kann § 285 daher nicht zur Anwendung kommen. In den Fällen des § 275 Abs. 2, 3 kann der Gläubiger Ersatzherausgabe nur verlangen, wenn der Schuldner die Einrede erhoben hat.

4 Die nach § 275 Abs. 1–3 untergegangene Leistungspflicht muss sich auf einen **Gegenstand** beziehen, da § 285 vom „geschuldeten Gegenstand" spricht. Gegenstände sind nach herkömmlichem Verständnis Sachen und Rechte, aber nicht Handlungen und Unterlassungen. Das hätte zur Folge, dass § 285 auf Leistungspflichten aus Werk- und Dienstverträgen keine Anwendung findet. Dagegen kann eingewandt werden, dass § 275 Abs. 3 mit der Regelung der persönlichen Unzumutbarkeit gerade Leistungspflichten erfasst, die auf die Vornahme einer Handlung gerichtet sind und dass weder § 275 Abs. 4 noch § 285 zwischen den Absätzen des § 275 differenzieren.[2] Bei **Gat-**

---

1 Zur Vertiefung: Lehmann/Zschache, Das stellvertretende Commodum, JuS 2006, 502.
2 BeckOKG/Dornis, Stand 1.6.2019, § 285 Rn. 50; PWW/Schmidt-Kessel, § 285 Rn. 2; Soergel/Benicke/Grebe, § 285 Rn. 48; Staudinger/Caspers (2014), § 285 Rn. 24; Looschelders, Schuldrecht AT, § 31 Rn. 3; Löwisch, NJW 2003, 2049 ff.; a.A. Palandt/Grüneberg, § 285 Rn. 5.

tungsschulden kann § 285 nur Anwendung finden, wenn die Unmöglichkeit nach der Konkretisierung eingetreten ist, weil es bei einem vorherigen Untergang noch an konkret geschuldeten Gegenständen fehlt, an deren Stelle ein Ersatz getreten sein kann.[3]

2. Surrogaterlangung

a) Ersatz für die geschuldete Leistung

Der Schuldner muss durch den Umstand, der zur Leistungsbefreiung geführt hat, einen Ersatz oder Ersatzanspruch erlangt haben. Erforderlich ist dazu, dass ihm ein **Vermögensvorteil** zugeflossen ist, der ein Ersatz für die geschuldete Leistung ist. An dieser **Identität** zwischen geschuldetem Gegenstand und erlangtem Ersatz fehlt es, wenn der Ersatz für eine andere, nicht dem Gläubiger gegenüber geschuldete Leistung erlangt wurde.[4]

Beispiele: M mietet von V für 500 €/Monat ein Grundstück zur Nutzung als Parkplatz. Bevor es zur Gebrauchsüberlassung kommt, vermietet V das Grundstück für 2.000 €/Monat an den Marktbetreiber D, der es alsbald in Gebrauch nimmt. M verlangt von V Herausgabe der von D gezahlten Miete. – Zwar ist durch die Doppelvermietung Unmöglichkeit eingetreten und die von D gezahlte Miete stammt aus dieser zur Unmöglichkeit führenden zweiten Gebrauchsüberlassung. Es fehlt jedoch an der notwendigen Identität: Die M gegenüber geschuldete Leistung bestand in der Gebrauchsüberlassung als Parkplatz, die D gegenüber geschuldete hingegen in der Überlassung als Gewerbegrundstück.[5]

Ist die von V an M vermietete Sache zerstört worden, kann M nicht Herausgabe der von der Versicherung des V gezahlten Ersatzsumme verlangen, weil diese für die Eigentumsbeeinträchtigung geleistet wurde, während V dem M gegenüber nur zur Gebrauchsüberlassung verpflichtet war.

b) Kausalität

Der Ersatz muss „infolge" des zur Leistungsbefreiung führenden Umstands erlangt worden sein. Die erforderliche Kausalität besteht, wenn der Zufluss unmittelbar durch das Ereignis ausgelöst wurde (sog. **commodum ex re**).

Beispiel: Der von V an K verkaufte, aber noch nicht übereignete Sonnenschirm wird durch Unachtsamkeit der S zerstört. Durch diese Handlung wird dem V die Erfüllung seiner Leistungspflicht (Übergabe und Übereignung des Schirms, § 433 Abs. 1 S. 1) unmöglich. Dieselbe Handlung der S führt aber auch zur Entstehung eines Schadensersatzanspruchs des V aus § 823 Abs. 1. Dieser Anspruch stellt einen Ersatzanspruch für die geschuldete Leistung dar und K kann nach § 285 dessen Abtretung verlangen.

Die Kausalität fehlt, wenn der Zufluss des Surrogats auf einem anderen Umstand beruht als die Leistungsbefreiung. Hiervon ist jedoch eine Ausnahme zu machen. Besteht zwischen diesen beiden Umständen ein **wirtschaftlicher Zusammenhang**, so wäre es bei wertender Betrachtung nicht gerechtfertigt, dem Schuldner das Surrogat zu belassen. Dies betrifft insbesondere Fälle, in denen der Schuldner die Unmöglichkeit durch Übereignung des geschuldeten Gegenstands an einen Dritten herbeigeführt hat. Verlangt der Gläubiger hier die Herausgabe des vom Dritten gezahlten Kaufpreises, so könnte der Schuldner an sich einwenden, dieser sei ihm nicht aufgrund der zur Unmöglichkeit führenden Übereignung (Verfügungsgeschäft), sondern aus dem davon strikt zu tren-

---

3 RGZ 93, 20 (23); Hk-BGB/Schulze, § 285 Rn. 3; Palandt/Grüneberg, § 285 Rn. 5.
4 BGHZ 25, 1 (8 f.); BGHZ 46, 260 (264); BGHZ 167, 312 Rn. 29 f.
5 BGHZ 167, 312.

nenden Kaufvertrag (Verpflichtungsgeschäft) zugeflossen. Zwischen diesen beiden Umständen besteht jedoch ein enger wirtschaftlicher Zusammenhang: Die Übereignung ist erfolgt, weil der Schuldner hierzu aufgrund des Kaufvertrages mit dem Dritten verpflichtet war und der Dritte hat sich zur Kaufpreiszahlung verpflichtet, weil der Schuldner sich zur Übereignung verpflichtet hat. Das rechtfertigt es, dem Gläubiger einen Anspruch auf Herausgabe des Veräußerungserlöses (sog. **rechtsgeschäftliches Surrogat; commodum ex negotiatione**) zu gewähren.[6] Das hat zur Folge, dass der Gläubiger vom Verkäufergeschick des Schuldners profitiert, falls das erlangte Surrogat höher ist als die Gegenleistung, die der Gläubiger zu erbringen hat. Das ist indessen gerechtfertigt, weil damit dem Gläubiger letztlich der in der geschuldeten Leistung liegende Wert zufließt.

Beispiel: V hat an K einen Pkw für 10.000 € verkauft und auch bereits den Kaufpreis erhalten; die Übereignung hat noch nicht stattgefunden. Bevor es dazu kommt, verkauft und übereignet V den Pkw für 11.000 € an D. K verlangt von V Herausgabe von 11.000 €. – V ist gem. § 275 Abs. 1 von seiner auf einen Gegenstand gerichteten Leistungspflicht frei geworden, weil er den Pkw an D übereignet hat. Der Zufluss der 11.000 € (bzw. des Anspruchs darauf) beruht jedoch nicht auf dieser Übereignung, sondern auf dem mit D abgeschlossenen Kaufvertrag. Wegen des wirtschaftlichen Zusammenhangs kann K gleichwohl Herausgabe der 11.000 € verlangen.

III. Rechtsfolgen

8   Der Gläubiger kann **Herausgabe des Ersatzes** oder **Abtretung des Ersatzanspruchs** verlangen. Hierdurch kommt es nicht zu einer dinglichen Surrogation, d.h., der Ersatz tritt nicht etwa an die Stelle der geschuldeten Leistung. Da der Gläubiger aber wirtschaftlich das erhält, was ihm geschuldet war, bleibt er nach § 326 Abs. 3 S. 1 zur Erbringung der **Gegenleistung** verpflichtet. Das ist aber nur dann richtig, wenn ihm mit dem Surrogat ein Wert zufließt, der dem der geschuldeten Leistung entspricht. Ist der Wert des Ersatzes geringer, ist das Äquivalenzverhältnis zur Gegenleistung gestört. Deshalb bestimmt § 326 Abs. 3 S. 2, dass sich in diesen Fällen der Anspruch auf die Gegenleistung mindert; die Berechnung erfolgt wie bei der Kaufpreisminderung nach § 441 Abs. 3.

9   Der Anspruch aus § 285 ist für den Gläubiger attraktiv, weil er verschuldensunabhängig ist und nicht den Nachweis eines Schadens erfordert. Ist ein solcher durch die Nichtleistung jedoch entstanden, kann der Gläubiger zusätzlich **Schadensersatz statt der Leistung** verlangen, sofern die Voraussetzungen der §§ 280 Abs. 1, 3, 283 bzw. § 311a Abs. 2 vorliegen. Allerdings darf er durch die Geltendmachung beider Ansprüche auch nicht besser stehen, als er bei ordnungsgemäßer Erfüllung gestanden hätte. Deshalb ordnet § 285 Abs. 2 an, dass sich der Anspruch auf Schadensersatz statt der Leistung um den Wert des Ersatzes mindert, wenn der Gläubiger Ersatzherausgabe nach § 285 Abs. 1 verlangt. Tut er dies nicht, steht ihm der Schadensersatz ungeschmälert zu.

---

6   BGHZ 46, 260 (264); BGHZ 75, 203 (206); BGH NJW-RR 2005, 241 (242); MünchKomm/Emmerich, § 285 Rn. 23; Palandt/Grüneberg, § 285 Rn. 7; Staudinger/Caspers (2014), § 285 Rn. 37; krit. Medicus/Lorenz, Schuldrecht I, Rn. 424; a.A. Roth, FS Niederländer (1991), S. 363 (370 ff.).

IV. Prüfungsaufbau

I.   Schuldverhältnis   10

II.   Befreiung des Schuldners gem. § 275 Abs. 1–3

III. Erlangung eines Ersatzes für den geschuldeten Gegenstand

    1. Geschuldeter Gegenstand

    2. Ersatz bzw. Ersatzanspruch

    3. Ursachenzusammenhang zwischen Ersatzerlangung und zur Unmöglichkeit führendem Umstand

    4. Identität von geschuldetem Gegenstand und Ersatz

WIEDERHOLUNGS- UND VERTIEFUNGSFRAGEN

1. Kann der Gläubiger vom Schuldner Herausgabe des Erlöses verlangen, den dieser aus   11 einem Rechtsgeschäft über den geschuldeten Gegenstand erlangt hat? (Rn. 7)

2. In welchem Verhältnis stehen der Anspruch auf Herausgabe des Ersatzes und der Anspruch auf Schadensersatz statt der Leistung? (Rn. 9)

3. Welche Auswirkungen hat die Geltendmachung des Anspruchs auf Herausgabe des Ersatzes auf die Gegenleistungspflicht des Gläubigers? (Rn. 8)

§ 28 Überblick: Das Schicksal der Gegenleistung

I. Erlöschensgründe

1 Ist der Gläubiger einer gestörten Leistungspflicht zur Erbringung einer Gegenleistung verpflichtet, stellt sich die Frage nach dem Schicksal dieser Gegenleistungspflicht. Sie taucht nur bei gegenseitigen Verträgen auf; deshalb finden sich die Antworten in den §§ 323–326.

2 **Hinweis zur Fallbearbeitung:** Bei der Prüfung von Ansprüchen auf die Gegenleistung sollte zur Bezeichnung der Beteiligten die an die gestörte Leistungspflicht anknüpfende Terminologie fortgeführt werden, da dies auch der Terminologie der §§ 323 ff. entspricht. Der Schuldner der Gegenleistungspflicht bleibt terminologisch also der Gläubiger, und der Gläubiger der Gegenleistungspflicht ist weiterhin der Schuldner (der gestörten Leistungspflicht).

1. Erlöschen der Gegenleistungspflicht kraft Gesetzes

3 Nach § 326 Abs. 1 S. 1 entfällt der Anspruch auf die Gegenleistung, wenn der Schuldner gem. § 275 Abs. 1–3 von seiner Leistungspflicht frei geworden ist. Dieses Erlöschen der Gegenleistungspflicht kraft Gesetzes beruht auf der Erwägung, dass der Gläubiger, der die geschuldete Leistung nicht erhalten kann, kaum ein Interesse daran haben kann, weiter am Vertrag festzuhalten. Vor diesem Hintergrund erschien es dem Gesetzgeber nicht angebracht, den Wegfall der Gegenleistungspflicht von einem vorherigen Rücktritt (der eine Rücktrittserklärung erfordert, § 349) abhängig zu machen, wie er dies bei den anderen Formen der Leistungsstörung getan hat. Damit hat § 326 Abs. 1 S. 1 eine Sonderstellung, deren Anwendungsbereich beschränkt ist auf Fälle, in denen der Schuldner wegen **Unmöglichkeit** von der Leistungspflicht frei geworden ist. Hierbei kommt es nicht darauf an, ob der Schuldner die Unmöglichkeit zu vertreten hat. Innerhalb seines Anwendungsbereichs führt § 326 Abs. 1 S. 1 das Synallagma von Leistungs- und Gegenleistungspflicht stringent dergestalt fort, dass mit dem Wegfall der Leistungspflicht auch die Gegenleistungspflicht entfällt.

2. Rücktritt vom gegenseitigen Vertrag

4 Die §§ 323, 324, 326 Abs. 5 enthalten Rücktrittsgründe und geben dem Gläubiger die Möglichkeit, durch Erklärung des Rücktritts (§ 349) die Umwandlung in ein Rückgewährschuldverhältnis herbeizuführen. Dadurch **erlöschen die primären Leistungspflichten** und werden durch Rückgewährpflichten ersetzt (§ 346 Abs. 1, siehe § 17 Rn. 10 ff.). Damit hängt das Schicksal der Gegenleistungspflicht außerhalb des § 326 Abs. 1 S. 1 grundsätzlich von der Entscheidung des Gläubigers ab. Ihm ist es unbenommen, weiter auf die noch mögliche Leistung oder Nacherfüllung zu bestehen und bis dahin die Erbringung der geschuldeten Gegenleistung gem. § 320 Abs. 1 zu verweigern.

5 Die Rücktrittsmöglichkeit besteht grundsätzlich bei **jeder Form der Leistungsstörung** und setzt nicht voraus, dass der Schuldner die Störung zu vertreten hat. Wegen des Vorrangs des Erfüllungsanspruchs sind aber auch für den Rücktritt zusätzliche Voraussetzungen erforderlich, wobei die §§ 323 ff. dem Regelungsmuster der §§ 280 Abs. 1, 3, 281–283 folgend zwischen den verschiedenen Formen der Leistungsstörung unterscheiden. Insgesamt bietet der Rücktritt dem Gläubiger im Vergleich zum Schadenser-

satzanspruch statt der Leistung einen einfacheren Weg, sich von der Gegenleistungspflicht zu befreien, da kein Vertretenmüssen erforderlich ist.

Die Rücktrittsmöglichkeit ist auf gegenseitige Verträge begrenzt; von einseitigen   6
Schuldverhältnissen, unvollkommen zweiseitigen Verträgen und gesetzlichen Schuldverhältnissen kann bei einer Leistungsstörung nicht zurückgetreten werden. Die Begrenzung auf gegenseitige Verträge folgt aus dem Umstand, dass eine vom Vertretenmüssen des Schuldners unabhängige Möglichkeit, den Vertrag in seinen primären Wirkungen zu beseitigen, nur aufgrund des Synallagmas zwischen den Hauptleistungspflichten gerechtfertigt ist. Dieses schon für die Entstehung des Vertrages wesentliche
Abhängigkeitsverhältnis wird aber nicht nur bei der Verletzung von **Hauptleistungspflichten** gestört. Die Rücktrittsregeln erfassen auch bloße **Nebenleistungspflichtverlet-
zungen** (§§ 323, 326 Abs. 5) sowie **Schutzpflichtverletzungen** (§ 324).[1] Nach dem Willen des Gesetzgebers ist es auch nicht erforderlich, dass zwischen der verletzten Pflicht
und der Gegenleistungspflicht ein Synallagma besteht.[2]

3. Schadensersatz statt der Leistung

Macht der Gläubiger Schadensersatz statt der Leistung geltend, kann er den Schaden   7
im Wege der **Differenztheorie** berechnen. Da hierbei als Schadensersatz nur die Differenz zwischen dem Wert der gestörten Leistung zzgl. Folgeschäden und dem Wert der
Gegenleistung geschuldet ist, führt die Geltendmachung des Schadensersatzanspruchs
nach h.M. zum Wegfall der Gegenleistungspflicht (siehe § 25 Rn. 31). Das setzt jedoch
voraus, dass der Schuldner die Pflichtverletzung zu vertreten hat (§ 280 Abs. 1 S. 2).

II. Regelungsstruktur der Rücktrittsgründe

Der Rücktritt führt zum Wegfall von Leistungs- und Gegenleistungspflicht und nimmt   8
damit dem Schuldner die Möglichkeit der Erfüllung. Dem Vorrang des Erfüllungsanspruchs entsprechend setzt er voraus, dass **zusätzliche Voraussetzungen** vorliegen.[3] In
den §§ 323 ff. spiegelt sich die Regelungsstruktur der §§ 281–283 wider. Da es allerdings keinen allgemeinen Grundtatbestand wie § 280 Abs. 1 gibt und die Rücktrittsgründe deshalb auch nicht an eine Pflichtverletzung anknüpfen, benennen die jeweiligen Rücktrittsgründe die Voraussetzungen vollständig. Hierbei regelt § 323 den Rücktritt wegen **Leistungsverzögerung und Schlechtleistung** (analog zum Schadensersatzanspruch aus §§ 280 Abs. 1, 3, 281) und § 324 den Rücktritt wegen **Schutzpflichtverletzung** (analog zu §§ 280 Abs. 1, 3, 282). Schließlich enthält § 326 Abs. 5 einen Rücktrittsgrund für den Fall, dass der Schuldner nach § 275 Abs. 1–3 von seiner Leistungspflicht frei geworden ist (analog zu §§ 280 Abs. 1, 3, 283 bzw. § 311 a Abs. 2). Dass
hier trotz des bei **Unmöglichkeit** vorgesehenen Wegfalls der Gegenleistungspflicht
(§ 326 Abs. 1 S. 1) ein Rücktrittsrecht gegeben ist, erklärt sich aus dem Umstand, dass
es bei Teilunmöglichkeit nur zu einem Teilwegfall der Gegenleistungspflicht kommt
(§ 326 Abs. 1 S. 1 2. HS) und dieser bei einer nicht behebbaren Schlechtleistung ganz
ausgeschlossen ist (§ 326 Abs. 1 S. 2). Hier hat der Gläubiger mit dem Rücktritt nach
§ 326 Abs. 5 die Möglichkeit, sich von der ganzen Gegenleistungspflicht zu befreien.

---

1 MünchKomm/Ernst, § 323 Rn. 12.
2 BT-Drucks. 14/6040, S. 183; BeckOGK/Looschelders, Stand 1.6.2019, § 323 Rn. 30 ff.; BeckOK-BGB/Schmidt, § 323
   Rn. 4; Jauernig/Stadler, § 323 Rn. 5 a; Palandt/Grüneberg, § 323 Rn. 10; a.A. MünchKomm/Ernst, § 323 Rn. 13;
   differenzierend Staudinger/Schwarze (2015), § 323 Rn. B 13.
3 Zur Vertiefung: Reischl, Grundfälle zum neuen Schuldrecht – 3. Teil: Der Rücktritt, JuS 2003, 667.

9   Allen Rücktrittsgründen ist gemein, dass sie **kein Vertretenmüssen** des Schuldners erfordern. Das ist gerechtfertigt, weil der Rücktritt anders als der Schadensersatzanspruch nicht zu einer Belastung für den Schuldner führt: Er verliert lediglich den Anspruch auf die Gegenleistung und muss im Gegenzug die seinerseits geschuldete Leistung nicht mehr erbringen.

10   Im Bereich der Schlechterfüllung beim **Kauf- und Werkvertrag** finden die §§ 323, 326 Abs. 5 nur kraft der Verweisungen in §§ 437 Nr. 2, 634 Nr. 3 Anwendung. § 324 gilt hingegen unmittelbar, weil es dort um den Rücktritt wegen Schutzpflichtverletzung und nicht um die Schlechterfüllung einer Leistungspflicht geht.

III. Das Verhältnis von Rücktritt und Schadensersatz

11   Der Rücktritt schließt, wie § 325 bestimmt, den Anspruch auf Schadensersatz nicht aus.[4] Das gilt für alle Schadensersatzansprüche, die aus der Leistungsstörung resultieren. Der Gläubiger kann also den Rücktritt erklären und **zusätzlich** noch einfachen Schadensersatz, Verzögerungsschadensersatz oder auch Schadensersatz statt der Leistung verlangen, sofern die jeweiligen Anspruchsvoraussetzungen gegeben sind. Gleiches gilt für den Aufwendungsersatz aus § 284 bzw. § 311a Abs. 2.[5] Der Rücktritt schließt auch den Ersatz eines durch ihn verursachten Nutzungsausfallschadens (siehe § 23 Rn. 14) nicht aus.[6]

12   Die **Kombination von Rücktritt und Schadensersatz statt der Leistung** darf aber nicht dazu führen, dass der Gläubiger besser steht, als er bei ordnungsgemäßer Erfüllung stehen würde. Bei der **Schadensberechnung** müssen deshalb die Auswirkungen des Rücktritts auf die Vermögenslage des Gläubigers berücksichtigt werden. Da er durch den Rücktritt von seiner Gegenleistungspflicht befreit wird bzw. einen Anspruch auf Rückgewähr der bereits erbrachten Gegenleistung erhält (§ 346 Abs. 1), muss die Gegenleistung bei der Berechnung des Schadens unberücksichtigt bleiben. Deshalb muss der Schaden nach der Differenztheorie berechnet werden.[7]

Beispiel: K hat bei V 100 Karton Waschmittel für 200 € gekauft, die sie für 300 € hätte weiterverkaufen können. V liefert jedoch trotz bereits erfolgter Kaufpreiszahlung bis zum Ablauf der gesetzten Frist nicht. Daraufhin erklärt K den Rücktritt vom Vertrag und verlangt Schadensersatz. – Bei der Berechnung des Schadens im Rahmen des Anspruchs aus §§ 280 Abs. 1, 3, 281 ist zu berücksichtigen, dass K wegen des Rücktritts bereits aus § 346 Abs. 1 einen Anspruch auf Rückzahlung der 200 € hat und diesen Posten daher nicht noch einmal als Schaden geltend machen kann. Dementsprechend ist die Differenztheorie anzuwenden: Der Schaden besteht aus der Differenz zwischen dem Wert der Leistung (200 €) zuzüglich entgangenem Gewinn (100 €) minus den Wert der Gegenleistung (200 €) und beträgt daher 100 €.

---

4 Zur Vertiefung: Gsell, Das Verhältnis von Rücktritt und Schadensersatz, JZ 2004, 643; Herresthal, Der Ersatz des Verzugsschadens beim Rücktritt vom Vertrag, JuS 2007, 798.

5 BeckOK-BGB/Schmidt, § 325 Rn. 2; Jauernig/Stadler, § 325 Rn. 4.

6 BGHZ 174, 290 Rn. 9 f.; BGH NJW 2010, 2426 Rn. 14 ff.; zur Vertiefung: Faust, Ersatzfähigkeit des Nutzungsausfallschadens trotz Rücktritts, JuS 2010, 724; Lieder, Nutzungsersatz beim Rücktritt vom Kaufvertrag, Jura 2010, 612.

7 Hk-BGB/Schulze, § 325 Rn. 2; Palandt/Grüneberg, § 325 Rn. 2; Staudinger/Schwarze (2015), § 325 Rn. 21; PWW/Stürner, § 325 Rn. 3.

§ 29 Erlöschen der Gegenleistungspflicht kraft Gesetzes

I. Anwendungsbereich und Funktion

Nach § 326 Abs. 1 S. 1 kommt es bei gegenseitigen Verträgen kraft Gesetzes zum Wegfall der Gegenleistungspflicht, wenn der Schuldner gem. § 275 Abs. 1–3 von seiner Leistungspflicht frei geworden ist. Erfasst sind alle Fälle der **anfänglichen und nachträglichen Unmöglichkeit** i.S.d. § 275 Abs. 1–3.

Aufgrund der Rechtsfolge ist § 326 Abs. 1 S. 1 eine **Gefahrtragungsregelung**. Da der Schuldner für den Fall, dass die geschuldete Leistung untergeht, seinen Anspruch auf die Gegenleistung verliert, ist ihm die **Gegenleistungsgefahr** (Preisgefahr) zugewiesen.[1] Daraus folgt, dass ausnahmsweise der Gläubiger die Gegenleistungsgefahr trägt, wenn es trotz Untergangs der Leistungspflicht dabei bleibt, dass er die Gegenleistung entrichten muss. So verhält es sich in den in § 326 Abs. 2 geregelten Fällen. Weitere Ausnahmen finden sich z.B. in §§ 446, 447 und §§ 644, 645 für den Kauf- bzw. Werkvertrag.[2]

II. Voraussetzungen des Erlöschens

1. Gegenseitiger Vertrag

§ 326 Abs. 1 gilt aufgrund seiner systematischen Stellung nur für **gegenseitige Verträge**.

2. Ausschluss der Leistungspflicht

Der Schuldner muss gem. § 275 Abs. 1–3 von seiner Leistungspflicht frei geworden sein. In den Fällen des § 275 Abs. 2, 3 bedarf es der Erhebung der Einrede.[3] Es spielt keine Rolle, zu welchem Zeitpunkt das Leistungshindernis eingetreten ist; § 326 Abs. 1 erfasst auch die anfängliche **Unmöglichkeit**. Ein **Vertretenmüssen** des Schuldners ist **nicht erforderlich**. Eine teleologische Reduktion auf Fälle, in denen der Schuldner die Unmöglichkeit nicht zu vertreten hat,[4] ist nicht angezeigt. Es fehlt an der erforderlichen verdeckten Regelungslücke, weil der Gesetzgeber sich bewusst vom früheren Regelungskonzept, das nach dem Vertretenmüssen des Schuldners unterschied (§ 325 a.F.), abgewandt hat.[5] Das Problem, dass der Gläubiger die Gegenleistung loswerden will, sich hieran aber durch den Wegfall der Gegenleistungspflicht gehindert sieht, lässt sich durch Anwendung der Surrogationstheorie bei der Berechnung des Schadensersatzes statt der Leistung aus §§ 280 Abs. 1, 3, 283 bzw. § 311 a Abs. 2 bewältigen (siehe § 25 Rn. 51).[6]

Beispiel: K hat mit V einen Tauschvertrag geschlossen, demzufolge er eine Kommode für ein Gemälde übereignen soll. Durch Unachtsamkeit des V wird das Gemälde zerstört. K möchte die Kommode jedoch loswerden, weil er den Stellplatz braucht. – Zwar geht der Anspruch des V gegen K auf Übereignung der Kommode nach § 326 Abs. 1 S. 1 unter. Diese Rechtsfolge kann K nicht verhindern. Er kann jedoch von V nach §§ 280 Abs. 1, 3, 283 Schadensersatz statt der Leistung verlangen und den Schaden nach der Surrogationstheorie berechnen. Dazu erbringt er die nicht mehr geschuldete Gegenleistung und kann als Schadensersatz den Wert der unmöglich gewordenen Leistung verlangen.

1 Zur Vertiefung: Coester-Waltjen, Die Gegenleistungsgefahr, Jura 2007, 110.
2 Siehe Tonner, Schuldrecht – Vertragliche Schuldverhältnisse, § 7 Rn. 6 ff.
3 BGH NJW 2013, 1074 Rn. 28.
4 Dafür MünchKomm/Ernst, § 326 Rn. 14.
5 Vgl. BeckOK-BGB/Schmidt, § 326 Rn. 5; Erman/Westermann, § 326 Rn. 4, Soergel/Gsell, § 326 Rn. 16.
6 Erman/Westermann, § 326 Rn. 4; Palandt/Grüneberg, § 326 Rn. 2 a; PWW/Stürner, § 326 Rn. 9.

3. Leistungspflicht im Gegenseitigkeitsverhältnis

5   Die Rechtsfolge des § 326 Abs. 1 knüpft an den kraft Gesetzes nach § 275 Abs. 1–3 eintretenden Wegfall der Leistungspflicht an. Diese Verknüpfung des Schicksals von Leistungs- und Gegenleistungspflicht ist nur dort angemessen, wo zwischen diesen beiden Leistungspflichten ein Abhängigkeitsverhältnis besteht. Erforderlich ist deshalb, dass die von der Unmöglichkeit betroffene Leistungspflicht eine **Hauptleistungspflicht** ist, die mit der Gegenleistungspflicht in einem **Synallagma** steht. Ist der Schuldner lediglich von einer nicht im Gegenseitigkeitsverhältnis stehenden Nebenleistungspflicht frei geworden, bleibt es beim Fortbestand der Gegenleistungspflicht.

4. Keine unbehebbare Schlechtleistung

6   Unmöglichkeit nach § 275 Abs. 1–3 liegt auch vor, wenn der Schuldner eine Leistung nicht wie geschuldet erbringt und der Mangel nicht behebbar ist. Da der Gläubiger eine Leistung erhält, diese aber nicht so beschaffen ist, wie dies geschuldet war, liegt der Sache nach eine **qualitative Teilunmöglichkeit** vor. Diese würde an sich nach § 326 Abs. 1 S. 1 2. HS zu einem teilweisen Wegfall der Gegenleistungspflicht führen (siehe Rn. 14). Das Kauf- und Werkvertragsrecht enthält für Schlechtleistungen jedoch Sonderregelungen. Diese lassen dem Gläubiger bei einer unbehebbaren Schlechtleistung die Wahl, ob er die Gegenleistung durch Erklärung mindert (§§ 437 Nr. 2, 441 bzw. §§ 634 Nr. 3, 638) oder vom Vertrag zurücktritt (§§ 437 Nr. 2, 326 Abs. 5 bzw. §§ 634 Nr. 3, 326 Abs. 5). Eine teilweise Herabsetzung der Gegenleistung kraft Gesetzes würde in dieses Wahlrecht eingreifen. Deshalb ordnet § 326 Abs. 1 S. 2 an, dass § 326 Abs. 1 S. 1 nicht gilt, wenn der Schuldner von einer Pflicht zur Nacherfüllung der nicht ordnungsgemäß erbrachten Leistung befreit ist.[7] Zu beachten ist, dass das Kauf- und Werkvertragsrecht auch **Zuwenigleistungen** als Sachmängel behandelt; soweit diese nicht behebbar sind, kommt deshalb § 326 Abs. 1 S. 2 und nicht § 326 Abs. 1 S. 1 2. HS zur Anwendung (siehe § 25 Rn. 35).

Beispiel: V hat K einen gebrauchten Pkw verkauft, der laut Kaufvertrag unfallfrei sein soll. Nach der Übergabe stellt K fest, dass es sich um ein Unfallfahrzeug handelt. – Da der Pkw von der vereinbarten Beschaffenheit bei Gefahrübergang abweicht (§ 434 Abs. 1 S. 1), hat V ihre Pflicht zur Leistung der Sache frei von Sach- und Rechtsmängeln (§ 433 Abs. 1 S. 2) nicht ordnungsgemäß erfüllt. Eine Beseitigung dieser Schlechtleistung ist nicht möglich: V kann das Fahrzeug nicht zu einem unfallfreien machen und bei Gebrauchtwagen ist es regelmäßig nicht möglich, mit einem anderen Fahrzeug die Leistungspflicht zu erfüllen. Die Unmöglichkeit der Nacherfüllung führt jedoch nicht zu einer automatischen Kaufpreisherabsetzung nach § 326 Abs. 1 S. 1, weil dies durch § 326 Abs. 1 S. 2 ausgeschlossen ist. K hat vielmehr die Wahl, den Pkw zu behalten und nur die Minderung des Kaufpreises zu erklären (§§ 437 Nr. 2, 441) oder stattdessen vom Vertrag zurückzutreten (§§ 437 Nr. 2, 326 Abs. 5, 323 Abs. 5 S. 2) und sich so ganz von ihrer Gegenleistungspflicht zu befreien.

---

7   Zur Vertiefung: Peukert, § 326 I S. 2 BGB und die Minderung als allgemeiner Rechtsbehelf, AcP 205 (2005), 430.

III. Fortbestand der Gegenleistungspflicht

1. Verantwortlichkeit des Gläubigers

a) Alleinige oder weit überwiegende Verantwortlichkeit des Gläubigers

Der Wegfall der Gegenleistungspflicht hängt nach der Grundkonzeption des 7
§ 326 Abs. 1 S. 1 nicht davon ab, ob der Schuldner die Unmöglichkeit zu vertreten hat.
Der Verlust des Gegenleistungsanspruchs ist aber nicht zu rechtfertigen, wenn der
Gläubiger für die Unmöglichkeit verantwortlich ist. § 326 Abs. 2 S. 1 1. Alt. bestimmt
deshalb, dass der Schuldner den Anspruch auf die Gegenleistung behält, wenn der
Gläubiger für den Umstand, der zur Unmöglichkeit geführt hat, **allein oder weit überwiegend verantwortlich** ist. Damit ist zugleich eine Sonderregelung zur Gefahrtragung
geschaffen: Der Gläubiger trägt abweichend von § 326 Abs. 1 S. 1 die **Gegenleistungsgefahr**, da er die Gegenleistung trotz Unmöglichkeit der Leistungspflicht weiterhin erbringen muss.[8]

Für die **Verantwortlichkeit** des Gläubigers kann auf §§ 276–278 zurückgegriffen wer- 8
den. Zwar regeln diese Normen nur das Vertretenmüssen des Schuldners. Sie sind aber
grundsätzliche Regelungen zur Verantwortlichkeit, die sich auf den Gläubiger übertragen lassen. Dadurch wird es auch möglich, vertragliche und gesetzliche Risikovertei-
lungen zu berücksichtigen, da der Maßstab des § 276 Abs. 1 (Vorsatz und Fahrlässigkeit) nur gilt, soweit keine mildere oder strengere Verantwortlichkeit bestimmt ist.[9]
Die Gegenleistungspflicht bleibt daher nicht nur bestehen bei Leistungshindernissen,
die der Gläubiger vorsätzlich oder fahrlässig verursacht hat (z.B. durch Zerstörung der
Sache oder Verletzung des Schuldners), sondern ggf. auch bei zufälligen Hindernissen,
sofern er das Risiko ihrer Verwirklichung übernommen hat.

Beispiel (BGH NJW 1980, 700): V und K haben einen Kaufvertrag über ein Grundstück
geschlossen. Zur Übereignung bedarf es der Genehmigung der Baubehörde, die jedoch verweigert wird. V kann daher das Eigentum am Grundstück nicht auf K übertragen. Muss K
den Kaufpreis zahlen? – Der Anspruch des V aus dem Kaufvertrag gem. § 433 Abs. 2 könnte nach § 326 Abs. 1 S. 1 erloschen sein. Die im Gegenseitigkeitsverhältnis stehende Leistungspflicht des V ist aufgrund rechtlicher Unmöglichkeit nach § 275 Abs. 1 untergegangen.
Fraglich ist, ob K die Unmöglichkeit allein oder weit überwiegend zu verantworten hat.
Analog § 276 Abs. 1 käme es darauf an, ob er die Versagung der Genehmigung vorsätzlich
oder fahrlässig herbeigeführt hat, was zu verneinen wäre. Dieser Verantwortungsmaßstab
gilt aber nur, sofern sich aus dem Vertrag nichts anderes ergibt. Zu fragen ist deshalb, ob K
vertraglich das Risiko übernommen hat, dass die Übereignung an der Verweigerung der Genehmigung scheitert. Das kann z.B. zu bejahen sein, wenn die Parteien ausdrücklich vereinbart haben, dass der Kaufpreis auch dann bis zu einem bestimmten Termin zu zahlen ist,
wenn die Genehmigung bis dahin nicht vorliegt.

Der **Verantwortungsanteil** des Gläubigers muss nicht 100 % betragen, weil weit über- 9
wiegende Verantwortlichkeit genügend ist. Erforderlich ist aber, dass der Verantwortungsanteil so hoch ist, dass ein Schadensersatzanspruch des Gläubigers gegen den für
die Unmöglichkeit mitverantwortlichen Schuldner aus §§ 280 Abs. 1, 3, 283 bzw.
§ 311 a Abs. 2 wegen des Mitverschuldens des Gläubigers nach § 254 Abs. 1 vollstän-

---

8 Zur Vertiefung: Dötterl, Die Verantwortlichkeit des Gläubigers, ZGS 2011, 115.
9 Vgl. BGH NJW 1980, 700; BGH NJW 2002, 595; BGH NJW 2011, 756 Rn. 16; Erman/Westermann, § 326 Rn. 11;
Palandt/Grüneberg, § 326 Rn. 9.

dig ausgeschlossen wäre.[10] Hierzu verlangt die Rechtsprechung eine Verantwortungs-quote von über 80 % (siehe § 47 Rn. 16).

10 Liegen die Voraussetzungen des § 326 Abs. 2 S. 1 1. Alt. vor, kann der Schuldner vom Gläubiger weiterhin die Gegenleistung verlangen. Er muss sich nach § 326 Abs. 2 S. 2 aber dasjenige **anrechnen** lassen, was er durch die nach § 275 Abs. 1–3 eingetretene Leistungsbefreiung erspart hat oder durch anderweitige Verwendung seiner Arbeits-kraft erwirbt oder zu erwerben böswillig unterlässt.

b) Beiderseits zu vertretende Unmöglichkeit

11 Erreicht der Verantwortungsanteil des Gläubigers **nicht den Bereich der weit überwie-genden Verantwortlichkeit**, bleibt es beim Erlöschen der Gegenleistungspflicht nach § 326 Abs. 1. Dieser vollständige Verlust des Anspruchs auf die Gegenleistung trotz Mitverantwortung des Gläubigers belastet den Schuldner. Dieses Problem wird unter dem Stichwort der beiderseits zu vertretenden Unmöglichkeit diskutiert. Gemeint sind damit Fälle, in denen die Unmöglichkeit auf Umstände zurückgeht, die **sowohl vom Schuldner als auch vom Gläubiger zu vertreten** sind. Von den diskutierten Lösungen,[11] die teilweise zu gleichen Ergebnissen kommen, überzeugt diejenige der h.M.[12] Auszu-gehen ist zunächst von einem Wegfall der Gegenleistungspflicht nach § 326 Abs. 1 S. 1, weil § 326 Abs. 2 S. 1 1. Alt. nur Fälle erfasst, in denen der Gläubiger mindestens weit überwiegend verantwortlich ist und eine analoge Anwendung ausscheidet. Der Verlust des Anspruchs auf die Gegenleistung ist aus der Perspektive des Schuldners ein Scha-den, für den der Gläubiger mitverantwortlich ist. Die weitere Lösung muss daher über das **Schadensersatzrecht** gesucht werden. Ansatzpunkt dafür ist eine Schutzpflichtver-letzung des Gläubigers: Dieser ist gem. § 241 Abs. 2 verpflichtet, Vermögensbeein-trächtigungen des Schuldners im Zusammenhang mit dessen Leistungspflicht zu ver-hindern. Gegen diese Schutzpflicht hat er verstoßen, weil er durch seine Handlung da-zu beigetragen hat, dass es zur Unmöglichkeit und damit auch zum Erlöschen der Ge-genleistungspflicht kommt. Der daraus folgende Schadensersatzanspruch des Schuld-ners aus § 280 Abs. 1 umfasst der Höhe nach die Gegenleistung, die dem Schuldner entgangen ist. Da allerdings auch der Schuldner mitverantwortlich war, ist dieser An-spruch nach den Grundsätzen des Mitverschuldens (§ 254) entsprechend zu kürzen, sodass er als Schadensersatz nur einen Teil der Gegenleistung erhält. Das kann aber nur ein Zwischenergebnis sein, denn der Gläubiger hat gegen den Schuldner wegen der von diesem zu vertretenden Unmöglichkeit einen Anspruch auf Schadensersatz statt der Leistung aus §§ 280 Abs. 1, 3, 283 bzw. § 311 a Abs. 2, der wiederum um den Mit-verschuldensanteil des Gläubigers zu kürzen ist. Da sich sodann zwei Schadensersatz-ansprüche gegenüberstehen, kann jede der Parteien die Aufrechnung erklären; für eine Verrechnung kraft Gesetzes fehlt hingegen die Rechtsgrundlage.[13]

---

10 BT-Drucks. 14/6040 S. 187.

11 Vgl. dazu Staudinger/Schwarze (2015); § 326 Rn. C 105 ff. Zur Vertiefung: Brade, Die beiderseits zu vertreten-de Unmöglichkeit, JA 2013, 413; Canaris, Die von beiden Parteien zu vertretende Unmöglichkeit, FS Lorenz (2004), 147; Gruber, Schuldrechtsmodernisierung 2001//2002 – Die beiderseits zu vertretende Unmöglich-keit, JuS 2002, 1066; Rauscher, Die von beiden Seiten zu vertretende Unmöglichkeit im neuen Schuldrecht, ZGS 2002, 333; Stoppel, Die beiderseits zu vertretende Unmöglichkeit, Jura 2003, 224.

12 Vgl. (mit Unterschieden im Detail) Canaris, FS E. Lorenz (2004), 147 (179); Palandt/Grüneberg, § 326 Rn. 15; Looschelders, Schuldrecht AT, § 35 Rn. 13 f.; Medicus/Lorenz, Schuldrecht I, Rn. 444; BeckOK-BGB/Schmidt, § 326 Rn. 25 ff.; Hk-BGB/Schulze, § 326 Rn. 9; Jauernig/Stadler, § 326 Rn. 22.

13 Ebenso BeckOK-BGB/Schmidt, § 326 Rn. 28; a.A. (Verrechnung) Looschelders, Schuldrecht AT, § 35 Rn. 14; Me-dicus/Lorenz, Schuldrecht I, Rn. 444.

Beispiel: K hat bei Züchter V einen Welpen für 500 € gekauft, der in vier Wochen von V zu K gebracht werden soll. Am Tag der Ablieferung ist V in Eile. Statt wie sonst üblich eine gesicherte Transportbox zu verwenden, setzt er den Welpen auf den Beifahrersitz und fährt los. Kurz vor dem Ziel fährt K infolge Unachtsamkeit auf das Auto des V auf. Der Welpe wird im Auto umhergeschleudert und kommt zu Tode. V verlangt Zahlung des Kaufpreises, K hingegen Schadensersatz in Höhe des Verkehrswerts des Hundes, der 600 € beträgt. – Der Kaufpreiszahlungsanspruch des V aus dem Kaufvertrag gem. § 433 Abs. 2 ist nach § 326 Abs. 1 S. 1 erloschen, da durch den Tod des Hundes Unmöglichkeit gem. § 275 Abs. 1 eingetreten ist (beim Kauf eines Welpen liegt eine Stückschuld vor). Der Anspruch bleibt auch nicht nach § 326 Abs. 2 S. 1 1. Alt. bestehen, weil K zwar mit-, aber nicht weit überwiegend verantwortlich für die Unmöglichkeit ist. V hat aber gegen K einen Anspruch auf Schadensersatz aus § 280 Abs. 1, da diese durch ihr fahrlässiges Verhalten eine Schutzpflicht gegenüber V verletzt hat. Der Schaden besteht im Wegfall der Gegenleistung nach § 326 Abs. 1 S. 1, ist aber nach § 254 Abs. 1 um den Mitverschuldensanteil des V zu kürzen. Davon ausgehend, dass die Verschuldensanteile etwa gleich hoch sind, hat V gegen K einen Schadensersatzanspruch i.H.v. 250 €. K hat gegen V einen Anspruch auf Schadensersatz statt der Leistung aus §§ 280 Abs. 1, 3, 283. Nach der Differenztheorie beträgt der Schaden 100 € (Differenz zwischen dem Wert des Hundes und dem Kaufpreis). Da K an der Entstehung dieses Schadens ein hälftiges Mitverschulden trifft, ist ihr Anspruch nach § 254 Abs. 1 auf 50 € zu kürzen.

2. Annahmeverzug

Die Pflicht zur Gegenleistung bleibt nach § 326 Abs. 2 S. 1 2. Alt. bestehen, wenn die Unmöglichkeit **nicht vom Schuldner zu vertreten** ist und **während des Annahmeverzugs** des Gläubigers eingetreten ist. Beim Vertretenmüssen des Schuldners ist zu beachten, dass der Annahmeverzug zu einer Haftungsprivilegierung führt: Der Schuldner hat während des Annahmeverzugs nur Vorsatz und grobe Fahrlässigkeit zu vertreten (§ 300 Abs. 1). Eine nicht vom Schuldner zu vertretende Unmöglichkeit während des Annahmeverzugs liegt folglich auch dann vor, wenn dem Schuldner einfache Fahrlässigkeit zur Last fällt. Auch hier gilt für den Schuldner, der weiterhin die volle Gegenleistung verlangen kann, die Anrechnungsregelung des § 326 Abs. 2 S. 2 (siehe Rn. 10).   12

IV. Rechtsfolgen

1. Erlöschen der Gegenleistungspflicht

a) Vollständige Unmöglichkeit der Leistungspflicht

Betrifft die Unmöglichkeit die gesamte geschuldete Leistung, so erlischt der Anspruch auf die Gegenleistung gleichfalls in voller Höhe.   13

b) Teilweise Unmöglichkeit

Ist nur ein **Teil der geschuldeten Leistung unmöglich**, wäre es nicht gerechtfertigt, dem Schuldner den vollen Gegenleistungsanspruch zu nehmen, da er den möglichen Teil der Leistung weiterhin erbringen muss und der Gläubiger ihn auch nicht etwa nach § 266 zurückweisen darf: Durch die Teilunmöglichkeit reduziert sich die Leistungspflicht auf den noch möglichen Teil, sodass bei dessen Leistung keine Teilleistung i.S.d. § 266 vorliegt. § 326 Abs. 1 S. 1 2. HS ordnet daher an, dass sich bei teilweiser Unmöglichkeit (**quantitative Teilunmöglichkeit**) die Reichweite des Erlöschens der Gegenleistung nach § 441 Abs. 3 bestimmt. Durch die Anwendung dieser für die kaufrechtliche Minderung geltenden Vorschrift wird sicher gestellt, dass sich die Wertminderung, die der Gläubi-   14 ger erfährt, weil er die Leistung nur teilweise erhält, im gleichen Verhältnis auf die Gegenleistung auswirkt. Für die Berechnung ist das Verhältnis zwischen dem Wert der ursprünglich geschuldeten Gesamtleistung und dem Wert der tatsächlich erbrachten teilweisen Leistung auf die Gegenleistung zu übertragen. Die quantitative Teilunmöglichkeit führt deshalb nur zum **teilweisen Erlöschen der Gegenleistungspflicht.** Will der Gläubiger hingegen von der gesamten Gegenleistungspflicht frei werden, muss er nach § 326 Abs. 5 den Rücktritt erklären – hierzu bedarf es wegen des Verweises auf § 323 bei Teilunmöglichkeit eines Interessenwegfalls (§§ 326 Abs. 5, 323 Abs. 5 S. 1). Keine quantitative Teilleistung liegt bei Zuwenigleistungen im Kauf- und Werkvertragsrecht vor (siehe § 25 Rn. 35). Soweit hier Unmöglichkeit gegeben ist, bleibt die Gegenleistungspflicht nach § 326 Abs. 1 S. 2 bestehen.

Beispiel: Beträgt der Wert der geschuldeten Leistung 800 € und ist die noch mögliche Teilleistung 600 € wert, dann ist eine Gegenleistung i.H.v. 1.000 € im Verhältnis 4:3 auf 750 € herabzusetzen.

2. Rückforderung bereits erbrachter Gegenleistung

15 Hat der Gläubiger die Gegenleistung bereits bewirkt, kann er nach § 326 Abs. 4 das Geleistete nach den für den **Rücktritt** geltenden §§ 346–348 zurück verlangen (Rechtsfolgenverweisung). Eine Rückabwicklung nach Bereicherungsrecht findet nicht (auch nicht zusätzlich) statt, weil sich aus dem Verweis auf § 346 ergibt, dass an die Stelle des gegenseitigen Vertrages ein spezielles Rückgewährschuldverhältnis getreten ist, sodass es am nötigen Wegfall des Rechtsgrundes fehlt.[14]

3. Verhältnis zur Surrogatherausgabe

16 Verlangt der Gläubiger nach § 285 Herausgabe des stellvertretenden commodums, wäre der Wegfall der Gegenleistungspflicht nicht angemessen, weil er für die geschuldete Leistung vom Schuldner einen **Ersatz** erhält. Deshalb ordnet § 326 Abs. 3 S. 1 für diesen Fall an, dass die Gegenleistungspflicht bestehen bleibt. Anderseits wäre es nicht zu rechtfertigen, dass der Gläubiger die volle Gegenleistung erbringen muss, wenn der **Wert des Ersatzes geringer** ist als der Wert der geschuldeten Leistung. Diese Wertminderung muss sich vielmehr auch auf die Gegenleistungspflicht auswirken. Nach § 326 Abs. 3 S. 2 erfolgt die Herabsetzung nach dem Maßstab des § 441 Abs. 3. Ist der Wert des Ersatzes höher, bleibt die Gegenleistung der Höhe nach jedoch unverändert.

Beispiel: Für die untergegangene Leistung im Wert von 10.000 € hat der Schuldner Ersatz in Höhe von 5.000 € erlangt. Als Gegenleistung sind 9.000 € vereinbart. – Der Gläubiger kann entweder unter Berufung auf § 326 Abs. 1 S. 1 die Erbringung der Gegenleistung verweigern (oder die erbrachte Gegenleistung nach §§ 326 Abs. 4, 346 Abs. 1 zurückfordern) oder stattdessen nach § 285 vom Schuldner Herausgabe des Ersatzes i.H.v. 5.000 € verlangen. Tut er dies, bleibt die Gegenleistungspflicht nach § 326 Abs. 3 S. 1 bestehen, ist aber nach §§ 326 Abs. 3 S. 2, 441 Abs. 3 zu mindern, weil der Wert des Ersatzes geringer ist als der Wert der Leistung. Dieses Wertverhältnis beträgt 1:2 (5.000 € zu 10.000 €) und ist auf die Gegenleistung zu übertragen. Diese halbiert sich folglich auf 4.500 €.

---

14 Ebenso BeckOGK/Herresthal, Stand 1.6.2019, § 326 Rn. 324; BeckOK-BGB/Schmidt, § 326 Rn. 11; Staudinger/Schwarze (2015), § 326 Rn. E 5; differenzierend MünchKomm/Ernst, § 326 Rn. 103.

V. Prüfungsaufbau

WIEDERHOLUNGS- UND VERTIEFUNGSFRAGEN

1. § 326 Abs. 1 ist eine Gefahrtragungsregel. Welche Gefahr ist dort geregelt und wem wird sie zugewiesen? (Rn. 2)   18

2. In welchen Fällen kommt es nicht zum in § 326 Abs. 1 angeordneten Erlöschen der Gegenleistungspflicht, obwohl der Schuldner gem. § 275 Abs. 1–3 von seiner Leistungspflicht frei ist? (Rn. 6, 7, 12)

3. Aus welcher Anspruchsgrundlage kann der Gläubiger eine bereits erbrachte Gegenleistung zurückverlangen, wenn der Anspruch auf die Gegenleistung nach § 326 Abs. 1 erloschen ist? (Rn. 15)

4. A hat mit Kartenlegerin B einen Vertrag geschlossen, demzufolge B ihm aufgrund der für ihn gelegten Karten bei der Bewältigung einer Beziehungskrise helfen soll. Kann B das vereinbarte Entgelt verlangen, obwohl die Erbringung der von ihr geschuldeten Leistung unmöglich ist, weil sie den Einsatz übersinnlicher Kräfte erfordert? (vgl. § 19 Rn. 5, ferner BGH NJW 2011, 756, dazu z.B. Bartels, ZGS 2011, 355; Schermeier, JZ 2011, 633).

5. K hat eine Sache gekauft, die mit einem nicht behebbaren Sachmangel behaftet ist. Erlischt der Kaufpreiszahlungsanspruch des Verkäufers ganz oder zum Teil kraft Gesetzes? (Rn. 6)

6. Was können die Parteien voneinander verlangen, wenn sie beide für die Unmöglichkeit verantwortlich sind, aber der Verantwortungsbeitrag des Gläubigers nicht so hoch ist, dass von einer weit überwiegenden Verantwortlichkeit gesprochen werden könnte? (Rn. 11)

§ 30 Rücktritt vom gegenseitigen Vertrag

I. Rücktritt wegen Leistungsverzögerung oder Schlechtleistung

1. Anwendungsbereich

1 Der in § 323 geregelte Rücktrittsgrund setzt voraus, dass bei einem gegenseitigen Vertrag die Leistung nicht oder nicht vertragsgemäß erbracht wurde. Ein Vertretenmüssen des Schuldners ist nicht erforderlich. Wie bei § 281 sind nur solche Leistungsstörungen erfasst, bei denen die geschuldete Leistung noch möglich ist. Die Nichtleistung aufgrund Unmöglichkeit führt bereits nach § 326 Abs. 1 S. 1 zum Wegfall der Gegenleistungspflicht; zusätzlich besteht ein Rücktrittsrecht nach § 326 Abs. 5. Das Gleiche gilt für eine nicht behebbare Schlechtleistung. § 323 erfasst daher nur die **Verzögerung der Leistung** sowie **behebbare Schlechtleistungen**. Im Kauf- und Werkvertragsrecht kommt § 323 bei behebbaren Sach- oder Rechtsmängeln nur aufgrund der Verweisung in §§ 437 Nr. 2, 634 Nr. 3 zur Anwendung.

2. Rücktrittsvoraussetzungen

a) Gegenseitiger Vertrag

2 § 323 setzt einen gegenseitigen Vertrag voraus. Bei nur einseitigen oder unvollkommen zweiseitigen Schuldverhältnissen sowie gesetzlichen Schuldverhältnissen besteht kein Rücktrittsrecht.

b) Nicht- oder Schlechtleistung trotz Leistungsmöglichkeit

3 Wie § 281 setzt auch § 323 einen **wirksamen, fälligen und einredefreien Anspruch** auf die Leistung voraus. Anders als beim Schadensersatz statt der Leistung ist nach § 323 Abs. 4 aber die Möglichkeit eines **Rücktritts vor Fälligkeit** gegeben, wenn offensichtlich ist, dass die Voraussetzungen des Rücktritts eintreten werden. Dahinter steht die Erwägung, dass es in solchen Fällen dem Gläubiger nicht zumutbar ist, mit seiner Rücktrittserklärung warten zu müssen, bis Fälligkeit eintritt. Hierher gehört insbesondere die schon vor Fälligkeit erfolgte endgültige und ernsthafte Erfüllungsverweigerung durch den Schuldner. Der Eintritt der Rücktrittsvoraussetzungen ist aber auch dann offensichtlich, wenn ein Leistungshindernis eingetreten ist, das zumindest die Erfüllung bis zum Ablauf einer angemessenen Nachfrist verhindert oder wenn der Gläubiger das Vertrauen in die Leistungsfähigkeit des Schuldners aufgrund dessen Verhaltens endgültig verloren hat.[1] § 323 Abs. 4 kommt nur zur Anwendung, wenn die Rücktrittserklärung auch tatsächlich vor Fälligkeit erfolgt ist.[2] Wartet der Gläubiger mit dem Rücktritt hingegen trotz Vorliegens der Voraussetzungen des § 323 Abs. 4 bis zum Eintritt der Fälligkeit, dann fehlt es an der für diese Sonderregelung maßgeblichen Unzumutbarkeit des Abwartens. Deshalb kann jetzt nur noch zurückgetreten werden, wenn erfolglos eine Frist gesetzt wurde (§ 323 Abs. 1) oder die Fristsetzung entbehrlich ist (§ 323 Abs. 2). Ob eine **Verzögerung** oder **Schlechtleistung** vorliegt, richtet sich nach den gleichen Kriterien, wie sie für die Pflichtverletzung und den Anspruch auf Schadensersatz statt der Leistung maßgeblich sind (siehe § 25 Rn. 9).

---

1 BGH NJW-RR 2008, 1052 Rn. 6 f.
2 BGHZ 193, 315 Rn. 17; BeckOGK/Looschelders, Stand 1.6.2019, § 323 Rn. 219; Palandt/Grüneberg, § 323 Rn. 23; Medicus/Petersen, Bürgerl. Recht, Rn. 247; krit. Faust, JuS 2012, 940 (942 f.); Gutzeit, NJW 2012, 3717.

Beispiel: U hat mit B zwei getrennte Verträge über die Errichtung jeweils eines Hauses geschlossen, wobei das zweite Haus zwei Jahre später als das erste gebaut werden soll. Beim Bau des ersten Hauses kommt es wiederholt zu Leistungsverzögerungen, wobei B mehrfach gesetzte Nachfristen erfolglos verstreichen lässt. Außerdem ist das Bauwerk mit zahllosen Baumängeln behaftet, deren Beseitigung B zum Teil verweigert. Schließlich erklärt U den Rücktritt vom zweiten Vertrag, obwohl B die aus diesem Vertrag geschuldeten Bauleistungen erst in zwei Monaten erbringen soll. – An sich fehlt es für einen Rücktritt nach § 323 Abs. 1 an einem fälligen Anspruch des U auf die Leistung des B. U kann jedoch bereits jetzt zurücktreten, weil der Eintritt der Rücktrittsvoraussetzungen bei diesem Vertrag offensichtlich ist. B hat schon beim ersten Bauwerk Leistungen teilweise trotz Nachfristsetzung nicht erbracht und behebbare Schlechtleistungen nicht beseitigt.

c) Fristsetzung

Für die nach § 323 Abs. 1 erforderliche Setzung einer angemessenen Nachfrist gelten **4** im Hinblick auf die Anforderungen die gleichen Voraussetzungen wie bei § 281 (siehe § 25 Rn. 11 ff.). Ebenso kann an die Stelle der Fristsetzung eine Abmahnung treten (§ 323 Abs. 3). Unterschiede ergeben sich allein mit Blick auf die in § 323 Abs. 2 geregelte **Entbehrlichkeit der Fristsetzung.** Übereinstimmend mit § 281 Abs. 2 1. Alt. ist bei einer **ernsthaften und endgültigen Leistungsverweigerung** eine Fristsetzung entbehrlich (§ 323 Abs. 2 Nr. 1). Abweichungen zu § 281 Abs. 2 ergeben sich jedoch bei den anderen beiden Entbehrlichkeitsgründen.

§ 323 Abs. 2 Nr. 2, der durch das VerbrRL-UG neu gefasst wurde und der Umsetzung **5** des Art. 18 Abs. 2 UAbs. 2 VerbrRL dient, regelt die Entbehrlichkeit der Fristsetzung beim **relativen Fixgeschäft.** Bei ihm ist die Einhaltung des vertraglich vereinbarten Leistungszeitpunkts für die Vertragsparteien und insbesondere den Gläubiger von gesteigerter Bedeutung. Ist diese allerdings so groß, dass eine Nachholung der Leistung unmöglich ist, liegt bereits ein absolutes Fixgeschäft vor (siehe § 19 Rn. 9), bei dem die Gegenleistungspflicht nach § 326 Abs. 1 S. 1 erlischt. § 323 Abs. 2 Nr. 2 erfasst hingegen Gestaltungen, in denen eine Nachholung der Leistung zwar möglich ist, die Einhaltung des Leistungszeitpunkts aber so wichtig ist, dass mit ihr das Geschäft „stehen und fallen" soll.[3] Das setzt voraus, dass die rechtzeitige Leistung entweder nach einer Mitteilung des Gläubigers vor Vertragsschluss oder aufgrund anderer den Vertragsschluss begleitender Umstände für den Gläubiger wesentlich ist. Genügend sind danach auch **einseitige vorvertragliche Äußerungen des Gläubigers;**[4] erst recht ausreichend sind natürlich entsprechende vertragliche Vereinbarungen. Ein typisches Mittel, die Wesentlichkeit der Leistungszeit zum Ausdruck zu bringen, sind Formulierungen wie „fix", „präzis", „prompt" oder „spätestens".

Beispiel: A sucht Schneider S auf und erklärt ihm, für eine am 15. Mai anberaumte Hochzeitsfeier brauche sie ein neues Abendkleid. Man wird sich handelseinig über das von S zu schaffende Kleid. Bis zum 15. Mai ist S jedoch aufgrund hoher Arbeitsbelastung mit dem Kleid nicht fertig. A erklärt am 16. Mai den Rücktritt. – Einschlägig für den Rücktrittsgrund ist § 323 Abs. 1, weil eine Nachholung der Leistung noch möglich ist, da ein Abendkleid auch noch bei anderen Gelegenheiten getragen werden kann (anders bei einem Hochzeitskleid). Allerdings fehlt es an der Fristsetzung. Diese ist aber nach § 323 Abs. 2 Nr. 2

---

3 Zur Vertiefung: Schwarze, „Steht und fällt" – Das Rätsel der relativen Fixschuld, AcP 207 (2007), 437.
4 Ebenso MünchKomm/Ernst, § 323 Rn. 118; Looschelders, Schuldrecht AT, § 33 Rn. 4; Schmitt, VuR 2014, 90 (92 f.); Tonner, VuR 2013, 443 (447); a.A. Palandt/Grüneberg, § 323 Rn. 35; Staudinger/Schwarze (2015), § 323 Rn. B 104.

entbehrlich. Es war ein Leistungszeitpunkt bestimmt und A hat S gegenüber zu erkennen gegeben, dass sie das Kleid gerade für die anstehende Hochzeit anfertigen lässt.

6   Die Fristsetzung ist nach § 323 Abs. 2 Nr. 3 ferner entbehrlich, wenn **besondere Umstände** vorliegen, die unter Abwägung der beiderseitigen Interessen den sofortigen Rücktritt rechtfertigen. Sie können z.B. vorliegen, wenn der Schuldner den Gläubiger arglistig getäuscht hat[5] oder wenn feststeht, dass er eine angemessene Nachfrist nicht einhalten wird.[6] Das gilt jedoch seit der Neufassung der Norm durch das VerbRL-UG nur in Fällen, in denen die Leistung **nicht vertragsgemäß** erbracht wurde. Erfasst sind also nur Schlechtleistungen, während bei Leistungsverzögerungen die Fristsetzung nur nach § 323 Abs. 2 Nr. 1, 2 entbehrlich sein kann. Die Vorschrift dient der Umsetzung von Art. 18 Abs. 2 VerbRL, da diese Regelung einen sofortigen Rücktritt bei Leistungsverzögerungen nur bei einer Leistungsverweigerung oder einem relativen Fixgeschäft zulässt. Indessen verlangt das Unionsrecht dies alles nur bei einem Verbrauchsgüterkaufvertrag. Der deutsche Gesetzgeber hat die unionsrechtlichen Vorgaben unnötigerweise richtlinienüberschießend für alle Verträge umgesetzt. Das führt nicht nur zu einer allgemeinen, unionsrechtlich nicht notwendigen Schlechterstellung des Gläubigers bei Leistungsverzögerungen. Es kommt auch zu einem Wertungswiderspruch zu § 281 Abs. 2 2. Alt., der nicht geändert wurde. Dadurch kann in Fällen der nicht rechtzeitigen Leistung bei Vorliegen besonderer Umstände sofort Schadensersatz statt der Leistung verlangt werden, während der eigentlich schuldnerschonendere Rücktritt erst nach einer erfolglosen Fristsetzung möglich ist. Das spricht dafür, zumindest außerhalb des Anwendungsbereichs von Art. 18 Abs. 2 VerbRL in schwerwiegenden Fällen die Fristsetzung nach § 242 entbehrlich sein zu lassen.[7] Eine analoge Anwendung des § 281 Abs. 2 2. Alt. muss angesichts des Umstands, dass der Gesetzgeber sich der Reichweite der getroffenen Regelung bewusst war, hingegen auszuscheiden.[8]

7   War die Fristsetzung entbehrlich, hat der Gläubiger aber **dennoch eine Frist gesetzt,** so ist er hieran gebunden, weil er damit beim Schuldner das Vertrauen erweckt hat, dieser habe bis zum Fristablauf Zeit zur Erbringung der Leistung. Beseitigt der Schuldner z.B. innerhalb der gesetzten Frist den Mangel, kann der Gläubiger auch dann nicht vom Vertrag zurücktreten, wenn er bei Fristsetzung wusste, dass der Schuldner ihm einen Mangel arglistig verschwiegen hat und er deshalb eigentlich nach § 323 Abs. 2 Nr. 3 auch ohne Fristsetzung hätte zurücktreten können.[9]

d) Erfolglosigkeit der Fristsetzung

8   Wie bei § 281 kommt es für die Erfolglosigkeit der Fristsetzung auf die Vornahme der **Leistungshandlung** innerhalb der gesetzten Frist an (siehe § 25 Rn. 20). Erbringt der Schuldner die Leistung bis zum fraglichen Zeitpunkt quantitativ gesehen nur **teilweise,** ändert das am erfolglosen Ablauf der Frist nichts. Aus der Sonderregelung zu Teilleistungen in § 323 Abs. 5 S. 1 ergibt sich aber, dass in diesem Fall das Rücktrittsrecht grundsätzlich auf den gestörten Vertragsteil begrenzt und daher nur ein Teilrücktritt

---

5   BGH NJW 2007, 835 Rn. 12 f.; BGH NJW 2008, 1371 Rn. 19; BGH NJW 2010, 1805 Rn. 9.
6   BGHZ 193, 315 Rn. 26.
7   Vgl. BT-Drucks. 17/12637 S. 59; MünchKomm/Ernst, § 323 Rn. 126; Staudinger/Schwarze (2015), § 323 Rn. B 107; Looschelders, Schuldrecht AT, § 33 Rn. 5; zweifelnd Palandt/Grüneberg, § 323 Rn. 22; Weiss NJW 2014, 1212 (1215); zur Vertiefung: Temming, Zur Reform des § 323 BGB durch die Verbraucherrechterichtlinie, JA 2018, 1.
8   A.A. PWW/Stürner, § 323 Rn. 38; Riehm NJW 2014, 2065 (2068); zweifelnd Palandt/Grüneberg, § 323 Rn. 22.
9   BGH NJW 2010, 1805 Rn. 10.

möglich ist. Ein Rücktritt vom ganzen Vertrag ist nur unter den zusätzlichen Voraussetzungen des § 323 Abs. 5 S. 1 möglich (siehe Rn. 14).

3. Ausschluss des Rücktrittsrechts

a) Unerhebliche Schlechtleistung

§ 323 Abs. 5 S. 2 **schließt das Rücktrittsrecht aus**, wenn bei einer Schlechtleistung die Pflichtverletzung nur unerheblich war. Diese Regelung erfasst im Kauf- und Werkvertragsrecht wegen des weiten Sachmangelbegriffs auch Zuwenigleistungen (siehe § 25 Rn. 35), ist aber schon dem Wortlaut nach auf Schlechtleistungen beschränkt und findet bei nicht rechtzeitiger Leistung keine Anwendung.[10] § 323 Abs. 5 S. 2 knüpft an das gleiche Merkmal an wie § 281 Abs. 1 S. 3, hat aber eine andere Rechtsfolge. Während es beim Schadensersatz statt der Leistung bei Schlechtleistungen um die Frage geht, ob der Schuldner kleinen oder großen Schadensersatz verlangen kann (siehe § 25 Rn. 27 f.), trifft § 323 Abs. 5 S. 2 eine **Alles-oder-Nichts-Entscheidung**: Ist die Pflichtverletzung nur unerheblich, kann der Schuldner überhaupt nicht zurücktreten. Diese von § 281 Abs. 1 S. 3 abweichende Regelung hat ihren Grund in der Reichweite des Rücktritts: Er wandelt den gegenseitigen Vertrag in ein Rückgewährschuldverhältnis um und führt zur vollständigen Rückabwicklung. Diese weitreichende und noch dazu vom Vertretenmüssen des Schuldners unabhängige Rechtsfolge wäre aber unangemessen, wenn die Pflichtverletzung nur geringfügig ist. Allerdings kennt § 323 bei Teilleistungen einen auf den fehlenden Teil beschränkten Rücktritt (§ 323 Abs. 5 S. 1, siehe Rn. 13). Ein solcher Teilrücktritt wäre auch bei Schlechtleistungen denkbar, weil auch diese sich als qualitative Teilleistungen verstehen lassen. Indessen kennt das Kauf- und Werkvertragsrecht einen solchen Teilrücktritt bereits in Form der Minderung (§§ 437 Nr. 2, 441 bzw. §§ 634 Nr. 3, 638), sodass auf eine zusätzliche Regelung bei § 323 verzichtet werden konnte. Ob die Pflichtverletzung **unerheblich** ist, richtet sich nach den gleichen Grundsätzen, wie sie für § 281 Abs. 1 S. 3 gelten (siehe § 25 Rn. 38). Maßgeblicher Zeitpunkt ist die Rücktrittserklärung; wird der Mangel danach unerheblich, bleibt der Rücktritt wirksam.[11]

Beispiel (BGH NJW 2011, 1664): Bei einem von K bei V gekauften Cabriolet kommt es aufgrund eines Fehlers im Motor zu Zündaussetzern, sporadischem Leistungsverlust und Rütteln des Motors. K muss bei Auftreten dieser Symptome kurz anhalten und den Motor neu starten, um ungestört weiterfahren zu können. Mehrere Versuche des V, den Mangel zu beheben, schlagen fehl. Daraufhin erklärt K den Rücktritt vom Vertrag. Im anschließenden Rechtsstreit findet ein Sachverständiger das Problem; der Beseitigungsaufwand ist gering. – Das Rücktrittsrecht folgt aus §§ 437 Nr. 2, 323 Abs. 1. Eine Fristsetzung war nach § 440 S. 1 2. Alt. wegen Fehlschlagens der Nacherfüllung entbehrlich. Der Rücktritt ist nicht nach § 323 Abs. 5 S. 2 wegen Unerheblichkeit der Pflichtverletzung ausgeschlossen. Der Mangel ruft Gebrauchsbeeinträchtigungen hervor, die bei der Benutzung des Fahrzeugs störend sind und das Leistungsinteresse der K erheblich beeinträchtigen. Dem steht nicht entgegen, dass die Beseitigung des Mangels im Vergleich zum Kaufpreis nur einen geringen Betrag erfordert. Abzustellen ist auf den Zeitpunkt der Rücktrittserklärung, bei dem die Mangelursache noch unbekannt war und Beseitigungsversuche des V mehrfach gescheitert waren. Da bei Rücktritt nicht erkennbar war, dass der Mangel leicht behoben werden kann, liegt keine unerhebliche Pflichtverletzung vor.

---

10 Erman/Westermann, § 323 Rn. 25; MünchKomm/Ernst, § 323 Rn. 243; a.A. BeckOK-BGB/Schmidt, § 323 Rn. 48; Jauernig/Stadler, § 323 Rn. 20; Palandt/Grüneberg, § 323 Rn. 32.
11 BGH NJW 2011, 1664 Rn. 18; BGH NJW 2013, 1367 Rn. 18; BGH NJW 2017, 153 Rn. 29.

10   Ist Unerheblichkeit gegeben, ist der Rücktritt ausgeschlossen; bei Sach- und Rechtsmängeln im Kauf- und Werkvertragsrecht steht dem Gläubiger aber weiterhin die Möglichkeit einer Minderung zur Verfügung. Ist die Pflichtverletzung **nicht unerheblich**, kann der Gläubiger vom gesamten Vertrag zurücktreten. Obwohl die Schlechtleistung auch eine Teilleistung ist, kommt es hierfür nicht darauf an, ob der Gläubiger an der erbrachten mangelhaften Leistung kein Interesse mehr hat; § 323 Abs. 5 S. 1 wird insoweit von § 323 Abs. 5 S. 2 als speziellere Vorschrift verdrängt.[12] Aus diesem Grund besteht bei unerheblicher Schlechtleistung auch dann kein Rücktrittsrecht, wenn der Gläubiger einen Interessenwegfall i.S.d. § 323 Abs. 5 S. 1 nachweisen kann. Ist hingegen nur ein quantitativer Teil der Gesamtleistung von der Schlechtleistung betroffen (z.B. nur 20 der gelieferten 100 Fernseher), beschränkt sich das Rücktrittsrecht bei bestehender Erheblichkeit der Pflichtverletzung auf den mangelhaften Teil; vom gesamten Vertrag kann der Gläubiger bei einer solchen **Teilschlechtleistung** nur unter den Voraussetzungen des § 323 Abs. 5 S. 1 zurücktreten.[13]

Beispiel: K hat bei V 100 Flaschen Wein gekauft. Nach der Lieferung stellt er fest, dass bei sämtlichen Flaschen die Etiketten schief aufgeklebt sind. Eine Aufforderung, Flaschen mit einwandfrei geklebten Etiketten zu liefern, bleibt auch bis zum Ablauf einer gesetzten Frist erfolglos. K erklärt den Rücktritt vom Kaufvertrag und verlangt Rückzahlung des Kaufpreises. – Anspruchsgrundlage sind §§ 346 Abs. 1, 437 Nr. 2, 323 Abs. 1. Davon ausgehend, dass es zur üblichen Beschaffenheit von Flaschenwein gehört, dass die Etiketten gerade aufgeklebt sind, lag ein Sachmangel vor (§ 434 Abs. 1 S. 2 Nr. 2). Die nach §§ 437 Nr. 2, 323 Abs. 1 erforderliche erfolglose Fristsetzung ist gegeben. Da es sich um einen Fall der Schlechtleistung handelt, wäre der Rücktritt nach § 323 Abs. 5 S. 2 ausgeschlossen, wenn die Pflichtverletzung der V nur unerheblich war. Geht man davon aus, dass durch die schiefen Etiketten auch bei zum Wiederverkauf gedachten Flaschen keine erhebliche Wertminderung eintritt, ist die Unerheblichkeit zu bejahen und der Rücktritt des K ist ausgeschlossen.

Wären hingegen von den 100 gelieferten Flaschen 20 mit verdorbenem Wein befüllt, läge hinsichtlich dieser 20 Flaschen eine nicht unerhebliche Pflichtverletzung vor, sodass § 323 Abs. 5 S. 2 einem Rücktritt nicht entgegenstünde. Vom ganzen Vertrag könnte K jedoch nach § 323 Abs. 5 S. 1 nur zurücktreten, wenn er an der Teilleistung kein Interesse mehr hat. Soweit diese Voraussetzung nicht gegeben ist, beschränkt sich das Rücktrittsrecht auf die 20 Flaschen schlechten Wein.

b) Verantwortlichkeit des Gläubigers

11   § 323 Abs. 6 1. Alt. schließt den Rücktritt aus, wenn der Gläubiger für den Umstand, der ihn zum Rücktritt berechtigen würde, **allein oder weit überwiegend verantwortlich** ist. Wie bei § 326 Abs. 2 S. 1 1. Alt. ergibt sich der Maßstab für die Verantwortlichkeit aus §§ 276 ff. analog und es kommt auch hier darauf an, dass die Verantwortlichkeit so weit überwiegend ist, dass nach § 254 ein vollständiger Ausschluss eines Schadensersatzanspruchs gegeben wäre (siehe § 29 Rn. 8 f.).

---

12   OLG Celle ZGS 2004, 74; Erman/Westermann, § 323 Rn. 27; Palandt/Grüneberg, § 323 Rn. 24; PWW/Stürner, § 323 Rn. 41.
13   OLG Naumburg NJOZ 2014, 1580; BeckOGK/Looschelders, Stand 1.6.2019, § 323 Rn. 269; NK-BGB/Dauner-Lieb/Dubovitskaya, § 323 Rn. 45 ff.; Palandt/Grüneberg, § 323 Rn. 27; Staudinger/Schwarze (2015), § 323 Rn. B 136; Soergel/Gsell, § 323 Rn. 219; a.A. Hk-BGB/Schulze, § 323 Rn. 13; Müller/Matthes, AcP 204 (2004), 732 (749).

c) Annahmeverzug

Der Rücktritt ist nach § 323 Abs. 6 2. Alt. ferner ausgeschlossen, wenn der vom Schuldner nicht zu vertretende Umstand eingetreten ist, während sich der Gläubiger in **Annahmeverzug** befand. Das entspricht dem in § 326 Abs. 2 S. 1 2. Alt. geregelten Fortbestand der Gegenleistungspflicht in Fällen der Unmöglichkeit (siehe § 29 Rn. 12). Hier wie dort gilt es zu beachten, dass der Schuldner während des Annahmeverzugs nur für grobe Fahrlässigkeit und Vorsatz haftet (§ 300 Abs. 1). | 12

4. Rechtsfolgen

a) Wahlrecht zwischen Erfüllung und Rücktritt

Bleibt bis zum Fristablauf bzw. dem nach § 323 Abs. 2 maßgeblichen Zeitpunkt die geschuldete Leistung bzw. Nacherfüllung aus, entsteht das Rücktrittsrecht des Gläubigers. Er hat die Wahl, weiter **auf Erfüllung zu bestehen** oder stattdessen den **Rücktritt zu erklären** (§ 349). Entscheidet er sich für Ersteres, bleibt sein Rücktrittsrecht bestehen und er kann jederzeit und auch noch, nachdem er Erfüllung verlangt hat, den Rücktritt erklären.[14] Die Ausübung des Rücktrittsrechts ist aber zeitlich begrenzt. Zwar kann es als Gestaltungsrecht nicht verjähren (das geht nur bei Ansprüchen, vgl. § 194 Abs. 1). Ein Rücktritt wegen nicht oder nicht vertragsgemäßer Leistung ist aber nach § 218 Abs. 1 S. 1 **unwirksam**, wenn der Anspruch auf die Leistung oder der Nacherfüllungsanspruch verjährt ist und der Schuldner sich hierauf beruft. Erklärt der Gläubiger hingegen rechtzeitig den Rücktritt, erlischt mit dem Zugang der Rücktrittserklärung der Erfüllungsanspruch und es entsteht ein Rückgewährschuldverhältnis. Umgekehrt erlischt das Rücktrittsrecht, wenn der Schuldner vor der Rücktrittserklärung die geschuldete Leistung erbringt und diese vom Gläubiger angenommen wird (siehe zum Schadensersatz statt der Leistung § 25 Rn. 26). Das Angebot der Leistung ist für den Schuldner zugleich ein Weg, die für ihn missliche Ungewissheit, wie der Gläubiger sich verhalten wird, zu beenden. Das funktioniert aber nur, wenn der Gläubiger die Leistung annimmt. Tut er das nicht, gerät er nicht in Annahmeverzug, weil der Schuldner ihm sonst durch Angebot der Leistung die Wahlmöglichkeit nehmen könnte (siehe § 25 Rn. 26). Zumindest für diesen Fall ist es erwägenswert, § 350 analog zur Anwendung zu bringen.[15] Nach dieser Vorschrift kann der Schuldner bei einem vertraglichen Rücktrittsrecht dem Rücktrittsberechtigten eine Frist für die Ausübung des Rücktrittsrechts setzen. | 13

b) Rücktritt bei quantitativer Teilleistung

aa) Teilrücktritt

Erbringt der Schuldner bis Fristablauf bzw. dem nach § 323 Abs. 2 maßgeblichen Zeitpunkt die **teilbare Leistung** bei quantitativer Betrachtung nur teilweise und nimmt der Gläubiger die Teilleistung trotz § 266 an, ergibt sich aus der Sonderregelung des § 323 Abs. 5 S. 1, dass sich das Rücktrittsrecht grundsätzlich **auf den nicht erbrachten Leistungsteil beschränkt**. Ein solcher Teilrücktritt führt nur zu einer teilweisen Rückabwicklung des Vertrages. Die Leistungspflicht des Schuldners erlischt nur insoweit, als | 14

---

14 BGH NJW 2006, 1198 Rn. 16, siehe auch § 25 Rn. 25 zum Schadensersatzanspruch.
15 Vgl. Staudinger/Schwarze (2015), § 323 Rn. D 6; für Analogie zu § 314 Abs. 3 MünchKomm/Ernst, § 323 Rn. 152; PWW/Stürner, § 323 Rn. 51; ablehnend BeckOGK/Looschelders, Stand 1.6.2019, § 323 Rn. 242; NK-BGB/Dauner-Lieb/Dubovitskaya, § 323 Rn. 23; Erman/Westermann, § 323 Rn. 24; Soergel/Gsell, § 323 Rn. 142 f.

diese noch nicht erfüllt ist. Zugleich erlischt auch die Gegenleistungspflicht zum Teil (Berechnung analog § 441 Abs. 3). Die aus dem Teilrücktritt folgende Herabsetzung der **Gegenleistung** setzt aber voraus, dass diese ihrerseits ebenfalls **teilbar ist.**[16] Wo dies nicht der Fall ist, scheidet eine nur teilweise Rückabwicklung des Vertrages aus und es kommt zu einem Rücktritt vom ganzen Vertrag, ohne dass es auf den in § 323 Abs. 5 S. 1 genannten Interessenwegfall ankäme.

Beispiel: V hat K einen Pkw für 10.000 € verkauft. Da bis zum Fälligkeitstermin keine Zahlung erfolgt ist, setzt V dem K eine angemessene Frist von 14 Tagen. Innerhalb dieser Frist überweist K auf das Konto, das V genannt hat, 6.000 €. Die Zahlung des restlichen Kaufpreises bleibt bis Fristablauf aus. Deshalb erklärt V den Rücktritt. – Der Rücktrittsgrund ergibt sich aus § 323 Abs. 1. Allerdings hat K bis zum Fristablauf einen Teil seiner teilbaren Leistung erbracht. Ein auf den nicht erbrachten Teil beschränkter Rücktritt vom Vertrag scheidet jedoch aus, weil die von V geschuldete Gegenleistung (Übergabe und Übereignung, § 433 Abs. 1 S. 1) nicht teilbar ist. V kann vom ganzen Vertrag zurücktreten, ohne dass es darauf ankäme, ob er an der Teilleistung ein Interesse hat.

bb) Rücktritt vom ganzen Vertrag

15   Bei Teilleistungen ist, sofern sowohl Leistung als auch Gegenleistung teilbar sind, ein Rücktritt vom ganzen Vertrag nach § 323 Abs. 5 S. 1 nur möglich, wenn der Gläubiger an der **Teilleistung kein Interesse** hat. Dazu ist erforderlich, dass der Interessenwegfall gerade darauf beruht, dass der Gläubiger einen Teil der Leistung nicht erhält. § 323 Abs. 5 S. 1 regelt damit den Rücktritt vom ganzen Vertrag analog zum Schadensersatz statt der ganzen Leistung, für den es nach § 281 Abs. 1 S. 2 ebenfalls auf den Interessenwegfall ankommt; es gelten insoweit die gleichen Kriterien (siehe § 25 Rn. 36).

5. Prüfungsaufbau

16   I.   Rücktrittserklärung, § 349

II.   Rücktrittsgrund, § 323 Abs. 1

  1. Gegenseitiger Vertrag

  2. Wirksamer, fälliger (ggf. entbehrlich gem. § 323 Abs. 4) und einredefreier Anspruch

  3. Nichterbringung der Leistung (Eintritt des Leistungserfolgs) bei Fälligkeit bzw. nicht ordnungsgemäße Leistung

  4. Erfolglose Fristsetzung, § 323 Abs. 1–3

   a) Setzung einer angemessenen Frist (§ 323 Abs. 1) bzw. Abmahnung (§ 323 Abs. 3) bzw. Entbehrlichkeit der Fristsetzung/Abmahnung (§ 323 Abs. 2)

   b) Erfolgloser Fristablauf

  5. Kein Ausschluss des Rücktritts

   a) Unerhebliche Pflichtverletzung bei Schlechtleistung, § 323 Abs. 5 S. 2

   b) Alleinige oder weit überwiegende Verantwortlichkeit des Gläubigers, § 323 Abs. 6 1. Alt.

   c) Vom Schuldner nicht zu vertretender Umstand während des Annahmeverzugs, § 323 Abs. 6 2. Alt.

III.   Keine Unwirksamkeit des Rücktritts, § 218 Abs. 1 S. 1

---

16   BGH NJW 2000, 1332 (1333); BGH NJW 2010, 146 (147).

II. Rücktritt wegen Unmöglichkeit

1. Anwendungsbereich und Funktion

§ 326 Abs. 5 gewährt dem Gläubiger ein Rücktrittsrecht, wenn der Schuldner nach § 275 Abs. 1–3 nicht zu leisten braucht. Dieser Rücktrittsgrund gilt für alle Formen der Unmöglichkeit bzw. der in § 275 Abs. 2, 3 geregelten Unzumutbarkeit und erfasst sowohl **anfängliche wie nachträgliche Unmöglichkeit**. 17

Auf den ersten Blick scheint es sich allerdings um eine überflüssige Regelung zu handeln, da unter den gleichen Voraussetzungen bereits nach § 326 Abs. 1 S. 1 die Gegenleistungspflicht kraft Gesetzes entfällt, sodass es eines Rücktritts eigentlich nicht bedarf. Das gilt auch, wenn die Gegenleistung bereits erbracht ist, weil der Gläubiger sie nach §§ 326 Abs. 4, 346 ff. zurückfordern kann. Bleibt die Gegenleistungspflicht hingegen nach § 326 Abs. 2 bestehen, ist auch der Rücktritt nach § 326 Abs. 5 ausgeschlossen, weil diese Norm auf § 323 und damit auch die beiden mit § 326 Abs. 2 identischen Ausschlussgründe des § 323 Abs. 6 (Verantwortlichkeit des Gläubigers, Annahmeverzug) verweist. Dennoch besteht zwischen dem Ausschluss der Gegenleistungspflicht und dem Rücktrittsrecht kein vollständiger Gleichlauf: Bei **nicht behebbarer Schlechtleistung** bleibt die Gegenleistungspflicht bestehen (§ 326 Abs. 1 S. 2); hier kann und muss der Gläubiger nach § 326 Abs. 5 zurücktreten, wenn er sich vollständig von der Gegenleistungspflicht befreien will. Im Kauf- und Werkvertragsrecht gilt § 326 Abs. 5 hier allerdings nur kraft der Verweisung in §§ 437 Nr. 2, 634 Nr. 3. Ein zweites Anwendungsgebiet ergibt sich bei **teilweiser Unmöglichkeit**, da diese nach § 326 Abs. 1 S. 1 nur zum teilweisen Erlöschen der Gegenleistungspflicht führt; auch hier bedarf es des Rücktritts, wenn der Gläubiger von der gesamten Gegenleistungspflicht frei werden will. Wenig hilfreich ist der Rücktritt nach § 326 Abs. 5 hingegen, wenn der Gläubiger den Grund der Leistungsstörung nicht kennt. Will er in diesem Fall auf der sicheren Seite sein, muss er zunächst eine Frist setzen und nach deren Ablauf gem. § 323 Abs. 1 zurücktreten. Verzichtet er im Vertrauen auf § 326 Abs. 5 auf eine Fristsetzung, kann sich sein Rücktritt als unwirksam erweisen, wenn sich herausstellt, dass kein Fall der Unmöglichkeit gegeben ist. 18

2. Rücktrittsvoraussetzungen und Ausschlussgründe

§ 326 Abs. 5 erfasst Fälle, in denen der Schuldner gem. § 275 Abs. 1–3 (ggf. nach Erhebung der Einrede)[17] von der Leistung frei geworden ist. Für die weiteren Voraussetzungen verweist § 326 Abs. 5 auf § 323 mit der Maßgabe, dass eine **Fristsetzung entbehrlich** ist. Durch den Verweis auf den gesamten § 323 gelten auch für den Rücktritt nach § 326 Abs. 5 die dort genannten Ausschlussgründe (siehe Rn. 8 ff.). Relevant wird das bei nicht behebbaren Schlechtleistungen, da nach §§ 326 Abs. 5, 323 Abs. 5 S. 2 bei einer nur **unerheblichen Pflichtverletzung** ein Rücktritt vom Vertrag nicht möglich ist. Wie bei den anderen Rücktrittsgründen ist ein Vertretenmüssen des Schuldners nicht erforderlich. 19

3. Rechtsfolgen

Die Rechtsfolgen stimmen mit jenen überein, die bei § 323 eintreten. Die zeitliche Begrenzung des Rücktrittsrechts ergibt sich aus § 218 Abs. 1 S. 2. Anders als beim Rück- 20

---

17 BGH NJW 2013, 1074 Rn. 28.

299

tritt nach § 323 kann nicht darauf abgestellt werden, dass der Anspruch auf die Leistung oder Nacherfüllung verjährt ist, da dieser Anspruch nach § 275 Abs. 1–3 erloschen ist. Deshalb lässt § 218 Abs. 1 S. 2 den hypothetischen Verjährungseintritt für die Unwirksamkeit des Rücktritts genügen. Da bei teilweiser Unmöglichkeit die Gegenleistungspflicht kraft Gesetzes zum Teil erlischt (§ 326 Abs. 1 S. 1), ist ein Rücktritt nur dann sinnvoll, wenn er sich auf den ganzen Vertrag erstreckt. Das ist nach §§ 326 Abs. 5, 323 Abs. 5 S. 1 nur möglich, wenn der Gläubiger an der Teilleistung kein Interesse hat.

4. Prüfungsaufbau

21 I. Rücktrittserklärung, § 349

II. Rücktrittsgrund, § 326 Abs. 5

   1. Gegenseitiger Vertrag

   2. Befreiung des Schuldners gem. § 275 Abs. 1–3

   3. Kein Ausschluss des Rücktritts

      a) Unerhebliche Pflichtverletzung bei unbehebbarer Schlechtleistung, §§ 326 Abs. 5, 323 Abs. 5 S. 2

      b) Alleinige oder weit überwiegende Verantwortlichkeit des Gläubigers, §§ 326 Abs. 5, 323 Abs. 6 1. Alt.

      c) Vom Schuldner nicht zu vertretende Unmöglichkeit während des Annahmeverzugs, §§ 326 Abs. 5, 323 Abs. 6 2. Alt.

III. Keine Unwirksamkeit des Rücktritts, § 218 Abs. 1 S. 2

III. Rücktritt wegen Schutzpflichtverletzung

1. Anwendungsbereich

22 Der Rücktritt nach § 324 setzt die **Verletzung einer Schutzpflicht** i.S.d. § 241 Abs. 2 voraus. Da der Rücktritt einen gegenseitigen Vertrag erfordert, kommt er bei Schutzpflichtverletzungen in vorvertraglichen Schuldverhältnissen nicht in Betracht.

2. Rücktrittsvoraussetzungen

23 § 324 ist ein eigener Rücktrittsgrund, dessen Voraussetzungen nicht an § 323 anknüpfen. Neben dem **gegenseitigen Vertrag** und der **Schutzpflichtverletzung** erfordert der Rücktritt, dass dem Gläubiger ein Festhalten am Vertrag nicht mehr zumutbar ist. Damit sind die Voraussetzungen denen des Schadensersatzes statt der Leistung angepasst und es gelten für die **Unzumutbarkeit** die gleichen Kriterien wie bei § 282 (siehe § 25 Rn. 74). Allerdings erfordert § 324 kein Vertretenmüssen. Dennoch ist auch hier im Rahmen der Zumutbarkeitsprüfung die Verantwortlichkeit des Schuldners mit einzubeziehen. Auch eine (Mit-)Verantwortung des Gläubigers für die Schutzpflichtverletzung kann berücksichtigt werden, sodass es einer analogen Anwendung des § 323 Abs. 6 nicht bedarf und auch geringere Mitverantwortungsanteile des Gläubigers erfasst werden können.[18]

---

[18] BeckOK-BGB/Schmidt, § 324 Rn. 9; Staudinger/Schwarze (2015), § 324 Rn. 57; Looschelders, Schuldrecht AT, § 34 Rn. 3; a.A. (§ 326 Abs. 6 analog) MünchKomm/Ernst, § 324 Rn. 15; PWW/Stürner, § 324 Rn. 7.

3. Rechtsfolgen

Die Rechtsfolgen entsprechen denen des § 323 (siehe Rn. 12 ff.). Eine zeitliche Begrenzung des Rücktrittsrechts ist nicht vorgesehen, da § 218 Abs. 1 dem Wortlaut nach nur Leistungspflichtverletzungen erfasst. Da § 324 aber das Rücktrittsrecht an die Unzumutbarkeit des weiteren Festhaltens am Vertrag knüpft, bietet es sich an, § 314 Abs. 3 (Erklärungsfrist für Kündigung aus wichtigem Grund, siehe § 16 Rn. 11) entsprechend anzuwenden.[19]

24

4. Prüfungsaufbau

I.   Rücktrittserklärung, § 349

II. Rücktrittsgrund, § 324

   1. Gegenseitiger Vertrag

   2. Schutzpflichtverletzung

   3. Unzumutbarkeit

III. Rechtzeitige Ausübung des Rücktrittsrechts, § 314 Abs. 3 analog

25

WIEDERHOLUNGS- UND VERTIEFUNGSFRAGEN

1. V hat K einen gebrauchten Kleiderschrank für 200 € verkauft, den K gleich bar bezahlt hat. V lässt den Schrank zu K transportieren, doch K verweigert die Abnahme, weil sie zwischenzeitlich einen anderen Schrank gekauft hat. Trotz Fristsetzung nimmt K den Schrank nicht ab. Kann V vom Vertrag zurücktreten? (Rn. 3, siehe auch § 31 Rn. 2)

26

2. Kann der Gläubiger vom gegenseitigen Vertrag auch dann zurücktreten, wenn der Schuldner die Leistung aus Gründen, die er nicht zu vertreten hat, bis zum Ablauf einer gesetzten Frist nicht erbracht hat? (§ 28 Rn. 9)

3. Was ist ein relatives Fixgeschäft? (Rn. 5)

4. Ist ein Rücktritt vor Fälligkeit der Leistungspflicht des Schuldners möglich? (Rn. 3)

5. Unter welchen Voraussetzungen kann der Gläubiger zurücktreten, wenn der Schuldner die geschuldete Leistung zwar erbracht hat, ein Teil der Leistung aber mit einem behebbaren Mangel behaftet ist? (Rn. 10)

6. B hat bei U einen Ofen bauen und anschließen lassen. Bald stellt sich heraus, dass der Rauchabzug nicht richtig funktioniert, weil U beim Anschluss einen Fehler gemacht hat. B kann den Ofen deshalb nicht nutzen. Da eine Fristsetzung zur Nachbesserung erfolglos bleibt, erklärt er den Rücktritt. U baut daraufhin den Ofen ab und zahlt B den Werklohn zurück. Erst ein paar Wochen später bemerkt B, dass der Abzugskamin durch den fehlerhaften Anschluss Schäden erlitten hat. Eine Reparatur kostet 1.000 €. Als B von U diese Summe verlangt, wendet U ein, nach dem Rücktritt sei man „quitt". Was kann B von U verlangen? (§ 28 Rn. 11)

7. Warum gewährt § 326 V dem Gläubiger ein Rücktrittsrecht, wenn doch schon nach § 326 Abs. 1 S. 1 bei Unmöglichkeit der Leistungspflicht die Gegenleistungspflicht kraft Gesetzes entfällt? (Rn. 18)

---

19 Ebenso Jauernig/Stadler, § 324 Rn. 6; a.A. (§ 218 Abs. 1 analog) MünchKomm/Ernst, § 324 Rn. 18; Staudinger/Schwarze (2015), § 324 Rn. 64; Soergel/Gsell, § 324 Rn. 26; gegen eine zeitliche Begrenzung BeckOGK/Riehm, Stand 1.7.2019, § 323 Rn. 81; NK-BGB/Dauner-Lieb, § 324 Rn. 14.

§ 31 Annahmeverzug

I. Begriff und Bedeutung

1　Oft setzt die ordnungsgemäße Erfüllung einer Leistungspflicht eine Mitwirkungshandlung des Gläubigers voraus. So kann z.B. der Verkäufer seine Pflicht zur Übergabe und Übereignung nur erfüllen, wenn der Käufer ihm die Sache abnimmt (Besitzerlangung zwecks Übergabe) und sich mit ihm über den Eigentumsübergang einigt (Einigungserklärung gem. § 929 S. 1 bzw. § 873 Abs. 1 zwecks Übereignung), und der Werkunternehmer kann eine Werkleistung in den Räumen des Bestellers nur erbringen, wenn dieser ihm Zugang gewährt. Unterlässt der Gläubiger die notwendige **Mitwirkungshandlung** und bleibt daher der geschuldete Leistungserfolg aus, liegt eine Leistungsstörung vor. Diese lässt die Leistungspflicht des Schuldners unberührt, kann aber zu Rechtsnachteilen aufseiten des Gläubigers führen, wenn dieser durch die unterlassene Mitwirkung in Annahmeverzug gerät. Das ist der Fall, wenn er eine ihm **angebotene Leistung nicht angenommen** hat, § 293.[1]

2　Die Rechtsnachteile treten ein, weil der Gläubiger die Leistung nicht angenommen hat. Das macht § 293 nicht davon abhängig, ob der Gläubiger eine Pflicht zur Annahme hat (wie dies z.B. in §§ 433 Abs. 2, 640 vorgesehen ist). Deshalb ist die Annahme bzw. Mitwirkungshandlung eine Obliegenheit des Gläubigers und der Annahmeverzug eine vom Vertretenmüssen unabhängige **Obliegenheitsverletzung**. Wenn der Gläubiger zudem zur Annahme aus Vertrag oder Gesetz verpflichtet ist, treten neben die Rechtsfolgen des Annahmeverzugs diejenigen einer Pflichtverletzung (z.B. Anspruch des Schuldners auf Ersatz des Verzögerungsschadens aus §§ 280 Abs. 1, 2, 286).

II. Voraussetzungen des Annahmeverzugs

1. Möglichkeit der Leistung

3　Der Annahmeverzug setzt eine wirksame Leistungspflicht voraus. Der Rechtsgrund spielt keine Rolle, die §§ 293 ff. gelten für alle Leistungspflichten aus rechtsgeschäftlichen und gesetzlichen Schuldverhältnissen. Erfasst sind z.B. auch die Rückgewähr- und Wertersatzpflichten aus §§ 346 ff. An einer wirksamen Leistungspflicht fehlt es, wenn die Erfüllung für den Schuldner **unmöglich** oder unzumutbar i.S.d. § 275 Abs. 1–3 ist, da dies zum Erlöschen der Leistungspflicht führt (ggf. nach Erhebung der Einrede). Tritt die Unmöglichkeit nach dem Annahmeverzug ein, wird dieser beendet.

4　§ 297 bestimmt, dass der Gläubiger nicht in Verzug kommt, wenn er zum Zeitpunkt des Angebots oder der für die Vornahme der Mitwirkungshandlung bestimmten Zeit (§ 296) außerstande ist, die Leistung zu bewirken. Diese Vorschrift ist auf den ersten Blick überflüssig, weil es bei Unmöglichkeit wegen § 275 schon an einer Leistungspflicht fehlt. Eigentlicher Sinn des § 297 ist es jedoch, den Eintritt des Annahmeverzugs auch bei einer nur **vorübergehenden Unmöglichkeit** zu verhindern, weil es nicht gerechtfertigt wäre, dem Gläubiger Rechtsnachteile aufzuerlegen, obwohl der Schuldner derzeit nicht in der Lage ist, die Leistung zu erbringen.

1　Zur Vertiefung: Kreuzer/Stehle, Grundprobleme des Gläubigerverzugs, JA 1984, 69; Schünemann/Schacke, Der Annahmeverzug – Eine Einführung, JuS 1992, L 1; Schwerdtner, Rechtsprobleme des Annahme-(Gläubiger)verzuges, Jura 1988, 419; Wertheimer, Der Gläubigerverzug im System der Leistungsstörungen, JuS 1993, 646.

Beispiel: Hauseigentümer E hat mit Installateur S für den 15.5. die Installation einer Solaranlage vereinbart. Da E den Termin vergessen hat, ist er an diesem Tag nicht zu Hause und hätte S nicht hereinlassen können, was zur Installation notwendig gewesen wäre. Tatsächlich jedoch konnte S am 15.5. die Solaranlage nicht installieren, weil die dazu notwendigen Solarmodule wegen eines Lieferengpasses derzeit nicht zu beschaffen waren. – Die Leistungspflicht des S ist wirksam, weil ihre Erfüllung durch den Lieferengpass nicht dauerhaft unmöglich ist. Ein Angebot war nach § 296 S. 1 entbehrlich, weil für die von E vorzunehmende Handlung eine Zeit nach dem Kalender bestimmt war und E die Handlung nicht rechtzeitig vorgenommen hat. Dennoch ist nach § 297 kein Annahmeverzug eingetreten, weil S zu diesem Zeitpunkt außerstande war, die Leistung zu bewirken.

2. Erfüllbarkeit der Leistung

Eine Mitwirkung des Gläubigers am Eintritt des Leistungserfolgs kann erst ab dem 　5
Zeitpunkt erwartet werden, zu dem der Schuldner die **Leistung erbringen darf.** Ungeschriebene Voraussetzung des Annahmeverzugs ist daher die Erfüllbarkeit (§ 271, siehe § 10 Rn. 25).

3. Angebot der Leistung

a) Tatsächliches Angebot

§ 293 verlangt, dass der Gläubiger die ihm angebotene Leistung nicht annimmt. Dieses 　6
Angebot muss, sofern nicht ausnahmsweise ein wörtliches Angebot genügt (§ 295) oder das Angebot ganz entbehrlich ist (§ 296), dadurch erfolgen, dass der Schuldner dem Gläubiger die Leistung tatsächlich so anbietet, **wie sie zu bewirken ist** (§ 294). Dazu muss der Schuldner die Leistung wie geschuldet, also vollständig und in richtiger Beschaffenheit (insb. mangelfrei, bei Gattungsschulden mittlerer Art und Güte, § 243 Abs. 1), am rechten Ort und zur rechten Zeit anbieten. Das Angebot muss so gestaltet sein, dass der Gläubiger gleichsam nur noch zugreifen muss, um die Leistung anzunehmen. Dazu genügt es, dass der Schuldner mit der Leistung zur rechten Zeit am rechten Ort erscheint, um dem Gläubiger die Leistung zu übergeben.[2] § 294 spielt vor allem bei **Bring- und Schickschulden** eine Rolle, da bei einer Holschuld nach § 295 S. 1 2. Alt. ein wörtliches Angebot genügend ist. Bei der Bringschuld muss der Schuldner die Leistung beim Gläubiger anbieten. Bei der Schickschuld wird verlangt, dass der Schuldner die Sache nicht nur abgesandt, sondern dass sie den Gläubiger tatsächlich erreicht hat, da er sonst nicht zugreifen und die Sache annehmen kann.[3]

b) Wörtliches Angebot

Nach § 295 S. 1 genügt ein nur wörtliches Angebot erstens, wenn der Gläubiger er- 　7
klärt hat, er werde die Leistung nicht annehmen. Bei einer solchen **Annahmeverweigerung** wäre ein tatsächliches Angebot überflüssig; spiegelbildlich und noch weitergehend verzichtet § 286 Abs. 2 Nr. 3 beim Schuldnerverzug in Fällen der Leistungsverweigerung sogar ganz auf die Mahnung. Angesichts des Wortlauts des § 295 dürfte es indessen entgegen h.M. nicht möglich sein, auch das wörtliche Angebot zumindest in

---

2　RGZ 109, 324 (328); BGHZ 90, 354 (359).
3　MünchKomm/Ernst, § 294 Rn. 3; Palandt/Grüneberg, § 294 Rn. 2; Staudinger/Feldmann (2014), § 294 Rn. 17; vgl. auch RGZ 109, 324 (328).

Fällen der beharrlichen und endgültigen Annahmeverweigerung für entbehrlich zu halten.[4]

8   Ein wörtliches Angebot genügt zweitens, wenn zur Bewirkung der Leistung eine **Mitwirkungshandlung** des Gläubigers erforderlich ist. In solchen Fällen ist ein tatsächliches Angebot zwar nicht überflüssig; aber vom Schuldner kann nur dann ein solches Angebot erwartet werden, wenn er mit dessen Annahme rechnen darf. Das ist unsicher, wenn nicht nur die bloße Annahme, sondern eine Mitwirkungshandlung notwendig ist. Als Beispiel nennt das Gesetz die Abholung der geschuldeten Sache durch den Gläubiger (**Holschuld**); erfasst sind aber auch andere Mitwirkungshandlungen wie z.B. die Bereitstellung von Verpackungsmaterial oder der Abruf der Ware.

9   Für ein **wörtliches Angebot** genügt es, dass der Schuldner ausdrücklich oder schlüssig erklärt, er wolle die geschuldete Leistung so, wie sie geschuldet ist, bewirken. Es handelt sich bei dieser Erklärung, die auch konkludent erfolgen kann, um eine geschäftsähnliche Handlung, auf die die Vorschriften für Willenserklärungen analoge Anwendung finden. Das wörtliche Angebot kann nach § 295 S. 2 in den Fällen, in denen eine Mitwirkungshandlung des Gläubigers erforderlich ist, durch die **Aufforderung, die Handlung vorzunehmen**, ersetzt werden.

Beispiel: A hat den Kfz-Betrieb U mit dem Einbau einer Gasanlage beauftragt, die von U erst noch bestellt werden muss. Als die Anlage bei ihm eintrifft, schickt er A eine E-Mail mit der Aufforderung, das Auto zum Einbau vorbeizubringen. Dies tut A jedoch nicht. – Für den Annahmeverzug genügt nach § 295 S. 1 2. Alt. ein wörtliches Angebot, weil für die Leistung des U eine Mitwirkungshandlung der A erforderlich ist. Ein Angebot liegt vor, weil U die A aufgefordert hat, die notwendige Handlung vornehmen; dies genügt nach § 295 S. 2.

c) Entbehrlichkeit des Angebots

10   Das Angebot ist entbehrlich, wenn für die Mitwirkungshandlung des Gläubigers eine Zeit nach dem **Kalender bestimmt** ist (§ 296 S. 1) oder der Handlung ein Ereignis vorauszugehen hat und eine angemessene Zeit für die Handlung so bestimmt ist, dass sie sich vom Ereignis an nach dem **Kalender bestimmen lässt**. Das entspricht § 286 Abs. 2 Nr. 1, 2 (siehe § 24 Rn. 13 ff.).

Beispiel: Ist im Gasanlagen-Beispiel (Rn. 9) vereinbart, dass A das Fahrzeug am 10.6. zum Einbau zu U bringen soll, bedarf es keines Angebots und A kommt in Annahmeverzug, wenn sie das Fahrzeug bis zum Ablauf der Geschäftszeit an diesem Tag nicht zu U bringt.

4. Nichtannahme der Leistung

11   Der Gläubiger kommt in Annahmeverzug, wenn er die ihm angebotene Leistung **nicht angenommen** hat (§ 293). Dem gleichgestellt sind Fälle, in denen der Gläubiger die **Mitwirkungshandlung** i.S.d. §§ 295 S. 1 2. Alt, 296 unterlassen hat. Warum der Gläubiger die Leistung nicht angenommen hat, ist irrelevant; insbesondere ist nicht erforderlich, dass er die Nichtannahme zu vertreten hat. Eine Ausnahme gilt nur für den Fall, dass die Leistungszeit nicht bestimmt ist oder der Schuldner bereits vor Eintritt der Fälligkeit leisten darf: Da der Gläubiger dann nicht weiß, wann ihm die Leistung angeboten wird und von ihm auch nicht erwartet werden kann, dass er sich ab Eintritt

---

4   Ebenso Soergel/Schubel, § 295 Rn. 6; Staudinger/Feldmann (2014), § 295 Rn. 2; a.A. BGH NJW 2001, 287 (288); BAG NJW 2013, 2460 Rn. 17; MünchKomm/Ernst, § 295 Rn. 7; Palandt/Grüneberg, § 295 Rn. 4.

der Erfüllbarkeit stets annahmebereit hält, tritt nach § 299 bei einer **vorübergehenden Annahmeverhinderung** Annahmeverzug nur ein, wenn der Schuldner die Leistung eine angemessene Zeit vorher angekündigt hat. Ist die Annahme eine Pflicht des Gläubigers, kann er durch die Nichtannahme auch in Schuldnerverzug geraten; ob dies der Fall ist, bestimmt sich ausschließlich nach § 286.

§ 298 stellt das Nichtangebot einer Zug um Zug geschuldeten und vom Schuldner verlangten **Gegenleistung** der Nichtannahme gleich. Der Gläubiger kommt daher auch dann in Annahmeverzug, wenn er die Leistung zwar annehmen will, aber der Schuldner die Erbringung der Gegenleistung verlangt und er diese sodann nicht anbietet. Auf das notwendige Angebot sind die §§ 294 ff. entsprechend anzuwenden.[5] § 298 setzt kein Vertretenmüssen des Gläubigers voraus. Ob der Gläubiger durch das Nichtangebot auch in Schuldnerverzug gerät, bestimmt sich allein nach § 286.

12

Beispiel: Wie vereinbart, bringt Verkäufer V dem Käufer K die gekaufte Waschmaschine nach Hause. Bevor er die Maschine K übergibt, verlangt er Zahlung des Kaufpreises. K erklärt, er nehme die Maschine gerne entgegen, habe aber derzeit kein Bargeld im Haus und könne daher erst später zahlen. – V hat das nach § 294 erforderliche tatsächliche Angebot gemacht. K hat die angebotene Leistung zwar nicht zurückgewiesen, aber er hat trotz entsprechenden Verlangens dem V nicht den Zug um Zug geschuldeten Kaufpreis angeboten und ist daher nach §§ 293, 298 in Annahmeverzug geraten. Das Gleiche gilt, wenn K dem V die Zahlung in einer anderen als der vereinbarten Währung anbietet, weil es sich nicht um die geschuldete Leistung und deshalb nicht um ein ordnungsgemäßes, tatsächliches Angebot analog § 294 handelt.

III. Rechtsfolgen des Annahmeverzugs

1. Fortbestand der primären Leistungspflicht

Der Annahmeverzug lässt die Leistungspflicht des Schuldners in ihrem **Bestand und Inhalt unberührt.** Da der Schuldner keine Erfüllung (§ 362 Abs. 1) herbeiführen kann, solange der Gläubiger die Leistung nicht annimmt, hat er nur die Möglichkeit, sich durch Hinterlegung des Leistungsgegenstands (§ 372) bzw. Versteigerungserlöses (§ 383) von seiner Leistungspflicht zu befreien (siehe § 15 Rn. 5). Eine Ausnahme gilt im Dienstvertragsrecht, wo der Dienstverpflichtete nicht zur Nachleistung verpflichtet ist, wenn der Dienstberechtigte mit der Annahme in Verzug ist (§ 615 S. 1).

13

2. Sekundäransprüche des Schuldners

Der Annahmeverzug löst mit einer Ausnahme **keine Sekundäransprüche** des Schuldners gegen den Gläubiger aus. Hat der Schuldner aus dem Annahmeverzug einen Schaden erlitten, kann er vom Gläubiger nur dann Ersatz verlangen, wenn die Nichtannahme zugleich eine Pflichtverletzung darstellt, die der Gläubiger zu vertreten hat (§§ 280 Abs. 1, 2, 286). Lediglich für **Mehraufwendungen**, die der Schuldner durch das erfolglose Angebot sowie die Aufbewahrung und Erhaltung des geschuldeten Gegenstands machen musste (z.B. Reise- o. Lagerkosten), kann er nach § 304 Ersatz verlangen.

14

Beispiel: V muss die verkauften Möbel zwischenlagern, da K die angebotene Leistung aufgrund einer plötzlichen Erkrankung nicht annehmen konnte. – Die Kosten für die Anmietung eines Lagerplatzes sind als Mehraufwendungen nach § 304 ersatzfähig. Macht V hingegen geltend, sie hätte den Raum, in dem sie die Möbel jetzt zwischenlagert, anderweitig

---

5 Erman/Hager, § 298 Rn. 3; MünchKomm/Ernst, § 298 Rn. 2; Soergel/Schubel, § 298 Rn. 4.

vermieten können, ist der so entgangene Gewinn keine Mehraufwendung i.S.d. § 304. Ersatz könnte V nur nach §§ 280 Abs. 1, 2, 286 verlangen. Tatsächlich ist die Nichtabnahme eine Pflichtverletzung der K, weil sie nach § 433 Abs. 2 eine Abnahmepflicht trifft. Es fehlt aber am notwendigen Vertretenmüssen der K (§§ 286 Abs. 4, 280 Abs. 1 S. 2).

3. Privilegierungen des Schuldners

a) Veränderter Haftungsmaßstab

15 Infolge der Nichtannahme der Leistung durch den Gläubiger muss der Schuldner den Leistungsgegenstand weiter behalten; er kann lediglich den Weg der Hinterlegung wählen (§§ 372, 383), um sich von der Leistungspflicht zu befreien. Tut er das nicht, trägt er weiterhin das Risiko, dass die geschuldete Leistung untergeht oder verschlechtert wird und er sodann vom Gläubiger nach §§ 280 Abs. 1, 3, 281 bzw. 283 auf Schadensersatz statt der Leistung in Anspruch genommen wird, sofern er die Pflichtverletzung zu vertreten hat. Das ist eine erhebliche Belastung des Schuldners, von der er befreit worden wäre, wenn der Gläubiger die Leistung angenommen hätte. Zum Ausgleich beschränkt § 300 Abs. 1 seine Haftung auf **Vorsatz und grobe Fahrlässigkeit**. Das gilt aber nur hinsichtlich der Haftung für den Leistungsgegenstand, denn nur insoweit trifft den Schuldner eine besondere Belastung.[6] Für die Verletzung von Schutzpflichten gilt § 300 Abs. 1 nicht.

Beispiel: Die Ablieferung eines von V an K verkauften Motorrads scheitert, weil K zum vereinbarten Zeitpunkt nicht zu Hause ist. V stellt das Motorrad in seine Garage. Dort wird es in der folgenden Nacht von unbekannten Dieben gestohlen, weil V es nicht ordnungsgemäß gesichert hat. K verlangt Schadensersatz in Höhe der Differenz zwischen dem Wert des Motorrads und dem Kaufpreis. – Anspruchsgrundlage sind §§ 280 Abs. 1, 3, 283, wenn eine Wiederbeschaffung des Motorrads ausscheidet. V ist nach § 275 Abs. 1 von seiner Leistungspflicht frei geworden. Allein fraglich ist, ob er den zur Unmöglichkeit führenden Diebstahl zu vertreten hat. V haftet nach § 300 Abs. 1 nur für grobe Fahrlässigkeit und Vorsatz, wenn K sich zum Zeitpunkt des Diebstahls in Annahmeverzug befand. Das ist zu bejahen, ein tatsächliches Angebot liegt vor und K hat die Leistung nicht angenommen. Der Schadensersatzanspruch der K hängt deshalb davon ab, ob V bei der Sicherung des Motorrads grob fahrlässig handelte.

b) Wegfall der Verzinsungspflicht

16 Ist die geschuldete Leistung eine Geldschuld und trifft den Schuldner eine Pflicht zur Zinszahlung, **entfällt** diese nach § 301 mit dem Eintritt des Annahmeverzugs. Die Norm nimmt darauf Rücksicht, dass die Zinspflicht beendet worden wäre, wenn der Gläubiger die Leistung angenommen hätte. Die Pflicht zur Leistung von Verzugszinsen (§ 288) endet allerdings unabhängig von § 301 schon deshalb, weil der Annahmeverzug einen bis dahin bestehenden Schuldnerverzug beendet.[7]

c) Herausgabe gezogener Nutzungen

17 Ist der Schuldner aus Vertrag oder Gesetz verpflichtet, die Nutzungen eines Gegenstands herauszugeben oder zu ersetzen, erstreckt sich diese Pflicht in bestimmten Fällen auch auf nicht gezogene Nutzungen (z.B. §§ 347 Abs. 1 S. 1, 987 Abs. 2). Während

---

6 BGH NJW 2010, 2426 Rn. 34; Palandt/Grüneberg, § 300 Rn. 2. Zur Vertiefung: Grunewald, Der Umfang der Haftungsmilderung für den Schuldner im Annahmeverzug des Gläubigers, FS Canaris I (2007), 329.
7 BeckOK-BGB/Lorenz, § 301 Rn. 2; Staudinger/Feldmann (2014), § 301 Rn. 3.

des Annahmeverzugs beschränkt sich die Verpflichtung des Schuldners nach § 302 jedoch auf die **tatsächlich gezogenen Nutzungen**. Dahinter steht der Gedanke, dass es dem Schuldner, der durch das Verhalten des Gläubigers an der Erfüllung seiner Leistungspflicht gehindert ist, nicht zuzumuten ist, sich darum zu kümmern, dass die möglichen Nutzungen auch tatsächlich gezogen werden. § 302 setzt eine bestehende Pflicht zur Nutzungsherausgabe bzw. -ersatz voraus, begründet eine solche aber nicht.

d) Recht zur Besitzaufgabe

Bei **unbeweglichen Sachen** kann der Schuldner sich nicht durch Hinterlegung von der Leistungspflicht befreien (vgl. §§ 372, 383). Deshalb gestattet § 303 S. 1 dem Schuldner, der zur Herausgabe eines Grundstücks verpflichtet ist, die Aufgabe des Besitzes (§ 856). Diese muss zuvor dem Gläubiger angedroht werden, sofern dies nicht untunlich ist, § 303 S. 2. Durch die Besitzaufgabe wird der Schuldner von seiner Obhutspflicht frei. Ist er zur Besitzverschaffung verpflichtet, erlischt diese Pflicht nach § 275 Abs. 1; eine etwaige Übereignungspflicht bleibt aber bestehen.[8]

18

4. Gefahrübergang

a) Leistungsgefahr bei Gattungs- und Geldschulden

§ 300 Abs. 2 bestimmt, dass bei einer **Gattungsschuld** mit Eintritt des Annahmeverzugs die Gefahr auf den Gläubiger übergeht. Gemeint ist damit die Leistungsgefahr; der Übergang der Gegenleistungsgefahr ist in §§ 323 Abs. 6, 326 Abs. 2 geregelt (siehe Rn. 22). Die Norm hat auf den ersten Blick keinen Anwendungsbereich, denn bei einer Gattungsschuld geht die Leistungsgefahr nach § 243 Abs. 2 schon mit der Konkretisierung über. Hierfür muss der Schuldner das seinerseits Erforderliche getan haben – das entspricht sachlich den Anforderungen an das tatsächliche Angebot i.S.d. § 294. Ist ein solches erfolgt, kommt es zur Konkretisierung und damit zum Übergang der Leistungsgefahr unabhängig davon, ob der Gläubiger die Leistung angenommen hat. Das Gleiche gilt bei einer Holschuld – macht der Schuldner das nach § 295 S. 1 2. Alt. genügende wörtliche Angebot, kommt es nach § 243 Abs. 2 zur Konkretisierung. Auf § 300 Abs. 2 kann es für den Gefahrübergang nur ankommen, wenn Annahmeverzug eingetreten ist, ohne dass der Schuldner bereits das seinerseits Erforderliche getan hat. Das ist der Fall, wenn der Gläubiger die Annahme im Vorhinein verweigert und der Schuldner ihn daher schon mit einem wörtlichen Angebot nach § 295 S. 1 1. Alt. in Annahmeverzug setzt. Das genügt bei **Bring- oder Schickschulden** für eine Konkretisierung nach § 243 Abs. 2 jedoch nicht, sodass es erst durch § 300 Abs. 2 zum Gefahrübergang kommt.[9] Das gilt aber nur, wenn die Aussonderung schon stattgefunden hat, da sonst nicht feststeht, auf welche Gegenstände aus der Gattung sich die Konkretisierung bezieht.

19

Beispiel: Die K-GmbH hat bei V 10.000 Blatt Druckerpapier gekauft. V macht die Sendung fertig und will sie am nächsten Tag der Spedition übergeben. Zuvor jedoch erhält er ein Telefax von K, in der diese erklärt, sie storniere den Auftrag und werde die Lieferung nicht annehmen. V antwortet sogleich per Fax und teilt mit, die Stornierung werde nicht akzep-

---

8 MünchKomm/Ernst, § 303 Rn. 2; Staudinger/Feldmann (2014), § 303 Rn. 5.
9 BeckOGK/Dötterl, Stand 1.4.2019, § 300 Rn. 25; Palandt/Grüneberg, § 300 Rn. 6; Staudinger/Feldmann (2014), § 300 Rn. 18; a.A. (Konkretisierung nach § 243 Abs. 2) Looschelders, Schuldrecht AT, § 36 Rn. 17; MünchKomm/ Ernst, § 300 Rn. 4. Zur Vertiefung: Hönn, Zur Dogmatik der Risikotragung im Gläubigerverzug bei Gattungsschulden, AcP 177 (1977), 385.

tiert und die Absendung erfolge morgen. In der Nacht wird die für K bereitgestellte Sendung durch einen Wasserrohrbruch vollständig zerstört. Muss V noch leisten? – Der Anspruch der K aus dem Kaufvertrag gem. § 433 Abs. 1 S. 1 ist nach § 275 Abs. 1 untergegangen, wenn die ursprüngliche Gattungsschuld sich vor der Zerstörung durch Konkretisierung in eine Stückschuld umgewandelt hat. Eine Konkretisierung nach § 243 Abs. 2 ist nicht eingetreten, weil hierzu bei einer Schickschuld erforderlich ist, dass die Sache der Transportperson übergeben worden ist. Jedoch ist es nach § 300 Abs. 2 zur Konkretisierung gekommen. Hierfür war wegen der Annahmeverweigerung des K das wörtliche Angebot des V ausreichend (§ 295 S. 1 1. Alt.).

20   Ein zweiter Anwendungsbereich ergibt sich bei **Geldschulden**, bei denen wegen § 270 Abs. 1 keine Konkretisierung nach § 243 Abs. 2 eintritt (siehe § 9 Rn. 3). Hier kann § 300 Abs. 2 zumindest entsprechend angewendet werden, sodass es zum Übergang der Leistungsgefahr kommt, wenn der Gläubiger die ihm angebotene Geldleistung nicht annimmt.[10]

Beispiel: Darlehensnehmer N hat mit Darlehensgeberin G vereinbart, dass er die Darlehenssumme von 100.000 € der G in bar bringen soll. Zum vereinbarten Termin trifft N die G jedoch nicht an. Auf dem Rückweg verursacht N einen Unfall, bei dem sein Auto und mit ihm die 100.000 €, die er in einem Koffer verstaut hatte, in Flammen aufgehen. G besteht auf Darlehensrückzahlung. – Der Anspruch aus dem Darlehensvertrag gem. § 488 Abs. 1 S. 2 ist nach § 275 Abs. 1 untergegangen. Zwar tritt bei Geldschulden keine Konkretisierung nach § 243 Abs. 2 ein und nach § 270 Abs. 1 kommt es erst zum Übergang der Leistungsgefahr, wenn der Gläubiger die Geldleistung erhält. G befand sich aber zum Zeitpunkt des Unfalls in Annahmeverzug. Analog § 300 Abs. 2 hat sich die Schuld des N damit auf jene 100.000 € konkretisiert, die er in dem Aktenkoffer hatte. Da dieser zerstört ist, ist N von seiner Leistungspflicht frei geworden.

21   Als dritter Anwendungsbereich kämen Fälle in Betracht, in denen der Gläubiger wegen § 296 **ohne Angebot** in Annahmeverzug gerät. Hier fehlt es ebenfalls an den Voraussetzungen des § 243 Abs. 2. Gegen eine Anwendung spricht jedoch, dass § 300 Abs. 2 ausdrücklich verlangt, dass der Gläubiger die „angebotene Sache" nicht annimmt.[11]

b) Gegenleistungsgefahr

22   Nach § 326 Abs. 2 S. 1 2. Alt. bleibt der Gläubiger beim **gegenseitigen Vertrag** auch dann zur Erbringung der Gegenleistung verpflichtet, wenn der Schuldner gem. § 275 Abs. 1–3 von seiner Leistungspflicht frei geworden ist, die vom Schuldner nicht zu vertretende Unmöglichkeit aber zu einer Zeit eingetreten ist, in der sich der Gläubiger in Annahmeverzug befand (siehe § 29 Rn. 12). Diese Regelung ist eine Abweichung von der in § 326 Abs. 1 S. 1 zu findenden Grundregel, dass der Schuldner bei Unmöglichkeit seiner Leistung den Anspruch auf die Gegenleistung verliert. Der Annahmeverzug bewirkt also einen **Übergang der Gegenleistungsgefahr auf den Gläubiger**. Das gilt nicht nur bei Unmöglichkeit, sondern auch bei anderen Formen der Leistungsstörung. Hier kommt es zwar ohnehin nicht zum Erlöschen der Gegenleistungspflicht kraft Gesetzes, aber der Gläubiger kann bei Vorliegen der Voraussetzungen nach § 323 vom Vertrag zurücktreten und sich dadurch von der Gegenleistungspflicht befreien. Der Rücktritt ist jedoch gem. § 323 Abs. 6 ausgeschlossen, wenn der zum Rücktritt berech-

---

10   BeckOK-BGB/Lorenz, § 300 Rn. 6; Erman/Hager, § 300 Rn. 8; Palandt/Grüneberg, § 300 Rn. 7.

11   Ebenso Staudinger/Feldmann (2014), § 300 Rn. 23; Soergel/Wiedemann (12. Aufl.), § 300 Rn. 14; a.A. BeckOGK/Dötterl, Stand 1.4.2019, § 300 Rn. 25; Erman/Hager, § 300 Rn. 8; Palandt/Grüneberg, § 300 Rn. 6; PWW/Zöchling-Jud, § 300 Rn. 6; Soergel/Schubel, § 300 Rn. 14; auch MünchKomm/Ernst, § 300 Rn. 4 (Konkretisierung nach § 243 Abs. 2).

tigende und vom Schuldner nicht zu vertretende Umstand während des Annahmeverzugs eingetreten ist. In beiden Fällen ist bei der Frage, ob der Schuldner die Unmöglichkeit nicht zu vertreten hat, zu berücksichtigen, dass er nach § 300 Abs. 1 nur für Vorsatz und grobe Fahrlässigkeit haftet.

Beispiel: Im Druckerpapier-Beispiel (Rn. 19) entfällt der Anspruch des V gegen K auf Kaufpreiszahlung abweichend von § 326 Abs. 1 S. 1 nicht, wenn die Unmöglichkeit während des Annahmeverzugs eingetreten und von V nicht zu vertreten ist (§ 326 Abs. 2 S. 1 2. Alt.). Beides ist zu bejahen. Das gilt wegen § 300 Abs. 1 auch, wenn den V der Vorwurf der einfachen Fahrlässigkeit trifft.

IV. Prüfungsaufbau

I. Möglichkeit der Leistung 23
  1. Keine Unmöglichkeit, § 275 Abs. 1–3
  2. Keine vorübergehende Unmöglichkeit, § 297
II. Erfüllbarkeit der Leistung
III. Ordnungsgemäßes Angebot
  1. Tatsächliches Angebot, § 294
  2. Wörtliches Angebot, § 295
  3. Entbehrlichkeit des Angebots, § 296
IV. Nichtannahme der Leistung
  1. Nichtannahme (§ 293) bzw. Nichtangebot der Gegenleistung (§ 298)
  2. Keine vorübergehende Annahmeverhinderung, § 299

WIEDERHOLUNGS- UND VERTIEFUNGSFRAGEN

1. Kann bei vorübergehender Unmöglichkeit der Leistung Annahmeverzug eintreten? (Rn. 4) 24

2. Kommt der Gläubiger bei vorübergehender Annahmeverhinderung in Annahmeverzug? (Rn. 11)

3. Wer trägt während des Annahmeverzugs die Gegenleistungsgefahr? (Rn. 22)

4. Aus einem Kaufvertrag schuldet K dem V 10.000 €. Die Forderung ist seit dem 15.4. fällig. Am 20.6. erscheint K bei V und will seine Schulden bezahlen. V weist die angebotenen 10.000 € jedoch zurück, weil er kein Bargeld im Haus haben will. Auf dem Rückweg wird K überfallen und ausgeraubt. V besteht auf Zahlung von 10.000 € sowie Verzugszinsen. Zu Recht? – Ändert sich etwas, wenn K statt mit Bargeld mit einem Scheck bezahlen wollte und V diesen zurückweist, weil er Bargeld haben möchte? (Rn. 20; vgl. BGH VersR 1983, 873).

5. Gerät der Käufer in Annahmeverzug, wenn er die Annahme der gekauften Sache ablehnt, weil diese mit einem Sachmangel behaftet ist, der so geringfügig ist, dass ein Rücktritt wegen Unerheblichkeit der Pflichtverletzung ausgeschlossen wäre? (vgl. OLG Celle, NJW-RR 2009, 315).

6. Ändert sich im Druckerpapier-Beispiel (Rn. 19) etwas, wenn das Fax des V bei der K-GmbH nicht ankommt, weil er es versehentlich an die falsche Faxnummer geschickt hat? (Rn. 9)

7. G hat von Veranstalter V zwei Karten für die Oper „Nabucco" am 29.5. um 20.00 Uhr erworben. Als er um 20.05 Uhr mit seiner Frau im Theater erscheint, wird ihm von V der Einlass verweigert, da die Vorstellung schon begonnen hat und ein Aufsuchen der Plätze

die anderen Besucher stören würde. G erklärt den Rücktritt vom Vertrag und verlangt Rückzahlung des bereits entrichteten Entgelts. Zu Recht? (vgl. AG Hamburg, MDR 1994, 665; AG Aachen, NJW 1997, 2057; Deckers, JuS 1999, 1160).

§ 32 Störung der Geschäftsgrundlage

I. Problemstellung und Lösungsansatz des § 313

Wenn ein Vertrag abgeschlossen wird, gehen die Parteien oft davon aus, dass bestimmte, für ihre Entscheidung zum Vertragsabschluss wesentliche Umstände gegeben sind oder in Zukunft eintreten werden. Erweist sich diese Vorstellung im Nachhinein als falsch, kann die vertragliche Verpflichtung für eine der Vertragsparteien zu einer Belastung werden. 1

Beispiel: D hat N im Sommer 2006 1.000.000 € geliehen. Statt einer Rückzahlung in bar soll N dem D zum 31.5.2012 Anteile an einer bestimmten griechischen Staatsanleihe mit einem Nominalwert von 1.100.000 € verschaffen. Die Anleihe ist zum 19.6.2012 fällig, d.h., dann erfolgt die Rückzahlung durch den griechischen Staat. Aufgrund der Finanzkrise und der zu ihrer Eindämmung getroffenen Maßnahmen kommt es jedoch zu einem sog. Schuldenschnitt, bei dem die Inhaber der Anleihe auf 80 % des Anlagebetrags verzichten. Das hat zur Folge, dass die Gläubiger für je 1.000 € Nominalwert bei der Rückzahlung nur 200 € erhalten werden. D weigert sich, die von N rechtzeitig angebotenen Anteile anzunehmen, weil er bei Rückzahlung der Anleihe statt 1.100.000 € nur 220.000 € erhalten wird. Stattdessen verlangt er von N Zahlung von 1.000.000 €.

Grundsätzlich trägt jede Vertragspartei das Risiko, dass sich zwischen Abschluss des Vertrages und dessen Erfüllung das Äquivalenzverhältnis zwischen Leistung und Gegenleistung ändert oder ein beabsichtigter Verwendungszweck nicht mehr erreicht werden kann. Diese **Risikozuweisung** folgt aus dem Grundsatz *pacta sunt servanda*. Sie wird aber fraglich, wenn die daraus resultierende Belastung für eine Partei so hoch ist, dass ihr nach Treu und Glauben ein Festhalten am unveränderten Vertrag nicht mehr zugemutet werden kann. Vor diesem Hintergrund hat sich in der Rechtsprechung (zunächst aufgrund der erheblichen Inflation nach dem Ersten Weltkrieg) das Rechtsinstitut der **Störung der Geschäftsgrundlage** entwickelt.[1] Es wurde mit der Schuldrechtsreform in § 313 normiert, ohne dass die bis dahin geltende Rechtslage verändert werden sollte.[2] 2

§ 313 Abs. 1 gibt einer Vertragspartei einen **Anspruch auf Vertragsanpassung**, wenn sich Umstände, die zur Grundlage des Vertrages geworden sind, nach Vertragsabschluss schwerwiegend verändert haben und ihr ein Festhalten am unveränderten Vertrag nicht zugemutet werden kann. Dem steht es nach § 313 Abs. 2 gleich, wenn sich wesentliche Vorstellungen, die zur Vertragsgrundlage geworden sind, als falsch herausstellen. Der Anspruch auf Vertragsanpassung ist die Regelrechtsfolge; ist eine solche nicht möglich oder unzumutbar, besteht ein Rücktritts- bzw. Kündigungsrecht, § 313 Abs. 3. 3

---

1 Erstmals RGZ 103, 332 (dazu Eidenmüller, Jura 2001, 824); zuvor bereits Oertmann, Die Geschäftsgrundlage (1921).

2 Zur Vertiefung: Herrmann, Vertragsanpassung, Jura 2008, 505; Hirsch, Der Tatbestand der Geschäftsgrundlage im reformierten Schuldrecht, Jura 2007, 81; Janda, Störung der Geschäftsgrundlage und Anpassung des Vertrages, NJ 2013, 1; Riesenhuber/Domröse, Der Tatbestand der Geschäftsgrundlagenstörung in § 313 BGB – Dogmatik und Falllösungstechnik, JuS 2006, 208; Rösler, Störung der Geschäftsgrundlage nach der Schuldrechtsreform, ZGS 2003, 283; ders., Grundfälle zur Störung der Geschäftsgrundlage, JuS 2004, 1058; 2005, 27, 120; Wieling, Entwicklung und Dogmatik der Lehre von der Geschäftsgrundlage, Jura 1985, 505.

II. Subsidiarität des § 313

4   § 313 gilt zwar für alle **vertraglichen Schuldverhältnisse**, kommt aber nur dann zur Anwendung, wenn sich weder aus den **vertraglichen Vereinbarungen** noch aus besonderen gesetzlichen Bestimmungen eine Regelung ergibt. Deshalb ist vorrangig danach zu fragen, ob die Parteien für den jetzt eingetretenen Fall, dass sich ein bestimmter Umstand als von Anfang an nicht gegeben oder später weggefallen herausstellt, eine Vereinbarung getroffen haben. Geeignete Instrumente sind etwa auflösende Bedingungen, Rücktrittsrechte oder Anpassungsklauseln; daneben kann sich aber durch Auslegung des Vertrages eine Regelung ergeben.

5   Die Veränderung wesentlicher Umstände wird von mehreren **gesetzlichen Regelungen** aufgegriffen. Zu nennen sind die Unsicherheitseinrede (§ 321) und das Recht zur Kündigung aus wichtigem Grund (§ 314 und die vorrangigen Spezialbestimmungen, siehe § 16). Bestimmte Fehlvorstellungen bei Vertragsabschluss werden durch Regelungen zur Irrtumsanfechtung erfasst (§§ 119 ff.); für den beiderseitigen (Motiv-)Irrtum kann aber auf § 313 zurückgegriffen werden (siehe Rn. 11). Fehlvorstellungen über Umstände, die einen Sach- oder Rechtsmangel darstellen, unterfallen den Regeln zur Mängelgewährleistung (z.B. §§ 434 ff., 536 ff., 633 ff.); bei einem Irrtum über die Vergleichsgrundlage kommt § 779 zur Anwendung. Führt das Nichtvorliegen eines Umstands oder sein späterer Nichteintritt bereits zur Unmöglichkeit, entfällt die Leistungspflicht nach § 275 Abs. 1, sodass für eine Vertragsanpassung kein Raum mehr ist. Das gilt insbesondere bei Zweckerreichung oder -fortfall (siehe § 19 Rn. 6) sowie für die aus einem Missverhältnis zwischen Leistungsaufwand und Erfüllungsinteresse des Gläubigers folgende Unzumutbarkeit nach § 275 Abs. 2. Im Anwendungsbereich des § 313 liegen hingegen Fälle, bei denen ein gravierendes Missverhältnis zwischen Leistung und Gegenleistung besteht (Äquivalenzstörung, siehe Rn. 14) oder die Erreichung des Leistungszwecks zwar noch möglich, für den Gläubiger aber sinnlos ist (Verwendungszweckstörung, siehe Rn. 16).

III. Voraussetzungen

1. Geschäftsgrundlage

a) Objektive und subjektive Geschäftsgrundlage

6   § 313 Abs. 1, 2 erfasst nur Veränderungen oder Fehlvorstellungen über „**Umstände, die zur Grundlage des Vertrages geworden sind**", d.h., der fragliche Umstand muss Geschäftsgrundlage des Vertrages sein. Hierher gehören nicht Umstände, die von den Parteien im Vertrag selbst vorausgesetzt werden. Soweit das der Fall ist, muss der Vertragsinhalt ausgelegt werden. Fehlen ausdrückliche Regeln, muss ggf. durch ergänzende Vertragsauslegung festgestellt werden, welche Rechtsfolgen die Parteien angeordnet hätten, wenn sie gewusst hätten, dass der im Vertrag vorausgesetzte Umstand nicht vorliegt oder eintritt.[3] Soweit auch das nicht möglich ist, ist auf die dispositiven Regelungen insbesondere des Leistungsstörungsrechts zurückzugreifen.

Beispiel (BGH NJW-RR 1992, 182): K und V haben einen Kaufvertrag über ein Grundstück geschlossen. Im Kaufvertrag ist bestimmt, dass das Grundstück für den Erwerber K dazu dienen soll, als Tauschgrundstück eingesetzt zu werden. Als es endgültig nicht zu die-

---

3   BGHZ 90, 69 (74); BGH NJW 1983, 2034 (2036); BGH NJW-RR 1992, 182; BGHZ 190, 212 Rn. 21; BGH NJW 2015, 1014 Rn. 17.

sem Tausch kommt, verweigert K die Zahlung des Kaufpreises, da er das gekaufte Grundstück jetzt nicht mehr wie vertraglich vorgesehen verwenden kann. – Der Kaufpreiszahlungsanspruch der V aus dem Kaufvertrag gem. § 433 Abs. 2 wäre erloschen, wenn K wirksam zurückgetreten wäre. Ein Rücktrittsgrund könnte sich aus § 313 Abs. 1, Abs. 3 S. 1 ergeben. Dazu müsste es sich bei dem geplanten Tausch um einen Umstand handeln, der die Geschäftsgrundlage des Vertrages darstellt. Das ist schon deshalb zu verneinen, weil dieser Umstand Vertragsinhalt geworden ist. Es ist vielmehr zu fragen, ob sich im Wege der ergänzenden Vertragsauslegung ein Rücktrittsrecht des K ergibt. Das hängt davon ab, wem die Vertragsparteien das Verwendungsrisiko zugewiesen haben. Üblicherweise liegt es beim Erwerber und es ist hier nicht ersichtlich, dass V das Verwendungsrisiko tragen sollte. Ein Rücktrittsrecht ist daher nicht gewollt.

Die Qualifikation von Umständen, die nicht Vertragsinhalt geworden sind, als solche, die die Geschäftsgrundlage des Vertrages darstellen, kann sowohl unter Verwendung subjektiver als auch objektiver Kriterien erfolgen. Die **subjektive Geschäftsgrundlage**, die in der Rechtsprechung überwiegend herangezogen wird, stellt auf die Vorstellungen einer oder beider Parteien vom Vorhandensein oder Eintritt eines bestimmten Umstandes ab, auf dem der Geschäftswille der Parteien aufbaut.[4] Einseitige Vorstellungen sind aber nur dann Geschäftsgrundlage, wenn sie bei Abschluss des Vertrages zutage getreten, dem anderen Teil erkennbar geworden und von ihm nicht beanstandet worden sind. Nicht ausreichend sind daher einseitige Motivirrtümer.

Beispiel: Kauft K bei V einen Blumenstrauß, um ihn am Abend bei einem Rendezvous einer Internet-Bekanntschaft zu überreichen, so ist die Vorstellung, dass es zu diesem Rendezvous kommt, für K zwar kaufentscheidend. Verwirklicht sich diese Vorstellung nicht, liegt jedoch nur ein irrelevanter einseitiger Motivirrtum vor. Doch auch dann, wenn er V den Zweck des Kaufs mitteilt, handelt es sich nicht um die subjektive Geschäftsgrundlage, weil jedenfalls der Geschäftswille der V nicht darauf gründet. V will den Abschluss des Kaufvertrages nicht davon abhängig machen, ob ein von K beabsichtigter Verwendungszweck verwirklicht werden soll; das Risiko der Verwendbarkeit liegt vielmehr alleine bei K.

Bei der Bestimmung nach objektiven Kriterien (**objektive Geschäftsgrundlage**) geht es um die Frage, ob Vorhandensein oder Fortdauer des fraglichen Umstands objektiv erforderlich sind, damit der Vertrag nach den Intentionen der Parteien noch als sinnvolle Regelung aufrechterhalten werden kann.[5] Die Rechtsprechung erkennt diese objektive Bestimmung an, koppelt sie aber an die subjektive Geschäftsgrundlage, indem sie davon spricht, es handele sich um Umstände, die die Parteien als selbstverständlich ansahen, ohne sich dies bewusst gemacht zu haben.[6] Diese Bezugnahme auf das subjektive Kriterium ist überflüssig, da § 313 Abs. 1 nach dem Willen des Gesetzgebers auch die objektive Geschäftsgrundlage erfasst.[7] Es kommt deshalb auf die Vorstellungen der Parteien nicht an; erfasst sind auch Umstände, über die die Parteien sich keine Gedanken gemacht haben. Deshalb führt die objektive Bestimmung zu einer Erweiterung des Begriffs der Geschäftsgrundlage.

Beispiel (BGHZ 131, 209): V und K haben im Juni 1989 in der DDR einen Kaufvertrag über ein Grundstück geschlossen. Vor Erfüllung dieses Vertrages kommt es zur Wende. Deshalb ist das Grundstück zum vereinbarten Fälligkeitstermin mehr als zehnmal so viel wert wie der vereinbarte Kaufpreis. – Die Fortdauer der DDR und der in ihr gegebenen Wirt-

7

8

---

4   BGHZ 131, 209 (214); BGHZ 167, 25 Rn. 27; BGHZ 190, 212 Rn. 21; BGH NJW 2015, 1525 Rn. 32; BGH NJW 2017, 3191 Rn. 18.
5   Grundlegend Larenz, Schuldrecht I, § 21 II.
6   BGHZ 131, 209 (215).
7   Vgl. BT-Drucks. 14/6040, S. 176.

schafts- und Grundstücksverhältnisse waren für den Grundstückswert von hoher Bedeutung und deshalb ein Umstand, der fortbestehen musste, sollte der Vertrag sinnvoll bleiben. Ob die Parteien sich tatsächlich vorgestellt haben, die DDR werde fortbestehen oder sich zumindest irgendwelche Gedanken in diese Richtung gemacht haben, ist irrelevant, weil es sich um einen objektiv erheblichen Umstand handelt.

b) Regelung der Geschäftsgrundlage in § 313 Abs. 1, 2

9   Auf den ersten Blick scheint es, als differenziere § 313 in seinen ersten beiden Absätzen zwischen der objektiven und der subjektiven Geschäftsgrundlage, da § 313 Abs. 2 ausdrücklich von den „wesentlichen Vorstellungen" spricht. Daraus wird z.T. der Schluss gezogen, § 313 Abs. 2 regele die subjektive Geschäftsgrundlage, während § 313 Abs. 1 nur die objektive Geschäftsgrundlage erfasse.[8] Es ist aber auch noch eine andere Unterscheidung möglich: § 313 Abs. 1 spricht von Umständen, die sich „nach Vertragsabschluss schwerwiegend verändert" haben, während § 313 Abs. 2 von Vorstellungen spricht, die sich „als falsch herausstellen". Dementsprechend wird vertreten, § 313 Abs. 1 erfasse den **nachträglichen Wegfall** sowohl der objektiven als auch der subjektiven Geschäftsgrundlage, während § 313 Abs. 2 das **anfängliche Fehlen** der subjektiven Geschäftsgrundlage betreffe.[9] Dem ist zu folgen, weil der Gesetzgeber durch die Formulierung des § 313 Abs. 1 die bis dahin geltende Rechtsprechung nicht verändern wollte – in dieser war aber auch hinsichtlich des Wegfalls der Geschäftsgrundlage die subjektive Bestimmung anerkannt. Dementsprechend können bei § 313 Abs. 1 sowohl subjektive als auch objektive Kriterien für die Frage herangezogen werden, ob ein Umstand Geschäftsgrundlage ist. § 313 Abs. 2 erfasst hingegen nur die subjektive Geschäftsgrundlage.

2. Wegfall oder Fehlen der Geschäftsgrundlage

a) Wegfall der Geschäftsgrundlage (§ 313 Abs. 1)

10   § 313 Abs. 1 verlangt eine **schwerwiegende Veränderung** der Geschäftsgrundlage. Dadurch wird verhindert, dass bei jeder Veränderung Vertragsanpassung verlangt werden kann. Ob die Veränderung schwerwiegend ist, hängt von den Umständen des Einzelfalls und den Auswirkungen auf die vertraglichen Pflichten und insbesondere das Äquivalenzverhältnis von Leistung und Gegenleistung ab. Die Veränderung muss so schwer wiegen, dass die Parteien, wäre sie von ihnen vorausgesehen worden, den Vertrag nicht oder nicht mit diesem Inhalt abgeschlossen hätten.[10] § 313 Abs. 1 nennt dieses Erfordernis einer hypothetischen Kausalität zwar als zusätzliche Voraussetzung. Da aber für die subjektive Geschäftsgrundlage erforderlich ist, dass der Geschäftswille der Parteien auf ihr beruht, besteht allenfalls bei einer rein objektiven Bestimmung Bedarf für ein zusätzliches Kausalitätserfordernis.

b) Fehlen der Geschäftsgrundlage (§ 313 Abs. 2)

11   § 313 Abs. 2 stellt einer wesentlichen Veränderung der Umstände den Fall gleich, dass **wesentliche Vorstellungen**, die zur Grundlage des Vertrages geworden sind, sich als

---

8   Vgl. Brox/Walker, Allg. Schuldrecht, § 27 Rn. 4; wohl auch Medicus/Lorenz, Schuldrecht I, Rn. 566.

9   Vgl. BeckOK-BGB/Lorenz, § 313 Rn. 6; Jauernig/Stadler, § 313 Rn. 14; Palandt/Grüneberg, § 313 Rn. 25, 38; Soergel/Teichmann, § 313 Rn. 45; Looschelders, Schuldrecht AT, § 37 Rn. 9 f.

10 Ebenso BeckOGK/Martens, Stand 1.6.2019, § 313 Rn. 109; großzügiger (mind. eine Partei hätte Vertrag nicht geschlossen) BeckOK-BGB/Lorenz, § 313 Rn. 23; Palandt/Grüneberg, § 313 Rn. 18.

falsch herausstellen. Erfasst sind damit auch schwerwiegende Irrtümer über einen zur Geschäftsgrundlage gewordenen Umstand. Die Norm verlangt nicht, dass die Vorstellungen solche sind, die von beiden Parteien geteilt werden (**gemeinsamer Irrtum**); ausreichend ist auch eine nur **einseitige Fehlvorstellung**, sofern nur die Voraussetzungen der subjektiven Geschäftsgrundlage gegeben sind. Dazu muss die Vorstellung der einen Vertragspartei bei Vertragsabschluss von der anderen Partei zumindest erkannt und hingenommen worden sein.

Beispiel (BGHZ 191, 139): A und B haben einen Vertrag geschlossen, mit dem A sich verpflichtet, dem B eine „unvermessene Fläche von etwa 28.699 qm", die in einem beigefügten Lageplan eingezeichnet ist, zu übertragen; als Gegenleistung verpflichtet B sich, dem A ein näher bezeichnetes Grundstück mit einer Größe von 28.699 qm zu übertragen. Eine nach Vertragsabschluss vorgenommene Vermessung ergibt, dass das im Lageplan eingezeichnete Grundstück des A nur 18.632 qm groß ist. B verlangt deshalb Anpassung des Vertrages. – Anspruchsgrundlage ist § 313 Abs. 1, 2. Die Norm ist anwendbar; insbesondere liegt kein Sachmangel bzgl. des Grundstücks des A vor, weil für die Sollbeschaffenheit i.S.d. § 434 Abs. 1 S. 1 die Einzeichnung im Lageplan entscheidend ist und das Grundstück in Lage, Zuschnitt und Größe dieser Einzeichnung entspricht. Es handelt sich vielmehr um einen gemeinsamen Irrtum der Parteien über die Größe des im Plan eingezeichneten Grundstücks. Die Größe ist ein Umstand, auf dem der Geschäftswille beider Parteien beruht, denn offensichtlich sollten zwei gleich große Grundstücke getauscht werden. Der Irrtum ist wesentlich, da er zu einer erheblichen Äquivalenzstörung führt. Es ist nicht ersichtlich, dass B das Risiko einer Fehlbeurteilung der Grundstücksgröße alleine tragen sollte. Da das Grundstück des A tatsächlich etwa 35 % kleiner ist als gedacht, ist ein Festhalten am unveränderten Vertrag für B unzumutbar.

3. Unzumutbarkeit

a) Kriterien der Unzumutbarkeit

Die schwerwiegende Veränderung bzw. der schwerwiegende Irrtum müssen dazu führen, dass einer Vertragspartei ein **Festhalten am unveränderten Vertrag nicht zugemutet** werden kann. Das ist erst der Fall, wenn der unveränderte Fortbestand des Vertrages zu untragbaren, mit Recht und Gerechtigkeit nicht zu vereinbarenden Ergebnissen führen würde.[11] Zur Feststellung der Unzumutbarkeit verlangt § 313 Abs. 1 eine Berücksichtigung aller Umstände des Einzelfalls. So führt etwa eine Veränderung, die vorhersehbar war, regelmäßig nicht zur Unzumutbarkeit. Das Gleiche gilt i.d.R. für Veränderungen, die von einer Vertragspartei selbst herbeigeführt worden sind (z.B. Wohnortwechsel).[12]

12

Eine besonders große Rolle spielt die im Gesetz erwähnte **vertragliche oder gesetzliche Risikoverteilung.** Es fehlt an der Unzumutbarkeit, wenn sich mit dem Fehlen bzw. Wegfall der Geschäftsgrundlage ein Risiko verwirklicht hat, das von einer der Parteien zu tragen ist. Vorrangig sind dabei vertragliche Risikozuweisungen zu beachten. So weist eine Festpreisabrede dem Bauunternehmer das Risiko von Preissteigerungen für das Material zu[13] und bei einer marktbezogenen Gattungsschuld trägt der Schuldner auch die üblichen Beschaffungsrisiken (siehe § 22 Rn. 25 f.). Allerdings wollen die Vertragsparteien in der Regel nicht jegliches entfernte und unwahrscheinliche Risiko zu-

13

---

11 BGHZ 128, 230 (238); BGHZ 133, 316 (321); BGH, NJW 2012, 1718 Rn. 30; BGH NJW 2015, 1014 Rn. 19.
12 BGH NJW-RR 2011, 916 Rn. 17; BGH NJW 2016, 3718 Rn. 23.
13 BGHZ 139, 236 (253).

weisen. Deshalb ist bei allen Risikozuweisungen stets zu fragen, ob das konkrete Risiko, das sich verwirklicht hat, hiervon erfasst ist.

b) Unzumutbarkeit bei Äquivalenzstörungen

14   Bei **Störungen der Äquivalenz von Leistung und Gegenleistung** aufgrund veränderter Umstände muss bedacht werden, dass nach der gesetzlichen Risikoverteilung den Gläubiger der **Geldleistung** auch das Risiko einer Geldentwertung trifft, da eine Geldsumme und nicht etwa ein Geldwert geschuldet ist (siehe § 9 Rn. 2). Will er sich hiergegen insbesondere bei langfristigen Verträgen absichern, muss er eine Wertsicherungsklausel zum Gegenstand des Vertrages machen, mit der die geschuldete Geldleistung z.B. an die Inflationsrate gekoppelt und dadurch wertstabil gehalten werden kann; hierfür gelten die im PreisklauselG normierten Beschränkungen. Die Zuweisung des Geldentwertungsrisikos an den Gläubiger ist jedoch nicht unbegrenzt. Sie gilt vorrangig für die übliche Geldentwertung. Das Risiko einer bei Vertragsabschluss noch nicht absehbaren galoppierenden Inflation, wie sie z.B. durch Kriegs- und Nachkriegsereignisse oder weltweite Wirtschaftskrisen ausgelöst werden kann, ist von dieser Zuweisung nicht erfasst. Unzumutbarkeit liegt daher vor, wenn die Geldleistung im Vergleich zur Sachleistung so sehr entwertet wurde, dass für den Gläubiger der Geldleistung (der ja zugleich Schuldner der Sachleistung ist) eine Opfergrenze überschritten wird.

Beispiel: Im Griechenland-Beispiel (Rn. 1) ist zunächst zu fragen, ob D das Risiko eines Wertverlusts der Anleihe zu tragen hat. Das wird man grundsätzlich bejahen müssen: Wer damit einverstanden ist, dass ihm eine Geldsumme nicht in bar, sondern in Wertpapieren zurückgegeben wird, nimmt Kursschwankungen und das Risiko eines Wertverlusts in Kauf; zum Ausgleich erhält er dafür auch die Chance von Wertsteigerungen. Allerdings kann bezweifelt werden, dass diese Risikozuweisung so weit geht, dass auch ein sehr weitgehender Wertverlust erfasst ist. Dagegen spricht, dass Staatsanleihen europäischer Staaten jedenfalls 2006 noch sehr stabile Wertpapiere mit zwar geringer Rendite, aber ebenso geringem Verlustrisiko waren, und dass damals noch nicht absehbar war, dass Griechenland in eine Finanzkrise dieser Größe geraten würde. Ein so erheblicher Verlust, wie er eingetreten ist, war 2006 weder vorhersehbar noch zu erwarten.

15   Fälle, in denen der Leistungsaufwand des Schuldners aufgrund veränderter Umstände erheblich gestiegen ist (**Leistungserschwerung**), sind vorrangig über § 275 Abs. 2 zu lösen. Nur wenn das dort verlangte grobe Missverhältnis zwischen dem Leistungsaufwand und dem Leistungsinteresse des Gläubigers nicht gegeben ist, kann gefragt werden, ob angesichts des gesteigerten Leistungsaufwands (z.B. infolge einer Preisexplosion durch Kriegsausbruch oder Naturkatastrophe) das Äquivalenzverhältnis zur Gegenleistung erheblich gestört ist. Auch hier ist die gesetzliche Risikoverteilung zu berücksichtigen. Danach trägt der Schuldner das Risiko, dass sich die Erbringung der Leistung für ihn nicht mehr lohnt, weil zwischenzeitlich Umstände eingetreten sind, die dazu führen, dass die Gegenleistung sich im Vergleich zum Leistungsaufwand als zu gering erweist. Unzumutbarkeit liegt erst vor, wenn ein krasses Missverhältnis zwischen Leistung und Gegenleistung entstanden ist.

c) Unzumutbarkeit bei Verwendungszweckstörungen

16   Bei Störungen der Verwendbarkeit der Leistung für den Gläubiger ist zu beachten, dass Fälle, in denen der vertraglich vereinbarte Leistungszweck bereits anderweitig erreicht wurde (Zweckerreichung) oder nicht mehr erreicht werden kann (Zweckfortfall), bereits von § 275 Abs. 1 erfasst sind (siehe § 19 Rn. 6). § 313 Abs. 1 unterfallen daher

nur **Zweckstörungen**, bei denen die Herbeiführung des Leistungserfolgs zwar möglich, für den Gläubiger aber wegen der schwerwiegenden Veränderung nicht mehr sinnvoll ist. Das setzt zunächst voraus, dass der Verwendungszweck überhaupt Geschäftsgrundlage des Vertrages geworden ist. Ferner ist zu beachten, dass das Verwendungsrisiko grundsätzlich den Gläubiger trifft. Deshalb kann Unzumutbarkeit nur ganz ausnahmsweise gegeben sein. Hierzu ist erforderlich, dass die andere Vertragspartei den Verwendungszweck nicht nur kennt und mit ihm einverstanden ist, sondern sie so an ihm teilhat oder von ihm profitiert, dass ein Festhalten am Vertrag trotz der Zweckstörung gegen das Verbot widersprüchlichen Verhaltens verstößt.[14]

Beispiele: V hat der M für das Münchener Oktoberfest ein Pensionszimmer vermietet, wobei der Preis dreimal so hoch ist wie zu allen anderen Zeiten im Jahr. Kurz vor der Anreise wird das Oktoberfest aufgrund eines Bombenattentats abgebrochen und beendet. M will das Zimmer zwar in Anspruch nehmen, aber nicht den Oktoberfest-Preis zahlen. – Die Durchführung des Oktoberfests ist ein Umstand, auf dem der Geschäftswille beider Parteien aufbaut: M hat das Zimmer deshalb gemietet und V hat deshalb einen höheren Preis genommen. Durch den Abbruch ist diese Geschäftsgrundlage weggefallen. Ob es M hingegen unzumutbar ist, den vereinbarten Mietpreis zu zahlen, hängt von der Risikozuweisung ab. Grundsätzlich trägt M das Risiko, das Zimmer für den beabsichtigten Zweck (Besuch des Oktoberfests) nutzen zu können. Indessen ist dieser Verwendungszweck dem V nicht nur bekannt, sondern er profitiert von ihm auch, weil er eine höhere Miete verlangen kann, die zu anderen Zeiten nicht erzielt wird. Deshalb trägt M das Risiko des Ausfalls des Oktoberfests nicht allein und es liegt ein Fall von Unzumutbarkeit vor.

Boutique-Besitzerin B hat bei V auf der Modemesse 20 Jacken für die kommende Wintersaison gekauft. Die Lieferung soll in drei Monaten erfolgen. Einen Monat nach der Messe erkrankt B jedoch so schwer, dass sie ihr Geschäft schließen muss. B will sich vom Vertrag lösen. – Die Schließung des Geschäfts beeinträchtigt zwar die Verwendbarkeit der geschuldeten Leistung. Selbst wenn B dem V den Verwendungszweck bei Vertragsabschluss offengelegt und V dem nicht widersprochen hat, ist ihr ein Festhalten am Vertrag aber zumutbar, da sie das Verwendungsrisiko trägt und nicht ersichtlich ist, dass V aus dieser konkreten Verwendung selbst einen Nutzen zieht.

IV. Rechtsfolgen

1. Anspruch auf Vertragsanpassung

Der Vertragspartner, dem das Festhalten am Vertrag unzumutbar ist, kann nach § 313 Abs. 1 Anpassung des Vertrages verlangen. Deren Ziel ist die Veränderung des Vertrages dergestalt, dass ein weiteres Festhalten am angepassten Vertrag wieder zumutbar ist. Es kommt jedoch nicht zur automatischen Anpassung. Nach der Rechtsprechung besteht vielmehr ein Anspruch der benachteiligten Partei, dass die andere Partei mit ihr über eine Vertragsanpassung **verhandelt**.[15] Die Literatur geht hingegen überwiegend davon aus, dass nur ein Anspruch auf Zustimmung zu einer bestimmten Anpassung besteht, weil man den Vertragspartner nicht zu einer konstruktiven Zusammenarbeit zwingen könne und insoweit ein Anspruch auf eine Verhandlung über die Vertragsanpassung nicht vollstreckbar sei.[16] Nach der Lösung der Rechtsprechung

17

---

14 Vgl. Larenz, Schuldrecht I, § 21 II 1; Palandt/Grüneberg, § 313 Rn. 37.
15 BGHZ 191, 139 Rn. 33. Zur Vertiefung: Lüttringhaus, Verhandlungspflichten bei Störung der Geschäftsgrundlage, AcP 213 (2013), 267; Thole, Renaissance der Lehre von der Neuverhandlungspflicht bei § 313 BGB?, JZ 2014, 443.
16 BeckOGK/Martens, Stand 1.6.2019, § 313 Rn. 133; MünchKomm/Finkenauer, § 313 Rn. 122; NK-BGB/Krebs, § 313 Rn. 85; a.A. Eidenmüller, Jura 2011, 824, 831; Riesenhuber BB 2004, 2697 (2699).

liegt schon in der Weigerung, an Anpassungsverhandlungen teilzunehmen, die Nichterfüllung einer Pflicht; nach der Gegenauffassung ist auf die verweigerte Zustimmung abzustellen. Die benachteiligte Partei kann bei einer verweigerten Mitwirkung aber nicht nach § 323 Abs. 1 zurücktreten.[17] Wäre dem so, würde § 313 Abs. 3 S. 1 umgangen, der den Rücktritt nur zulässt, wenn die Anpassung unzumutbar ist. Aus der Weigerung, an Anpassungsverhandlungen teilzunehmen, folgt regelmäßig auch nicht die Unzumutbarkeit der Anpassung i.S.d. § 313 Abs. 3 S. 1, weil die benachteiligte Partei die Möglichkeit hat, die Vertragsanpassung im Wege der Klage durchzusetzen.[18] Wohl aber können der benachteiligten Partei aus der Weigerung Ansprüche auf Verzögerungsschadensersatz entstehen (§§ 280 Abs. 1, 2, 286), etwa im Hinblick auf die Kosten, die bei den Versuchen, die andere Partei zur Aufnahme der Verhandlungen zu bewegen, entstanden sind.[19] Schadensersatz statt der Leistung aus §§ 280 Abs. 1, 3, 283 ist hingegen ausgeschlossen, weil dessen Geltendmachung ebenfalls zu einer Rückabwicklung des Vertrages unter Umgehung des § 313 Abs. 3 S. 1 führen würde.

18   Verweigert die andere Partei die Verhandlungen oder kommt eine Einigung über die Anpassung nicht zustande, hat die benachteiligte Partei die Wahl, ob sie auf Zustimmung zu einer von ihr formulierten Vertragsanpassung oder sogleich auf die Leistung **klagt**, die sich aus der als von ihr angemessen erachteten Vertragsanpassung ergibt.[20]

2. Rücktritts- bzw. Kündigungsrecht

19   Ist die Vertragsanpassung nicht möglich oder einer Vertragspartei nicht zumutbar, kann die benachteiligte Partei nach § 313 Abs. 3 S. 1 vom Vertrag zurücktreten; bei einem Dauerschuldverhältnis kann sie kündigen, § 313 Abs. 3 S. 2. Das setzt voraus, dass es nicht möglich ist, durch Anpassung des Vertrages eine Pflichtensituation zu schaffen, die beiden Vertragsparteien zumutbar ist.

WIEDERHOLUNGS- UND VERTIEFUNGSFRAGEN

20   1. Was ist mit den Begriffen subjektive und objektive Geschäftsgrundlage gemeint? (Rn. 7, 8)

2. Wer trägt bei Geldschulden das Entwertungsrisiko? (Rn. 14)

3. Wer trägt das Verwendungsrisiko? (Rn. 16)

4. Was ist mit Zweckstörung gemeint? (Rn. 16)

5. Kann die benachteiligte Partei den Rücktritt wegen einer Störung der Geschäftsgrundlage erklären, weil die andere Partei sich weigert, an Neuverhandlungen teilzunehmen oder wenn sie dem Anpassungsvorschlag nicht zustimmt? (Rn. 18)

---

17 BGHZ 191, 139 Rn. 26; BeckOGK/Martens, Stand 1.6.2019, § 313 Rn. 135; NK-BGB/Krebs, § 313 Rn. 87; Palandt/Grüneberg, § 313 Rn. 41.

18 BGHZ 191, 139 Rn. 25; BeckOK-BGB/Lorenz, § 313 Rn. 89; NK-BGB/Krebs, § 313 Rn. 87; Palandt/Grüneberg, § 313 Rn. 142; a.A. MünchKomm/Finkenauer, § 313 Rn. 119.

19 BGHZ 191, 139 Rn. 33; a.A. Hk-BGB/Schulze, § 314 Rn. 26; Looschelders Schuldrecht AT, § 37 Rn. 18.

20 BGHZ 191, 139 Rn. 34; BGH NJW 2015, 1014 Rn. 22; BGH NJW 2017, 2191 Rn. 36; Palandt/Grüneberg, § 313 Rn. 41; a.A. Hk-BGB/Schulze, § 313 Rn. 26.

F. Verbraucherverträge

§ 33 Überblick: Verbraucherverträge

I. Verbraucherschutz durch Sonderregelungen

Das Schuldrecht gilt grundsätzlich für alle Schuldverhältnisse ohne Rücksicht auf die Person der Beteiligten. Das gilt auch für vertragliche Schuldverhältnisse, die auf dem Grundsatz der Vertragsfreiheit beruhen (siehe § 3 Rn. 15). Für **Verträge zwischen einem Verbraucher (§ 13) und einem Unternehmer (§ 14)** gelten jedoch in zunehmendem Maße besondere Regelungen. Diese beruhen auf der Vorstellung, dass eine natürliche Person, die das Rechtsgeschäft zu einem Zweck abschließt, der nicht überwiegend ihrer gewerblichen oder selbständigen beruflichen Tätigkeit zugerechnet werden kann (Verbraucher, § 13), schutzbedürftig ist, wenn sie den Vertrag mit einem Unternehmer schließt. Das ist nach der Definition des § 14 Abs. 1 eine natürliche oder juristische Person oder eine rechtsfähige Personengesellschaft, die bei Abschluss des Rechtsgeschäfts in Ausübung ihrer gewerblichen oder selbständigen beruflichen Tätigkeit handelt. Diese Definitionen zeigen, dass es auf den Zweck des konkreten Rechtsgeschäfts ankommt. Ob jemand Verbraucher oder Unternehmer ist, kann deshalb nur mit Blick auf das konkret abgeschlossene Rechtsgeschäft bestimmt werden.

1

Das BGB realisiert den Verbraucherschutz durch eine Vielzahl von **Sonderregelungen**. Sie stellen in ihrer Gesamtheit ein besonderes Privatrecht dar, das nicht allgemein, sondern nur zur Anwendung kommt, wenn eine Vertragspartei Verbraucher und die andere Unternehmer ist. Dabei lassen sich zwei Gruppen unterscheiden: Vorschriften, die für alle Verträge zwischen einem Verbraucher und einem Unternehmer gelten (**allgemeines Verbraucherrecht**) und Normen, die nur in bestimmten Situationen oder bei bestimmten Vertragstypen abweichende Sonderregelungen treffen (**besonderes Verbraucherrecht**). Das allgemeine Verbraucherrecht ist bislang nur schwach ausgeprägt und erst mit der 2014 erfolgten Einführung einer allgemeinen Informationspflicht (§ 312 a Abs. 2) geschaffen worden. Schon deutlich länger existieren demgegenüber Vorschriften, die den Verbraucher nur dann besser stellen, wenn er einen ganz bestimmten Vertrag abgeschlossen hat.

2

Die Einordnung der verbraucherschützenden Vorschriften als Sonderregelungen beruht aber nicht nur auf der beschränkten Anwendbarkeit, sondern auch auf ihrem Inhalt. Kennzeichnend ist eine **Verbesserung der Rechtsstellung des Verbrauchers** im Vergleich zu den sonst geltenden Regelungen des Schuldrechts. Das geht naturgemäß mit einer Verschlechterung der Rechtsstellung des Unternehmers einher.

3

Das Verbraucherrecht wird stark vom **Recht der Europäischen Union** beeinflusst. Es existieren mittlerweile eine ganze Reihe von Richtlinien zum Verbraucherschutz bei bestimmten Vertragstypen oder in bestimmten Situationen. Besonders hervorzuheben ist die Richtlinie 2011/83/EU über die Rechte der Verbraucher (Verbraucherrechterichtlinie, VerbrRL). Anders als der Name vermuten lässt, trifft sie aber keine vollständige und abgeschlossene Regelung zum Verbraucherrecht, sondern im Wesentlichen nur zu Verträgen, die in besonderen Situationen (außerhalb von Geschäftsräumen und im Fernabsatz) geschlossen werden. Gleichwohl hat die VerbrRL zu wesentlichen Ände-

4

rungen im Schuldrecht geführt.[1] Weitere wichtige Richtlinien im Bereich des Verbraucherschutzes sind die Richtlinie über missbräuchliche Klauseln 93/13/EWG, die Verbrauchsgüterkaufrichtlinie 1999/44/EG,[2] die Richtlinie über den Fernabsatz von Finanzdienstleistungen 2002/65/EG, die Verbraucherkreditrichtlinie 2008/48/EG, die Richtlinie über Teilzeitnutzungsverträge 2008/122/EG, die Wohnimmobilienkreditrichtlinie 2014/17/EU und die Pauschalreiserichtlinie 2015/2302/EU (ersetzt die Richtlinie 90/314/EWG). Diese Richtlinien sind durch zahlreiche Sondervorschriften vor allem im allgemeinen (§§ 312 ff., 355 ff.) und besonderen Schuldrecht (§§ 474 ff., 481 ff., 491 ff., 506 ff., 651 a ff., 655 a ff.) in deutsches Recht umgesetzt worden. Im Rahmen des methodisch Zulässigen ist bei der Anwendung dieser Vorschriften eine **richtlinienkonforme Auslegung** erforderlich. Daneben hat der Gesetzgeber Vorschriften zu unentgeltlichen Darlehensverträgen und unentgeltlichen Finanzierungshilfen (§§ 514 f.) und zum Verbraucherbauvertrag geschaffen (§§ 650 i ff.), die keinen unionsrechtlichen Hintergrund haben.

II. Instrumente des Verbraucherschutzes

5   Der Verbraucherschutz bedient sich verschiedener Instrumente, um den Verbraucher im Verhältnis zum Unternehmer besser zu stellen. Eine solche Besserstellung liegt vor, wenn dem Verbraucher Rechte eingeräumt oder dem Unternehmer Pflichten auferlegt werden, die nach den allgemeinen Regelungen des Schuldrechts nicht bestehen würden.

1. Informationspflichten

6   Für **Verträge zwischen einem Verbraucher und einem Unternehmer** (Verbraucherverträge) bestehen vielfältige Informationspflichten, die vom Unternehmer zu erfüllen sind. Einen Schwerpunkt bilden dabei vorvertragliche Informationspflichten, durch die dem Verbraucher eine möglichst breite Informationsbasis für eine verantwortliche Entscheidung über den Vertragsschluss verschafft werden soll. Deshalb soll er vom Unternehmer alle Informationen erhalten, die – in den Augen des Gesetzes – für seine Entscheidung relevant sein können.[3] Daneben existieren aber auch vertragliche Informationspflichten, die in einem bestehenden Vertragsverhältnis zu erfüllen sind.

7   Eine **allgemeine Informationspflicht**, die bei allen Verbraucherverträgen (§ 310 Abs. 3) zu erfüllen ist, findet sich in § 312 a Abs. 2 S. 1. Danach muss der Unternehmer dem

---

1   Zur Vertiefung: Artz/Brinkmann/Ludwigkeit, Besondere Vertriebsformen nach neuem Recht – Voraussetzungen und Rechtsfolgen des Widerrufs, jM 2014, 222; Förster, Die Umsetzung der Verbraucherrechterichtlinie in §§ 312 ff. – Eine systematische Darstellung für Studium und Examen, JA 2014, 721 (801); Mätzig, Das neue Widerrufsrecht in der Falllösung, Jura 2015, 233; Möller, Die Umsetzung der Verbraucherrechterichtlinie im deutschen Recht, BB 2014, 1411; Raue, Verbraucherschutz bei besonderen Vertriebsformen nach Umsetzung der Verbraucherrechterichtlinie, Jura 2015, 326; Schwab/Hromek, Alte Streitstände im neuen Verbraucherprivatrecht, JZ 2015, 271; Stürner, Grundstrukturen des Verbrauchervertrags im BGB, Jura 2015, 30; Wendehorst, Das neue Gesetz zur Umsetzung der Verbraucherrechterichtlinie, NJW 2014, 577; Wendelstein/Zander, Das neue Verbraucherrecht nach der Umsetzung der Verbraucherrechterichtlinie, Jura 2014, 1191.

2   Die Richtlinie wird zum 1.1.2022 ersetzt durch die Richtlinie (EU) 2019/771 vom 29.5.2019 über bestimmte vertragsrechtliche Aspekte des Warenkaufs, ABl. Nr. L 136 v. 22.5.2019, 28 ff.

3   Zur Vertiefung: Dassbach, Vorvertragliche Informationspflichten, JA 2016, 325; Förster, Die Umsetzung der Verbraucherrechterichtlinie in §§ 312 ff., JA 2014, 721 (801); Koch, Reform der Verbraucherrechte – Die neuen Informationspflichten für den Handel, MDR 2014, 1421; Stürner, Grundstrukturen des Verbrauchervertrags im BGB, Jura 2015, 30; Tamm, Informationspflichten nach dem Umsetzungsgesetz zur Verbraucherrechterichtlinie, VuR 2014, 9; Wendelstein/Zander, Das neue Verbraucherrecht nach der Umsetzung der Verbraucherrechterichtlinie, Jura 2014, 1191.

Verbraucher vor der Abgabe von dessen Willenserklärung eine ganze Reihe von Informationen, die im Einzelnen in Art. 246 Abs. 1 EGBGB geregelt sind, erteilen, sofern sich diese Informationen nicht aus den Umständen ergeben. Davon gibt es aber eine wichtige Ausnahme, nämlich bei Geschäften des täglichen Lebens, die bei Vertragsschluss sofort erfüllt werden (Art. 246 Abs. 2 EGBGB). Absolut allgemein ist die Informationspflicht des § 312a Abs. 2 S. 1 also doch nicht. Über das gesamte Schuldrecht verteilt finden sich zahlreiche **besondere Informationspflichten**, die nur bei bestimmten Verträgen zu erfüllen sind. Näher darzustellen sind in diesem Lehrbuch nur die im allgemeinen Schuldrecht geregelten Informationspflichten für Außergeschäftsraumverträge und Fernabsatzverträge (siehe § 34 Rn. 4).

2. Widerrufsrecht des Verbrauchers

Das zweite wesentliche Instrument des Verbraucherschutzes ist das Widerrufsrecht des Verbrauchers.[4] Seine Ausübung führt dazu, dass die Vertragsparteien nicht mehr an ihre Willenserklärungen gebunden sind (§ 355 Abs. 1 S. 1). Es handelt sich also um ein gesetzliches, nur einer Vertragspartei (dem Verbraucher) zustehendes Recht zur **einseitigen Beseitigung eines geschlossenen Vertrages**. Es soll dem Verbraucher ermöglichen, seine durch Abgabe der Willenserklärung schon zum Ausdruck gebrachte Entscheidung, den Vertrag abzuschließen, nochmals zu überdenken. Dieses Recht ist zeitlich befristet und besteht nur dort, wo es gesetzlich ausdrücklich angeordnet ist (siehe dazu § 35 Rn. 6).

8

3. Weitere Instrumente

Neben den gesetzlichen Informationspflichten und dem Widerrufsrecht kennt das BGB noch weitere Instrumente, die den Verbraucher stärken sollen. Für Verbraucherverträge i.S.d. § 312 Abs. 1 finden sich in § 312a Abs. 3-5 **Grenzen der Vertragsfreiheit** für die **Vereinbarung von Entgelten**, die vom Verbraucher zu zahlen sind. So verlangt § 312a Abs. 3 S. 1 für die Vereinbarung einer zusätzlichen, über das Entgelt für die Hauptleistung hinausgehenden Zahlung, dass diese ausdrücklich getroffen wird; konkludente Vereinbarungen genügen nicht. § 312a Abs. 4 ordnet für Vereinbarungen über Entgelte für die Benutzung bestimmter Zahlungsmittel (sog. Zahlungsmittelentgelte oder Surcharging, z.B. für die Zahlung per Kreditkarte) sogar deren Unwirksamkeit an, wenn für den Verbraucher keine gängige und zumutbare unentgeltliche Zahlungsmöglichkeit besteht oder das vereinbarte Entgelt über die Kosten hinausgeht, die dem Unternehmer durch die Nutzung des Zahlungsmittels entstehen. Die gleiche Rechtsfolge tritt ein, wenn vereinbart wurde, dass der Verbraucher für die Nutzung einer Kundendienst-Hotline ein Entgelt zu zahlen hat, das über das Entgelt für die bloße Nutzung des Telekommunikationsdienstes hinausgeht (§ 312a Abs. 5 S. 1). In allen genannten Fällen bleibt der Vertrag im Übrigen wirksam (§ 312a Abs. 6).

9

Besonderheiten finden sich ferner im **AGB-Recht** in § 310 Abs. 3; besonders wichtig ist hier, dass die Klauselverbote der §§ 308 Nr. 1, 2-8, 309 nur bei einer Verwendung gegenüber Verbrauchern Anwendung finden (§ 310 Abs. 1 S. 1). Zu nennen sind auch die Regelungen zu **verbundenen Verträgen** (§§ 358, 359, siehe dazu § 35 Rn. 46 ff.). Ein

10

---

4 Zur Vertiefung: Eidenmüller, Die Rechtfertigung von Widerrufsrechten, AcP 210 (2010), 67; Gernhuber, Verbraucherschutz durch Rechte zum Widerruf von Willenserklärungen, WM 1998, 1797; Hager, Grundlagen des deutschen Verbraucherschutzes, JA 2011, 721; Petersen, Der Widerruf im Bürgerlichen Recht, Jura 2009, 276; Stürner, Der Widerruf bei Verbraucherverträgen, Jura 2016, 26.

weiteres Instrument ist der fast immer zwingende Charakter der verbraucherschützenden Sondervorschriften, d.h. eine Abweichung von den gesetzlichen Vorschriften durch vertragliche Vereinbarung ist nicht möglich. Dem Sinn des Verbraucherschutzes entsprechend sind i.d.R. aber nur Abweichungen unwirksam, die zu Lasten des Verbrauchers gehen (§§ 312 k Abs. 1 S. 1, 476, 487 S. 1, 512 S. 1, 650 o S. 1, 651 y S. 1, 655 e Abs. 1 S. 1). Deshalb kann auch von **halbzwingenden Vorschriften** gesprochen werden.

11   Sonderregelungen finden sich außerdem für Vertragsabschlüsse im **elektronischen Geschäftsverkehr** (§ 312 i f.). Allerdings sind nur die in § 312 j getroffenen Pflichten des Unternehmers dem Verbraucherrecht zuzuordnen, da sie nur im elektronischen Geschäftsverkehr mit Verbrauchern Anwendung finden. Besonders hervorzuheben ist in diesem Zusammenhang die „Button-Lösung", welche den Verbraucher vor einem unbewussten Vertragsschluss (sog. Abo-Fallen) schützen soll (§ 312 j Abs. 4, siehe dazu § 34 Rn. 6 f.). Demgegenüber statuiert § 312 i allgemeine Pflichten, die unabhängig davon gelten, ob der Vertragspartner Unternehmer oder Verbraucher ist. Die Norm greift aber nur ein, wenn derjenige, der Waren oder Dienstleistungen über sog. Telemedien anbietet, Unternehmer ist, sodass es sich auch insoweit um eine Sonderregelung handelt.

III. Regelungsstruktur des Verbraucherrechts im allgemeinen Schuldrecht

12   Im allgemeinen Schuldrecht gibt es **zwei Regelungskomplexe:** In §§ 312-312 j finden sich grundsätzliche Regelungen, die aber nur zum Teil bei allen Verbraucherverträgen gelten. In §§ 355-361 sind die Ausübung des Widerrufsrechts und die dadurch ausgelösten Rechtsfolgen geregelt. Es handelt sich um allgemeine Regelungen, die für alle Widerrufsrechte gelten, aber teilweise zwischen den einzelnen Widerrufsrechten differenzieren. Ob überhaupt ein Widerrufsrecht besteht, ist nicht dort, sondern bei den einzelnen Verträgen, für die verbraucherrechtliche Besonderheiten gelten, geregelt (§§ 312 g, 485, 495, 506 Abs. 1, 510 Abs. 2, 514 Abs. 2, 650 k sowie § 4 FernUSG).

13   §§ 312 ff. stehen unter der Überschrift „Grundsätze bei Verbraucherverträgen und besondere Vertriebsformen". Tatsächlich finden sich dort mit § 312 a allgemeine Regelungen, die für alle Verbraucherverträge gelten. Den Hauptteil machen aber Sondervorschriften für Verträge aus, die außerhalb von Geschäftsräumen (**Außergeschäftsraumverträge,** § 312 b) oder unter ausschließlicher Verwendung von Fernkommunikationsmitteln (**Fernabsatzverträge,** § 312 c) geschlossen wurden. Das Gesetz knüpft hier an eine besondere Vertragsabschlusssituation an und statuiert Informationspflichten (§§ 312 d-312 f) und ein Widerrufsrecht des Verbrauchers (§ 312 g). Außerdem findet sich eine Formvorschrift zur Kündigung bestimmter Dauerschuldverhältnisse (§ 312 h). Eingeordnet in diesen Abschnitt sind außerdem die Sondervorschriften für Verträge im elektronischen Geschäftsverkehr (§§ 312 i f.).

IV. Anwendungsbereich der §§ 312a-312 h

14   Die §§ 312a-312 h sind nach § 312 Abs. 1 nur auf Verbraucherverträge i.S.d. § 310 Abs. 3 anzuwenden, die eine entgeltliche Leistung des Unternehmers zum Gegenstand haben. Dieser Grundsatz wird durch komplizierte und unübersichtliche Regelungen zu Ausnahmen wieder eingeschränkt (§ 312 Abs. 2-7). Für Verträge im elektronischen Geschäftsverkehr gilt § 312 hingegen nicht; die §§ 312 i f. bestimmen ihren Anwendungsbereich selbständig.

1. Verbrauchervertrag

Ein Verbrauchervertrag ist nach § 310 Abs. 3 ein **Vertrag zwischen einem Unternehmer**   15
und einem Verbraucher. Die **Verbrauchereigenschaft** bestimmt sich nach § 13, wonach
es genügend ist, dass der Zweck des Rechtsgeschäfts nicht überwiegend der gewerblichen oder selbständigen beruflichen Tätigkeit einer natürlichen Person zugerechnet
werden kann. Es schadet der Verbrauchereigenschaft also nicht, dass das Rechtsgeschäft auch einer unternehmerischen Tätigkeit dient, solange dies nicht der überwiegende Zweck ist. Welchen Zweck das Geschäft hat, ist nach h.M. objektiv, also nicht
nach dem Willen des Handelnden, zu bestimmen.[5] Wesentliche Bedeutung kommt dem
Verhalten der Parteien bei Vertragsschluss zu.[6] Bei verbleibenden Zweifeln will der
BGH zugunsten der Verbrauchereigenschaft entscheiden.[7]

Für die **Unternehmereigenschaft** ist § 14 maßgeblich. Eine gewerbliche Tätigkeit setzt   16
das selbständige, planmäßige und dauerhafte Angebot von Waren oder Dienstleistungen gegen Entgelt voraus; eine Gewinnerzielungsabsicht ist nicht erforderlich.[8] Bei Geschäften zum Zwecke einer beruflichen Tätigkeit ist der Handelnde nur Unternehmer,
wenn er den Beruf als Selbständiger ausübt; zur näheren Bestimmung kann auf § 84
Abs. 1 S. 2 HGB zurückgegriffen werden. Wie bei der Verbrauchereigenschaft bestimmt sich auch hier der Zweck nach objektiven Kriterien und nicht etwa nach dem
Willen des Handelnden. Eine Vermutung, dass alle Rechtsgeschäfte eines gewerblich
oder selbständig beruflich Handelnden im Zweifel seinem geschäftlichen Bereich zuzuordnen sind, also als Unternehmer geschlossen wurden, besteht nicht.[9]

2. Entgeltliche Leistung des Unternehmers

Nach § 312 Abs. 1 muss der Vertrag eine **entgeltliche Leistung des Unternehmers** zum   17
Gegenstand haben. Nach dem Willen des Gesetzgebers sollte mit dieser Formulierung
zum Ausdruck gebracht werden, dass nur Verträge erfasst sind, durch die ein **Unternehmer** sich zur **Lieferung einer Ware oder Erbringung einer Dienstleistung** und der
Verbraucher sich zur Zahlung eines Entgelts verpflichtet.[10] Indessen ist nicht nur diese
Auslegung fragwürdig; zweifelhaft ist vielmehr schon, ob die in § 312 Abs. 1 getroffene Regelung richtlinienkonform ist, da die VerbrRL gem. Art. 3 S. 1 für „jegliche Verträge, die zwischen einem Unternehmer und einem Verbraucher geschlossen werden"
gilt. Der Verweis des deutschen Gesetzgebers auf die Definitionen der Begriffe „Kaufvertrag" und „Dienstleistungsvertrag" in Art. 2 Nr. 5, 6 VerbrRL[11] dürfte daher zu
kurz greifen. Geboten ist vielmehr eine weite Auslegung, die keine besonderen Anforderungen an die Leistungen des Unternehmers stellt. Nicht minder problematisch ist
das Merkmal der Entgeltlichkeit, da es in Art. 3 S. 1 VerbrRL nicht genannt ist. Hier
liegt eine möglichst weite Auslegung nahe, die jede Leistung oder sogar schon den Ein-

---

5 BGH NJW 2018, 146 Rn. 41; BAG NJW 2014, 2138 Rn. 26; BeckOGK/Alexander, Stand 15.6.2019, § 13 Rn. 261;
   BeckOK-BGB/Bamberger, § 13 Rn. 31; MünchKomm/Micklitz, § 13 Rn. 45; Bülow/Artz, Verbraucherprivatrecht,
   Rn. 47.
6 BGH NJW 2018, 146 Rn. 41; BGH NJW 2018, 150 Rn. 31.
7 BGH NJW 2009, 3780 Rn. 10.
8 BGHZ 167, 40 Rn. 14; BGH NJW 2013, 2108 Rn. 18; BGH NJW 2018, 146 Rn. 40.
9 BGH NJW 2018, 150 Rn. 37.
10 BT-Drucks. 17/12637 S. 45.
11 BT-Drucks. 17/12637 S. 45.

tritt eines wirtschaftlichen Nachteils für den Verbraucher genügen lässt.[12] Nicht erfasst sind aber Verträge, bei denen lediglich vom Unternehmer eine Leistung zu erbringen ist (z.B. Schenkung). Ob das auch für Verträge gilt, bei denen der Unternehmer ein Entgelt für die Leistung des Verbrauchers zahlt (z.B. bei Ankauf von Gebrauchtwaren durch einen Händler), ist unsicher.[13] Auf einseitige Rechtsgeschäfte wie etwa die Vollmachterteilung (§ 167) sollte § 312 Abs. 1 analog angewandt werden, da der Verbraucher hier gleichermaßen schutzbedürftig sein kann.[14] Die VerbrRL steht dem trotz der Vollharmonisierung (Art. 4 VerbrRL) nicht entgegen, weil einseitige Rechtsgeschäfte außerhalb ihres Anwendungsbereichs liegen. Zur Bürgschaft siehe § 35 Rn. 8.

3. Ausnahmen

18   Die §§ 312a-312h sind grundsätzlich auf alle Verbraucherverträge anwendbar. Das wird für zahlreiche Vertragstypen aber durch **§ 312 Abs. 2-7** eingeschränkt. Insbesondere bei den vielen in § 312 Abs. 2 aufgezählten Vertragstypen sind die §§ 312a-312h mit Ausnahme von § 312a Abs. 1, 3, 4 und 6 nicht anwendbar. Ausgeschlossen sind damit nicht nur die besonderen Vorschriften über Außergeschäftsraum- und Fernabsatzverträge, sondern auch die allgemeine Informationspflicht nach § 312a Abs. 2. Hervorzuheben ist insb. der Ausschluss für notariell beurkundete Verträge (§ 312 Abs. 2 Nr. 1). Hier erfährt der Verbraucher nach wie vor Schutz durch die Belehrungspflicht des Notars (§ 17 BeurkG). Soweit es aber nicht um Finanzdienstleistungen geht, muss der Notar den Verbraucher in denjenigen Fällen, in denen das Gesetz keine notarielle Beurkundung vorschreibt, darüber belehren, dass keine Informationspflicht besteht; andernfalls bleibt es bei der allgemeinen Informationspflicht aus § 312a Abs. 2 S. 1. Für den wichtigen Fall der notariellen Beurkundungspflicht nach § 311b Abs. 1 S. 1 (Verpflichtung zur Übertragung oder zum Erwerb von Grundstücken) spielt das keine Rolle, weil § 312 Abs. 2 Nr. 2 solche Verträge ganz aus dem Anwendungsbereich herausnimmt. Ausgeschlossen ist die Anwendbarkeit ferner z.B. bei Verbraucherbauverträgen nach § 650i Abs. 1 (§ 312 Abs. 2 Nr. 3), Personenbeförderungsverträgen (§ 312 Abs. 2 Nr. 5), Teilzeitwohnrechteverträgen (§ 312 Abs. 2 Nr. 6) und Behandlungsverträgen nach § 630a (§ 312 Abs. 2 Nr. 7). Weitere Ausnahmen finden sich in § 312 Abs. 3-7, wonach für bestimmte Verträge nur einzelne Vorschriften anwendbar sind. Das gilt u.a. auch für Wohnraummietverträge (§ 312 Abs. 4) und Pauschalreiseverträge (§ 312 Abs. 7).

WIEDERHOLUNGS- UND VERTIEFUNGSFRAGEN

19   1. Auf welcher Grundannahme beruht der Verbraucherschutz im BGB? (Rn. 1)

2. Mit welchen Instrumenten wird der Verbraucherschutz bewirkt? (Rn. 5 ff.)

3. Welche Funktion hat das Widerrufsrecht bei Verbraucherverträgen? (Rn. 8)

---

12 Vgl. MünchKomm/Wendehorst, § 312 Rn. 37; Palandt/Grüneberg, § 312 Rn. 3; Looschelders, Schuldrecht AT, § 41 Rn. 10; Artz/Brinkmann/Ludwigkeit, jM 2014, 222; Förster, JA 2014, 721 (722); Schwab/Hromek, JZ 2015, 271 (273 f.); Stürner, Jura 2015, 30, 35; Wendehorst, NJW 2014, 577 (580); Wendelstein/Zander, Jura 2014, 1191, 1193.

13 Bejahend BT-Drucks. 17/12637 S. 45; Bittner, ZVertriebsR 2014, 3 (4); Förster, JA 2014, 721 (722); Maume, NJW 2016, 1041 (1042 f.); verneinend BeckOGK/Busch, Stand 15.4.2019, § 312 Rn. 13; Hk-BGB/Schulte-Nölke, § 312, Rn 4; differenzierend MünchKomm/Wendehorst, § 312 Rn. 29.

14 Erman/Koch, § 312 Rn. 9.

4. Sind die Regelungen zum elektronischen Geschäftsverkehr Teil des Verbraucherschutzes? (Rn. 11)

5. Was ist ein Verbrauchervertrag? (Rn. 15)

6. Ist ein Schenkungsvertrag, mit dem sich ein Unternehmer verpflichtet, dem Verbraucher einen Gegenstand unentgeltlich zu übereignen, ein Verbrauchervertrag? (Rn. 17)

7. Ist die Erklärung, mit der ein Verbraucher einem Unternehmer Vollmacht erteilt, ein Verbrauchervertrag? (Rn. 17)

8. Finden die §§ 312 ff. auf notariell beurkundete Verträge Anwendung? (Rn. 18)

§ 34 Pflichten bei Verbraucherverträgen und im elektronischen Geschäftsverkehr

I. Informationspflichten bei Verbraucherverträgen

1. Allgemeine Informationspflichten, § 312 a Abs. 2

1   Den Unternehmer trifft bei allen Verbraucherverträgen i.S.d. § 312 Abs. 1 (siehe § 33 Rn. 14 ff.) eine **allgemeine Informationspflicht** gem. § 312 a Abs. 2 S. 1 i.V.m. Art. 246 Abs. 1 EGBGB. Diese Regelung ist aber **nicht anwendbar** auf die in § 312 Abs. 2-4, 6 und 7 genannten Verträge (siehe § 33 Rn. 17); für Finanzdienstleistungsverträge gilt eine differenzierte Regelung (§ 312 Abs. 5 S. 1, 2).

2   Die allgemeine Informationspflicht erstreckt sich **inhaltlich** auf die wesentlichen Eigenschaften der Ware oder Dienstleistung, die Identität des Unternehmers, den Gesamtpreis und das Bestehen eines gesetzlichen Mängelgewährleistungsrechts (Art. 246 Abs. 1 Nr. 1, 2, 3, 5 EGBGB); hinzu kommen je nach Gestaltung des Vertrages weitere Informationen z.B. über Zahlungs-, Liefer- und Leistungsbedingungen oder die Laufzeit des Vertrages (vgl. Art. 246 Abs. 1 Nr. 4, 6, 7, 8 EGBGB). Diese Informationen müssen aber nur erteilt werden, soweit sie sich nicht aus den Umständen ergeben. Die allgemeine Verbraucherinformationspflicht gilt außerdem nicht für Verträge, die Geschäfte des täglichen Lebens zum Gegenstand haben und die bei Vertragsabschluss sofort erfüllt werden (Art. 246 Abs. 2 EGBGB). Sie gilt auch nicht für Außergeschäftsraum- und Fernabsatzverträge sowie Verträge über Finanzdienstleistungen (§ 312 a Abs. 2 S. 3), weil für diese Vertragsarten spezifische Informationspflichten geregelt sind (siehe Rn. 3). Wegen dieser Regelung spielt § 312 a Abs. 2 vor allem bei Verträgen, die im **stationären Handel** geschlossen wurden, eine Rolle. Auch soweit keine allgemeine Informationspflicht besteht, muss der Unternehmer aber bei der **telefonischen Anbahnung** des Vertrages seine Identität und den geschäftlichen Zweck des Anrufs offenbaren (§ 312 a Abs. 1).

2. Besondere Informationspflichten

3   Bei **bestimmten Verbraucherverträgen** bestehen besondere Informationspflichten. Zu nennen sind insbes. Außergeschäftsraum- und Fernabsatzverträge (§ 312 d i.V.m. Art. 246 a, 246 b EGBGB),[1] Teilzeitwohnrechteverträge (§ 482 Abs. 1 i.V.m. Art. 242 § 1 EGBGB), Verbraucherdarlehensverträge (§§ 491 a, 492 i.V.m. Art. 247 EGBGB), entgeltliche Finanzierungshilfen (§§ 506 Abs. 1, 491 a, 492 i.V.m. Art. 247 EGBGB) und Verbraucherbauverträge (§ 650 j i.V.m. Art. 249 EGBGB). Bei einigen dieser Verträge ist der Unternehmer zudem verpflichtet, dem Verbraucher bestimmte Vertragsdokumente in körperlicher Form auszuhändigen (z.B. § 312 f). Auch beim Pauschalreisevertrag bestehen umfangreiche Informationspflichten (§ 651 d i.V.m. Art. 250 EGBGB). Dieser Vertrag ist allerdings kein Verbrauchervertrag, weil die §§ 651 a ff. nicht darauf abstellen, ob der Reisende ein Verbraucher ist.

4   Für die im Schuldrecht AT geregelten **Außergeschäftsraum- und Fernabsatzverträge** (siehe § 35 Rn. 7, 18) muss hinsichtlich des Inhalts der Informationspflichten danach differenziert werden, ob Finanzdienstleistungen der Vertragsgegenstand sind. Soweit

---

1   Zur Vertiefung: Stürner, Informationspflichten bei Außergeschäftsraumverträgen und Fernabsatzverträgen, Jura 2015, 1045.

das der Fall ist, richten sich die Informationspflichten nach § 312 d Abs. 2 i.V.m. Art. 246 b EGBGB; andernfalls ist § 312 d Abs. 1 i.V.m. Art. 246 a EGBGB maßgebend. In letzterem Fall greifen bei Außergeschäftsraumverträgen über Reparatur- und Instandhaltungsarbeiten gewisse Erleichterungen (Art. 246 a § 2 EGBGB). Gleiches gilt für Fernabsatzverträge, sofern wegen der Art des Fernkommunikationsmittels nur eine begrenzte Möglichkeit zur Darstellung von Informationen besteht (Art. 246 a § 3 EGBGB). In allen Fällen müssen die Informationen rechtzeitig **vor Abgabe der Willenserklärung des Verbrauchers** und in **klarer und verständlicher** Weise zur Verfügung gestellt werden.

3. Rechtsfolgen bei Informationspflichtverstößen

Verstöße gegen allgemeine oder besondere Informationspflichten können zu einem Anspruch des Verbrauchers auf **Schadensersatz** führen, wenn er z.B. den Vertrag bei ordnungsgemäßer Information nicht abgeschlossen hätte (§§ 280 Abs. 1, 311 Abs. 2, 241 Abs. 2).[2] Eine fehlende Information über **Fracht-, Liefer-, Versand- und sonstige Kosten** führt dazu, dass der Unternehmer sie nicht vom Verbraucher verlangen kann (§ 312 a Abs. 2 S. 2 bzw. § 312 e bei Außergeschäftsraum- und Fernabsatzverträgen).

II. Pflichten im elektronischen Geschäftsverkehr

1. Allgemeine Pflichten

Bei Verträgen über die Lieferung von Waren oder die Erbringung von Dienstleistungen bestehen besondere gesetzliche Pflichten, wenn sich der Unternehmer für den Abschluss eines solchen Vertrages der Telemedien bedient. Das sind nach § 1 Abs. 1 TMG alle elektronischen Informations- und Kommunikationsdienste mit Ausnahme des Rundfunks und einiger Sonderdienste; erfasst werden insb. Internetshops und das Teleshopping. Bei diesen **Verträgen im elektronischen Geschäftsverkehr** soll für mehr Rechtssicherheit auf Seiten der Kunden gesorgt werden. Der Unternehmer muss nach § 312 i Abs. 1 eine Möglichkeit zur Korrektur von Eingabefehlern anbieten, bestimmte Informationen erteilen, den Eingang der Bestellung unverzüglich bestätigen sowie Abrufen und Abspeichern der Vertragsbedingungen ermöglichen. Diese Pflichten bestehen gegenüber **allen Kunden,** also auch solchen, die nicht Verbraucher i.S.d. § 13 sind. Verletzungen können zu einem Schadensersatzanspruch aus §§ 280 Abs. 1, 311 Abs. 2, 241 Abs. 2 führen.

2. Besondere Pflichten gegenüber Verbrauchern

Gegenüber **Verbrauchern** bestehen weitere Pflichten, wenn der Vertrag eine **entgeltliche Leistung des Unternehmers** zum Gegenstand hat. Dann muss er zusätzliche Informationen erteilen (§ 312 j Abs. 2) und auf Webseiten für den elektronischen Geschäftsverkehr spätestens zu Beginn des Bestellvorgangs über Lieferbeschränkungen und die akzeptierten Zahlungsmittel klar und deutlich informieren (§ 312 j Abs. 1). Außerdem muss er die Bestellsituation so gestalten, dass der Verbraucher mit seiner Bestellung ausdrücklich bestätigt, dass er sich zur Zahlung verpflichtet (§ 312 j Abs. 3). Bei Verletzungen dieser Pflichten kann ein Schadensersatzanspruch des Verbrauchers nach §§ 280 Abs. 1, 311 Abs. 2, 241 Abs. 2 entstehen. Wenn diese Bestätigung durch Ankli-

5

6

7

---

2 Palandt/Grüneberg, Einf. v. Art. 238 EGBGB Rn. 7; PWW/Stürner, § 312 a Rn. 4; Brox/Walker, Allg. Schuldrecht, § 19 Rn. 4; Looschelders, Schuldrecht AT, § 41 Rn. 17.

cken einer Schaltfläche erfolgen kann, muss diese mit den Wörtern „zahlungspflichtig bestellen" oder einer entsprechend eindeutigen Formulierung beschriftet sein.

8   Ein Verstoß gegen diese sog. „**Button-Lösung**" führt nach § 312 j Abs. 4 dazu, dass kein Vertrag zustande kommt. Das gilt dem Wortlaut nach selbst dann, wenn der Verbraucher den nicht oder falsch beschrifteten Button in dem Bewusstsein angeklickt hat, dass er hiermit einen für ihn entgeltlichen Vertrag abschließt. In der Konsequenz kann er dann vom Unternehmer die Leistung dennoch nicht verlangen. Eine teleologische Reduktion der Norm dahin gehend, dass der Verbraucher entscheiden kann, ob er den Vertrag gelten lässt, dürfte angesichts des Umstands, dass der Gesetzgeber bei der Neufassung des § 312 j Abs. 4 an der Nichtigkeitslösung festgehalten hat, ausscheiden.[3] Allerdings wird bezweifelt, dass die Regelung richtlinienkonform ist, weil Art. 8 Abs. 2 S. 3 VerbrRL nur anordnet, dass der Verbraucher durch den Vertrag oder die Bestellung nicht gebunden ist.[4] Ob damit aber dem Verbraucher die Wahl gelassen werden sollte, ob der Vertrag gelten soll oder nicht, ist keineswegs sicher.[5] Immerhin wird man aber dem Unternehmer, der sich dem Erfüllungsverlangen des Verbrauchers widersetzt, mit Blick auf § 242 die Berufung auf § 312 j Abs. 4 versagen müssen.[6] Zudem ist ein Anspruch auf Schadensersatz gem. §§ 280 Abs. 1, 311 Abs. 2 in Betracht zu ziehen, wenn der Vertrag nicht zustande kommt und der Verbraucher hierdurch einen Schaden erleidet.[7]

---

3   A.A. Weiss, JuS 2013, 590 (594).
4   BeckOGK/Busch, Stand 15.4.2019, § 312 j Rn. 48; Jauernig/Stadler, § 312 g Rn. 6 a; Looschelders, Schuldrecht AT, § 42 Rn. 60; Alexander, NJW 2012, 1985 (1989); Unger, ZEuP 2012, 270 (302).
5   Heinig, MDR 2012, 323 (325); bejahend BeckOGK/Busch, Stand 15.4.2019, § 312 j Rn. 48; BeckOK-BGB/Maume, § 312 j Rn. 31; MünchKomm/Wendehorst, § 312 j Rn. 33.
6   MünchKomm/Wendehorst, § 312 j Rn. 33; Looschelders, Schuldrecht AT, § 42 Rn. 60; im Ergebnis auch BeckOGK/Busch, Stand 15.4.2019, § 312 j Rn. 51; BeckOK-BGB/Maume, § 312 j Rn. 31.
7   Palandt/Grüneberg, § 312 j Rn. 8; Weiss, JuS 2013, 590 (594).

§ 35 Widerruf bestimmter Verbraucherverträge

I. Regelungssystematik und Wirkungen

Ein Widerrufsrecht des Verbrauchers besteht nur bei ganz **bestimmten Vertragsabschlusssituationen oder -inhalten.** An die Situation knüpft das Widerrufsrecht für Außergeschäftsraum- und Fernabsatzverträge (§ 312 g) an. Wegen des Vertragsinhalts besteht ein Widerrufsrecht bei Teilzeit-Wohnrechteverträgen (§ 485), Verbraucherdarlehensverträgen (§ 495), entgeltlichen Zahlungsaufschüben und sonstigen Finanzierungshilfen (§§ 506 Abs. 1, 495), Ratenlieferungsverträgen (§§ 510 Abs. 2), unentgeltlichen Darlehensverträgen, Zahlungsaufschüben und Finanzierungshilfen (§§ 514 Abs. 2, 515), Verbraucherbauverträgen (§ 650 l) und Fernunterrichtsverträgen (§ 4 FernUSG). Bei allen anderen Vertragstypen besteht kein Widerrufsrecht, sofern sie nicht als Außergeschäftsraum- oder Fernabsatzvertrag geschlossen werden. 1

Die **Ausübung des Widerrufsrechts**, seine **Wirkung** auf den Vertrag sowie die weiteren Rechtsfolgen sind zusammenhängend in §§ 355–361 geregelt. Diese Vorschriften setzen für ihre Anwendbarkeit das Bestehen eines Widerrufsrechts voraus. Soweit dies der Fall ist und der Widerruf ordnungs- und fristgemäß ausgeübt wurde, führt er nach § 355 Abs. 1 S. 1 dazu, dass sowohl der Verbraucher als auch der Unternehmer an seine Willenserklärung nicht mehr gebunden ist. Gemeint ist damit, dass die Willenserklärung unwirksam wird. Das hat notwendigerweise die Unwirksamkeit des geschlossenen Vertrages zur Folge. Diese Unwirksamkeit tritt jedoch nur mit Wirkung für die Zukunft ein.[1] Der Widerruf hat rücktrittsähnliche Wirkung, denn nach § 355 Abs. 3 S. 1 sind die empfangenen Leistungen unverzüglich zurückzugewähren. Näher ausgestaltet wird dieser Rückgewähranspruch durch §§ 357–357 d. Dogmatisch stellt das Widerrufsrecht ein eigenständiges Gestaltungsrecht dar, durch das der Vertrag in ein besonderes Rückgewährschuldverhältnis umgewandelt wird. 2

Die Rechtsfolgen der Ausübung des Widerrufsrechts sind, soweit es um Ansprüche gegen den Verbraucher geht, in §§ 355 Abs. 1, 3, 357–360 **abschließend** geregelt; weitergehende Ansprüche bestehen nach § 361 Abs. 1 nicht. Herausgabeansprüche des Unternehmers aus Bereicherungsrecht sind daher ausgeschlossen. Das folgt freilich schon daraus, dass die Leistungspflichten nur ex nunc wegfallen und der Vertrag daher für die bereits erbrachten Leistungen nach wie vor einen Rechtsgrund darstellt. § 361 Abs. 1 schließt aber auch Schadensersatzansprüche gegen den Verbraucher (z.B. aus vorvertraglichem Verschulden oder Delikt) aus. Der Ausschluss gilt aber nur für Ansprüche „infolge des Widerrufs", also für Ansprüche, die unmittelbar aus der Loslösung vom Vertrag folgen. Ansprüche, die an andere Gründe anknüpfen, sind daher nicht ausgeschlossen. In Betracht kommen insb. Schadensersatzansprüche bei Schutzpflichtverletzungen des Verbrauchers (insb. im vorvertraglichen Schuldverhältnis) sowie bei Verzug mit der Rückgewährpflicht aus § 355 Abs. 3 S. 1.[2] Ansprüche gegen den Unternehmer (z.B. wegen Pflichtverletzungen oder aus Delikt) werden von § 361 Abs. 1 nicht eingeschränkt. Bereicherungsrechtliche Ansprüche bestehen aber wegen der ex nunc-Wirkung des Widerrufs i.d.R. nicht. 3

---

1 Palandt/Grüneberg, § 355 Rn. 12; Brox/Walker, Allg. Schuldrecht, § 19 Rn. 35; Looschelders, Schuldrecht AT, § 41 Rn. 33.
2 BeckOGK/Rosenkranz, Stand 1.4.2019, § 361 Rn. 11; Hk-BGB/Schulze, § 361 Rn. 1; Palandt/Grüneberg, § 361 Rn. 1.

II. Widerrufsvoraussetzungen

1. Vertragsabschlusserklärung

4   Gegenstand des Widerrufsrechts ist nach § 355 Abs. 1 S. 1 die auf den **Abschluss des Vertrages gerichtete Willenserklärung des Verbrauchers.** Allerdings spricht § 355 Abs. 1 S. 3 vom Widerruf des Vertrages und nach § 355 Abs. 2 S. 2 beginnt die Widerrufsfrist erst mit Vertragsschluss. Dies scheint einen bereits abgeschlossenen Vertrag vorauszusetzen. Das hätte aber in Fällen, in denen der Verbraucher das Angebot auf Vertragsschluss gemacht hat, zur Folge, dass der Unternehmer die Geltendmachung des Widerrufsrechts zumindest hinauszögern könnte, indem er sich mit der Annahme Zeit lässt. Aus Schutzzweckgründen genügt es daher, dass die Willenserklärung des Verbrauchers dem Unternehmer zugegangen ist; der Vertragsschluss muss hingegen nicht abgewartet werden.[3]

5   Ob die Willenserklärung oder der Vertrag wirksam sein müssen, ist umstritten. Praktisch ist es durchaus bedeutsam, ob der Verbraucher auch bei **Nichtigkeit seiner Erklärung oder des Vertrages** vom Widerrufsrecht Gebrauch machen kann. Ist dies nämlich nicht der Fall, erfolgt die Rückabwicklung allein über das Bereicherungsrecht (insb. § 812 Abs. 1 S. 1 1. Alt.). Damit sind für den Verbraucher zwei Nachteile verknüpft: Einerseits besteht stets die Gefahr, dass sich der Unternehmer auf den Wegfall der Bereicherung berufen kann (§ 818 Abs. 3), andererseits kommt vor allem in Fällen, in denen die Vertragsnichtigkeit auf einem Verstoß gegen ein gesetzliches Verbot oder die guten Sitten beruht (§§ 134, 138), ein Anspruchsausschluss nach § 817 S. 2 wegen eines beiderseitigen Verstoßes in Betracht. Diese Schranken der Rückabwicklung gelten nicht, wenn auch bei Nichtigkeit ein Widerruf möglich ist, da sodann die Rückabwicklung nicht nach Bereicherungsrecht erfolgt. Das ist das Ergebnis der h.M., die sich hierbei auf Verbraucherschutzerwägungen stützt: Das Widerrufsrecht diene gerade dazu, dem Verbraucher die Loslösung vom Vertrag durch ein einfach auszuübendes Recht zu ermöglichen. Deshalb soll der Verbraucher wählen können, ob er sich auf die Nichtigkeit des Vertrages beruft oder seine Willenserklärung widerruft.[4] Dem ist im Ergebnis zuzustimmen, weil sich der Widerruf auf die Willenserklärung bezieht und es deshalb auf die Vertragswirksamkeit nicht ankommt. Aus dem gleichen Grund kann auch ein bereits gekündigter Vertrag noch widerrufen werden.[5]

Beispiel (BGHZ 183, 235): K hat ein Radarwarngerät bei Internet-Händler V gekauft. Eine Woche nach Lieferung erklärt K den Widerruf. Er schickt das Gerät an V zurück und verlangt Rückzahlung des Kaufpreises. – Ein Rückzahlungsanspruch könnte sich aus § 355 Abs. 3 S. 1 ergeben. K hat eine Willenserklärung abgegeben, die nach § 312 g Abs. 1 widerruflich ist, weil sie auf den Abschluss eines Fernabsatzvertrages i.S.d. § 312 c Abs. 1 gerichtet ist. Allerdings wäre der Vertrag nach der Rspr. wegen eines Verstoßes gegen die guten Sitten nach § 138 Abs. 1 nichtig, weil das Gerät in der Absicht gekauft wurde, es im deutschen Straßenverkehr einzusetzen. Nach h.M. ist die Wirksamkeit des Vertrages jedoch nicht Voraussetzung für den Widerruf, es läge also ein wirksamer Widerruf vor. Wird hingegen der Widerruf wegen der Vertragsnichtigkeit verneint, bleiben als Anspruchsgrundlagen nur § 812 Abs. 1 S. 1 1. Alt. und § 817 S. 1. Beide Ansprüche sind jedoch nach § 817 S. 2

---

3   BeckOGK/Mörsdorf, Stand 1.5.2019, § 355 Rn. 36; BeckOK-BGB/Müller-Christmann, § 355 Rn. 15; Hk-BGB/Schulze, § 355 Rn. 4; Bülow/Artz, Verbraucherprivatrecht, Rn. 124.
4   BGHZ 183, 235 Rn. 17; BeckOGK/Mörsdorf, Stand 1.5.2019, § 355, Rn 37; Erman/Koch, § 355 Rn. 6; Hk-BGB/Schulze, § 355 Rn. 4; MünchKomm/Fritsche, § 355 Rn. 40; a.A. Staudinger/Kaiser (2012), § 355 Rn. 30.
5   Vgl. BGH NJW 2018, 3380 Rn. 34.

ausgeschlossen, weil nicht nur V, sondern auch K ein Verstoß gegen die guten Sitten zur Last fällt.

2. Widerrufsrecht

Der Verbraucher hat **nur bei bestimmten Verträgen** ein Widerrufsrecht: 6

- Außerhalb von Geschäftsräumen geschlossener Vertrag (§ 312 g Abs. 1)
- Fernabsatzvertrag (§ 312 g Abs. 1)
- Teilzeitwohnrechtevertrag, Vertrag über ein langfristiges Urlaubsprodukt, ein auf diese Verträge bezogener Vermittlungs- oder Tauschsystemvertrag (§ 485)
- Verbraucherdarlehensvertrag (§ 495)
- Vertrag mit entgeltlichem Zahlungsaufschub oder sonstigen entgeltlichen Finanzierungshilfen (§§ 506 Abs. 1, 495)
- Ratenlieferungsvertrag (§ 510 Abs. 2)
- Unentgeltlicher Darlehensvertrag (§ 514 Abs. 2)
- Vertrag mit unentgeltlichem Zahlungsaufschub oder sonstigen unentgeltlichen Finanzierungshilfen (§§ 515, 514 Abs. 2)
- Verbraucherbauvertrag (§ 650 l)
- Fernunterrichtsvertrag (§ 4 FernUSG)

Nachfolgend ist nur auf die beiden im Allgemeinen Teil des Schuldrechts geregelten Widerrufsrechte einzugehen.

a) Außerhalb von Geschäftsräumen geschlossener Vertrag

Ein außerhalb von Geschäftsraumen geschlossener Verbrauchervertrag (**Außerge-** 7 **schäftsraumvertrag**) ist nach § 312 g Abs. 1 widerruflich.[6] Es handelt sich um Verträge, die in einer in § 312 b Abs. 1 umschriebenen Situation geschlossen wurden und bei denen für die Verbraucher die Gefahr einer Überrumpelung bestand. Die Vorschriften setzen die VerbrRL um und sind, soweit möglich, richtlinienkonform auszulegen.

aa) Verbrauchervertrag über eine entgeltliche Leistung

Die Regelungen zum Außergeschäftsraumvertrag gelten gem. § 312 Abs. 1 nur für **Ver-** 8 **braucherverträge i.S.d. § 310 Abs. 3**, die eine **entgeltliche Leistung des Unternehmers** zum Gegenstand haben (siehe § 33 Rn. 15 ff.) und bei denen die Anwendbarkeit nicht durch § 312 Abs. 2–7 ausgeschlossen ist. Probleme ergeben sich insbesondere bei der **Bürgschaft**, die ein Verbraucher in einer der von § 312 b Abs. 1 umschriebenen Situationen übernommen hat. Zum früheren Recht (§ 312 Abs. 1 S. 1 a.F.) war eine weite Auslegung vertreten worden, weil der damals noch geltende Art. 1 Abs. 1 HausT-WRL lediglich einen Vertrag voraussetzte, ohne dessen Entgeltlichkeit zu verlangen. Danach konnten auch Bürgschaften ein Haustürgeschäft sein.[7] Für das geltende deutsche Recht gilt das gleiche, da der Gesetzgeber nicht hat erkennen lassen, dass er insoweit eine Einschränkung vornehmen wollte.[8] Nicht ganz sicher ist aber, ob dies uni-

---

6 Zur Vertiefung (neben den in § 33 Fn. 1 Genannten): Stürner, Außerhalb von Geschäftsräumen geschlossene Verbraucherverträge, Jura 2015, 341.
7 BGHZ 165, 363 Rn. 13; BGHZ 171, 180 Rn. 36.
8 BeckOK-BGB/Martens, § 312 Rn. 12; Erman/Koch, § 312 Rn. 19; Hk-BGB/Schulte-Nölke, § 355 Rn. 4; Palandt/Grüneberg, § 312 Rn. 3; Brennecke ZJS 2014, 236, 238; Hilbig-Lugani, ZJS 2013, 441 (444 ff.); Hoffmann, ZIP 2015,

onsrechtskonform ist. Zwar gilt die VerbrRL ebenso wie die HausTWRL, an deren Stelle sie getreten ist, für alle Verträge unabhängig von der Entgeltlichkeit (Art. 3 S. 1 VerbrRL, siehe § 33 Rn. 17). Zur HausTWRL hatte der EuGH aber entschieden, dass nur Fälle erfasst sind, in denen sowohl der Bürge als auch der Hauptschuldner Verbraucher sind und beide Verträge (Bürgschaft und der zur Hauptschuld führende Vertrag) in einer Haustürsituation geschlossen wurden.[9] Hierüber ist der BGH hinausgegangen, indem er jede Bürgschaft eines Verbrauchers hat genügen lassen.[10] Das war unionsrechtskonform, weil Art. 8 HausTWRL strengere Bestimmungen zum Schutz des Verbrauchers zuließ. Die VerbrRL ist jedoch vollharmonisierend und lässt keine Abweichungen zu (Art. 4 VerbrRL). Daher wird der EuGH klären müssen, ob die weite, jede Verbraucherbürgschaft erfassende Auslegung unionsrechtskonform ist.[11]

bb) Situative Voraussetzungen

9   Ein Außergeschäftsraumvertrag liegt vor, wenn er in einer der von § 312b Abs. 1 genannten Situationen abgeschlossen wurde. Wesentlicher Anknüpfungspunkt der Regelung ist der **Ort des Vertragsschlusses** bzw. der Abgabe des Angebots durch den Verbraucher. Um der Gefahr einer Überrumpelung und eines daraus folgenden Abschlusses eines eigentlich nicht gewollten Vertrages zu begegnen, wird er letztlich immer dann geschützt, wenn der Vertrag an einem anderen Ort als dem Geschäftsraum des Unternehmers zustande kommt oder vom Unternehmer angebahnt wird.

10   Der Begriff des **Geschäftsraums** ist in § 312b Abs. 2 definiert: Erfasst sind sowohl unbewegliche Gewerberäume, in denen der Unternehmer seine Tätigkeit dauerhaft ausübt (z.B. Ladenlokal), als auch bewegliche Gewerberäume, in denen der Unternehmer seine Tätigkeit für gewöhnlich ausübt (z.B. Verkaufswagen, Marktstand, ggf. Messestand auf einer Verbrauchermesse[12]).

11   § 312b Abs. 1 S. 1 regelt vier Situationen:

■ **Vertragsschluss** an einem **Ort, der kein Geschäftsraum des Unternehmers** ist, sofern Verbraucher und Unternehmer gleichzeitig körperlich anwesend sind (§ 312b Abs. 1 S. 1 Nr. 1). Maßgeblich ist allein der Ort des Vertragsschlusses; es kann sich hierbei z.B. um eine Privatwohnung oder einen Arbeitsplatz, aber auch um Geschäftsräume eines anderen Unternehmers handeln, sofern dieser nicht im Namen oder Auftrag des vertragsschließenden Unternehmers handelt (§ 312b Abs. 2 S. 2). Im Freien geschlossene Verträge (z.B. auf der Straße o. in einem Park) sind ebenfalls erfasst; das gilt nur nicht für Situationen, in denen der Vertragsschluss zumindest in einem mobilen Geschäftsraum i.S.d. § 312b Abs. 2 2. Alt. erfolgt. Ob sich der Ort des Vertragsschlusses irgendwie auf die Willensbildung des Verbrauchers ausgewirkt hat, ist irrelevant. Ein Kausalitätserfordernis gibt es also nicht. Da eine gleichzeitige körperliche Anwesenheit erforderlich ist, fallen Vertragsschlüsse am Telefon, im Internet oder im Wege des Teleshoppings nicht unter diese Regelung.

1365 (1368); Janal, WM 2012, 2314 (2315); Meier, ZIP 2015, 1156 ff.; Schürnbrand, WM 2014, 1157; a.A. v. Loewenich, NJW 2014, 1409 (1410 f.); ders., WM 2015, 113 ff.; Stackmann NJW 2014, 2403.

9   EuGH NJW 1998, 1295 Rn. 22 („Dietzinger").
10   BGHZ 165, 363 Rn. 13; BGHZ 171, 180 Rn. 36.
11   BeckOGK/Busch, Stand 15.4.2019, § 312 Rn. 19.1; Palandt/Grüneberg, § 312 Rn. 5; PWW/Stürner, § 312 Rn. 7; Stürner, Jura 2015, 341 (346); a.A. Hoffmann, ZIP 2015, 1365 (1368 f.) Schürnbrand, WM 2014, 1157 (1161).
12   EuGH EuZW 2018, 742; BGH WM 2019, 936 Rn. 20 ff.

■ **Abgabe des Angebots des Verbrauchers** auf Abschluss eines Vertrages an einem **Ort, der kein Geschäftsraum des Unternehmers** ist (§ 312 b Abs. 1 S. 1 Nr. 2). Dem Wortlaut nach müssen die Umstände des § 312 b Abs. 1 S. 1 Nr. 1 gegeben sein, also gleichzeitige Anwesenheit von Verbraucher und Unternehmer.[13] § 312 b Abs. 1 S. 1 Nr. 2 verzichtet daher nur auf die Annahme des Angebots durch den Unternehmer. Dahinter steht die Erwägung, dass der Verbraucher unabhängig davon, wo der Unternehmer die Annahme erklärt, schon schutzbedürftig ist, wenn er außerhalb von Geschäftsräumen rechtsgeschäftlich handelt.[14] Auch hier kommt es nicht darauf an, ob das Angebot des Verbrauchers durch die Situation veranlasst wurde.

■ **Vertragsschluss in den Geschäftsräumen des Unternehmers oder durch Fernkommunikationsmittel,** sofern der Verbraucher **unmittelbar zuvor** außerhalb der Geschäftsräume des Unternehmers bei gleichzeitiger körperlicher Anwesenheit des Verbrauchers und des Unternehmers **persönlich und individuell angesprochen** wurde (§ 312 b Abs. 1 S. 1 Nr. 3). Auch hier ist keine Kausalität zwischen dem Ansprechen und dem Vertragsschluss notwendig. Erforderlich ist aber ein enger zeitlicher Zusammenhang, weil die Ansprache unmittelbar zuvor erfolgt sein muss.[15] Wegen der Notwendigkeit einer persönlichen und individuellen Ansprache und der verlangten gleichzeitigen körperlichen Anwesenheit genügt eine Vertragsanbahnung per Telefon, Internet oder Teleshopping nicht.

■ **Vertragsschluss auf einem Ausflug, der vom Unternehmer oder mit seiner Hilfe organisiert wurde,** um beim Verbraucher für den Verkauf von Waren oder die Erbringung von Dienstleistungen zu werben und mit ihm entsprechende Verträge abzuschließen (§ 312 b Abs. 1 S. 1 Nr. 4). Da § 312 b Abs. 1 S. 1 Nr. 1 bereits Vertragsschlüsse außerhalb der Geschäftsräume erfasst, spielt diese Regelung nur eine Rolle, wenn es bei dem Ausflug (z.B. Kaffeefahrt) zum Vertragsschluss in einem Geschäftsraum des Unternehmers gekommen ist. Maßgeblich ist auch hier allein der Ort des Vertragsschlusses. Es genügt nicht, dass der Verbraucher den Vertrag erst nach einem solchen Ausflug schließt.

Wenn **aufseiten des Verbrauchers ein Stellvertreter** handelt, müssen die situativen Voraussetzungen in dessen Person vorliegen.[16] Das ergibt sich schon daraus, dass es um den Schutz vor Überrumpelungen geht und diese Gefahr dem in der Situation befindlichen Stellvertreter droht, der ja eine eigene Willenserklärung mit Wirkung für den Verbraucher abgibt. Im Übrigen kann auf den Rechtsgedanken des § 166 Abs. 1 verwiesen werden. **12**

§ 312 b Abs. 1 S. 2 stellt dem **Unternehmer** alle Personen gleich, die **in seinem Namen oder Auftrag** handeln. Er muss also nicht persönlich anwesend sein oder selbst den Verbraucher angesprochen haben. Der Unternehmer muss sich folglich nicht nur das Handeln eines Stellvertreters zurechnen lassen, sondern auch dasjenige eines in seinem Namen oder Auftrag auftretenden **Vermittlers,** selbst wenn er nichts davon wusste. **13**

---

13   BeckOGK/Busch, Stand 15.4.2019, § 312 b Rn. 15; Palandt/Grüneberg, § 312 b Rn. 5.
14   BT-Drucks. 17/12637, S. 49.
15   BeckOK-BGB/Maume, § 312 b Rn. 19; Erman/Koch, § 312 b Rn. 21; Palandt/Grüneberg, § 312 b Rn. 6; Förster, JA 2014, 721 (726); Hilbig-Lugani, ZJS 2013, 441 (448).
16   BGH NJW 2005, 664 (668); BGH NJW 2006, 2118 Rn. 18; BeckOGK/Busch, Stand 15.4.2019, § 312 b Rn. 28; Erman/Koch, § 312 b Rn. 8; Palandt/Grüneberg § 312 b Rn. 8. Zur Vertiefung: Hoffmann, Verbraucherwiderruf bei Stellvertretung, JZ 2012, 1156.

14   Wie es zum Vertragsabschluss (bzw. zur Abgabe des Angebots) außerhalb der Ge-
      schäftsräume des Unternehmers gekommen ist, ist abgesehen vom Fall des vorherigen
      Ansprechens (§ 312b Abs. 1 S. 1 Nr. 3) irrelevant. Insbesondere spielt es keine Rolle,
      ob der **Verbraucher den Unternehmer aufgefordert** hat, ihn an einem anderen Ort als
      dem Geschäftsraum aufzusuchen; eine Ausnahme gilt nur, wenn die ausdrückliche
      Aufforderung erfolgte, damit der Unternehmer dringende Reparatur- oder Instandhal-
      tungsarbeiten vornimmt (§ 312g Abs. 2 Nr. 11).

cc) Ausschluss des Widerrufsrechts

15   Das Widerrufsrecht ist ausgeschlossen, wenn die gesamten Regelungen zum Außerge-
      schäftsraumvertrag nach **§ 312 Abs. 2–7** nicht anwendbar sind (siehe § 33 Rn. 18). Be-
      sonders hervorzuheben ist die in § 312 Abs. 2 Nr. 12 geregelte Bagatellgrenze. Sie greift
      ein, wenn die Leistungen sofort erbracht und bezahlt werden und das vom Verbrau-
      cher zu leistende Entgelt 40 € nicht übersteigt. Bei einem als Außergeschäftsraumver-
      trag geschlossenen Reisevertrag besteht das Widerrufsrecht nur, wenn die mündlichen
      Verhandlungen, die zum Vertragsschluss geführt haben, nicht auf vorherige Bestellung
      des Verbrauchers geführt wurden (§ 312 Abs. 7 S. 2). Bei Wohnraummietverträgen be-
      steht kein Widerrufsrecht, sofern der Mieter die Wohnung zuvor besichtigt hat (§ 312
      Abs. 4 S. 2).

16   § 312g Abs. 2 zählt eine Reihe von Verträgen auf, bei denen **lediglich das Widerrufs-
      recht ausgeschlossen** ist, während die übrigen Sonderbestimmungen für Außerge-
      schäftsraumverträge (insb. Informationspflichten nach § 312d) gelten. Hier handelt es
      sich vor allem um Gestaltungen, in denen eine Rückabwicklung des Vertrages für den
      Unternehmer besonders belastend ist. So besteht ein Widerrufsrecht beispielsweise
      nicht bei Verträgen zur Lieferung von Waren (Kauf- und Werklieferungsverträge, nicht
      jedoch Werkverträge),[17] die individuell auf den Verbraucher zugeschnitten wurden
      (§ 312g Abs. 2 S. 1 Nr. 1), schnell verderben können (§ 312g Abs. 2 S. 1 Nr. 2) oder
      wenn die Ware nach ihrer Lieferung auf Grund ihrer Beschaffenheit untrennbar mit
      anderen Gütern vermischt wurde (z.B. Heizöl, § 312g Abs. 2 S. 1 Nr. 4). Ferner besteht
      kein Widerrufsrecht bei der Lieferung versiegelter Waren, die aus Gründen des Ge-
      sundheitsschutzes (z.B. Arzneimittel) oder der Hygiene nicht zur Rückgabe geeignet
      sind, sofern die Versiegelung entfernt wurde (§ 312g Abs. 2 S. 1 Nr. 3). Der EuGH ver-
      steht diese Ausnahmeregelung eng und nimmt einen Ausschluss des Widerrufsrechts
      nur an, wenn die Sache nach Entfernung der Versiegelung endgültig nicht mehr ver-
      kehrsfähig ist, weil sie nicht oder nur unter übermäßig großen Schwierigkeiten wieder
      verkaufsfähig gemacht werden kann; für eine Matratze, deren Schutzfolie entfernt
      worden war, wurde das verneint.[18] Als weiteren Ausschlussgrund nennt § 312g Abs. 2
      S. 1 Nr. 7 die Lieferung von Zeitungen, Zeitschriften oder Illustrierten, sofern es sich
      nicht um einen Abonnement-Vertrag handelt. § 312g Abs. 2 S. 1 Nr. 9 schließt das Wi-
      derrufsrecht bei Dienstleistungen im Bereich der Beherbergung aus. Pauschalreisever-
      träge (§ 651a) werden hiervon nicht erfasst, da § 312 Abs. 7 S. 2 nur § 312g Abs. 1,
      nicht aber Abs. 2 für anwendbar erklärt. Bei Streitigkeiten über das Vorliegen von Aus-
      schlusstatbeständen trägt der Unternehmer die Beweislast.[19]

---

17   BGH NJW 2018, 3380 Rn. 24.
18   EuGH NJW 2019, 1507.
19   MünchKomm/Wendehorst, § 312g Rn. 59; Palandt/Grüneberg, § 312g Rn. 3.

Das in § 312 g Abs. 1 geregelte Widerrufsrecht ist **subsidiär**. Sofern ein Widerrufsrecht 17 aufgrund der §§ 495, 506 bis 512 besteht, ist der Widerruf nach § 312 g Abs. 1 ausgeschlossen (§ 312 g Abs. 3 S. 1). Soweit ein Widerrufsrecht nach § 485 besteht, liegt ein Vertrag vor, auf den die §§ 312 ff. ohnehin nicht anwendbar sind (§ 312 Abs. 2 Nr. 6). Das Gleiche für den Verbraucherbauvertrag (§ 312 Abs. 2 Nr. 3). Demgegenüber wird das für unentgeltliche Darlehensverträge und unentgeltliche Finanzierungshilfen geltende Widerrufsrecht nach §§ 514 Abs. 2 S. 2, 515 durch § 312 g Abs. 1 verdrängt.

b) Fernabsatzvertrag

§ 312 g Abs. 1 gewährt dem Verbraucher das Recht, einen Fernabsatzvertrag zu widerrufen.[20] Das ist nach § 312 c Abs. 1 ein Verbrauchervertrag, der unter ausschließlicher 18 Verwendung von Fernkommunikationsmitteln geschlossen wurde. Die Sondervorschriften für Fernabsatzverträge beruhen auf der Erwägung, dass der Verbraucher aufgrund der Art und Weise des Vertragsabschlusses keine Gelegenheit hat, die vom Unternehmer zu erbringende Leistung zuvor in Augenschein zu nehmen. Die Vorschriften setzen die VerbrRL und die Richtlinie über den Fernabsatz von Finanzdienstleistungen an Verbraucher (2002/65/EG) um.

aa) Verbrauchervertrag über eine entgeltliche Leistung

Die Vorschriften zum Fernabsatzvertrag in § 312 c finden nach § 312 Abs. 1 nur An- 19 wendung auf **Verbraucherverträge i.S.d. § 310 Abs. 3**, die eine **entgeltliche Leistung des Unternehmers** zum Gegenstand haben. Nach dem Willen des Gesetzgebers sollen nur Verträge erfasst sein, mit denen sich der Unternehmer zur **Lieferung einer Ware oder Erbringung einer Dienstleistung** verpflichtet. Anders als beim Außergeschäftsraumvertrag dürfte diese Eingrenzung auch richtlinienkonform sein, da die Definition des Fernabsatzvertrages in Art. 2 Nr. 7 VerbrRL auf ein für den Fernabsatz organisiertes Vertriebs- oder Dienstleistungssystem abstellt. Verträge, bei denen sich der Verbraucher zur Warenlieferung oder Dienstleistungserbringung verpflichtet, sind daher nicht erfasst. Zu den Dienstleistungen gehören auch die in § 312 Abs. 5 aufgezählten Finanzdienstleistungen (Bankdienstleistungen sowie Dienstleistungen im Zusammenhang mit einer Kreditgewährung, Versicherung, Altersversorgung, Geldanlage oder Zahlung) und es muss sich beim abgeschlossenen Vertrag auch nicht um einen Dienstvertrag handeln, sodass z.B. auch ein Maklervertrag (§ 652) erfasst sein kann.[21]

bb) Ausschließliche Verwendung von Fernkommunikationsmitteln

Ein Fernabsatzvertrag liegt gemäß § 312 c Abs. 1 nur vor, wenn sowohl für die **Ver-** 20 **tragsverhandlungen** als auch für den **Vertragsschluss ausschließlich Fernkommunikationsmittel** verwendet werden. Er ist nicht gegeben, wenn der Verbraucher mit dem Unternehmer im Wege der Direktkommunikation (z.B. im Ladengeschäft) Vertragsverhandlungen führt, der Vertrag selbst aber erst später unter ausschließlicher Verwendung von Fernkommunikationsmitteln geschlossen wird. Das Gleiche gilt im umgekehrten Fall, in dem die Vertragsverhandlungen mittels Fernkommunikation stattfinden, der Vertrag selbst aber durch eine direkte Kommunikation geschlossen wird. Al-

---

20 Zur Vertiefung (neben den in § 33 Fn. 1 Genannten): Hilbig-Lugani, Neuerungen im Außergeschäftsraum- und Fernabsatzwiderrufsrecht, ZJS 2013, 441, 545; Stürner, Fernabsatzverträge, Jura 2015, 690.
21 BGH NJW 2017, 1024 Rn. 33, 37.

lerdings ist zwischen Vertragsverhandlungen und einer bloßen Information zu unterscheiden. Nach dem Willen des Unionsgesetzgebers soll ein Fernabsatzvertrag auch dann noch vorliegen, wenn der Verbraucher sich in den Geschäftsräumen über die Waren oder Dienstleistungen informiert und anschließend den Vertrag aus der Ferne verhandelt und abschließt.[22] Für Vertragsverhandlungen genügt es daher noch nicht, dass sich der Verbraucher im Geschäft des Unternehmers sämtliche für ihn relevante Informationen beschafft,[23] sondern es muss bereits ein kommunikativer Austausch zwischen Verbraucher und Unternehmer über den Abschluss des Vertrages stattgefunden haben.[24]

21   **Fernkommunikationsmittel** sind nach § 312 c Abs. 2 alle Kommunikationsmittel, die zur Anbahnung oder zum Abschluss eines Vertrages eingesetzt werden können, ohne dass die Vertragsparteien gleichzeitig körperlich anwesend sind. Beispielhaft genannt sind Briefe, Kataloge, Telefonanrufe, Telekopien, E-Mails, über den Mobilfunkdienst versendete Nachrichten (SMS) sowie Rundfunk und Telemedien (zum Begriff siehe § 34 Rn. 6). Erfasst werden etwa Internet-Shops, Teleshopping und Telebanking. Die Verhandlungs- und Vertragsparteien müssen nicht die gleichen Fernkommunikationsmittel benutzen.

22   Der Vertragsschluss im Fernabsatz setzt den Unternehmer nicht nur wegen des Widerrufsrechts, sondern vor allem wegen der umfangreichen Informationspflichten (§ 312 d) einer nicht unerheblichen Belastung aus, auf die er sich auch organisatorisch einstellen muss. § 312 c Abs. 1 2. HS schließt daher Vertragsabschlüsse aus, die nicht im Rahmen eines **für den Fernabsatz organisierten Vertriebs- oder Dienstleistungssystems** erfolgen. Ob ein solches System besteht, hängt davon ab, ob sich der Unternehmer personell, sachlich und organisatorisch darauf eingerichtet hat, regelmäßig Fernabsatzgeschäfte zu tätigen.[25] Dadurch werden vor allem Unternehmer, die an sich nur im stationären Handel tätig sind, vor den Anforderungen des Fernabsatzrechts geschützt, wenn sie dennoch gelegentlich Verträge per Telefon oder E-Mail mit Verbrauchern abschließen. Wer aber als Betreiber eines Ladengeschäfts ausdrücklich mit der Möglichkeit telefonischer Bestellungen wirbt, verfügt bereits über ein ausreichendes Vertriebssystem.

cc) Ausschluss des Widerrufsrechts

23   Wie beim Außergeschäftsraumvertrag besteht auch beim Fernabsatzvertrag kein Widerrufsrecht, soweit § 312 **Abs. 2** die Anwendung der §§ 312 ff. ausschließt (siehe Rn. 15, § 33 Rn. 18). Für den Fernabsatzvertrag gelten ferner auch die in § 312 g **Abs. 2** genannten Ausschlussgründe (siehe Rn. 16). Praktisch wichtig ist insbes. der Ausschluss des Widerrufsrechts bei Versteigerungen (§ 312 g Abs. 2 S. 1 Nr. 10). Er erfasst aber nur Versteigerungen, bei denen der Verbraucher persönlich anwesend ist oder sein kann. Internet-Auktionen fallen mithin nicht unter diese Regelung. Zum Konkurrenzverhältnis zu **anderen Widerrufsrechten** siehe Rn. 17.

---

22 Erwägungsgrund 20 VerbrRL.
23 So aber wohl Palandt/Grüneberg, § 312 c Rn. 4.
24 Ähnlich BeckOGK/Busch, Stand 15.4.2019, § 312 c Rn. 20; BeckOK-BGB/Martens, § 312 c Rn. 15; Brinkmann/Ludwigkeit, NJW 2014, 3270 (3273 f.); Brönneke/Schmidt, VuR 2014, 3 (4).
25 BT-Drucks. 14/2648, S. 30; BGH NJW 2018, 690 Rn. 19.

3. Widerrufserklärung

a) Erklärung des Widerrufs

Der Widerruf ist eine **einseitige, empfangsdürftige Willenserklärung**, durch die der Verbraucher ausdrücklich oder konkludent zu erkennen gibt, dass er den Vertrag nicht mehr gelten lassen will. Eine Begründung ist, wie § 355 Abs. 1 S. 4 bestimmt, nicht erforderlich; § 355 Abs. 1 S. 3 verlangt aber, dass der Entschluss des Verbrauchers zum Widerruf aus seiner Erklärung deutlich hervorgehen muss. Dadurch werden konkludente Erklärungen nicht ausgeschlossen, soweit sie nur bei der maßgeblichen Beurteilung vom objektiven Empfängerhorizont eindeutig erkennen lassen, dass der Verbraucher den Vertrag beseitigen will.[26] Es handelt sich um eine **Gestaltungserklärung**, die nicht unter einer auflösenden oder aufschiebenden Bedingung erfolgen kann. Sind mehrere Verbraucher Vertragspartner, muss der der Widerruf nicht gemeinsam erklärt werden (anders als ein Rücktritt, vgl. § 351 S. 1).[27] Widerruft nur einer der Verbraucher, wirkt das nur im Verhältnis zwischen ihm und dem Unternehmer; allerdings soll sich das nach § 139 regelmäßig auch auf das Vertragsverhältnis der anderen Verbraucher mit dem Unternehmer auswirken.[28] Hierfür ist freilich eine analoge Anwendung des § 139 erforderlich, da der Widerruf nicht zur Nichtigkeit des Vertrages führt.[29]

24

b) Form der Widerrufserklärung

Die Widerrufserklärung ist **formlos** möglich. § 355 Abs. 1 S. 2 verlangt lediglich die Erklärung des Widerrufs gegenüber dem Unternehmer. Diese Erklärung kann auch mündlich erfolgen;[30] die Textform muss nicht eingehalten werden. Die bloße kommentarlose Rücksendung der Ware genügt jedoch nicht, weil § 355 Abs. 1 S. 3 eine hinreichend eindeutige Erklärung verlangt.[31] Das wird durch Erwägungsgrund 44 der VerbrRL bestätigt. Dort heißt es, die Anforderung an eine eindeutige Widerrufserklärung könne durch „Rücksendung der Ware, begleitet von einer deutlichen Erklärung" erfüllt sein. Im Vertrag kann aber vereinbart werden, dass zur Ausübung des Widerrufs die Rücksendung der Ware genügt. Außerdem kann der Unternehmer dem Verbraucher bei Außergeschäftsraum- und Fernabsatzverträgen ein **Widerrufsformular** zur Verfügung stellen (§ 356 Abs. 1 S. 1); hierbei kann das Muster-Widerrufsformular nach Anlage 2 zu Art. 246a § 1 Abs. 2 S. 1 Nr. 1 EGBGB verwendet werden. Zulässig ist aber auch eine andere eindeutige Widerrufserklärung auf der Webseite des Unternehmers, die vom Verbraucher ausgefüllt und übermittelt werden kann.

25

---

26 Schmidt/Brönneke, VuR 2013, 448 (454); einschränkend (sprachliche Äußerung erforderlich) BeckOGK/Mörsdorf, Stand 1.5.2019, § 355 Rn. 56.
27 BGHZ 212, 207 Rn. 13 ff.; BeckOGK/Mörsdorf, Stand 1.5.2019, § 355 Rn. 47; MünchKomm/Fritsche, § 355 Rn. 36; Schwab JuS 2017, 461 (462); a.A. Staudinger/Kaiser (2012), § 355 Rn. 43.
28 BGHZ 212, 207 Rn. 22.
29 Schwab JuS 2017, 461 (462).
30 BeckOK-BGB/Müller-Christmann, § 355 Rn. 25; Palandt/Grüneberg, § 355 Rn. 6; a.A. Hilbig-Lugani, ZJS 2013, 545.
31 BT-Drucks. 17/12637 S. 60; BeckOGK/Mörsdorf, Stand 1.5.2019, § 355 Rn. 57; Erman/Koch, § 355 Rn. 7; Palandt/Grüneberg, § 355 Rn. 5; Artz/Brinkmann/Ludwigkeit, jM 2014, 222 (224); Förster, JA 2014, 801; Heinig, MDR 2012, 323 (326); Hilbig-Lugani, ZJS 2013, 545; Schmidt/Brönneke, VuR 2013, 448 (454); Unger, ZEuP 2012, 270 (289); a.A. jurisPK-BGB/Hönninger, § 355 Rn. 21; Hoffmann/Schneider NJW 2015, 2529 ff.; Janal, WM 2012, 2314 (2320).

c) Widerrufsfrist

26   Die Wirkungen des Widerrufs treten nur ein, wenn er fristgerecht erfolgt (§ 355 Abs. 1 S. 1). § 355 Abs. 2 regelt Beginn und Dauer der Widerrufsfrist allgemein für alle Widerrufsrechte i.S.d. § 355 Abs. 1. Danach beträgt die Widerrufsfrist **14 Tage** (§ 355 Abs. 2 S. 1). Sie **beginnt mit Vertragsschluss** (§ 355 Abs. 2 S. 2). Das gilt jedoch nur dann, wenn nichts anderes bestimmt ist. Solche **Sonderbestimmungen** finden sich in den §§ 356–356 c für Außergeschäftsraum- und Fernabsatzverträge (§ 356), Teilzeitwohnrechte- und ähnliche Verträge i.S.d. § 485 (§ 356 a), Verbraucherdarlehensverträge (§ 356 b), Ratenlieferungsverträge (§ 356 c), unentgeltliche Darlehensverträge und Finanzierungshilfen (§ 356 d) und Verbraucherbauverträge (§ 356 e). Während damit zwar für alle Widerrufsrechte die gleiche Frist von 14 Tagen gilt, kommt der in § 355 Abs. 2 S. 2 genannte Regelfristbeginn mit Vertragsschluss uneingeschränkt nur bei Verträgen mit entgeltlichem Zahlungsaufschub oder sonstigen entgeltlichen Finanzierungshilfen (§§ 506 Abs. 1, 495) sowie Fernunterrichtsverträgen (§ 4 FernUSG) zur Anwendung.

aa) Außergeschäftsraum- und Fernabsatzverträge

27   Bei Außergeschäftsraumverträgen sowie Fernabsatzverträgen macht § 356 Abs. 2 den Beginn der Frist zunächst von der Vertragsart abhängig.[32] Dabei stellt § 356 Abs. 2 Nr. 1 für den **Verbrauchsgüterkauf** für verschiedene Konstellationen darauf ab, dass der Verbraucher die Ware erhalten hat, während § 356 Abs. 2 Nr. 2 für bestimmte Wasser- und Energielieferungsverträge sowie für Verträge über die Lieferung von nicht auf einem körperlichen Datenträger befindlichen digitalen Inhalten den Vertragsschluss für maßgeblich erklärt. Das Gleiche gilt für alle anderen Verträge, da für diese mangels Sonderregelung § 355 Abs. 2 S. 2 gilt. Unabhängig von der Vertragsart beginnt die Widerrufsfrist nach § 356 Abs. 3 S. 1 aber nicht, bevor der Unternehmer den Verbraucher nicht **ordnungsgemäß über das Widerrufsrecht informiert** hat. Welche Informationen zu erteilen sind, ergibt sich aus Art. 246 a § 1 Abs. 2 S. 1 Nr. 1 EGBGB bzw. Art. 246 b § 2 Abs. 1 EGBGB (Finanzdienstleistungsvertrag). Hierzu kann der Unternehmer die **Musterwiderrufsbelehrung** nach Anlage 1 zu Art. 246 a § 1 Abs. 2 EGBGB bzw. Anlage 3 zu Art. 246 b § 2 Abs. 3 EGBGB verwenden.

28   Bleibt die Belehrung aus oder ist sie fehlerhaft, **erlischt** das Widerrufsrecht § 356 Abs. 3 S. 2 zufolge zwölf Monate und 14 Tage nach dem nach § 356 Abs. 2 oder § 355 Abs. 2 S. 2 maßgeblichen Zeitpunkt. § 356 Abs. 3 S. 1 ist aber mit Blick auf Art. 10 Abs. 2 VerbrRL richtlinienkonform dahingehend auszulegen, dass eine Nachholung der Belehrung möglich ist und mit ihr die reguläre Widerrufsfrist von 14 Tagen beginnt.[33] Bei **Verträgen über Finanzdienstleistungen** gilt § 356 Abs. 3 S. 2 jedoch nicht (§ 356 Abs. 3 S. 3). Hier erlischt das Widerrufsrecht nur, wenn der Vertrag von beiden Seiten auf ausdrücklichen Wunsch des Verbrauchers vollständig erfüllt wurde, sofern der Verbraucher den Vertrag nicht schon vorher widerrufen hat, § 356 Abs. 4 S. 3. Solange die vollständige Erfüllung ausbleibt, besteht ein ewiges Widerrufsrecht. Dieser Unterschied zu anderen Verträgen, die als Außergeschäftsraum- oder Fernabsatzverträge geschlossen wurden, erklärt sich aus dem Umstand, dass die VerbrRL für Finanzdienstleistungen nicht gilt und die insoweit einschlägige Richtlinie über den Fernabsatz

---

32   Zur Vertiefung: Janal, Der Beginn der Widerrufsfrist im neuen Fernabsatzrecht, VuR 2015, 43.
33   Koch, JZ 2014, 758 (761); Wendehorst, NJW 2014, 577 (582).

von Finanzdienstleistungen 2002/65/EG kein Erlöschen des Widerrufsrechts kennt. Für **Dienstleistungsverträge** und Verträge über die Lieferung von nicht auf einem körperlichen Datenträger befindlichen **digitalen Inhalten** enthält § 356 Abs. 4, 5 Sonderregelungen zum Erlöschen des Widerrufsrechts; im Kern wird hier darauf abgestellt, ob die Vertragserfüllung mit ausdrücklicher Zustimmung des Verbrauchers bereits begonnen hat.

bb) Andere Verbraucherverträge

Bei den **Teilzeitwohnrechteverträgen** stellt § 356 a Abs. 1 für den Fristbeginn auf den Vertragsschluss, den Abschluss des Vorvertrags oder die nach Vertragsschluss erfolgte Aushändigung der Vertragsurkunde ab. Die Frist beginnt aber nicht vor Erteilung der vorvertraglichen Informationen nach § 482 und Überlassung der nach § 482 a erforderlichen Widerrufsbelehrung, § 356 a Abs. 2 S. 1, Abs. 3 S. 1. Ohne ordnungsgemäße vorvertragliche Information erlischt das Widerrufsrecht drei Monate und 14 Tagen nach dem in § 356 a Abs. 1 genannten Zeitpunkt, § 356 a Abs. 2 S. 2. Bei nicht ordnungsgemäßer Widerrufsbelehrung beträgt diese Frist zwölf Monate und 14 Tage, § 356 a Abs. 3 S. 2.

29

Für **Verbraucherdarlehensverträge** knüpft § 356 b Abs. 1 den Fristbeginn an die Aushändigung der Vertragsurkunde. Die Frist beginnt jedoch bei einem **Allgemein-Verbraucherdarlehensvertrag** (§ 491 Abs. 1 S. 1) nach § 356 b Abs. 2 S. 1 nicht bevor dem Verbraucher die in § 492 Abs. 2 vorgesehenen Informationen mit der Vertragsurkunde zur Verfügung gestellt wurden. Wird diese Information nachgeholt, beginnt zwar die Widerrufsfrist, aber sie verlängert sich auf einen Monat, § 356 b Abs. 2 S. 3. Solange keine Nachholung erfolgt ist, kommt die Widerrufsfrist nicht in Gang, so dass ein ewiges Widerrufsrecht besteht. Dieses Recht kann auch nicht verjähren: Zum einen handelt es sich nicht um einen Anspruch (und nur solche können verjähren, vgl. § 194 Abs. 1) und zum anderen findet die für das Rücktrittsrecht geltende Vorschrift des § 218 auf das Widerrufsrecht keine analoge Anwendung.[34] Möglich ist aber eine Verwirkung nach § 242 (siehe § 6 Rn. 15). Anders liegen die Dinge jedoch bei einem **Immobiliar-Verbraucherdarlehensvertrag** (§ 491 Abs. 3 S. 1). Hier kommt es mit der Aushändigung der Vertragsurkunde nur dann nicht zum Fristbeginn, wenn sie die Pflichtangaben zum Widerrufsrecht nach § 492 Abs. 2 i. V. m. Art. 247 § 6 Abs. 2 EGBGB nicht enthält; das Fehlen der anderen nach § 492 Abs. 2 erforderlichen Angaben ist unschädlich. Soweit die Widerrufsinformationen fehlen, kommt die Frist wie beim Allgemein-Verbraucherdarlehensvertrag in Gang, wenn die Information nachgeholt wird, § 356 b Abs. 2 S. 3. Kommt es hierzu nicht, erlischt das Widerrufsrecht jedoch spätestens zwölf Monate und 14 Tage nach Vertragsschluss bzw. Aushändigung der Vertragsurkunde, § 356 b Abs. 2 S. 4. Dass es hier kein ewiges Widerrufsrecht gibt, erklärt sich aus den unterschiedlichen Regelungen, die die Verbraucherkreditrichtlinie 2008/48/EG und die Wohnimmobilienkreditrichtlinie 2014/17/EU getroffen haben.

30

Bei **Ratenlieferungsverträgen**, die im Fernabsatz oder außerhalb von Geschäftsräumen geschlossen werden, gilt für die Widerrufsfrist § 356. Für auf anderen Wegen geschlossene Ratenlieferungsverträge stellt § 356 c Abs. 1 auf die Erteilung der Widerrufsbelehrung ab. Bei Mängeln kommt die Frist nicht in Gang; sie erlischt aber zwölf Monate und 14 Tage nach dem Vertragsschluss, § 356 c Abs. 2. Bei **unentgeltlichen Darlehens-**

31

---

34 BGH NJW 2018, 225 Rn. 18 m. w. N.

verträgen und **unentgeltlichen Finanzierungshilfen** beginnt die Frist erst mit der nach § 514 Abs. 2 S. 3 erforderlichen Belehrung über das Widerrufsrecht, § 356 d S. 1. Es erlischt spätestens zwölf Monate und 14 Tage nach Vertragsschluss bzw. dem Zeitpunkt der Belehrung, § 356 d S. 2. Das Gleiche gilt der Sache nach für **Verbraucherbauverträge**, § 356 e.

d) Wahrung der Widerrufsfrist

32   Für die **fristgerechte Ausübung** des Widerrufsrechts genügt nach § 355 Abs. 1 S. 5 die rechtzeitige Absendung des Widerrufs; ein späterer Zugang schadet nicht. Der Zugang ist aber Voraussetzung für die Wirksamkeit des Widerrufs, da es sich um eine empfangsbedürftige Willenserklärung handelt. § 355 Abs. 1 S. 5 hilft daher nur über einen nach Ablauf der Widerrufsfrist eingetretenen Zugang hinweg, nicht aber über einen fehlenden Zugang. Fügt der Verbraucher seine Widerrufserklärung der zurückgesandten Ware bei und kommt diese Sendung nicht beim Unternehmer an, fehlt es an einem solchen Zugang.[35] Zwar trägt der Unternehmer die Gefahr der Rücksendung (§ 355 Abs. 3 S. 4), aber die bloße Rücksendung ist als Widerrufserklärung nicht geeignet (siehe Rn. 25). Deshalb erstreckt sich die Gefahrtragung nicht auf die Widerrufserklärung selbst. Das ergibt sich auch aus dem Wortlaut der Regelung, demzufolge der Unternehmer die Gefahr der Rücksendung „bei Widerruf" trägt, also erst dann, wenn ein wirksamer Widerruf erfolgt ist. Man wird aber die Rechtzeitigkeit des Widerrufs – den für die Rechtzeitigkeit der Anfechtung entwickelten Grundsätzen (§ 121 Abs. 1 S. 2) folgend – noch bejahen können, wenn der Verbraucher seine Widerrufserklärung unverzüglich wiederholt.[36]

III. Rechtsfolgen des Widerrufs

33   Mit dem Wirksamwerden des Widerrufs wandelt sich der Vertrag in ein **Rückgewährschuldverhältnis** um. Dies ergibt sich aus der mit § 355 Abs. 3 S. 1 angeordneten Rückgewährpflicht und den dazu geltenden Regelungen der §§ 357–357 d. Die Einzelheiten sind in weitem Umfang von der Art des widerrufenen Vertrages abhängig.[37]

1. Rückgewähr empfangener Leistungen

a) Überblick

34   § 355 Abs. 3 S. 1 verpflichtet die Parteien des Vertrages zur **unverzüglichen Rückgewähr der empfangenen Leistungen.** Diese Anspruchsgrundlage gilt für alle wirksam widerrufenen Verträge. Der Umfang des Rückgewähranspruchs sowie die Frist zur Rückgewähr werden jedoch von den §§ 357–357 d für die meisten widerruflichen Verträge modifiziert. Für den Außergeschäftsraumvertrag sowie Fernabsatzverträge, die keine Finanzdienstleistungen betreffen, gilt § 357, während die Rechtsfolgen des Widerrufs eines Vertrages über eine Finanzdienstleistung (einschließlich des Verbraucherdarlehensvertrages, des unentgeltlichen Darlehensvertrages und der entgeltlichen oder unentgeltlichen Finanzierungshilfe) durch § 357 a spezifiziert werden. § 357 b regelt die Widerrufsfolgen bei Teilzeitwohnrechteverträgen und ähnlichen Verträgen und § 357 c befasst sich mit Ratenlieferungsverträgen, die nicht im Fernabsatz oder außerhalb von

---

35 BeckOGK/Mörsdorf, Stand 1.5.2019, § 355 Rn. 54; a.A. Palandt/Grüneberg, § 355 Rn. 7.
36 MünchKomm/Fritsche, § 355 Rn. 57; a.A. BeckOGK/Mörsdorf, Stand 1.5.2019, § 355 Rn. 55.
37 Zur Vertiefung: Stürner, Rechtsfolgen des Widerrufs bei Verbraucherverträgen, Jura 2016, 374.

Geschäftsräumen geschlossen wurden. § 357 d regelt die Widerrufsfolgen bei Verbraucherbauverträgen.

b) Inhalt und Modalitäten des Rückgewähranspruchs

Beim Außergeschäftsraum- sowie beim Fernabsatzvertrag (soweit es nicht um Finanzdienstleistungen geht) und beim anderweitig abgeschlossenen Ratenlieferungsvertrag erstreckt sich die **Rückgewährpflicht des Unternehmers** gem. § 357 Abs. 2 S. 1 (beim Ratenlieferungsvertrag i.V.m. § 357 c S. 1) auch auf die **vom Verbraucher gezahlten Lieferkosten**. Von dieser praktisch wichtigen Regelung macht § 357 Abs. 2 S. 2 eine Ausnahme, wenn dem Verbraucher dadurch zusätzliche Kosten entstanden sind, weil er eine andere als die vom Unternehmer angebotene günstigste Standardlieferung gewählt hat (z.B. Expresslieferung). Wie sich aus dem Wort „soweit" ergibt, entfällt die Erstattung der Lieferkosten aber nur im Hinblick auf die Zusatzkosten, d.h., der Verbraucher kann auch dann die Kosten der Standardlieferung verlangen.[38] Für den Regelfall, dass der Unternehmer eine Geldleistung des Verbrauchers zurückzugewähren hat, muss hierzu dasselbe **Zahlungsmittel** verwendet werden, das der Verbraucher bei der Zahlung verwendet hat, § 357 Abs. 3 S. 1. Bei Zahlung durch Überweisung muss also eine Rücküberweisung erfolgen, bei Kreditkartenzahlungen eine Rückbuchung. Eine Rückzahlung durch Ausstellung eines Gutscheins ist nur möglich, wenn der Verbraucher mit einem Gutschein bezahlt hat. Etwas anderes gilt nur dann, wenn es ausdrücklich von den Parteien vereinbart worden ist und dem Verbraucher dadurch keine Kosten entstehen (§ 357 Abs. 3 S. 2). Bei Teilzeitwohnrechteverträgen muss der Unternehmer auch die Kosten des Vertrags, seiner Durchführung und seiner Rückabwicklung erstatten, § 357 b Abs. 1 S. 1.

Die **Rückgewährpflicht des Verbrauchers** umfasst beim Außergeschäftsraum- und Fernabsatzvertrag sowie wegen § 357 c S. 1 auch beim anderweitig abgeschlossenen Ratenlieferungsvertrag die unmittelbaren **Kosten der Rücksendung** der empfangenen Waren, § 357 Abs. 6 S. 1, sofern der Verbraucher hierüber nach Art. 246 a § 1 Abs. 2 S. 1 Nr. 1 EGBGB ordnungsgemäß informiert worden ist. Diese Regelung ist dispositiv und gilt daher nicht, wenn der Unternehmer sich zur Kostentragung bereit erklärt hat, § 357 Abs. 6 S. 2. Auch dann hat der Verbraucher aber keinen Anspruch auf einen Vorschuss der Rücksendekosten, weil es hierfür an einer Anspruchsgrundlage fehlt. Aus § 357 Abs. 6 S. 2 ergibt sich auch, dass den Verbraucher grundsätzlich eine **Rücksendepflicht** trifft. Dabei trägt aber der Unternehmer nach § 355 Abs. 3 S. 4 die Gefahr der Rücksendung, weshalb es sich insoweit um eine Schickschuld des Verbrauchers handelt. Das gilt für alle Fernabsatzverträge und grundsätzlich auch für Außergeschäftsraumverträge. Bei Letzteren muss der Unternehmer die Waren aber auf eigene Kosten abholen, wenn sie zum Zeitpunkt des Vertragsschlusses zur Wohnung des Verbrauchers geliefert wurden und sie so beschaffen sind, dass sie nicht per Post zurückgesandt werden können, § 357 Abs. 6 S. 3. In diesem Fall handelt es sich um eine Holschuld, sodass der Unternehmer nach §§ 293, 295 schon durch das Rücknahmeverlangen in Annahmeverzug gerät und der Verbraucher deshalb in den Genuss der Haftungsprivilegierung des § 300 Abs. 1 kommt. Außerhalb des von § 357 Abs. 6 S. 3 geregelten Sonderfalls ist der Verbraucher aber stets und auch dann, wenn die Ware nicht postversandfähig ist, zur Rücksendung auf seine Kosten verpflichtet. Etwas anders gilt nach § 357 Abs. 5 nur, wenn der Unternehmer angeboten hat, die Waren abzuholen.

35

36

---

38 BT-Drucks. 17/12637 S. 63; Palandt/Grüneberg, § 357 Rn. 3.

Bei einem **Verbrauchsgüterkauf** ist der **Verbraucher vorleistungspflichtig**, weil der Unternehmer die Rückzahlung verweigern kann, bis er die Waren zurückerhalten oder der Verbraucher einen Nachweis der Absendung erbracht hat, § 357 Abs. 4 S. 1. Bei einem **Verbraucherdarlehensvertrag** muss der Verbraucher die empfangene Darlehenssumme zurückgewähren. Außerdem ist er verpflichtet, für den Zeitraum zwischen Auszahlung und Rückzahlung des Darlehens die vereinbarten Sollzinsen zu entrichten, § 357 a Abs. 3 S. 1. Das gilt bei einem Immobiliar-Verbraucherdarlehensvertrag aber nicht, wenn nachgewiesen wird, dass der Wert des Gebrauchsvorteils, den der Verbraucher durch die Überlassung der Darlehenssumme erlangt hat, niedriger als der Sollzins ist; dann ist der niedrigere Betrag geschuldet, § 357 a Abs. 3 S. 2, 3.

c) Rückgewährfrist

37   Die Rückgewähr muss nach § 355 Abs. 3 S. 1 **unverzüglich** erfolgen. Nach dem Willen des Gesetzgebers ist deshalb eine Rückgewähr ohne schuldhaftes Zögern (§ 121 Abs. 1 S. 1) erforderlich. Bei einigen Verträgen sieht das Gesetz eine **Höchstfrist** vor, bis zu deren Ablauf die Rückgewähr spätestens zu erfolgen hat.[39] Sie beträgt bei Fernabsatz- und Außergeschäftsraumverträgen sowie anderweitig zustande gekommenen Ratenlieferungsverträgen 14 Tage (§ 357 Abs. 1, ggf. i.V.m. § 357 c S. 1) und bei Finanzdienstleistungsverträgen (einschl. Verbraucherdarlehensverträgen, unentgeltlichen Darlehensverträgen und Finanzierungshilfen) 30 Tage (§ 357 a Abs. 1). Auch hier bleibt es aber dabei, dass unverzüglich zurückzugewähren ist. Die Fristen dürfen also nicht ausgeschöpft werden.[40] Bei einer Überschreitung liegt aber auf jeden Fall keine unverzügliche Rückgewähr mehr vor.

38   Die Höchstfristen **beginnen** für den Unternehmer mit dem Zugang des Widerrufs und für den Verbraucher mit der Abgabe der Widerrufserklärung, § 355 Abs. 3 S. 2. Ob diese asymmetrische Regelung richtlinienkonform ist, kann allerdings mit Blick auf Art. 13 Abs. 1, 14 Abs. 1 VerbrRL bezweifelt werden.[41] Immerhin aber wird der potentiell frühere Fristbeginn für den Verbraucher dadurch kompensiert, dass für ihn die rechtzeitige Absendung der Waren genügt, § 355 Abs. 3 S. 3. Daraus folgt wohl im Umkehrschluss, dass der Unternehmer seiner Rückgewährpflicht nur dann rechtzeitig nachgekommen ist, wenn der geschuldete Erfolg fristgerecht eingetreten ist.

39   Die **dogmatische Einordnung** der Regelungen in §§ 355 Abs. 3 S. 1, 357 Abs. 1, 357 a Abs. 1 ist umstritten. Werden sie als **Fälligkeitsregelungen** gesehen, die in Abweichung von § 271 nicht eine sofortige, sondern eben nur eine unverzügliche Rückgewähr verlangen,[42] dann besteht eine gewisse Leistungsfrist und eine Pflichtverletzung durch nicht rechtzeitige Leistung liegt erst vor, wenn die Rückgewähr schuldhaft verzögert wurde. Ansprüche wegen eines Schuldnerverzugs setzen dann grundsätzlich eine Mahnung voraus (§ 286 Abs. 1). Diese ist auch nicht nach § 286 Abs. 2 Nr. 2 entbehrlich, weil die Norm nur vertraglich vereinbarte Leistungsfristen erfasst und eine analoge Anwendung ausscheiden muss, da anders als bei vertraglicher Vereinbarung nicht davon ausgegangen werden kann, dass der Schuldner eine gesetzlich bestimmte Leistungsfrist kennt. Die vor allem den Unternehmer treffende Rückzahlungspflicht ist

---

39 BeckOGK/Mörsdorf, Stand 1.5.2019, § 357 Rn. 5; Erman/Koch, § 357 Rn. 2; PWW/Stürner, § 357 Rn. 7.
40 A.A. wohl Förster, JA 2014, 801 (803).
41 Artz/Brinkmann/Ludwigkeit, jM 2014, 222 (228); a.A. BT-Drucks. 17/12637, S. 60.
42 Vgl. BeckOK-BGB/Müller-Christmann, § 357 Rn. 2; MünchKomm/Fritsche, § 357 Rn. 11; Palandt/Grüneberg, § 355 Rn. 15; Wendelstein/Zander, Jura 2014, 1191 (1206).

auch keine Entgeltforderung i.S.d. § 286 Abs. 3 S. 1.[43] Ganz anders stellt sich die Rechtslage aber dar, wenn die §§ 355 Abs. 3 S. 1, 357 Abs. 1, 357 a Abs. 1 als **Verzugsregelungen** gesehen werden, die die allgemeine Fälligkeitsregelung des § 271 unberührt lassen.[44] Dann bliebe es bei der sofortigen Fälligkeit und der Ablauf der Höchstfristen würde zu einem automatischen Verzugseintritt führen.[45] Gegen diese Einordnung spricht aber neben dem Wortlaut der Umstand, dass auch beim Verbrauchsgüterkauf nur eine unverzügliche Leistung geschuldet ist und der dies regelnde § 475 Abs. 1 S. 1 mit seiner Bezugnahme auf § 271 deutlich macht, dass es sich um eine Fälligkeitsregelung handelt.

2. Wertersatz

a) Überblick

Wenn der Schuldner die empfangene Leistung nicht so zurückgeben kann, wie er sie empfangen hat, stellt sich die Frage, ob er für Wertbeeinträchtigungen Ersatz leisten muss. Eine allgemeine Wertersatzpflicht besteht zwar nicht, aber bei einzelnen Vertragsarten bestehen spezifische Ansprüche auf Wertersatz. Diese Regelungen knüpfen an zwei unterschiedliche Tatbestände an: Wertverlust der empfangenen Leistung (§§ 357 Abs. 7, 357 b Abs. 2, 357 c S. 3) und Unmöglichkeit der Rückgewähr aufgrund der Beschaffenheit der Leistung (§§ 357 Abs. 8, 9, 357 a Abs. 2, 357 d). 40

b) Wertersatz für Wertverlust der Ware

Wenn die **empfangene Ware einen Wertverlust erlitten** hat, muss der Verbraucher beim Fernabsatz- und Außergeschäftsraumvertrag sowie bei anderweitig geschlossenen Ratenverträgen nach § 357 Abs. 7 (i.V.m. § 357 c S. 3 beim Ratenlieferungsvertrag) Wertersatz leisten.[46] Zu ersetzen ist der Wertverlust aber nur, wenn er auf einen Umgang mit der Ware zurückzuführen ist, der zur **Prüfung** der Beschaffenheit, der Eigenschaften und der Funktionsweise **nicht notwendig** war. Für zufällige Verschlechterungen haftet der Verbraucher nicht.[47] Auch ein Untergang der Sache oder die Unmöglichkeit der Rückgewähr führen nur dann zur Wertersatzpflicht, wenn sie auf einem über die notwendige Prüfung hinausgehenden Umgang mit der Sache beruhen.[48] Ein durch die bloße Ingebrauchnahme entstandener Wertverlust (insb. bei neuen Kfz und Bekleidung) ist ebenfalls nicht auszugleichen, wenn die Ingebrauchnahme zur Prüfung erforderlich war. 41

Beispiel (BGHZ 187, 268): K hat im Internet bei V ein Wasserbett gekauft. Nach Lieferung befüllt er die Matraze mit Wasser und schläft drei Tage in dem Bett. Anschließend erklärt er nach § 312 g Abs. 1 wirksam den Widerruf vom Vertrag. V verlangt Wertersatz, weil das Bett für sie nicht mehr verkäuflich sei, da die Matraze bereits mit Wasser gefüllt wurde. – Ein Wertersatzanspruch aus § 357 Abs. 7 besteht wegen § 357 Abs. 7 Nr. 1 und Nr. 2 nur, wenn der Wertverlust auf einen Umgang mit den Waren zurückzuführen ist, der zur Prüfung der Beschaffenheit, der Eigenschaften und der Funktionsweise der Waren nicht notwendig war, und der Unternehmer den Verbraucher nach Art. 246 a § 1 Abs. 2 S. 1 Nr. 1 EGBGB über sein Widerrufsrecht unterrichtet hat. Grund für die Verschlechterung ist bereits das Be-

---

43 Palandt/Grüneberg, § 355 Rn. 15.
44 Dafür BeckOGK/Mörsdorf, Stand 1.5.2019, § 355 Rn. 115.
45 Dafür BeckOGK/Mörsdorf, Stand 1.5.2019, § 355 Rn. 115; Artz/Brinkmann/Ludwigkeit, jM 2014, 222 (228).
46 Zur Vertiefung: R. Magnus, Wertersatz nach Widerruf, JZ 2017, 983.
47 MünchKomm/Fritsche, § 357 Rn. 29; Palandt/Grüneberg, § 357 Rn. 9; Unger, ZEuP 2013, 270 (293).
48 MünchKomm/Fritsche, § 357 Rn. 31; Palandt/Grüneberg, § 357 Rn. 9.

füllen der Matratze mit Wasser. Ohne diese Handlung ist es K aber nicht möglich, die Eigenschaften des Wasserbetts zu prüfen. V hat daher keinen Anspruch auf Wertersatz wegen des Wertverlustes. Für die Nutzung des Betts schuldet K ebenfalls keinen Wertersatz, da es dafür keine Anspruchsgrundlage gibt. Zu beachten ist aber, dass der Widerruf möglicherweise gemäß § 312 g Abs. 2 Nr. 3 ausgeschlossen sein könnte. Vorliegend fehlt es hierfür jedoch an einer Versiegelung der Ware, zudem greift dieser Ausschlussgrund bei Matratzen nicht (siehe Rn. 16).

Der Einbau eines Katalysators in das eigene Fahrzeug verbunden mit einer anschließenden kurzen Probefahrt geht hingegen über eine bloße Prüfung der Eigenschaften und Funktionsweise hinaus, weil diese Art der Prüfung auch bei einem Kauf in einem Ladengeschäft nicht möglich gewesen wäre.[49]

42   Die Wertersatzpflicht tritt außerdem nur ein, wenn der Unternehmer den Verbraucher nach Art. 246 a § 1 Abs. 2 S. 1 Nr. 1 EGBGB über sein Widerrufsrecht **ordnungsgemäß unterrichtet** hat. Da diese Regelung nur eine Unterrichtung über die Bedingungen, die Fristen und das Verfahren für die Ausübung des Widerrufsrechts verlangt, ist ein Hinweis auf die Wertersatzpflicht oder darauf, wie sie vermieden werden kann, nicht erforderlich.[50] Ein solcher Hinweis findet sich zwar in der Muster-Widerrufsbelehrung (Gestaltungshinweis 5). Diese muss jedoch nicht verwendet werden und die Anforderungen an die Ordnungsgemäßheit der Belehrung ergeben sich auch allein aus Art. 246 a § 1 Abs. 2 S. 1 EGBGB. Diese Regelung verlangt bei der Lieferung von Waren jedoch nur Informationen zur Ausübung des Widerrufsrechts, nicht aber (abgesehen von der Pflicht zur Tragung der Rücksendekosten) zu den Rechtsfolgen.

43   Bei Verträgen über **Teilzeitwohnrechte** ist Wertersatz nur zu leisten, soweit der Wertverlust auf einer nicht bestimmungsgemäßen Nutzung der Unterkunft beruht, § 357 b Abs. 2.

44   Zur **Höhe des Wertersatzes** ist keine Regelung getroffen. Sie bestimmt sich nach dem objektiven Wertverlust. Die Höhe der vereinbarten Gegenleistung spielt grundsätzlich keine Rolle, da es auf sie nur bei Dienstleistungen und Verbraucherbauverträgen ankommt (§§ 357 Abs. 8 S. 4, 357 d S. 2). Ist sie aber niedriger als der nach objektiven Maßstäben bemessene Wertersatz, dann spricht viel dafür, im Sinne der Rechtsprechung zu § 346 Abs. 2 S. 2[51] und § 357 Abs. 1 S. 1 a.F.[52] (der für die Rückabwicklung nach einem Widerruf auf die Rücktrittsvorschriften verwies), den Wertersatz auf die Höhe der Gegenleistung zu beschränken, weil der Verbraucher sonst von der Ausübung des Widerrufsrechts abgehalten werden würde.[53]

c) Wertersatz wegen beschaffenheitsbedingter Unmöglichkeit der Rückgewähr

45   Bei **Dienstleistungen** sowie **Energie- und Wasserlieferungsverträgen** ist eine Rückgewähr der empfangenen Leistung ihrer Natur nach nicht möglich. § 357 Abs. 8 S. 1–3 verpflichtet den Verbraucher daher zum Wertersatz, wenn die Lieferung auf Wunsch

---

49   Vgl. BGHZ 212, 248 Rn. 17 ff.; Amort, NJW 2017, 857 ff.
50   LG Ellwangen BeckRS 2018, 1138 Rn. 92 ff.; BeckOK-BGB/Müller-Christmann, § 357 Rn. 23; MünchKomm/Fritsche, § 357 Rn. 34; Artz/Brinkmann/Ludwigkeit, jM 2014, 222 (226); Hoeren/Föhlisch, CR 2014, 242 (247); Mätzig, Jura 2015, 233 (240); a.A. BeckOGK/Mörsdorf, Stand 1.5.2019, § 357 Rn. 72; Palandt/Grüneberg, § 357 Rn. 10; Looschelders, Schuldrecht AT, § 42 Rn. 43; Koch, JZ 2014, 758 (763).
51   BGHZ 182, 192 Rn. 23 ff.; BGHZ 194, 150 Rn. 19; BGH NJW-RR 2013, 885 Rn. 14.
52   BGHZ 212, 248 Rn. 48.
53   Ebenso Palandt/Grüneberg, § 357 Rn. 11; wohl auch Wendelstein/Zander, Jura 2014, 1191 (1207); a.A. BeckOGK/Mörsdorf, Stand 1.5.2019, § 357 Rn. 75; BeckOK-BGB/Müller-Christmann, § 357 Rn. 24.

des Verbrauchers vor Ablauf der Widerrufsfrist begonnen und er entsprechend belehrt wurde. Eine ähnliche Regelung trifft § 357a Abs. 2 S. 1 für **Finanzdienstleistungsverträge** und § 357d S. 1 für **Verbraucherbauverträge**. Die Höhe des Wertersatzes bestimmt sich nach dem vereinbarten Gesamtpreis, §§ 357 Abs. 8 S. 4, 357a Abs. 2 S. 4, 357d S. 2. Das gilt jedoch nicht, wenn dieser Gesamtpreis unverhältnismäßig hoch ist; dann ist der Wertersatz auf der Grundlage des Marktwerts der erbrachten Leistung zu berechnen (§§ 357 Abs. 8 S. 5, 357a Abs. 2 S. 5, 357d S. 3). Hier findet also bei der Rückabwicklung eine versteckte Wucherkontrolle statt, die abweichend von § 138 Abs. 2 unabhängig von subjektiven Elementen ist.

Bei einem Vertrag über die **Lieferung von digitalen Inhalten**, die sich nicht auf einem körperlichen Datenträger befinden (z.B. Downloads, Streaming), ist nach § 357 Abs. 9 im Fall des Widerrufs überhaupt **kein Wertersatz** geschuldet. Allerdings besteht bei solchen Verträgen ohnehin nur dann ein Widerrufsrecht, wenn der Unternehmer ohne ausdrückliche Zustimmung des Verbrauchers und entsprechender Bestätigung mit der Ausführung des Vertrages begonnen hat (§ 356 Abs. 5). Ist die Lieferung digitaler Inhalte Gegenstand eines Vertrags über eine entgeltliche Finanzierungshilfe, besteht jedoch nach § 357a Abs. 2 S. 3 eine Wertersatzpflicht, sofern der Verbraucher belehrt wurde und er der Erbringung der Leistung vor Ablauf der Widerrufsfrist zugestimmt hat. Für die Höhe des Wertersatzes gilt dann § 357a Abs. 2 S. 4, 5.

3. Schadensersatz

Für Verschlechterungen oder einen Untergang der empfangenen Ware schuldet der Verbraucher keinen Schadensersatz, weil die §§ 355 ff. keine Schadensersatzpflichten vorsehen und § 361 Abs. 1 weitere Ansprüche ausschließt.[54] Das gilt aber nicht für einen Anspruch auf Ersatz des Verzögerungsschadens nach §§ 280 Abs. 1, 2, 286, wenn der Verbraucher die empfangene Leistung nicht unverzüglich (§ 355 Abs. 3 S. 1) zurückgewährt.[55] Andernfalls wäre die gesetzliche Bestimmung der Leistungszeit sinnlos. Das entspricht auch dem Willen des Unionsgesetzgebers.[56] Für den Verzugseintritt bedarf es aber der Mahnung, § 286 Abs. 1 (siehe Rn. 39). Der Unternehmer haftet bei verspäteter Rückgewähr ebenfalls nach §§ 280 Abs. 1, 2, 286; soweit der Anspruch auf die Rückgewähr einer Geldleistung geht, hat der Verbraucher ab Schuldnerverzug auch einen Anspruch auf Verzugszinsen, § 288 Abs. 1.

4. Nutzungen

Nutzungen, die der Verbraucher aus der empfangenen Leistung gezogen hat, sind **nicht herauszugeben**, da es hierfür an einer Anspruchsgrundlage fehlt. Für Verträge über Teilzeitwohnrechte und ähnliche Verträge schließt § 357b Abs. 1 S. 3 eine Vergütung für die Überlassung von Wohngebäuden zur Nutzung sogar ausdrücklich aus. Für gezogene Nutzungen, die i.d.R. ohnehin nicht herausgabefähig sind, ist, soweit sie nicht zu einem Wertverlust geführt haben (dann Wertersatz nach §§ 357 Abs. 7, 357b

46

47

48

---

54 A.A. für vorsätzliche oder grob fahrlässige Beschädigungen nach Ausübung des Widerrufsrechts Singbartl/Zintl, NJW 2016, 1848 ff.
55 Ebenso BeckOGK/Rosenkranz, Stand 1.4.2019, § 361 Rn. 11.1; MünchKomm/Fritsche, § 361 Rn. 4; Palandt/Grüneberg, § 361 Rn. 2.
56 Vgl. Erwägungsgrund 48 VerbrRL.

Abs. 2, 357 c S. 3, siehe Rn. 41) **kein Wertersatz** zu leisten.[57] Da § 361 Abs. 1 weitere Ansprüche wegen des Widerrufs gegen den Verbraucher ausschließt, kommt auch ein bereicherungsrechtlicher Anspruch (der sich grundsätzlich auch auf gezogene Nutzungen erstrecken würde, § 818 Abs. 1) nicht in Betracht.[58] Aus dem gleichen Grund scheidet eine analoge Anwendung der für den Rücktritt geltenden Vorschriften (insb. § 346 Abs. 2 S. 1 Nr. 1) aus. Doch auch der Unternehmer schuldet keine Nutzungsherausgabe: Eine solche ist in den §§ 357 ff. nicht vorgesehen und bereicherungsrechtliche Ansprüche scheitern schon daran, dass der Widerruf den Vertrag nur mit Wirkung ex nunc in ein Rückgewährschuldverhältnis umwandelt. Werden **Nutzungen nicht gezogen**, kann kein Wertersatz verlangt werden, da es auch hierfür an einer Anspruchsgrundlage fehlt.

IV. Verbundene Verträge

1. Problemlagen bei verbundenen Verträgen

49 Verbraucher finanzieren den Erwerb von Waren oder Dienstleistungen oft durch den Abschluss eines Darlehensvertrages. Daraus resultieren Probleme, die den durch die Widerrufsrechte intendierten Schutz des Verbrauchers infrage stellen. Will der Verbraucher sich vom finanzierten Vertrag durch Widerruf lösen (sofern dieser Vertrag widerruflich ist), so muss er, wenn der gesamte Vorgang für ihn wirtschaftlich keine Nachteile bringen soll, auch den Darlehensvertrag widerrufen, da er andernfalls aus diesem Vertrag zur Rückzahlung des Darlehens und Zahlung von Zinsen verpflichtet bleibt. Ein Widerruf des Darlehensvertrages ist zwar durchaus möglich, da §§ 495 Abs. 1, 514 Abs. 2 ein Widerrufsrecht gewähren. Es besteht jedoch dann, wenn der Vertragspartner, mit dem der Verbraucher den finanzierten Vertrag geschlossen hat, auch am Abschluss des Darlehensvertrages beteiligt war (als Vertragspartner oder als Stellvertreter oder Vermittler eines Darlehensgebers), das Risiko, dass der Verbraucher glaubt, mit dem Widerruf des finanzierten Vertrages alles Nötige getan zu haben und deshalb den fristgerechten Widerruf des Darlehensvertrages versäumt. Das gleiche Risiko besteht bei solchen **verbundenen Verträgen** auch dann, wenn der Verbraucher nur den Darlehensvertrag widerruft, weil er dann aus dem damit verbundenen, aber rechtlich selbstständigen finanzierten Vertrag weiter verpflichtet bleibt. Die Situation verschlechtert sich in dieser Lage für den Verbraucher noch weiter, wenn der mit dem Darlehensvertrag verbundene finanzierte Vertrag überhaupt nicht widerruflich ist – dann läuft der mit dem Widerrufsrecht der §§ 495 Abs. 1, 514 Abs. 2 intendierte Verbraucherschutz letztlich ins Leere, weil der Verbraucher weiter an den finanzierten Vertrag gebunden wäre und sich mit dem Widerruf des Darlehensvertrages die Finanzierung nehmen würde. Diese Problemlagen löst § 358 durch einen sog. **Widerrufsdurchgriff**, durch den der Widerruf des einen Vertrages auf den anderen erstreckt wird.[59]

50 Ein anderes Problem stellt sich, wenn der Verbraucher den Vertrag zwar nicht widerrufen will, es aber zu Störungen des mit dem Darlehensvertrag verbundenen finanzierten Vertrages kommt, aufgrund derer der Verbraucher seine Leistung verweigern kann.

---

57 Looschelders, Schuldrecht AT, § 42 Rn. 45; Artz/Brinkmann/Ludwigkeit, jM 2014, 222 (226); Leier, VuR 2013, 457 (459).
58 BeckOGK/Rosenkranz, Stand 1.4.2019, § 361 Rn. 10; Palandt/Grüneberg, § 361 Rn. 1.
59 Zur Vertiefung: Grunewald, Vertragsverbindungen, JuS 2010, 93; Klocke, Grundfälle zu den verbundenen und zusammenhängenden Verträgen, JuS 2016, 872; Teufel, Die Rückabwicklung verbundener Verträge beim Widerruf durch den Verbraucher, JA 2007, 337.

Das nützt dem Verbraucher aber wirtschaftlich nichts, wenn er dennoch weiter aus dem Darlehensvertrag zur Rückzahlung verpflichtet bleibt. § 359 löst diese Problemlage durch einen **Einwendungsdurchgriff**, durch den Einwendungen aus dem finanzierten Geschäft auch dem Darlehensgeber entgegengehalten werden können.

2. Anwendungsbereich der §§ 358, 359

Die Vorschriften zum Widerrufs- und Einwendungsdurchgriff gelten grundsätzlich nur für verbundene Verträge, die in § 358 Abs. 3 S. 1 definiert sind. Daneben statuiert § 360 für zusammenhängende (aber eben nicht verbundene) Verträge einen eigenständigen Widerrufsdurchgriff.   51

a) Verbundene Verträge

Ein Vertrag über die Lieferung von Waren oder die Erbringung einer anderen Leistung und ein Darlehensvertrag sind nach § 358 Abs. 3 S. 1 verbunden, wenn das Darlehen (Verbraucherdarlehensvertrag oder unentgeltlicher Darlehensvertrag) ganz oder teilweise der **Finanzierung** des anderen Vertrages dient und beide Verträge eine **wirtschaftliche Einheit** bilden. Es kommt also zunächst auf den Zweck des Darlehensvertrages an. Dabei spielt die zeitliche Reihenfolge der Vertragsabschlüsse keine Rolle. Ebenso wenig kommt es darauf an, ob die Leistung aus dem Darlehensvertrag an den Verbraucher fließt oder direkt an den Vertragspartner des finanzierten Vertrages. Die Schutzbedürftigkeit des Verbrauchers resultiert aber erst aus der wirtschaftlichen Einheit zwischen diesen beiden Verträgen: Weil für ihn aufgrund der Umstände des Vertragsschlusses beide Verträge wirtschaftlich wie ein Vertrag erscheinen, besteht das Risiko, dass er sich auf den Widerruf nur eines Vertrages beschränkt. Dementsprechend wird nach § 358 Abs. 3 S. 2 unwiderleglich vermutet, dass eine wirtschaftliche Einheit besteht, wenn der Unternehmer als Vertragspartei des finanzierten Vertrages die Gegenleistung des Verbrauchers selbst finanziert (**Zwei-Personen-Verhältnis**, bei dem der Unternehmer auch Darlehensgeber ist) oder wenn ein Dritter, der die Gegenleistung finanziert, sich bei der Vorbereitung oder beim Abschluss des Darlehensvertrages des Unternehmers bedient (**Drei-Personen-Verhältnis**, bei dem der Darlehensgeber den Unternehmer beim Vertragsabschluss einspannt).   52

Beispiel: V bietet K beim Kauf eines neuen Fernsehers, der 1.500 € kostet, ein Darlehen zur Finanzierung an; K ist einverstanden und schließt beide Verträge (Kauf- und Darlehensvertrag) mit V (Zwei-Personen-Verhältnis). Alternativ bietet V eine Finanzierung des Kaufpreises durch die Bank B an. Da K einverstanden ist, legt V der K ein Kreditantragsformular vor, das von K ausgefüllt und unterschrieben wird; später erklärt B ihre Zustimmung. Der Kaufvertrag ist mit V, der Darlehensvertrag mit B zustande gekommen. Beide Verträge sind verbunden, weil B sich des V bei der Anbahnung des Darlehensvertrages bedient hat.

Beim **Kauf von Immobilien** ist der Verkäufer regelmäßig nicht auch Darlehensgeber, was dem Verbraucher bewusst ist. Aufgrund der Umstände des Vertragsschlusses erkennt er typischerweise auch, dass es sich um zwei verschiedene Verträge handelt. Deshalb liegt nach § 358 Abs. 3 S. 3 bei einem finanzierten Immobilienkauf eine wirtschaftliche Einheit nur unter deutlich strengeren Voraussetzungen vor; die Vermutung des § 358 Abs. 3 S. 2 gilt hier nicht.   53

b) Zusammenhängende Verträge

54   Ein zusammenhängender Vertrag liegt nach § 360 Abs. 2 S. 1 vor, wenn die Voraussetzungen eines verbundenen Vertrages i.S.d. § 358 Abs. 3 zwar nicht erfüllt sind, der Vertrag aber einen **Bezug zum widerrufenen Vertrag** aufweist und eine Leistung betrifft, die vom Unternehmer des widerrufenen Vertrages oder einem Dritten auf der Grundlage einer Vereinbarung zwischen dem Dritten und dem Unternehmer des widerrufenen Vertrages erbracht wird.[60] Für den Bezug zum widerrufenen Vertrag reicht ein tatsächlicher oder wirtschaftlicher Zusammenhang[61]. Hierher gehören insb. Verträge über Zusatzleistungen, die der Verbraucher im Zusammenhang mit einem Verbraucherdarlehensvertrag mit dem Darlehensgeber geschlossen hat (z.B. Restschuldversicherung, Giro-Vertrag). Erfasst wird auch ein zur Finanzierung des widerrufenen Vertrages geschlossener Darlehensvertrag, sofern er einen hinreichenden Bezug aufweist. Dafür genügt es nach § 360 Abs. 2 S. 2, dass ein von einem Unternehmer dem Verbraucher gewährtes Darlehen ausschließlich der Finanzierung des widerrufenen Vertrages dient und die Leistung des Unternehmers aus dem widerrufenen Vertrag in dem Darlehensvertrag genau angegeben ist.

Beispiel: K schließt mit Bank B einen Darlehensvertrag, um sich Geld für den Kauf eines Fernsehers zu beschaffen. B nimmt das Modell „Samsung PS59D6900", das K kaufen will, in den Darlehensvertrag auf. Nach Auszahlung des Darlehens kauft K einen Fernseher dieses Typs bei V. – Die Verträge sind nicht i.S.d. § 358 Abs. 3 S. 1, 2 verbunden, da es an der wirtschaftlichen Einheit fehlt: B ist weder zugleich Verkäufer noch hat sie sich des V bei der Anbahnung des Darlehensvertrages bedient. Es handelt sich aber um einen zusammenhängenden Vertrag i.S.d. § 360 Abs. 2 S. 2, weil das Darlehen ausschließlich der Finanzierung des widerrufenen Vertrags dient und die Leistung des Unternehmers aus dem (widerrufenen) Vertrag in dem Darlehensvertrag genau angegeben ist.

55   Handelt es sich um einen zusammenhängenden Vertrag, dann ist der Verbraucher an seine Willenserklärung, die auf den Abschluss dieses Vertrages gerichtet ist, nicht mehr gebunden, wenn er den anderen Vertrag wirksam widerruft, § 360 Abs. 1 S. 1. Das setzt natürlich voraus, dass der widerrufene Vertrag überhaupt widerruflich war. Nicht erforderlich ist hingegen, dass auch der zusammenhängende Vertrag hätte widerrufen werden können. Die Rechtsfolgen dieses **Widerrufsdurchgriffs** entsprechen denen des verbundenen Vertrages, §§ 360 Abs. 1 S. 2, 358 Abs. 4 S. 1–3 (siehe Rn. 58 f.).

3. Widerrufsdurchgriff

a) Widerruf des finanzierten Vertrages

56   Der Widerruf des finanzierten Vertrages führt nach § 358 Abs. 1 dazu, dass der Verbraucher auch an seine auf den Abschluss des verbundenen Darlehensvertrages gerichtete Willenserklärung nicht mehr gebunden ist. Das setzt voraus, dass der **finanzierte Vertrag widerruflich** ist (aus §§ 312 g, 485, 650 l oder § 4 FernUSG) und der Widerruf wirksam ausgeübt wurde. Fehlt es an einem Widerrufsrecht, kommt nur ein Widerrufsdurchgriff nach § 358 Abs. 2 in Betracht.

---

60 Zur Vertiefung: Wendt/Lorscheid-Kratz, Das Widerrufsrecht bei „zusammenhängenden Verträgen", BB 2013, 2434.
61 BeckOGK/Rosenkranz, Stand 1.4.2019, § 360 Rn. 22; BeckOK-BGB/Müller-Christmann, § 360 Rn. 7; Palandt/Grüneberg, § 360 Rn. 2; strenger Staudinger/Herresthal (2016), § 360 Rn. 14.

b) Widerruf des Darlehensvertrages

Widerruft der Verbraucher nur den Darlehensvertrag nach § 495 Abs. 1 oder § 514   57
Abs. 2 S. 1, so ist er nach § 358 Abs. 2 auch an seine auf den Abschluss des finanzierten Vertrages gerichtete Willenserklärung nicht mehr gebunden. Für diesen Widerrufsdurchgriff spielt es keine Rolle, ob der finanzierte Vertrag überhaupt widerruflich war.
Ist das der Fall, kann der Verbraucher wählen, welchen der beiden Verträge er widerruft; der wirksame Widerruf wirkt dann nach § 358 Abs. 1 oder 2 auch für den anderen Vertrag. Beim Verbraucherdarlehensvertrag muss der Unternehmer den Verbraucher auf die Rechte und Rechtsfolgen der §§ 358–360 hinweisen, § 491 a i.V.m.
Art. 247 § 12 Abs. 1 S. 2 Nr. 2 b) EGBGB. Beim unentgeltlichen Darlehensvertrag muss
er hingegen nach § 514 Abs. 2 S. 3 nur gem. Art. 246 Abs. 3 EGBGB informieren. Die
§§ 358–360 werden dort nicht genannt. Sie lassen sich aber als „wesentliche Rechte"
einordnen, über die nach Art. 246 Abs. 3 S. 2 EGBGB informiert werden muss.[62] Zu
den Folgen einer unterlassenen Belehrung für den Beginn der Widerrufsfrist siehe
Rn. 29 ff.

Beispiel: K hat bei Händler H vor Ort eine neue Heizungsanlage gekauft und zur Finanzierung einen von H vermittelten Darlehensvertrag mit B abgeschlossen. Der Kaufvertrag ist
nicht widerruflich, wohl aber der Darlehensvertrag (§ 495 Abs. 1). Widerruft K diesen wirksam, ist er nach § 358 Abs. 2 auch nicht mehr an den Kaufvertrag gebunden. Hat er die
Heizungsanlage im Fernabsatz erworben, besteht auch für den Kaufvertrag ein Widerrufsrecht (§ 312 g Abs. 1). K hat die Wahl: Widerruft er den Darlehensvertrag, wirkt das nach
§ 358 Abs. 2 auch für den Kaufvertrag; widerruft er diesen, wirkt das nach § 358 Abs. 1
auch für den Darlehensvertrag. Da für jeden Vertrag die Widerrufsfrist autonom beginnt,
hat K die Möglichkeit, sich durch Widerruf des Kaufvertrages auch dann noch vom Darlehensvertrag zu lösen, wenn dessen Widerrufsfrist bereits abgelaufen ist.

c) Rechtsfolgen des Widerrufsdurchgriffs

Beide Verträge sind **rückabzuwickeln,** d.h., die empfangenen Leistungen sind zurück-   58
zugewähren. Das folgt für den widerrufenen Vertrag unmittelbar aus § 355 Abs. 3 S. 1,
für den anderen Vertrag aus §§ 359 Abs. 4 S. 1, 355 Abs. 3 S. 1. Dabei sind, je nach
Art des verbundenen Vertrages, die §§ 357–357 b, 357 d entsprechend anzuwenden,
§ 358 Abs. 4 S. 1. Diese Norm enthält auch weitere Sonderbestimmungen für bestimmte Vertragskonstellationen. Liegt ein Widerrufsdurchgriff nach § 358 Abs. 1 vor, dürfen dem Verbraucher für die Rückabwicklung des Darlehensvertrages Zinsen und Kosten aus der Rückabwicklung nicht auferlegt werden (§ 358 Abs. 4 S. 4).

Da es sich um zwei verschiedene Verträge handelt, müsste der Verbraucher sie an sich   59
getrennt rückabwickeln. Das würde im Drei-Personen-Verhältnis zur Folge haben, dass
er Gefahr läuft, vom Darlehensgeber auf Rückzahlung der Darlehenssumme in Anspruch genommen zu werden, bevor er vom Partner des verbundenen Vertrages das geleistete Entgelt zurückerhalten hat. § 358 Abs. 4 S. 5 beugt dem durch einen gesetzlich
angeordneten **Eintritt des Darlehensgebers in den verbundenen Vertrag** vor: Ist das
Darlehen dem Unternehmer bereits zugeflossen, so tritt der Darlehensgeber hinsichtlich der Rechtsfolgen des Widerrufs in die Rechte und Pflichten des Unternehmers ein.
Das hat zur Folge, dass der Verbraucher seine Ansprüche aus dem Rückgewährschuld-

---

62 BeckOGK/Harnos, Stand 1.6.2019, § 514 Rn. 27.1; MünchKomm/Schürnbrand/Weber, § 514 Rn. 15; Rosenkranz
    NJW 2016, 1473 (1476).

verhältnis, das bezüglich des verbundenen Vertrages entstanden ist, nun (nur noch) gegenüber dem Darlehensgeber geltend machen kann.

Beispiel: K hat zur Finanzierung eines Autokaufs bei B ein Darlehen über 15.000 € aufgenommen, das direkt an Verkäuferin V geflossen ist. Außerdem hat K an V aus eigenen Mitteln eine Anzahlung von 6.000 € geleistet. Welche Ansprüche haben K und B, wenn K den Darlehensvertrag widerruft? – K kann nach § 355 Abs. 3 S. 1 Rückgewähr bereits erbrachter Tilgungs- und Zinszahlungen von B verlangen. Da der Widerruf aber nach § 358 Abs. 2 auch auf den Kaufvertrag wirkt und die Darlehenssumme bereits V zugeflossen ist, ist B nach § 358 Abs. 4 S. 5 anstelle der V auch in das den Kaufvertrag betreffende Rückabwicklungsverhältnis eingetreten. K kann daher von B nach §§ 358 Abs. 4 S. 1, 355 Abs. 3 S. 1 auch Rückgewähr der Anzahlung i.H.v. 6.000 € verlangen.[63] B hat seinerseits aus diesem Rückgewährschuldverhältnis einen Anspruch auf Herausgabe des Fahrzeugs. Er kann jedoch nicht etwa Rückzahlung der Darlehenssumme verlangen – diesem Anspruch stünde der Kaufpreisrückzahlungsanspruch der K entgegen, den diese wegen § 358 Abs. 4 S. 5 gegen B hat.[64]

4. Einwendungsdurchgriff

60   Die beim verbundenen Vertrag gegebene wirtschaftliche Einheit zwischen finanziertem Vertrag und Darlehensvertrag wirkt sich zugunsten des Verbrauchers auch dann aus, wenn er keinen Widerruf erklärt. Nach § 359 Abs. 1 S. 1 kann er die Rückzahlung des Darlehens verweigern, wenn ihm aus rechtshindernden, rechtsvernichtenden oder rechtshemmenden **Einwendungen aus dem finanzierten Vertrag** ein Leistungsverweigerungsrecht zusteht. Dieses Recht wird auf den Darlehensvertrag erstreckt, sofern das finanzierte Entgelt wenigstens 200 € beträgt (§ 359 Abs. 2 2. Alt.). Wegen eines Nacherfüllungsanspruchs aus §§ 437 Nr. 1, 439 Abs. 1 bzw. §§ 634 Nr. 1, 635 darf der Verbraucher die Darlehensrückzahlung allerdings nur verweigern, wenn die Nacherfüllung fehlgeschlagen ist (§ 359 Abs. 1 S. 3). Für den zusammenhängenden Vertrag i.S.d. § 360 S. 1 ist kein Einwendungsdurchgriff vorgesehen.

Wiederholungs- und Vertiefungsfragen

61   1. Gibt § 355 Abs. 1 dem Verbraucher das Recht, einen Vertrag zu widerrufen, den er mit einem Unternehmer geschlossen hat? (Rn. 1)

2. Kosmetikverkäufer V stellt in der Wohnung des D Kosmetikprodukte vor. Die zufällig anwesende K kauft eine Nachtcreme für 40 €. Kann K den Vertrag widerrufen? (Rn. 11)

3. K hat bei Ebay eine von Händler V angebotene Stereoanlage ersteigert. Kann K den Vertrag widerrufen, wenn V seine Waren stets bei Ebay anbietet? (Rn. 23)

4. Wie lange kann der Verbraucher den Vertrag widerrufen, wenn er nicht ordnungsgemäß über das Widerrufsrecht belehrt worden ist? (Rn. 26 ff.)

5. Wann beginnt die Widerrufsfrist bei einem Fernabsatzvertrag über Waren, wenn es sich um einen Verbrauchsgüterkaufvertrag handelt? (Rn. 27)

6. Wer trägt nach einem Widerruf die Kosten der Hin- und Rücksendung bei einem Fernabsatzvertrag? (Rn. 33)

7. Was ist ein Widerrufsdurchgriff und warum ordnet das Gesetz ihn an? (Rn. 53 ff.)

---

63   BGH NJW 2009, 3572 Rn. 27.
64   OLG Düsseldorf, ZIP 2010, 617; Erman/Koch, § 358 Rn. 29; Hk-BGB/Schulze, § 358 Rn. 13.

8. Was ist ein verbundener Vertrag? (Rn. 49)
9. Was ist ein zusammenhängender Vertrag? (Rn. 51)

G. Einbeziehung Dritter in das Schuldverhältnis

§ 36 Vertrag zugunsten Dritter

I. Zulässigkeit und Formen des Vertrages zugunsten Dritter

1. Möglichkeit eines Vertrages zugunsten Dritter

1   Aus einem vertraglichen Schuldverhältnis entstehen nur für die am Vertrag Beteiligten Rechte und Pflichten. Wegen dieser Relativität des Schuldverhältnisses (siehe § 1 Rn. 19) ist es nicht möglich, einen Dritten ohne dessen Beteiligung zu einem Schuldner einer vertraglichen Pflicht zu machen (Verbot des Vertrages zulasten Dritter). Das entspricht dem Grundsatz der **Privatautonomie**, demzufolge jeder selbst über seine Rechtsbeziehungen entscheiden soll. Dieser Grundsatz verlangt aber nicht mit gleicher Strenge ein Verbot von Verträgen zugunsten Dritter. Dies sind Verträge zwischen zwei Vertragsparteien, durch die ein Dritter unmittelbar ein **eigenes Recht auf die Erbringung einer Leistung**, d.h., einen Anspruch gegen einen der Vertragspartner erlangt.[1] § 328 Abs. 1 lässt solche Verträge ausdrücklich zu. Weil der Dritte nicht belastet, sondern rechtlich bessergestellt wird, genügt es zur Wahrung seiner Privatautonomie, dass er das in § 333 normierte Recht hat, das ihm zugewandte Forderungsrecht zurückzuweisen; tut er dies, gilt es als nicht erworben.

2. Echter und unechter Vertrag zugunsten Dritter

2   Der in §§ 328 ff. geregelte **echte Vertrag zugunsten Dritter** ist dadurch gekennzeichnet, dass der Dritte durch den Vertrag ein eigenes Forderungsrecht gegen den Schuldner erhält. Davon zu unterscheiden sind Verträge, denen zufolge der Schuldner dem Gläubiger gegenüber zwar verpflichtet sein soll, die Leistung an einen Dritten zu erbringen, bei denen der Dritte aber kein Forderungsrecht erhält und deshalb auch die Leistung nicht vom Schuldner verlangen kann. Bei diesem **unechten Vertrag zugunsten Dritter** hat nur der Gläubiger einen Anspruch auf Leistung, und zwar an den Dritten. Dieser Vertrag ist nicht gesondert geregelt. Das ist auch nicht erforderlich, weil es sich lediglich um die vertragliche Ausgestaltung der Leistungspflicht des Schuldners verbunden mit der Ermächtigung, die Leistung an einen Dritten zu erbringen (§§ 362 Abs. 2, 185 Abs. 1), handelt.

3   Da es darauf ankommt, ob der Dritte ein eigenes Forderungsrecht hat, ist die **Unterscheidung** zwischen diesen beiden Formen des Vertrages zugunsten Dritter dogmatisch leicht. Tatsächlich können sich jedoch immer dann, wenn die Parteien keine ausdrückliche Bestimmung getroffen haben, Abgrenzungsschwierigkeiten ergeben.

Beispiel: K kauft für ihren Freund F, der Uhren sammelt, im Geschäft des V eine alte Taschenuhr. Da die Uhr noch gereinigt werden muss und K ein paar Tage ortsabwesend ist, wird vereinbart, dass F sie selbst abholen soll. Hat F gegen V einen Anspruch auf Übergabe und Übereignung der Taschenuhr? – Ein eigener Anspruch des F würde zunächst bestehen,

---

1 Zur Vertiefung: Coester-Waltjen, Der Dritte und das Schuldverhältnis, Jura 1999, 656; Hadding, Schuldverhältnis und Synallagma beim Vertrag zu Rechten Dritter, FS Gernhuber (1993), 153; Hornberger, Grundfälle zum Vertrag zugunsten Dritter, JA 2015, 1 (93); Petersen, Die Drittwirkung von Leistungspflichten, Jura 2013, 1230; Rahbari, Der Anwendungsbereich des Vertrages zugunsten Dritter gem. §§ 328 ff. BGB, ZGS 2010, 172; Wienands, Haftungsfragen beim echten Vertrag zugunsten Dritter, JA 1995, 854.

wenn K als dessen Stellvertreterin gehandelt hätte. Es fehlt jedoch am dafür erforderlichen Handeln in fremdem Namen (§ 164 Abs. 1 S. 1). F hätte aber auch dann einen eigenen Anspruch, wenn der zwischen K und V geschlossene Vertrag ein echter Vertrag zugunsten Dritter ist. Handelt es sich hingegen um einen unechten Vertrag zugunsten Dritter, hat F keinen Anspruch gegen V, sondern K kann von V Übereignung der Uhr an F verlangen. Zu fragen ist folglich, ob F einen eigenen Anspruch gegen V erhalten sollte.

Soweit eine ausdrückliche Vereinbarung fehlt, muss durch Auslegung ermittelt werden, ob der Dritte ein eigenes Forderungsrecht erhalten soll. Hierzu ordnet § 328 Abs. 2 an, dass auf die Umstände und insbesondere auf den **Zweck des Vertrages** abzustellen ist. Zu fragen ist deshalb vor allem, ob die Erreichung des Vertragszwecks ein eigenes Forderungsrecht des Dritten erfordert. Das ist z.B. zu verneinen, wenn es den Parteien nur darum geht, den Lieferweg abzukürzen. Umgekehrt erfordern z.B. Verträge, die auf eine Versorgung des Dritten ausgerichtet sind, in der Regel ein eigenes Forderungsrecht, damit die Versorgung nicht davon abhängt, dass der Gläubiger den Anspruch auf die Leistung durchsetzt. Auch bei Leistungen, bei denen die Person des Leistungsempfängers eine besondere Rolle spielt, liegt ein echter Vertrag zugunsten Dritter nahe. 4

Beispiele: Schließt eine Krankenversicherung für eine bei ihr versicherte Person mit einem Krankenhaus einen Behandlungsvertrag, so spricht der Vertragszweck – Behandlung des Versicherten – dafür, dass dieser einen eigenen Anspruch haben soll.

Im Uhren-Beispiel (Rn. 3) dient die Vereinbarung, dass F die Uhr abholen soll, hingegen nur der Abkürzung des Lieferweges, da K ohne diese Vereinbarung die Uhr selbst bei V abholen und dann dem F aushändigen müsste. Es handelt sich um einen unechten Vertrag zugunsten Dritter.

Für die Auslegung halten §§ 329, 330 zusätzlich besondere **Auslegungsregeln** bereit. Kein Vertrag zugunsten Dritter liegt nach § 329 im Zweifel bei einer sog. Erfüllungsübernahme vor. Hier geht es um Fälle, in denen jemand bereits Schuldner eines Gläubigers ist und mit einem Dritten die Vereinbarung trifft, dass dieser die bestehende Schuld tilgen soll. Ergibt die Auslegung, dass der Dritte die Schuld übernehmen soll, liegt entweder eine befreiende Schuldübernahme (§§ 414 ff., siehe § 40) oder ein Schuldbeitritt (kumulative Schuldübernahme, siehe § 38 Rn. 6) vor. Ist das nicht der Fall, dann soll der Gläubiger der Schuld aus dem Vertrag im Zweifel keinen eigenen Anspruch gegen den Dritten erwerben. Demgegenüber liegt nach § 330 S. 1 bei einem Leibrentenvertrag (§ 759), bei dem die Leibrente an einen Dritten erbracht werden soll, im Zweifel ein echter Vertrag zugunsten Dritter vor. Das sind Versorgungsverträge, bei denen die Versorgung nur dann hinreichend sichergestellt ist, wenn der Dritte die Leistung selbst fordern kann. Praktisch besonders wichtig ist der Lebensversicherungsvertrag, bei dem die Versicherungssumme bei Eintritt des Versicherungsfalles an einen Dritten gezahlt werden soll. Dieser Vertrag ist nach § 159 VVG ein echter Vertrag zugunsten Dritter. Das gilt nach § 330 S. 2 auch für die Schenkung unter Auflage (§ 525). 5

3. Vertrag zugunsten Dritter und mit Schutzwirkung zugunsten Dritter

Beim Vertrag zugunsten Dritter i.S.d. § 328 Abs. 1 hat der Dritte ein eigenes Recht, die Leistung zu fordern. Er wird hierdurch zum Gläubiger der Leistungspflicht. Davon zu unterscheiden sind Verträge und vorvertragliche Schuldverhältnisse, bei denen eine Partei lediglich Schutzpflichten gegenüber einem Dritten hat. Solche Schuldverhältnisse mit Schutzwirkung zugunsten Dritter unterfallen § 328 Abs. 1 nicht (siehe § 37). 6

II. Rechtsbeziehungen der Beteiligten

7   Der Vertrag zugunsten Dritter ist ein zwischen zwei Beteiligten abgeschlossener zwei-seitiger Vertrag. Durch ihn wird ein Dritter nicht Vertragspartei, sondern ihm wird le-diglich ein vom Vertrag abgespaltetes Forderungsrecht zugewandt. Dadurch entsteht ein **Drei-Personen-Verhältnis**, in dem mehrere Rechtsbeziehungen bestehen.

1. Deckungsverhältnis

8   Das Verhältnis zwischen den beiden Personen, die den Vertrag zugunsten Dritter ge-schlossen haben, wird als Deckungsverhältnis bezeichnet, weil derjenige, der sich zu einer Leistung an einen Dritten verpflichtet (Schuldner, **Versprechender**), aus dieser Rechtsbeziehung von der anderen Vertragspartei (Gläubiger, **Versprechensempfänger**) die Gegenleistung (Deckung) für die von ihm geschuldete Leistung erhält. Es handelt sich in der Regel um einen entgeltlichen Vertrag (z.B. Kauf-, Werk-, Miet- oder Versi-cherungsvertrag); grundsätzlich aber kann jeder Vertrag, gleich ob er entgeltlich ist oder nicht, als Vertrag zugunsten Dritter ausgestaltet werden, da es sich hierbei nicht um einen eigenständigen Vertragstyp handelt. Ob eine Form einzuhalten ist, richtet sich nach dem Inhalt dieses Vertrages (z.B. § 516 beim Schenkungsvertrag zugunsten Dritter).[2]

Beispiel: Im Behandlungs-Beispiel (Rn. 4) besteht im Deckungsverhältnis zwischen Kranken-versicherung und Krankenhaus ein entgeltlicher Behandlungsvertrag zugunsten Dritter.

9   Der Dritte ist an dem im Deckungsverhältnis geschlossenen Vertrag nicht beteiligt; es muss ihm nicht einmal mitgeteilt werden, dass er aus dem Vertrag einen Anspruch ge-gen den Versprechenden hat. Welche **Rechtsstellung** er erlangt, wird allein von den Parteien des Deckungsverhältnisses festgelegt (siehe Rn. 12 ff.). Es regelt ferner die Rechtsstellung des Versprechensempfängers gegenüber dem Versprechenden (siehe Rn. 20 f.). Soweit sich durch Auslegung nichts anderes ergibt, hat er insbesondere aus dem Vertrag auch einen Anspruch auf Leistung an den Dritten, § 335.

2. Valutaverhältnis

10   Das Verhältnis zwischen **Versprechensempfänger und Drittem** wird als Valutaverhält-nis bezeichnet. Aus ihm ergibt sich, warum der Versprechensempfänger durch den im Deckungsverhältnis mit dem Versprechenden geschlossenen Vertrag dem Dritten ein ei-genes Forderungsrecht zugewandt hat. Aus dem Valutaverhältnis folgt daher der **Rechtsgrund** für den Erwerb des Forderungsrechts des Dritten. Fehlt dieser, hat der Gläubiger gegen den Dritten einen bereicherungsrechtlichen Anspruch auf Abtretung der Forderung oder Herausgabe des Erlangten. Soll der Gläubiger vom Dritten für die Zuwendung keine Gegenleistung erhalten, liegt im Valutaverhältnis eine Schenkung vor. Grundsätzlich kommt aber auch hier jeder Vertrag in Betracht, durch den sich der Gläubiger zur Zuwendung eines Forderungsrechts verpflichtet. So kann die Zuwen-dung eine Gegenleistung aus einem gegenseitigen Vertrag darstellen (z.B. Kaufvertrag). Auch gesetzliche Pflichten können den Rechtsgrund im Valutaverhältnis bilden (z.B. Unterhaltspflicht).

Beispiel: Im Krankenversicherungs-Beispiel (Rn. 4) liegt im Valutaverhältnis zwischen der Krankenversicherung und dem Patienten ein entgeltlicher Krankenversicherungsvertrag vor.

---

2 BGHZ 54, 145 (147).

3. Vollzugsverhältnis

Das Verhältnis zwischen **Versprechendem und Drittem** kann als Vollzugsverhältnis be-   11
zeichnet werden. In diesem Verhältnis erfolgt rein tatsächlich die Leistung des Versprechenden an den Dritten. Das Rechtsverhältnis besteht im Wesentlichen nur aus dem
Forderungsrecht, das aus dem im Deckungsverhältnis geschlossenen Vertrag abgespal-
ten wurde. Hingegen besteht zwischen diesen Personen kein Vertrag und der Dritte ist
auch nicht Partei des im Deckungsverhältnis abgeschlossenen Vertrages.[3] Wohl aber
handelt es sich um eine vertragsähnliche schuldrechtliche Sonderverbindung, in der
Schutzpflichten bestehen können.[4]

III. Die Rechtsstellung des Dritten

Die Rechtsstellung des Dritten bestimmt sich nach dem im Deckungsverhältnis ge-   12
schlossenen Vertrag zwischen Versprechendem und Versprechensempfänger. Soweit
ausdrückliche Regelungen fehlen, muss der Vertrag ausgelegt werden. Hierbei ist nach
§ 328 Abs. 2 auf die Umstände und insbesondere den Zweck des Vertrages abzustellen.
Diese allgemeine Regelung wird durch Auslegungsregeln zu Einzelfragen ergänzt
(§§ 331, 332).

1. Erwerb des Forderungsrechts

Der Dritte erwirbt das Recht auf die Leistung nach § 328 Abs. 1 unmittelbar, d.h. von   13
allein, ohne dass er die Annahme erklären oder auch nur von dem Vertrag zugunsten
Dritter wissen muss. Das bedeutet aber nicht, dass er zwangsläufig sogleich mit dem
Abschluss des Vertrages das Forderungsrecht erwirbt. Der **Zeitpunkt des Erwerbs** ist,
wie § 328 Abs. 2 bestimmt, bei Fehlen ausdrücklicher Vereinbarungen durch Auslegung unter besonderer Berücksichtigung des Vertragszwecks zu ermitteln. Entsprechend § 271 ist aber im Zweifel ein sofortiger Rechtserwerb gewollt.[5] Nach der Auslegungsregel des § 331 Abs. 1 ist das anders, wenn die Leistung erst nach dem Tod des
Versprechensempfängers an den Dritten erfolgen soll – dann erwirbt der Dritte das
Forderungsrecht erst mit dem Tod des Versprechensempfängers.

Erwirbt der Dritte das Recht nicht unmittelbar nach Vertragsschluss, haben die Partei-   14
en des Vertrages zugunsten Dritter die Möglichkeit, den Vertrag wieder aufzuheben.
Aber auch nach dem Erwerb des Rechts muss dieses nicht endgültig beim Dritten bestehen bleiben. Ob das Recht des Dritten ohne dessen Zustimmung **aufgehoben** oder
geändert werden kann, ist nach § 328 Abs. 2 wiederum durch Auslegung zu ermitteln.
Soweit eine Aufhebung möglich ist, ergibt sich im Wege der Auslegung auch, ob dies
durch die Vertragsparteien gemeinsam erfolgen muss oder ein einseitiger Widerruf
durch eine Vertragspartei möglich ist. Im Zweifel ist das Recht des Dritten aber ohne
dessen Zustimmung nicht aufheb- oder abänderbar.[6] Hat der Versprechensempfänger
hingegen die Befugnis, einseitig die Person des Dritten durch einen anderen zu ersetzen, so kann er dies nach § 332 auch durch Verfügung von Todes wegen (insb. Testament) tun. Im Fall des § 331 Abs. 1 entsteht das Recht erst mit dem Tod des Verspre-

---

3   BGHZ 54, 145 (147); BGH NJW 2005, 3778; BGH NJW 2006, 1434 Rn. 39.
4   BeckOGK/Mäsch, Stand 1.7.2019, § 328 Rn. 33; BeckOK-BGB/Janoschek, § 328 Rn. 9; MünchKomm/Gottwald,
     § 328 Rn. 31.
5   Staudinger/Klumpp (2015), § 328 Rn. 69; NK-BGB/Preuß, § 328 Rn. 16.
6   Staudinger/Klumpp (2015), § 328 Rn. 73.

chensempfängers, bis dahin kann er es jederzeit aufheben. § 331 Abs. 2 schränkt die freie Aufhebbarkeit nur für den Fall ein, dass der Versprechensempfänger vor der Geburt des Dritten stirbt – dann können die Erben den Vertrag nur widerrufen, wenn ihnen diese Befugnis im Vertrag vorbehalten wurde.

2. Ansprüche und Rechte bei Leistungsstörungen

15   Da der Dritte gegen den Versprechenden einen eigenen Anspruch hat, kommen bei Pflichtverletzungen auch Sekundäransprüche auf **Schadensersatz** in Betracht. Dabei ist aber zu berücksichtigen, dass der Dritte nicht Partei des Vertrages ist. Deshalb kann er nur solche Sekundäransprüche und -rechte geltend machen, die den Vertrag in seinem Bestand unberührt lassen. Das ist bei einem **Rücktritt** nach §§ 323 ff. nicht der Fall; er kann daher nach h.M. nicht vom Dritten erklärt werden.[7] Ohne Weiteres möglich sind hingegen Ansprüche auf einfachen Schadensersatz (§ 280 Abs. 1) und Ersatz des Verzögerungsschadens (§§ 280 Abs. 1, 2, 286). Schadensersatz statt der Leistung (§§ 280 Abs. 1, 3, 281 ff.) ist, da der Schuldner ein eigenes Forderungsrecht hat, ebenfalls möglich;[8] er ist aber nach der Surrogationstheorie zu berechnen, da die Anwendung der Differenztheorie wegen des Untergangs des Gegenleistungsanspruchs der Vertragsliquidation gleichkommt.

IV. Rechtsstellung des Versprechenden

1. Einwendungen

16   Der Versprechende ist, nachdem der Dritte das Forderungsrecht erworben hat, diesem gegenüber zur Leistung verpflichtet. Da das Recht des Dritten alleine auf dem Deckungsverhältnis beruht, kann der Versprechende dem Dritten alle **Einwendungen aus dem im Deckungsverhältnis geschlossenen Vertrag** entgegenhalten, § 334. Das gilt nicht nur für rechtshindernde (z.B. Nichtigkeit des Vertrages) und rechtsvernichtende Einwendungen (z.B. Unmöglichkeit), sondern auch für durchsetzungshemmende Einreden (z.B. Einrede der Verjährung). Handelt es sich im Deckungsverhältnis um einen gegenseitigen Vertrag, findet auch § 320 gegenüber dem Dritten Anwendung, d.h., der Versprechende muss an den Dritten nur leisten, wenn ihm vom Versprechensempfänger die Gegenleistung angeboten wird. Hat der Versprechende gegen den Dritten eine Gegenforderung, kann er die Aufrechnung erklären. Mit einer Forderung gegen den Versprechensempfänger kann der Versprechende gegenüber dem Dritten hingegen nicht aufrechnen, weil es an der nach § 387 notwendigen Gegenseitigkeit fehlt.[9]

17   Aus dem **Valutaverhältnis** kann der Versprechende keine Einwendungen herleiten. Er ist daher auch dann zur Leistung an den Dritten verpflichtet, wenn im Valutaverhältnis kein wirksamer Rechtsgrund für die Leistung besteht. Anders kann dies nur sein, wenn das Valutaverhältnis die Geschäftsgrundlage für den im Deckungsverhältnis abgeschlossenen Vertrag darstellt.

---

7 BeckOKG/Mäsch, § 328 Rn. 48; Erman/Westermann, § 328 Rn. 8; Palandt/Grüneberg, § 328 Rn. 5; Staudinger/Klumpp (2015), § 328 Rn. 79; a.A. MünchKomm/Gottwald, § 335 Rn. 19; Soergel/Hadding, § 328 Rn. 42.
8 BeckOKG/Mäsch, § 328 Rn. 47; BeckOK-BGB/Janoschek, § 328 Rn. 20; Jauernig/Stadler, § 328 Rn. 16; MünchKomm/Gottwald, § 335 Rn. 19; a.A. Hk-BGB/Schulze, § 328 Rn. 11; Palandt/Grüneberg, § 328 Rn. 5; Staudinger/Klumpp (2015), § 328 Rn. 79.
9 BGH MDR 1961, 481; Hk-BGB/Schulze, § 334 Rn. 2; Jauernig/Stadler, § 334 Rn. 6; Palandt/Grüneberg, § 334 Rn. 4; Staudinger/Jagmann (2015), § 334 Rn. 25.

Beispiel (BGHZ 54, 145): P hat sich im mit V geschlossenen Pachtvertrag über eine Gaststätte verpflichtet, sämtliche Getränke von der Brauerei B zu erwerben. Diese Vereinbarung wurde getroffen, weil V mit B einen Darlehens- und Bierbelieferungsvertrag geschlossen hat, in dem V sich verpflichtet, die Bierbezugsverpflichtung an den Pächter weiterzugeben. Dieser Vertrag ist jedoch nach § 138 nichtig. Kann P das gegenüber dem Anspruch der B, von ihr Bier zu beziehen, geltend machen? – Der Pachtvertrag (Deckungsverhältnis) ist ein Vertrag zugunsten Dritter, denn B soll gegen P einen eigenen Anspruch darauf haben, dass dieser die Getränke bei ihr bezieht. Im Valutaverhältnis zwischen V und B liegt ein nichtiger Vertrag vor. Dies kann P dem Anspruch der B nicht entgegenhalten, weil diese Einwendung nicht aus dem Deckungsverhältnis stammt. Der Darlehens- und Bierbelieferungsvertrag zwischen V und B ist jedoch die Geschäftsgrundlage für den Pachtvertrag zwischen P und V. Das Fehlen der Geschäftsgrundlage ist eine Einwendung, die P nach § 334 gegenüber B geltend machen kann.

2. Ansprüche und Rechte bei Leistungsstörungen

Der Vertrag zugunsten Dritter kann keine Leistungspflichten des Dritten begründen. Im Vollzugsverhältnis treffen den Dritten jedoch **Schutzpflichten**, da er sich wegen seines eigenen Anspruchs auf die Leistung mit dem Versprechenden in einer schuldrechtlichen Sonderverbindung befindet. Möglich sind deshalb vor allem Ansprüche auf einfachen Schadensersatz (§ 280 Abs. 1) wegen Schutzpflichtverletzung. Bei Pflichtverletzungen des Versprechensempfängers hat der Versprechende die Rechte aus §§ 280 ff., 320 ff.

Bei **Nichtabnahme der Leistung** kann der Dritte in Annahmeverzug geraten, sofern in der Nichtannahme keine Zurückweisung nach § 333 liegt. Zweifelhaft ist, ob der Dritte durch die Zuwendung des Forderungsrechts auch Schuldner gesetzlicher Abnahmepflichten (z.B. § 433 Abs. 2) wird, sodass bei einer Nichtabnahme auch ein Anspruch auf Ersatz des Verzögerungsschadens (§§ 280 Abs. 1, 2, 286) in Betracht käme.[10] Dagegen kann angeführt werden, dass die Vertragsparteien dem Dritten keine Pflichten auferlegen können und er selbst auch nicht Vertragspartner (z.B. Käufer) ist. In Betracht kommt dann aber ein Schadensersatzanspruch des Versprechenden gegen den Versprechensempfänger, der sich das Verhalten des Dritten nach § 278 zurechnen lassen muss.[11]

V. Rechtsstellung des Versprechensempfängers

1. Eigener Anspruch auf Leistungserbringung

Der im Deckungsverhältnis geschlossene Vertrag bestimmt darüber, ob der Versprechensempfänger einen eigenen Anspruch auf Leistung an den Dritten hat. Fehlt es an einer ausdrücklichen Regelung, muss die Frage durch **Auslegung** beantwortet werden; nach der Auslegungsregel des § 335 ist sie im Zweifel zu bejahen. Der Anspruch richtet sich aber immer auf Leistung an den Dritten; Leistung an sich selbst kann der Gläubiger nicht verlangen. Das gilt auch dann, wenn sich der Primäranspruch auf die Leistung in einen Schadensersatzanspruch statt der Leistung umgewandelt hat.

18

19

20

---

10 Dafür MünchKomm/Gottwald, § 334 Rn. 9; Soergel/Hadding, § 334 Rn. 20; einschränkend Staudinger/ Jagmann (2015), § 334 Rn. 21.
11 Vgl. Erman/Westermann, § 328 Rn. 9; Jauernig/Stadler, § 328 Rn. 18; Palandt/Grüneberg, § 328 Rn. 7.

2. Ansprüche und Rechte bei Leistungsstörungen

21 Soweit der Versprechensempfänger ein eigenes Forderungsrecht hat, kann er bei **Pflichtverletzungen des Versprechenden,** aus denen ihm selbst ein Schaden entstanden ist, entsprechende Sekundäransprüche geltend machen (z.B. weil er wegen nicht rechtzeitiger Leistung des Versprechenden aus dem Valutaverhältnis vom Dritten in Anspruch genommen wird). Als Vertragspartei kann er dabei grundsätzlich auch Schadensersatz statt der Leistung verlangen oder vom Vertrag zurücktreten. Dadurch entfällt das Forderungsrecht des Dritten. Nach h.M. hängt die Möglichkeit, solche den Bestand des Vertrages berührende Ansprüche und Rechte geltend machen können, von der Endgültigkeit des Rechtserwerbs des Dritten ab: Kann dessen Recht nicht mehr aufgehoben werden, können diese Ansprüche und Rechte nur noch mit seiner Zustimmung geltend gemacht werden.[12]

WIEDERHOLUNGS- UND VERTIEFUNGSFRAGEN

22 1. Wodurch unterscheiden sich der echte und der unechte Vertrag zugunsten Dritter? (Rn. 2)
2. Welche Rechtsverhältnisse bestehen beim Vertrag zugunsten Dritter? (Rn. 7 ff.)
3. Kann der Dritte nach § 323 Abs. 1 den Rücktritt vom Vertrag erklären? (Rn. 15)
4. Kann der Versprechensempfänger vom Versprechenden Leistung an den Dritten verlangen? (Rn. 20)
5. Wann erwirbt der Dritte das Forderungsrecht? (Rn. 13)
6. Kann der Dritte in Annahmeverzug geraten? (Rn. 19)
7. Kann der Versprechende bei einem entgeltlichen Vertrag zugunsten Dritter vom Versprechensempfänger die Gegenleistung verlangen, wenn der Dritte das Recht zurückweist? (vgl. Staudinger/Jagmann (2015), § 333 Rn. 14).

---

12 RGZ 101, 275 (276); Palandt/Grüneberg, § 328 Rn. 6; Staudinger/Jagmann (2015), § 335 Rn. 14; a.A. Larenz, Schuldrecht I, § 17 I b).

§ 37 Schuldverhältnis mit Schutzwirkung zugunsten Dritter

I. Überblick

1. Begriff und Funktion

Das Schuldverhältnis mit Schutzwirkung zugunsten Dritter ist ein Schuldverhältnis, in dem eine Person, die ihrerseits an einem vertraglichen oder vorvertraglichen Schuldverhältnis beteiligt ist, einer anderen Person, die nicht Beteiligter dieses anderen Schuldverhältnisses ist (Dritter), zur **Rücksichtnahme auf Rechte, Rechtsgüter und Interessen des Dritten** verpflichtet ist. Es handelt sich also bei genauer Betrachtung nicht um ein fremdes Schuldverhältnis, in das der Dritte nur einbezogen ist, sondern um ein eigenes Schuldverhältnis zwischen dem Dritten und einem Beteiligten eines anderen Schuldverhältnisses.[1]

Beispiel: Im Gemüseblatt-Beispiel (§ 4 Rn. 14) kommt die Tochter (T) der M im Lebensmittelgeschäft des V zu Schaden, weil sie auf einem Gemüseblatt ausrutscht, das V unter Missachtung der verkehrserforderlichen Sorgfalt nicht entfernt hat. Zwischen M und V besteht nach § 311 Abs. 2 Nr. 2 aufgrund der Vertragsanbahnung ein vorvertragliches Schuldverhältnis. Durch die Einbeziehung der T in dieses Schuldverhältnis entsteht ein weiteres gesetzliches Schuldverhältnis zwischen V und T, kraft dessen V verpflichtet ist, bei der Vertragsanbahnung auch auf die Rechte, Rechtsgüter und Interessen der T Rücksicht zu nehmen.

Die beiden Schuldverhältnisse stehen nicht unverbunden nebeneinander. Die Konstruktion des Schuldverhältnisses mit Schutzwirkung zugunsten Dritter zielt u.a. darauf ab, den Dritten vor den Folgen einer Verletzung von Leistungs- oder Schutzpflichten in einem vertraglichen oder vorvertraglichen Schuldverhältnis zu schützen. Dies gelingt, indem als **Folge der Einbeziehung** ein weiteres Schuldverhältnis mit Schutzpflichten gegenüber dem Dritten entsteht. Allgemein liegt der Grund für die Entstehung des Schuldverhältnisses zum Dritten in seiner Nähe zum vertraglichen oder vorvertraglichen Schuldverhältnis.

Auch wenn ein eigenes Schuldverhältnis entsteht, wird der **Grundsatz der Relativität des Schuldverhältnisses durchbrochen**, weil erst die Einbeziehung in das vertragliche oder vorvertragliche Schuldverhältnis zur Entstehung von Schutzpflichten gegenüber dem Dritten führt. Das hat zur Folge, dass durch die Verletzung einer in diesem Schuldverhältnis bestehenden Leistungs- oder Schutzpflicht zugleich eine Schutzpflicht gegenüber dem Dritten verletzt werden kann und dieser aus § 280 Abs. 1 einen Anspruch auf Schadensersatz hat. Ohne diese Einbeziehung wäre der Dritte auf deliktische Ansprüche mit ihren bekannten Grenzen (siehe § 1 Rn. 13) verwiesen. Durch seine Einbeziehung in den Schutzbereich werden diese Grenzen überwunden; insbesonde-

1

2

3

---

1 Zur Vertiefung: Assmann, Grundfälle zum Vertrag mit Schutzwirkung zugunsten Dritter, JuS 1986, 885; Bayer, Vertraglicher Drittschutz, JuS 1996, 473; Coester-Waltjen, Der Dritte und das Schuldverhältnis, Jura 1999, 656; Höhne/Kühne, Der Vertrag mit Schutzwirkung zu Gunsten Dritter – Anspruchsgrundlage und Anspruchsumfang, JuS 2012, 1063; Leyens, Expertenhaftung: Ersatz von Vermögensschäden im Dreipersonenverhältnis nach Bürgerlichem Recht, JuS 2018, 217; Martiny, Pflichtenorientierter Drittschutz beim Vertrag mit Schutzwirkung für Dritte, JZ 1996, 19; Neuner, Der Schutz und die Haftung Dritter nach vertraglichen Grundsätzen, JZ 1999, 126; Pinger/Behme, Der Vertrag mit Schutzwirkung für Dritte, JuS 2008, 675; Schnauder, Der Vertrag mit Schutzwirkung zugunsten Dritter, JuS 1993, L 89; Schwab, Grundfälle zu culpa in contrahendo, Sachwalterhaftung und Vertrag mit Schutzwirkung für Dritte im neuen Schuldrecht, JuS 2002, 773 (872); Schwerdtner, Vertrag mit Schutzwirkung für Dritte, Jura 1980, 493; Zenner, Der Vertrag mit Schutzwirkung zugunsten Dritter, NJW 2009, 1030.

re ist neben dem Ersatz des Vermögensschadens auch eine Anwendung des § 278 möglich. Zugleich kommt es für den Schuldner zu einer Risikoerhöhung: Er hat nicht nur Leistungs- oder Schutzpflichten gegenüber der anderen Partei des Schuldverhältnisses, sondern zusätzlich Schutzpflichten gegenüber dem Dritten.

Beispiel: Hauseigentümerin E beauftragt Installateur U mit der Renovierung des Bads im ersten Obergeschoss. U lässt die Arbeiten von seinem sonst immer zuverlässigen Gesellen G ausführen. G schließt jedoch versehentlich ein Wasserrohr nicht richtig an. Hierdurch kommt es Monate später zu einem Wasserschaden, bei dem das Wasser durch die Decke in das darunterliegende Zimmer läuft, das von M, der Mutter der E, bewohnt wird. Das Wasser zerstört mehrere wertvolle Bücher der M. Sie verlangt von U Schadensersatz. – Ein vertraglicher Anspruch aus § 280 Abs. 1 scheidet auf den ersten Blick aus, weil M nicht Vertragspartnerin des U ist. Ein deliktischer Anspruch aus § 823 Abs. 1 scheitert an der fehlenden Verletzungshandlung des U. Da U sich hinsichtlich Auswahl und Überwachung des G exkulpieren kann (§ 831 Abs. 1 S. 2), hat M auch keinen Anspruch aus § 831 Abs. 1 S. 1. Es hilft auch nicht, dass E als Vertragspartnerin vertragliche Ansprüche gegen U haben kann, weil die zerstörten Bücher keinen Schaden des E darstellen und eine Verlagerung des Schadens der M zum Anspruch der E (Drittschadensliquidation, siehe § 44 Rn. 15 ff.) ausscheidet, da kein Fall der typischen Schadensverlagerung gegeben ist. Fraglich ist deshalb, ob M so in den Vertrag zwischen E und U einbezogen war, dass U auch ihr gegenüber verpflichtet war, auf ihre Rechtsgüter Rücksicht zu nehmen. Kann das bejaht werden, kommt ein Anspruch aus § 280 Abs. 1 in Betracht, bei dem U sich das Verhalten seines Erfüllungsgehilfen G nach § 278 zurechnen lassen muss.

4   Die Durchbrechung der Relativität des Schuldverhältnisses, die Überwindung der Grenzen der deliktischen Haftung und die Risikoerhöhung für den Schuldner machen das Schuldverhältnis mit Schutzwirkung zugunsten Dritter zu einem Institut, das nur unter **engen Voraussetzungen** Anwendung finden kann. Es dient dazu, **Haftungslücken** dort zu überwinden, wo der Dritte wegen seiner Nähe zum vertraglichen oder vorvertraglichen Schuldverhältnis und den daraus resultierenden Pflichten nicht wie ein beliebiger Dritter behandelt werden soll.

2. Rechtsgrundlage

5   Rechtsprechung und Literatur haben zur Schließung der Haftungslücke das Institut des Vertrages mit Schutzwirkung zugunsten Dritter entwickelt und die hierfür geltenden Grundsätze auch auf das vorvertragliche Schuldverhältnis übertragen. Die Rechtsgrundlage aber ist seit jeher umstritten. Die Rechtsprechung stellt vor allem auf den Willen der vertragsschließenden Parteien ab, auch dem Dritten gegenüber eine Schutzpflicht entstehen zu lassen; da es typischerweise aber an entsprechenden Vereinbarungen fehlt, muss dieser Wille im Wege der **ergänzenden Vertragsauslegung** ermittelt werden.[2] Die Literatur geht hingegen zum Teil von einer auf § 242 gestützten gesetzlichen Erweiterung der Haftung aus.[3] Seit der Schuldrechtsreform mehren sich indessen Stimmen, die in **§ 311 Abs. 3 S. 1** eine allgemeine gesetzliche Grundlage sehen.[4] Dagegen kann eingewandt werden, dass der Gesetzgeber wohl nur beabsichtigt hatte, hier die

---

2 BGHZ 133, 168 (170); BGHZ 138, 257 (261); BGHZ 159, 1 (4); BGH NJW 2014, 2345 Rn. 9; BGHZ 204, 54 Rn. 14; BGH NJW-RR 2017, 888 Rn. 15; BGH NJW 2018, 1537 Rn. 16; ebenso Palandt/Grüneberg, § 311 Rn. 23; differenzierend Soergel/Hadding, Anh. § 328 Rn. 6 f.

3 BeckOGK/Mäsch, Stand 1.7.2019, Rn. 161; Jauernig/Stadler, § 328 Rn. 21; MünchKomm/Gottwald, § 328 Rn. 166 ff.; Staudinger/Klumpp (2015), § 328 Rn. 103.

4 Canaris, JZ 2001, 499 (520); Erman/Kindl, § 311 Rn. 16; NK-BGB/Krebs, § 311 Rn. 99; Looschelders, Schuldrecht AT, § 9 Rn. 6; Schlechtriem/Schmidt-Kessel, Schuldrecht AT, Rn. 44.

Haftung des Dritten, nicht aber dessen Schutz zu regeln. Gegen die Herleitung im Wege ergänzender Vertragsauslegung lässt sich anführen, dass diese im vorvertraglichen Bereich nicht greifen kann, weil es an einer auslegbaren Vereinbarung fehlt. Insoweit mag es beim Rückgriff auf **Treu und Glauben** (§ 242) bleiben. Für die Rechtsanwendung ergeben sich aus dem Streit um die Rechtsgrundlage ohnehin nur in Ausnahmefällen Unterschiede, weil ganz weitgehende Einigkeit über die Entstehungsvoraussetzungen und Rechtsfolgen besteht. Dementsprechend verzichtet der BGH immer wieder auf eine Benennung der Rechtsgrundlage.[5]

3. Abgrenzungen

Das Schuldverhältnis mit Schutzwirkung zugunsten Dritter unterscheidet sich vom **Vertrag zugunsten Dritter** durch die Art der Pflicht, die der Schuldner gegenüber dem Dritten hat. Beim Vertrag zugunsten Dritter hat der Dritte einen eigenen Anspruch auf die Leistung; deshalb besteht die Leistungspflicht gegenüber dem Dritten. Hingegen treffen den Schuldner beim Schuldverhältnis mit Schutzwirkung zugunsten Dritter lediglich Schutzpflichten. Allerdings können diese auch dadurch verletzt werden, dass der Schuldner einer im vertraglichen oder vorvertraglichen Schuldverhältnis bestehenden Leistungspflicht nicht nachkommt (siehe Rn. 15).   6

Das Schuldverhältnis mit Schutzwirkung zugunsten Dritter führt für den Schuldner zu einer Risikosteigerung durch Gläubigervermehrung. Daraus folgt im Fall der Verletzung ein eigener Schadensersatzanspruch des Dritten aus § 280 Abs. 1 Demgegenüber geht es bei der **Drittschadensliquidation** um Fälle, in denen ein Schaden des Schuldners zum anspruchsberechtigten Gläubiger gezogen wird (siehe § 44 Rn. 15 ff.).[6] Hierdurch kommt es nicht zu einer Risikoerhöhung durch Gläubigervermehrung, sondern lediglich zu einer Schadensverlagerung auf den Gläubiger.   7

II. Einbeziehungsvoraussetzungen

1. Gefahrennähe des Dritten

Die Risikoerhöhung für den Schuldner ist nur gerechtfertigt, wenn der Dritte bestimmungsgemäß den sich aus dem Schuldverhältnis ergebenden Gefahren ebenso ausgesetzt ist wie der Gläubiger.[7] Bei vertraglichen Schuldverhältnissen folgt daraus das Erfordernis der **Leistungsnähe**: Zu fragen ist, ob der Dritte bestimmungsgemäß mit der Leistung in Berührung kommt und durch Leistungsstörungen ebenso gefährdet wird wie der Gläubiger.   8

Beispiele: Bei der Vermietung einer Wohnung kommen mit der geschuldeten Leistung (Überlassung des Wohnraums) nicht nur der Mieter selbst, sondern auch die mit ihm dauerhaft zusammen lebenden Personen bestimmungsgemäß in Berührung, da sie sich ebenso wie der Mieter ständig in der Wohnung aufhalten. Gäste kommen mit der Leistung hingegen nicht in gleichem Maße in Berührung wie der Mieter; ihnen fehlt daher die Leistungsnähe.[8]

5 Vgl. z.B. BGHZ 187, 86 Rn. 13; BGH NJW 2010, 3152 Rn. 19; BGH NJW-RR 2011, 462 Rn. 10; BGH WM 2011, 2334 Rn. 6; BGHZ 200, 188 Rn. 9.
6 Zur Vertiefung: Hübner/Sagan, Die Abgrenzung von Vertrag mit Schutzwirkung zugunsten Dritter und Drittschadensliquidation, JA 2013, 741; Iden, Einführung: Einbeziehung Dritter in Schuldverhältnisse und Drittschadensliquidation, ZJS 2012, 766.
7 BGHZ 133, 168 (173); BGH NJW 2010, 3152 Rn. 19; BGH NJW-RR 2017, 888 Rn. 17.
8 BGHZ 2, 94 (97); BGHZ 49, 350 (353); BGHZ 77, 116 (124).

9   Bei vorvertraglichen Schuldverhältnissen bestehen nur Schutzpflichten. Hier ist deshalb zu fragen, ob der Dritte der Gefahr einer Schutzpflichtverletzung ebenso ausgesetzt ist wie der Gläubiger. Das kann als **Einwirkungsnähe** bezeichnet werden.[9]

Beispiel: Im Gemüseblatt-Fall (Rn. 1) ist V gegenüber M dazu verpflichtet, dafür zu sorgen, dass potenzielle Kunden in seinem Laden nicht durch Gemüseblätter, die auf dem Boden liegen, in Gefahr geraten. Verletzungen dieser Schutzpflicht gefährden aber nicht nur M, sondern auch Personen, die, wie T, die M beim Einkauf begleiten.

2. Einbeziehungsinteresse des Gläubigers

10   Der Gläubiger muss ein besonderes Interesse an der Entstehung von Schutzpflichten gegenüber dem Dritten haben. Ursprünglich hat die Rechtsprechung hierzu darauf abgestellt, ob der Gläubiger für das **Wohl und Wehe** des Dritten verantwortlich ist.[10] Das ist zu bejahen, wenn zwischen Gläubiger und Drittem ein Rechtverhältnis mit personenrechtlichem Einschlag besteht, aus dem persönliche Fürsorge- oder Obhutspflichten des Gläubigers folgen (z.B. Eltern-Kind-Verhältnis, Ehe, Lebenspartnerschaft, Arbeitsvertrag).

11   Die „Wohl-und-Wehe-Formel" führt zu einem sehr begrenzten Anwendungsbereich, der vor allem die Verletzung von Körper oder Eigentum umfasst. Verletzt der Schuldner hingegen Leistungspflichten, die ihm im Verhältnis zum Gläubiger obliegen und kommt ein Dritter hierdurch zu Schaden, dann erweist sich die Bestimmung des Einbeziehungsinteresses allein anhand von Fürsorge- und Obhutspflichten als zu eng. Dem kann zum Teil begegnet werden, indem ein Einbeziehungsinteresse auch dann angenommen wird, wenn der Gläubiger gegenüber dem Dritten **Schutzpflichten** aufgrund eines mit diesem bestehenden Vertrages oder rechtsgeschäftsähnlichen Verhältnisses nach § 311 Abs. 2 hat.[11] Darüber hinaus kommt eine Einbeziehungsinteresse aber vor allem in Betracht, wenn die geschuldete **Leistung im Interesse des Dritten** erbracht wird oder gar direkt an ihn fließt.[12] Hier kann Treu und Glauben eine Einbeziehung des Dritten rechtfertigen, ohne dass es auf ein konkret festzustellendes Einbeziehungsinteresse ankäme.[13]

Beispiel: Der schwerkranke E will seinem alten Schulfreund F einen teuren Sportwagen per Testament vermachen. Er vereinbart mit Notar N einen Termin, zu dem N zu E kommen soll, um das Testament einschließlich des Vermächtnisses zu erstellen. N vergisst den Termin und kommt auch einer wiederholten Aufforderung des E, endlich mit ihm das Testament zu erstellen, nicht nach. Bald danach verstirbt E, ohne ein Testament gemacht zu haben. F verlangt von N Schadensersatz. – Da der Notarvertrag nur zwischen E und N zustande gekommen ist, kommt es für einen Anspruch aus § 280 Abs. 1 darauf an, ob F in die Schutzwirkungen dieses Vertrages einbezogen ist. Leistungsnähe liegt vor, weil die Erstellung des Testaments nicht nur den E, sondern auch die darin eingesetzten Erben und Vermächtnisnehmer betrifft. Allerdings ist E nicht für das Wohl und Wehe des F verantwortlich. Hierauf kommt es jedoch nicht an, weil die Leistung des N auch im Interesse derjenigen Personen

---

9   Canaris, ZIP 2004, 1781 (1786 f.)
10   BGHZ 51, 91 (96); BGH NJW 1970, 38 (40); BGH NJW 1977, 2208 (2209); BGH NJW 2010, 3152 Rn. 19.
11   BGH NJW-RR 2017, 888 Rn. 19; MünchKomm/Gottwald, § 328 Rn. 186.
12   BGH NJW-RR 2017, 888 Rn. 16; MünchKomm/Gottwald, § 328 Rn. 186; Staudinger/Klumpp (2015), § 328 Rn. 119.
13   Vgl. Staudinger/Jagmann (2009), § 328 Rn. 101 ff.

erfolgen sollte, die durch das Testament etwas erhalten sollten. Gerade ihnen droht ein Vermögensschaden, wenn N seine Leistungspflicht nicht erfüllt.[14]

Die Rechtsprechung handhabt das Einbeziehungsinteresse des Gläubigers besonders dann großzügig, wenn die Leistung dazu bestimmt ist, vom Gläubiger gegenüber dem Dritten gebraucht zu werden und sie deshalb dem Dritten als **Entscheidungsgrundlage für Vermögensdispositionen** dient (z.B. Wertgutachten beim Verkauf eines Grundstücks).[15] Das ist nicht unproblematisch, weil der Gläubiger sich oftmals eine Leistung erhofft, die den Interessen des Dritten gerade nicht gerecht wird, sodass er an einem besonderen Schutz des Dritten eigentlich kein Interesse hat. Hier bietet sich eine Lösung über die Eigenhaftung Dritter nach § 311 Abs. 3 S. 2 eher an (siehe § 4 Rn. 17).[16]   12

Beispiel (BGHZ 127, 378): E verkauft an K unter Vorlage eines von A für diese Zwecke erstellten Gutachtens ein Hausgrundstück. Das Gutachten des A ist jedoch fehlerhaft, weil er fahrlässig einen wesentlichen Mangel übersehen hat. K verlangt von A Schadensersatz in Höhe der Sanierungskosten. – Der BGH sieht das für § 280 Abs. 1 erforderliche Schuldverhältnis im Werkvertrag zwischen E und A, in dessen Schutzbereich K einbezogen worden sei. Entscheidend für das Einbeziehungsinteresse der E sei nicht, dass diese kein mangelfreies Gutachten wollte (was gegen das Einbeziehungsinteresse sprechen würde), sondern dass ihr wie jedem Verkäufer an der Erstellung eines beweiskräftigen Gutachtens gelegen war. Der Käufer vertraue jedoch nur dann auf das Gutachten, wenn er wisse, dass der Gutachter auch ihm gegenüber hafte – dann nämlich habe der Gutachter allen Grund, das Gutachten tatsächlich nach bestem Wissen und Gewissen zu erstellen. Deshalb sei es auch im Interesse der E, dass A gegenüber K hafte. Das gleiche Ergebnis lässt sich ohne diese künstlich anmutende Konstruktion eines Einbeziehungsinteresses über § 311 Abs. 3 S. 2 erreichen, weil A als Architekt besonderes Vertrauen in Anspruch nimmt und mit seinem Gutachten den Vertragsschluss wesentlich beeinflusst.

3. Erkennbarkeit für den Schuldner

Die Risikosteigerung ist nur vertretbar, wenn der Schuldner Leistungsnähe des Dritten und Einbeziehungsinteresse des Gläubigers erkennen und deshalb vom Vertragsschluss oder der Vertragsanbahnung Abstand hätte nehmen oder das Risiko versichern können. Daraus folgt, dass der **Kreis der geschützten Dritten** so überschaubar und abgegrenzt sein muss, dass der Schuldner sein Haftungsrisiko abschätzen kann. Zahl oder Namen der Dritten muss der Schuldner aber nicht kennen.[17]   13

Beispiele: Im Gutachter-Beispiel (Rn. 12) wusste A bei Abschluss des Vertrages mit E nur, dass diese das Gutachten gegenüber Kaufinteressenten verwenden will. Damit ist der Kreis der Dritten aber hinreichend begrenzt, auch wenn nicht von vornherein feststeht, wie viele Kaufinteressenten es geben wird. – Bei einem auf die Zeugung mittels künstlicher heterologer Insemination gerichteten Behandlungsvertrag ist das gezeugte Kind nach der Rechtsprechung ein in den Vertrag einbezogener Dritter, obschon es bei Vertragsschluss noch nicht existent war.[18]

---

14 Vgl. BGH NJW 1965, 1955, wo aber noch auf die Fürsorgepflicht abgestellt wurde, weil es um eine Tochter ging, die Erbin werden sollte.
15 BGHZ 127, 378 (380 ff.); BGHZ 138, 257 (261); BGHZ 159, 1 (4 f.); BGH NJW-RR 1989, 696; BGH NJW 2014, 2345 Rn. 12; zur Vertiefung: Canaris, Die Haftung des Sachverständigen zwischen Schutzwirkungen für Dritte und Dritthaftung aus culpa in contrahendo, JZ 1998, 603.
16 Looschelders, Schuldrecht AT, § 9 Rn. 11; zur Vertiefung: Wendelstein, Außervertragliche Haftung wegen der Verletzung vermögensschützender Pflichten am Beispiel der Gutachterhaftung, Jura 2018, 144.
17 BGHZ 127, 378 (381); BGH NJW 1984, 355; BGH NJW 1987, 1758 (1760).
18 BGHZ 204, 54 Rn. 15.

4. Schutzbedürftigkeit des Dritten

14 Durch das Schuldverhältnis mit Schutzwirkung zugunsten Dritter sollen vor allem Haftungslücken geschlossen werden. Hieran fehlt es, wenn dem Dritten wegen des gleichen Sachverhalts bereits ein **gleichwertiger vertraglicher Anspruch** gegen einen anderen zusteht.[19] Ein Schadensersatzanspruch aus § 280 Abs. 1, den der Dritte aus einem anderen Vertrag mit Schutzwirkung zugunsten Dritter hat, lässt die Schutzbedürftigkeit allerdings unberührt, weil sonst jeder der Schuldner den Dritten darauf verweisen könnte, dass er aus dem anderen Vertrag einen Anspruch habe, sodass der Dritte im Ergebnis keinen Ersatz erhalten würde.[20] Nicht genügend ist auch ein deliktischer Anspruch.

Beispiel: Im Gutachten-Beispiel (Rn. 12) kommt eine Einbeziehung des K nur in Betracht, wenn er wegen des Mangels keine gleichwertigen vertraglichen Schadensersatzansprüche gegen E hat. So war es im vom BGH entschiedenen Fall, weil die Sachmängelhaftung der E vertraglich ausgeschlossen war. Andernfalls hätte K einen vertraglichen Anspruch in Höhe der Sanierungskosten aus §§ 437 Nr. 3, 280 Abs. 1, 3, 281 (kleiner Schadensersatz) gehabt.

III. Rechtsfolgen der Einbeziehung

1. Entstehung von Schutzpflichten

15 Wenn die Einbeziehungsvoraussetzungen vorliegen, entsteht ein gesetzliches Schuldverhältnis zwischen Schuldner und Drittem. Inhaltlich ist es auf **Schutzpflichten i.S.d. § 241 Abs. 2** beschränkt. Zur geschuldeten Rücksicht gehört aber nicht nur, dass er ihn ebenso wie den Gläubiger vor Beeinträchtigungen seines Integritätsinteresses schützt. Zum Schutz kann auch die ordnungsgemäße Erfüllung der Leistungspflicht gehören, die nicht dem Dritten, sondern dem Gläubiger gegenüber besteht.[21] Das bedeutet nicht, dass der Dritte Erfüllung verlangen kann, aber er kann bei einer Verletzung der Leistungspflicht Schadensersatz geltend machen, sofern ihm ein Schaden entstanden ist.

Beispiel: Im Gutachten-Beispiel (Rn. 12) hat A gegenüber E die Pflicht zur Erstellung eines ordnungsgemäßen Gutachtens. Diese Leistung kann K hingegen nicht von A verlangen. Aber die ordnungsgemäße Leistung gegenüber E dient zugleich dem Schutz der Rechtsgüter und Interessen des K. Der Käufer eines Grundstücks macht seine Entscheidung zum Kauf wesentlich von einem solchen Gutachten abhängig. Insoweit durfte K darauf vertrauen, dass A das Gutachten für E fehlerfrei erstellt und somit seine Entscheidungsfreiheit und Vermögensinteressen wahrt.

2. Anspruch auf Schadensersatz bei Pflichtverletzung

16 Verletzt der Schuldner eine Schutzpflicht und hat er diese Pflichtverletzung zu vertreten, so ist er nach § 280 Abs. 1 zum Ersatz des hieraus dem Dritten entstandenen Schadens verpflichtet. Dabei bestimmt sich der Haftungsmaßstab des Schuldners nach seinem Rechtsverhältnis zum Gläubiger. Dort bestehende **Haftungsprivilegierungen** muss

---

19 BGHZ 70, 327 (329 f.); BGHZ 129, 136 (169); BGHZ 133, 168 (173); BGHZ 200, 188 Rn. 11; BGH NJW 2014, 2345 Rn. 22; BGHZ 211, 251 Rn. 17.
20 BGH ZIP 2018, 483 Rn. 28.
21 BGHZ 159, 1 (4); Palandt/Grüneberg, § 328 Rn. 15; MünchKomm/Gottwald, § 328 Rn. 181; Soergel/Hadding, Anh. § 328 Rn. 19.

der Dritte gegen sich gelten lassen.[22] Bei vertraglichen Haftungsbeschränkungen ergibt sich das aus dem Einbeziehungsinteresse des Gläubigers, der in der Regel keinen besseren Schutz des Dritten will als er ihm selbst zusteht. Für gesetzliche Privilegierungen kann auf § 334 verwiesen werden: Ebenso wie beim Vertrag zugunsten Dritter kann auch hier der Schuldner dem Dritten Einwendungen aus dem Schuldverhältnis mit dem Gläubiger entgegenhalten. Daraus folgt, dass – sofern die Auslegung nichts anderes ergibt – der Dritte nicht besser stehen soll als der Gläubiger. Aus diesem Grund muss der Dritte sich nach h.M. auch ein **Mitverschulden des Gläubigers** zurechnen lassen.[23] Die Gegenauffassung will eine Zurechnung nur vornehmen, wenn die Voraussetzungen der §§ 254 Abs. 2 S. 2, 278 gegeben sind – also dann, wenn der Gläubiger Erfüllungsgehilfe oder gesetzlicher Vertreter des Dritten ist.[24] Nur für diesen Fall will die h.M. das Mitverschulden des Gläubigers auch bei deliktischen Ansprüchen des Dritten gegen den Schuldner zurechnen.[25] Gegen eine generelle Berücksichtigung des Mitverschuldens bei deliktischen Ansprüchen spricht, dass der Dritte dann durch die Einbeziehung schlechter stünde als ohne – dann hätte er zwar nur den deliktischen Anspruch, ein Mitverschulden des Gläubigers könnte ihm aber nicht zugerechnet werden.

WIEDERHOLUNGS- UND VERTIEFUNGSFRAGEN

1. Welche Rechtsgrundlage kann für das Schuldverhältnis zugunsten Dritter herangezogen werden? (Rn. 5)   17

2. Unter welchen Voraussetzungen wird der Dritte einbezogen? (Rn. 8 ff.)

3. Worin unterscheiden sich Vertrag zugunsten Dritter und das Schuldverhältnis mit Schutzwirkung zugunsten Dritter? (Rn. 6)

4. Muss der Dritte sich ein Mitverschulden des Gläubigers zurechnen lassen? (Rn. 16)

---

22 Jauernig/Stadler, § 328 Rn. 30; Staudinger/Klumpp (2015), § 328 Rn. 143 f.; kritisch MünchKomm/Gottwald, § 328 Rn. 197.
23 BGHZ 33, 247 (250); BGHZ 127, 378 (385 f.); BGH NJW 1998, 1059 (1061); BeckOK-BGB/Janoschek, § 328 Rn. 58; Hk-BGB/Schulze, § 328 Rn. 19; Jauernig/Stadler, § 328 Rn. 30; Palandt/Grüneberg, § 328 Rn. 20.
24 Looschelders, Schuldrecht AT, § 9 Rn. 15 m.w.N.
25 BGHZ 33, 247 (251); BGH NJW 1985, 1076 (1077); Palandt/Grüneberg, § 254 Rn. 56; Strauch, JuS 1982, 823 (827); a.A. BeckOK-BGB/Janoschek, § 328 Rn. 58; Staudinger/Klumpp (2015), § 328 Rn. 138.

H. Veränderung der Beteiligten des Schuldverhältnisses

§ 38 Überblick: Gläubiger- und Schuldnerwechsel

I. Auswechslung des Gläubigers

1. Möglichkeiten eines Gläubigerwechsels

1 Das Schuldverhältnis ist mit Blick auf die Beteiligten nicht statisch; eine Auswechslung des Gläubigers ist möglich. Ein solcher Wechsel bezieht sich auf das Schuldverhältnis i.e.S.; durch ihn wird die Inhaberschaft an einem Forderungsrecht übertragen. Dies kann durch Rechtsgeschäft zwischen dem bisherigen Gläubiger und dem neuen Gläubiger erfolgen (**Forderungsabtretung**, §§ 398 ff., siehe § 39). Gelegentlich ordnet das Gesetz einen Forderungsübergang an (z.B. §§ 268 Abs. 3, 426 Abs. 2, 774 Abs. 1, § 86 VVG, § 116 SGB X). Für diese **Legalzession** (*cessio legis)* gelten die meisten Regelungen zur Forderungsabtretung entsprechend, § 412.[1] In seltenen Fällen kann es durch einen **staatlichen Hoheitsakt** zu einem Gläubigerwechsel kommen (z.B. § 835 Abs. 2 ZPO).

2. Abgrenzungen

a) Vertragsübernahme

2 Bei der Vertragsübernahme werden **alle Rechte und Pflichten aus einem Vertrag** auf einen anderen übertragen; es kommt zur Auswechslung eines Vertragspartners.[2] Gesetzlich ist sie z.B. vorgesehen beim Kauf von vermietetem Wohnraum (Eintritt des Erwerbers in den Mietvertrag, §§ 566 ff.) oder bei einem Betriebsübergang (Eintritt des Erwerbers in den Arbeitsvertrag, § 613 a). Eine rechtsgeschäftliche Vertragsübernahme ist ebenfalls zulässig. Sie erfordert einen dreiseitigen Vertrag zwischen ausscheidender, verbleibender und neuer Vertragspartei oder einen zweiseitigen Vertrag zwischen ausscheidender und neuer Partei, dem die verbleibende Partei zustimmen muss.[3]

b) Einziehungsermächtigung

3 Bei einer Einziehungsermächtigung ermächtigt der Gläubiger einen Dritten, die **Forderung im eigenen Namen gegenüber dem Schuldner geltend** zu machen. Anders als bei der Inkassozession, bei der der Gläubiger die Forderung zur Einziehung abtritt (siehe § 39 Rn. 2), bleibt er bei der Einziehungsermächtigung Forderungsinhaber. Dass der Gläubiger einen Ausschnitt seiner Forderung (das Recht zur Geltendmachung) auf

---

1 Zur Vertiefung: Coester-Waltjen, Der gesetzliche Forderungsübergang, Jura 1997, 609.
2 Zur Vertiefung: Pöggeler, Grundlagen und Probleme der Vertragsübernahme, JA 1995, 641; Rappenglitz, Die Formbedürftigkeit der Vertragsübernahme, JA 2000, 472; Wagemann, Die gestörte Vertragsübernahme, AcP 205 (2005), 547; Wagner, Form und Beschränkung der Vertragsübernahme sowie der Einwilligung hierzu, JuS 1997, 690.
3 BGHZ 96, 302 (308); BGH NJW-RR 2012, 239 Rn. 18.

einen anderen übertragen kann, ohne dabei selbst das Einziehungsrecht zu verlieren, ist gewohnheitsrechtlich anerkannt und muss nicht auf § 185 gestützt werden.[4]

II. Auswechslung des Schuldners

1. Möglichkeiten eines Schuldnerwechsels

Das Schuldverhältnis ist auch für Veränderungen der Person des Schuldners offen. Ein Wechsel der Schuldnerstellung kann durch eine **befreiende Schuldübernahme** erfolgen (§§ 414 ff., siehe § 40). Das ist ein Rechtsgeschäft, das entweder zwischen Gläubiger und Übernehmer (§ 414) oder zwischen Schuldner und Übernehmer mit Zustimmung des Gläubigers (§ 415) zustande kommt.

4

2. Abgrenzungen

a) Vertragsübernahme

Sollen **alle Rechte und Pflichten aus einem Vertrag** auf einen anderen übertragen werden, liegt unabhängig davon, ob die auszuwechselnde Person Schuldner oder Gläubiger einer Leistungspflicht ist, eine Vertragsübernahme vor (siehe Rn. 2).

5

b) Schuldbeitritt

Beim Schuldbeitritt tritt jemand dem Schuldverhältnis i.e.S. auf der Seite des Schuldners bei.[5] Er führt zu einer **Vermehrung der Schuldner.** Ein **gesetzlicher Schuldbeitritt** ist nur in wenigen Fällen vorgesehen (z.B. §§ 546 Abs. 2, 604 Abs. 4, 2382; §§ 25, 27 Abs. 1, 28 HGB). Aufgrund der Vertragsfreiheit ist ein **vertraglicher Schuldbeitritt** (kumulative Schuldübernahme, Schuldmitübernahme) möglich. Er unterscheidet sich von der Bürgschaft (§ 765) darin, dass der Bürge für eine fremde Schuld haftet, während der Beitretende eine eigene Schuld übernimmt. Was die Parteien wollen, muss ggf. durch Auslegung ermittelt werden. Dabei ist zu beachten, dass die Bürgschaft eine zur Hauptschuld akzessorische und nachrangige Schuld ist, während der Schuldbeitritt zu einer gleichrangigen Schuld des Beitretenden führt. Deshalb kann ein Schuldbeitritt nicht ohne Weiteres angenommen werden. Erforderlich ist, soweit nicht ausdrücklich ein Schuldbeitritt gewollt ist, ein eigenes unmittelbares wirtschaftliches oder rechtliches Interesse des Beitretenden an der Tilgung der Schuld.[6]

6

Beispiel: K will ein Auto kaufen und nimmt zur Finanzierung ein Darlehen bei B auf. B verlangt außer der Sicherungsübereignung des Autos eine weitere Sicherheit für die Kreditrückzahlung. E, die Ehefrau des K, erklärt, sie wolle für die Schuld des K haften. – Ob das Bürgschaftserklärung oder ein Angebot auf Abschluss eines Schuldbeitritts ist, hängt davon ab, ob E mit der Tilgung des Kredits ein unmittelbares eigenes wirtschaftliches Interesse verfolgt. Dabei ist zu bedenken, dass B bei einer Nichtrückzahlung Rückgriff auf den zur Sicherheit übereigneten Wagen nehmen kann. Deshalb ist ein eigenes Interesse zu bejahen, wenn das Auto von E allein oder überwiegend genutzt werden soll. Andernfalls liegt eine Bürgschaftserklärung vor.

---

4 Vgl. Palandt/Grüneberg, § 398 Rn. 32; zur Vertiefung: Roth/Fitz, Stille Zession, Inkassozession, Einziehungsermächtigung, JuS 1985, 188.

5 Zur Vertiefung: Dittmer, Wenn ein Dritter eine Schuld auf sich nimmt, Ad Legendum 2011, 149; Grigoleit/Herresthal, Die Schuldübernahme, Jura 2002, 825; Kothe, Die Stellung des Schuldbeitritts zwischen Bürgschaft und Schuldübernahme, JZ 1990, 997.

6 BGH NJW 1981, 47.

7   Der **Abschluss des Schuldbeitrittsvertrages** kann durch Vertrag zwischen Gläubiger und Beitretendem analog § 414 oder Vertrag zwischen Schuldner und Beitretendem erfolgen. Im letztgenannten Fall ist eine Genehmigung des Gläubigers nicht erforderlich, weil seine Rechtsstellung sich nur zu seinem Vorteil ändert. Der Schuldbeitritt ist formfrei; § 766 S. 1 kommt nicht analog zur Anwendung, weil der Beitretende aufgrund seines wirtschaftlichen Eigeninteresses nicht in gleichem Maße schutzwürdig ist wie der Bürge.[7] Nur beim Beitritt eines Verbrauchers zu einem Kreditvertrag ist analog § 492 Schriftform erforderlich.[8]

8   Durch den Schuldbeitrittsvertrag wird der Beitretende zusätzlicher Schuldner. Zwischen ihm und dem ursprünglichen Schuldner besteht eine **Gesamtschuld** (§§ 421 ff.) und der Gläubiger kann von ihm ebenso wie vom Schuldner die Leistung verlangen. Einwendungen des ursprünglichen Schuldners, die bis zum Beitritt entstanden sind, kann der Beitretende analog § 417 Abs. 1 S. 1 ebenfalls geltend machen.[9] Ob der Beitretende nach seinem Beitritt entstandene Einreden des ursprünglichen Schuldners geltend machen kann, richtet sich wegen der Gesamtschuld nach §§ 422–425.

c) Erfüllungsübernahme

9   Die Erfüllungsübernahme ist ein Vertrag zwischen dem Schuldner und einer anderen Person, kraft dessen diese sich gegenüber dem Schuldner verpflichtet, für diesen die Leistung an den Gläubiger zu erbringen. Ein solcher Vertrag verschafft dem Schuldner einen **Anspruch auf Erfüllung an den Gläubiger.** Nach § 329 hat der Gläubiger aus dem Vertrag im Zweifel keinen Anspruch gegen den Vertragspartner des Schuldners; es handelt sich also nicht um einen Vertrag zugunsten Dritter (siehe § 36 Rn. 5).

Wiederholungs- und Vertiefungsfragen

10   1. Wie kann der Gläubiger einer Forderung ausgewechselt werden? (Rn. 1)

2. Wie kann der Schuldner einer Forderung ausgewechselt werden? (Rn. 4)

3. Was ist ein Schuldbeitritt? (Rn. 6)

4. Was ist eine Erfüllungsübernahme? (Rn. 9)

---

7 BGH NJW 1991, 3095 (3098); BGHZ 138, 321 (327).
8 BGH NJW-RR 2004, 1683; BGH NJW-RR 2012, 166 Rn. 11.
9 OLG Nürnberg, ZIP 2000, 1975; Palandt/Grüneberg, Überbl. v. § 414 Rn. 7; Larenz, Schuldrecht I, § 35 II.

§ 39 Gläubigerwechsel durch Forderungsabtretung

I. Überblick

1. Begriff und Rechtsnatur

Die Abtretung erfolgt durch einen **Vertrag** zwischen dem bisherigen Gläubiger (Zedent) und dem neuen Gläubiger (Zessionar), § 398 S. 1.[1] Eine Beteiligung des Schuldners ist nicht notwendig. Dieses Rechtsgeschäft bewirkt den Übergang der Forderung vom Alt- auf den Neugläubiger, § 398 S. 2. Deshalb ist die Abtretung ein **Verfügungsgeschäft**. Davon zu unterscheiden ist das der Abtretung zugrunde liegende Verpflichtungsgeschäft (z.B. Kaufvertrag über die Forderung, Schenkungsvertrag, Inkassovertrag, Sicherungsvertrag). Aufgrund des Abstraktionsprinzips wird die Wirksamkeit der Abtretung von einer Unwirksamkeit des Verpflichtungsgeschäfts nicht berührt. Fehlt es allerdings an einem wirksamen Verpflichtungsgeschäft, kann der Altgläubiger vom Neugläubiger aus § 812 Abs. 1 S. 1 1. Alt. Rückabtretung der Forderung verlangen.

1

2. Wirtschaftliche Bedeutung

Die Möglichkeit, die Inhaberschaft einer Forderung durch Abtretung übertragen zu können, gibt dem Gläubiger die Gelegenheit, den in der Forderung liegenden Vermögenswert auf andere Weise als durch Einziehung zu realisieren. Dadurch wird die Forderung zu einem **Wirtschaftsgut**, das vielfältig eingesetzt werden kann. So kann die Forderung verkauft und durch Abtretung übertragen werden; hierdurch kann der Gläubiger sich liquide Mittel sogar schon vor dem Eintritt der Fälligkeit der Forderung verschaffen (durch einzelnen **Forderungsverkauf** oder im Rahmen eines Factoring-Vertrages[2]). Die Forderung kann auch als Gegenleistung eingesetzt werden, indem der Gläubiger eine gegen ihn gerichtete Forderung nicht durch Zahlung, sondern durch Abtretung einer ihm gegen einen Dritten zustehenden Forderung erfüllt (im Zweifel aber nur Leistung erfüllungshalber). Sie stellt ferner ein Kreditsicherungsmittel dar: Der Gläubiger (Sicherungsgeber) kann eine Forderung an seinen Kreditgeber (Sicherungsnehmer) abtreten, um diesem eine Sicherheit für die Rückzahlung des Kredits zu verschaffen. Dieser sog. **Sicherungszession** liegt als Verpflichtungsgeschäft ein Sicherungsvertrag zugrunde, aus dem sich ergibt, unter welchen Voraussetzungen der Sicherungsnehmer die Forderung verwerten darf oder an den Sicherungsgeber zurück abtreten muss. Schließlich hat der Gläubiger auch die Möglichkeit, sich vom mitunter mühsamen Geschäft der Forderungseinziehung zu befreien, indem er die Forderung zum Zweck der Einziehung an ein darauf spezialisiertes Inkassounternehmen abtritt. Einer solchen **Inkassozession** liegt ein Geschäftsbesorgungsvertrag als Verpflichtungsgeschäft zugrunde, aus dem sich u.a. ergibt, dass das Inkassounternehmen eingezogene Beträge an den Gläubiger auszukehren hat, und was geschehen soll, wenn sich die Forderung als uneintreibbar erweist. Die Inkassozession unterscheidet sich von der bloßen Einziehungsermächtigung darin, dass bei Letzterer nicht die Forderung, sondern nur die Einziehungsbefugnis übertragen wird (siehe § 38 Rn. 3).

2

---

1 Zur Vertiefung: Armbrüster/Ahcin, Grundfälle zum Zessionsrecht, JuS 2000, 450, 549, 658, 768, 865, 965; Lorenz, Grundwissen Zivilrecht – Abtretung, JuS 2009, 891; G. Lüke, Grundfragen des Zessionsrechts, JuS 1995, 90; Petersen, Die Abtretung, Jura 2014, 278; Schreiber, Vertraglicher und gesetzlicher Forderungsübergang, Jura 1998, 470; ders., Die Forderungsabtretung, Jura 2007, 266.

2 Zur Vertiefung: Blaurock, Grundstruktur und aktuelle Fragen des Factorings, JA 1989, 274; Fischinger, Einführung ins Factoring, JA 2005, 651; Roth, Das Factoring, Jura 1979, 297.

3. Anwendungsbereich und Regelungsstruktur

3   Die Abtretung ist in §§ 398–413 geregelt. Wie sich aus dem Wortlaut des § 398 S. 1 ergibt, gelten diese Bestimmungen für **Forderungen**, d.h. schuldrechtliche Ansprüche. Die Abtretung ist aber zugleich auch das **Grundmodell der Übertragung von Rechten**, denn § 413 ordnet die Anwendbarkeit der §§ 398 ff. hierfür an. Das steht allerdings ausdrücklich unter dem Vorbehalt, dass sich aus dem Gesetz nichts anderes ergibt. Das ist für eine Reihe von Rechten der Fall, wobei am wichtigsten die eigenständigen Regelungen des Sachenrechts zur Übertragung des Eigentums und anderer dinglicher Rechte sind (z.B. §§ 873, 925, 929, 1154, 1192). Gewerbliche Schutzrechte und urheberrechtliche Nutzungsrechte werden nach dem Grundmodell übertragen, freilich gelten hierzu Sonderbestimmungen (z.B. §§ 31 ff. UrhG, § 27 MarkenG, § 15 PatG).

4   Da die Abtretung durch Vertrag zwischen Alt- und Neugläubiger erfolgt, birgt sie für den Schuldner, der nichts von ihr weiß, besondere Risiken. So bestünde die Gefahr, dass er in Unkenntnis der Abtretung an den Altgläubiger zahlt, hierdurch aber keine Erfüllung herbeiführen kann, weil dieser nicht mehr Gläubiger ist und er deshalb fürchten muss, vom Neugläubiger erneut in Anspruch genommen zu werden. Die §§ 398 ff. regeln daher neben den **Anforderungen an die Abtretung** selbst (§§ 398–400) vor allem den **Schutz des Schuldners** (§§ 404–410) und daneben noch einzelne Aspekte zum Rechtsverhältnis zwischen Alt- und Neugläubiger (§§ 402 f.).

II. Voraussetzungen der Abtretung

1. Abtretungsvertrag

5   Die Abtretung setzt einen Vertrag zwischen dem Alt- und dem Neugläubiger voraus, § 398 S. 1. Inhalt dieses Rechtsgeschäfts ist die Einigung über den Forderungsübergang. Da es sich um ein Verfügungsgeschäft handelt, gilt der **Bestimmtheitsgrundsatz**. Deshalb muss sich aus dem Abtretungsvertrag ergeben, welche Forderung von ihm erfasst ist. Hierzu müssen die Parteien die Forderung so bezeichnen, dass sie zumindest bestimmbar ist. Das gilt auch und insbesondere, wenn durch den Vertrag eine Vielzahl von Forderungen abgetreten wird (sog. Globalzession). Hier müssen die Parteien zumindest Kriterien festlegen, aus denen sich ergibt, welche Forderungen erfasst sind.

Beispiel (BGH NJW 2011, 2713): Das Auto des H wird bei einem von F verursachten Verkehrsunfall beschädigt. Nach dem Unfall bringt H das Fahrzeug zu Gutachter G, damit dieser ein Gutachten erstellt. Es wird vereinbart, dass H dem G seine Forderungen gegen Fahrer F und dessen Versicherung V in Höhe der Gutachterkosten erfüllungshalber abtritt. G erstellt das Gutachten, errechnet nach seinem Stundenaufwand Kosten von 800 € und verlangt Zahlung dieses Betrages von F. – H hat gegen F Schadensersatzansprüche aus §§ 7, 18 StVG und § 823 Abs. 1. Aus diesen Ansprüchen könnte G Zahlung von F verlangen, wenn sie wirksam an ihn abgetreten wurden. Der Abtretungsvertrag zwischen G und H bezeichnet jedoch die abgetretenen Forderungen nicht bestimmt genug. Zwar mögen die Forderungen als solche bestimmbar sein (alle Forderungen gegen F und V aus einem ganz bestimmten Verkehrsunfall), jedoch sind sie nicht in voller Höhe, sondern nur zum Teil (Höhe der Gutachterkosten) abgetreten. Zwar ist eine Teilabtretung möglich, aber bei mehreren Forderungen muss für jede einzelne Forderung bestimmt werden, in welcher Höhe sie abgetreten wird. Daran fehlt es hier.

Beispiele für hinreichende Bestimmtheit: Alle Forderungen gegen Kunden mit den Anfangsbuchstaben A–K; alle bis zum 30. Juni dieses Jahres entstandenen Forderungen gegen den Schuldner S; alle aus dem Verkauf des Produkts X bis heute entstandenen Forderungen.

Für das **Zustandekommen des Vertrages** gelten die allgemeinen Regeln (§§ 104 ff.). 6
Der Abtretungsvertrag kann auch äußerlich Bestandteil eines anderen Vertrages (insb.
des zugrundeliegenden Verpflichtungsgeschäfts, z.B. eines Kaufvertrages) sein. Dennoch ist auch hier streng zwischen Verpflichtungs- und Verfügungsgeschäft zu trennen.
Die Abtretung ist formfrei, soweit sich nichts anderes aus Spezialvorschriften ergibt
(z.B. Schriftform bei Abtretung einer hypothekengesicherten Forderung, § 1154 Abs. 1;
notarielle Beurkundung bei Abtretung des Geschäftsanteils an einer GmbH,
§ 15 Abs. 3 GmbHG). Das gilt auch dann, wenn die abgetretene Forderung aus einem
formbedürftigen Rechtsgeschäft stammt (z.B. formfreie Abtretung der Kaufpreisforderung aus einem Grundstückskaufvertrag).[3]

2. Bestand der Forderung

Nach § 398 S. 2 geht die Forderung mit Abschluss des Vertrages auf den neuen Gläubi- 7
ger über. Das setzt voraus, dass die Forderung besteht. Die Abtretung einer **nicht bestehenden Forderung** geht ins Leere. Hiervon enthält das BGB nur in § 405 1. Alt. eine
Ausnahme: Stammt die abgetretene Forderung aus einem Scheingeschäft, gibt es wegen
der Nichtigkeitsanordnung des § 117 Abs. 1 keine wirksame Forderung. Hat aber der
Schuldner eine Urkunde über diese durch ein Scheingeschäft begründete Forderung
ausgestellt und ist die Abtretung unter Vorlage dieser Urkunde erfolgt, kann der
Schuldner sich nicht auf die Nichtigkeit des Scheingeschäfts berufen, d.h., der Neugläubiger kann vom Schuldner Leistung auf eine nicht bestehende Forderung verlangen. Weitere Ausnahmen ergeben sich, wenn die Forderung durch ein Wertpapier verbrieft ist.

Vom fehlenden Bestand der Forderung zu unterscheiden ist die Abtretung erst **künftig** 8
entstehender Forderungen. Eine solche **Vorausabtretung** ist grundsätzlich möglich.[4]
Dem scheint auf den ersten Blick allerdings § 398 S. 2 entgegenzustehen, da nach dieser Regelung schon mit dem Vertragsschluss die Forderung übergeht. Dem kann aber
dadurch Rechnung getragen werden, dass die Wirksamkeit der Vorausabtretung auf
den Zeitpunkt gelegt wird, in dem die Forderung tatsächlich entsteht. Das ist zwar
nicht im Wortsinn der Zeitpunkt des Vertragsschlusses, aber das ist der Zeitpunkt, zu
dem die Parteien wollen, dass ihr Abtretungsvertrag wirksam wird. Wegen des Be-
stimmtheitsgrundsatzes ist es aber erforderlich, dass die künftige Forderung schon im
Abtretungsvertrag so spezifiziert wird, dass sie in dem Zeitpunkt, zu dem sie entsteht,
bestimmt werden kann.

Beispiele für hinreichende Bestimmtheit: Alle Forderungen aus der Weiterveräußerung der
gelieferten Waren; alle im kommenden Jahr entstehenden Forderungen gegen X; die Forderung aus dem für das nächste Jahr geplanten Verkauf des Grundstücks Z.

3. Forderungsinhaberschaft des Zedenten

Der Zedent muss Inhaber der Forderung sein. Ist das nicht der Fall und hat der Inha- 9
ber der Abtretung auch nicht vorher zugestimmt (§ 185 Abs. 1) oder sie nachträglich
genehmigt (§ 185 Abs. 2), ist die Abtretung unwirksam. Es gibt **keinen gutgläubigen
Erwerb vom Nichtberechtigten,** weil es bei Forderungen an dem Rechtsschein, der bei
Sachen diese Erwerbsmöglichkeit rechtfertigt (z.B. Besitz der beweglichen Sache),

---

3 BGHZ 89, 41 (46).
4 Vgl. MünchKomm/Roth/Kieninger, § 398 Rn. 78 m.w.N.

fehlt.[5] Ausnahmen ergeben sich, wenn die Forderung durch ein Wertpapier verbrieft ist oder der Zedent über eine zu einer Erbschaft gehörige Forderung verfügt und durch Erbschein als Erbe ausgewiesen ist (§ 2366). Aus der fehlenden Möglichkeit eines gutgläubigen Forderungserwerbs folgt auch, dass bei einer Doppelabtretung die zweite Abtretung mangels Forderungsinhaberschaft ins Leere geht.

4. Abtretbarkeit der Forderung

10   Forderungen sind grundsätzlich abtretbar. Allerdings schließt das BGB bei einigen Forderungen die Abtretbarkeit kategorisch oder jedenfalls im Zweifel aus (z.B. §§ 473, 613 S. 2, 664 Abs. 2, 717). Außerdem enthalten die Vorschriften zur Abtretung zwei allgemeine gesetzliche Abtretungsverbote (§§ 399 1. Alt., 400) und mit § 399 2. Alt. lässt das BGB vertragliche Abtretungsausschlüsse zu.

a) Veränderung des Inhalts

11   § 399 1. Alt. schließt die Abtretung einer Forderung aus, wenn die Leistung an einen anderen als den ursprünglichen Inhaber nicht ohne Veränderung des Inhalts erfolgen kann. Das ist einmal der Fall, wenn die Person des Gläubigers Bestandteil des Leistungsinhalts ist. So verhält es sich bei **höchstpersönlichen Ansprüchen** z.B. auf Gewährung von Unterhalt in Natur oder Gewährung von Urlaub und Urlaubsabgeltung. Der Leistungsinhalt wird ferner verändert, wenn dem Gläubiger vom Schuldner **besonderes Vertrauen** entgegengebracht wird. Das ist z.B. bei Miet- und Pachtverträgen der Fall: Der Vermieter hat den Vertrag mit dem Mieter geschlossen, weil er davon ausgeht, dass dieser mit der zu überlassenden Sache pfleglich umgeht. Eine Abtretung des Anspruchs auf Gebrauchsüberlassung durch den Mieter an einen Dritten führt deshalb zu einem veränderten Leistungsinhalt.[6] Aus dem gleichen Grund kann auch der aus einem Vorvertrag folgende Anspruch auf Abschluss eines Vertrages nicht abgetreten werden: Wäre das möglich, müsste der Schuldner mit einer Person einen Vertrag abschließen, die er sich nicht ausgesucht hat.

b) Unpfändbarkeit der Forderung

12   Eine unpfändbare Forderung kann nach § 400 nicht abgetreten werden. Ob die Forderung unpfändbar ist, ergibt sich aus §§ 850 ff. ZPO. § 400 verhindert, dass der Gläubiger eine ihm zustehende Forderung überträgt, die er zur **Sicherung seines Existenzminimums** braucht. Diese Einschränkung der Selbstbestimmung hat ihren Grund aber nicht nur in einem grundsätzlich eher bedenklichen Paternalismus, sondern dient auch und vor allem dem Schutz der Allgemeinheit: Begibt sich der Gläubiger des Existenzminimums, dann muss er staatliche Hilfen, die aus Steuermitteln und damit von jedem Steuerzahler finanziert werden, in Anspruch nehmen.[7]

c) Vertraglicher Abtretungsausschluss

13   Da die Abtretung ohne Beteiligung des Schuldners erfolgt, besteht für diesen das Risiko, sich immer wieder einem neuen Gläubiger gegenüberzusehen. Ist er, wie etwa ein Unternehmen, Schuldner vieler abtretbarer Forderungen, können Abtretungen bei ihm

---

5 Zur Vertiefung: Thomale, Der gutgläubige Forderungserwerb im BGB, JuS 2010, 857.
6 BGH NJW 2003, 2987; BGH NJW 2010, 1074 Rn. 27.
7 Vgl. Staudinger/Busche (2017), § 400 Rn. 1.

auch einen gewissen Verwaltungsaufwand auslösen. Hierauf nimmt § 399 2. Alt. Rücksicht: Die Forderung kann nicht abgetreten werden, wenn dies aufgrund einer **Vereinbarung zwischen Schuldner und ursprünglichem Gläubiger** ausgeschlossen ist. Ein solches Abtretungsverbot kann ausdrücklich, aber auch stillschweigend sowohl durch Individualvereinbarung als auch durch AGB vereinbart werden.[8] Stammt die vom Verbot betroffene Forderung allerdings aus einem beiderseitigen Handelsgeschäft, so ist das vertragliche Abtretungsverbot nach § 354 a Abs. 1 S. 1 HGB unwirksam.

§ 399 S. 1 verleiht dem vertraglichen Abtretungsausschluss **absolute Wirkung**, da die fehlende Abtretbarkeit zur **Unwirksamkeit** der Abtretung gegenüber jedermann führt.[9] Diese Regelung scheint daher eine Abweichung von dem in § 137 S. 1 niedergelegten Grundsatz zu sein, dass rechtsgeschäftliche Verfügungsverbote keine absolute Wirkung haben. Das trifft indessen nicht zu. Die Vereinbarung eines Abtretungsverbots verändert den Inhalt des Rechts und nimmt ihm schon die Verkehrsfähigkeit. Demgegenüber verhindert § 137 S. 1, dass dem Inhaber eines verkehrsfähigen Rechts die Verfügungsbefugnis mit absoluter Wirkung genommen wird.[10]

14

Ist der Schuldner trotz des Verbots mit der Abtretung einverstanden, wird diese ex nunc wirksam.[11] Konstruktiv bedarf es dazu allerdings eines **Aufhebungsvertrages,**[12] der auf zwei Wegen zustande kommen kann. Zeigt der Gläubiger dem Schuldner an, dass er abtreten will, liegt darin das Angebot, das mit der Zustimmung des Schuldners angenommen wird. Erklärt der Schuldner von sich aus die Zustimmung, ist dies das Angebot, es wird vom Gläubiger konkludent mit der Abtretung angenommen; ein Zugang ist nach § 151 S. 1 entbehrlich.

15

III. Rechtsfolgen der Abtretung

1. Übergang der Forderung

Mit dem Abschluss des Abtretungsvertrages (bzw. bei Vorausabtretung: Entstehung der abgetretenen Forderung) geht die **Forderung auf den Neugläubiger** über. Dieser kann nunmehr vom Schuldner Leistung verlangen und bei nach der Abtretung eingetretenen Pflichtverletzungen die Ansprüche aus §§ 280 ff. geltend machen. Das aus einem gegenseitigen Vertrag folgende Rücktrittsrecht bleibt jedoch dem Altgläubiger erhalten, weil der Neugläubiger nur die Inhaberschaft an der Forderung, nicht aber die vollständige Vertragsposition erlangt hat.[13]

16

Der **Altgläubiger verliert die Inhaberschaft** an der Forderung vollständig und kann diese nicht erneut abtreten. Zum Einzug der Forderung ist er nur noch berechtigt, wenn

17

---

8 BGH NJW 2006, 3486 Rn. 14; siehe aber auch BGH NJW 2012, 2107 Rn. 14 ff. zur ausnahmsweisen Unwirksamkeit eines durch AGB vereinbarten Abtretungsverbots. Zur Vertiefung: W. Lüke, Das rechtsgeschäftliche Abtretungsverbot, JuS 1992, 114.

9 BGHZ 108, 172 (176); BGHZ 112, 387 (389); BGH NJW 2010, 904 Rn. 13; BeckOGK/Lieder, Stand 1.6.2019, § 399 Rn. 100 ff.; MünchKomm/Roth/Kieninger, § 399 Rn. 41; Staudinger/Busche (2017), § 399 Rn. 65; a.A. Canaris, FS Serick (1992), 9 ff.; Erman/Westermann, § 399 Rn. 3 a.

10 Vgl. BGHZ 40, 156 (160); BGH NJW 1997, 3434 (3435); Staudinger/Busche (2017), § 399 Rn. 52.

11 BGHZ 70, 299 (303); BGHZ 108, 172 (176); BGH NJW 2006, 1800 Rn. 31; Hk-BGB/Schulze, § 399 Rn. 7; Palandt/Grüneberg, § 399 Rn. 12; a.A. BeckOGK/Lieder, Stand 1.6.2019, § 399 Rn. 108; Medicus/Lorenz, Schuldrecht I, Rn. 796.

12 Ebenso BGHZ 180, 172 (176); BeckOK-BGB/Rohe, § 399 Rn. 22; Palandt/Grüneberg, § 399 Rn. 12; Staudinger/Busche (2017), § 399 Rn. 63; a.A. BGH NJW-RR 1991, 763 (764); BeckOGK/Lieder, Stand 1.6.2019, § 399 Rn. 108; Erman/Westermann, § 399 Rn. 3.

13 BGH NJW 1985, 2640 (2641 f.); BeckOK-BGB/Rohe, § 398 Rn. 65; MünchKomm/Roth/Kieninger, § 398 Rn. 97; Staudinger/Busche (2017), § 398 Rn. 81.

ihm vom Neugläubiger eine Einziehungsermächtigung erteilt wurde. Eine solche stille Zession hat für den Altgläubiger vor allem bei einer Sicherungszession den Vorteil, dass er vom Schuldner weiterhin Leistung verlangen kann und dem Schuldner dadurch verborgen bleibt, dass die Forderung abgetreten wurde.

2. Übergang von Neben- und Vorzugsrechten

18   Zusammen mit der abgetretenen Forderung gehen gem. § 401 Abs. 1 für sie bestehende Hypotheken und Pfandrechte sowie die Rechte aus einer Bürgschaft auf den neuen Gläubiger über. Dieser Übergang kraft Gesetzes ist eine Folge der **Akzessorietät dieser Sicherungsrechte**: Sie sind in ihrer Existenz und weiterem Fortbestand von der Forderung abhängig und sollen daher nicht bei einer anderen Person als dem neuen Forderungsgläubiger verbleiben. Der Zessionar wird mit der Abtretung auch Hypotheken- oder Pfandrechtsinhaber und Gläubiger aus einer zur Sicherung bestellten Bürgschaft, sofern die Parteien die Geltung des § 401 Abs. 1 nicht abbedungen haben. Für nicht akzessorische Sicherungsrechte wie z.B. Grundschuld oder Sicherungseigentum gilt § 401 Abs. 1 nicht; eine Analogie ist ausgeschlossen, weil die Norm gerade auf der Akzessorietät beruht.

19   Mit der Forderung gehen ferner nach § 401 Abs. 2 für den Fall der Zwangsvollstreckung oder des Insolvenzverfahrens bestehende **Vorzugsrechte** des Zedenten auf den Zessionar über. Das betrifft insbesondere das Recht zur abgesonderten Befriedung im Insolvenzverfahren (§§ 49 ff. InsO) sowie ein Pfändungspfandrecht in der Einzelzwangsvollstreckung (§ 804 Abs. 2 ZPO).

3. Pflichten des Altgläubigers

20   Nach § 402 hat der Zedent die Pflicht, dem neuen Gläubiger die zur Geltendmachung der Forderung nötige Auskunft zu erteilen und Beweisurkunden herauszugeben. Auf Verlangen des Zessionars ist er verpflichtet, über die Abtretung eine öffentlich beglaubigte (§ 129) Urkunde auszustellen, wobei die Kosten vom Zessionar zu tragen sind, § 403. Diese **Ansprüche auf Hilfe bei der Geltendmachung der abgetretenen Forderung** stammen dogmatisch trotz des Regelungsorts nicht aus dem Verfügungsgeschäft der Abtretung, sondern aus dem zugrunde liegenden Kausalgeschäft.[14]

IV. Schutz des Schuldners

1. Regelungsfunktion der §§ 404–410

21   Der Gläubigerwechsel durch Abtretung vollzieht sich ohne Beteiligung des Schuldners. Will er sich davor schützen, es mit einem neuen, von ihm selbst nicht ausgesuchten Gläubiger zu tun zu bekommen, kann er zwar mit dem Gläubiger ein Abtretungsverbot vereinbaren (§ 399). Mit dieser Möglichkeit kann es aber schon deshalb nicht sein Bewenden haben, weil sie der Zustimmung des Gläubigers bedarf. Deshalb sorgt der in §§ 404–410 geregelte gesetzliche Schuldnerschutz dafür, dass der Schuldner durch die Abtretung **keine rechtlichen Nachteile** erleidet.[15]

---

14 BGHZ 171, 180 Rn. 19; MünchKomm/Roth/Kieninger, § 402 Rn. 2; Palandt/Grüneberg, § 402 Rn. 1; Staudinger/Busche (2017), § 402 Rn. 1, § 403 Rn. 1; a.A. BGH NJW 1993, 2795 f.; Petersen Jura 2014, 278 (280).

15 Zur Vertiefung: Bülow, Grundprobleme des Schuldnerschutzes bei der Forderungsabtretung, JA 1983, 408; Haertlein, Die Rechtsstellung des Schuldners einer abgetretenen Forderung, JuS 2007, 1073.

2. Einwendungen gegen die Forderung

§ 404 bestimmt, dass der Schuldner dem Neugläubiger die **Einwendungen** entgegenhalten kann, die wegen der Forderung **zur Zeit der Abtretung** gegen den Altgläubiger begründet waren. Dadurch soll dem Schuldner die bei Abtretung bestehende Rechtsposition erhalten bleiben. Zu den Einwendungen gehören auch durchsetzungshindernde Einreden (z.B. Verjährung, Stundung, Zurückbehaltungsrecht, Einrede des nichterfüllten Vertrages). Rechtshindernde (z.B. Nichtentstehung oder Nichtigkeit des Schuldverhältnisses) und rechtsvernichtende Einwendungen (z.B. Erfüllung, Aufrechnung, Rücktritt), die bei Abtretung bereits bestanden, führen schon zur Unwirksamkeit der Abtretung, weil es an einer abtretbaren Forderung fehlt. Überhaupt ist § 404 für jene Einreden und Einwendungen, die schon bei Abtretung gegeben waren, eher deklaratorischer Natur, weil der Neugläubiger die Forderung nur erhält, wie sie beim Altgläubiger bestand. 22

Die eigentliche Funktion des § 404 besteht darin, den Schutz des Schuldners auszudehnen, indem er auch solche Einwendungen gegen den neuen Gläubiger geltend machen kann, die bei Abtretung noch nicht bestanden, aber bereits „begründet" waren. Genügend ist es deshalb, dass die Einwendung ihrem **Rechtsgrund** nach zum Zeitpunkt der Abtretung bereits **im Schuldverhältnis** zwischen Schuldner und Altgläubiger angelegt war. Soweit das der Fall ist, kann der Schuldner dem Neugläubiger die Einwendung entgegenhalten, sobald deren Entstehungsvoraussetzungen vollständig eingetreten sind – und zwar auch dann, wenn dies erst nach der Abtretung geschehen ist. Er kann deshalb z.B. bei einem nach Abtretung eintretenden Ablauf der Verjährungsfrist die Einrede der Verjährung erheben. Entsteht nach der Abtretung ein Rücktritts-, Kündigungs- oder Anfechtungsrecht, kann der Schuldner es dem Neugläubiger gegenüber ausüben, wenn der Rechtsgrund für dieses Gestaltungsrecht aus dem Schuldverhältnis zum Altgläubiger stammt. 23

Beispiel: K hat von V ein 24-bändiges Lexikon für 500 € gekauft. Es ist vereinbart, dass Übereignung des Lexikons sowie Kaufpreiszahlung in zwei Monaten erfolgen sollen. Einen Monat nach Vertragsabschluss tritt V seinen Kaufpreiszahlungsanspruch an Z ab. Zwei Wochen später kommt es bei V zu einem Wasserschaden, bei dem 12 Bände des Lexikons zerstört werden. Zum Fälligkeitszeitpunkt verlangt Z von K Zahlung von 500 €. – Der Anspruch des V gegen K aus dem Kaufvertrag gem. § 433 Abs. 2 ist wirksam an Z abgetreten worden, § 398. Jedoch kann K der Z nach § 404 zunächst entgegenhalten, der Kaufpreiszahlungsanspruch sei zur Hälfte nach §§ 326 Abs. 1 S. 1, 441 Abs. 3 untergegangen. Dass diese rechtsvernichtende Einwendung bei Abtretung noch nicht bestand, ist nicht entscheidend, weil sie ihrem Rechtsgrund nach schon im Kaufvertrag zwischen K und V angelegt ist. Wegen der anderen Kaufpreishälfte kann K gem. §§ 326 Abs. 5, 323 Abs. 5 S. 1, 404 den Rücktritt gegenüber Z erklären, weil er an der Lieferung eines unvollständigen Lexikons kein Interesse hat. Auch hier spielt es keine Rolle, dass zum Zeitpunkt der Abtretung noch kein Rücktrittsrecht bestand, weil dieses seinen Rechtsgrund im Kaufvertrag hat.

3. Einwendungen gegen die Abtretung

Ist die **Abtretung unwirksam**, versteht es sich von selbst, dass der Schuldner sich hierauf berufen kann, denn in solchen Fällen ist der Zessionar nicht Gläubiger der Forderung geworden und kann daher vom Schuldner auch keine Leistung verlangen. Eine **Ausnahme** hiervon macht § 405 2. Alt. nur für den Fall, dass der Schuldner über die Schuld eine Urkunde ausgestellt hat. Dann kann er sich nicht darauf berufen, die Abtretung sei wegen eines vertraglichen Abtretungsverbots unwirksam, wenn der Neu- 24 gläubiger dieses bei der Abtretung nicht kannte oder kennen musste. Wie bei § 405 1. Alt. (siehe Rn. 7) geht es um den Schutz des Neugläubigers, der auf die vom Schuldner ausgestellte Urkunde vertraut. Mängel des Kausalgeschäfts zwischen Alt- und Neugläubiger führen hingegen nicht zu Einwendungen des Schuldners gegen die Abtretung. Das folgt einerseits aus dem Abstraktionsgrundsatz und andererseits aus dem Umstand, dass es sich um ein relatives Rechtsverhältnis zwischen Zedent und Zessionar handelt, aus dem der Schuldner keine Rechte herleiten kann.

4. Rechtshandlungen des unwissenden Schuldners gegenüber dem Altgläubiger

a) Leistung an den Altgläubiger

25   Leistet der Schuldner nach der Abtretung an den Altgläubiger, kann an sich keine Erfüllung gem. § 362 Abs. 1 eintreten, weil dazu die Leistung an den Gläubiger bewirkt werden muss. Das hätte zur Folge, dass der Schuldner, wird er vom Neugläubiger in Anspruch genommen, nochmals leisten muss, während er die erbrachte Leistung an den Altgläubiger nur noch nach bereicherungsrechtlichen Grundsätzen aus § 812 Abs. 1 S. 1 1. Alt. zurückverlangen kann und dadurch das Risiko der Entreicherung (§ 818 Abs. 3) trägt. Das alles ist unproblematisch, wenn der Schuldner die Abtretung kennt und daher weiß, dass er die Leistung an die falsche Person erbringt. Fehlt ihm diese Kenntnis, ist er hingegen schutzbedürftig. § 407 Abs. 1 1. Alt. realisiert diesen Schutz, indem angeordnet wird, dass der Neugläubiger die Leistung an den Altgläubiger gegen sich gelten lassen muss. Damit ist gemeint, dass die **Leistung an den Altgläubiger** für den Schuldner **befreiende Wirkung** hat, da es sich um eine Erfüllung i.S.d. § 362 Abs. 1 handelt. Die Forderung erlischt und kann vom Neugläubiger nicht mehr geltend gemacht werden. Der Ausgleich zwischen Alt- und Neugläubiger richtet sich nach dem zwischen diesen bestehenden Kausalverhältnis sowie § 816 Abs. 2. § 407 Abs. 1 ist allerdings für den Schuldner verzichtbar, d.h., er kann statt der Berufung auf § 407 Abs. 1 die Leistung an den Neugläubiger erbringen und vom Altgläubiger nach § 812 Abs. 1 S. 1 1. Alt. Rückgewähr verlangen.[16]

Beispiel: V tritt seine aus einem Kaufvertrag stammende Forderung gegen K an Z ab. K, der hiervon nichts weiß, zahlt an V und fällt aus allen Wolken, als kurze Zeit später Z von ihm ebenfalls Zahlung verlangt. – Der Anspruch des V gegen K aus dem Kaufvertrag gem. § 433 Abs. 2 ist wirksam an Z abgetreten worden, § 398. Er ist jedoch nach der Abtretung nach §§ 362 Abs. 1, 407 Abs. 1 erloschen: K hat die geschuldete Leistung in Unkenntnis der Abtretung an V erbracht; das muss Z gegen sich gelten lassen.

b) Rechtsgeschäft mit dem Altgläubiger

26   Der Neugläubiger muss nach § 407 Abs. 1 2. Alt. jedes **Rechtsgeschäft**, das nach Abtretung zwischen Altgläubiger und Schuldner in Ansehung der Forderung vorgenommen wurde, gegen sich gelten lassen. Damit sind zum einen rechtsgeschäftliche Vereinbarungen über die Forderung gemeint. So wirkt ein Erlassvertrag auch gegenüber dem Neugläubiger (er verliert mithin die Forderung) und bei einer Stundungsvereinbarung kann er die Forderung für die Dauer der Stundung nicht durchsetzen. Zum anderen unterfallen der Norm aber auch einseitige rechtsgeschäftliche Handlungen wie insbesondere eine Aufrechnung gegenüber dem Altgläubiger. Der Wortlaut würde auch ein-

---

16   BGH NJW 2001, 231 (232 f.); BGHZ 102, 68 (71 f.); BeckOGK/Lieder, Stand 1.6.2019, § 407 Rn. 34; MünchKomm/Roth/Kieninger, § 407 Rn. 10; Palandt/Grüneberg, § 407 Rn. 5; a.A. Staudinger/Busche (2017), § 407 Rn. 8.

seitige Rechtshandlungen des Altgläubigers, die dem Schuldner schädlich sind (z.B. Mahnung, Kündigung), erfassen. Für sie gilt § 407 Abs. 1 jedoch nicht, weil die Vorschrift allein den Schuldner schützen will.[17] Gleichgestellt ist aber ein im Rechtsstreit zwischen Altgläubiger und Schuldner ergangenes Urteil, § 407 Abs. 2.

Beispiel: V hat gegen K eine fällige Forderung über 1.000 € aus einem Kaufvertrag und K hat gegen V eine fällige Forderung über 2.000 € aus einem Mietvertrag. V tritt seine Forderung an Z ab. K erfährt hiervon nichts und erklärt nach der Abtretung gegenüber V die Aufrechnung. Kurz darauf wird sie von Z auf Zahlung von 1.000 € in Anspruch genommen. – Die Forderung der Z könnte nach § 389 durch Aufrechnung erloschen sein. Die bis zur Aufrechnung bestehende Aufrechnungslage war bis zur Abtretung gegeben, ist durch die Abtretung aber beendet worden. K hat zwar eine Forderung gegen V, doch infolge der Abtretung hat V nunmehr keine Forderung gegen K, d.h., es fehlt eigentlich an der für die Abtretung notwendigen Gegenseitigkeit. Nach § 407 Abs. 1 konnte K jedoch weiterhin wirksam gegenüber V die Aufrechnung erklären, weil sie zum Zeitpunkt der Aufrechnungserklärung keine Kenntnis von der Abtretung hatte.

c) Kenntnis des Schuldners

§ 407 ist für den Neugläubiger eine belastende Regelung, zumal dem Schuldner ausweislich des Wortlauts nur **positive Kenntnis** von der Abtretung schadet, nicht aber fahrlässige Unkenntnis. Er wird daher daran interessiert sein, den Schuldner möglichst bald von der Abtretung in Kenntnis zu setzen. Tut er dies, bedeutet dies aber nicht zwingend, dass der Schuldner nunmehr bösgläubig ist, sodass ihm der Schutz des § 407 Abs. 1 versagt wäre. Hier ist vielmehr auch das Risiko zu berücksichtigen, dass jemand die tatsächlich nicht stattgefundene Abtretung einer Forderung an ihn behauptet, allein um den Schuldner zur Leistung zu veranlassen. Deshalb macht die Abtretungsanzeige des Neugläubigers den Schuldner nur bösgläubig, wenn der Neugläubiger vertrauenswürdig ist und seine wirtschaftliche Lage den Gedanken an eine Täuschung nicht aufkommen lässt.[18] Zeigt der Altgläubiger die Abtretung an, besteht kein Grund, am Wahrheitsgehalt zu zweifeln, sodass der Schuldner hierdurch stets bösgläubig wird.

27

5. Aufrechnung nach Abtretung

Probleme ergeben sich, wenn die Abtretung eine zwischen Schuldner und Altgläubiger bei Abtretung schon **bestehende Aufrechnungslage beendet** oder deren **spätere Entstehung verhindert**.[19]

28

Beispiel: V hat gegen K eine Forderung i.H.v. 1.000 € (Hauptforderung). Am 15.10. erwirbt K gegen V eine Forderung i.H.v. 2.000 € (Gegenforderung). Am 1.11. tritt V ihre Forderung an Z ab. K möchte wissen, ob er aufrechnen kann. – Lässt man §§ 404 ff. zunächst außer Acht, ergibt sich folgende Lösung: Die Aufrechnung setzt eine Aufrechnungslage voraus. Dazu ist erforderlich, dass sich Aufrechnender und Aufrechnungsgegner gegenseitig etwas schulden, § 387. Diese Gegenseitigkeit der Forderungen fehlt jedoch sowohl im Verhältnis zu V als auch zu Z. K hat zwar eine Gegenforderung gegen V, aber V hat keine Hauptforderung gegen ihn. Im Verhältnis zu Z hat dieser zwar eine Hauptforderung gegen K, aber K hat keine Gegenforderung gegen Z. Die Abtretung hat mithin dem K eine bis dahin bestehende Aufrechnungsmöglichkeit genommen.

---

17 BeckOGK/Lieder, Stand 1.6.2019, § 407 Rn. 30; Staudinger/Busche (2017), § 407 Rn. 15.
18 RGZ 74, 117 (120 f.); BGHZ 102, 68 (74).
19 Zur Vertiefung: Bacher, Aufrechnung gegenüber abgetretenen Forderungen, JA 1992, 200 (235); Coester-Waltjen, Aufrechnung bei Abtretung, Jura 2004, 391; Schwarz, Zum Schuldnerschutz bei der Aufrechnung abgetretener Forderungen, AcP 203 (2003), 241.

Hat K seine Forderung gegen V erst am 10.11., also nach der Abtretung erworben, kann er ebenfalls mangels Gegenseitigkeit der Forderungen weder gegenüber V noch gegenüber Z die Aufrechnung erklären. Ohne die Abtretung wäre jedoch mit dem Erwerb der Gegenforderung am 10.11. eine Abtretungslage zu V entstanden; die Abtretung hat deren Entstehung verhindert.

a) Aufrechnung gegenüber dem Altgläubiger

29 Zunächst ist danach zu unterscheiden, ob der Schuldner von der Abtretung bei Aufrechnungserklärung Kenntnis hatte. Hatte er **keine Kenntnis**, muss es sich um eine Aufrechnung **gegenüber dem Altgläubiger** handeln. Der Schuldnerschutz vollzieht sich dann über § 407 Abs. 1: Die Aufrechnung ist ein Rechtsgeschäft gegenüber dem Altgläubiger, das der Neugläubiger gegen sich gelten lassen muss und das deshalb zum Erlöschen der Forderung führt (§ 389). Das gilt nicht nur, wenn die Abtretung eine bestehende Aufrechnungslage beendet hat, sondern auch, wenn diese wegen der Aufrechnung später nicht entstehen konnte. Allein entscheidend ist, dass zum Zeitpunkt der Aufrechnungserklärung alle Aufrechnungsvoraussetzungen mit Ausnahme der Gegenseitigkeit vorlagen.

Beispiel: Hat K im vorgenannten Beispiel keine Kenntnis von der Abtretung, kann er wegen § 407 Abs. 1 gegenüber V die Aufrechnung erklären und Z muss das Erlöschen der Forderung gegen sich gelten lassen. Das gilt auch, wenn K die Gegenforderung erst nach der Abtretung erworben hat.

b) Aufrechnung gegenüber dem Neugläubiger

aa) Aufrechnungslage bei Abtretung

30 Hatte der Schuldner hingegen **Kenntnis von der Abtretung**, scheidet eine wirksame Aufrechnung gegenüber dem Altgläubiger aus, da § 407 Abs. 1 nur im Fall der Unkenntnis Anwendung findet. In Betracht kommt dann nur noch eine Aufrechnung **gegenüber dem Neugläubiger**. Der Schutz des Schuldners ist für diesen Fall in § 406 geregelt. Bei der Anwendung dieser Norm ist danach zu unterscheiden, ob die Abtretung eine bestehende Aufrechnungslage beendet oder deren spätere Entstehung verhindert hat. **Bestand bei Abtretung eine Aufrechnungslage**, kann der Schuldner nach § 406 1. HS mit seiner Forderung gegen den Altgläubiger gegenüber dem Neugläubiger die Aufrechnung erklären. Diese Regelung sorgt dafür, dass dem Schuldner eine bei Abtretung bestehende Aufrechnungsmöglichkeit erhalten bleibt und ist deshalb eine Ergänzung zu § 404. Bestand die Aufrechnungslage bei Abtretung, spielen die Einschränkungen des § 406 2. HS keine Rolle.

Beispiel: Hat K im Aufrechnungs-Beispiel (Rn. 28) von der Abtretung Kenntnis erlangt, bevor er die Aufrechnung erklärt hat, kann er nicht mehr gegenüber V aufrechnen. Er kann jedoch mit seiner Forderung gegen V dem Z gegenüber die Aufrechnung erklären, weil zum Zeitpunkt der Abtretung bereits eine Aufrechnungslage bestand. Zwar fehlt es jetzt infolge der Abtretung an der Gegenseitigkeit der Forderungen, doch wird dieser Mangel von § 406 überwunden.

bb) Späterer Eintritt der Aufrechnungslage

31 Bestand bei der Abtretung noch keine Aufrechnungslage, wäre eine solche aber **später ohne die Abtretung eingetreten**, ist der Schuldner grundsätzlich ebenfalls schutzbedürftig. Das ist besonders deutlich, wenn er im Vertrauen darauf, dass der Altgläubiger im-

mer noch Forderungsinhaber ist, **nach der Abtretung eine Forderung** gegen diesen erworben hat, um damit die Aufrechnung erklären zu können. Dieses Vertrauen schützt § 406 2. HS 1. Alt.: Der Schuldner kann mit dieser nach der Abtretung erworbenen Forderung gegenüber dem Neugläubiger aufrechnen, wenn er beim Erwerb der Forderung noch keine Kenntnis von der Abtretung hatte. Diese Regelung erweitert den Schutz des unwissenden Schuldners, den dieser bereits über § 407 Abs. 1 erfährt. Kannte er hingegen zu diesem Zeitpunkt bereits die Abtretung, dann wusste er, dass er nicht mehr gegenüber dem Altgläubiger aufrechnen konnte und ist daher nicht schutzwürdig.

Beispiel: V hat gegen K eine Forderung i.H.v. 1.000 €. Diese Forderung tritt sie an Z ab. In Unkenntnis der Abtretung erwirbt K anschließend eine Forderung gegen V. – K kann, solange er von der Abtretung keine Kenntnis hat, nach § 407 Abs. 1 gegenüber V aufrechnen. Erlangt er hingegen nach seinem Forderungserwerb Kenntnis von der Abtretung, kommt nur noch eine Aufrechnung gegenüber Z in Betracht. Diese ist nach § 406 möglich, weil K bei Erwerb der Gegenforderung von der Abtretung noch keine Kenntnis hatte.

In solchen Fällen des späteren Erwerbs der Gegenforderung in Unkenntnis der Abtretung ist ein Schuldnerschutz jedoch nur dann erforderlich, wenn er darauf vertrauen durfte, mit dieser Forderung die Aufrechnung erklären zu können. Die Entstehung der Aufrechnungsmöglichkeit setzt aber die **Fälligkeit der Gegenforderung** voraus. Hat der Schuldner nach der Abtretung eine zum Erwerbszeitpunkt noch nicht fällige Gegenforderung erlangt, so ist er nur dann zu schützen, wenn er darauf vertrauen durfte, dass er auch zum Zeitpunkt der später eintretenden Fälligkeit noch würde aufrechnen können. Das ist in dem von § 406 2. HS 2. Alt. geregelten Fall nicht so: Wird die Forderung erst nach Kenntnis von der Abtretung und später als die Hauptforderung fällig, so hätte bei Ausbleiben der Abtretung die Möglichkeit bestanden, dass der Altgläubiger vom Schuldner Erfüllung der Hauptforderung verlangt, bevor dessen Gegenforderung fällig wird und er aufrechnen konnte. Aus § 406 2. HS 2. Alt. folgt im Umkehrschluss, dass die fehlende Fälligkeit bei Erwerb der Gegenforderung die Aufrechnung nicht grundsätzlich ausschließt. Der Schuldner kann aufrechnen, wenn seine Gegenforderung bei Erlangung der Kenntnis von der Abtretung bereits fällig war oder sie nicht später fällig wird als die Hauptforderung.

Beispiel: V hat gegen K eine Forderung i.H.v. 1.000 €, die am 1.4. fällig wird. Am 15.4. tritt sie diese Forderung an Z ab. In Unkenntnis der Abtretung erwirbt K am 25.4. eine Forderung i.H.v. 2.000 € gegen V, die jedoch erst am 30.5. fällig wird. Am 28.5. erfährt K von der Abtretung. – Eine Aufrechnung gegenüber Z scheitert zwar nicht daran, dass bei Abtretung noch keine Aufrechnungslage bestand, weil es nach § 406 2. HS 1. Alt. ausreichend ist, dass K bei Erwerb der Gegenforderung noch keine Kenntnis von der Abtretung hatte. Jedoch ist die Gegenforderung erst nach Kenntnis von der Abtretung und später als die Hauptforderung fällig geworden, sodass nach § 406 2. HS 2. Alt. die Aufrechnung ausgeschlossen ist. Das wird einleuchtend, wenn man sich vorstellt, es wäre nicht zur Abtretung gekommen: Dann hätte V von K seit dem 1.4. Leistung verlangen können, aber K hätte frühestens am 30.5. die Aufrechnung erklären können, weil seine Gegenforderung erst dann fällig wurde. K konnte daher nicht darauf vertrauen, noch aufrechnen zu können. Er musste vielmehr damit rechnen, von V schon vor dem 30.5. auf Erfüllung in Anspruch genommen zu werden.

Das Problem der Fälligkeit stellt sich auch, wenn die **Gegenforderung vor der Abtretung erworben** wurde. Fehlt es hier zum Zeitpunkt der Abtretung an der Fälligkeit, hätte der Schuldner nicht aufrechnen können, aber es hätte ohne Abtretung zur Entstehung der Aufrechnungsmöglichkeit kommen können. Er ist also auch hier schutzbe-

32

33

dürftig. Die Grenzen des Schutzes ergeben sich aus § 406 2. HS 2. Alt.: Der Schuldner ist im Vertrauen auf die spätere Entstehung einer Aufrechnungslage geschützt, wenn seine Gegenforderung spätestens bei Erlangung der Kenntnis von der Abtretung oder nicht später als die Hauptforderung fällig wird.

Beispiel: V hat gegen K eine Forderung i.H.v. 1.000 €, die am 1.4. fällig wird. K hat gegen V eine Forderung über 2.000 €, die am 1.2. fällig ist. Am 15.1. tritt V seine Forderung an Z ab. Hiervon erfährt K am 1.3. – K kann nach § 406 2. HS 2. Alt. die Aufrechnung gegenüber Z erklären. Die Gegenforderung der K ist seit dem 1.2. und damit früher als die Hauptforderung fällig geworden.

6. Mehrfache Abtretung

34 Tritt der Altgläubiger die Forderung mehrfach ab, sind alle der ersten Abtretung nachfolgenden Abtretungen mangels Forderungsinhaberschaft unwirksam und der Zweiterwerber kann vom Schuldner die Leistung nicht verlangen. Der Schuldner ist aber schutzbedürftig, wenn er nur die **Abtretung an den Zweiterwerber kennt.** Dann nämlich besteht das Risiko, dass er an den Zweiterwerber leistet, obwohl dieser nicht Gläubiger ist. § 408 Abs. 1 bestimmt deshalb, dass § 407 im Verhältnis zwischen dem Erst- und dem Zweiterwerber zur Anwendung kommt. Leistet der Schuldner an den Zweiterwerber oder nimmt er diesem gegenüber ein Rechtsgeschäft vor, wirkt dies dem Ersterwerber gegenüber, wenn der Schuldner von der Abtretung an den Ersterwerber keine Kenntnis hatte. § 408 Abs. 2 1. Alt. stellt die nach einer Abtretung erfolgte Pfändung und Überweisung der Forderung an einen Dritten der Zweitabtretung gleich. Diese Gleichstellung gilt nach § 408 Abs. 2 2. Alt. ferner bei einem nach der Abtretung eintretenden gesetzlichen Forderungsübergang, sofern der Altgläubiger diesen gegenüber dem Dritten anerkannt hat.

Beispiel: V hat gegen K eine Forderung i.H.v. 1.000 €. Er tritt diese Forderung zunächst an Z und eine Woche später an D ab. K erlangt von der Abtretung an D Kenntnis und leistet deshalb an diesen. Nunmehr verlangt Z Zahlung von 1.000 €. – Der Anspruch der Z ist nach §§ 408 Abs. 1, 407 Abs. 1, 362 Abs. 1 erloschen, weil K an D die Leistung bewirkt hat und der Gläubiger Z diese Leistung an einen Nichtgläubiger gegen sich gelten lassen muss, da K von der Abtretung an Z keine Kenntnis hatte.

7. Abtretungsanzeige

35 Besonders schutzwürdig ist der Schuldner, wenn ihm **vom Altgläubiger die Abtretung angezeigt** worden ist. Dieser Mitteilung darf er vertrauen; deshalb bestimmt § 409 Abs. 1 S. 1, dass der Altgläubiger die angezeigte Abtretung auch dann gegen sich gelten lassen muss, wenn sie nicht erfolgt oder unwirksam ist. Gleichgestellt ist nach § 409 Abs. 1 S. 2 eine **vom Altgläubiger ausgestellte Urkunde**, wenn sie den Neugläubiger bezeichnet und dieser die Urkunde dem Schuldner vorlegt. Dieser Schutz wirkt gegen den Altgläubiger: Erbringt der Schuldner die Leistung an den vermeintlichen Neugläubiger, stellt dies im Verhältnis zum Altgläubiger eine Erfüllung dar, obwohl die Leistung nicht an den Gläubiger erfolgt ist. Nach dem Wortlaut des § 409 Abs. 1 kommt es nicht darauf an, dass der Schuldner das Fehlen der Abtretung bzw. ihrer Wirksamkeit nicht kannte. Die Anwendung des § 409 auf den wissenden Schuldner entspricht h.M.[20] und lässt sich mit der Erwägung rechtfertigen, dass der Schuldner

---

20 BGHZ 29, 76 (82); BGHZ 64, 117 (119); BeckOK-BGB/Rohe, § 409 Rn. 8; Palandt/Grüneberg, § 409 Rn. 5; Larenz, Schuldrecht I, § 34 IV; Looschelders, Schuldrecht AT, § 52 Rn. 62; a.A. Staudinger/Busche (2017), § 409 Rn. 29;

wegen der Abtretungsanzeige ohnehin nicht sicher sein kann, dass es keine Abtretung gegeben hat oder diese unwirksam ist.

8. Aushändigung der Abtretungsurkunde

Leistet der Schuldner an den Neugläubiger, besteht für ihn das Risiko, an einen Nichtgläubiger zu leisten, wenn die Abtretung nicht erfolgt oder unwirksam ist. Gegenüber
dem Altgläubiger ist er nach § 409 erst geschützt, wenn dieser ihm die Abtretung angezeigt oder eine Abtretungsurkunde ausgestellt hat, die der Neugläubiger dem Schuldner vorlegt. Deshalb hat der Schuldner ein Interesse daran, erst dann an den Neugläubiger leisten zu müssen, wenn die Voraussetzungen des § 409 gegeben sind. Dies stellt
§ 410 Abs. 1 S. 1 durch ein **Leistungsverweigerungsrecht** des Schuldners sicher: Er
muss an den neuen Gläubiger erst leisten, wenn dieser ihm eine vom Altgläubiger ausgestellte **Abtretungsurkunde** vorlegt. Tut der Neugläubiger dies, erlangt der Schuldner
den Schutz des § 409. Ist dem Schuldner aber bereits vom Gläubiger die Abtretung angezeigt worden, befindet er sich schon im Schutzbereich des § 409. Deshalb ordnet
§ 410 Abs. 2 an, dass ihm dann kein Leistungsverweigerungsrecht zusteht, wenn ihm
die Abtretung vom Gläubiger schriftlich angezeigt wurde. Die hier – aber nicht bei
§ 409 Abs. 1 S. 1 – erforderliche Schriftform dient Beweiszwecken.

§ 410 Abs. 1 S. 2 ergänzt den Schuldnerschutz im Hinblick auf **Mahnungen** oder **Kün-**
digungen, die durch den neuen Gläubiger ausgesprochen wurden. Sie sind unwirksam,
wenn sie ohne Vorlage der Abtretungsurkunde erfolgt sind und der Schuldner sie aus
diesem Grund unverzüglich zurückgewiesen hat.

V. Prüfungsaufbau

I.   Abtretungsvertrag

II. Bestand der abgetretenen Forderung

III. Forderungsinhaberschaft des Zedenten

IV. Kein Ausschluss der Abtretung

    1. Veränderung des Leistungsinhalts, § 399 1. Alt.

    2. Vertragliches Abtretungsverbot, § 399 2. Alt.
       (beachte § 354 a Abs. 1 S. 1 HGB)

    3. Unpfändbarkeit der Forderung, § 400

WIEDERHOLUNGS- UND VERTIEFUNGSFRAGEN

1. Wer wird bei der Abtretung als Zessionar und wer als Zedent bezeichnet? (Rn. 1)

2. Warum unterliegen Abtretungen dem Bestimmtheitsgebot? (Rn. 5)

3. Nennen Sie Beispiele für das einer Abtretung zugrunde liegende Geschäft. (Rn. 1)

4. Welchen Vorteil hat die Sicherungszession im Vergleich zur Verpfändung der Forderung? (vgl. § 1208 BGB und Rn. 1)

5. Worin unterscheiden sich Einziehungsermächtigung und Inkassozession? (Rn. 2, auch
   § 38 Rn. 3)

36

37

38

39

Brox/Walker, Allg. Schuldrecht, § 34 Rn. 31; differenzierend BeckOGK/Lieder, Stand 1.6.2019, § 409 Rn. 36;
MünchKomm/Roth/Kieninger, § 409 Rn. 12; Medicus/Lorenz, Schuldrecht I, Rn. 825; zur Vertiefung: Karollus,
Unbeschränkter Schuldnerschutz nach § 409 BGB?, JZ 1992, 557.

6. Welche Wirkung hat ein vertragliches Abtretungsverbot? (Rn. 14)

7. V hat eine Forderung gegen K an Z abgetreten. K erfährt hiervon erst, als Z Zahlung verlangt. Da er V nicht erreichen kann, weigert K sich, an Z zu zahlen. Zu Recht? (Rn. 36)

8. Kann der Schuldner die Leistung an den Neugläubiger verweigern, wenn zwischen diesem und dem Altgläubiger vereinbart ist, dass der Schuldner noch nicht in Anspruch genommen werden kann und der Neugläubiger sich nicht an diese Vereinbarung hält? (Rn. 22)

9. K ist Schuldner des V. Von diesem erfährt er, dass die Forderung an Z abgetreten wurde. Da K sich jedoch günstig eine Forderung gegen V verschaffen könnte, die sogar schon fällig war, als die Forderung des V gegen ihn noch nicht fällig war, möchte er wissen, ob und wem gegenüber er mit dieser Forderung die Aufrechnung erklären könnte. (Rn. 30 ff.)

10. K erhält von ihrem Gläubiger V eine Mitteilung, dass die gegen sie gerichtete Forderung über 1.000 € an Z abgetreten wurde. K weiß jedoch, dass Z dauerhaft geschäftsunfähig ist. Als Z von ihr Zahlung verlangt, zahlt sie dennoch die 1.000 € an ihn. Nunmehr verlangt auch V von K die Zahlung dieses Betrages. Zu Recht? (Rn. 35)

§ 40 Schuldnerwechsel durch Schuldübernahme

I. Überblick

1. Begriff und Rechtsnatur

Die in §§ 414–418 geregelte **rechtsgeschäftliche befreiende Schuldübernahme** führt zur Auswechslung des Schuldners und ist das Gegenstück zum Gläubigerwechsel durch Abtretung. Während aber die Auswechslung des Gläubigers ohne Beteiligung des Schuldners erfolgt, bedarf der Schuldnerwechsel wegen der damit verbundenen möglichen Nachteile (z.B. geringere Leistungsfähigkeit des Übernehmers) der Zustimmung des Gläubigers. Deshalb muss die Schuldübernahme entweder durch einen Vertrag zwischen Gläubiger und Übernehmer (§ 414) oder durch einen vom Gläubiger genehmigten Vertrag zwischen Altschuldner und Übernehmer (§ 415) erfolgen.[1]   1

Die Schuldübernahme führt nicht zur Begründung einer neuen Schuld des Übernehmers, sondern zu dessen Eintritt in die bestehende Schuld bei gleichzeitigem Ausscheiden des bisherigen Schuldners. Durch diesen Wechsel des Schuldners wird der Inhalt der Forderung geändert. Die Schuldübernahme ist daher ein **Verfügungsgeschäft**. Sie führt zugleich dazu, dass nunmehr der Neuschuldner zur Leistung an den Gläubiger verpflichtet ist. Das bedeutet entgegen h.M. aber nicht, dass die Schuldübernahme zugleich ein Verpflichtungsgeschäft zwischen Gläubiger und Neuschuldner wäre. Die Verpflichtung des Neuschuldners ist vielmehr die Folge seiner durch die Verfügung bewirkten Rechtsnachfolge in die bestehende Schuld.[2] Unabhängig von dieser Einordnung der Schuldübernahme ist sie stets von dem zugrundeliegenden Verpflichtungsgeschäft zu trennen. Mängel des Verpflichtungsgeschäfts (entweder zwischen Neu- und Altschuldner oder seltener zwischen Neuschuldner und Gläubiger) haben wegen des Abstraktionsprinzips keinen Einfluss auf die Schuldübernahme als Verfügungsgeschäft.   2

2. Wirtschaftliche Bedeutung

Die Möglichkeit eines Schuldnerwechsels steigert vor allem die **Verkehrsfähigkeit von Vermögensgegenständen**, die mit einer Schuld verbunden sind. Diese können zusammen mit der Schuld übertragen werden, sodass der Veräußerer nicht gezwungen ist, vorher die Schuld zu tilgen. Wird etwa ein Unternehmen verkauft, kann der Erwerber die bestehenden Schulden unter Anrechnung auf den Kaufpreis übernehmen. Ähnlich verhält es sich bei der Veräußerung eines Grundstücks, wo der Käufer eine Kreditforderung, die durch eine auf dem Grundstück lastende Hypothek gesichert ist, übernehmen kann.   3

II. Voraussetzungen der Schuldübernahme

Für die Schuldübernahme stellen §§ 414, 415 zwei Formen zur Verfügung; dementsprechend richten sich die Voraussetzungen danach, zwischen wem der Vertrag geschlossen wurde.   4

---

1 Zur Vertiefung: Grigoleit/Herresthal, Die Schuldübernahme, Jura 2002, 393.
2 Erman/Röthel, § 414 Rn. 2; MünchKomm/Heinemeyer, Vorbem. zu §§ 414–419, Rn. 4; Staudinger/Rieble (2017), § 414 Rn. 5; Grigoleit/Herresthal, Jura 2002, 393 (394); a.A. BGH NJW 1983, 678 (679); Jauernig/Stürner, §§ 414, 415 Rn. 1; NK-BGB/Kreße/Eckardt, § 414 Rn. 3; Palandt/Grüneberg, Überbl. v. § 414 Rn. 1; Larenz, Schuldrecht I, § 35 I a).

1. Vertrag zwischen Neuschuldner und Gläubiger

5 Der Neuschuldner kann die Schuld durch einen **Vertrag mit dem Gläubiger** übernehmen, § 414. Der Vertrag kann auch stillschweigend geschlossen werden. Wegen der Auswirkungen für den Gläubiger muss dessen Wille, den Altschuldner aus dem Schuldverhältnis zu entlassen, jedoch deutlich zum Ausdruck kommen.[3] In Zweifelsfällen liegt die Annahme eines Schuldbeitritts (siehe § 38 Rn. 6) näher, sofern der Neuschuldner tatsächlich die Leistungspflicht übernehmen will.

6 Eine **Beteiligung des Schuldners** ist nicht vorgesehen, weil die Schuldübernahme für diesen befreiend wirkt und ihm daher nur Vorteile bringt. Es handelt sich nicht um einen Vertrag zugunsten Dritter, weil der Altschuldner aus dem Vertrag kein Recht erhält. Er hat daher auch kein Zurückweisungsrecht aus § 333. Die Norm sollte aber entgegen h.M. analog angewandt werden.[4] § 397, der für einen Erlass einen Vertrag zwischen Gläubiger und Schuldner vorsieht, zeigt, dass die Beseitigung einer Schuld nicht gegen den Willen des Schuldners erfolgen kann. Zwar lässt § 267 Abs. 1 S. 2 die Erbringung einer Leistung durch einen Dritten mit befreiender Wirkung für den Schuldner zu. Daraus lässt sich aber nicht schließen, dass dann erst recht die Befreiung durch Schuldübernahme ohne Zustimmung des Schuldners möglich sein müsste. Denn nach § 267 Abs. 2 kann der Schuldner der Leistung durch den Dritten widersprechen und so dem Gläubiger die Möglichkeit eröffnen, die Leistung abzulehnen. Diese den Schuldner mittelbar vor einer ungewollten Befreiung schützende Möglichkeit würde umgangen, wenn der Schuldner einer befreienden Schuldübernahme nicht widersprechen könnte.

7 Für den Schuldübernahmevertrag muss keine **Form** eingehalten werden. Allerdings kann der Schutzzweck von Formschriften verlangen, dass sie nicht nur bei der Begründung der Schuld, sondern auch bei deren Übernahme durch einen Dritten anzuwenden sind. Das ist der Fall, wenn die Formvorschrift Warnfunktion hat oder vor Übereilung schützen will.[5] Deshalb ist z.B. die Übernahme einer Verpflichtung zur Übereignung oder zum Erwerb eines Grundstücks nach § 311 b Abs. 1 S. 1 formbedürftig, nicht jedoch die Übernahme einer aus einem Grundstückskaufvertrag folgenden Kaufpreiszahlungspflicht.

2. Vertrag zwischen Altschuldner und Neuschuldner

8 Die Übernahme der Schuld kann auch durch eine **vertragliche Vereinbarung zwischen Alt- und Neuschuldner** erfolgen. Die Wirksamkeit dieser Vereinbarung hängt aber von der **Genehmigung** des Gläubigers ab, § 415 Abs. 1 S. 1. Bis zur Erteilung der Genehmigung ist der Vertrag schwebend unwirksam und kann von den Vertragsparteien aufgehoben oder geändert werden, § 415 Abs. 1 S. 3. Das Gesetz regelt nur die nachträgliche Zustimmung durch Genehmigung; diese kann erst erfolgen, wenn dem Gläubiger der Übernahmevertrag von einer der Vertragsparteien angezeigt wurde, § 415 Abs. 1 S. 2. Möglich ist aber auch eine vorherige Einwilligung (§ 183 S. 1) des Gläubigers, da keine Gründe dafür ersichtlich sind, dass nur eine nachträgliche Zustimmung zulässig

---

3 BGH NJW 1983, 678 (679); BGH NJW-RR 2012, 741 Rn. 7.
4 Jauernig/Stürner, §§ 414, 415 Rn. 1; Hirsch, JR 1960, 291 (292); Larenz, Schuldrecht I, § 35 I a); Fikentscher/Heinemann, Rn. 755; a.A. BeckOK-BGB/Rohe, § 414 Rn. 5; Erman/Röthel, § 414 Rn. 4; MünchKomm/Heinemeyer, § 414 Rn. 6; Palandt/Grüneberg, § 414 Rn. 1.
5 BeckOGK/Heinig, Stand 1.2.2019, § 414 Rn. 171; BeckOK-BGB/Rohe, § 415 Rn. 16; MünchKomm/Heinemeyer, § 414 Rn. 4.

sein soll, zumal § 182 Abs. 1 Einwilligung und Genehmigung gleich behandelt. Liegt eine Einwilligung vor, wird der Übernahmevertrag mit seinem Abschluss wirksam, da keine Genehmigung mehr erforderlich ist. Ist er ohne Einwilligung geschlossen, wird er mit Erteilung der Genehmigung ex tunc wirksam (§ 184 Abs. 1). Der Vertrag zwischen Alt- und Neuschuldner ist dogmatisch ebenso wie der nach § 414 als Verfügung zu verstehen (sog. Verfügungstheorie).[6] Da hierzu nur der Gläubiger berechtigt ist, haben die Vertragsparteien als Nichtberechtigte verfügt. Dementsprechend verlangt § 415 Abs. 1 S. 1 die Genehmigung des Gläubigers, da durch diese die Verfügung wirksam wird (§ 185 Abs. 2).

Die **Erteilung der Zustimmung** kann ausdrücklich oder konkludent erfolgen; erforderlich ist aber ein hinreichend erkennbarer Wille des Gläubigers, den bisherigen Schuldner aus seiner Schuld zu entlassen. Eine Form muss für die Zustimmung nicht eingehalten werden, § 182 Abs. 2. Die Vertragsparteien haben die Möglichkeit, dem Gläubiger eine Frist zur Erklärung über die Genehmigung zu setzen; tun sie dies, kann die Genehmigung nur noch bis zum Ablauf dieser Frist erfolgen; sie ist dann also fristgebunden, § 415 Abs. 2 S. 2. Allerdings kann die verspätete Genehmigung als Angebot auf Abschluss eines Schuldübernahmevertrages nach § 414 gesehen werden. 9

Verweigert der Gläubiger die Genehmigung, wird die bis dahin schwebend unwirksame Schuldübernahme endgültig unwirksam. Als Verweigerung gilt es auch, wenn der Gläubiger nicht innerhalb einer von den Vertragsparteien gesetzten Frist die Genehmigung erklärt, § 415 Abs. 2 S. 2 2. HS. Das ist nach § 416 Abs. 1 S. 2 nur dann anders, wenn der Erwerber eines Grundstücks durch Vertrag mit dem Veräußerer eine Schuld des Veräußerers übernommen hat, für die eine Hypothek an dem Grundstück besteht. In einem solchen Fall ist der Gläubiger durch die Hypothek bereits gesichert, sodass sein Interesse, dass es ohne seine Zustimmung nicht zu einem Wechsel des Schuldners der hypothekengesicherten Forderung kommt, nicht mehr so schwer wiegt – selbst wenn der Neuschuldner weniger solvent ist, steht dem Gläubiger immer noch der Zugriff auf das Grundstück (§ 1147) offen. Deshalb gilt die Genehmigung als erteilt, wenn sie nicht innerhalb der Sechs-Monats-Frist nach der Mitteilung der Schuldübernahme verweigert wurde. 10

III. Rechtsfolgen der Schuldübernahme

1. Schuldnerwechsel

Durch die Schuldübernahme tritt der **Neuschuldner an die Stelle des Altschuldners**. Dadurch wird der Altschuldner von seiner Leistungspflicht frei und der Neuschuldner schuldet die Leistung. 11

2. Einwendungen des Neuschuldners

Der Neuschuldner übernimmt die Schuld so, wie sie beim Altschuldner bestand. Er kann daher, wie § 417 Abs. 1 S. 1 klarstellt, jene Einwendungen geltend machen, die sich **aus dem Rechtsverhältnis zwischen dem Gläubiger und dem Altschuldner** ergeben. Wie bei § 404 werden auch durchsetzungshemmende Einreden erfasst und es genügt, dass die Einwendung ihren Rechtsgrund in dem Schuldverhältnis zwischen Gläubiger und Altschuldner hat – dass sie erst nach der Übernahme entstanden ist, schadet nicht 12

---

6 BGHZ 31, 321 (325); MünchKomm/Heinemeyer, § 415 Rn. 1 m.w.N.

(vgl. § 39 Rn. 23).[7] Er kann außerdem Einwendungen gegen die Schuldübernahme (insb. deren Unwirksamkeit) geltend machen.

Beispiel: N hat am 1.8. durch Vertrag mit Gläubiger G eine Schuld der S übernommen, die am 31.12. des gleichen Jahres verjährt. Als G im Januar des Folgejahres Zahlung verlangt, erhebt N die Einrede der Verjährung. – N ist zwar nach § 414 Schuldner des G geworden. Er kann aber nach § 417 Abs. 1 S. 1 die Einrede der Verjährung (§ 214 Abs. 1) erheben. Diese gründet im Rechtsverhältnis zwischen G und S. Dass S bis zur Übernahme die Einrede noch nicht erheben konnte, weil die Verjährungsfrist noch nicht abgelaufen war, ist ohne Belang.

13   Einwendungen aus dem zwischen dem Neu- und dem Altschuldner bestehenden **Kausalgeschäft** können hingegen nicht geltend gemacht werden, § 417 Abs. 2. Das folgt schon daraus, dass der Gläubiger an diesem Vertrag nicht beteiligt ist. Anders verhält es sich deshalb, wenn das Kausalgeschäft zwischen dem Gläubiger und dem Neuschuldner zustande gekommen ist. Hieraus folgende Einwendungen (z.B. eine vereinbarte Stundung oder ein Zurückbehaltungsrecht) kann der Neuschuldner dem Gläubiger entgegenhalten.

Beispiel: N hat von S ein Auto gekauft, zu dessen ursprünglicher Finanzierung S bei B einen Kredit aufgenommen hatte. Da der Kredit noch nicht vollständig getilgt ist, vereinbaren N und S, die beide Unternehmer i.S.d. § 14 sind, im Kaufvertrag, dass die Schuld der S auf N übergeht. Auf Anzeige des N genehmigt B die Übernahme. Einige Wochen später tritt N wegen eines Sachmangels wirksam vom Kaufvertrag mit S zurück. Als B von ihm Kredittilgung verlangt, verweist N darauf, dass der Kaufvertrag bereits rückabgewickelt wurde. – B kann von N Darlehensrückzahlung aus § 488 Abs. 1 S. 2 verlangen, wenn N die Schuld der S wirksam übernommen hat. Diese Übernahme hat zusammen mit dem Abschluss des Kaufvertrages durch eine Vereinbarung zwischen N und S stattgefunden; die nach § 415 Abs. 1 S. 1 erforderliche Genehmigung der B liegt vor. Aus dem Kaufvertrag bzw. dem entstandenen Rückgewährschuldverhältnis kann N gegenüber B keine Einwendungen geltend machen, § 417 Abs. 2.

14   Bei einer **Aufrechnung** des Neuschuldners gegenüber dem Gläubiger ist zu differenzieren. Hat er eine eigene Gegenforderung, steht einer Aufrechnung nichts im Wege, sofern die übrigen Anforderungen an die Aufrechnungslage gegeben sind. Mit einer dem Altschuldner gegen den Gläubiger zustehenden Gegenforderung kann der Neuschuldner nach § 417 Abs. 1 S. 2 hingegen nicht aufrechnen. Wäre das anders, könnte der Neuschuldner durch die Aufrechnung auch die Forderung des Altschuldners zum Erlöschen bringen. Das widerspricht nicht nur dem allgemeinen Grundsatz, dass mit einer fremden Forderung nicht aufgerechnet werden kann, sondern läuft dem üblichen Kausalverhältnis zwischen Alt- und Neuschuldner zuwider: Der Neuschuldner soll den Altschuldner durch die Übernahme entlasten; dieses Ziel wird verfehlt, wenn die Entlastung auf Kosten des Altschuldners erfolgt.

Beispiel: N hat durch einen Vertrag mit S deren Schuld zur Zahlung von 1.000 € an G übernommen. G hat die Übernahme genehmigt. Wenig später erfährt N, dass S gegen G einen fälligen Anspruch in Höhe von 2.000 € hat. Er erklärt mit dieser Forderung gegenüber G die Aufrechnung. – N ist aufgrund der Schuldübernahme nach § 415 Abs. 1 S. 1 Schuldner des G, d.h., G hat gegen ihn eine Hauptforderung. Es fehlt jedoch eine Gegenforderung des N gegen G. Zwar hat S eine solche Forderung, doch kann N mit dieser nicht aufrechnen, § 417 Abs. 1 S. 2. Anders wäre dies, wenn N eine eigene fällige Gegenforderung gegen B hätte. Mit dieser könnte er ohne Weiteres aufrechnen.

---

7 Palandt/Grüneberg, § 417 Rn. 2; Hk-BGB/Schulze, § 417 Rn. 2.

3. Schicksal von Neben- und Vorzugsrechten

Wenn ein Dritter für die übernommene Schuld eine Sicherheit geleistet hat, berührt die **15**
Übernahme der Schuld auch dessen Interessen, da das Risiko des Sicherungsgebers
auch von der Person des Schuldners abhängig ist. Deshalb bestimmt § 418 Abs. 1 S. 1,
dass für die Forderung bestellte **Bürgschaften** und **Pfandrechte** erlöschen. Bei einer **Hypothek** tritt diese Rechtsfolge nur ein, wenn der Gläubiger auf sie verzichtet,
§ 418 Abs. 1 S. 2. Der Verzicht hat zur Folge, dass die Hypothek vom Eigentümer erworben wird (§ 1168 Abs. 1). Würde die Hypothek hingegen erlöschen, wären nachrangige Hypothekengläubiger, die nachrücken würden, ohne Grund bessergestellt. Da
die Vorschrift dem Schutz des Sicherungsgebers dient, treten die genannten Rechtsfolgen nicht ein, wenn er in die Schuldübernahme einwilligt, § 418 Abs. 1 S. 3.

§ 418 Abs. 1 gilt nur für „bestellte" Sicherheiten. Solche, die kraft Gesetzes entstehen, **16**
sind daher nicht erfasst.[8] Dem Wortlaut nach werden ferner nur akzessorische Sicherheiten erfasst. Der Schutz des Sicherungsgebers gebietet jedoch eine analoge Anwendung auf **nicht akzessorische Sicherungsrechte** wie Sicherungsgrundschuld, Sicherungseigentum oder eine zur Sicherheit abgetretene Forderung.[9]

IV. Rechtsverhältnis zwischen Alt- und Neuschuldner

Erfolgt die Schuldübernahme durch einen Vertrag nach § 415, liegt darin im Zweifel **17**
zugleich eine **Erfüllungsübernahme** i.S.d. § 329, d.h., der Neuschuldner ist gegenüber
dem Altschuldner verpflichtet, den Gläubiger zu befriedigen. Dieser Anspruch ist für
den Altschuldner vor allem wegen der **Schwebelage**, die beim Vertrag nach
§ 415 Abs. 1 S. 1 eintritt, von Interesse. Bis der Gläubiger die Genehmigung erteilt hat,
muss der Altschuldner die Leistung erbringen. Er kann aber aufgrund der im Zweifel
eingegangenen Erfüllungsübernahme vom Neuschuldner verlangen, dass er die Leistung rechtzeitig an den Gläubiger erbringt, § 415 Abs. 3 S. 1. Tut der Neuschuldner
das, leistet er als Dritter i.S.d. § 267 Abs. 1 und bringt dadurch die Schuld zum Erlöschen, § 362 Abs. 1.

Verweigert der Gläubiger die Genehmigung, dann ist die Schuldübernahme endgültig **18**
unwirksam und der bisherige Schuldner bleibt weiter verpflichtet. Wegen der Erfüllungsübernahme kann er nach § 415 Abs. 3 S. 2 auch dann noch vom Übernehmer verlangen, dass er den Gläubiger befriedigt.

WIEDERHOLUNGS- UND VERTIEFUNGSFRAGEN

1. Wodurch unterscheiden sich Schuldübernahme und Schuldbeitritt? (§ 38 Rn. 4, 6) **19**
2. Wie erfolgt die Schuldübernahme? (Rn. 4 ff.)
3. S und N haben vereinbart, dass N die Schuld des S bei G übernimmt. S fordert G auf, die
   Übernahme binnen 14 Tagen zu genehmigen. G meldet sich jedoch nicht. Kann G von N
   Zahlung verlangen? Kann S von N verlangen, dass dieser an G zahlt? (Rn. 9, 10, 17, 18)

---

8 BeckOK-BGB/Rohe, § 418 Rn. 2; Erman/Röthel, § 418 Rn. 3; Palandt/Grüneberg, § 418 Rn. 1; a.A. NK-BGB/Kreße/
   Eckardt, § 418 Rn. 3; Staudinger/Rieble (2017), § 418 Rn. 19; diff. BeckOGK/Heinig, Stand 1.2.2019, § 418 Rn. 10;
   MünchKomm/Heinemeyer, § 418 Rn. 2.
9 BGHZ 115, 241 (244); BeckOGK/Heinig, Stand 1.2.2019, § 418 Rn. 7; MünchKomm/Heinemeyer, § 418 Rn. 5.

I. Gläubiger- und Schuldnermehrheiten

§ 41 Gläubigermehrheit

I. Überblick

1   Das Forderungsrecht kann mehreren Personen zustehen. Eine solche **Gläubigermehrheit** kann schon anfänglich bestehen (z.b. durch Anmietung einer Wohnung durch mehrere Personen, die eine Wohngemeinschaft bilden wollen; gemeinsamer Kauf einer größeren Menge von Waren, um in den Genuss eines Mengenrabatts zu kommen) oder nachträglich eintreten (z.b. Eintritt mehrerer Personen in die Vermieterstellung gem. § 566 Abs. 1). Aus der Mehrheit von Gläubigern ergeben sich besondere Probleme. Im Verhältnis zwischen den Gläubigern und dem Schuldner (**Außenverhältnis**) fragt es sich, was der einzelne Gläubiger vom Schuldner verlangen kann und was der Schuldner an einen einzelnen Gläubiger leisten muss. Außerdem muss geklärt werden, ob bestimmte Umstände, die aufseiten eines Gläubigers oder des Schuldners eingetreten sind, auch für die anderen Gläubiger Wirkung haben (z.b. Schuldnerverzug, Annahmeverzug, Verjährung, Mitverschulden). Im Verhältnis der Gläubiger untereinander (**Innenverhältnis**) kann die Frage auftauchen, wie die Leistung, die der Schuldner erbracht hat, zu verteilen ist.

Beispiel: Für eine geplante gemeinsame Geburtstagsfeier bestellen die Freunde A und B bei Getränkehändler H zehn Kästen Bier. Kann A die Lieferung von zehn Kästen an sich verlangen oder nur von fünf? Was kann B von A verlangen, wenn H die zehn Kästen an A liefert? Wirkt es sich auf die Rechtsstellung des B aus, wenn A bei Lieferung durch H am vereinbarten Termin nicht zu Hause ist und deshalb in Annahmeverzug gerät?

2   Das BGB macht die Antwort auf diese Fragen von der **Art der Gläubigermehrheit** abhängig. Geregelt sind diese Arten und ihre Rechtsfolgen in den §§ 420–432; dort finden sich allerdings auch die Regelungen zur Schuldnermehrheit. Mit Gläubigermehrheit beschäftigen sich §§ 420, 428–430, 432. Hier sind drei Arten zu unterscheiden: Teilgläubigerschaft (§ 420), Gesamtgläubigerschaft (§§ 428–430) und die sog. Mitgläubigerschaft (§ 432).[1]

II. Teilbarkeit der Leistung

3   Für die Unterscheidung der verschiedenen Arten der Gläubigermehrheit ist die Frage der Teilbarkeit der Leistung von zentraler Bedeutung. Die in § 420 geregelte Teilgläubigerschaft setzt eine teilbare Leistung voraus; ist die Leistung hingegen unteilbar, kommt nur Gesamt- oder Mitgläubigerschaft in Betracht. Für die Teilbarkeit kommt es abweichend von der allgemeinen Behandlung von Teilleistungen nicht nur darauf an, ob die Leistung rein tatsächlich ohne Wertminderung und Beeinträchtigung ihres Verwendungszwecks in mehrere Teile zerlegt werden kann (insb. Geld und vertretbare Sachen). Diese bloße **tatsächliche Teilbarkeit** genügt nicht; erforderlich ist zusätzlich eine

---

1 Zur Vertiefung: Hadding, Zur Abgrenzung von Gläubigermehrheiten und Bruchteilsgemeinschaft an einer Forderung, FS Canaris I (2007), 379; Medicus, Mehrheit von Gläubigern, JuS 1980, 697; Meier, Die Gesamtgläubigerschaft – ein unbekanntes, weil überflüssiges Wesen?, AcP 205 (2005), 858; Petersen, Gläubigermehrheiten, Jura 2014, 483.

rechtliche Teilbarkeit.[2] An dieser fehlt es, wenn sich aus dem Innenverhältnis zwischen den Gläubigern ergibt, dass ihnen die Forderung trotz tatsächlicher Teilbarkeit der Leistung nur gemeinschaftlich zusteht. Das ist bei Gesamthandsgemeinschaften (Gütergemeinschaft, Erbengemeinschaft, nicht teilrechtsfähige BGB-Innengesellschaft)[3] sowie bei Bruchteilsgemeinschaften (§§ 741 ff.) der Fall. Diese eingeschränkte Auslegung der teilbaren Leistung wird mit Blick auf die Rechtsfolgen, die bei Teilgläubigerschaft eintreten, verständlich: Der Gläubiger kann nur den auf ihn entfallenden Anteil an der Gesamtleistung verlangen. Deshalb muss der Schuldner die Leistung aufteilen und die einzelnen Teile an die jeweiligen Gläubiger erbringen. Hierbei trägt er das **Risiko der richtigen Leistungsaufteilung**: Da jeder Gläubiger einen eigenen Anspruch auf den ihm zustehenden Teil hat, kann der Schuldner sich nicht darauf berufen, die ganze Leistung schon an einen der anderen Gläubiger erbracht zu haben. Dass der Schuldner sich bei der Verteilung nach dem Innenverhältnis der Gläubiger richten muss, ist aber nur richtig, wenn dieses Innenverhältnis tatsächlich so gestaltet ist, dass die Leistung nicht allen Gläubigern gemeinschaftlich zusteht. Besteht eine gemeinschaftliche Berechtigung, ist der Ausgleich im Innenverhältnis Sache der Gläubiger und die Annahme einer Teilgläubigerschaft, bei der den Schuldner das Verteilungsrisiko trifft, unangebracht.

Beispiel: Im Bierkasten-Beispiel (Rn. 1) besteht eine BGB-Gesellschaft, weil A und B sich zusammengeschlossen haben, um einen gemeinsamen Zweck (gemeinsame Geburtstagsfeier) zu erreichen. Die BGB-Gesellschaft ist in der Regel teilrechtsfähig.[4] Soweit das der Fall ist, ist der Kaufvertrag mit der Gesellschaft zustande gekommen und es gibt nur einen Gläubiger. Ist die BGB-Gesellschaft hingegen nach außen nicht in Erscheinung getreten und deshalb nicht teilrechtsfähig, so ist der Vertrag zwischen A und B auf der einen und H auf der anderen Seite zustande gekommen. Teilgläubigerschaft liegt trotz Teilbarkeit der Leistung jedoch nicht vor, weil A und B als Gesellschafter der BGB-Innengesellschaft eine Gesamthandsgemeinschaft bilden, sodass es der gemeinschaftlich begründeten Forderung an der rechtlichen Teilbarkeit fehlt.

Haben A und B das Bier hingegen nicht für einen gemeinsamen Zweck gekauft, dann liegt sachliche und rechtliche Teilbarkeit vor und es handelt sich um eine Teilgläubigerschaft. Soweit sich nichts anderes ergibt, hat jeder der beiden Gläubiger nach § 420 einen Anspruch auf Übergabe und Übereignung von fünf Kästen Bier.

III. Arten der Gläubigermehrheit

1. Teilgläubigerschaft

Teilgläubigerschaft setzt nach § 420 voraus, dass mehrere Personen einen Anspruch auf eine **teilbare Leistung** haben. Ist die Leistung teilbar, so kann jeder Gläubiger nur einen Anteil an der Gesamtleistung verlangen. Dadurch hat jeder Gläubiger ein **eigenes Forderungsrecht**, das der Höhe nach auf seinen Anteil beschränkt ist. Wie hoch dieser Anteil ist, ergibt sich aus den Vereinbarungen im Innenverhältnis der Gläubiger. Soweit dies durch Auslegung nicht zu ermitteln ist, sind die Anteile aller Gläubiger nach § 420 gleich hoch.   4

Weil jeder Gläubiger ein eigenes Forderungsrecht hat, beschränkt sich die Wirkung von Umständen, die die Forderung beeinflussen, auf das jeweilige Rechtsverhältnis   5

---

2   BGH NJW 1953, 1723; BGH WM 1983, 1604; BGH NJW 1992, 182 (183); Erman/Böttcher, § 420 Rn. 2; Soergel/Gebauer, § 420 Rn. 2; Staudinger/Looschelders (2017), § 420 Rn. 16; aA BeckOGK/Kreße, Stand 1.6.2019, § 420 Rn. 6.

3   Medicus/Lorenz, Schuldrecht I, Rn. 877.

4   BGHZ 146, 341 (343 ff.).

zwischen einem Gläubiger und dem Schuldner (**Einzelwirkung**). Verletzt der Schuldner die einem der Gläubiger gegenüber bestehende Leistungspflicht, hat nur dieser die Ansprüche aus §§ 280 ff. Ein Annahmeverzug eines Gläubigers wirkt nicht für die anderen Gläubiger. Eine **Gesamtwirkung** für alle Gläubiger ergibt sich aber aus § 351 S. 1: Ein Rücktritt vom Vertrag (z.B. nach §§ 323 ff.) ist wegen der Wirkungen für die anderen Gläubiger nur gemeinschaftlich möglich. Es genügt aber, wenn der Rücktrittsgrund nur bei einem der Gläubiger besteht. Außerdem kann der Schuldner nach § 320 Abs. 1 S. 2 jedem Gläubiger gegenüber die Einrede des nichterfüllten Vertrages entgegenhalten, bis er die gesamte Gegenleistung erhalten hat.

2. Gesamtgläubigerschaft

6   Können mehrere Gläubiger eine **unteilbare Leistung** fordern, hängt die rechtliche Einordnung der Gläubigermehrheit vor allem davon ab, wie die Leistungspflicht des Schuldners ausgestaltet ist. Soll jeder Gläubiger berechtigt sein, die ganze Leistung zu fordern, aber ist es dem Schuldner erlaubt, die **gesamte Leistung an einen Gläubiger seiner Wahl** zu erbringen, liegt Gesamtgläubigerschaft vor (§ 428 S. 1).

7   Bei Gesamtgläubigerschaft hat jeder Gläubiger ein **eigenes Forderungsrecht,** das sich inhaltlich auf die gesamte Leistung erstreckt. Jeder Gläubiger kann deshalb vom Schuldner die gesamte Leistung verlangen. Erbringen muss der Schuldner die Leistung aber nur einmal. Dabei kann er sich aussuchen, an welchen Gläubiger er leistet. Das gilt selbst dann noch, wenn er von einem Gläubiger bereits klageweise in Anspruch genommen wird (§ 428 S. 2). Da der Schuldner seiner Leistungspflicht genügt, wenn er die Leistung an einen der Gläubiger erbringt, wirkt die Erfüllung der dem Leistungsempfänger gegenüber bestehenden Leistungspflicht auch gegenüber den anderen Gläubigern (§§ 429 Abs. 3, 422 Abs. 1 S. 1). Das Gleiche gilt für Leistung an Erfüllungs statt, Hinterlegung und Aufrechnung (§§ 429 Abs. 3, 422 Abs. 1 S. 2). **Gesamtwirkung** haben ferner der Annahmeverzug eines Gläubigers (§ 429 Abs. 1), eine Konfusion (§ 429 Abs. 2) sowie u.U. ein Erlass (§§ 429 Abs. 3, 423). Ein Rücktrittsrecht muss von allen Gläubigern gemeinschaftlich ausgeübt werden (§ 351 S. 1). Andere Umstände, wie z.B. Pflichtverletzungen des Schuldners, haben hingegen nur **Einzelwirkung** (§§ 429 Abs. 3, 425).

8   Im **Innenverhältnis der Gläubiger** führt die Leistungserbringung an einen Gläubiger zur Notwendigkeit eines Ausgleichs untereinander. Die anderen Gesamtgläubiger haben daher, sofern nichts anderes vereinbart ist, nach § 430 einen Ausgleichsanspruch gegen den Leistungsempfänger. In welchem Verhältnis der Ausgleich zu erfolgen hat, richtet sich vorrangig nach den Vereinbarungen der Gläubiger. Fehlen solche, erfolgt der Ausgleich zu gleichen Teilen.

9   Gesamtgläubigerschaft ist für den Schuldner günstig, weil er befreiend an jeden der Gläubiger leisten kann. Für die Gläubiger hingegen ist diese Konstruktion belastend, weil sie untereinander den Ausgleich suchen müssen und jeder Gläubiger das Risiko trägt, dass sich dieser Ausgleich nicht realisieren lässt (z.B. wegen zwischenzeitlich eingetretener Zahlungsunfähigkeit eines Gläubigers). Bei vertraglichen Schuldverhältnissen ist Gesamtgläubigerschaft deshalb selten. Gesetzlich ist sie ausdrücklich nur in § 2151 Abs. 3 angeordnet; ob die gemeinsame Berechtigung der Ehegatten nach § 1357 ebenfalls zur Gesamtgläubigerschaft führt, ist umstritten.[5]

---

5   Vgl. MünchKomm/Roth, § 1357 Rn. 41 m.w.N.; Petersen, Jura 2014, 483 (484 f.).

3. Mitgläubigerschaft

Soll der Schuldner die **unteilbare Leistung**, die mehrere Gläubiger von ihm verlangen 10
können, nur **an alle gemeinschaftlich** erbringen dürfen, liegt Mitgläubigerschaft nach
§ 432 Abs. 1 S. 1 vor. Auch hier hat jeder Gläubiger ein eigenes Forderungsrecht auf
die ganze Leistung, aber inhaltlich richtet sich dieses nur auf Leistung an alle Gläubiger. Dieses Recht kann von jedem Einzelgläubiger geltend gemacht werden.

Weil die Leistung an alle erfolgen muss, ist eine **Leistung an nur einen Gläubiger** keine 11
Erfüllung und der Schuldner kann auch nicht nur einem Gläubiger gegenüber aufrechnen. Für Tatsachen, die nur in der Person eines Gläubigers vorliegen, ordnet
§ 432 Abs. 2 **Einzelwirkung** an. Ein Rücktritt muss gemeinschaftlich ausgeübt werden
(§ 351 S. 1).

Mitgläubigerschaft ist für beide Parteien günstig: Der Schuldner trägt kein Verteilungs- 12
risiko, weil er die gesamte Leistung an alle Gläubiger gemeinschaftlich erbringen muss,
und die Gläubiger tragen kein Ausgleichsrisiko, weil die Leistung nicht an einen, sondern an alle Gläubiger gelangt. Sie ist der praktische Regelfall der Gläubigermehrheit.
Hauptanwendungsfall ist die Bruchteilsgemeinschaft, bei der die Verwaltung des gemeinschaftlichen Gegenstands den Teilhabern nach § 744 Abs. 1 gemeinschaftlich zusteht. Für Gesamthandsgemeinschaften gelten hingegen regelmäßig Sonderregelungen,
die § 432 verdrängen (§ 2039 für die Erbengemeinschaft, § 1421 für die Gütergemeinschaft).

WIEDERHOLUNGS- UND VERTIEFUNGSFRAGEN

1. Welche Formen der Gläubigermehrheit regelt das BGB? (Rn. 2) 13
2. Warum genügt es für eine Teilgläubigerschaft nicht, dass die geschuldete Leistung tatsächlich teilbar ist? (Rn. 3)
3. A und B sind Gesamtgläubiger des S. S zahlt die gesamte Schuld an A. Was kann B von S und A verlangen? Was ändert sich, wenn A und B Mitgläubiger sind? (Rn. 7, 8, 10 ff.)

§ 42 Schuldnermehrheit

I. Überblick

1 Sind mehrere Personen zur Erbringung einer Leistung verpflichtet, liegt **Schuldnermehrheit** vor. Bei ihr stellen sich ähnliche Probleme wie bei einer Gläubigermehrheit: Im Außenverhältnis zum Gläubiger ist zu klären, was dieser von jedem einzelnen Schuldner verlangen kann und zu welcher Leistung jeder einzelne Schuldner verpflichtet ist. Fraglich kann ferner werden, wie sich Umstände in der Person des Gläubigers oder eines Schuldners auf die anderen Schuldner auswirken. Im Verhältnis der Schuldner zueinander (Innenverhältnis) tritt die Frage auf, ob ein Schuldner, der die Leistung erbracht hat, von den anderen Schuldnern hierfür einen Ausgleich verlangen kann.

Beispiel: A und B haben von Vermieter V eine Wohnung gemietet. Die Miete beträgt 500 €. Kann V von A Zahlung von 500 € oder nur von 250 € verlangen? Kann B sich auf eine Vereinbarung zwischen A und V berufen, derzufolge dem A bis zum Ende des Jahres die Miete gestundet ist? Kann A von B Zahlung von 250 € verlangen, wenn er die volle Miete an V zahlt?

2 Schuldnermehrheit ist zusammen mit Gläubigermehrheit in §§ 420 ff. geregelt. Mit der Schuldnermehrheit beschäftigen sich §§ 420–427, 431. Das Gesetz kennt zwei **Arten**: Teilschuld (§ 420) und Gesamtschuld (§§ 421–427, 431). Für die Abgrenzung spielt die Teilbarkeit der Leistung keine wesentliche Rolle, da beide Formen auch bei teilbaren Leistungen möglich sind (§§ 420, 427). Bei unteilbaren Leistungen scheidet Teilschuld aus. Es liegt dann aber nicht zwingend eine Gesamtschuld vor, weil die gesetzliche Regelung unvollständig ist. § 431 erfasst nur unteilbare Leistungen, die von jedem der Schuldner vollständig alleine erbracht werden können. Ist das nicht der Fall, liegt eine im BGB nicht geregelte gemeinschaftliche Schuld vor.

II. Teilschuld

1. Begriff und Rechtsfolgen

3 Eine Teilschuld liegt nach § 420 vor, wenn mehrere eine **tatsächlich und rechtlich teilbare Leistung** schulden. Dies hat zur Folge, dass jeder Schuldner nur zur Leistung des auf ihn entfallenden Anteils verpflichtet ist. Deshalb hat der Gläubiger gegen jeden der Schuldner ein eigenständiges, aber auf den jeweiligen Anteil beschränktes Forderungsrecht. Wie hoch der Anteil ist, ergibt sich bei vertraglichen Schuldverhältnissen aus der evtl. auszulegenden Vereinbarung. Fehlt es hieran, sind die Anteile der Teilschuldner nach § 420 gleich groß. Bei gesetzlicher Anordnung einer Teilschuld (z.B. Unterhaltspflicht Verwandter, § 1606 Abs. 3 S. 1) bestimmt das Gesetz die Größe der Anteile.

4 Da selbstständige Forderungen bestehen, beschränkt sich die Wirkung von Umständen, die nur eine der Forderungen betreffen, auf diese (**Einzelwirkung**). Lediglich die Ausübung eines Rücktrittsrechts erfordert gemeinschaftliches Handeln aller Schuldner (§ 351 S. 1).

2. Abgrenzung zur Gesamtschuld

5 Bei teilbaren Leistungen kann auch eine Gesamtschuld vorliegen. Diese unterscheidet sich von der Teilschuldnerschaft dadurch, dass der Gläubiger von jedem Gesamtschuldner die volle Leistung verlangen kann (§ 421 S. 1). Das ist für die Gesamtschuldner ungünstig: Jeder von ihnen kann auf die volle Leistung in Anspruch genommen

werden und muss, wenn er sie erbracht hat, den Ausgleich bei den anderen Gesamtschuldnern suchen. Bei einer Teilschuldnerschaft stellt sich die Ausgleichsproblematik hingegen nicht, da der Gläubiger ohnehin nur den Teil verlangen kann, der auf jeden Schuldner entfällt. Für den Gläubiger ist die Gesamtschuld günstiger: Da er von jedem Schuldner die volle Leistung verlangen kann, ist sein Risiko, die Leistung ganz oder teilweise wegen der Insolvenz eines der Schuldner nicht zu erhalten, verringert. Bei einer Teilschuld läuft er hingegen Gefahr, einen Teil der Leistung nicht zu erhalten. Deshalb ist bei Verträgen die Vereinbarung einer Teilschuld selten. Daran anknüpfend findet sich in § 427 eine Auslegungsregel, derzufolge bei einer **gemeinschaftlichen vertraglichen Verpflichtung mehrerer im Zweifel eine Gesamtschuld** vorliegt. Auch bei gesetzlichen Schuldverhältnissen ist häufig die Entstehung einer Gesamtschuld angeordnet (z.B. § 840 Abs. 1 für die deliktische Haftung mehrerer Schädiger).

Beispiel: Würde es sich im Wohnungsmiete-Beispiel (Rn. 1) bei der Mietzahlungspflicht um eine Teilschuld handeln, hätte V gegen A und B jeweils nur einen Anspruch auf einen Teil der Gesamtmiete. Da nichts anderes bestimmt ist, wäre der Anteil von A und B nach § 420 gleich groß und V könnte von beiden je 250 € verlangen. Kann A seine Schuld nicht tilgen, hat V keine Möglichkeit, deswegen auf B zurückzugreifen. Nach § 427 liegt hingegen eine Gesamtschuld vor, da A und B sich gemeinschaftlich zu einer teilbaren Leistung verpflichtet haben. V kann daher sowohl von A als auch von B 500 € verlangen. Insgesamt ist die geschuldete Leistung aber auf 500 € beschränkt. Zahlt A, wirkt dies auch für B (§ 422 Abs. 1 S. 1), d.h., V kann von ihm nichts mehr verlangen. Nimmt V den A auf 500 € in Anspruch und ist dieser zahlungsunfähig, kann V von B diesen Betrag verlangen und trägt daher das Insolvenzrisiko des A nicht. Zahlt B, kann er infolge seines aus § 426 Abs. 1 folgenden Ausgleichsanspruchs von A zwar im Zweifel hälftigen Ausgleich verlangen; dieser Anspruch ist aber wertlos, wenn A zahlungsunfähig ist. Folglich trägt hier B das Insolvenzrisiko.

III. Gesamtschuld

1. Begriff

Eine Gesamtschuld liegt nach § 421 S. 1 vor, wenn mehrere Personen eine Leistung so schulden, dass **jeder von ihnen die ganze Leistung** zu bewirken hat, der Gläubiger sie aber nur einmal zu fordern berechtigt ist. Ist dem so, dann hat der Gläubiger gegen jeden der Gesamtschuldner einen Anspruch auf die Erbringung der gesamten Leistung und er kann wählen, von welchem der Gesamtschuldner er die Leistung ganz oder zum Teil verlangt. Mehr als die ganze Leistung kann der Gläubiger aber nicht verlangen; wird die Schuld von einem der Gesamtschuldner getilgt, verliert der Gläubiger auch die Ansprüche gegen die anderen Gesamtschuldner (§ 422 Abs. 1 S. 1).[1]

6

2. Entstehung der Gesamtschuld

a) Gesetzliche Anordnung

Nach § 431 liegt eine Gesamtschuld vor, wenn mehrere Schuldner eine **unteilbare Leistung** schulden. Diese gesetzliche Anordnung der Gesamtschuld erfasst allerdings nur eine Leistung, die von jedem der Gesamtschuldner vollständig alleine erbracht werden

7

1 Zur Vertiefung: Boecken/v. Sonntag, Zur Gleichstufigkeit der Schuldner als Voraussetzung der Gesamtschuld, Jura 1997, 1; Preißer, Grundfälle zur Gesamtschuld im Privatrecht, JuS 1987, 208, 289, 628, 710, 797, 961; Petersen, Schuldnermehrheiten, Jura 2014, 902; Schreiber, Die Gesamtschuld, Jura 1989, 353; Wolf/Niederführ, Gesamtschuld und andere Schuldnermehrheiten, JA 1985, 369; Zerres, Die Gesamtschuld, Jura 2008, 726.

kann. Ist zur Leistungserbringung ein Zusammenwirken erforderlich, liegt eine gemeinschaftliche Schuld vor (siehe Rn. 27).

Beispiel: Endet im Wohnungsmiete-Beispiel (Rn. 1) der Mietvertrag, sind A und B zur Rückgabe der Wohnung verpflichtet, § 546 Abs. 1. Das ist ein tatsächlicher Vorgang, der nicht auf die einzelnen Schuldner aufgespalten werden kann und deshalb eine unteilbare Leistung darstellt. Nach § 431 liegt deshalb bezüglich der Rückgabepflicht eine Gesamtschuld vor.

8   Wird eine **unerlaubte Handlung** durch mehrere Personen begangen, so haften sie für den hieraus entstandenen Schaden nach § 840 Abs. 1 als Gesamtschuldner.

Beispiel: F und G sprühen gemeinschaftlich ein Graffiti auf die Wand einer dem E gehörenden Garage. Die Beseitigung kostet 1.000 €. – E hat aus § 823 Abs. 1 sowohl gegen F als auch gegen G einen Anspruch auf Schadensersatz i.H.v. 1.000 €. Da nach § 840 Abs. 1 eine Gesamtschuld vorliegt, kann sie sowohl von F als auch von G den vollen Schadensersatz verlangen und nicht etwa nur den Ersatz der Hälfte des eingetretenen Schadens. Insgesamt kann E aber nicht mehr als 1.000 € verlangen.

9   **Weitere gesetzliche Anordnungen** einer Gesamtschuld finden sich z.B. in § 613 a Abs. 2 (bisheriger und neuer Arbeitgeber im Fall eines Betriebsübergangs), § 769 (mehrere Bürgen), § 1664 Abs. 2 (Elternteile bei der Haftung gegenüber dem Kind), § 128 S. 1 HGB (Gesellschafter der OHG; analog für Gesellschafter einer nach außen auftretenden Gesellschaft bürgerlichen Rechts[2]), § 43 Abs. 2 GmbH (Geschäftsführer der GmbH), § 78 Abs. 1 VVG (mehrere Versicherer).

b) Auslegungsregel des § 427

10   Bei **vertraglichen Schuldverhältnissen**, durch die mehrere Personen sich gemeinschaftlich zu einer **teilbaren Leistung** verpflichtet haben, liegt nach § 427 im Zweifel eine Gesamtschuld vor. Vorrangig ist aber der Vertrag auszulegen. Entscheidend sind dabei die redlichen Erwartungen der Parteien: Durften diese davon ausgehen, dass sich jeder Schuldner für die volle Leistung verpflichten wollte oder war erkennbar, dass nur eine anteilige Verpflichtung gewollt war?[3]

Beispiel: A steigt im Flughafen in das Taxi des T, um sich zum Messegelände bringen zu lassen. Bevor T losfahren kann, reißt B eine der Türen auf und fragt, ob das Taxi zur Messe fahre und ob sie mitgenommen werden könne, da derzeit kein anderes Taxi verfügbar sei. A und T sind einverstanden. – T kann nicht erwarten, dass A und B sich gemeinsam zur Erbringung der Leistung (Zahlung des Fahrpreises) verpflichten wollen, weil die beiden sich offensichtlich nicht kennen.[4]

c) Entstehung nach § 421

11   § 421 regelt nach heute ganz h.M. nicht nur die Rechtsfolgen einer Gesamtschuld, sondern ist auch ein **allgemeiner Entstehungstatbestand**. Deshalb kann eine Gesamtschuld auch vorliegen, wenn sie weder vom Gesetz angeordnet ist, noch sich aus der Auslegungsregel des § 427 ergibt. Der Anwendungsbereich dieses allgemeinen Tatbestands wird deutlich, wenn man sich vor Augen führt, dass die in § 421 S. 1 genannte Leistung nicht zwingend die Identität des Leistungsgegenstands voraussetzt, der von mehreren geschuldet ist. Kennzeichen der Gesamtschuld ist vielmehr, dass der Gläubiger zwar von jedem Schuldner die ganze Leistung verlangen kann, aber sie nicht kumula-

---

2 BGH NJW 2013, 3572 Rn. 9.
3 Staudinger/Looschelders (2017), § 427 Rn. 3.
4 Vgl. zu diesem Beispiel Staudinger/Looschelders (2017), § 427 Rn. 3.

tiv, sondern nur insgesamt einmal erhalten soll. Diese Situation kann auch vorliegen, wenn die Schuldner zwar unterschiedliche Leistungsgegenstände oder -handlungen schulden, diese Leistungen aber zur Befriedigung eines identischen Leistungsinteresses dienen und jede Leistung geeignet ist, dieses Interesse vollständig zu erfüllen.[5] Verhält es sich so, kommt es nicht darauf an, ob die Leistungspflichten auf dem gleichen oder verschiedenen Schuldverhältnissen beruhen.[6] Eine Gesamtschuld kann deshalb auch vorliegen, wenn ein Schuldner aus Vertrag und der andere aus Gesetz haftet.

Beispiele: K hat D ein Darlehen über 10.000 € gewährt. Für die Rückzahlung dieses Darlehens hat B dem K gegenüber eine Bürgschaft übernommen. – D und B sind beide Schuldner des K. Zwar beruht ihre Leistungspflicht auf unterschiedlichen Verträgen, aber das Interesse des K, bei Fälligkeit des Darlehens 10.000 € von K oder B zu erhalten, ist identisch.

Beim Bau eines Hauses für E ist es zu einem Baumangel gekommen, weil Bauunternehmer U nicht ordnungsgemäß gearbeitet hat. Der Mangel wäre aber verhindert worden, wenn der mit der Bauaufsicht beauftragte Architekt A seine Aufsichtspflicht ordnungsgemäß ausgeübt hätte. Deshalb hat E gegen U einen Anspruch auf Nachbesserung aus §§ 634 Nr. 1, 635 und gegen A auf Schadensersatz aus §§ 650 p Abs. 1, 650 q Abs. 1, 634 Nr. 4, 280 Abs. 1. – Beide Ansprüche richten sich auf unterschiedliche Leistungsgegenstände, aber sie dienen der Befriedigung des gleichen Leistungsinteresses des E – sowohl durch Nachbesserung als auch durch Schadensersatz i.H.d. Beseitigungskosten kann der Zustand hergestellt werden, der nach den jeweiligen vertraglichen Vereinbarungen mit U und A hätte bestehen sollen.[7]

Der von K mit einer Ankaufsuntersuchung beauftragte Tierarzt T übersieht fahrlässig einen Mangel des Pferdes, das K sodann von V kauft. Wegen des Mangels tritt K später wirksam vom Kaufvertrag zurück und verlangt von T und V Ersatz der Fütterungskosten. – T haftet aus §§ 634 Nr. 4, 280 Abs. 1 auf Schadensersatz, während V aus §§ 437 Nr. 2, 323, 347 Abs. 2 S. 1 zum Ersatz der Verwendungen verpflichtet ist. Beide Ansprüche umfassen die Fütterungskosten, weshalb T und V Gesamtschuldner sind.[8]

Aus der Einordnung des § 421 S. 1 als allgemeiner Entstehungstatbestand ergibt sich allerdings das Problem, dass es bei Vorliegen der dort genannten Voraussetzungen zu Gesamtschuldverhältnissen kommen kann, bei denen die dafür vorgesehenen Rechtsfolgen **unangemessen** sind. Zu bedenken ist insbesondere, dass derjenige Gesamtschuldner, der die Leistung erbringt, vom dem anderen Gesamtschuldner nach § 426 Abs. 1 Ausgleich verlangen kann. Das kann zu einer Regressmöglichkeit führen, die unberechtigt ist, weil nach der Art der Leistungspflichten einen der Schuldner die Last vorrangig treffen soll, während die Leistungspflicht des anderen Gesamtschuldners nur subsidiär ist.

12

Beispiel: Bestünde im Darlehensfall (Rn. 11) eine Gesamtschuld zwischen Darlehensnehmer D und Bürge B, dann könnte K, sofern B auf die Einreden des Bürgen verzichtet hat, wahlweise von D oder B Zahlung von 10.000 € verlangen. Zahlt D, entstünde nach § 426 Abs. 1 ein Ausgleichsanspruch gegen B. Das ist evident unangemessen, weil B die Bürgschaft nur zur Sicherung der Darlehensrückzahlung übernommen hat, aber nicht zur Entlastung des D. Zahlt B, ist ein Ausgleichsanspruch gegen D zwar sachlich angemessen, aber nach § 426 Abs. 1 entstünde dieser im Zweifel nur zur Hälfte, weil die Gesamtschuldner im Innenverhältnis im Zweifel zu gleichen Anteilen verpflichtet sind.

---

5 BGHZ 43, 227 (233 f.); BGHZ 137, 76 (83); Erman/Böttcher, § 421 Rn. 8; MünchKomm/Heinemeyer, § 421 Rn. 5; Palandt/Grüneberg, § 421 Rn. 6; Staudinger/Looschelders (2017), § 421 Rn. 17.
6 BGHZ 176, 43 Rn. 27; BeckOGK/Kreße, Stand 1.6.2019, § 421 Rn. 21; BeckOK-BGB/Gehrlein, § 421 Rn. 4; Jauernig/Stürner, § 421 Rn. 2; PWW/Müller, § 421 Rn. 5.
7 BGHZ 43, 227; BGHZ 51, 275.
8 BGHZ 192, 182 Rn. 12 ff.

13   Nach h.M. muss zur Entstehung der Gesamtschuld nach § 421 S. 1 eine **zusätzliche Voraussetzung** gegeben sein; normiert sind nur die Mindestvoraussetzungen. Die Zusatzvoraussetzung wird überwiegend in der **Gleichstufigkeit der Verpflichtungen** gesehen.[9] Daran fehlt es, wenn einer der Gesamtschuldner nur subsidiär haften soll. So verhält es sich, wenn eine Leistungspflicht nur der Sicherung der anderen Leistungspflicht oder der subsidiären Versorgung des Gläubigers dient. Ein gewichtiges Indiz dafür liegt vor, wenn das Gesetz anordnet, dass es bei ihrer Erfüllung zu einem Übergang der getilgten Forderung auf den Leistenden kommt (z.B. § 774 Abs. 1, § 6 EFZG, § 86 VVG, § 116 SGB X). Diese Legalzession sorgt dafür, dass der Leistende vollen Ausgleich vom primären Schuldner erlangt und zeigt die Subsidiarität der Leistungspflicht.

Beispiele: Zahlt im Darlehens-Beispiel (Rn. 11) der Bürge B 10.000 € an Gläubiger K, geht dessen auf Darlehensrückzahlung gerichteter Anspruch aus § 488 Abs. 1 S. 2 nach § 774 Abs. 1 auf B über. B kann daher 10.000 € von D verlangen. Er soll vollen Ausgleich bekommen; hieran zeigt sich, dass er nicht gleichstufig haftet. Zwischen D und B besteht daher keine Gesamtschuld.

Im Baumangel-Beispiel (Rn. 11) besteht zwischen den Leistungspflichten des Bauunternehmers U und des Architekten A kein Stufenverhältnis. Da die Aufsichtspflicht gerade der Verhinderung von Baumängeln dient, soll A vielmehr auf gleicher Stufe haften wie U und nicht etwa nur subsidiär. Wegen Gleichstufigkeit liegt daher nach § 421 S. 1 eine Gesamtschuld vor.

3. Rechtsfolgen im Außenverhältnis zum Gläubiger

a) Forderungsrecht des Gläubigers

14   Die Verbindung der Verbindlichkeiten der Schuldner zu einer Gesamtschuld ändert nichts daran, dass der Gläubiger jedem Schuldner gegenüber ein **selbstständiges Forderungsrecht** hat. Deshalb kann er von jedem Gesamtschuldner nach seiner Wahl die volle oder einen Teil der geschuldeten Leistung verlangen (§ 421 S. 1). Dieses Wahlrecht hat der Gläubiger bis zum vollständigen Bewirken der Leistung, denn so lange bleiben sämtliche Schuldner verpflichtet (§ 421 S. 2). Einschränkungen können sich in Ausnahmefällen aber aus § 242 ergeben (z.B. bei Auswahl eines Gesamtschuldners in Schädigungsabsicht oder unter Verstoß gegen das AGG).[10]

b) Wirkung schuldbeeinflussender Umstände

15   Obwohl die Forderungsrechte selbstständig sind, müssen einige Umstände, welche die Forderung gegen einen Gesamtschuldner beeinflussen, auch auf die Forderungen gegen die anderen Gesamtschuldner wirken. Das folgt schon daraus, dass der Gläubiger die Leistung nur einmal verlangen kann (§ 421 S. 1). **Gesamtwirkung** hat deshalb die Erfüllung der Schuld (§ 422 Abs. 1 S. 1). Sie führt allerdings abweichend von § 362 Abs. 1 nur zur Befreiung aller Schuldner gegenüber dem Gläubiger, aber nicht zum Erlöschen der Forderung; diese geht auf den leistenden Gesamtschuldner über (§ 426 Abs. 2 S. 1, siehe Rn. 20). Gesamtwirkung gilt auch für die Leistung an Erfül-

---

9 BGHZ 106, 313 (319); BGHZ 137, 76 (82); BGHZ 155, 265 (268); BGH NJW 2007, 1208 Rn. 17; BGHZ 203, 224 Rn. 21; Erman/Böttcher, § 421 Rn. 12; Palandt/Grüneberg, § 421 Rn. 7; BeckOK-BGB/Gehrlein, § 421 Rn. 8; a.A. BeckOGK/Kreße, Stand 1.6.2019, § 421 Rn. 41 ff.; Staudinger/Looschelders (2017), § 421 Rn. 20 ff.; Boecken/v. Sonntag, Jura 1997, 1 ff. m.w.N.

10 BGH NJW-RR 2008, 51 Rn. 15; BGH NJW 2012, 1070 Rn. 19; zur Vertiefung: Schünemann/Bethge, „Allgemeine Gleichbehandlung" von Gesamtschuldnern, JZ 2009, 448.

lungs statt, Hinterlegung und Aufrechnung (§ 422 Abs. 1 S. 2). Allerdings kann ein Gesamtschuldner nur dann die Aufrechnung erklären, wenn er eine eigene Forderung gegen den Gläubiger hat; die Aufrechnung mit einer Forderung eines anderen Gesamtschuldners schließt § 422 Abs. 2 aus, weil es sonst möglich wäre, über eine fremde Schuld zu verfügen. Ein Erlassvertrag zwischen dem Gläubiger und einem Schuldner wirkt nach § 423 nur dann für die anderen Schuldner, wenn die Parteien wollten, dass das gesamte Schuldverhältnis aufgehoben wird; andernfalls wird nur der Schuldner frei, mit dem der Erlassvertrag geschlossen wurde. Das gleiche gilt für einen Vergleich.[11] Gesamtwirkung hat ferner der Annahmeverzug (§ 424), weil der Gläubiger damit die Erfüllung verhindert und diese wiederum ebenfalls für alle Schuldner gewirkt hätte.

Alle anderen Tatsachen wirken nach § 425 Abs. 1 nur für und gegen den Gesamt-schuldner, bei dem sie eingetreten sind, sofern sich aus dem Schuldverhältnis nichts anderes ergibt. Als Beispiele für die **Einzelwirkung** nennt § 425 Abs. 2 Kündigung (gemeint ist die sog. Fälligkeitskündigung, die zur Fälligkeit einer Forderung führt [z.B. § 488 Abs. 3 S. 1], nicht jedoch die zur Beendigung des Schuldverhältnisses führende Kündigung), Schuldnerverzug, Verschulden, subjektive Unmöglichkeit, Verjährung, Konfusion und rechtskräftige Urteile. Bei Leistungsstörungen kann der Gläubiger Ansprüche aus §§ 280 ff. – vorbehaltlich abweichender Vereinbarung – nur gegen den Schuldner geltend machen, der die Pflichtverletzung zu vertreten hat.

4. Rechtsfolgen im Innenverhältnis der Gesamtschuldner

a) Ausgleichsanspruch aus § 426 Abs. 1

§ 426 Abs. 1 S. 1 ordnet an, dass die Gesamtschuldner im Verhältnis zueinander zu gleichen Anteilen verpflichtet sind, soweit sich nichts anderes ergibt. Das ist nicht nur eine – subsidiäre – Regelung zur Verteilung der Haftungsanteile im Innenverhältnis, sondern eine eigene Anspruchsgrundlage. Der Anspruch entsteht schon mit der Entstehung der Gesamtschuld. Deshalb richtet sich sein **Inhalt** zunächst auf die Mitwirkung der anderen Schuldner an der Erfüllung der Schuld. Erfüllt ein Gesamtschuldner die Schuld gegenüber dem Gläubiger, ändert sich der Inhalt des Ausgleichsanspruchs: Er kann jetzt von den anderen Gesamtschuldnern Ausgleich für die erbrachte Leistung verlangen.

Die **Höhe des Ausgleichsanspruchs** richtet sich nach dem Anteil, den jeder der Gesamtschuldner zu tragen hat. Nach § 426 Abs. 1 S. 1 sind die Anteile gleich hoch, soweit nichts anderes bestimmt ist. Bei vertraglichen Schuldverhältnissen treffen die Schuldner mit der Eingehung des Vertrages in der Regel zumindest stillschweigend auch eine Vereinbarung über die Anteile im Innenverhältnis. Eine andere Bestimmung liegt ferner vor, wenn das Gesetz die Anteile bestimmt (z.B. § 840 Abs. 2: Haften Geschäftsherr und Verrichtungsgehilfe gesamtschuldnerisch, trägt im Innenverhältnis der Verrichtungsgehilfe den Schaden allein; ferner z.B. §§ 840 Abs. 3, 841, § 17 Abs. 1 StVG, § 78 Abs. 2 VVG). Allgemein kann bei Schadensersatzansprüchen § 254 entsprechend angewandt werden.[12] Der Anteil jedes Schädigers richtet sich dann nach seinem Verursachungs- und Schuldbeitrag.

16

17

18

---

11 BGHZ 192, 182 Rn. 21 ff.
12 BGH NJW 1980, 2348 (2349); BGH NJW 2011, 292 Rn. 9; BGH NJW 2013, 3572 Rn. 10; Hk-BGB/Schulze, § 426 Rn. 7; MünchKomm/Heinemeyer, § 426 Rn. 22.

Beispiele: A mietet zusammen mit seiner Lebensgefährtin B eine Wohnung von V. Von Anfang an wird die Miete allein von B auf das Konto des V überwiesen. Als A sich von B trennt, verlangt B hälftigen Ausgleich von ihm. – Wegen der Mietzahlungspflicht bestand eine Gesamtschuld (§ 427). B kann von A nur dann aus § 426 Abs. 1 S. 1 hälftigen Ausgleich verlangen, wenn nichts anderes bestimmt ist. Vorrangig ist an eine stillschweigende Vereinbarung zu denken, derzufolge B die Miete alleine zu tragen hat. Lässt sich eine solche nicht feststellen, kann aus der Gestaltung des tatsächlichen Geschehens bei einer nichtehelichen Lebensgemeinschaft geschlossen werden, dass Leistungen, die für das tagtägliche gemeinschaftliche Zusammenleben erbracht werden, nicht auszugleichen sind.[13]

Sind A und B miteinander verheiratet und zahlt B stets die Miete, dann erbringt er einen Teil des nach § 1360 S. 1 geschuldeten Unterhalts. Ein anteiliger Ausgleich ist deshalb ausgeschlossen.

19   Hat ein Gesamtschuldner gegen andere Gesamtschuldner einen Ausgleichsanspruch, ist jeder dieser Ansprüche der Höhe nach auf den Anteil begrenzt, der auf den jeweiligen Schuldner entfällt. Deshalb sind die Gesamtschuldner untereinander **Teilschuldner** (§ 420). Sie können dem Anspruch aus § 426 Abs. 1 eventuelle Einwendungen aus dem Innenverhältnis (z.B. Stundungsabrede zwischen den Gesamtschuldnern) entgegenhalten, nicht jedoch Einwendungen aus dem Außenverhältnis mit dem Gläubiger (z.B. Verjährung der Forderung, für die gesamtschuldnerisch gehaftet wird).[14] Ist einer der Schuldner nicht leistungsfähig, würde dies für den Gläubiger des Ausgleichsanspruchs bedeuten, dass er nicht den vollen Ausgleich erhalten kann. Das würde zu einer nicht gerechtfertigten Besserstellung der übrigen Gesamtschuldner führen. § 426 Abs. 1 S. 2 bestimmt deshalb, dass der **Ausfall eines Gesamtschuldners** von den übrigen zum Ausgleich verpflichteten Schuldnern zu tragen ist. Zu diesen übrigen Schuldnern gehört auch der Gläubiger des Ausgleichsanspruchs.

Beispiel: A, B, C und D sind Gesamtschuldner. Im Innenverhältnis tragen sie gleiche Anteile. A tilgt die Schuld i.H.v. 3.000 € und verlangt von B, C und D Ausgleich. – A hat gegen B, C und D einen Anspruch auf Zahlung von jeweils 750 € aus § 426 Abs. 1 S. 1 (je 1/4 von 3.000 €). Ist B hingegen zahlungsunfähig, wird ihr Anteil auf alle anderen Gesamtschuldner verteilt und A kann von C und D jeweils Zahlung von 1.000 € verlangen (1/4 + 1/12 = 1/3 von 3.000 €).

b) Forderungsübergang, § 426 Abs. 2

20   Erbringt einer der Gesamtschuldner die Leistung, führt dies entgegen § 362 Abs. 1 nicht zum Erlöschen der Forderung, sondern zu deren Übergang auf den Leistenden, § 426 Abs. 2 S. 1. Da diese Forderung sich gegen die Gesamtschuldner richtet und der Leistende durch die **Legalzession** Forderungsgläubiger wird, erhält er einen zusätzlichen Anspruch gegen die übrigen Gesamtschuldner. Dieser Anspruch ist für den leistenden Gesamtschuldner vor allem wegen des gleichzeitigen Übergangs von akzessorischen Sicherungsrechten (§§ 412, 401) interessant. Es handelt sich um einen **selbständigen Anspruch**, der neben den Ausgleichsanspruch aus § 426 Abs. 1 S. 1 tritt. Die übrigen Gesamtschuldner können daher keine Einwendungen aus dem Innenverhältnis geltend machen, wohl aber nach §§ 412, 404 die beim Übergang bestehenden Einwendungen gegen den bisherigen Gläubiger. Beide Ansprüche unterliegen der jeweils für sie geltenden Verjährungsfrist; deshalb kann z.B. der Anspruch aus der übergegangenen Forderung früher verjähren als der Ausgleichsanspruch.

---

13   BGH NJW 2010, 868 Rn. 11 ff.
14   BGH NJW 2010, 62 Rn. 13.

Der **Umfang des Forderungsübergangs** ist von zwei Faktoren abhängig. Zunächst geht 21
die Forderung nur insoweit über, wie der Gesamtschuldner den Gläubiger befriedigt.
Bei vom Gläubiger angenommenen Teilleistungen kommt es deshalb auch nur zu
einem teilweisen Übergang. Der zweite Faktor ist der Anteil, für den nach § 426 Abs. 1
Ausgleich verlangt werden kann, denn die Forderung geht nur insoweit über,
§ 426 Abs. 2 S. 1. Hat der leistende Gesamtschuldner im Innenverhältnis keinen Ausgleichsanspruch, bleibt auch der Forderungsübergang aus; stattdessen führt seine Leistung zum Erlöschen durch Erfüllung. Muss er selbst auch einen Anteil tragen, geht die
Forderung insoweit nicht auf ihn über, sondern erlischt. Da die übrigen Gesamtschuldner nur in Höhe ihres jeweiligen Anteils haften, sind sie auch hinsichtlich der übergegangenen Forderung nur **Teilschuldner**.

Beispiel: A, B und C sind Gesamtschuldner einer Forderung über 15.000 €. Zahlt A an den
Gläubiger 9.000 € und nimmt dieser die Teilleistung an, kann die Forderung nur in Höhe
von 9.000 € übergehen. Ob sie in dieser Höhe oder zu einem geringeren Betrag übergeht,
hängt vom Innenverhältnis ab. Haben A, B und C gleiche Anteile zu tragen, geht die Forderung nur zu 2/3 = 6.000 € auf A über. In Höhe von 3.000 € erlischt sie, im Übrigen bleibt
sie beim Gläubiger bestehen.

Hinweis zur Fallbearbeitung: Ist nach Ausgleichsansprüchen des leistenden Gesamtschuld- 22
ners gefragt, sind sowohl der Anspruch aus § 426 Abs. 1 als auch der Anspruch aus der nach
§ 426 Abs. 2 S. 1 übergegangenen Forderung zu prüfen. Zwischen diesen beiden Ansprüchen
besteht Anspruchskonkurrenz.

5. Gestörte Gesamtschuld

Schädigen mehrere einen anderen, sind sie als Schuldner des jeweiligen Schadensersatz- 23
anspruchs nach § 840 Abs. 1 Gesamtschuldner. Verlangt der Gläubiger von einem der
Schädiger den vollen Schadensersatz und wird er erbracht, kann der Leistende vom anderen Schädiger nach § 426 Abs. 1 Ausgleich verlangen, wobei sich die Höhe der Anteile analog § 254 nach dem Verursachungs- und Schuldbeitrag richtet. Auf diese Weise bewirkt die Gesamtschuld eine angemessene Verteilung der Schadensersatzleistung
auf die Schädiger. Das ist anders, wenn der Geschädigte gegen einen der Schädiger
(Erstschädiger) wegen einer **Haftungsprivilegierung** keinen Schadensersatzanspruch
hat. Dann gibt es nur einen haftenden Schädiger (Zweitschädiger) und damit auch nur
einen Schuldner. Hier stört (d.h. verhindert) die Haftungsprivilegierung die Entstehung
der Gesamtschuld. Das hat für den Zweitschädiger Folgen: Er muss dem Geschädigten
gegenüber vollen Schadensersatz leisten, kann aber mangels Gesamtschuld vom Erstschädiger keinen Ausgleich verlangen, obwohl dieser für den entstandenen Schaden
mitverantwortlich ist. Die im Verhältnis zwischen Geschädigtem und Erstschädiger bestehende Haftungsprivilegierung wirkt sich negativ auf den Zweitschädiger aus.

Beispiel: F nimmt S im Auto mit. Bevor es losgeht, lässt er sich von S eine Erklärung unterschreiben, derzufolge er (F) nicht für leicht fahrlässig verursachte Schäden haftet. Während
der Fahrt fährt F leicht fahrlässig ein wenig über den Mittelstreifen. Er stößt mit dem entge-
genkommenden Landwirt L zusammen, der mit einem überladenen Heuwagen in der Stra-
ßenmitte fährt. S erleidet Verletzungen und verlangt Ersatz der Behandlungskosten
i.H.v. 3.000 €. – S hat gegen L einen Anspruch u.a. aus §§ 18 Abs. 1, 7 StVG. Aus der gleichen Anspruchsgrundlage oder aus § 823 Abs. 1 hat sie gegen F jedoch keinen Anspruch,
weil F aufgrund der Haftungsvereinbarung nicht für leichte Fahrlässigkeit haftet. Folglich

ist L der einzige Schuldner der S. Da keine Gesamtschuld vorliegt, kann L von F auch nicht Ausgleich nach § 426 Abs. 1 verlangen.

24   Die Schlechterstellung des Zweitschädigers durch eine Haftungsprivilegierung im Verhältnis zwischen Erstschädiger und Geschädigtem ist **korrekturbedürftig**. Wie diese Korrektur der sog. gestörten Gesamtschuld (tatsächlich liegt keine Gesamtschuld vor) zu erfolgen hat, ist stark umstritten.[15] Im Wesentlichen kommen zwei Wege in Betracht: Man kann einerseits trotz der Haftungsprivilegierung das Gesamtschuldverhältnis fingieren und so dem Zweitschädiger einen Ausgleichsanspruch aus § 426 Abs. 1 verschaffen (Fiktionslösung), oder man kürzt den Anspruch des Geschädigten gegen den Zweitschädiger von vornherein um den Betrag, den der Zweitschädiger vom Erstschädiger nach § 426 Abs. 1 verlangen könnte, wenn eine Gesamtschuld bestünde (Kürzungslösung).

Beispiel: Fingiert man im Mitfahrer-Beispiel (Rn. 23) ein Gesamtschuldverhältnis, so hat L gegen F einen Ausgleichsanspruch aus § 426 Abs. 1. Beträgt der Verschuldensanteil des L 2/3 und der des F 1/3, dann hat L, wenn er 3.000 € an S zahlt, gegen F einen Ausgleichsanspruch von 1.000 €. S selbst hat aber nur den Anspruch gegen L, denn die Gesamtschuld wird nur für den Ausgleich im Innenverhältnis fingiert – im Außenverhältnis bleibt es bei der Privilegierung des F und S erhält vollen Ausgleich nur von L.

Wird die Kürzungslösung angewandt, ist der Anspruch der S gegen L um den auf F entfallenden Anteil von 1/3 zu kürzen, d.h., S kann von L nur 2.000 € verlangen. Gegen F hat S keinen Anspruch und ein Ausgleich zwischen L und F ist nicht notwendig, weil die Schuld des L bereits um den Anteil des F gekürzt wurde.

25   Diese Lösungen führen zu einer unterschiedlichen **Verteilung der Nachteile**. Bei der Fiktionslösung wird dem Erstschädiger die Haftungsprivilegierung insoweit genommen, als dass er zwar nicht dem Geschädigten gegenüber haftet, aber vom Zweitschädiger auf Ausgleich in Anspruch genommen werden kann. Hier wirkt sich das Hinzutreten eines Zweitschädigers negativ auf den Erstschädiger aus: Wäre er allein verantwortlich, würde er gar nicht haften; jetzt haftet er zumindest anteilig dem Zweitschädiger gegenüber. Der Geschädigte trägt bei dieser Lösung keine Nachteile, weil er vom Zweitschädiger den vollen Ersatz verlangen kann. Die Kürzungslösung verteilt die Nachteile anders: Sie liegen jetzt beim Geschädigten, der nicht den vollen Ersatz erhält, während der Erstschädiger weder ihm noch dem Zweitschädiger gegenüber etwas leisten muss. Für den Zweitschädiger ist das wirtschaftliche Ergebnis bei beiden Lösungen gleich, bei der Fiktionslösung trägt er nur das Risiko, seinen Ausgleichsanspruch gegen den Erstschädiger nicht realisieren zu können. Das kann aber außer Betracht bleiben, weil er dieses Risiko auch tragen würde, wenn keine Haftungsprivilegierung bestünde und deshalb eine Gesamtschuld entstanden wäre.

26   Die Rechtsprechung lehnt die Berücksichtigung einer **vertraglichen Haftungsprivilegierung** im Innenverhältnis der Gesamtschuldner ab, weil die Vereinbarung zwischen Geschädigtem und Erstschädiger sonst die Wirkung eines Vertrages zulasten Dritter habe; zur Anwendung komme die Fiktionslösung.[16] Das ist mit der h.M. in der Literatur ab-

---

15   Zur Vertiefung: Mollenhauer, Das gestörte Gesamtschuldverhältnis, NJ 2011, 1; Muscheler, Die Störung der Gesamtschuld: Lösung zu Lasten des Zweitschädigers?, JR 1994, 441; Schmieder, Die gestörte Gesamtschuld – ein Normenkonflikt, JZ 2009, 189; Stamm, Die Bewältigung der „gestörten Gesamtschuld", NJW 2004, 811.

16   BGHZ 12, 213 (217 ff.); BGHZ 58, 216 (219 ff.); BGH NJW 1989, 2386 (2387); ferner PWW/Müller, § 426 Rn. 19; differenzierend Palandt/Grüneberg, § 426 Rn. 20.

zulehnen, weil dies zu einer unangemessenen Verteilung der Nachteile führt.[17] Ist die Haftungsbeschränkung vereinbart, dann hat der Geschädigte sich selbst auf die für ihn nachteilige Vereinbarung eingelassen. Es besteht kein Grund, ihn von diesem Nachteil nur deshalb wieder zu befreien, weil es noch einen Zweitschädiger gibt. Deshalb ist es richtig, den vom Geschädigten selbst eingegangenen Nachteil dadurch zu verwirklichen, dass sein Schadensersatzanspruch gegen den Zweitschädiger um den Haftungsanteil des Erstschädigers gekürzt wird. Die Kürzungslösung ist in der Regel auch richtig bei einer **gesetzlichen Haftungsprivilegierung**, da diese den Zweck haben, den Erstschädiger im Verhältnis zum Geschädigten besserzustellen.[18] Die Rechtsprechung lässt hier hingegen keine einheitliche Linie erkennen. Zum Teil hält sie an der Fiktionslösung fest,[19] während sie die Kürzungslösung anwendet, wenn es um eine Haftungsprivilegierung aus §§ 104, 105 SGB VII geht.[20] Keine der beiden Lösungen soll bei § 1664 zur Anwendung kommen. Diese Norm gilt im Verhältnis zwischen Eltern und ihren Kindern und schließt eine Haftung der Eltern aus, wenn sie die Sorgfalt in eigenen Angelegenheiten beachtet haben. Hier will der BGH den Zweitschädiger unbeschränkt haften lassen und versagt ihm auch einen Ausgleichsanspruch gegen den Erstschädiger.[21]

Beispiel (BGHZ 103, 338): K, der zwei Jahre alte Sohn des V, stürzt von einer Rutsche auf dem Spielplatz und wird, weil die Fläche unter der Rutsche von der Stadt S, die den Spielplatz betreibt, betoniert worden ist, schwer verletzt. Durch die Betonierung hat S gegen ihre Verkehrssicherungspflicht verstoßen und haftet dem K aus § 823 Abs. 1. Zugleich aber hat V, der anwesend war, seine Aufsichtspflicht verletzt. Ein Schadensersatzanspruch gegen ihn scheitert jedoch an § 1664 Abs. 1, weil er die Sorgfalt in eigenen Angelegenheiten gewahrt hat. Der BGH hat S in vollem Umfang ohne Möglichkeit einer Kürzung oder eines Ausgleichs haften lassen.

IV. Gemeinschaftliche Schuld

Schulden mehrere eine **unteilbare Leistung**, die ihrer Art nach **nicht von einem Schuldner allein erbracht werden kann**, muss trotz § 431 eine Gesamtschuld ausscheiden, weil der Gläubiger bei dieser von jedem Schuldner die ganze Leistung verlangen kann. Dann liegt eine gemeinschaftliche Schuld vor, bei der sich der Anspruch des Gläubigers von vornherein nur auf eine gemeinsame Leistungserbringung aller Schuldner richtet. Deshalb kommt Umständen, die nur bei einem Schuldner vorliegen, Gesamtwirkung zu.[22]

27

Beispiel: Sängerin S soll zusammen mit Klavierspieler K auf der Hochzeit des G für Stimmung sorgen. Die Leistung ist unteilbar und kann weder von K noch von S alleine erbracht werden.

---

17 BeckOGK/Kreße, Stand 1.6.2019, § 426 Rn. 24; BeckOK-BGB/Gehrlein, § 426 Rn. 12; Jauernig/Stürner, § 426 Rn. 23; MünchKomm/Heinemeyer, § 426 Rn. 61; Larenz, Schuldrecht I, § 37 III; Looschelders, Schuldrecht AT, § 54 Rn. 37; Medicus/Lorenz, Schuldrecht I, Rn. 853.
18 Looschelders, Schuldrecht AT, § 54 Rn. 37; Brox/Walker, Allg. Schuldrecht, § 37 Rn. 27; Petersen, Jura 2014, 902 (903 f.).
19 BGHZ 35, 317 (322 ff.).
20 BGHZ 61, 51 (53 ff.); BGH NJW 1981, 760; BGH NJW 1996, 2023; BGH NJW 2008, 2116 Rn. 11; BGHZ 203, 224 Rn. 19 ff.
21 BGHZ 103, 338 (344 ff.); BGHZ 159, 318 (323).
22 Staudinger/Looschelders (2017), Vorbem. zu §§ 420–432, Rn. 76.

Wiederholungs- und Vertiefungsfragen

28   1. Welche Formen der Schuldnermehrheit gibt es? (Rn. 2)

2. Für wen ist eine Teilschuld günstiger: Gläubiger oder Schuldner? (Rn. 3, 5)

3. Nennen Sie Beispiele für eine Gesamtschuld kraft gesetzlicher Anordnung. (Rn. 7-9)

4. Unter welchen Voraussetzungen entsteht nach § 421 eine Gesamtschuld auch dann, wenn dies vom Gesetz nicht ausdrücklich angeordnet oder von den Parteien vereinbart ist? (Rn. 11)

5. Nennen Sie drei Umstände, die bei einer Gesamtschuld Gesamtwirkung haben. (Rn. 15)

6. Aus welchen Anspruchsgrundlagen kann ein Gesamtschuldner, der die geschuldete Leistung an den Gläubiger erbracht hat, von den anderen Gesamtschuldnern Ausgleich verlangen? (Rn. 17, 20)

7. Welche Auswirkungen hat es auf die Forderung, wenn ein Gesamtschuldner die gesamte geschuldete Leistung an den Gläubiger erbringt und er von dem anderen Gesamtschuldner hälftigen Ausgleich verlangen kann? (Rn. 15, 17, 20)

8. Was ist eine gestörte Gesamtschuld und welche Lösungsmöglichkeiten gibt es? (Rn. 23 ff.)

9. Was ist eine gemeinschaftliche Schuld? (Rn. 27)

J. Schadensrecht

§ 43 Überblick über das Schadensrecht

I. Regelungsgehalt der §§ 249–255

Im BGB, aber auch in anderen privatrechtlichen Gesetzen finden sich Regelungen, die eine Person dazu verpflichten, Schadensersatz zu leisten (z.B. §§ 122, 179, 280 ff., 311 a Abs. 2, 536 a, 678, 823 ff., 989 ff., § 1 ProdHG, §§ 7, 18 StVG). Diese Anspruchsgrundlagen regeln nicht, welchen Inhalt die Pflicht zur Leistung von Schadensersatz hat, d.h., was der Gläubiger konkret vom Schuldner verlangen kann. Das ist die Aufgabe der §§ 249–255: Sie regeln **Art, Inhalt und Umfang des Schadensersatzes**.[1] Die Anwendung dieser Schadensrecht genannten Regelungen setzt voraus, dass eine Pflicht zur Leistung von Schadensersatz besteht; sie enthalten **keine Anspruchsgrundlagen**, sondern konkretisieren den Inhalt einer Schadensersatzpflicht. Sie dienen damit der Ausfüllung einer bereits bestehenden Schadensersatzhaftung, nicht jedoch der Begründung der Haftung – diese erfolgt durch die Anspruchsnorm. Die §§ 249–255 gelten für alle privatrechtlichen Schadensersatzansprüche; bei einzelnen Schadensersatzansprüchen werden sie durch Sonderregelungen ergänzt oder abgeändert (z.B. §§ 842 ff., §§ 9 ff. StVG, §§ 6 ff. ProdHG).

1

II. Regelungsstruktur

Die §§ 249 ff. sehen **zwei Formen** vor, in denen der Schadensersatz zu leisten ist. Nach § 249 Abs. 1 muss der Schuldner den Zustand herstellen, der bestehen würde, wenn der zum Ersatz verpflichtende Umstand nicht eingetreten wäre (**Naturalrestitution**). Inhaltlich richtet sich der Anspruch damit auf die Herstellung eines Zustands in Natur. Diese Herstellung hat durch den Schuldner zu erfolgen (wenn auch i.d.R. nicht höchstpersönlich); bei Verletzung einer Person oder Beschädigung einer Sache kann der Gläubiger nach § 249 Abs. 2 S. 1 aber auch die zur Herstellung erforderlichen Kosten verlangen. Die Naturalrestitution wahrt das Interesse des Geschädigten an der Unversehrtheit seiner rechtlich geschützten Positionen (Integritätsinteresse). Die zweite Form des Schadensersatzes ist in § 251 geregelt. Wenn die Herstellung nicht möglich, zur Entschädigung des Gläubigers nicht genügend oder für den Schuldner unverhältnismäßig ist, erfolgt eine Entschädigung in Geld. Diese dient dazu, den durch das schädigende Ereignis eingetretenen Wertverlust auszugleichen (**Kompensation**). Eine solche Entschädigung in Geld kann in Fällen, in denen der Schaden nicht im Vermögen des Geschädigten eingetreten ist, nur ersetzt verlangt werden, wenn das Gesetz dies ausdrücklich bestimmt, § 253 Abs. 1. Der wichtigste Fall findet sich in § 253 Abs. 2 (Schmerzensgeld). § 254 regelt schließlich, welche Auswirkungen ein Mitverschulden des Gläubigers hat.

2

---

1 Zur Vertiefung: Armbrüster, Grundfälle zum Schadensrecht, JuS 2007, 411, 508, 605; Brand, Schadensersatzrecht, 2. Aufl. 2015; Förster, Schadensrecht - Systematik und neueste Rechtsprechung, JA 2015, 801; Honsell/Harrer, Schaden und Schadensberechnung, JuS 1991, 441; Typische Probleme des Schadensrechts und ihre systematische Einordnung, JuS 2002, 554; Lange/Schiemann, Schadensersatz, 3. Aufl. 2003; Medicus, Neue Perspektiven des Schadensersatzrechts, JZ 2006, 805; Mohr, Grundlagen des Schadensersatzrechts, Jura 2010, 168; Pöschke, Art und Umfang des Schadensersatzes – die Systematik der §§ 249 ff. BGB, JA 2010, 257.

III. Funktionen des Schadensersatzes

3   Der Schadensersatz dient dazu, eine Einbuße, die der Geschädigte durch den zum Ersatz verpflichtenden Umstand erlitten hat, in Natur (§ 249 Abs. 1) oder durch Geldleistung (§ 251) auszugleichen (**Ausgleichsfunktion**). Nur im Sonderfall des Schmerzensgeldes (§ 253 Abs. 2) hat der Schadensersatz nach h.M. auch die Funktion, dem Geschädigten Genugtuung zu verschaffen (siehe § 46 Rn. 19).

4   Der Schadensersatz dient nicht dazu, den Schädiger für sein Verhalten oder Verschulden zu bestrafen. Das folgt aus dem **Prinzip der Totalreparation**, das sich aus § 249 Abs. 1 ergibt: Da der Schuldner den Zustand herstellen muss, der ohne das schädigende Ereignis vorliegen würde, erfasst seine Schadensersatzpflicht **alle unmittelbaren und mittelbaren Schäden**, die durch dieses Ereignis zurechenbar verursacht wurden. Folglich hängt das, was der Gläubiger vom Schuldner verlangen kann, allein davon ab, welche Schäden eingetreten sind. Deshalb hat der Schadensersatz keine Sanktionsfunktion; hier (anders als bei der Haftungsbegründung) spielt es keine Rolle, ob der Schuldner den konkret eingetretenen Schaden verschuldet hat oder welcher Verschuldensgrad gegeben ist. Der Umfang des Schadensersatzes ist bei vorsätzlicher Schadenszufügung ebenso groß wie bei leichtester Fahrlässigkeit.

Beispiel: Der von Vermieterin V mit der Installation einer Flurbeleuchtung beauftragte E macht leicht fahrlässig einen Fehler. Hierdurch kommt es zu einem Kurzschluss, durch den ein Feuer ausgelöst wird, bei dem das gesamte Gebäude mit seinen zehn Wohnungen komplett zerstört wird. – Als Anspruchsgrundlagen für Schadensersatzansprüche der V sowie der Mieter kommt einerseits § 280 Abs. 1 (bei den Mietern aufgrund eines Vertrages mit Schutzwirkung zugunsten Dritter), andererseits § 823 Abs. 1 in Betracht. Beide Anspruchsgrundlagen setzen ein Verschulden des E voraus, das gegeben ist. Der Umfang des Schadensersatzes bestimmt sich nach §§ 249 ff. E hat alle Schäden zu ersetzen, die er zurechenbar verursacht hat. Ob er diese im einzeln verhindern oder vorhersehen konnte, spielt grundsätzlich keine Rolle.

WIEDERHOLUNGS- UND VERTIEFUNGSFRAGEN

5   1. Was regeln die §§ 249–255? (Rn. 1)

2. Welche beiden Formen des Schadensersatzes sind im Schadensrecht geregelt? (Rn. 2)

3. Welche Funktionen hat der Schadensersatz? (Rn. 3 ff.)

§ 44 Der Schaden

I. Unfreiwillige Einbuße

Schaden ist jede **unfreiwillige Einbuße an einer rechtlich geschützten Position.**[1] Dieser sog. natürliche Schadensbegriff stellt zentral auf die Verschlechterung beim Geschädigten ab. Von den Aufwendungen unterscheidet sich der Schaden durch das Merkmal der Unfreiwilligkeit. Das darf aber nicht dazu verleiten, jede vom Geschädigten selbst veranlasste Einbuße schon als Aufwendung zu qualifizieren. Maßgeblich ist eine wertende Betrachtung: Ist die freiwillige Einbuße durch das schädigende Ereignis ausgelöst worden oder beruht sie auf einem davon unabhängigen, autonomen Entschluss des Geschädigten? Im ersten Fall handelt es sich um Schäden. Hierzu gehören insbesondere Aufwendungen zur Schadensabwehr, -feststellung, -minderung und -beseitigung.[2]

II. Vermögens- und Nichtvermögensschaden

1. Notwendigkeit der Unterscheidung

Dem natürlichen Schadensbegriff unterfällt jede Beeinträchtigung einer rechtlich geschützten Position und daher sowohl Vermögensbeeinträchtigungen (**materielle Schäden**, Vermögensschäden) als auch Beeinträchtigungen von Gütern und Interessen ohne Vermögenswert (**immaterielle Schäden**, Nichtvermögensschäden, z.B. physische Schmerzen, seelische Beeinträchtigungen, Ehrverletzungen). Deshalb erfasst die nach § 249 Abs. 1 geschuldete Naturalrestitution beide Schadensformen: Der Schuldner hat einen Zustand herzustellen, in dem weder materielle noch immaterielle Einbußen, die durch das schädigende Ereignis entstanden sind, verbleiben.

Beispiel: S hat über G im Internet beleidigende Äußerungen veröffentlicht. Dies führt dazu, dass G ihren Arbeitsplatz verliert. – S schuldet aus § 823 Abs. 1 sowie §§ 823 Abs. 2 BGB, 185 StGB Schadensersatz. Im Rahmen der Naturalrestitution muss S die Vermögenseinbuße, die G durch den Verlust des Arbeitsplatzes erlitten hat, ausgleichen, sofern ihm dieser Schaden noch zurechenbar ist. Zur Herstellung des ohne das schädigende Ereignis eingetretenen Zustands gehört aber auch, dass S die Ehrverletzung als solche beseitigt. Hierzu muss er nicht nur die Äußerungen aus dem Internet nehmen, sondern sie in gleicher Form widerrufen.

Die Unterscheidung wird relevant, wenn der Geschädigte statt Naturalrestitution (durch Herstellung des geschuldeten Zustands, § 249 Abs. 1, oder durch Ersatz der Herstellungskosten, § 249 Abs. 2 S. 1) **Entschädigung in Geld** verlangt. Da es bei einem immateriellen Schaden an einer Vermögenseinbuße fehlt, ist eine Geldleistung nicht ohne Weiteres geeignet, einen Ausgleich für die erlittene Einbuße herbeizuführen. Deshalb bestimmt § 253 Abs. 1, dass bei einem immateriellen Schaden eine Entschädigung in Geld nur verlangt werden kann, wenn das Gesetz dies ausdrücklich vorsieht. Der wichtigste Fall, in dem das geschehen ist, findet sich in der Regelung des Schmerzensgeldes in § 253 Abs. 2: Bei Verletzung des Körpers, der Gesundheit, der Freiheit oder sexuellen Selbstbestimmung kann für die immateriellen Schäden eine billige Entschädigung in Geld gefordert werden (siehe § 46 Rn. 16 ff.).

---

1 Zur Vertiefung: Busl, Der Begriff des Vermögensschadens im BGB, JuS 1987, 109; Mohr/Kalina/Bürger, Der Begriff des Schadens in der zivilrechtlichen Fallbearbeitung, Ad Legendum 2017, 51; Schlechtriem, Schadensersatz und Schadensbegriff, ZEuP 1997, 232.
2 Palandt/Grüneberg, Vorb. v. § 249 Rn. 44.

Beispiel: Durch einen von S verursachten Verkehrsunfall hat G ein Halswirbel-Schleuder-trauma erlitten. Sie hat deshalb mehrere Tage lang starke Kopfschmerzen und muss für 14 Tage eine stabilisierende Halskrause tragen, die sie bei ihren Bewegungen und im Schlaf behindert. Für die erlittenen Schmerzen und Unannehmlichkeiten verlangt G eine Geldzahlung. – S ist aus §§ 7, 18 StVG schadensersatzpflichtig. Die Schmerzen und Unannehmlichkeiten sind eine immaterielle Einbuße, die im Wege der Naturalrestitution nicht beseitigt werden kann: S mag zwar dafür sorgen können, dass G geheilt wird und keine Schmerzen mehr hat, die bereits erlittenen Schmerzen kann er jedoch in Natur nicht beseitigen. Da Naturalrestitution nicht möglich ist, kann G nach § 251 Abs. 1 grundsätzlich eine Entschädigung in Geld verlangen. Da es sich um einen immateriellen Schaden handelt, ist das nach § 253 Abs. 1 nur möglich, wenn das Gesetz dies vorsieht. Das ist der Fall in § 253 Abs. 2 sowie in § 11 S. 2 StVG. Eine Verletzung des Körpers und der Gesundheit der G ist gegeben, sie kann daher eine billige Entschädigung in Geld verlangen.

2. Ermittlung des Schadens

4   Bei der Beeinträchtigung von rechtlich geschützten Positionen, denen ein Vermögenswert beikommt (Vermögensschaden), ist der Schaden im Wege der **Differenzhypothese** zu ermitteln.[3] Dazu ist die tatsächlich bestehende Güterlage mit jener zu vergleichen, die bestehen würde, wäre das schädigende Ereignis ausgeblieben. Es muss also ermittelt werden, wie sich die Vermögenslage entwickelt hätte. Ergibt der Vergleich sodann eine Vermögensdifferenz, ist also der tatsächliche Wert des jetzigen Vermögens geringer, so liegt ein Vermögensschaden vor; zugleich ergibt sich dessen Höhe aus der bestehenden Differenz. Bei **Nichtvermögensschäden** passt die Differenzhypothese nicht, weil der Vergleich der tatsächlichen immateriellen Güterlage mit der, die ohne das schädigende Ereignis eingetreten wäre, keine Differenz zum Vorschein bringen kann, sondern nur eine Veränderung. Auf diese ist sodann abzustellen.

III. Normative Korrekturen

5   Der natürliche Schadensbegriff und die Unterscheidung zwischen Vermögens- und Nichtvermögensschäden können zu Ergebnissen führen, die wertungsmäßig, d.h., unter Berücksichtigung der normativen Vorgaben sowohl der Anspruchsgrundlage als auch der Rechtsordnung im Übrigen ungerechtfertigt sind. Hier kommen normative Korrekturen des Schadensbegriffs in Betracht.[4]

1. Abgrenzung von Vermögens- und Nichtvermögensschäden

6   In der Praxis spielt trotz des Grundsatzes der Naturalrestitution die Entschädigung in Geld (§ 251) eine wichtige Rolle. Hier steht die Rechtsanwendung vor dem Problem, dass diese bei immateriellen Schäden nur in den gesetzlich bestimmten Fällen verlangt werden kann (§ 253 Abs. 1) und dass die entsprechenden Regelungen (insb. §§ 253 Abs. 2, 651 n Abs. 2, 844 Abs. 3) eng begrenzt sind. Diese Probleme stellen sich hingegen nicht, wenn der geltend gemachte Schaden als Vermögensschaden qualifiziert werden kann. Die Abgrenzung der beiden Schadensformen hat daher hohe Bedeutung.[5] Die Rechtsprechung hat hier die **Anforderungen an einen Vermögensschaden** in einigen Fallgruppen korrigiert.

---

3   Zur Vertiefung: Mohr, Berechnung des Schadens nach der Differenzhypothese, Jura 2010, 327.
4   Zur Vertiefung: Medicus, Normativer Schaden, JuS 1979, 233.
5   Zur Vertiefung: Medicus, Allgemeines Schadensrecht – Insbesondere zur Grenzziehung zwischen Vermögens- und Nichtvermögensschaden, 50 Jahre BGH, FG aus der Wissenschaft I (2000), 201.

Praktisch besonders wichtig ist die Einordnung **entgangener Gebrauchsvorteile** als Ver- 7
mögensschaden. Hier geht es um Fälle, in denen dem Geschädigten durch Beschädigung einer Sache die Gebrauchsmöglichkeit entzogen wird, sich seine Vermögenslage
aber hierdurch nicht ändert. So verhält es sich, wenn die beschädigte Sache nur privat
genutzt wird (bei gewerblicher Nutzung kommt es i.d.R. zu einem entgangenen Gewinn, der als Schaden zu ersetzen ist) und der Geschädigte keine als Vermögensschaden zu ersetzenden Aufwendungen tätigt, um den Verlust der Gebrauchsmöglichkeit
auszugleichen (z.B. Anmietung einer Ersatzsache). Dann stellt sich die Frage, ob dieses
Fehlen eines Vermögensschadens dem Schädiger zugute kommen soll (indem er dann
keinen Schadensersatz zu leisten hätte). Die Rechtsprechung verneint dies, wenn es
sich um eine privat genutzte Sache handelt, auf deren ständige Verfügbarkeit die eigen-
wirtschaftliche Lebenshaltung typischerweise angewiesen ist und bei denen die Nut-
zungsbeeinträchtigung konkret fühlbar ist.[6] Das wird nur bei wenigen, für die Lebenshaltung zentralen Wirtschaftsgütern angenommen. Erfasst ist insbesondere der **privat
genutzte Pkw**.[7] Hier kann der Schaden mithilfe von Nutzungsausfalltabellen berechnet
werden. Zu den zentralen Wirtschaftsgütern gehören nach der Rechtsprechung auch
ein Wohnhaus, die Kücheneinrichtung, ein nicht nur Freizeitzwecken dienendes Motorrad, der Fernseher, das Telefon, der Internetzugang oder ein PC,[8] nicht aber z.B. Pelzmantel, Schwimmbad, Telefax, Wohnwagen oder Motorboot.[9] Erfasst sind dabei nicht
nur Fälle der Beschädigung, sondern auch der Vorenthaltung eines geschuldeten Gegenstands, soweit er zu den zentralen Wirtschaftsgütern gehört (wie z.B. die vom
Werkunternehmer herzustellende Eigentumswohnung).[10] In allen Fällen ist aber erforderlich, dass der Geschädigte das Gut tatsächlich nutzen wollte (Nutzungswille) und
auch konnte (Nutzungsmöglichkeit). Bei gewerblicher Nutzung kann der Geschädigte
sich nicht auf diese Grundsätze berufen, sondern muss eine tatsächliche Vermögenseinbuße nachweisen.[11]

Beispiel: S beschädigt bei einem Verkehrsunfall den privat genutzten Pkw des G schwer. Die
Reparatur dauert 14 Tage. G verlangt von S Schadensersatz, weil er während dieser Zeit
den Pkw nicht nutzen kann. – Aus §§ 7, 18 StVG hat G einen Schadensersatzanspruch.
Durch das schädigende Ereignis ist ihm die Gebrauchsmöglichkeit entzogen worden. Da G
eine Entschädigung in Geld verlangt, kommt es wegen § 253 Abs. 1 aber darauf an, ob der
Schaden Vermögens- oder Nichtvermögensschaden ist. Mietet G ein Ersatzfahrzeug an,
dann hat das schädigende Ereignis zu einer unfreiwilligen (weil zur Schadensabwehr vorgenommenen) Vermögenseinbuße geführt. Tut er das nicht, liegt nur ein immaterieller Schaden vor, für den G keine Entschädigung in Geld verlangen könnte, weil kein Fall des
§ 253 Abs. 2 bzw. § 11 S. 2 StVG gegeben ist. Das ist anders, wenn man dem entgangenen

---

6 BGHZ 98, 212 (216 ff.); zur Vertiefung: Benecke/Pils, Der Ersatz des Nutzungsinteresses – Nutzungsersatz für
   eigenwirtschaftlich genutzte Gegenstände als Schwäche der Differenzmethode, JA 2007, 241; Flessner,
   Geldersatz für Gebrauchsentgang, JZ 1987, 271; Flessner/Kader, Neue Widersprüche zum Gebrauchsentgang, JuS 1989, 879; Medicus, Nutzungsentgang als Vermögensschaden, Jura 1987, 240; Schulze, Nutzungs-
   ausfallentschädigung, NJW 1997, 3337; Zwirlein, Die Rechtsprechung zur Ersatzfähigkeit des abstrakten
   Nutzungsausfallschadens, JuS 2013, 487.
7 BGHZ 40, 345 (348); BGHZ 45, 212 (215); BGHZ 56, 214 (215); BGH NJW 2009, 1663 Rn. 6.
8 BGHZ 98, 212 (216 ff.) (Wohnhaus); BGHZ 196, 101 Rn. 14, 17 (Telefon, Internetzugang; dazu Exner JuS 2015,
   680); BGHZ 217, 218 Rn. 9 (Motorrad); OLG München, NJW-RR 2010, 1112 (1113) (Fernseher); OLG München,
   VersR 2010, 1229 (PC); LG Osnabrück, NJW-RR 1999, 349 (Kücheneinrichtung).
9 BGHZ 63, 393 (396 ff.) (Pelzmantel); BGHZ 78, 179 (184 ff.) (Schwimmbad); BGHZ 86, 128 (130 ff.) (Wohnwagen); BGHZ 196, 101 Rn. 12 (Telefax); BGH NJW 1984, 724 f. (Motorboot).
10 BGHZ 200, 203 Rn. 13 ff.
11 BGH NJW 2019, 1064 Rn. 31.

Gebrauchsvorteil Vermögenswert beimisst und so zu einem Vermögensschaden kommt. G kann dann für den Nutzungsausfall eine Entschädigung in Geld verlangen (§ 251 Abs. 1).

2. Vermögensschaden trotz fehlender Vermögenseinbuße

8   Erlangt der Geschädigte infolge des schädigenden Ereignisses zugleich einen Vorteil, ist dies im Rahmen der Differenzhypothese an sich zu berücksichtigen: Der Vorteil, der ohne das schädigende Ereignis nicht eingetreten wäre, ist vom Schaden abzuziehen (**Vorteilsausgleichung**). Das entspricht der Ausgleichsfunktion des Schadensersatzes: Der Geschädigte kann vollen Ausgleich für die erlittenen Schäden erlangen, aber er soll auch nicht besserstehen, als er ohne das schädigende Ereignis gestanden haben würde (sog. **Bereicherungsverbot**). Die Vorteilsausgleichung kann zu einer Minderung des Schadens oder gar zum völligen Wegfall führen.

Beispiel: S hat den G verletzt. Die Behandlungskosten betragen 1.000 €. G ist privat krankenversichert. Kann er dennoch von S Schadensersatz i.H.v. 1.000 € verlangen? – Die Behandlungskosten sind eine unfreiwillige Vermögenseinbuße, die dem G aus der Verletzung durch S entstanden sind. Sie beruhen unabhängig von der Art der Krankenversicherung auf einem zwischen G und dem Arzt zustande gekommenen Behandlungsvertrag, der G zur Zahlung der Behandlungskosten verpflichtet. Allerdings hat G gegen seine Krankenversicherung einen Anspruch auf Ersatz der Behandlungskosten. Die Beeinträchtigung seiner Vermögenslage durch die Forderung des Arztes auf Zahlung der Behandlungskosten wird also ausgeglichen durch den Anspruch des G gegen seine private Krankenversicherung. Rechnerisch betrachtet hat G keinen Schaden erlitten.

9   Die Schadensberechnung unter Anrechnung erlangter Vorteile unterliegt **normativen Korrekturen**. Eine ausdrückliche Korrektur findet sich in § 843 Abs. 4: Bei einem Schadensersatzanspruch, der auf einer Verletzung des Körpers oder der Gesundheit beruht, wird ein dadurch ausgelöster Anspruch auf Unterhalt nicht auf den Schaden angerechnet. Allgemein zeigt die Norm, dass die Frage gestellt werden muss, ob der Schädiger durch den Vorteilszufluss entlastet werden soll. Hierzu wendet die Rechtsprechung die gleichen Kriterien an, wie sie für die **Zurechnung** des Schadens gelten (siehe § 45). Bloße Kausalität ist daher nicht genügend; erforderlich soll vielmehr ein adäquater Zusammenhang zwischen schädigendem Ereignis und Vorteilseintritt sein (Adäquanztheorie, siehe § 45 Rn. 5).[12] Zusätzlich ist erforderlich, dass die Anrechnung dem Schutzzweck der Anspruchsnorm entspricht und den Schädiger nicht unbillig entlastet.[13]

10   Bei **Leistungen Dritter** ist zu fragen, wer den Schaden im Ergebnis tragen soll – der Schädiger oder der Dritte? Gegen eine Zuweisung an den Dritten spricht es, wenn dieser den Schadensersatzanspruch gegen den Schädiger im Wege der Legalzession erwirbt. Dieser Übergang zeigt einerseits, dass letztendlich der Schädiger den Schaden tragen soll. Er hat andererseits nur dann Sinn, wenn es trotz der Leistung noch einen Schaden des Geschädigten gibt – sonst fehlt es schon an einem Schadensersatzanspruch, der übergehen könnte. Deshalb findet keine Vorteilsausgleichung statt, selbst wenn der Anspruch nicht erst mit Erbringung der Leistung (z.B. § 6 EFZG, § 86 VVG), sondern schon mit seiner Entstehung (z.B. § 116 SGB X, § 76 BBG) auf den Dritten übergeht.[14] Beruht die Leistung auf einer vom Geschädigten auf eigene Kosten

---

12 BGHZ 49, 56 (61 f.); BGHZ 81, 271 (274 f.); BGH NJW 1990, 1360; BGHZ 200, 110 Rn. 12; Palandt/Grüneberg, Vorb. v. § 249 Rn. 69; a.A. Staudinger/Schiemann (2017), § 249 Rn. 139.
13 BGHZ 91, 206 (209 f.); BGHZ 136, 52 (54 f.); BGHZ 186, 205 Rn. 35; BGHZ 200, 110 Rn. 12; BGHZ 200, 350 Rn. 20.
14 Staudinger/Schiemann (2017), § 249 Rn. 135.

abgeschlossenen Unfall- oder Lebensversicherung, findet ebenfalls keine Anrechnung statt – mit dieser Vorsorgemaßnahme wollte der Geschädigte nicht einen eventuellen Schädiger entlasten, sondern sich zusätzlich absichern.[15] Erbringt der Dritte die Leistung freiwillig, kommt es nach § 267 darauf an, ob er mit dem Willen handelt, die Schuld des Schädigers zu tilgen. Soweit das nicht der Fall ist, findet keine Anrechnung statt.

Beispiel: Im Krankenversicherungs-Beispiel (Rn. 8) beruht der Anspruch gegen den Dritten auf dem Krankenversicherungsvertrag, den G mit der privaten Krankenversicherung abgeschlossen hat. Wenn die Versicherung Leistungen an G erbringt, geht der Schadensersatzanspruch auf sie über (§ 86 VVG). Daraus folgt, dass der Anspruch des G gegen die Versicherung auf Ersatz der Behandlungskosten nicht im Rahmen der Vorteilsausgleichung auf den Schaden anzurechnen ist. Hier greift zudem die Erwägung, dass die Zahlung der Prämien nicht erfolgt ist, um S zu entlasten. Ist G gesetzlich krankenversichert, so geht sein Schadensersatzanspruch gegen S schon mit der Entstehung auf die gesetzliche Krankenversicherung über, soweit es um die Behandlungskosten geht (§ 116 SGB X). Auch hier findet keine Vorteilsausgleichung statt, allerdings hat G insoweit gegen S keinen Schadensersatzanspruch (mehr) auf Ersatz der Behandlungskosten.

3. Kein ersatzfähiger Vermögensschaden trotz Vermögenseinbuße

Zum Bereich der normativen Korrekturen des Schadensbegriffs gehören schließlich auch Fälle, in denen die Anwendung der Differenzhypothese eine Vermögenseinbuße ergibt, deren Ausgleich als Vermögensschaden jedoch abgelehnt wird. Das wird vor allem im Hinblick auf den **Unterhalt für ein nicht gewolltes Kind** diskutiert. Hier geht es insbesondere um Fälle, in denen ein Arzt die aus einem Behandlungsvertrag folgende Pflicht, eine Schwangerschaft zu verhindern, verletzt und es infolge dessen zur Geburt eines von den Eltern nicht gewollten Kindes kommt. Dann stellt sich der dem Kind gegenüber zu leistende Unterhalt als Vermögensschaden dar, der ohne das schädigende Ereignis nicht eingetreten wäre. Dieser Schaden wird zum Teil als normativ nicht ersatzfähig qualifiziert, weil die Einordnung eines Kindes als Schaden dem Schutz der Menschenwürde widerspreche.[16] Nach zutreffender h.M. liegt der Schaden indessen nicht in der Existenz des Kindes, sondern in der Unterhaltspflicht der Eltern, sodass Art. 1 Abs. 1 GG der Ersatzfähigkeit nicht entgegensteht.[17] Ist ein Schwangerschaftsabbruch fehlgeschlagen, ist der Unterhalt aber nur dann ersatzfähig, wenn der Abbruch rechtmäßig gewesen wäre – andernfalls könnte über die Schadensersatzpflicht des Arztes das gleiche wirtschaftliche Ziel wie mit der rechtswidrigen Abtreibung (keine Belastung mit Unterhaltspflichten) erreicht werden.[18]

IV. Positives und negatives Interesse

Bei rechtsgeschäftlichen Schuldverhältnissen wirft die nach § 249 Abs. 1 geschuldete Naturalrestitution die Frage auf, welchen Zustand der Schädiger herstellen muss. In Betracht kommt einmal, dass der Geschädigte so zu stellen ist, als ob das Rechtsge-

11

12

---

15 Palandt/Grüneberg, Vorb. v. § 249 Rn. 84.
16 BVerfGE 88, 203 (296); Stürner, JZ 1997, 317 ff.
17 BVerfGE 96, 375 (396 ff.); BGHZ 124, 128 (136 ff.); BGH NJW 2002, 1782 (1783); MünchKomm/Oetker, § 249 Rn. 33; Palandt/Grüneberg, § 249 Rn. 72; Staudinger/Schiemann (2017), § 249 Rn. 208; zur Vertiefung Picker, Schadensersatz für das unerwünschte Kind, AcP 195 (1995), 483; Stürner, Das Bundesverfassungsgericht und das frühe menschliche Leben, JZ 1997, 317; Zimmermann, „Wrongful life" und „wrongful birth", JZ 1997, 131.
18 BGHZ 129, 178 (185).

schäft ordnungsgemäß erfüllt worden wäre. Hier wird das positive Interesses oder **Erfüllungsinteresse** ausgeglichen. Möglich ist es aber auch, dass der Geschädigte lediglich so zu stellen ist, als sei das Rechtsgeschäft überhaupt nicht abgeschlossen worden. Auf diese Weise wird nur das negative Interesse oder **Vertrauensinteresse** ersetzt. Welche Form des Schadensersatzes geschuldet ist, hängt von der Anspruchsgrundlage ab. So richtet sich der Schadensersatzanspruch statt der Leistung aus § 280 Abs. 1, 3 auf den Ersatz des positiven Interesses, weil hier der Schadensersatz an die Stelle der Leistung tritt und dem Gläubiger einen Ausgleich dafür verschaffen soll, dass er die Leistung überhaupt nicht oder nicht wie geschuldet erhalten hat. Demgegenüber richten sich z.B. §§ 122, 179 Abs. 2 auf den Ersatz des negativen Interesses. Zu ersetzen sind nur Einbußen, die durch das Vertrauen auf die Wirksamkeit des Geschäfts entstanden sind.

V. Eigener und fremder Schaden

1. Eigener Schaden des unmittelbar Geschädigten

13   Schadensersatz soll dem Ausgleich von Einbußen dienen, die durch das schädigende Ereignis verursacht wurden. Voraussetzung dafür ist aber ein Schadensersatzanspruch. Wer einen solchen gegen den Schädiger hat, ist **unmittelbar Geschädigter**. Er kann jedoch nur den Ausgleich solcher Einbußen verlangen, die er selbst in seinen eigenen rechtlich geschützten Positionen erlitten hat. Diese Begrenzung auf das Gläubigerinteresse, d.h., den eigenen Schaden folgt in der Regel schon aus der Anspruchsgrundlage selbst. So setzt z.B. § 823 Abs. 1 eine Rechtsgutverletzung beim Gläubiger voraus und verpflichtet zum Ersatz des hieraus, d.h. aus dieser Verletzung beim Gläubiger entstandenen Schadens (Tatbestandsprinzip). Bei vertraglichen Ansprüchen ergibt sich die Einengung auf eigene Schäden aus der Relativität des Schuldverhältnisses und dem daraus folgenden Umstand, dass Leistungs- und Schutzpflichten nur dem Gläubiger und evtl. einbezogenen Dritten gegenüber bestehen (Relativitätsprinzip). Im Schadensrecht selbst macht § 251 Abs. 1 mit der Formulierung „Entschädigung des Gläubigers" deutlich, dass der Schadensersatz nur dazu dient, eigene Schäden auszugleichen.[19]

14   Erleiden noch andere Personen durch das Ereignis einen Schaden, kann dieser Schaden nur von ihnen selbst, nicht aber von anderen Schadensersatzgläubigern des Schädigers geltend gemacht werden. Voraussetzung für die Geltendmachung des eigenen Schadens ist jedoch ein eigener Schadensersatzanspruch. Fehlt es daran, weil in der Person des Geschädigten die Anspruchsvoraussetzungen nicht gegeben sind, ist er nur **mittelbar Geschädigter**. Dieser kann vom Schädiger keinen Schadensersatz verlangen. Ausnahmen gelten nur in eng begrenzten Sonderfällen (insb. §§ 844 Abs. 2, 3, 845, ferner z.B. § 10 Abs. 2 StVG, § 7 Abs. 2 ProdHG).

Beispiel: Alleinunterhalter A wird einen Tag vor einem geplanten Auftritt bei der Hochzeitsfeier der D von S schuldhaft so schwer verletzt, dass er den Auftritt nicht wahrnehmen kann. D kann zwar noch Ersatz beschaffen, muss hierfür jedoch 300 € mehr zahlen. – Anspruchsgrundlage für den Anspruch des A ist § 823 Abs. 1, da S seine Gesundheit beeinträchtigt hat. A hat einen Vermögensschaden erlitten, weil er bei D nicht auftreten konnte und musste (§ 275 Abs. 3) und deshalb seinen Anspruch auf die Vergütung verloren hat (§ 326 Abs. 1 S. 1). Diesen eigenen Schaden kann er als unmittelbar Geschädigter geltend machen. D hat durch die Handlung des S ebenfalls eine Einbuße erlitten. Diese kann sie von S jedoch nur ersetzt verlangen, wenn sie gegen ihn einen eigenen Schadensersatzanspruch hat. Das ist zu verneinen: Zwischen S und D bestehen keine vertraglichen Beziehungen und

---

19 Staudinger/Schiemann (2017), Vorbem. zu §§ 249–254, Rn. 49.

ein Anspruch aus § 823 Abs. 1 scheidet aus, weil S nicht etwa die Gesundheit der D verletzt hat; beeinträchtigt wurde nur ihr Vermögen, das jedoch nicht von § 823 Abs. 1 geschützt ist. D ist nur mittelbar Geschädigte und kann keinen Ersatz verlangen. A kann auch nicht den bei D entstandenen Schaden gegenüber S geltend machen, weil dies ein fremder Schaden ist.

2. Geltendmachung fremder Schäden – Drittschadensliquidation

a) Dogmatische Grundlage und Rechtsfolgen

Die Beschränkung des Ersatzes auf den eigenen Schaden des unmittelbar Geschädigten dient dazu, das **Risiko des Schädigers zu begrenzen**. Dessen Ersatzpflicht ist durch den Grundsatz der Totalreparation schon weit ausgedehnt; würde er auch noch für die Schäden mittelbar Geschädigter einstehen müssen, käme es zu einer Schadenskumulation, durch die seine Haftung bis ins Unübersehbare ausgedehnt und das Haftungsrisiko kaum mehr durch Abschluss einer Versicherung abgemildert werden könnte. Diese Erwägung greift jedoch nicht, wenn es lediglich zu einer **Verlagerung des Schadens** vom unmittelbar Geschädigten und Anspruchsinhaber zum mittelbar Geschädigten gekommen ist. In solchen Fällen steigert sich das Haftungsrisiko des Schädigers nicht. Im Gegenteil führt die Begrenzung auf den eigenen Schaden hier zu einer Besserstellung des Schädigers: Der unmittelbar Geschädigte hat gegen ihn zwar einen Schadensersatzanspruch, aber keinen eigenen Schaden und kann daher auch keinen Schadensersatz verlangen, während der mittelbar Geschädigte zwar einen eigenen Schaden hat, diesen aber mangels Schadensersatzanspruchs nicht gegenüber dem Schädiger geltend machen kann. Sofern diese Schadensverlagerung nur auf Besonderheiten des Innenverhältnisses zwischen unmittelbar und mittelbar Geschädigtem beruht, stellt sie für den Schädiger eine rein zufällige Begünstigung dar, die nicht zu rechtfertigen ist. Deshalb kann in solchen Fällen die Beschränkung auf das Gläubigerinteresse durchbrochen werden. Dies geschieht, wenn der **Schaden des mittelbar Geschädigten zum Anspruchsinhaber gezogen** und ihm damit erlaubt wird, den für ihn fremden Schaden ersetzt zu verlangen. Diese sog. Drittschadensliquidation ist im Gesetz nicht geregelt, sie wird von der h.M. aber mit Recht zur Vermeidung einer ungerechtfertigten Entlastung des Schädigers für zulässig erachtet.[20]

15

Das „Ziehen des Schadens zum Anspruchsinhaber" führt dazu, dass dieser einen Schaden geltend machen kann, den er selbst gar nicht erlitten hat. Die Ausgleichsfunktion des Schadensersatzes verlangt aber nicht nur, dass der Geschädigte vollen Ausgleich erhält, sondern auch, dass er nicht mehr als diesen bekommt (Bereicherungsverbot). Deshalb ist ein zweiter Schritt erforderlich, der dazu führt, dass der mittelbar Geschädigte den Ausgleich erhält. Soweit der Anspruchsinhaber dem mittelbar Geschädigten gegenüber zu einer Leistung verpflichtet ist, die durch das schädigende Ereignis unmöglich geworden ist, handelt es sich bei dem Schadensersatzanspruch, den der Anspruchsinhaber dank der Drittschadensliquidation geltend machen kann, um ein **stellvertreten-**

16

20 Vgl. BGHZ 133, 36 (41); BGHZ 183, 12 Rn. 45; BGH NJW-RR 2008, 786 Rn. 18; Staudinger/Schiemann (2017), Vorbem. zu §§ 249–254 Rn. 62; MünchKomm/Oetker, § 249 Rn. 289 m.w.N. Zur Vertiefung: Bredemeyer, Das Prinzip „Drittschadensliquidation", JA 2012, 102; Gomille, Die Drittschadensliquidation im System des Haftungsrechts, Jura 2017, 619; v. Schroeter, Die Haftung für Drittschäden, Jura 1997, 343; Stamm, Rechtsfortbildung der Drittschadensliquidation, AcP 203 (2003), 366; ders., Die Auflösung der Drittschadensliquidation im Wege der Gesamtschuld, AcP 217 (2017), 165; Steding, Die Drittschadensliquidation, JuS 1983, 29; Verweyen, Gegenläufige Entwicklungstendenzen bei der Drittschadensliquidation?, Jura 2006, 571; Weiss, Die Drittschadensliquidation – alte und neue Herausforderungen, JuS 2015, 8.

des commodum i.S.d. § 285, sodass der Anspruch abzutreten bzw. die bereits erhaltene Schadensersatzleistung herauszugeben ist. Soweit die Voraussetzungen des § 285 nicht vorliegen, ergibt sich der Anspruch auf Abtretung bzw. Herausgabe unmittelbar aus den Grundsätzen der Drittschadensliquidation.[21]

17 **Hinweis zur Fallbearbeitung:** Der mittelbar Geschädigte kann nur dann vom Schädiger Schadensersatz verlangen, wenn ihm der Schadensersatzanspruch vom Anspruchsinhaber abgetreten worden ist. Innerhalb der Abtretung ist zu prüfen, ob der Schadensersatzanspruch entstanden ist. Hierbei gehört der Schaden zum Tatbestand des Anspruchs. An dieser Stelle ist sodann zu prüfen, ob der Schaden des mittelbar Geschädigten zum Anspruchsinhaber nach den Grundsätzen der Drittschadensliquidation gezogen wird. Liegt hingegen keine Abtretung vor, ist abhängig von der Fallfrage zu prüfen, ob der mittelbar Geschädigte einen Anspruch auf Abtretung des Schadensersatzanspruchs hat oder ob er eine bereits erfolgte Schadensersatzleistung herausverlangen kann. Anspruchsgrundlage dafür ist i.d.R. § 285. Bei der Frage, ob ein Ersatz erlangt wurde, ist sodann zu prüfen, ob der Anspruchsgegner im Wege der Drittschadensliquidation einen Schadensersatzanspruch geltend machen kann bzw. Schadensersatz erhalten hat. Verlangt derjenige, der einen eigenen Schadensersatzanspruch hat, vom Schädiger Schadensersatz, ist im Rahmen des Schadens zu prüfen, ob nach den Grundsätzen der Drittschadensliquidation ein Schaden vorliegt.

b) Voraussetzungen der Drittschadensliquidation

18 Eine Drittschadensliquidation kommt nur in Betracht, wenn derjenige, der den Schaden erlitten hat, gegen den Schädiger **keinen eigenen Anspruch** hat. Bei Pflichtverletzungen innerhalb vertraglicher Schuldverhältnisse, durch die ein Dritter einen Schaden erlitten hat, kann sich ein eigener Anspruch ergeben, wenn ein Vertrag zugunsten Dritter oder mit Schutzwirkung zugunsten Dritter vorliegt.[22] Löst das schädigende Ereignis eine Leistungspflicht des Dritten gegenüber dem unmittelbar Geschädigten aus (z.B. Entgeltfortzahlungspflicht des Arbeitgebers bei einer vom Schädiger verursachten Erkrankung des Arbeitnehmers), kommt es in bestimmten Fällen zu einem gesetzlichen Übergang des Schadensersatzanspruchs auf den Dritten (z.B. § 116 SGB X, § 6 EFZG), der dann ebenfalls einen eigenen Anspruch hat.

19 Weitere Voraussetzung der Drittschadensliquidation ist eine zufällige Schadensverlagerung weg vom Anspruchsinhaber hin zum mittelbar Geschädigten. Das bedeutet zweierlei: Zum einen darf der Anspruchsinhaber **keinen Schaden** erlitten haben und zum anderen muss dies das Ergebnis einer aus der Sicht des Schädigers **zufälligen Verlagerung** sein. Zufällig ist die Verlagerung, wenn sie auf besonderen Umständen im Innenverhältnis zwischen dem Anspruchsinhaber und dem mittelbar Geschädigten beruht. Um aber eine zu weitgehende Durchbrechung des Grundsatzes, dass nur der eigene Schaden ersatzfähig ist, zu vermeiden, kommt die Annahme einer zufälligen Schadensverlagerung nur in wenigen, weitgehend anerkannten Fallgruppen in Betracht.

20 **Hinweis zur Fallbearbeitung:** Da die Drittschadensliquidation ausgeschlossen ist, wenn der mittelbar Geschädigte einen eigenen Schadensersatzanspruch hat, sind Ansprüche wegen

---

21 Staudinger/Schiemann (2017), Vorbem. zu §§ 249–254 Rn. 67.
22 Zur Vertiefung: Hübner/Sagan, Die Abgrenzung von Vertrag mit Schutzwirkung zugunsten Dritter und Drittschadensliquidation, JA 2013, 741.

Pflichtverletzungen aus einem Vertrag zugunsten oder mit Schutzwirkung zugunsten Dritter vorrangig zu prüfen.

c) Fallgruppen der Drittschadensliquidation

Anerkannt ist die Drittschadensliquidation abgesehen von Fällen, in denen sie zwischen Anspruchsinhaber und Schädiger ausdrücklich oder stillschweigend vereinbart worden ist, vor allem in den nachfolgenden drei Fallgruppen. Eine vierte Gruppe (Treuhandverhältnisse) wird kontrovers diskutiert. 21

aa) Mittelbare Stellvertretung

Bei einer mittelbaren Stellvertretung handelt der Vertreter im eigenen Namen, aber auf fremde Rechnung (z.B. Kommission, §§ 383 ff. HGB; Spedition, §§ 453 ff. HGB).[23] Da der mittelbare Stellvertreter nicht im fremden Namen handelt, wird er selbst und nicht der mittelbar Vertretene Vertragspartner. Das hat zur Folge, dass Inhaber des aus einer Pflichtverletzung entstehenden Schadensersatzanspruchs der mittelbare Stellvertreter ist. Da jedoch auf fremde Rechnung gehandelt wird, tritt der Schaden nicht beim ihm, sondern beim mittelbar Vertretenen ein. Der mittelbare Stellvertreter kann diesen für ihn fremden Schaden im Wege der Drittschadensliquidation geltend machen.[24] 22

Beispiel: K kauft im eigenen Namen, aber auf Rechnung der G einen gebrauchten Lkw für 50.000 € von V. Die Auslieferung soll zum 15.2. erfolgen. Da die Lieferung zu diesem Termin ausbleibt, muss G sich einen Lkw für 500 €/Tag mieten. Sie erhält den von V gekauften Lkw erst am 26.2. und verlangt von ihm Ersatz der Mietkosten i.H.v. 5.000 €. – Ein eigener Anspruch der G auf Verzögerungsschadensersatz aus §§ 280 Abs. 1, 2, 286 scheitert am fehlenden Vertragsverhältnis mit V, da K nicht in fremdem Namen und daher nicht als Stellvertreter i.S.d. § 164 Abs. 1 gehandelt hat. Deliktische Ansprüche der G bestehen ebenfalls nicht; insbesondere hat sie nur einen von § 823 Abs. 1 nicht erfassten Vermögensschaden erlitten. K hat hingegen aus §§ 280 Abs. 1, 2, 286 einen Anspruch auf Verzögerungsschadensersatz; allerdings ist bei ihm kein Schaden eingetreten. Dies ist die Folge des Handelns als mittelbarer Stellvertreter. Hätte K in fremdem Namen gehandelt, wäre der Vertrag mit G zustande gekommen und diese hätte einen eigenen vertraglichen Anspruch. Die Verlagerung des Schadens weg von seinem Vertragspartner K hin zu G ist für V ein zufälliges, auf dem Innenverhältnis zwischen K und G beruhendes Ergebnis, das im Wege der Drittschadensliquidation zu korrigieren ist. K kann entweder den Schaden der G selbst gegenüber V geltend machen und die empfangene Leistung an G herausgeben oder den Schadensersatzanspruch an G abtreten.

bb) Obligatorische Gefahrentlastung

Gefahrtragungsregeln können dazu führen, dass der Schaden vom Anspruchsinhaber auf einen Dritten verlagert wird. Das gilt vor allem dann, wenn der Anspruchsinhaber trotz des Umstands, dass er wegen des schädigenden Ereignisses von seiner Leistungspflicht frei geworden ist (§ 275 Abs. 1), weiterhin die Gegenleistung verlangen kann. Zu einer solchen Gefahrentlastung kommt es, wenn eine **Gefahrtragungsregel** dem Dritten die Preisgefahr zuweist: Dann bleibt er dem Anspruchsinhaber gegenüber zur Zahlung verpflichtet, sodass dieser trotz der Schädigung keinen Schaden hat. So verhält es sich insbesondere beim **Versendungskauf**, bei dem die Preisgefahr mit Übergabe 23

23 Vgl. Faust, BGB AT, § 24 Rn. 7.
24 BGHZ 25, 250 (258); BGHZ 40, 91 (100 f.); BGHZ 133, 36 (41); BGHZ 176, 281 Rn. 35.

der Sache an die Versandperson nach § 447 Abs. 1 auf den Käufer übergeht. Geht die Sache auf dem Transport unter, hat der Verkäufer gegen die Versandperson, die er mit dem Transport beauftragt hat, einen vertraglichen Schadensersatzanspruch aus § 280; hinzu kommt ein deliktischer Anspruch aus § 823 Abs. 1 wegen der Eigentumsverletzung. Der Verkäufer hat jedoch keinen eigenen Schaden erlitten, da er abweichend von § 326 Abs. 1 S. 1 wegen § 447 Abs. 1 vom Käufer weiterhin Kaufpreiszahlung verlangen kann. Da der Käufer die Preisgefahr trägt, hat sich der Schaden auf ihn verlagert: Er muss den Kaufpreis zahlen, kann aber wegen § 275 Abs. 1 die Leistung nicht mehr verlangen. Er hat auch gegen den Verkäufer keinen Anspruch auf Schadensersatz statt der Leistung, weil die Versandperson i.d.R. nicht dessen Erfüllungsgehilfe ist und daher keine Zurechnung des Verschuldens erfolgt. Gegen den Transporteur hat der Käufer ebenfalls keine Ansprüche: Er war nicht Vertragspartner und auch noch nicht Eigentümer der gekauften Sache. Da die Verlagerung des Schadens auf den Käufer aus der Sicht der Transportperson zufällig ist (wäre z.B. eine Bringschuld zwischen Käufer und Verkäufer vereinbart, wäre sie nicht eingetreten), kann der Schaden nach h.M. im Wege der Drittschadensliquidation zum Verkäufer gezogen werden.[25]

Beispiel: K kauft im Internet eine Vase. Verkäuferin V übergibt sie ordnungsgemäß verpackt dem Paketdienst P. Dort wird sie durch Unachtsamkeit eines Angestellten zerstört. K möchte von P Schadensersatz. – K hat gegen P weder vertragliche noch deliktische Ansprüche. Hingegen kann V von P aus §§ 280 Abs. 1, 3, 283 Schadensersatz statt der Leistung verlangen; außerdem hat sie einen Anspruch aus § 823 Abs. 1 wegen der Eigentumsverletzung. Ein Vergleich der tatsächlichen Vermögenslage mit der hypothetischen Vermögenslage ohne Eintritt des schädigenden Ereignisses ergibt jedoch, dass V keinen Schaden erlitten hat. Sie kann nämlich von K aus dem Kaufvertrag gem. § 433 Abs. 2 Kaufpreiszahlung verlangen; dieser Anspruch ist nicht nach § 326 Abs. 1 S. 1 untergegangen, weil K nach § 447 Abs. 1 die Preisgefahr trägt. Durch die Zerstörung der Vase hat sich die Vermögenslage der V nicht verändert, denn das Eigentum an der Vase wäre ohne das schädigende Ereignis durch Übereignung an K aus ihrem Vermögen ausgeschieden. Der Schaden liegt vielmehr bei K, der den Kaufpreis zahlen muss, die Vase aber nicht mehr erhält.

24   Tatsächlich jedoch ist der **Anwendungsbereich** dieser Fallgruppe klein. Das hat zwei Gründe: Zum einen gilt § 447 wegen § 475 Abs. 2 beim Verbrauchsgüterkauf nur, wenn der Käufer die Versandperson beauftragt hat – dann hat er jedoch einen eigenen vertraglichen Anspruch aus §§ 280 ff., mit dem er seinen Schaden (Fortbestand der Kaufpreiszahlungspflicht wegen § 447) geltend machen kann. Zum anderen kann der Empfänger seit einiger Zeit bei einem Transport durch einen Frachtführer Ansprüche bei Verlust, Beschädigung oder Verspätung im eigenen Namen gegen diesen geltend machen, § 421 Abs. 1 S. 2 HGB.[26] Ebenso verhält es sich bei einem Spediteur, der die Beförderung selbst ausführt, § 458 Abs. 1 S. 2 HGB. Als Anwendungsbereich verbleibt daher vor allem der Transport durch private Personen bei Kaufverträgen, die keinen Verbrauchsgüterkauf darstellen.

---

25 BGHZ 40, 91 (100 f.); BGHZ 51, 91 (93); BGH NJW 1970, 38 (41); Palandt/Grüneberg, Vorb. v. § 249 Rn. 110; Erman/Ebert, Vor §§ 249–253 Rn. 128; Staudinger/Schiemann (2017), Vorbem. zu §§ 249–254 Rn. 75; kritisch Büdenbender, NJW 2000, 989 ff.

26 Zur Vertiefung: Homann, Die Drittschadensliquidation beim Versendungskauf und das neue Transportrecht, JA 1999, 978; Oetker, Versendungskauf, Frachtrecht und Drittschadensliquidation, JuS 2001, 833.

cc) Obhut für fremde Sachen

Übt jemand die Obhut über eine fremde Sache aus (z.B. Verwahrung) und wird die Sache durch einen Dritten beschädigt oder zerstört, so erleidet der Eigentümer einen Schaden, den er selbst aufgrund seines deliktischen Schadensersatzanspruchs (§ 823 Abs. 1) gegen den Schädiger geltend machen kann. Etwas verändert stellt sich die Situation dar, wenn auch derjenige, der die Obhut ausübt, einen Schadensersatzanspruch hat. Das kommt vor allem in Betracht, wenn zwischen ihm und dem Schädiger ein **vertragliches Schuldverhältnis** besteht und die Schädigung der Sache eine Pflichtverletzung darstellt. In einem solchen Fall besteht ein Schadensersatzanspruch aus § 280 gegen den Schädiger. Der Obhutspflichtige hat aber durch die Beeinträchtigung der für ihn fremden Sache nur dann einen Schaden erlitten, wenn er selbst aus dem Obhutsverhältnis dem Eigentümer schadensersatzpflichtig ist. Das ist nicht der Fall, wenn er diesem gegenüber die Beeinträchtigung nicht zu vertreten hat (insb. weil der Schädiger nicht Erfüllungsgehilfe ist oder eine Haftungsprivilegierung vereinbart wurde). Für eine Drittschadensliquidation, bei der der Schaden des Eigentümers zum Anspruch des Obhutspflichtigen gezogen würde, scheint aber kein Raum zu sein, weil der Eigentümer auch in dieser Konstellation deliktische Ansprüche gegen den Schädiger hat. Eine Drittschadensliquidation ist daher keineswegs zwingend.[27] Die h.M. stellt aber darauf ab, dass die deliktische Rechtslage dem Eigentümer vor allem dann, wenn der Schädiger nur ein Verrichtungsgehilfe ist, einen abgeschwächten Schutz bietet: Der Geschäftsherr kann dem gegen ihn gerichteten Anspruch aus § 831 Abs. 1 S. 1 möglicherweise durch Exkulpation entgehen (§ 831 Abs. 1 S. 2), sodass dem Eigentümer nur der Anspruch gegen den eventuell vermögenslosen Verrichtungsgehilfen aus § 823 Abs. 1 bleibt. Deshalb soll es möglich sein, den Schaden des Eigentümers zum Obhutspflichtigen zu ziehen.[28] Hält man den Eigentümer trotz der deliktischen Ansprüche für schutzwürdig, liegt es aber näher, das vertragliche Schuldverhältnis zwischen Obhutspflichtigem und Schädiger als Vertrag mit Schutzwirkung zugunsten Dritter zu sehen, sodass der Eigentümer eigene vertragliche Ansprüche aus § 280 Abs. 1 hat.[29]

Beispiel: V verwahrt in seiner Scheune das Wohnmobil des E. V beauftragt U mit der Reparatur eines in der Scheune aufgetretenen Wasserrohrbruchs. U schickt seinen sonst sehr zuverlässigen Gesellen G, der beim Schweißen unachtsam ist und die Scheune in Brand setzt. Hierbei wird das Wohnmobil des E zerstört. – E hat gegen U nur dann vertragliche Ansprüche, wenn man im Werkvertrag zwischen V und U einen Vertrag mit Schutzwirkung zugunsten Dritter sieht. Andernfalls bleiben nur deliktische Ansprüche wegen der Eigentumsverletzung. Der Anspruch aus § 831 Abs. 1 S. 1 gegen U scheitert aber an der Exkulpation. Es bleibt nur ein Anspruch gegen G aus § 823 Abs. 1. V hat hingegen gegen U einen vertraglichen Anspruch aus § 280 Abs. 1, da U sich das Verhalten und Verschulden seines Erfüllungsgehilfen G zurechnen lassen muss (§ 278). V hat jedoch keinen Schaden erlitten: Das Wohnmobil gehörte nicht zu seinem Vermögen und er ist E gegenüber auch nicht aus § 280 schadensersatzpflichtig, weil G nicht sein Erfüllungsgehilfe ist und er auch keine eigenen Sorgfaltspflichten verletzt hat. Nach h.M. ist der Schaden des E jedoch zu V zu ziehen.

---

27 Vgl. PWW/Luckey, § 249 Rn. 107; Medicus/Lorenz, Schuldrecht I, Rn. 699.
28 BGHZ 15, 224 (228); BGHZ 40, 91 (101); BGHZ 135, 152 (156); BGH NJW 1985, 2411; MünchKomm/Oetker, § 249 Rn. 305.
29 MünchKomm/Oetker, § 249 Rn. 305; BeckOK-BGB/Flume, § 249 Rn. 368.

dd) Treuhandverhältnisse

26   Wird jemandem ein **Recht übertragen**, das dieser nur treuhänderisch inne haben soll, dann trifft diesen Treuhänder im Innenverhältnis zum Treugeber die Pflicht, das Recht nur im Interesse des Treugebers auszuüben. Bei einer Verletzung dieses Rechts durch einen Dritten (z.B. Zerstörung der zur Sicherheit übereigneten Sache, verspätete Leistung auf eine zur Sicherheit abgetretene Forderung) kann es sein, dass der Treugeber trotz eines bei ihm eingetretenen Schadens keinen Anspruch gegen den Schädiger hat, weshalb nach h.M. eine Drittschadensliquidation möglich ist.[30] Das wird von der Rspr. insb. in Fällen einer **Sicherungszession** angenommen, wenn der Sicherungsgeber (Treugeber) trotz einer Verletzung der abgetretenen Forderung (z.B. verspätete Leistung) weiterhin seiner Zahlungspflicht gegenüber dem Sicherungsnehmer (Treuhänder) nachkommt. In diesem Fall hat der Sicherungsgeber keinen Grund, auf die abgetretene Forderung oder Sekundäransprüche, die aus ihrer Verletzung entstanden sind (z.B. aus § 288 Abs. 1 oder §§ 280 Abs. 1, 2, 286), zuzugreifen; die Verletzung der Forderung trifft wirtschaftlich vielmehr den Treugeber, der jedoch keinen Anspruch hat.[31] Eine Drittschadensliquidation kommt aber nicht bei jeder sicherungshalber erfolgten Rechtsübertragung in Betracht. Wird z.B. eine Sache nach §§ 929 S. 1, 930 sicherungsübereignet, bleibt der Treugeber im unmittelbaren Besitz der Sache und kann daher bei einer Beschädigung einen eigenen Anspruch aus § 823 Abs. 1 gegen den Schädiger geltend machen; eine Drittschadensliquidation durch den Treuhänder scheidet aus.[32] In solchen Fällen hat der Treugeber häufig auch ein Anwartschaftsrecht, das durch den Schädiger beeinträchtigt wird, was ebenfalls zu einem deliktischen Anspruch führt.

WIEDERHOLUNGS- UND VERTIEFUNGSFRAGEN

27   1. Wodurch unterscheiden sich Schäden und Aufwendungen? (Rn. 1)

2. Kann der Geschädigte bei einem Nichtvermögensschaden Naturalrestitution verlangen? (Rn. 2)

3. Kann der Geschädigte bei einem Nichtvermögensschaden eine Entschädigung in Geld verlangen? (Rn. 3)

4. Wann stellen entgangene Gebrauchsvorteile einen Vermögensschaden dar? (Rn. 7)

5. S hat den G so verletzt, dass er 14 Tage im Krankenhaus behandelt werden muss. Als G von ihm Schadensersatz verlangt, weil er in der Zeit nicht arbeiten gehen konnte und als Selbstständiger kein Geld verdient hat, meint S, G müsse sich anrechnen lassen, dass er für die Zeit des Krankenhausaufenthalts keine Lebensmittel einkaufen musste. Stimmt das? (Rn. 8; vgl. BGH NJW 1984, 2628).

6. Wer kann bei einer Drittschadensliquidation vom Schädiger Schadensersatz verlangen – derjenige, der den Anspruch hat, oder derjenige, der den Schaden hat? (Rn. 15)

7. In welchen Fallgruppen ist die Drittschadensliquidation anerkannt? (Rn. 21 ff.)

---

30   MünchKomm/Oetker, § 249 Rn. 306; NK-BGB/Magnus, Vorbem. zu §§ 249-255 Rn. 57; Staudinger/Schiemann (2017), Vorbem. zu §§ 249-254 Rn. 71; a.A. Soergel/Ekkenga/Kuntz, vor § 249 Rn. 352; Peters AcP 180 (1980), 367 ff.

31   BGHZ 128, 371 (376 ff.); BGH NJW-RR 1997, 663 (664); BGH NJW 2006, 1663 Rn. 11; MünchKomm/Oetker, § 249 Rn. 306.

32   Erman/Ebert, Vorbem. v. § 249 Rn. 127; MünchKomm/Oetker, § 249 Rn. 306.

§ 45 Schadenszurechnung

I. Verursachung des Schadens

1. Notwendigkeit und Formen der Kausalität

Die Naturalrestitution (§ 249 Abs. 1) verlangt die Herstellung eines Zustands, wie er ohne das schädigende Ereignis bestehen würde. Dadurch wird deutlich, dass der Schädiger nur solche Schäden zu ersetzen hat, die durch das schädigende Ereignis entstanden sind. Erforderlich ist deshalb, dass der konkrete **Schaden dem Schädiger zugerechnet** werden kann.[1] Mindestvoraussetzung dafür ist ein Kausalzusammenhang. Dieser muss grundsätzlich zwischen dem Schaden und dem haftungsbegründenden Verhalten bestehen. Hierbei ist jedoch zu bedenken, dass manche Haftungsnormen die Schadensersatzpflicht nicht an das bloße Verhalten, sondern an die Herbeiführung eines bestimmten Erfolges knüpfen. So verhält es sich insbesondere bei § 823 Abs. 1: Schadensersatz wird nur geschuldet, wenn durch die Handlung eines der genannten Rechtsgüter verletzt wurde und durch diese Rechtsgutverletzung ein Schaden entstanden ist. In solchen Fällen gibt es zwei Kausalzusammenhänge: Da ist zunächst der Zusammenhang zwischen der Handlung und dem Handlungserfolg. Wenn hier Kausalität besteht, dann ist die grundsätzliche Schadensersatzpflicht des Schädigers entstanden. Dieser Kausalzusammenhang wird deshalb **haftungsbegründende Kausalität** genannt. Die Schadensersatzpflicht setzt aber auch den Eintritt eines Schadens voraus, der gerade durch den Handlungserfolg herbeigeführt worden ist. Erst über diesen Kausalzusammenhang wird die grundsätzlich bestehende Haftung des Schädigers konkret ausgefüllt, er wird daher **haftungsausfüllende Kausalität** genannt.

Beispiel: S hat aus Versehen einen Fußball in das Wohnzimmerfenster des G geschossen. Der Einbau einer neuen Scheibe kostet 500 €. – Für die Haftung aus § 823 Abs. 1 kommt es zunächst darauf an, ob zwischen der Handlung des S (Schießen des Fußballs) und der Rechtsgutverletzung (Beeinträchtigung des Eigentums) eine (haftungsbegründende) Kausalität besteht. Der Schaden (Verringerung des Vermögens infolge der zerstörten Fensterscheibe) ist S zurechenbar, wenn er durch die Rechtsgutverletzung eingetreten ist (haftungsausfüllende Kausalität). Das ist zu bejahen: Die Minderung des Vermögens ist die Folge der Eigentumsbeeinträchtigung.

2. Äquivalenztheorie

Der für die Kausalität erforderliche Zusammenhang ist im Ausgangspunkt naturwissenschaftlich zu ermitteln. Zu fragen ist, ob das eingetretene Ereignis die notwendige Folge eines bestimmten anderen Ereignisses ist. Das ist immer dann zu bejahen, wenn dieses andere Ereignis nicht hinweggedacht werden kann, ohne dass auch das eingetretene Ereignis entfiele (**conditio sine qua non**-Formel). Bei Handlungen kommt es also darauf an, ob der Handlungserfolg entfällt, wenn die Handlung hinweggedacht wird – ist dies der Fall, liegt Kausalität vor. Bei Unterlassungen muss demgegenüber mit einer Hypothese gearbeitet werden: Kann die unterlassene Handlung hinzugedacht werden,

1

2

---

1 Zur Vertiefung: Huber, Normzwecktheorie und Adäquanztheorie, JZ 1969, 677; Larenz, Das Prinzip der Schadenszurechnung, JuS 1965, 373; E. Lorenz, Grundsatz und Grenzen der Folgenzurechnung im Schadensersatzrecht, FS Deutsch (1999), 251; Michalski, Haftungsbeschränkung durch den Schutzzweck der Norm, Jura 1996, 393; Mohr, Zurechnung von mittelbaren Verletzungsfolgeschäden, Jura 2010, 567; Musielak, Kausalität und Schadenszurechnung im Zivilrecht, JA 2013, 241; Rönnau/Faust/Fehling, Durchblick: Kausalität und objektive Zurechnung, JuS 2004, 113; Schünemann, Unzulänglichkeit der Adäquanztheorie?, JuS 1979, 19; Weitnauer, Noch einmal: Unzulänglichkeit der Adäquanztheorie, JuS 1979, 697.

ohne dass der Erfolg entfällt? Das ist die **Äquivalenztheorie:** Jeder Umstand ist gleichwertig; entscheidend ist allein, ob er zum Erfolg geführt hat.

Beispiel: Bei der Behandlung einer Augenkrankheit der P macht Augenarzt A einen Behandlungsfehler, indem er P ein falsches Medikament in das Auge tropft. P verliert das Augenlicht. Wird das Verhalten des A hinweggedacht, wäre auch die Blindheit der P nicht eingetreten. – Übersieht A hingegen bei der Behandlung eine Augenerkrankung und unterlässt er deshalb eine Behandlung, hängt die Kausalität für eine dann eingetretene Blindheit davon ab, ob diese entfallen würde, wenn das unterlassene Handeln des A, also die Vornahme der Behandlung, hinzugedacht wird. Folglich war das Unterlassen kausal für den Schaden, wenn die Behandlung die Blindheit der P mit an Sicherheit grenzender Wahrscheinlichkeit verhindert hätte.

II. Eingrenzende Zurechnungskriterien

1. Problemstellung

3   Die Äquivalenztheorie hat vor allem die Funktion, die Haftung des Schuldners auf von ihm verursachte Schäden zu begrenzen. Da jedoch allein auf die naturwissenschaftliche Kausalität abgestellt wird, hat sie grundsätzlich das Potential, die **Haftung des Schuldners sehr weit auszudehnen.** So setzt jedes Verhalten im naturwissenschaftlichen Sinne eine Kausalkette in Gang. Im Verlauf der nachfolgenden Ereignisse kann es zu immer neuen Schäden beim Geschädigten kommen, die allesamt nicht eingetreten wären, wenn das am Anfang der Kette stehende Verhalten unterblieben wäre.

Beispiel: In der Vorlesung schüttet Student S der neben ihm sitzenden G aus Versehen einen Becher heißen Kaffee auf die Beine. G springt vor Schmerzen auf; hierdurch kommt ihr auf dem Pult stehendes Notebook so zu Fall, dass es vollständig zerstört wird. Dabei stürzt das Notebook so unglücklich, dass auch die Festplatte so in Mitleidenschaft gezogen wird, dass eine Wiederherstellung der Daten nicht mehr möglich ist. Auf der Festplatte befindet sich eine schon fertig gestellte Seminararbeit, die G am nächsten Tag hätte abgeben müssen; eine Sicherungskopie gibt es nicht. Da G keine Schreibverlängerung gewährt wird und sie die Seminararbeit unbedingt zu diesem Termin abgeben muss, ihr dies aber nicht mehr gelingt, wird sie alsbald exmatrikuliert. Das hat zur Folge, dass G als ungelernte Arbeitskraft nur 1.500 € im Monat verdient. Sie verlangt von S nicht nur Ersatz für die Beschädigung ihrer Hose und des Notebooks, sondern auch für den bis zu ihrem Eintritt in die Rente eintretenden Verdienstausfall, weil sie nach Abschluss ihres Studiums einen Beruf hätte ausüben können, bei dem sie mindestens 2.500 € im Monat verdient hätte. – Wird im Sinne der Äquivalenztheorie das Verschütten des Kaffees weggedacht, wäre alles, was danach passiert ist, nicht so eingetreten: G wäre nicht aufgesprungen, das Notebook samt Festplatte wäre nicht zerstört worden, G hätte die Arbeit abgegeben und wäre nicht deswegen exmatrikuliert worden, sie hätte das Studium beenden und dann 2.500 € im Monat verdienen können.

4   Durch Anwendung der Äquivalenztheorie kann ein unübersehbares und auch nicht mehr versicherbares Haftungsrisiko entstehen. Deshalb darf die Zurechnung eines Schadens zum Schuldner nicht allein aufgrund der Ursächlichkeit erfolgen. Vielmehr ist ein **Wertungsvorgang** notwendig, bei dem ermittelt wird, ob eine Haftung des Schuldners für einen konkret eingetretenen Schaden noch gerechtfertigt ist. Dazu bedarf es allerdings nachvollziehbarer Zurechnungskriterien.

2. Allgemeine Zurechnungskriterien

a) Adäquanztheorie

Eine erste Eingrenzung wird erreicht, wenn Schäden, deren Eintritt angesichts der gegebenen Ursache sehr unwahrscheinlich war, ausgeschieden werden. Das ist das Ziel der im Zivilrecht geltenden Adäquanztheorie. Sie bejaht die Haftung des Schädigers mit Blick auf einen konkret eingetretenen Schaden nur, wenn sein Verhalten im Allgemeinen und nicht nur unter besonders einzigartigen, ganz unwahrscheinlichen und nach dem regelmäßigen Verlauf der Dinge außer Betracht zu lassenden Umständen zur Herbeiführung des Erfolgs geeignet war.[2] Dazu bedarf es eines **Wahrscheinlichkeitsurteils**. Maßgeblich dafür ist nicht die Sicht des Schädigers, sondern die eines objektiven Beobachters. Das Problem besteht nun darin, festzulegen, welches Wissen der Beobachter hat: Je mehr Umstände und potenzielle Kausalverläufe dieser kennt, desto seltener wird ihm ein konkret zu beurteilender Geschehensablauf als völlig unwahrscheinlich erscheinen. Die Rechtsprechung stellt sehr strenge Anforderungen und geht von einem optimalen Beobachter aus, dem sie zusätzlich noch ein eventuelles Sonderwissen des Schädigers zurechnet.[3] Das hat zur Folge, dass der Einschränkungseffekt der Adäquanztheorie nur gering ist.

Beispiel: Im Seminararbeits-Fall (Rn. 3) ist zu fragen, ob ein optimaler Beobachter den Verlauf des mit dem Verschütten des Kaffees in Gang gesetzten Kausalgeschehens noch als jedenfalls nicht völlig unwahrscheinlich bewertet. Das lässt sich leicht beantworten für das Aufspringen der G: Dass jemand unkontrollierte Bewegungen macht, wenn er heißen Kaffee über die Beine geschüttet bekommt, ist naheliegend. Auch dass es zum Sturz des Notebooks kommt, wenn jemand, der an einem Pult sitzt, plötzlich und unkontrolliert aufspringt, ist nicht unwahrscheinlich. Das gilt auch noch für die anschließende Beschädigung. Dann aber wird es schwieriger: Wie wahrscheinlich ist es, dass beim Sturz eines Notebooks die eingebaute Festplatte so schwer beschädigt wird, dass eine Datenrettung nicht mehr möglich ist? Das wird ein technisch unerfahrener Notebookbenutzer vielleicht für wahrscheinlich halten. Für einen Beobachter, der die Möglichkeiten einer modernen Datenrettung kennt, dürfte es jedoch weitaus unwahrscheinlicher sein, dass es nicht mehr möglich ist, Daten von einer Festplatte zu retten, die bei einem Sturz beschädigt wurde. Ferner: Wie wahrscheinlich ist es, dass jemand infolge des Verlusts einer fertigen Seminararbeit exmatrikuliert wird? Universitätsferne Beobachter mögen glauben, dass so etwas doch kaum einmal vorkomme; erfahrene Universitätsmitarbeiter werden vielleicht anderes berichten können.

Die strenge Handhabung ist insoweit zu begrüßen, als die Adäquanztheorie aus sich heraus keine überprüfbaren Kriterien für das Wahrscheinlichkeitsurteil liefert. Das Ergebnis hängt wesentlich davon ab, welches Wissen man einem optimalen Beobachter zubilligt. Gleichwohl ist sie nicht nutzlos: Vor allem können mit ihr Schäden aus der Zurechenbarkeit ausgeschieden werden, deren Eintritt durch die vom Schädiger gesetzte Ursache **nicht wahrscheinlicher** geworden ist.[4] Zur Eingrenzung des Haftungsumfangs, der durch die Äquivalenztheorie ausgelöst wird, ist sie jedoch nur begrenzt geeignet. Es besteht deshalb Einigkeit, dass es eines zweiten Kriteriums – dem Schutzzweck der Norm – bedarf.

5

6

---

2 RGZ 133, 126 (127); BGHZ 3, 261 (267); BGHZ 57, 137 (141); BGH NJW 2002, 2232 (2233); BGH NJW 2005, 1420 (1421); BGH NJW 2018, 944 Rn. 16; BeckOK-BGB/Flume, § 249 Rn. 289; MünchKomm/Oetker, § 249 Rn. 119; Staudinger/Schiemann (2017), § 249 Rn. 17 ff.; a.A. z.B. Esser/Schmidt, Schuldrecht I/2, § 33 II 1 b.
3 Vgl. BGHZ 3, 261 (266 f.); BGH NJW 1976, 1143 (1144); OLG Hamm NJW-RR 2013, 349 (350).
4 Vgl. BGHZ 57, 245 (255); BGH NJW 1973, 1460 (1461).

Beispiel: S läuft mit einem Eis in der Hand durch die Fußgängerzone. Aus Unachtsamkeit stößt er mit G zusammen und verschmutzt deren Mantel. Es dauert einige Minuten, bis S und G sich über die Behebung des Schadens einig geworden sind. Als G anschließend weitergeht, wird sie kaum zehn Meter später von einem Dachziegel getroffen, den eine Windbö gelöst hat. Sie verlangt von S wegen der erlittenen Schmerzen ein Schmerzensgeld. – Das Verhalten des S war kausal für den bei G eingetretenen Schaden: Wäre S nicht mit G zusammengestoßen, dann wäre G weitergegangen und deshalb nicht an der Stelle gewesen, wo wenige Minuten später der Dachziegel herabfiel. Ob man den tatsächlichen Geschehensablauf für hochgradig unwahrscheinlich hält, hängt vom unterstellten Wissen des Beobachters ab. Man wird aber sagen können, dass die Wahrscheinlichkeit, von dem Dachziegel getroffen zu werden, durch solche Zusammenstöße nicht erhöht wird – herabstürzende Dachziegel sind Zufallsereignisse, die jeden treffen können. Es ist daher ebenso wahrscheinlich, dass S, wäre sie nicht mit G zusammengestoßen, an anderer Stelle von einem Dachziegel getroffen worden wäre.

b) Schutzzweck der Norm

7   Schadensersatzpflichten entstehen, weil der Schädiger eine bestimmte allgemein geltende Verhaltensnorm (deliktische Haftung) oder eine ihm obliegende (vor)vertragliche Pflicht nicht eingehalten hat. Diese gesetzlichen oder vertraglichen Pflichten haben die Aufgabe, einen anderen vor einer Beeinträchtigung seiner Interessen zu schützen. Die Lehre vom Schutzzweck der Norm fragt für die Zurechnung eines Schadens deshalb, ob die **verletzte Norm gerade vor einer solchen Interessenbeeinträchtigung schützen** wollte, wie sie der Anspruchsinhaber in Form eines Schadens erlitten hat.[5] Die Anwendung dieses Zurechnungskriteriums kann dazu führen, dass Schäden, für die nach der Adäquanztheorie wegen sehr großer Unwahrscheinlichkeit nicht mehr gehaftet würde, doch noch ersatzfähig sind. So dient etwa die verschuldensunabhängige Gefährdungshaftung oftmals gerade dazu, auch vor nicht absehbaren, aber gerade aus dieser spezifischen Gefahr folgenden Schäden zu schützen.[6] Die h.M. sieht im Schutzzweck der Norm in erster Linie aber ein zusätzliches, neben die Adäquanztheorie tretendes Zurechnungskriterium, über das Schäden ausgeschieden werden, deren Eintritt nach den Maßstäben der Adäquanztheorie nicht unwahrscheinlich war.

Beispiel (BGHZ 107, 359): S missachtet mit seinem Fahrzeug die Vorfahrt und stößt mit dem Wagen des G zusammen. G, der unter Bluthochdruck leidet, regt sich so sehr auf, dass er eine Gehirnblutung erleidet. Der dadurch ausgelöste Schlaganfall führt zur Erwerbsunfähigkeit des G. Er verlangt entsprechenden Ersatz von S. – Bei Anwendung der Adäquanztheorie ist die Haftung des S zu bejahen: Es ist im Straßenverkehr nicht völlig unwahrscheinlich, in einen Verkehrsunfall mit einem Autofahrer zu geraten, der unter Bluthochdruck leidet. Ebenso wenig ist es unwahrscheinlich, dass die durch einen Unfall ausgelöste Aufregung bei einem Bluthochdruckpatienten zu einem Schlaganfall führt, durch den er seine Erwerbsfähigkeit verliert. Der BGH hat die Haftung gleichwohl verneint: Verletzt habe S die Vorfahrtsregel des § 8 StVO. Diese habe aber nicht den Zweck, die Verkehrsteilnehmer vor Gesundheitsschäden zu schützen, die sie durch die Aufregung über einen Verkehrsunfall erleiden.

8   Die Lehre vom Schutzzweck der Norm kommt sowohl bei einer vertraglichen als auch bei einer deliktischen Schadensersatzhaftung zur Anwendung. **Vertragliche Pflichten** zur Leistung und zum Schutz von Rechten und Rechtsgütern haben stets einen Bezug

---

5   Vgl. BGHZ 27, 137 (139 f.); BGH NJW 1999, 3203 (3204).
6   Vgl. BGHZ 57, 245 (256); BGHZ 79, 259 (262 f.); BGHZ 96, 231 (236); MünchKomm/Oetker, § 249 Rn. 120 ff.; Palandt/Grüneberg, Vorb. v. § 249 Rn. 29; Staudinger/Schiemann (2017), § 249 Rn. 27 ff.

zum Schuldverhältnis und erfassen daher nur bestimmte Interessen. Zu fragen ist, ob die verletzte Pflicht gerade zur Abwendung auch des entstandenen Schadens übernommen wurde.[7]

Beispiel: Mieterin M hat unter Verstoß gegen mietrechtliche Schutzpflichten vergessen, das Dachfenster zu schließen. Bei einem Wolkenbruch regnet es so heftig herein, dass auch die darunter liegende Wohnung beschädigt wird. Als Vermieter V hiervon erfährt, regt er sich über die Nachlässigkeit der M so auf, dass er einen Herzinfarkt erleidet und erwerbsunfähig wird. – Bei einem Mietvertrag hat der Mieter die Pflicht, mit der Mietsache so umzugehen, dass andere Rechtsgüter des Vermieters wie eine darunter liegende Wohnung nicht beeinträchtigt werden. Aber diese Pflicht dient nicht dazu, den Vermieter vor einer Gesundheitsbeeinträchtigung zu schützen, die er erleidet, wenn er vom Pflichtverstoß erfährt.

Bei der **deliktischen Haftung** liegt die Frage nach dem Schutzzweck besonders nahe, wenn es um die Haftung wegen Schutzgesetzverletzung (§ 823 Abs. 2) geht. Aber auch bei der Haftung aus § 823 Abs. 1 können Schutzzweckerwägungen angebracht sein. Das ist vor allem dann der Fall, wenn die Haftung auf eine Verletzung von Verkehrspflichten gestützt wird.[8]   9

Beispiel (BGH NJW 2013, 1679): S fährt mit seinem Pkw aufgrund überhöhter Geschwindigkeit und zu geringem Abstand bei Glatteis auf den an einer roten Ampel stehenden G auf. G steigt nach dem Unfall aus und geht um das Fahrzeug herum. Bevor er den Bürgersteig erreichen kann, rutscht er auf der eisglatten Fahrbahn aus und zieht sich eine Schulterverletzung zu. Er verlangt von S Schadensersatz. – Für die Zurechnung des Schadens kommt es darauf an, ob die verletzten Pflichten im Straßenverkehr (Fahren mit angemessener Geschwindigkeit, § 3 Abs. 1 S. 1 StVO; Wahrung eines ausreichenden Abstands, § 4 Abs. 1 S. 1 StVO) auch vor Schäden schützen sollen, die erst nach einem Unfall eingetreten sind. Diese Normen der StVO sollen Unfälle und damit auch im inneren Zusammenhang mit einem Unfall stehende Gesundheitsschäden verhindern. Erfasst sind daher nicht nur die unmittelbaren Unfallverletzungen, sondern auch Verletzungen bei der Bergung oder der Unfallaufnahme, sofern sich in ihnen die Gefahren des Straßenverkehrs an der Unfallstelle verwirklicht haben. Das ist hier der Fall, weil G infolge Eisglätte, also einer typischen Gefahr des Straßenverkehrs, gestürzt ist.

3. Besondere Zurechnungssituationen

a) Reserveursachen

Die Zurechnung eines Schadens wird fraglich, wenn derselbe Schaden aufgrund einer anderen Ursache (sog. Reserveursache) ebenfalls eingetreten wäre. Hier verhindert die Schadensherbeiführung durch den Schädiger die Verwirklichung der Reserveursache. Dann fragt es sich, ob der Kausalverlauf, zu dem es ohne das Handeln des Schädigers wegen der Reserveursache gekommen wäre (sog. **hypothetische Kausalität**), die Zurechnung verhindert. Das ist allerdings nicht zwingend eine Zurechnungsfrage. Ein Teil der Fälle lässt sich schon durch richtige Anwendung der Differenzhypothese bewältigen. Zu fragen ist zunächst, ob es sich bei der Reserveursache um einen Umstand in der geschädigten Person oder Sache selbst handelt, der binnen Kurzem zum gleichen Schaden geführt hätte (sog. **Schadensanlage,** z.B. bereits bestehende schwere Krankheit des Geschädigten, die ebenso zum Verlust des Augenlichts geführt hätte wie die schädigende Handlung; durchgerostete Achse eines bei einem Unfall beschädigten Kfz). Ver-   10

---

7 BGH NJW 1995, 449 (451); BGH NJW 1997, 2946 (2947); BGH NJW 2005, 1420 (1421 f.); BGH NJW 2013, 1679 Rn. 12; vgl. auch BGHZ 211, 375 Rn. 14.
8 BGH NJW 2013, 1679 Rn. 12; Looschelders, Schuldrecht AT, Rn. 989.

hält es sich so, dann ergibt ein Vergleich der tatsächlichen Güterlage mit derjenigen, die ohne das schädigende Ereignis eingetreten wäre, in der Regel schon keinen oder nur einen begrenzten Schaden, weil die Güterlage wegen der Schadensanlage bereits beeinträchtigt war. Daraus folgt, dass nur jene Schäden zuzurechnen sind, die dadurch entstanden sind, dass der Schaden früher eingetreten ist.[9] Die Schadensanlage darf nicht verwechselt werden mit einer besonders hohen Schadensanfälligkeit des Geschädigten (z.B. relativ leichte Verletzung eines Bluters führt zu einer sehr kostenintensiven Behandlung, weil es schwierig ist, die Blutung zu stoppen). Diese kann den Schädiger regelmäßig nicht entlasten, weil der Schutz der Anspruchsnorm auch kranken oder geschwächten Personen zukommt und der Schutzzweck der Norm deshalb eine Zurechnung des Schadens verlangt.[10] Eine Begrenzung kann sich in solchen Fällen nur aus der Adäquanztheorie ergeben.

Beispiel: S hat G durch einen Verkehrsunfall so schwer am Bein verletzt, dass es amputiert werden muss. Allerdings war dieses Bein durch das starke Rauchen des G schon so geschädigt, dass es ohnehin in einem Monat hätte abgenommen werden müssen. – Ein Vergleich der tatsächlichen Güterlage mit der hypothetischen ergibt, dass dem S nur solche Schäden zugerechnet werden können, die G dadurch entstanden sind, dass das Bein früher amputiert werden musste.

Ganz anders liegen die Dinge, wenn die Verletzung des G nur deshalb so schwer ausgefallen ist, weil er sein Bein durch starkes Rauchen bereits vorgeschädigt hatte, eine Amputation aber noch nicht nötig war. Das ist keine Schadensanlage, sondern nur eine erhöhte Schadensanfälligkeit, die S nicht entlasten kann. Er kann also nicht geltend machen, er müsse nur Ersatz für diejenigen Behandlungskosten leisten, die entstanden wären, wenn das Bein des G vor dem Unfall gesund gewesen wäre.

11 Handelt es sich um eine von **außen herantretende Reserveursache**, dann ist zunächst danach zu fragen, ob es einen Dritten gibt, gegen den der Geschädigte einen Schadensersatzanspruch haben könnte, wenn sich die Reserveursache verwirklicht hätte. Ist das der Fall, dann verlangt die Ausgleichsfunktion des Schadensersatzes, dass die Reserveursache unbeachtet bleibt. Denn von dem Dritten kann der Geschädigte wegen des eingetretenen Schadens keinen Ersatz verlangen, da sich die Reserveursache ja gerade nicht verwirklicht hat. Deshalb muss der Schaden dem Schädiger zugerechnet werden, sonst würde der Geschädigte überhaupt keinen Ausgleich erhalten.[11]

Beispiel: S hat bei einem Verkehrsunfall das Fahrzeug der G völlig zerstört. Drei Tage später geht mitten in der Nacht die Garage, in der G ihr Fahrzeug stets abgestellt hat, in Flammen auf, weil sie von D angezündet worden ist. – S kann sich nicht darauf berufen, der Schaden wäre auch ohne den Verkehrsunfall eingetreten. Denn von D kann G nur Ersatz der Einbußen verlangen, die tatsächlich eingetreten sind. Hierzu gehört der Verlust des Fahrzeugs nicht, da dies wegen des Verkehrsunfalls nicht in der Garage stand. Da kein Ersatzanspruch gegen D besteht, ist der Schaden dem S zuzurechnen.

12 Schwieriger ist die Beurteilung von Fällen, in denen die von außen herantretende Reserveursache nicht von einem Dritten gesetzt wurde. Die h.M. differenziert danach, ob der **Schadensverlauf** schon abgeschlossen ist.[12] Soweit das der Fall ist, bleibt die Reser-

---

9 Vgl. BGHZ 20, 275 (280); BGHZ 29, 207 (215); BGHZ 78, 209 (213 f.); BGHZ 125, 56 (62); Hk-BGB/Schulze, Vor §§ 249–253 Rn. 21; MünchKomm/Oetker, § 249 Rn. 209 ff.
10 BGHZ 20, 137 (139); BGHZ 107, 359 (363); BGHZ 132, 341 (345).
11 BGH NJW 1958, 705; BGH NJW 1967, 551 (552); Palandt/Grüneberg, Vorb. v. § 249 Rn. 58; Staudinger/Schiemann (2017), § 249 Rn. 95.
12 Vgl. BGHZ 29, 207 (215); BGHZ 125, 56 (61 f.); Palandt/Grüneberg, Vorb. v. § 249 Rn. 61 ff.; a.A. MünchKomm/Oetker, § 249 Rn. 211.

veursache außer Betracht (sog. Objektschaden). Ist der Schadensverlauf jedoch noch nicht abgeschlossen und wäre dieser Folgeschaden durch eine später hinzutretende Reserveursache ebenfalls verwirklicht worden, dann unterbricht die Reserveursache die Zurechnung des Schadens.

Beispiel: Ist es im Garagen-Beispiel (Rn. 11) durch Blitzeinschlag zu dem Feuer gekommen, dann kann nicht auf die Ersatzpflicht eines Dritten abgestellt werden. Stattdessen ist zu unterscheiden: Der unmittelbare Schaden durch die Zerstörung des Fahrzeugs, also der Verlust des Fahrzeugs als Teil des Vermögens, war als solcher zu dem Zeitpunkt, zu dem sich die Reserveursache verwirklicht hätte, schon abgeschlossen und wird durch spätere hypothetische Ereignisse nicht mehr beeinträchtigt. Anders ist dies hinsichtlich des Schadens, der G dadurch entstanden ist, dass sie das Fahrzeug nicht mehr nutzen kann – dieser Schadensverlauf dauerte noch an, als es zum Garagenbrand kam. Da ab diesem Zeitpunkt die Nutzungsmöglichkeit ebenfalls weggefallen wäre, haftet S nur für den Nutzungsausfall in der Zeit zwischen Unfall und Brand.

b) Rechtmäßiges Alternativverhalten

Macht der Schädiger geltend, der von ihm verursachte Schaden wäre auch dann entstanden, wenn er sich rechtmäßig verhalten hätte, dann hängt die Beachtlichkeit dieses **Einwands des rechtmäßigen Alternativverhaltens** vom Schutzzweck der Norm ab. Zu fragen ist, ob die verletzte Pflicht dazu dient, einen solchen Schaden generell zu verhindern. Ist das der Fall, dann unterfällt der Schaden ihrem Schutzzweck und ist dem Schädiger zuzurechnen. Verbietet die Norm aber nur bestimmte Verhaltensweisen, dann kann sie nicht den Zweck haben, einen solchen Schaden zu verhindern, da er durch andere, zulässige Verhaltensweisen ebenfalls herbeigeführt werden kann. Das ist der Regelfall, in dem der Einwand des rechtmäßigen Alternativverhaltens beachtlich und die Schadenszurechnung ausgeschlossen ist.[13] 13

Beispiel: A hat sich bei Arbeitgeber S um eine Stelle beworben. Als S beim Durchschauen der Bewerbungsunterlagen sieht, dass A eine dunkle Hautfarbe hat, schickt er ihm eine Absage. Als A durch Zufall von diesem Grund erfährt, verlangt er von S Ersatz der Bewerbungskosten. S wendet ein, er hätte A ohnehin nicht eingestellt, weil er – was S nachweisen kann – nicht über die erforderliche fachliche Qualifikation verfügt. – Anspruchsgrundlage ist § 15 Abs. 1 S. 1 AGG. Der Verstoß gegen das Benachteiligungsverbot liegt vor; die nutzlos aufgewandten Bewerbungskosten stellen sich durch dieses Verhalten als Schaden dar. Jedoch hätte S die Bewerbung des A auch rechtmäßig ablehnen können, sodass A dann keinen Anspruch auf Ersatz der Bewerbungskosten gehabt hätte. Der Einwand des rechtmäßigen Alternativverhaltens ist beachtlich, weil § 15 Abs. 1 S. 1 AGG nicht vor nutzlos aufgewandten Bewerbungskosten schützen will, sondern nur vor Schäden, die allein aus der Benachteiligung entstehen.[14]

c) Mittelbare Kausalität

Nach der Äquivalenztheorie genügt es, dass der Schädiger eine Ursache für den Schaden gesetzt hat. Die Zurechnung des Schadens wird aber problematisch, wenn der Schaden erst durch das **Hinzutreten eines zusätzlichen Umstands**, der durch das Ver- 14

---

13 BGH NJW 2000, 661 (663); BGHZ 90, 103 (111); BGHZ 96, 157 (172 f.); MünchKomm/Oetker, § 249 Rn. 221; Palandt/Grüneberg, Vorb. v. § 249 Rn. 64; zur Vertiefung: Koziol, Rechtmäßiges Alternativverhalten – Auflockerung starrer Lösungsansätze, FS Deutsch (1999), 179.

14 BeckOK-BGB/Schubert, 39. Ed., § 249 Rn. 101.

halten des Schädigers ausgelöst wird, verursacht wird.[15] Die Äquivalenztheorie kommt in diesen Fällen, in denen das Handeln des Schädigers nicht unmittelbar, sondern nur mittelbar kausal für den Schadenseintritt war, zu keinem abweichenden Ergebnis, da der Schaden nicht eingetreten wäre, wenn man sich sein Verhalten wegdenkt.

Beispiel: Als der Polizeibeamte P den Verdächtigen V festnehmen will, springt dieser aus einem Toilettenfenster über einen darunter liegenden breiten Graben und flüchtet. P springt hinterher, landet aber im Graben, weil er die Örtlichkeit nicht kennt. Wegen der sich dabei zugezogenen Verletzungen verlangt er von V Schadensersatz. – Das Verhalten des V war kausal für den Schaden des P, denn wäre er nicht aus dem Fenster gesprungen, dann wäre auch P nicht verletzt worden. Allerdings beruht die Verletzung auch auf dem Entschluss des P, den V zu verfolgen. Wird dieses Verhalten hinweggedacht, würde der Schaden entfallen. Deshalb war das Verhalten des V nur mittelbar kausal für den Schaden.[16]

15 Handelt es sich bei der zusätzlichen Ursache um einen **eigenen Entschluss des Geschädigten**, so kommt es darauf an, ob der Geschädigte sich zu diesem Verhalten **herausgefordert** fühlen durfte. Das ist objektiv unter Berücksichtigung des Risikos und des Zwecks, den der Geschädigte mit seinem Verhalten erreichen wollte, zu beurteilen.[17]

Beispiel: Im Toilettenfenster-Beispiel (Rn. 14) kommt es darauf an, wie schwer die Straftat wiegt, derer V verdächtigt wird – bei einer schweren Straftat ist eine Verfolgung eher angemessen als bei leichten Delikten. Ferner kann berücksichtigt werden, ob eine Festnahme von V trotz der Flucht leicht möglich war, weil z.B. seine Personalien oder sein üblicher Aufenthaltsort bekannt waren. Bei der Beurteilung des Risikos kann darauf abgestellt werden, dass für P nicht erkennbar war, dass der Sprung aus dem Fenster wegen des Grabens besonders gefährlich war.

Wiederholungs- und Vertiefungsfragen

16 1. Wann liegt nach der Äquivalenztheorie ein zurechenbarer Schaden vor? (Rn. 2)

2. Wann liegt nach der Adäquanztheorie ein zurechenbarer Schaden vor? (Rn. 5)

3. Wann liegt nach der Lehre vom Schutzzweck der Norm ein zurechenbarer Schaden vor? (Rn. 7)

4. S hat aus Rache die Bremsschläuche am Auto der G durchgeschnitten. Weil G nicht bremsen kann, kommt es auf einer Fahrt in den Bergen zu einem schweren Unfall, bei dem das Fahrzeug zerstört wird. Liegt ein dem S zurechenbarer Schaden vor, wenn ein Gutachten ergibt, dass der Unfall ohnehin entstanden wäre, weil die Bremsbeläge so abgenutzt waren, dass die notwendige Bremsleistung nicht gegeben war? (Rn. 10)

5. S verursacht im Museum ein Feuer, durch das mehrere Bilder zerstört werden. Die Bilder wären nicht beschädigt worden, wenn das Museum die Feuerschutzmaßnahmen, die gesetzlich vorgeschrieben sind, getroffen hätte. Ist der Schaden dem S zurechenbar? Ändert sich etwas, wenn S nachweisen kann, dass die Bilder eine Woche später bei einem von D geplanten Säureangriff ebenfalls beschädigt worden wären? (Rn. 11)

6. Autofahrer S fährt mit überhöhter Geschwindigkeit durch eine Ortschaft und erfasst mit seinem Auto den sechsjährigen G, der dadurch schwer verletzt wird. Dem Anspruch auf Ersatz der Behandlungskosten hält S wahrheitsgemäß entgegen, auch bei angepasster

---

15 Zur Vertiefung: Coester-Waltjen, Die Probleme der Zurechenbarkeit bei Eigenschädigung und Fehlverhalten Dritter, Jura 2001, 412; Medicus, Die psychisch vermittelte Kausalität im Zivilrecht, JuS 2005, 289.
16 Vgl. BGHZ 63, 189.
17 Vgl. BGHZ 57, 25 (28); BGH NJW 1995, 126 (127); BGH NJW 1995, 459 (451); BGH NJW 2001, 512 (513); MünchKomm/Oetker, § 249 Rn. 170 ff.; Staudinger/Schiemann (2017), § 249 Rn. 47 ff.

Geschwindigkeit wäre es zu dem gleichen Unfall gekommen, weil G unvermittelt zwischen zwei parkenden Autos auf die Straße gelaufen ist. Ist der Schaden dem S zuzurechnen? (Rn. 13)

§ 46 Art und Umfang des Schadensersatzes

I. Naturalrestitution

1. Herstellung in Natur

1 § 249 Abs. 1 verpflichtet den Schuldner, denjenigen Zustand herzustellen, der ohne das schädigende Ereignis eingetreten wäre. Die danach geschuldete **Naturalrestitution** ist vorrangig und dient dem Ausgleich des Integritätsinteresses. Sie ist sowohl bei Vermögens- als auch bei Nichtvermögensschäden zu leisten. Die Herstellung hat durch den Schuldner (oder von ihm beauftragte Personen) in Natur zu erfolgen. Da der Schuldner aber das Geschehene nicht rückgängig machen kann und auch nicht soll (geschuldet ist nicht die Herstellung des früheren Zustands, sondern desjenigen, der ohne das schädigende Ereignis jetzt vorliegen würde), geht es vor allem bei Vermögensschäden um die Herstellung des wirtschaftlichen Zustands.[1] Inhaltlich umfasst die Naturalrestitution alle Handlungen, die geeignet und erforderlich sind, den geschuldeten Zustand herzustellen (zB Reparatur, Wiederbeschaffung, Herausgabe, Rückzahlung, Widerruf einer Ehrverletzung, Vertragsaufhebung).

Beispiel: S hat auf dem Parkplatz aus Versehen mit seinem Einkaufswagen das Rücklicht am Wagen der G zertrümmert. S kann das zerstörte Rücklicht nicht wieder zusammensetzen oder sonst wie die Beschädigung rückgängig machen. Er kann und muss aber das Rücklicht durch ein gleichwertiges Rücklicht ersetzen.

2 Naturalrestitution setzt voraus, dass die Herstellung des geschuldeten Zustands **möglich** ist. Daran fehlt es z.B., wenn die zugefügte Gesundheitsschädigung zu einer unheilbaren Krankheit geführt hat oder eine nicht vertretbare Sache (§ 91) oder eine einzigartige geistige Leistung zerstört wurde.[2] Wenn die Naturalrestitution nicht möglich ist (z.B. durch Reparatur oder Wiederbeschaffung einer gleichartigen und gleichwertigen Sache), dann bedeutet dies zugleich, dass dem Integritätsinteresse des Gläubigers nicht entsprochen werden kann. Bei Vermögensschäden ist er nach § 251 Abs. 1 auf eine Entschädigung in Geld verwiesen. Diese richtet sich aber nur auf einen Ausgleich des Wertverlusts. Bei Nichtvermögensschäden kommt eine Entschädigung in Geld nur in Betracht, wenn dies gesetzlich vorgesehen ist (§ 253 Abs. 1).

Beispiel: S hat ein dem G gehörendes Bild des Malers M zerstört. Es handelte sich um ein Unikat. – Eine Naturalrestitution nach § 249 Abs. 1 scheidet aus: Da es sich um ein Unikat handelt, kann S den Zustand, der ohne das schädigende Ereignis vorliegen würde, nicht herstellen: Weder ist eine Reparatur möglich, noch kann sie ein gleichartiges Bild beschaffen. Stattdessen muss sie nach § 251 Abs. 1 eine Entschädigung in Geld leisten, die sich am Wert des Bildes bemisst.

2. Herstellung durch Geldleistung

a) Verletzung einer Person oder Beschädigung einer Sache

3 Nach § 249 Abs. 2 S. 1 kann der Gläubiger statt der Herstellung den dazu erforderlichen Geldbetrag verlangen, wenn wegen einer **Verletzung einer Person** oder wegen Be-

---

1 BGHZ 49, 345 (347 f.); BGH NJW 1985, 793; Hk-BGB/Schulze, § 249 Rn. 1; Palandt/Grüneberg, § 249 Rn. 2; zur Vertiefung: Coester-Waltjen, Die Naturalrestitution im Deliktsrecht, Jura 1996, 270; Medicus, Naturalrestitution und Geldersatz, JuS 1969, 499; Mohr, Normativer Schadensbegriff und Berechnung des Schadensersatzes nach den Grundsätzen der Naturalrestitution, Jura 2010, 645.
2 Vgl. BGH NJW 1984, 2282 f.; BGH NJW 2009, 1066 Rn. 11.

schädigung einer Sache Schadensersatz zu leisten ist. Trotz der missverständlichen Formulierung geht es um die Herstellung des geschuldeten Zustands, also um Naturalrestitution. Abweichend von § 249 Abs. 1 soll der Gläubiger sich aber nicht gefallen lassen müssen, dass der Schuldner diesen Zustand selbst herstellt oder herstellen lässt. Deshalb kann er vom Schuldner eine Geldleistung verlangen, deren Höhe sich an dem Aufwand bemisst, der zur Herstellung erforderlich ist. Hierdurch erhält der Gläubiger gleichfalls einen Ausgleich seines Integritätsinteresses.

Beispiel: Im Einkaufswagen-Beispiel (Rn. 1) kann G von S wahlweise die Reparatur bzw. Austausch der Rückleuchte oder den dazu erforderlichen Geldbetrag verlangen.

Diese Art des Schadensersatzes in Geld ist streng von der in § 251 geregelten Entschädigung in Geld zu trennen. Die nach § 249 Abs. 2 S. 1 geschuldete Geldleistung dient der Herstellung des geschuldeten Zustands und ist an den **erforderlichen Herstellungskosten** zu bemessen (z.B. Behandlungs-, Reparatur- oder Wiederbeschaffungskosten). Demgegenüber dient die Geldentschädigung nach § 251 nur dem Ausgleich des Wertverlusts, den der Geschädigte erlitten hat. Dieses Wertinteresse ist nicht mit dem Integritätsinteresse identisch; insbesondere ist es möglich, dass das Integritätsinteresse über das Wertinteresse hinausgeht.   4

Beispiel: S hat den 12 Jahre alten Pkw des G bei einem Verkehrsunfall beschädigt. Eine Reparatur kostet 2.000 €, der Wert des Fahrzeugs betrug vor dem Unfall aber nur 1.800 €. – Zwar liegen die Reparaturkosten über dem Wert des Fahrzeugs. Da eine Naturalrestitution durch Reparatur aber möglich ist und eine Sache beschädigt wurde, kann G von S nach § 249 Abs. 2 S. 1 die Herstellungskosten, d.h., 2.000 € ersetzt verlangen. Demgegenüber würde sich der Anspruch nach § 251 auf den Wert des Fahrzeugs, also auf 1.800 € beschränken. Hierauf muss G sich jedoch nur dann verweisen lassen, wenn die Naturalrestitution für S unverhältnismäßige Aufwendungen erfordert, § 251 Abs. 2 S. 1 (siehe Rn. 15).

Da § 249 Abs. 2 S. 1 den Gläubiger nur davor bewahren will, seine Rechtsgüter einer Einwirkung des Schuldners zur Herstellung des geschuldeten Zustands auszusetzen, kann Schadensersatz in Geld nur verlangt werden, wenn die **Naturalrestitution möglich** ist.[3] Ist das nicht der Fall, dann kommt nur eine Entschädigung in Geld nach § 251 Abs. 1 in Betracht. Eine vom Gläubiger selbst herbeigeführte Unmöglichkeit nach Schadenseintritt (z.B. Veräußerung des beschädigten Kfz) führt aber nicht zum Wegfall des Geldersatzanspruchs aus § 249 Abs. 2 S. 1.[4] Das folgt aus der **Dispositionsfreiheit** des Gläubigers: Er kann frei entscheiden, ob er die Geldleistung zur Herstellung verwendet oder nicht.[5] Das ist richtig, weil auch dann, wenn er auf die Herstellung verzichtet, wirtschaftlich derjenige Zustand hergestellt ist, der ohne das schädigende Ereignis bestehen würde; lediglich die Zusammensetzung des Vermögens ist anders. Ist der Geschädigte aber frei in der Verwendung, dann kann er Schadensersatz in Geld auch dann noch verlangen, wenn er sich durch Veräußerung der beschädigten Sache dafür entschieden hat, auf die Herstellung zu verzichten. Die Dispositionsfreiheit bei Sachschäden wird durch § 249 Abs. 2 S. 2 bestätigt. Danach gehört die Umsatzsteuer nur dann zum nach § 249 Abs. 2 S. 1 geschuldeten Geldbetrag, wenn sie tat-   5

---

3 BGHZ 66, 239 (242 ff.); BGHZ 92, 85 (87); NJW 1975, 2061; BGH NJW 2010, 1357 Rn. 29.
4 BGH NJW 1976, 1396 (1397); BGH NJW 1985, 2469; BGH NJW-RR 2004, 1462 (1463); MünchKomm/Oetker, § 249 Rn. 367 ff.; Palandt/Grüneberg, § 249 Rn. 7; a.A. BGHZ 147, 320 (322).
5 BGHZ 61, 56 (58); BGH NJW 1997, 520; BGH NJW 2003, 2085; BGH NJW 2010, 1357 Rn. 27; Erman/Ebert, § 249 Rn. 76; MünchKomm/Oetker, § 249 Rn. 377; Palandt/Grüneberg, § 249 Rn. 6; zur Vertiefung: Karakatsanes, Zur Zweckgebundenheit des Anspruchs aus § 249 S. 2 BGB bei noch nicht durchgeführter Herstellung, AcP 189 (1989), 19; Lipp, „Fiktive" Herstellungskosten und Dispositionsfreiheit des Geschädigten, NJW 1990, 104.

sächlich angefallen ist. So verhält es sich, wenn die Herstellung tatsächlich erfolgt und von einem umsatzsteuerpflichtigen Unternehmen vorgenommen wird. Im Umkehrschluss ergibt sich aus dieser Regelung, dass der Gläubiger die Herstellungskosten auch dann verlangen kann, wenn er nicht wiederherstellt (sog. fiktive Reparaturkosten) – dann freilich ohne Umsatzsteuer. Die Dispositionsfreiheit gilt aber nicht für Personenschäden, soweit durch sie ein immaterieller Schaden hervorgerufen wurde.[6] Könnte hier der Gläubiger auf die Herstellung verzichten und stattdessen z.B. fiktive Behandlungskosten geltend machen, dann erhielte er im Ergebnis Geldersatz für einen immateriellen Schaden. Das aber widerspricht § 253 Abs. 1, der verhindern will, dass aus Nichtvermögensschäden ein finanzieller Gewinn erzielt wird.

Beispiel: Bei einem von S verschuldeten Verkehrsunfall ist G verletzt worden, außerdem wurde sein Kfz beschädigt. Die Behandlung der Verletzung würde 1.000 € kosten, die Reparatur des Autos 2.000 €. G vertraut aber darauf, dass die Verletzung von alleine heilt, außerdem stört ihn die Beschädigung des Fahrzeugs nicht. Er verlangt deshalb insgesamt 3.000 €. – G kann nach § 249 Abs. 2 S. 1 grundsätzlich Geldersatz verlangen. Dem steht hinsichtlich der Reparaturkosten nicht entgegen, dass er das Fahrzeug nicht reparieren lassen will. Anders hingegen bei den Behandlungskosten: Könnte G hier die 1.000 € verlangen, ohne sich in Behandlung zu begeben, dann erhielte er diesen Betrag allein für die Beeinträchtigung seiner Gesundheit, also einen Nichtvermögensschaden. Das widerspricht § 253 Abs. 1. In Betracht kommt nur eine billige Entschädigung in Geld nach § 253 Abs. 2.

6   Soweit Naturalrestitution möglich ist, hat der Gläubiger die Wahl zwischen einer Herstellung in Natur oder Ersatz der Herstellungskosten. Das ist dogmatisch eine **Ersetzungsbefugnis** (siehe § 8 Rn. 22), bei deren Ausübung der Gläubiger nur den allgemeinen Schranken (§§ 226, 242) unterliegt.[7] Er kann daher auch dann eine Geldleistung verlangen, wenn die Herstellung in Natur für den Schuldner einfacher und günstiger wäre.

7   Verlangt der Gläubiger die Herstellungskosten, so bestimmt sich deren Höhe nach der Erforderlichkeit für die Herstellung des geschuldeten Zustands. Kann dieser auf mehreren Wegen erreicht werden (z.B. durch Reparatur oder Ersatzbeschaffung), kann der Gläubiger nur die Kosten für die wirtschaftlich günstigste Form verlangen (sog. **Wirtschaftlichkeitsgebot**).[8] Bei der Beschädigung eines Kfz billigt die Rechtsprechung dem Geschädigten aber auch dann noch den Ersatz von Reparaturkosten zu, wenn diese bis zu 30 % über dem Wiederbeschaffungswert liegen. Maßgeblich dafür ist die Erwägung, dass nur die Reparatur des dem Geschädigten vertrauten Fahrzeugs sein Integritätsinteresse zu befriedigen vermag.[9] Die Gewährung dieser „Integritätsspitze" setzt aber voraus, dass die Reparatur fachgerecht und vollständig durchgeführt wird, weil es nur dann zum Ausgleich des Integritätsinteresses kommt.

---

6   BGHZ 97, 14 (18); BeckOK-BGB/Flume, § 249 Rn. 77, MünchKomm/Oetker, § 249 Rn. 380 ff.

7   MünchKomm/Oetker, § 249 Rn. 358; Palandt/Grüneberg, § 249 Rn. 5.

8   Vgl. BGHZ 115, 375 (378 f.); BGHZ 171, 287 Rn. 6; BGHZ 181, 242 Rn. 13; BGH NJW 2011, 1947 Rn. 10; zur Vertiefung: Roth, Das Integritätsinteresse des Geschädigten und das Postulat der Wirtschaftlichkeit der Schadensbehebung, JZ 1994, 1091.

9   BGHZ 162, 161 (166); BGH NJW 2011, 669 Rn. 8; zur Vertiefung: Hirsch, Schadensersatz nach Verkehrsunfall – Reparaturkosten oder Wiederbeschaffungsaufwand, JuS 2009, 299; Korch, Widersprüche bei der Berechnung des Integritätszuschlags nach der 130%-Rechtsprechung des BGH, JuS 2017, 10; Zschieschack, Probleme der Abrechnung des Fahrzeugschadens nach einem Verkehrsunfall in der Rechtsprechung des Bundesgerichtshofes, Jura 2008, 801.

b) Schadensersatz nach Fristsetzung

Im Fall der Herstellung in Natur hat der Gläubiger die Möglichkeit, dem Schuldner   8
hierzu eine Frist zu setzen. Verbindet er diese **Fristsetzung** mit der **Androhung**, die Herstellung nach Fristablauf abzulehnen (§ 250 S. 1), dann kann er nach Fristablauf Schadensersatz in Geld verlangen, wenn die Herstellung bis dahin nicht erfolgt ist. Die Höhe des Anspruchs bemisst sich wiederum nach den für die Herstellung erforderlichen Kosten.

3. Entgangener Gewinn

Wäre ohne das schädigende Ereignis beim Gläubiger eine Vermögensverbesserung aufgetreten, dann liegt nach der Differenzhypothese ebenfalls ein Schaden vor. Zur Herstellung des Zustands, der ohne das schädigende Ereignis bestehen würde, gehört daher auch der Ersatz des entgangenen Gewinns. Da die Ersatzfähigkeit schon aus dem Grundsatz der **Naturalrestitution** (§ 249 Abs. 1) folgt, hat § 252 S. 1 lediglich klarstellende Bedeutung.   9

Zu ersetzen sind alle Vermögensvorteile, die dem Gläubiger ohne das schädigende Ereignis zugeflossen wären. Da es auf die hypothetische Entwicklung des Vermögens ankommt, kann der Nachweis dem Gläubiger erhebliche Schwierigkeiten bereiten. § 252 S. 2 hilft ihm mit einer **Beweiserleichterung**. Es genügt, wenn der Gläubiger Umstände darlegt, aus denen sich ergibt, dass nach dem gewöhnlichen Lauf der Dinge oder nach den besonderen Umständen des Einzelfalls mit Wahrscheinlichkeit ein Gewinn erwartet werden konnte. Nicht erforderlich ist es also, dass der Gläubiger darlegt und beweist, dass der entgangene Gewinn mit Sicherheit erzielt worden wäre. Trotz der Formulierung „gilt" ist § 252 S. 2 aber keine materiell-rechtliche Begrenzung der Ersatzfähigkeit des entgangenen Gewinns.[10] Der Gläubiger kann daher auch Ersatz für einen Gewinn verlangen, dessen Erzielung unwahrscheinlich war – in diesem Fall muss er aber darlegen und beweisen, dass ihm dieser Schaden tatsächlich entstanden ist. Gänzlich unwahrscheinliche Gewinne stellen indessen vor dem Hintergrund der Adäquanztheorie schon keinen Schaden dar.   10

Beispiel: S hat bei Oldtimer-Händler G ein Fahrzeug zerstört. G hat das Fahrzeug für 20.000 € gekauft, vergleichbare Oldtimer werden auf dem Markt für 25.000 € gehandelt. – Nach §§ 249 Abs. 1, 252 S. 1 kann G den entgangenen Gewinn verlangen. Hierzu genügt es, wenn er darlegt, dass der Marktpreis für vergleichbare Fahrzeuge 25.000 € beträgt, da sich aus diesem Umstand die Wahrscheinlichkeit ergibt, dass auch er diesen Preis hätte erzielen können. G kann dann die Differenz zwischen Einkaufs- und wahrscheinlichem Verkaufspreis (abzüglich eventueller Kosten) ersetzt verlangen. G ist aber nicht daran gehindert, nachzuweisen, dass er einen höheren, angesichts der Marktlage unwahrscheinlichen Kaufpreis erzielt hätte.

II. Entschädigung in Geld

1. Regelungsfunktionen und -struktur

Die in § 251 geregelte Entschädigung in Geld ist wegen des Vorrangs der Naturalrestitution subsidiär. Wie die Formulierung „Entschädigung" zeigt, geht es hier nicht um die Kosten der Wiederherstellung, sondern um einen Ausgleich für den erlittenen Wert-   11

---

10 Staudinger/Schiemann (2017), § 252 Rn. 1 ff. m.w.N.

429

verlust.[11] Eine solche **Kompensation** des Wertinteresses kommt nur bei **Vermögens-schäden** in Betracht. Für Nichtvermögensschäden ist § 251 nicht anwendbar; vielmehr bedarf es hier für eine Entschädigung in Geld nach § 253 Abs. 1 einer besonderen gesetzlichen Bestimmung.

Beispiel: S hat G so verletzt, dass ein Arm dauerhaft unbrauchbar ist; eine Heilung ist nicht möglich. Da G Malerin ist, verliert sie hierdurch ihre Verdienstmöglichkeit. Außerdem bereitet ihr der Arm dauerhaft Schmerzen. – Der Verdienstausfall ist ein Vermögensschaden. Da eine Naturalrestitution nicht möglich ist, kann G hierfür nach § 251 Abs. 1 eine Entschädigung in Geld verlangen. Demgegenüber stellen die Schmerzen einen Nichtvermögensschaden dar, für den G nur eine billige Entschädigung in Geld verlangen kann, § 253 Abs. 2.

12   Als Schadensersatz ist die Differenz zwischen dem Wert des Vermögens, wie er ohne das schädigende Ereignis bestehen würde, und dem tatsächlichen Wert des Vermögens geschuldet. Bei Beschädigungen ist also nur die Wertminderung auszugleichen. Bei Zerstörungen bemisst sich der Schadensersatz am **Wiederbeschaffungswert**. Das ist der Marktpreis der Sache. Sofern sich bei gebrauchten Sachen ein solcher nicht ermitteln lässt, muss ausgehend vom Marktpreis durch Abschreibung der Zeitwert ermittelt werden.[12]

13   § 251 regelt **drei Fälle**, in denen eine Entschädigung in Geld verlangt werden kann. Dabei dient § 251 Abs. 1 dem Schutz des Gläubigers, der durch Naturalrestitution keinen oder keinen hinreichenden Ausgleich erlangen kann. § 251 Abs. 2 schützt hingegen den Schuldner vor unverhältnismäßigen Aufwendungen zur Herbeiführung des eigentlich nach § 249 Abs. 1 geschuldeten Zustands.

2. Unmöglichkeit oder Unzulänglichkeit der Herstellung

14   § 251 Abs. 1 gibt dem Geschädigten einen Anspruch auf Entschädigung in Geld, soweit **die Herstellung unmöglich** oder **zur Entschädigung des Gläubigers nicht genügend** ist. Unmöglichkeit liegt bei Sachschäden vor allem vor, wenn eine Ersatzbeschaffung nicht möglich ist. Das ist letztlich nur bei unvertretbaren Sachen der Fall. Bei gebrauchten Sachen kommt hingegen in der Regel die Beschaffung eines gleichwertigen Gegenstands in Betracht; dafür entstehende Kosten kann der Gläubiger bereits aus § 249 Abs. 2 S. 1 bis zur Grenze des § 251 Abs. 2 S. 1 ersetzt verlangen. Unzulänglich ist die Herstellung z.B., wenn sie unzumutbar lange dauert. Wie die Formulierung „soweit" zeigt, kann die Entschädigung in Geld auch neben die Herstellung treten. Das hat besondere Bedeutung, wenn die Herstellung zwar grundsätzlich möglich ist, aber durch sie derjenige Zustand, wie er ohne das schädigende Ereignis eingetreten wäre, nicht vollständig hergestellt werden kann. Das ist vor allem der Fall, wenn bei einem Sachschaden trotz Reparatur ein technischer oder **merkantiler Minderwert** verbleibt.

Beispiel: S hat den Pkw des G bei einem Unfall schwer beschädigt. Die Schäden können allesamt durch eine Reparatur beseitigt werden. Allerdings wird dadurch nicht der Wert des Fahrzeugs erreicht, den es ohne den Unfall gehabt hätte. Das liegt daran, dass der Markt Unfallfahrzeuge generell mit einem Abschlag bewertet. G kann daher nach § 249 Abs. 1 die Reparatur bzw. nach § 249 Abs. 2 S. 1 die Kosten der Reparatur ersetzt verlangen und zusätzlich nach § 251 Abs. 1 Ersatz für den merkantilen Minderwert.

---

11   Zur Vertiefung: Mohr, Berechnung des Schadensersatzes im Wege der Kompensation und Anrechnung eines Mitverschuldens, Jura 2010, 808.

12   BGH NJW-RR 1995, 415 (416); Palandt/Grüneberg, § 251 Rn. 10; Staudinger/Schiemann (2017), § 251 Rn. 100.

3. Unzumutbarkeit der Herstellung

Zum Schutz des Schuldners bestimmt § 251 Abs. 2 S. 1, dass der Schuldner den Gläu-   15
biger auch dann in Geld entschädigen kann, wenn die Herstellung für ihn nur mit unverhältnismäßigen Aufwendungen möglich ist. Diese Regelung gibt dem Schuldner
eine Ersetzungsbefugnis.[13] Ihre Anwendung erfordert eine Abwägung der gegenläufigen Interessen. Es genügt deshalb nicht, dass die Aufwendungen für die Herstellung
höher sind als der nach § 251 Abs. 2 S. 1 zu leistende Wertersatz. Der Herstellungsauf-
wand muss den Wert jedenfalls klar übersteigen. Im praktisch wichtigen Bereich der
Beschädigung eines **Kfz** begrenzt die Rechtsprechung den Schadensersatz auf den Wiederbeschaffungswert, wenn die Kosten der Reparatur diesen um mehr als 30 % übersteigen (siehe Rn. 7). Das folgt schon aus der Begrenzung des § 249 Abs. 2 S. 1 auf die
erforderlichen Kosten, sodass es eines Rückgriffs auf § 251 Abs. 2 nicht bedarf. Heil-
behandlungskosten sind bei **Personenschäden** niemals unverhältnismäßig hoch;[14] es
kann deshalb stets Herstellung verlangt werden. Wird allerdings eine Geldleistung
nach § 249 Abs. 2 S. 1 verlangt, ergibt sich eine Begrenzung aus der Erforderlichkeit
(z.B. bei Heilbehandlungen im Ausland, die im Inland ebenso gut, aber günstiger
durchgeführt werden können). Bei **Tieren** genügt es nach § 251 Abs. 2 S. 2 nicht, dass
die Heilbehandlungsaufwendungen den Wert des Tieres erheblich übersteigen. Auch
hier gibt es aber eine Zumutbarkeitsgrenze, sie ist aus Gründen des Tierschutzes jedoch weiter hinausgeschoben als bei Sachschäden.[15]

III. Geldentschädigung bei immateriellen Schäden

1. Grundsatz und Ausnahmen

Ist dem Geschädigten ein immaterieller Schaden entstanden, so kann er ohne Weiteres   16
Naturalrestitution verlangen. Das wird allerdings nur in wenigen Fällen möglich sein;
Hauptanwendungsfall ist die Ehrverletzung, bei der der Geschädigte nach § 249 Abs. 1
den Widerruf ehrverletzender Äußerungen verlangen kann. Denkbar ist die Herstellung in Natur ferner bei Verletzungen des Körpers oder der Gesundheit; eine Heilung
durch den Schädiger wird für den Geschädigten aber regelmäßig nicht in Betracht
kommen. Unter den Voraussetzungen des § 249 Abs. 2 S. 1 kann der Geschädigte auch
bei immateriellen Schäden die Kosten zur Herstellung des geschuldeten Zustands verlangen (z.B. Kosten für Richtigstellung ehrverletzender Behauptungen).

Soweit Naturalrestitution – wie im Regelfall – jedoch nicht möglich ist, kann der Ge-   17
schädigte eine Entschädigung in Geld nur verlangen, wenn dies **gesetzlich bestimmt** ist,
§ 253 Abs. 1.[16] Die allgemeine Regelung des § 251 gilt deshalb nicht für immaterielle
Schäden. Die wichtigste Regelung, die eine Geldschädigung bei Nichtvermögensschäden vorsieht, ist § 253 Abs. 2 (**Schmerzensgeld**). Im BGB sieht ferner § 651 f Abs. 2 (ab
1.7.2018: § 651 n Abs. 2) bei Vereitelung oder erheblicher Beeinträchtigung einer Pau-

---

13 BGH NJW 2009, 1066 Rn. 14.
14 BGHZ 63, 295 (300); MünchKomm/Oetker, § 251 Rn. 49; Palandt/Grüneberg, § 251 Rn. 5; Soergel/Ekkenga/
    Kuntz, § 251 Rn. 16.
15 BGH NJW 2016, 1589 Rn. 21; MünchKomm/Oetker, § 251 Rn. 58; Staudinger/Schiemann (2017), § 251 Rn. 28.
16 Zur Vertiefung: Coester-Waltjen, Der Ersatz immaterieller Schäden im Deliktsrecht, Jura 2001, 133; Ebbing,
    Ausgleich immaterieller Schäden, ZGS 2003, 223; Katzenmeier, Die Neuregelung des Anspruchs auf Schmer-
    zensgeld, JZ 2002, 1029; Neuner, Das Schmerzensgeld, JuS 2013, 577; Sachsen-Gessaphe, Verbesserter Opfer-
    schutz im Straßenverkehr und beim Schmerzensgeld, Jura 2007, 481; Schubert, Schmerzensgeld, Karlsruher
    Forum 2016: Schmerzensgeld, 3;Unterreitmeier, Die Restitution von Schmach und Schmerzen, JZ 2013, 425.

schalreise eine angemessene Entschädigung für die nutzlos aufgewendete Urlaubszeit vor. Für den Fall der Tötung eines Menschen bestimmt § 844 Abs. 3 S. 1 seit kurzem, dass ein Hinterbliebener, der mit dem Getöteten in einem besonderen persönlichen Näheverhältnis stand, für das zugefügte seelische Leid eine angemessene Entschädigung in Geld verlangen kann (sog. Hinterbliebenengeld). Bei einem Verstoß gegen die Benachteiligungsverbote der §§ 7, 19 AGG kann der Verletzte nach §§ 15 Abs. 2 S. 1, 21 Abs. 2 S. 3 für den Nichtvermögensschaden eine angemessene Entschädigung in Geld verlangen. Weitere Regelungen i.S.d. § 253 Abs. 1 finden sich z.B. in § 97 Abs. 2 S. 4 UrhG, § 7 Abs. 3 StrEG, 8 Abs. 2 BDSG, 11 S. 2 StVG. Ungeachtet der Regelung in § 253 Abs. 1 erkennt die Rechtsprechung ferner unter Berufung auf Art. 1, 2 Abs. 1 GG einen Anspruch auf Geldentschädigung bei **schwerwiegenden Verletzungen des Persönlichkeitsrechts** an (siehe Rn. 24).[17]

2. Funktionen des Schmerzensgeldes

18   § 253 Abs. 2 hat in erster Linie wie der Schadensersatz allgemein eine **Ausgleichsfunktion**. Da der Ausgleich in Natur bei immateriellen Schäden nicht möglich ist, zielt die Regelung vor allem auf eine Kompensation. Diese wird insbesondere dadurch erreicht, dass der Geschädigte die Geldleistung nutzen kann, sich Vorteile zu verschaffen, die sein Wohlbefinden verbessern und auf diese Weise die immateriellen Beeinträchtigungen ausgleichen.

19   Darüber hinaus misst vor allem die Rechtsprechung dem Schmerzensgeld auch eine **Genugtuungsfunktion** bei: Die Pflicht des Schädigers zur Leistung einer Entschädigung soll dem Geschädigten Genugtuung für die erlittenen immateriellen Schäden verschaffen.[18] Das hat vor allem für die Bemessung der Entschädigung Bedeutung, weil hier auch die Genugtuungsfunktion berücksichtigt werden soll und deshalb eine Entschädigung zu leisten ist, die über den bloßen Ausgleich hinausgeht. Die Genugtuungsfunktion wird in der Literatur jedoch mit Recht zunehmend kritisiert.[19] Sie verleiht dem Schadensersatzanspruch einen vom Gesetzgeber grundsätzlich nicht gewollten pönalen Charakter. Eine „Bestrafung" des Schädigers kommt aber, will man sie im Zivilrecht überhaupt zulassen, nur dort in Betracht, wo er verschuldensabhängig haftet. § 253 Abs. 2 erfasst jedoch seit der Schuldrechtsreform auch die Beeinträchtigung der dort genannten Rechtsgüter im Rahmen der verschuldensunabhängigen Gefährdungshaftung. Auch im Bereich der Verschuldenshaftung dürfte bei leichter Fahrlässigkeit die Auferlegung einer Privatstrafe in Form des Schmerzensgeldes nicht angemessen sein. Für die Genugtuungsfunktion bleiben daher allenfalls Fälle vorsätzlicher oder grob fahrlässiger Schädigung.[20]

3. Voraussetzungen des Schmerzensgeldes

20   § 253 Abs. 2 ist wie alle Normen des Schadensrechts **keine Anspruchsgrundlage**. Die Anwendung dieser Regelung setzt vielmehr einen bestehenden Schadensersatzanspruch

---

17 BGHZ 13, 334 (336); BGHZ 128, 1 (12); BGHZ 143, 214 (218 f.); BGHZ 160, 298 (302 f.).
18 BGHZ 18, 149 (154 ff.); BGHZ 120, 4 (5); BGHZ 128, 117 (120); BGHZ 212, 48 Rn. 48; MünchKomm/Oetker, § 253 Rn. 13; zur Vertiefung: Deutsch, Schmerzensgeld und Genugtuung, JuS 1969, 197; Kern, Die Genugtuungsfunktion des Schmerzensgeldes – ein pönales Element im Schadensrecht?, AcP 191 (1991), 247.
19 Vgl. BeckOK-BGB/Spindler, § 253 Rn. 16; Palandt/Grüneberg, § 253 Rn. 4; zur Vertiefung; Jaeger, Schmerzensgeld – Die Genugtuungsfunktion hat ausgedient, FS E. Lorenz (2004), 377.
20 Vgl. Jauernig/Teichmann, § 253 Rn. 3; Staudinger/Schiemann (2017), § 253 Rn. 31.

(aus Vertrag oder Gesetz) voraus. Soweit ein solcher gegeben ist, kann Schmerzensgeld jedoch nur verlangt werden, wenn eines der in § 253 Abs. 2 genannten **Rechtsgüter verletzt** ist. Soweit es um Körper, Gesundheit und Freiheit (nur Bewegungsfreiheit) geht, sind sie mit den in § 823 Abs. 1 genannten Rechtsgütern identisch. Die sexuelle Selbstbestimmung ist bei Sexualstraftaten (§§ 176 ff. StGB) sowie bei einer Haftung aus § 825 verletzt. Immaterielle Beeinträchtigungen, die der Geschädigte aufgrund anderer, in § 253 Abs. 2 nicht genannter Verletzungen erlitten hat, führen nicht zu einem Schmerzensgeldanspruch. Insbesondere bei der Beschädigung von Sachen wird ein besonderes persönliches Interesse an der Integrität der Sache (**Affektionsinteresse**, Liebhaberinteresse) nicht geschützt.

Beispiel: S hat eine Taschenuhr des G beschädigt, die G von seinem Vater geschenkt bekommen hat und an der er sehr hängt. Deshalb verlangt er von S eine Entschädigung, die über den Wert der Uhr hinausgeht. – Anspruchsgrundlage ist § 823 Abs. 1. Für die Uhr kann G nach § 249 Abs. 2 S. 1 den zur Reparatur notwendigen Geldbetrag verlangen. Für seine immaterielle Beeinträchtigung, die er durch die Beschädigung aufgrund der emotionalen Bindung erfahren hat, kann er jedoch kein Schmerzensgeld verlangen, weil S keines der in § 253 Abs. 2 genannten Rechtsgüter verletzt hat.

Schmerzensgeld ist auch möglich, wenn der Schadensersatzanspruch auf einer **Verletzung vertraglicher Pflichten** (§ 280) beruht. Hierbei ist zweierlei zu beachten. Zum einen muss durch die Pflichtverletzung eines der in § 253 Abs. 2 genannten Rechtsgüter verletzt worden sein und zum anderen muss sich die verletzte Pflicht gerade darauf gerichtet haben, solche Beeinträchtigungen zu verhindern. Das ist bei Schutzpflichten typischerweise der Fall. Bei Leistungspflichten kommt Schmerzensgeld nur in Betracht, wenn sich die geschuldete Leistung gerade auf den Schutz eines dieser Rechtsgüter bezieht (z.B. ärztlicher Behandlungsvertrag).[21] Von diesem Sonderfall abgesehen führt die Nicht- oder Schlechterfüllung von Leistungspflichten nicht zu einem Anspruch auf Schmerzensgeld. 21

4. Bemessung des Schmerzensgeldes

Der Geschädigte kann eine **billige Entschädigung** in Geld verlangen. Für die Bemessung verlangt die Rechtsprechung die Berücksichtigung aller in Betracht kommender Umstände des Einzelfalls, wobei vor allem Art und Dauer der Verletzung bedeutsam sind.[22] Wegen der Genugtuungsfunktion berücksichtigt die Rechtsprechung aber auch Umstände aufseiten des Schädigers, insbesondere den Grad des Verschuldens[23] und auch die Vermögenslage.[24] Ob der Geschädigte infolge der ihm zugefügten Schädigung überhaupt noch eine Genugtuung empfinden kann, ist abweichend von einer zeitweiligen Rechtsprechung des BGH irrelevant.[25] 22

In der Praxis wird die Bemessung des Schmerzensgelds von **Schmerzensgeldtabellen** dominiert. Diese beruhen auf dem Gedanken, dass für gleichartige Verletzungen unabhängig von der Anspruchsgrundlage ein gleiches Schmerzensgeld zu leisten ist. Insgesamt ist die Rechtsprechung trotz gewisser Tendenzen zur Großzügigkeit eher zurück- 23

21 BGH NJW 2009, 3025 Rn. 14; MünchKomm/Oetker, § 253 Rn. 19; Wagner, NJW 2002, 2049 (2055).
22 BGHZ 138, 388 (391); BGH NJW 1989, 773.
23 BGH NJW 1993, 1531 f.; BGHZ 212, 48 Rn. 55.
24 BGHZ 18, 149 (150 ff.); BGHZ 212, 48 Rn. 29 ff.
25 BGHZ 120, 1 (5); BGH NJW 1993, 1531 (1532); anders noch BGH NJW 1976, 1147; BGH NJW 1983, 2123.

haltend; insbesondere bei Bagatellverletzungen, die nur leichte und kurzfristige Beeinträchtigungen mit sich bringen, kann ein Schmerzensgeld auch ganz ausscheiden.[26]

24 Weniger zurückhaltend ist die Rechtsprechung bei Entschädigungen für schwerwiegende Beeinträchtigungen des **Persönlichkeitsrechts**. Diese werden von ihr nicht auf § 253 Abs. 2, sondern auf Art. 1, 2 Abs. 1 GG gestützt und sollen daher anderen Maßstäben unterliegen können. Der BGH verlangt zum Schutz des Persönlichkeitsrechts, dass die Entschädigung so bemessen wird, dass sie eine abschreckende Wirkung hat (Präventivfunktion).[27] Eine Übertragung dieses Gedankens auf Rechtsgutsverletzungen nach § 253 Abs. 2 scheidet jedoch regelmäßig schon deshalb aus, weil es dort um Fallgestaltungen geht, in denen – anders als bei Persönlichkeitsverletzungen durch Massenmedien – nicht die Gefahr einer Wiederholung besteht und eine Prävention daher nicht notwendig ist. Auch im Bereich der schwerwiegenden Persönlichkeitsverletzung ist die Präventionsfunktion zweifelhaft: Sie führt zu überhöhten Entschädigungssummen, die zwar präventiv wirken mögen, für den Geschädigten aber weit über einen Ausgleich hinausgehen und so zum „Glücksfall" für die Vermögensentwicklung werden.[28]

WIEDERHOLUNGS- UND VERTIEFUNGSFRAGEN

25 1. Was wird bei Naturalrestitution geschuldet? (Rn. 1)

2. Woran bemisst sich der Schadensersatz in Geld im Fall des § 249 Abs. 2 S. 1? (Rn. 4)

3. Woran bemisst sich die Entschädigung in Geld in den Fällen des § 251? (Rn. 12)

4. S hat den Anzug des G (Neupreis: 600 €) beschädigt. Eine Reparatur ist für 150 € möglich. Da G jedoch nicht mit einem „geflickten Anzug" herumlaufen will, besteht er darauf, dass S ihm einen neuen Anzug für 600 € verschafft. Zu Recht? (Rn. 14)

5. S hat Farbbeutel an die Hauswand des G geworfen. Auf Verlangen des G leistet sie Ersatz in Höhe der Kosten für einen Neuanstrich. G stört sich jedoch nicht an der Verunstaltung und fährt mit dem Geld, das er von S bekommen hat, lieber in Urlaub. S möchte daher den gezahlten Betrag zurück. Zu Recht? (Rn. 5)

26 BGH NJW 1992, 1043; MünchKomm/Oetker, § 253 Rn. 31; Palandt/Grüneberg, § 253 Rn. 14.
27 BGHZ 128, 1 (15 f.); BGHZ 160, 298 (302); zur Vertiefung: Glasmacher/Pache: Geldentschädigungsanspruch bei Persönlichkeitsrechtsverletzung, JuS 2015, 303; Lange, Schutz des allgemeinen Persönlichkeitsrechts durch zivilrechtliche Prävention?, VersR 1999, 274.
28 Vgl. Jauernig/Teichmann, § 253 Rn. 3; MünchKomm/Oetker, § 253 Rn. 14; a.A. BeckOK-BGB/Spindler, § 253 Rn. 19.

§ 47 Mitverantwortlichkeit des Geschädigten

I. Funktion und Rechtsnatur

§ 254 Abs. 1 regelt den Umfang des Schadensersatzes, wenn der **Geschädigte für die Entstehung des Schadens mitverantwortlich** ist (Mitverschulden).[1] Mit der Formulierung „Umfang des zu leistenden Ersatzes" zeigt die Norm, dass eine solche Mitverantwortlichkeit den Anspruch nicht entfallen lässt (kein Alles-oder-nichts-Prinzip), sondern nur zu einer **Schadensteilung** führt. Diese quotenmäßige Aufteilung findet bereits mit der Entstehung des Schadens statt; der Anspruch des Geschädigten gegen den Schädiger entsteht daher von Anfang an nur in dem Umfang, in dem er nach § 254 Abs. 1 überhaupt Ersatz verlangen kann. Die quotenmäßige Kürzung des Anspruchs im Entstehungszeitpunkt kann abhängig vom Grad der Mitverantwortlichkeit so weit gehen, dass der Schaden in vollem Umfang vom Geschädigten selbst zu tragen ist, sodass überhaupt kein Schadensersatzanspruch entsteht.

1

Die h.M. sieht den Grund dieser Regelung im Verbot des widersprüchlichen Verhaltens (*venire contra factum proprium*, siehe § 6 Rn. 14) und damit in § 242:[2] Es sei treuwidrig, vollen Ersatz für einen Schaden zu verlangen, für den der Geschädigte selbst mitverantwortlich sei. Das passt indessen nicht so recht, weil der Anspruch von Anfang an bereits um die auf den Geschädigten entfallende Quote gekürzt entsteht und es somit nicht um die treuwidrige Rechtsausübung, sondern die Rechtsentstehung geht. § 254 ist daher als **Ausprägung des allgemeinen Verantwortungsprinzips** zu verstehen: Wie auch die Haftung des Schädigers auf seiner Verantwortlichkeit für den Schaden beruht, muss die Verantwortlichkeit des Gläubigers für diesen Schaden mitberücksichtigt werden.[3] Diese Schadensverteilung nach Verantwortungsbeiträgen zeigt sich besonders deutlich in § 840: Mehrere Schädiger haften als Gesamtschuldner, d.h., im Innenverhältnis zwischen ihnen erfolgt der Ausgleich nach Verantwortungsbeiträgen. Da ein Gesamtschuldverhältnis bei Verursachung eines Schadens durch Schädiger und Geschädigten nicht möglich ist, regelt § 254 den Ausgleich gleichsam schon bei der Entstehung des Anspruchs.

2

§ 254 Abs. 1 spricht vom „Verschulden des Beschädigten". Dort, wo das Gesetz sonst von Verschulden spricht, bezieht sich dieses entweder auf die Pflichtverletzung (§ 280 Abs. 1) oder ein rechtswidriges Verhalten (z.B. § 823 Abs. 1). Das passt beim Mitverschulden jedoch nicht: Weder hat der Geschädigte allgemein eine Pflicht gegenüber dem Schädiger, nicht an der Entstehung eines Schadens an den eigenen Rechtsgütern mitzuwirken, noch kann diese Selbstschädigung als rechtswidrig beurteilt werden. Anknüpfungspunkt des § 254 ist vielmehr die **Verletzung einer Obliegenheit:**[4] Der Geschädigte ist nicht verpflichtet, Selbstschädigungen zu unterlassen; fügt er sich solche

3

---

1 Zur Vertiefung: Henke, Mitverursachung und Mitverschulden – Wer den Schaden herausfordert, muss den Schädiger schonen, JuS 1988, 753; ders., Die Bewältigung des Mitverschuldens – eine anspruchsvolle juristische Technik, JuS 1991, 265; Mohr, Die Berechnung des Schadensersatzes im Wege der Kompensation und die Anrechnung eines Mitverschuldens, Jura 2010, 808.
2 Vgl. BGHZ 34, 355 (363 f.); BGHZ 135, 235 (240); BGH NJW 2014, 2493 Rn. 8; Brox/Walker, Allg. Schuldrecht, § 31 Rn. 36; Palandt/Grüneberg, § 254 Rn. 1; Hk-BGB/Schulze, § 254 Rn. 1.
3 BeckOGK/Looschelders, Stand 1.6.2019, § 254 Rn. 5; BeckOK-BGB/Lorenz, § 254 Rn. 1; Staudinger/Schiemann (2017), § 254 Rn. 4; Looschelders, Schuldrecht AT, § 50 Rn. 4.
4 BGHZ 135, 235 (240); BGHZ 179, 55 Rn. 31; BGH NJW 2018, 944 Rn. 25; BeckOGK/Looschelders, Stand 1.6.2019, § 254 Rn. 17 ff.; BeckOK-BGB/Lorenz, § 254 Rn. 9; MünchKomm/Oetker, § 254 Rn. 3; Palandt/Grüneberg, § 254 Rn. 1.

in zurechenbarer Weise zu und hat ein zurechenbares Verhalten eines anderen Schädigers mitgewirkt, kann er von diesem nicht den vollen Ersatz verlangen.

4 **Hinweis zur Fallbearbeitung:** Die Anwendung des § 254 setzt eine vollständig geprüfte Schadensersatzpflicht des Schädigers und einen ersatzfähigen Schaden voraus. Deshalb kommt es auf das Mitverschulden des Geschädigten erst an, wenn festgestellt ist, dass der Schuldner haftet. § 254 gehört deshalb an den Schluss der Prüfung, ob der Anspruch entstanden ist.

II. Voraussetzungen der Mitverantwortlichkeit

1. Mitwirkung des Geschädigten

5 § 254 Abs. 1 verlangt, dass der Geschädigte an der **Entstehung des Schadens** mitgewirkt hat. Das ist nach den gleichen Maßstäben zu bestimmen wie sie bei der Zurechenbarkeit eines Schadens zum Schädiger gelten (siehe § 45 Rn. 2 ff.): Das Verhalten des Geschädigten muss ursächlich für den Schaden gewesen sein und dieser muss ihm nach den Maßstäben der Adäquanztheorie und der Lehre vom Schutzzweck der Norm zurechenbar sein.

6 § 254 Abs. 2 S. 1 1. Alt. bestimmt, dass es auch dann zur Kürzung des Ersatzanspruchs kommt, wenn der Geschädigte es unterlassen hat, den Schuldner auf die Gefahr eines ungewöhnlich hohen Schadens aufmerksam zu machen, den der Schuldner weder kannte noch kennen musste. Das ist ein besonderer Anwendungsfall des in § 254 Abs. 2 S. 1 2. u. 3. Alt. geregelten Unterlassens der **Schadensabwendung und -minderung**. Insgesamt handelt es sich bei allen drei Unterlassungshandlungen des § 254 Abs. 2 S. 1 um Formen der Mitwirkung an der Entstehung des letztendlichen Schadens i.S.d. § 254 Abs. 1, die hier besonders hervorgehoben werden. Bei ihnen ist zu fragen, ob der Schaden in seiner konkreten Form (insb. Höhe) auch entstanden wäre, wenn das Unterlassen des Hinweises bzw. der Schadensabwendung oder -minderung hinzugedacht wird. Das ist z.B. zu verneinen, wenn der Schädiger die Warnung vor dem besonders hohen Schaden nicht beachtet hätte.[5]

2. Obliegenheitsverletzung des Geschädigten

7 Das Verhalten des Gläubigers muss eine Obliegenheitsverletzung darstellen.[6] Das ist ohne Weiteres in denjenigen Fällen zu bejahen, in denen die Handlung eine echte Pflichtverletzung darstellt (z.B. Verstoß gegen vertragliche Pflichten oder Verletzung von Straßenverkehrsregeln). Außerhalb dieses Bereichs muss eine Abwägung der Interessen von Schädiger und Geschädigtem vorgenommen werden. Dabei kann grundsätzlich der Maßstab angelegt werden, mit dessen Hilfe die Rechtsprechung den Sorgfaltsverstoß im Rahmen der Fahrlässigkeitsprüfung feststellt. Zu fragen ist, ob der Geschädigte sich nicht so verhalten hat, wie jeder **ordentliche und verständige Mensch** es tun würde, um einen Schaden zu vermeiden, abzuwenden oder zu mindern.[7] In einem zweiten Schritt ist sodann zu fragen, ob dieser objektive Maßstab der Interessenlage der Beteiligten entspricht.

---

5 BGH NJW 1989, 290 (292).
6 Looschelders, Schuldrecht AT, § 50 Rn. 14.
7 Vgl. BGHZ 74, 25 (28); BGH NJW 1998, 1137; BGHZ 2001, 149 (150); BGH NJW 2014, 2493 Rn. 9; BGH NJW 2018, 944 Rn. 25.

Beispiel: S hat den Fußgänger G auf der Straße mit seinem Auto angefahren und am Kopf verletzt. Dem Anspruch auf Ersatz der Behandlungskosten hält S entgegen, die Verletzung wäre wesentlich geringer ausgefallen, wenn G einen Helm getragen hätte. – Sofern es stimmt, dass das Tragen eines Helms konkret schadensmindernd gewirkt hätte, liegt im Nichttragen zwar eine Mitwirkungshandlung des G. Auch ein verständiger Mensch trägt aber angesichts des Umstands, dass Fußgänger und Autoverkehr ganz weitgehend getrennt verlaufen, im Straßenverkehr keinen Helm. Es fehlt daher an einer Obliegenheitsverletzung und der Schadensersatzanspruch ist nicht nach § 254 Abs. 1 zu mindern. Ob das auch gelten würde, wenn G mit dem Fahrrad gefahren wäre, kann angesichts der zunehmenden Gefahren für Radfahrer im Straßenverkehr und der Verbreitung von Helmen bezweifelt werden. Für eine Teilnahme am normalen Straßenverkehr hat der BGH jedenfalls für Unfallereignisse bis 2011 eine Obliegenheit verneint, weil es (noch) an einem allgemeinen Verkehrsbewusstsein dahingehend fehle, dass zum eigenen Schutz das Tragen eines Fahrradhelms erforderlich sei.[8]

Bei der **Obliegenheit zur Schadensabwehr oder -minderung** ist zu beachten, dass sie dem Geschädigten ein Handeln abverlangt, auch wenn das schädigende Ereignis von ihm nicht mitverursacht wurde. Mit Recht setzt die Rechtspraxis der **Zumutbarkeit** für den Geschädigten Grenzen. So darf der Geschädigte zwar nur bei ganz geringfügigen Verletzungen auf einen Arztbesuch verzichten und muss ärztlichen Anweisungen Folge leisten. Einer Operation muss er sich jedoch nur unterziehen, wenn sie einfach, gefahrlos und nicht mit besonderen Schmerzen verbunden ist und sichere Aussicht auf Heilung oder wesentliche Besserung bietet.[9] Wenn es um den Einsatz der eigenen Arbeitskraft zur Schadensminderung geht, ist die Rechtsprechung großzügiger. So soll derjenige, der aufgrund einer Gesundheitsbeschädigung seiner bisherigen Tätigkeit nicht mehr nachgehen kann, die Obliegenheit haben, eine Umschulung durchzuführen, sofern ihm eine andere Tätigkeit noch zuzumuten ist (z.B. abhängig vom Alter) und mit einiger Wahrscheinlichkeit damit zu rechnen ist, dass er in diesem neu erlernten Beruf eine Anstellung finden wird.[10] Bei Sachschäden muss der Geschädigte die günstigste Reparatur- oder Ersatzbeschaffungsmöglichkeit zur Wahrung seines Integritätsinteresses wählen und die Zeit des Nutzungsausfalls möglichst gering halten. Bei Fahrzeugreparaturen kann z.B. ein Mitverschulden vorliegen, wenn der Gläubiger den Wagen in einer markengebundenen Vertragswerkstatt statt in einer günstigeren, aber qualitativ gleichwertigen freien Fachwerkstatt reparieren lässt.[11]

3. Verschulden des Geschädigten

a) Verschuldensfähigkeit

Da § 254 Abs. 1 ein Verschulden des Geschädigten verlangt, finden nach zutreffender h.M. die Regelungen zur Verschuldensfähigkeit (§§ 828, 829) entsprechende Anwendung.[12] Diese Normen dienen allgemein dem Schutz von Minderjährigen und nicht zurechnungsfähigen Personen. Sie sollen aus ihrem Verhalten keine Nachteile erleiden. Deshalb ist nicht nur ihre Schadensersatzpflicht ausgeschlossen, sondern auch eine Kürzung ihrer eigenen Schadensersatzansprüche.

---

8 BGH NJW 2014, 2493 Rn. 10 ff.
9 BGH NJW 1989, 2332; BGH NJW 1994, 1592 (1593).
10 RGZ 160, 119 (121 f.); BGHZ 10, 18 (20).
11 BGH NJW 2015, 2110 Rn. 10 m.w.N.
12 RGZ 156, 193 (202); BGHZ 9, 316 (317); BGHZ 24, 325 (327); BGH VersR 1975, 133 (135); BeckOGK/Looschelders, Stand 1.6.2019, § 254 Rn. 97 ff.; MünchKomm/Oetker, § 254 Rn. 34; Palandt/Grüneberg, § 254 Rn. 9; a.A. Esser/Schmidt, Schuldrecht I/2 § 35 I 3 b.

437

Beispiel: Der achtjährige G geht über eine rote Fußgängerampel und wird vom Auto der S erfasst und verletzt. – Das Verhalten des G ist mitursächlich für seinen Schaden. Das Überqueren einer Straße trotz roter Ampel ist auch eine Obliegenheitsverletzung. Analog § 828 Abs. 2 S. 1 ist er jedoch für den Schaden nicht verantwortlich, da er bei einem Unfall mit einem Kraftfahrzeug eingetreten ist. Der Schadensersatzanspruch des G ist daher nicht nach § 254 Abs. 1 zu kürzen.

b) Verschulden

10 Analog § 276 kommt es darauf an, ob die Obliegenheitsverletzung schuldhaft, d.h., **vorsätzlich oder fahrlässig** erfolgt ist. Für die Verletzung der im Verkehr erforderlichen Sorgfalt ist – wie sonst auch – ein objektiver Maßstab anzulegen. Erforderlich, aber auch ausreichend ist es daher, dass der Geschädigte den Schaden hätte voraussehen und vermeiden bzw. mindern können. Der allgemeine Maßstab des § 276 kommt wie stets nur zur Anwendung, wenn nichts Abweichendes gilt. Eine gesetzliche Haftungsprivilegierung findet daher ebenso Anwendung wie ein vertraglicher Haftungsausschluss.[13]

III. Verschuldensunabhängige Mitverantwortlichkeit

11 Da § 254 eine Ausprägung des Verantwortlichkeitsprinzips ist, passt die Begrenzung auf das Verschulden nur dort, wo die Verantwortlichkeit des Geschädigten hierauf beschränkt ist. Das ist dort nicht der Fall, wo das Gesetz für das Verhalten des Gläubigers eine Gefährdungshaftung statuiert hat. Wo dies geschieht, weist es ihm eine **Betriebs- oder Sachgefahr** zu. Diese Regelungen gelten zwar unmittelbar nur für den Fall, dass durch das Verhalten einem anderen ein Schaden entstanden ist. Aufgrund der durch sie erfolgten Ausweitung der Verantwortung finden sie aber entsprechende Anwendung auf ein selbstschädigendes Verhalten.[14] Das führt dazu, dass der Gläubiger sich eine von ihm zu tragende Betriebs- oder Sachgefahr anspruchskürzend entgegenhalten lassen muss. Einen normativen Ansatzpunkt dafür bieten Vorschriften, die die Schadensverteilung bei einer Gefährdungshaftung nicht vom Verschulden, sondern allein von der bloßen Verursachung abhängig machen (z.B. § 17 Abs. 2 StVG, § 13 Abs. 2 HaftpflG); sie können auf andere Fälle der Gefährdungshaftung übertragen werden. Da es allein auf die Verantwortlichkeit des Geschädigten ankommt, gilt das auch, wenn der Schädiger selbst gar nicht aus einer Gefährdungshaftung, sondern aufgrund Verschuldens zum Schadensersatz verpflichtet ist.[15] Das gilt allerdings nicht, wenn sich die Zuweisung der Sachgefahr an den Geschädigten aus §§ 833-838 ergibt, weil diese Tatbestände nach den Wertungen des § 840 Abs. 3 im Verhältnis zu Verschuldenshaftungstatbeständen nachrangig sind.[16] Voraussetzung für eine Berücksichtigung der Betriebs- oder Sachgefahr ist zudem stets, dass das Verhalten des Geschädigten eine gesetzliche Gefährdungshaftung begründen würde, wenn es bei einem anderen zu einem Schaden geführt hätte. Wo das nicht der Fall ist, bleibt es nach ganz

---

13 BGHZ 43, 188 (193 ff.); BeckOGK/Looschelders, Stand 1.6.2019, § 254 Rn. 107; Staudinger/Schiemann (2017), § 254 Rn. 41.
14 BGHZ 20, 259 (260 f.); BGH NJW 1952, 1015; Hk-BGB/Schulze, § 254 Rn. 4; Palandt/Grüneberg, § 254 Rn. 10.
15 BGHZ 6, 319 ff.; BGH NJW 1972, 1415 f.; BGH NJW-RR 2000, 549 (550); MünchKomm/Oetker, § 254 Rn. 14; anders noch RG JW 1937, 2648; RG JW 1938, 3052.
16 BGH NJW 2016, 1589 Rn. 26; BGH NJW 2016, 2737 Rn. 13; MünchKomm/Wagner, § 840 Rn. 20.

h.M. beim Erfordernis des Verschuldens; es genügt also nicht, dass das Verhalten allgemein zur Gefährdung geeignet ist.[17]

Beispiele: S hat bei einem Verkehrsunfall das Fahrzeug der G beschädigt; der Sachschaden beträgt 5.000 €. S meint, G könne nicht den vollen Betrag von ihm ersetzt verlangen. – Nach § 9 StVG, § 254 würde G sich ein mitwirkendes Verschulden anrechnen lassen müssen. Das an der Schadensentstehung mitwirkende Verhalten der G liegt in der Teilnahme am Straßenverkehr; hätte sie dies nicht getan, wäre es nicht zu dem Unfall gekommen. Auf ein Verschulden der G kommt es abweichend von § 254 Abs. 1 nicht an: Hätte nämlich G durch ihre Teilnahme am Straßenverkehr als Fahrzeughalter einen Unfall verursacht, würde sie für dieses Verhalten nach § 7 StVG verschuldensunabhängig einstehen müssen. Deshalb muss sie sich die von ihrer Verkehrsteilnahme ausgehende Betriebsgefahr anrechnen lassen.

Ist G hingegen nicht Fahrzeughalter, sondern nur Fahrer, muss sie sich keine Betriebsgefahr anrechnen lassen, da die Gefährdungshaftung des § 7 StVG nur für den Halter gilt, während der Fahrer verschuldensabhängig haftet, § 18 Abs. 1 StVG.

Ist nicht der Pkw der G, sondern nur deren Fahrrad im Straßenverkehr von S beschädigt worden, kommt es selbst dann, wenn G Halterin des Fahrrads ist, nicht zur Anrechnung einer Betriebsgefahr, weil § 7 StVG nur für den Betrieb eines Kraftfahrzeugs eine Gefährdungshaftung statuiert.

IV. Verantwortlichkeit für Dritte

Ist ein Dritter für die Entstehung des Schadens mitverantwortlich, stellt sich die Frage, ob der Geschädigte sich dies zurechnen lassen muss. Die Antwort findet sich in § 254 Abs. 2 S. 2: § 278 findet „entsprechende Anwendung". Ihrem Standort nach scheint diese Regelung nur für die in § 254 Abs. 2 S. 1 genannten Unterlassungshandlungen zu gelten. Aber es ist kein Grund ersichtlich, warum nur hier und nicht allgemein bei der Mitverantwortlichkeit eine Zurechnung stattfinden soll. Deshalb gilt § 254 Abs. 2 S. 2 auch für § 254 Abs. 1, d.h., die Regelung ist wie ein **dritter Absatz** des § 254 zu lesen.[18]

12

Durch seinen Verweis auf § 278 erfasst § 254 Abs. 2 S. 2 Mitwirkungshandlungen von **Erfüllungsgehilfen** und **gesetzlichen Vertretern** des Geschädigten. Allerdings setzt § 278 an sich voraus, dass zwischen dem Schuldner (im Fall des § 254 Abs. 2 S. 2: Geschädigter) und Gläubiger (Schädiger) bereits ein Schuldverhältnis besteht (siehe § 22 Rn. 30). Das hätte zur Folge, dass nur solche Handlungen der Gehilfen zur Anspruchskürzung führen würden, die nach Entstehung des Schuldverhältnisses vorgenommen wurden. Das würde vor allem im Bereich der deliktischen Haftung, bei der das Schuldverhältnis erst mit dem schädigenden Ereignis entsteht, regelmäßig eine Zurechnung des Verhaltens des Gehilfen bzw. gesetzlichen Vertreters verhindern, soweit es um eine Mitwirkung am schädigenden Ereignis geht. In den Fällen des § 254 Abs. 2 geht es hingegen um Handlungsweisen nach der Entstehung des Schadensersatzanspruchs, sodass hier das für § 278 notwendige Schuldverhältnis bereits besteht.

13

Beispiel (OLG Stuttgart, NJW 2011, 239): Die Eltern des dreijährigen G lassen diesen unbeaufsichtigt im Garten spielen. G geht hinüber auf das Grundstück des Nachbarn S, der gerade begonnen hat, den Rasen mit einem Aufsitzrasenmäher zu mähen. S setzt G auf die Motorhaube des Mähers und fährt mit ihm einige Runden. In einer Kurve stürzt G jedoch und gerät mit einem Bein in das Schneidwerk. Für die entstandenen Verletzungen verlangt G von

---

17 BeckOGK/Looschelders, Stand 1.6.2019, § 254 Rn. 24 ff.; PWW/Luckey, § 254 Rn. 32; Staudinger/Schiemann (2017), § 254 Rn. 12.
18 BGHZ 179, 55 Rn. 31; Palandt/Grüneberg, § 254 Rn. 48.

S Schadensersatz. Muss G sich ein eventuelles Verschulden seiner Eltern (nicht genügende Aufsicht) mindernd anrechnen lassen? – Nach § 254 Abs. 2 S. 2 ist § 278 entsprechend anwendbar. Die Eltern sind gesetzliche Vertreter des G. Jedoch setzt die Norm ein Schuldverhältnis zwischen G und S voraus. Hieran fehlt es, sodass eine Zurechnung der Mitverantwortlichkeit ausgeschlossen wäre.

Keine Probleme würden sich aber ergeben, wenn es nur darum ginge, dass die Eltern das Kind nach der Verletzung nicht rechtzeitig zum Arzt gebracht haben und dadurch die Heilung erschwert wurde – dieses an der Größe des Schadens mitwirkende Verhalten seiner gesetzlichen Vertreter würde G sich nach §§ 254 Abs. 2 S. 2, 278 auf jeden Fall zurechnen lassen müssen, da zu diesem Zeitpunkt bereits aus § 823 Abs. 1 ein Schuldverhältnis zwischen G und S bestand.

14   Die h.M. sieht in 254 Abs. 2 S. 2 eine **Rechtsgrundverweisung** auf § 278, sodass alle dort genannten Zurechnungsvoraussetzungen einschließlich des Schuldverhältnisses gegeben sein müssen.[19] Demgegenüber versteht die Literatur § 254 Abs. 2 S. 2 teilweise als Rechtsfolgenverweisung, da ausdrücklich nur die entsprechende Anwendung des § 278 angeordnet sei.[20] Das führt jedoch zu einer Ungleichbehandlung von Schädiger und Geschädigtem. Der Schädiger muss sich das Verhalten eines Gehilfen oder gesetzlichen Vertreters nach § 278 nur bei Bestehen eines Schuldverhältnisses zurechnen lassen und haftet ansonsten nur für eigenes Verschulden im Rahmen des § 831 Abs. 1 mit der dort vorgesehenen Exkulpationsmöglichkeit. Demgegenüber müsste der Gläubiger, wäre § 254 Abs. 2 S. 2 eine Rechtsfolgenverweisung, sich auch außerhalb bestehender Schuldverhältnisse das Verhalten eines Gehilfen bzw. gesetzlichen Vertreters zurechnen lassen. Dem kann begegnet werden, wenn mit der h.M. § 254 Abs. 2 S. 2 als Rechtsgrundverweisung verstanden wird, denn dann stimmen die Voraussetzungen der Zurechnung fremden Verschuldens überein. Eine vollständige Gleichstellung erfordert allerdings, dass für die Mitverantwortlichkeit des Gläubigers auch § 831 Anwendung findet, d.h., ein eigenes Verschulden bei der Auswahl und Überwachung eines Verrichtungsgehilfen, der an der Schadensentstehung mitgewirkt hat, ist ein Verschulden des Gläubigers i.S.d. § 254 Abs. 1.[21]

V. Rechtsfolgen

15   Bei der Ermittlung, in welchem Umfang dem Geschädigten ein Schadensersatzanspruch entstanden ist, kommt es nach § 254 Abs. 1 vorwiegend auf die **Verursachungsbeiträge** an. Hier geht es vor allem um den Wahrscheinlichkeitsgrad, mit dem das Verhalten von Schädiger und Geschädigtem zur Verursachung des Schadens geeignet war.[22] Zusätzlich ist auch der **Grad des Verschuldens** zu berücksichtigen; soweit der Geschädigte verschuldensunabhängig mitverantwortlich ist, ist die auf ihn entfallende Betriebs- oder Sachgefahr zu berücksichtigen.

16   Die Abwägung der Verursachungsbeiträge und Verschuldensgrade führt zu einer **Schadensaufteilung**. Das schließt eine volle Haftung des Schuldners aber nicht aus, denn die

---

19 BGHZ 24, 325 (327); BGHZ 116, 60 (74); BeckOK-BGB/Lorenz, § 254 Rn. 40; Erman/Ebert, § 254 Rn. 72; Münch-Komm/Oetker, § 254 Rn. 129; Soergel/Ekkenga/Kuntz, § 254 Rn. 125; Staudinger/Schiemann (2017), § 254 Rn. 99; zur Vertiefung: Hager, Das Mitverschulden von Hilfspersonen und gesetzlichen Vertretern des Geschädigten, NJW 1989, 1640; Schreiber, „Kinder haften für ihre Eltern", Jura 1994, 164.
20 Gernhuber, AcP 152 (1952/53), 69 (82 f.); Lange, NJW 1953, 967; Finger, JR 1972, 406 (407 ff.); differenzierend zwischen Erfüllungsgehilfe u. gesetzl. Vertreter Esser/Schmidt, Schuldrecht I/2, § 35 III 1; Larenz, Schuldrecht I, § 31 I d.
21 BeckOK-BGB/Lorenz, § 254 Rn. 40; Looschelders, Schuldrecht AT, § 50 Rn. 24.
22 BGHZ 179, 55 Rn. 32.

Abwägung kann ergeben, dass der Verantwortungsanteil des Geschädigten so gering ist, dass es nicht gerechtfertigt wäre, seinen Anspruch zu kürzen. So kann es sich insbesondere verhalten, wenn der Schädiger vorsätzlich gehandelt hat, während dem Geschädigten nur Fahrlässigkeit zur Last fällt.[23] Das gilt allerdings auch umgekehrt: Die Abwägung kann dazu führen, dass der Anspruch des Geschädigten auf null zu kürzen ist. Das ist in der Praxis i.d.R. der Fall, wenn der Verantwortungsanteil des Geschädigten höher als 80 % ist. In allen anderen Fällen führt § 254 Abs. 1, 2 S. 1 zu einer Quotelung des Schadens. Dadurch kommt es zu einer Herabsetzung des Anspruchs gegen den Geschädigten. Beträgt die Mitverschuldensquote z.B. 50 %, dann kann der Geschädigte nur die Hälfte des ihm entstandenen Schadens ersetzt verlangen.

WIEDERHOLUNGS- UND VERTIEFUNGSFRAGEN

1. Warum muss der Gläubiger sich nach § 254 ein Mitverschulden anrechnen lassen? (Rn. 2)   17
2. Findet § 254 auch auf einen verschuldensunfähigen Gläubiger Anwendung? (Rn. 9)
3. Ist § 254 Abs. 2 S. 2 eine Rechtsgrund- oder Rechtsfolgenverweisung? (Rn. 14)
4. Unter welchen Voraussetzungen muss der Geschädigte sich eine Betriebs- oder Sachgefahr zurechnen lassen? (Rn. 11)

---

23 BGHZ 98, 148 (158 f.); BGH NJW 2002, 1643 (1646); BGH NJW 2018, 1751 Rn. 21.

Anhang: Definitionen

Begriff	Definition
Abschlussfreiheit	Freiheit (d.h. Möglichkeit) des Einzelnen, darüber zu entscheiden, ob und mit wem er einen Vertrag abschließen will. *§ 3 Rn. 20 ff.*
Angebot, tatsächliches § 294	Anbieten der geschuldeten Leistung dergestalt, dass der Gläubiger nur noch zugreifen und die Leistung annehmen muss. *§ 31 Rn. 6*
Angebot, wörtliches § 295	Ausdrückliche oder schlüssige empfangsbedürftige Erklärung des Schuldners, er wolle die geschuldete Leistung so, wie sie geschuldet ist, bewirken. *§ 31 Rn. 7 ff.*
Äquivalenzinteresse	Interesse einer Partei eines Schuldverhältnisses, für die von ihr zu erbringende Gegenleistung die als gleichwertig (äquivalent) bewertete Leistung der anderen Partei zu erhalten. *§ 20 Rn. 6*
Aufwendungen	Freiwillige Einbußen an rechtlich geschützten materiellen oder immateriellen Gütern. Im Leistungsstörungsrecht (§ 284): Im Hinblick auf den Erhalt der Leistung vom Gläubiger erbrachte freiwillige Vermögensopfer. *§ 26 Rn. 9 ff.; § 44 Rn. 1*
Außergeschäftsraumvertrag § 312 b Abs. 1	Vertrag der in einer der von § 312 b Abs. 1 genannten Situationen abgeschlossen wurde. Wesentlicher Anknüpfungspunkt ist der Ort des Vertragsschlusses bzw. der Abgabe des Angebots durch den Verbraucher. *§ 35 Rn. 9*
Auswahlverschulden	Verschulden des Schuldners in Bezug auf die Auswahl, Anleitung oder Beaufsichtigung einer bei der Erfüllung einer Leistungspflicht eingesetzten Hilfsperson. *§ 22 Rn. 26, 37*
Dasselbe rechtliche Verhältnis § 273 Abs. 1	Innerlich zusammengehöriges einheitliches Lebensverhältnis, aus dem die beiden Ansprüche stammen und aufgrund dessen es Treu und Glauben widersprechen würde, wenn der eine Anspruch ohne Rücksicht auf den anderen geltend gemacht oder verwirklicht werden würde. *§ 12 Rn. 21 f.*
Dauerschuldverhältnis § 314 Abs. 1	Schuldverhältnis, das mindestens eine Partei zu einer dauernden oder wiederkehrenden Leistung verpflichtet und bei dem der Gesamtumfang der Leistung von der Dauer des Schuldverhältnisses abhängig ist. *§ 16 Rn. 1*
Deckungsverhältnis	Beim Vertrag zugunsten Dritter das Rechtsverhältnis zwischen dem Schuldner (Versprechender) und dem Gläubiger (Versprechensempfänger). Aus ihm erlangt der Schuldner die Deckung (d.h. Gegenleistung) für die Leistung, die er an den Dritten zu erbringen hat. *§ 36 Rn. 8 f.*
Dritter, der eine Leistung bewirkt § 267	Vom Schuldner nicht eingeschaltete Person, welche die geschuldete Leistung effektiv bewirkt und hierbei mit dem Willen handelt, die Pflicht eines anderen zu erfüllen (Fremdtilgungswille). *§ 10 Rn. 9 ff.*

Begriff	Definition
Drittschadensliquidation	Möglichkeit des Inhabers eines Schadensersatzanspruchs, den Schaden eines anderen, der gegen den Schädiger keinen Anspruch hat, geltend zu machen. Dazu wird der Schaden des Dritten zum Anspruch des Gläubigers gezogen. *§ 44 Rn. 15 ff.*
Empfangszuständiger Gläubiger	Für den Empfang der geschuldeten Leistung ist der Gläubiger zuständig, wenn er befugt ist, über die Forderung zu verfügen. *§ 13 Rn. 7*
Entgangener Gewinn § 252	Alle Vermögensvorteile, die dem Geschädigten im Zeitpunkt des schädigenden Ereignisses zwar noch nicht zugeflossen sind, ohne dieses Ereignis aber bei ihm eingetreten wären. *§ 46 Rn. 9*
Entgeltforderung § 286 Abs. 3	Nicht notwendigerweise im Gegenseitigkeitsverhältnis stehende Forderung auf Zahlung eines Entgelts als Gegenleistung für eine vom Gläubiger erbrachte oder zu erbringende Leistung, die in der Lieferung von Gütern oder der Erbringung von Dienstleistungen besteht. *§ 24 Rn. 18 f.*
Erfolgsort	Ort, an dem ein geschuldeter Leistungserfolg einzutreten hat. *§ 10 Rn. 15*
Erfüllbarkeit	Zeitpunkt, zu dem der Schuldner die Leistung an den Gläubiger erbringen darf. *§ 10 Rn. 25*
Erfüllung § 362	Bewirken der geschuldeten Leistung an den Gläubiger, d.h. Herbeiführung des Leistungserfolgs beim Gläubiger. *§ 13 Rn. 1 ff.*
Erfüllungsgehilfe § 278	Person, die mit Wissen und Wollen des Schuldners in dessen Pflichtenkreis tätig wird. *§ 22 Rn. 27 ff.*
Erfüllungsinteresse	Interesse des Gläubigers am Erhalt der geschuldeten Leistung. Soweit es auszugleichen ist, ist der Gläubiger so zu stellen, wie er bei ordnungsgemäßer Erfüllung stehen würde. *§ 5 Rn. 1; § 25 Rn. 1 ff.*
Ersatz für den geschuldeten Gegenstand § 285	Vermögensvorteil, der dem Schuldner durch den Umstand, der zur Befreiung von der Leistung nach § 275 Abs. 1 bis 3 BGB geführt hat, unmittelbar zugeflossen ist. Erfasst sind auch Vermögensvorteile, die aus einem anderen Umstand zugeflossen sind, sofern zwischen diesem Umstand und dem Umstand, der zur Leistungsbefreiung geführt hat, ein wirtschaftlicher Zusammenhang besteht. *§ 27 Rn. 1 ff.*
Ersetzungsbefugnis	Recht einer Partei des Schuldverhältnisses, eine andere als die geschuldete Leistung zu erbringen oder zu verlangen. *§ 8 Rn. 22 ff.*
Fahrlässigkeit § 276 Abs. 1, 2	Außerachtlassen der im Verkehr erforderlichen Sorgfalt. *§ 22 Rn. 8 ff.*
Fälligkeit	Zeitpunkt, zu dem der Gläubiger vom Schuldner die Leistung verlangen kann. *§ 10 Rn. 25*
Fernabsatzvertrag § 312 c Abs. 1	Verbrauchervertrag, der unter ausschließlicher Verwendung von Fernkommunikationsmitteln geschlossen wurde. *§ 35 Rn. 18*

Begriff	Definition
Fixgeschäft, absolutes	Schuldverhältnis, bei dem der Leistungszeitpunkt aufgrund der Art der geschuldeten Leistung für diese so prägend ist, dass eine Nachholung der versäumten Leistung zu einem späteren Zeitpunkt nicht mehr als Erbringung der geschuldeten Leistung verstanden werden kann. *§ 19 Rn. 9*
Fixgeschäft, relatives § 323 Abs. 2 Nr. 2	Schuldverhältnis, bei dem eine Nachholung der Leistung nach Verstreichen des Leistungszeitpunkts zwar möglich ist (anders als beim absoluten Fixgeschäft), aber die Einhaltung der Leistungszeit ist für die Parteien des Schuldverhältnisses so wesentlich, dass das Geschäft hiermit „stehen und fallen" soll. *§ 30 Rn. 5*
Forderung § 387	Aus einem Schuldverhältnis i.w.S. stammendes Recht eines Gläubigers, vom Schuldner eine Leistung verlangen zu können. *§ 1 Rn. 3*
Formfreiheit	Freiheit (d.h. Möglichkeit) des Einzelnen, Verträge in jeder beliebigen Form abzuschließen. *§ 3 Rn. 36.*
Formzwang	Rechtlicher Zwang, den Vertrag in einer bestimmten Form abzuschließen; wird die gesetzlich verlangte Form nicht eingehalten, ist das Rechtsgeschäft nichtig (§ 125 S. 1). *§ 3 Rn. 37 ff.*
Fristsetzung § 281 Abs. 1, 2 § 323 Abs. 1, 2	Empfangsbedürftige, eindeutige und bestimmte Aufforderung des Gläubigers an den Schuldner, die Leistung bis zu einem bestimmten oder zumindest bestimmbaren Zeitpunkt zu erbringen. *§ 25 Rn. 12; § 30 Rn. 4*
Garantie § 276 Abs. 1	Versprechen des Schuldners, für einen bestimmten Umstand unbedingt einstehen und für den Fall des Fehlens haften zu wollen. *§ 22 Rn. 24*
Gattung § 243 Abs. 1	Eine Gattung bilden alle Gegenstände (im weitesten Sinne), die durch gemeinschaftliche Merkmale (z.B. Typ, Sorte, Modell, Marke, Serie, Qualität, Preis) gekennzeichnet sind und sich dadurch von anderen Gegenständen unterscheiden. *§ 8 Rn. 2*
Gattungsschuld	Leistungspflicht, die sich auf einen Gegenstand bezieht, der nur nach Gattungsmerkmalen bestimmt ist. Die Gattungsschuld ist marktbezogen, wenn den Schuldner die Pflicht trifft, einen zur Gattung gehörigen Gegenstand zu beschaffen. Eine Gattungsschuld i.s.e. Vorratsschuld liegt hingegen vor, wenn sich die Schuld auf einen Gegenstand beschränkt, der zum Vorrat des Schuldners gehört; dann besteht keine Beschaffungspflicht. *§ 8 Rn. 1 ff.*
Gefälligkeit	Ohne Rechtsbindungswillen getroffene Vereinbarung zwischen mindestens zwei Personen, derzufolge eine Person eine bestimmte Handlung vornehmen oder unterlassen soll. Es entsteht kein Schuldverhältnis und es bestehen keine Leistungs- oder Schutzpflichten. *§ 3 Rn. 8 ff.*

Begriff	Definition
Gefälligkeitsverhältnis	Schuldverhältnis, bei dem der Schuldner zwar nicht verpflichtet ist, die versprochene Handlung vorzunehmen oder zu unterlassen (keine Leistungspflicht), bei dem er aber bei Vornahme der Handlung auf die Rechte, Rechtsgüter und Interessen des anderen Teils Rücksicht zu nehmen hat (d.h. es bestehen Schutzpflichten). *§ 3 Rn. 12*
Gefälligkeitsvertrag	Vertragliches Schuldverhältnis, bei dem eine Partei eine Leistungspflicht hat, die andere Partei hierfür jedoch keine Gegenleistungspflicht hat (unentgeltliches Schuldverhältnis). *§ 3 Rn. 13*
Gegenseitiger Vertrag § 320 Abs. 1	Vertrag, bei dem jede Vertragspartei sich nur deshalb zur Leistung verpflichtet hat, weil sich die jeweils andere Vertragspartei ebenfalls zur Leistung verpflichtet hat; die Leistung des einen ist Entgelt für die Leistung des anderen. Siehe auch Synallagma. *§ 5 Rn. 4*
Geldschuld	Pflicht zur Leistung eines bestimmten Geldbetrages. Geldsummenschuld, wenn die Höhe in Währungseinheiten ausgedrückt ist. Geldwertschuld, wenn sich die Höhe aus dem Inhalt der Schuld ergibt. *§ 9 Rn. 2 ff.*
Geschäftsgrundlage, objektive § 313	Umstände, die objektiv erforderlich sind, damit der Vertrag nach den Intentionen der Parteien noch als sinnvolle Regelung aufrechterhalten werden kann. *§ 32 Rn. 6 ff.*
Geschäftsgrundlage, subjektive § 313	Umstände, die beide Parteien sich vorgestellt haben und auf denen ihr Geschäftswille aufbaut; einseitige Vorstellungen genügen nur, wenn sie bei Abschluss des Vertrages zutage getreten sind, dem anderen Teil erkennbar gemacht wurden und von ihm nicht beanstandet worden sind. *§ 32 Rn. 6 ff.*
Grobe Fahrlässigkeit § 277	Verletzung der im Verkehr erforderlichen Sorgfalt in ungewöhnlich hohem Maße, indem der Schuldner außer Acht lässt, was jedem hätte einleuchten müssen. *§ 22 Rn. 16*
Hauptleistungspflicht	Pflicht zur Erbringung einer Leistung, die für das Schuldverhältnis typisch, d.h. prägend ist. *§ 5 Rn. 2 ff.*
Im Verkehr erforderliche Sorgfalt § 276 Abs. 2	Sorgfalt, die von einem durchschnittlichen Angehörigen des betreffenden Verkehrskreises erwartet werden kann. *§ 22 Rn. 8*
Inhaltsfreiheit	Freiheit (d.h. Möglichkeit) des Einzelnen, selbst über den Inhalt des Vertrages zu entscheiden und Verträge mit beliebigem Inhalt abzuschließen. *§ 3 Rn. 29 ff.*
Integritätsinteresse	Interesse einer Partei am ungestörten Fortbestand ihrer rechtlich geschützten Güter. *§ 5 Rn. 1*
Konfusion	Vereinigung von Gläubiger- und Schuldnerstellung in einer Person. *§ 15 Rn. 11*
Konkretisierung § 243 Abs. 2	Beschränkung der ursprünglichen Gattungsschuld auf die vom Schuldner ausgewählte und ausgesonderte Sache. Tritt ein, wenn der Schuldner das seinerseits Erforderliche getan hat. *§ 8 Rn. 6 ff.*

Begriff	Definition
Kontrahierungszwang	Rechtlicher Zwang zum Abschluss eines Vertrages. *§ 3 Rn. 21 ff.*
Leistung § 241 Abs. 1	Bestimmtes Verhalten des Schuldners, das auch in einem Unterlassen bestehen kann. Je nach Schuldverhältnis kann die Leistung auch die Herbeiführung eines bestimmten Erfolges sein. *§ 5 Rn. 7*
Leistung an Erfüllungs statt § 364 Abs. 1	Annahme einer anderen als der geschuldeten Leistung durch den Gläubiger verbunden mit der Vereinbarung zwischen Gläubiger und Schuldner, dass die hingegebene Leistung zur Erfüllung der Schuld führen soll. *§ 13 Rn. 20 ff.*
Leistung erfüllungshalber	Annahme einer anderen als der geschuldeten Leistung durch den Gläubiger verbunden mit der Vereinbarung zwischen Gläubiger und Schuldner, dass der Gläubiger zunächst Befriedigung (durch Verwertung) aus dem hingegebenen Gegenstand suchen soll. *§ 13 Rn. 24 f.*
Leistung sicherungshalber	Annahme einer anderen als der geschuldeten Leistung durch den Gläubiger verbunden mit der Vereinbarung zwischen Gläubiger und Schuldner, dass der Gläubiger auf den sicherungshalber hingegebenen Gegenstand erst zurückgreifen darf, wenn dem Schuldner die Erfüllung endgültig nicht gelingt. *§ 13 Rn. 15*
Leistungsort § 269 Abs. 1	Ort, an dem der Schuldner die Leistungshandlung vorzunehmen hat. *§ 10 Rn. 15 ff.*
Leistungspflicht	Pflicht zur Erbringung einer Leistung (siehe auch Hauptleistungspflicht; Nebenleistungspflicht). *§ 5 Rn. 2 ff.*
Leistungszeit § 271	Zeitpunkt, zu dem der Gläubiger die Leistung verlangen kann (Fälligkeit) bzw. Zeitpunkt, zu dem der Schuldner die Leistung erbringen darf (Erfüllbarkeit). *§ 10 Rn. 25 ff.*
Mahnung § 286 Abs. 1, 2	Empfangsbedürftige, eindeutige und bestimmte Aufforderung des Gläubigers an den Schuldner, die geschuldete Leistung zu erbringen. *§ 24 Rn. 7 ff.*
Mangelfolgeschaden	Schaden, der durch den Mangel des Leistungsgegenstands an anderen Rechten, Rechtsgütern oder Interessen des Gläubigers entstanden ist. *§ 23 Rn. 12*
Mangelschaden	Schaden, der durch den Mangel des Leistungsgegenstands an diesem selbst entstanden ist. *§ 23 Rn. 12*
Naturalobligation	Verbindlichkeit des Schuldners, bei der keine rechtliche, sondern nur eine „natürliche" Pflicht (Obligation) des Schuldners zur Erbringung der Leistung besteht. *§ 1 Rn. 17*
Naturalrestitution § 249 Abs. 1	Herstellung des Zustands, der bestehen würde, wenn der zum Ersatz verpflichtende Umstand nicht eingetreten wäre. *§ 46 Rn. 1 ff.*
Nichtvermögensschaden § 253 Abs. 1	Unfreiwillige Beeinträchtigung von Gütern und Interessen ohne Vermögenswert. *§ 44 Rn. 2*
Nebenleistungspflicht	Pflicht zur Erbringung einer Leistung, mit der die Durchführung einer Hauptleistungspflicht gesichert oder gefördert werden soll. *§ 5 Rn. 6*

Begriff	Definition
Nebenpflicht	Neben der Hauptleistungspflicht bestehende Nebenleistungspflicht oder Schutzpflicht.
Novation	Vereinbarung der Parteien eines Schuldverhältnisses, dass an die Stelle des bisherigen Schuldverhältnisses ein neues Schuldverhältnis treten soll (Schuldumwandlung). *§ 15 Rn. 12*
Obliegenheit	Verbindlichkeit einer Partei des Schuldverhältnisses, deren Erfüllung von der anderen Partei nicht verlangt werden kann; die mit der Obliegenheit belastete Partei erleidet jedoch Rechtsnachteile, wenn sie der Obliegenheit nicht nachkommt. *§ 1 Rn. 18*
Pflichtverletzung § 280 Abs. 1	Jede objektive und unberechtigte Abweichung einer Partei vom geschuldeten Pflichtenprogramm. *§ 21 Rn. 1 ff.*
Primärpflicht	Unmittelbar aus dem Schuldverhältnis kraft Vertrag oder Gesetz folgende Leistungspflicht oder Schutzpflicht. *§ 5 Rn. 9*
Positives Interesse	Siehe Erfüllungsinteresse.
Rentabilitätsvermutung	Widerlegbare Vermutung, dass der Gläubiger bei ordnungsgemäßer Leistung mit dieser so große Vermögensvorteile hätte erwirtschaften können, dass seine Aufwendungen, die er in Erwartung der Leistung getätigt hat, gedeckt gewesen wären. Sie greift nur, wenn der Gläubiger mit der Leistung einen wirtschaftlichen Zweck verfolgt. *§ 26 Rn. 1*
Rücktritt § 346 Abs. 1	Umwandlung des Schuldverhältnisses in ein Rückgewährschuldverhältnis durch einseitige Gestaltungserklärung. *§ 17 Rn. 1 f.*
Schaden	Unfreiwillige Einbuße an rechtlich geschützten materiellen oder immateriellen Gütern. *§ 44 Rn. 1*
Schadensersatz neben der Leistung	Ersatz aller Schäden, die durch die ausgebliebene oder nicht ordnungsgemäße Leistung entstanden sind und die durch eine zumindest gedachte Nachholung der Leistung auch nicht wieder entfallen würden. *§ 20 Rn. 14; § 23 Rn. 1 ff.*
Schadensersatz statt der Leistung § 280 Abs. 3	Ersatz aller Schäden, die durch die ausgebliebene oder nicht ordnungsgemäße Leistung entstanden sind und die durch eine zumindest gedachte Nachholung der Leistung wieder entfallen würden. *§ 20 Rn. 14 f.; § 25 Rn. 1 ff.*
Schadensersatz wegen Verzögerung der Leistung § 280 Abs. 2	Ersatz aller Schäden, die allein wegen der Verzögerung der Leistung entstanden sind und die auch bei einer zumindest gedachten Nachholung der Leistung nicht wieder entfallen würden. *§ 20 Rn. 11 ff.; § 24 Rn. 1 ff.*
Schuldnerverzug	Siehe Verzug.
Schuldverhältnis § 241 Abs. 1	Rechtsverhältnis zwischen mindestens zwei Personen, das mindestens eine Person (Schuldner) einer anderen Person (Gläubiger) gegenüber zur Erbringung einer Leistung (§ 241 Abs. 1 BGB) und/oder zur Rücksichtnahme (§ 241 Abs. 2 BGB) verpflichtet. Im weiteren Sinne ist das Schuldverhältnis die Gesamtheit der zwischen diesen Personen bestehenden rechtlichen Beziehungen. Im engeren Sinne ist das Schuldverhältnis das einzelne Recht des Gläubigers, vom Schuldner eine Leistung verlangen zu können. *§ 1 Rn. 1*

Begriff	Definition
Schutzpflicht § 241 Abs. 2	Pflicht zur Rücksichtnahme auf die Rechte, Rechtsgüter und Interessen des anderen Teils. *§ 5 Rn. 10 ff.*
Sekundärpflicht	Bei der Verletzung einer Primärpflicht entstehende Leistungspflicht des Schuldners. *§ 5 Rn. 9*
Selbstmahnung	Nach Fälligkeit der Leistung erfolgte Ankündigung oder Zusicherung des Schuldners, die Leistung zu erbringen. *§ 24 Rn. 17*
Stückschuld	Leistungspflicht, die sich auf einen konkreten, individuellen Gegenstand bezieht. *§ 8 Rn. 2*
Synallagma	Rechtliche Abhängigkeit zwischen den Hauptleistungspflichten eines Schuldverhältnisses. Es entsteht, wenn die eine Partei ihre Leistungspflicht nur deshalb übernimmt, weil die andere Partei ebenfalls eine Leistungspflicht übernimmt – und umgekehrt. Siehe auch gegenseitiger Vertrag. *§ 5 Rn. 4*
Teilbarkeit der Leistung	Zerlegung der Leistung in mehrere Teile kann erfolgen, ohne dass es zu einer Minderung ihres Wertes oder einer Beeinträchtigung des Leistungszwecks kommt. *§ 10 Rn. 4.*
Teilleistung	Unvollständige Erbringung der geschuldeten Leistung (Nichterbringung der vollständigen Leistung oder Erbringung der Leistung in Teilen). *§ 10 Rn. 2 ff.*
Typenfreiheit	Freiheit (d.h. Möglichkeit), die im BGB geregelten Vertragstypen miteinander zu kombinieren (gemischte Verträge) oder neue Vertragstypen zu kreieren (atypische Verträge). *§ 3 Rn. 29*
Übernahmeverschulden	Verschulden des Schuldners in Bezug auf die Übernahme der Leistungspflicht. Es liegt vor, wenn der Gläubiger eine Leistungspflicht übernommen hat, obwohl er wusste oder infolge Fahrlässigkeit nicht wusste, dass er zu ihrer (ordnungsgemäßen) Erfüllung nicht in der Lage ist. *§ 22 Rn. 9 f.*
Unmöglichkeit § 275 Abs. 1	Dauerhaftes und für jedermann (objektive Unmöglichkeit) oder den Schuldner (subjektive Unmöglichkeit, Unvermögen) bestehendes unüberwindbares naturgesetzliches, rechtliches oder zeitliches (absolutes Fixgeschäft) Hindernis für die Erbringung der geschuldeten Leistung. *§ 19 Rn. 5 ff.*
Untergang § 346 Abs. 2 S. 1 Nr. 3	Vollständige Vernichtung der Sachsubstanz. *§ 17 Rn. 16*
Unvollkommene Verbindlichkeit	Verbindlichkeit des Schuldners, deren Erfüllung der Gläubiger zwar verlangen, aber nicht durchsetzen kann. *§ 1 Rn. 17*
Valutaverhältnis	Beim Vertrag zugunsten Dritter das Rechtsverhältnis zwischen dem Gläubiger (Versprechensempfänger) und dem Dritten. Aus ihm ergibt sich der Rechtsgrund für den Erwerb des Forderungsrechts durch den Dritten. *§ 36 Rn. 10*
Verantwortungsfähigkeit § 276 Abs. 1 S. 2	Rechtliche Fähigkeit einer Person, für Pflichtverletzungen einzustehen, d.h. diese vertreten zu müssen. *§ 22 Rn. 4 ff.*
Verbrauchervertrag § 310 Abs. 3	Vertrag zwischen einem Verbraucher (§ 13) und einem Unternehmer (§ 14). *§ 33 Rn. 6, 15*

Begriff	Definition
Verkehrssitte § 242	Im Verkehr herrschende tatsächliche Übung der beteiligten Verkehrskreise. *§ 6 Rn. 5*
Vermögensschaden	Unfreiwillige Beeinträchtigung von Gütern und Interessen mit Vermögenswert. *§ 44 Rn. 2 ff.*
Verschlechterung § 346 Abs. 2 S. 1 Nr. 3	Nachteilige Veränderung der Sachsubstanz oder Beeinträchtigung der Funktionstauglichkeit. *§ 17 Rn. 16*
Vertrag zugunsten Dritter	Vertrag zwischen zwei Personen, aufgrund dessen ein Dritter gegen eine der Vertragsparteien ein eigenes Recht auf Erbringung einer Leistung an ihn erlangt. *§ 36 Rn. 1 ff.*
Vertragsanbahnung § 311 Abs. 2 Nr. 2	Rechtsgeschäftsähnlicher Kontakt, bei dem der eine Teil im Hinblick auf eine etwaige rechtsgeschäftliche Beziehung dem anderen Teil die Möglichkeit zur Einwirkung auf seine Rechte, Rechtsgüter oder Interessen gewährt oder sie ihm anvertraut. *§ 4 Rn. 9 f.*
Vertragsfreiheit	Freiheit (d.h. Möglichkeit) des Einzelnen, die Rechtsbeziehungen zu anderen mittels Vertrag beliebig zu gestalten. *§ 3 Rn. 15 ff.*
Vertragsverhandlungen § 311 Abs. 2 Nr. 1	Kommunikativer Austausch über den Abschluss eines Vertrages. *§ 4 Rn. 8*
Vertretenmüssen § 280 Abs. 1 S. 2	Verantwortlichkeit des Schuldners für die Pflichtverletzung. Bestimmt sich nach § 276 Abs. 1 BGB. *§ 22 Rn. 1 ff.*
Verzug § 286 Abs. 1	Vom Schuldner zu vertretende Nichtleistung trotz Fälligkeit, Durchsetzbarkeit und Mahnung. *§ 24 Rn. 4*
Vorformulierte Vertragsbedingungen für eine Vielzahl von Verträgen § 305 Abs. 1	Vor der Verwendung festgelegte Bestimmungen, durch die der Vertragsinhalt gestaltet werden soll und die mindestens dreimal verwendet werden sollen. *§ 11 Rn. 7*
Vorsatz § 276 Abs. 1	Wissen und Wollen des Erfolgs im Bewusstsein der Rechts- oder Pflichtwidrigkeit. *§ 22 Rn. 7*
Wahlschuld § 262	Schuldverhältnis, bei dem der Schuldner mehrere verschiedene Leistungen dergestalt schuldet, dass er nur die eine oder die andere Leistung zu bewirken hat. *§ 8 Rn. 14 ff.*
Widerruf § 355 Abs. 1	Umwandlung des Vertrages in ein Rückgewährschuldverhältnis durch einseitige Gestaltungserklärung des Verbrauchers bei bestimmten Verbraucherverträgen. *§ 33 Rn. 2*
Zedent	Vertragspartei des Abtretungsvertrages, die ihre Forderung an den Zessionar überträgt. *§ 39 Rn. 1 ff.*
Zessionar	Vertragspartei des Abtretungsvertrages, die vom Zedenten die Forderung erwirbt. *§ 39 Rn. 1 ff.*
Zeit für die Leistung § 271 Abs. 1	Zeit für die Leistung ist entweder der Zeitpunkt, zu dem der Gläubiger die Leistung verlangen kann (Fälligkeit) oder der Zeitpunkt, zu dem der Schuldner die Leistung erbringen darf (Erfüllbarkeit). *§ 10 Rn. 25*
Zinsen	Laufzeitabhängige Vergütung für die Überlassung von Kapital. *§ 9 Rn. 7 ff.*

Paragrafenverzeichnis

Die Angaben verweisen auf die Paragrafen des Buches (**fette Zahlen**) sowie die Rand-nummern innerhalb der einzelnen Paragrafen (magere Zahlen).
Beispiel: § 9 Rn. 10 = **9** 10

Stichwortverzeichnis

Die Angaben verweisen auf die Paragrafen des Buches (**fette Zahlen**) sowie die Randnummern innerhalb der einzelnen Paragrafen (magere Zahlen).
Beispiel: § 9 Rn. 10 = **9** 10